LES GRANDS LIVRES
DU ZODIAQUE

Collection dirigée par Joanne Esner

LE GRAND LIVRE DU VERSEAU

ORIGINE DES ILLUSTRATIONS

James Andanson/Sygma : 117, 124 – Angeli : 34, 47, 126 – Boulat/Sipa Press : 48 – Bulka/Sipa Press : 83 – Pierre Coqueux/Rapho : 135 – Marie-Laure de Decker/Gamma : 145 – Dejean/Sygma : 136 – Jacques Dubois/Atlas Photo : 24 – Dumontier/Atlas Photo : 22 – Michel Ginfray/Gamma : 137 – Christine Gintz : 42 – Harlingue/Viollet : 56, 128 (en haut à droite et en bas) – Le Cuziat/Rapho : 25 – Charles Lénars/Atlas Photo : 208 – Inge Morath/Magnum : 38 – Jean-Pierre Moutin/Gamma : 133 – Georges Pierre/Sygma : 144 – Isy Schwart/Atlas Photo : 240 – Simonpietri/Sygma : 146 – Denis Stock/Magnum : 59 – Tomsich/Atlas Photo : 23 – Gilbert Uzan/Gamma : 51, 131 – Pierre Vautrey/Sygma : 76 – Vioujard/Gamma : 138 – Sabine Weiss/Rapho : 125 – X-Lambert/Gamma : 278 – Sipa Press : 130 – Gamma : 121 – Studio 111 Rome/Gamma : 30 – Jacques Benaroch/Sipa Press : 72 – Sygma : 141 – I.P.S. : 213 – Roger-Viollet : 134, 142, 143 – Archives Snark : 112 – Eliot Press : 34, 52 – Parents-Scoop : 140 – Collection Cahiers du cinéma : 41, 116, 120 – Jean-Loup Charmet : 64, 128 (en haut à gauche), 280 – Giraudon : 21, 194, 200 (musée du Louvre) – Alinari-Giraudon : 8 (Pinacothèque de Turin), 148 (Spello, Santa Maria Maggiore) – Anderson-Giraudon : 188 (Padoue, chapelle Scrovegni) – Lauros-Giraudon : 18 – Collection Viollet : 284 – © SPADEM pour le tableau de Jean Cocteau reproduit p. 18.

Couverture : Laurence Verrier
Iconographie : Betty Jais
Maquette : Christine Gintz

ISBN : 2-7107-0740-3
Dépôt légal : 2e trimestre 2006
Imprimé en mars 2006 par Canale S.p.A., Italie

DENISE PERRET-LAGRANGE
née sous le signe du Verseau

Le Grand Livre du Verseau

avec la participation technique de
ROBERT MALZAC

TCHOU
6, rue du Mail, 75002 - PARIS

Cet ouvrage comporte des tableaux vous permettant de saisir immédiatement :

Dans chaque Grand Livre du Zodiaque, *les parties « Comment interpréter les Planètes dans les Signes » et « Comment interpréter les Signes dans les Maisons » ont été écrites par les auteurs suivants :*

Bélier, Arnold Waldstein ; Taureau, Jean-Pierre Nicola ; Gémeaux, Paul Colombet ; Cancer, Sara Sand ; Lion, Jean-Pierre Vezien ; Vierge, Béatrice Guénin ; Balance, Henri Latou ; Scorpion, Marguerite de Bizemont ; Sagittaire, Solange Dessagne et Jacques Halbronn ; Capricorne, Joëlle de Gravelaine ; Verseau, Denise Perret-Lagrange ; Poissons, Annie Lachèroy.

SOMMAIRE

Comment passer de votre heure solaire de naissance à l'heure universelle de Greenwich

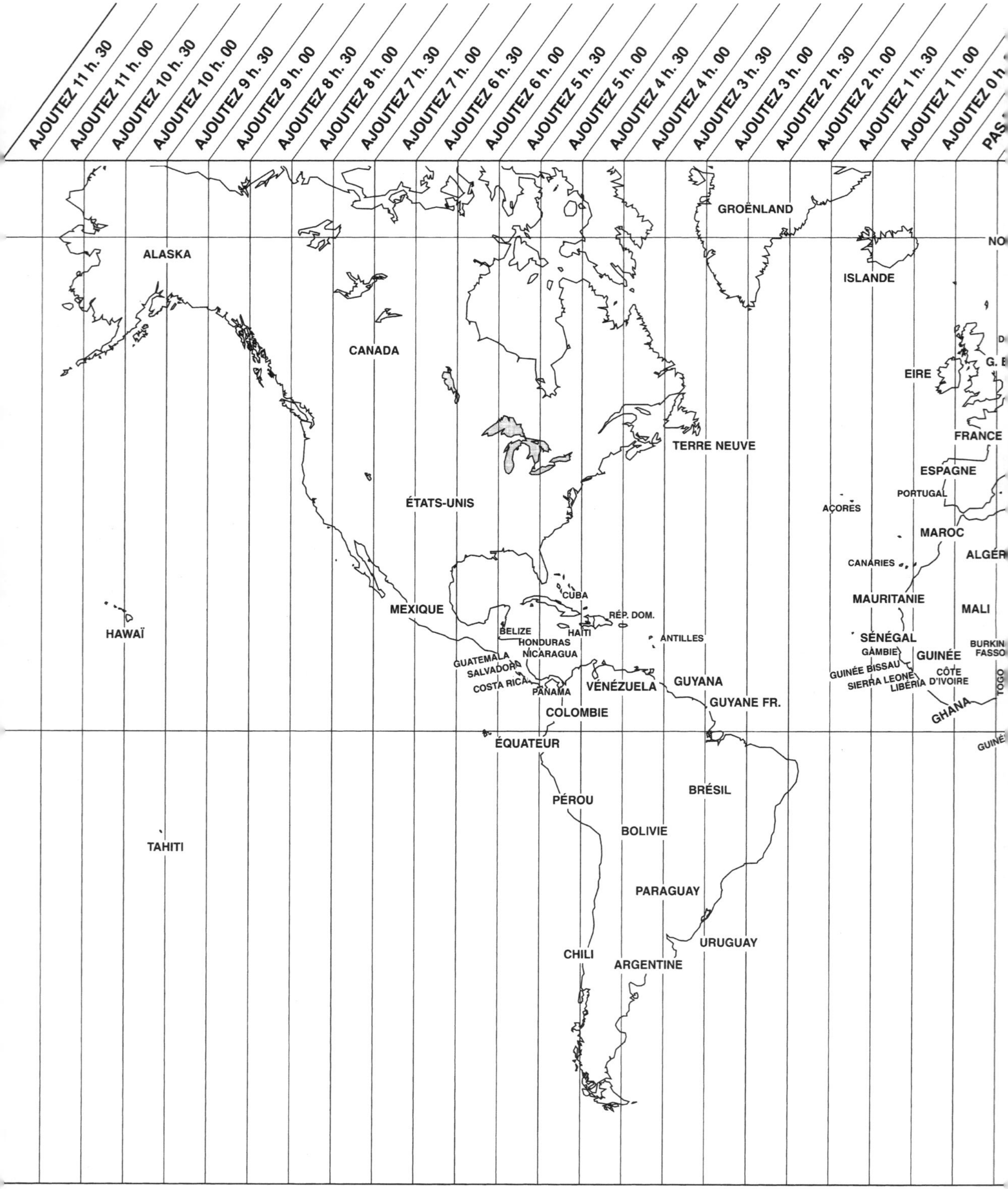

Comment passer de votre heure solaire de naissance à l'heure universelle de Greenwich

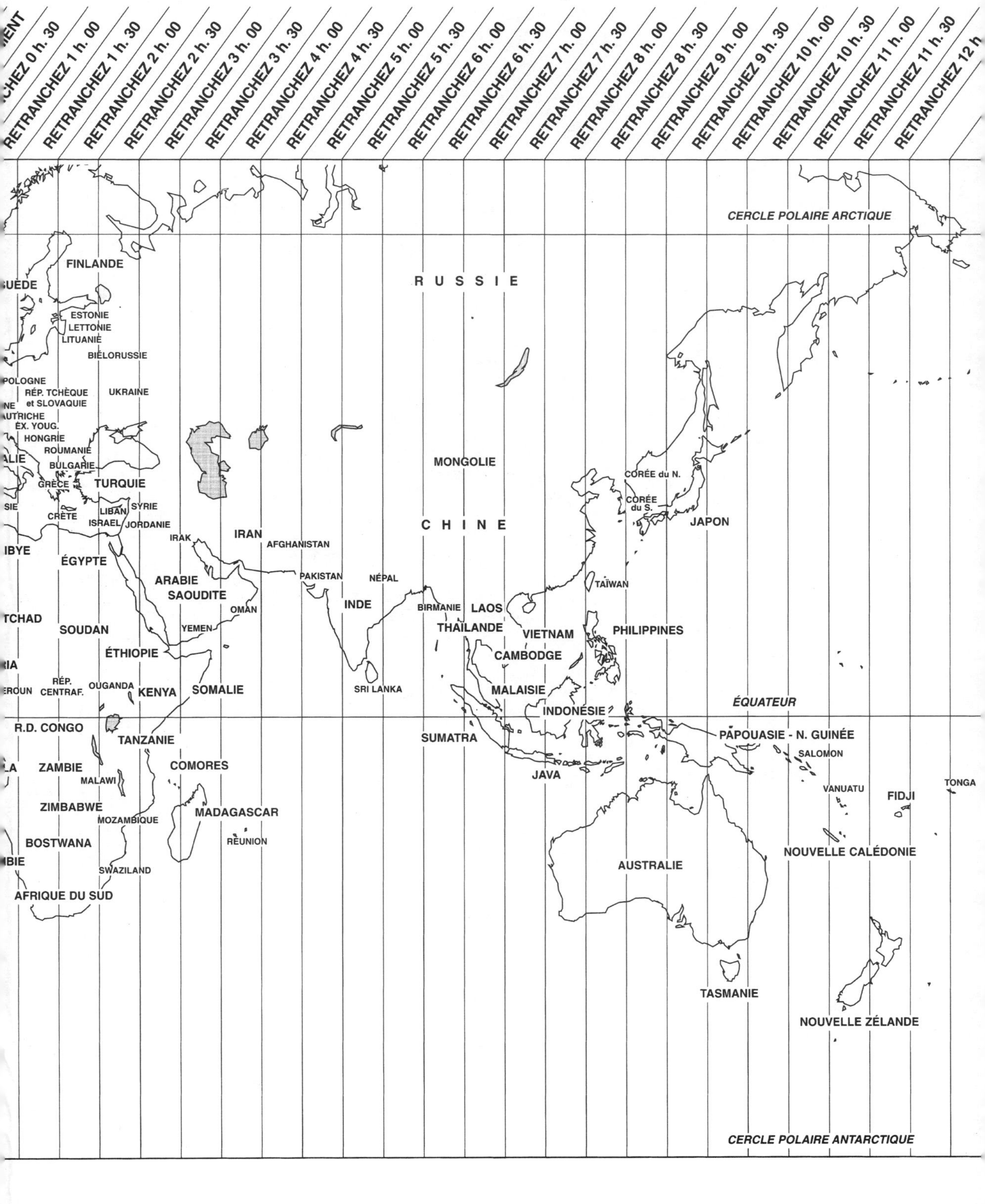

L'archange Raphaël (peint par Pollaiolo) longiligne et pur, correspond à la réputation d'angélisme du verseau.

Introduction

Dans les récits mythologiques, l'interprétation de l'imagination collective donne une valeur symbolique aux faits et aux personnages évoqués : ils deviennent, par la Tradition, représentatifs d'idées ou d'idéologies.

Le cheval, ce miracle d'équilibre, monté par un cavalier habile, évoque la ballerine. Porté comme elle sur ses ongles, il dessine des arabesques où la pesanteur n'a pas de place, et sa rapidité l'associe au Temps. Intuitif et clairvoyant — son cavalier peut lui faire confiance dans un passage difficile —, il repère et fait jaillir les sources qui désaltèrent les corps et alimentent le foisonnement, l'intégrité de la vie spirituelle. Ainsi que le serpent, il hante les eaux courantes et pures : il est symbole de vie et de continuité. L'enlèvement d'Oreithyïa et de Ganymède nous engage dans une voie spirituelle, une évolution vers les hauteurs, une projection verticale : la beauté du corps, s'associant à celle de l'âme, mérite l'éternité.

En fait, tous ces symboles représentent l'évolution souhaitable de l'homme approchant de son déclin et s'ils s'associent au Verseau c'est que celui-ci est le onzième signe dans une série de douze... c'est-à-dire l'avant-dernier !

L'explication des mythes a éclaté dans des domaines très divers : principalement les sciences humaines et la religion.

A l'époque judéo-chrétienne, les dieux deviennent Dieu... en trois personnes et pourtant unique.

La pratique religieuse est mêlée d'un soupçon de superstition : la peur est entretenue et le manichéisme s'installe. Les « bons » vont au Ciel, les « méchants » en Enfer. Tout malheur ici-bas vous promet un plaisir remis et, à condition de vous conduire conformément à un dogme établi, vous chanterez la louange du Seigneur, éternellement heureux dans la chorale des anges. C'est un programme sécurisant mais qui ne fait pas crédit à la personne humaine, ne l'engage pas à se prendre en charge et à trouver, à l'intérieur d'elle-même, un remède à la peur.

Au cours de la seconde moitié du XIXe siècle, naissent les sciences humaines. On apprend que l'angoisse est un symptôme névrotique et qu'une névrose prend sa source dans des désirs refoulés sous la pression d'exigences sociales ou morales. C'est la première fois que l'on fait allusion au conditionnement créé par l'environnement. On prend conscience que la petite enfance, par la manière dont elle a été vécue, commande en partie l'épanouissement de l'individu ou sa contrainte. Freud, par la technique psychanalytique et la régression qu'elle demande, permet de reconnaître des faits ou des situations oubliées parce que refoulées, et refoulées parce que trop pénibles à vivre. Les actualiser c'est les dédramatiser, c'est se rassurer... par déconditionnement.

Jung s'est particulièrement intéressé aux mythes. Il les a employés dans sa notion d'« inconscient collectif » et d'« archétypes », « schèmes éternels de l'expérience humaine qui s'expriment dans des images symboliques collectives (mythes, religions, folklore) ainsi que dans les œuvres d'art, les rêves individuels et les symptômes névrotiques. La psychologie analytique de Jung est une tentative pour atteindre ce fonds commun qui constitue l'unité de l'individu, de l'espèce et du cosmos ».

L'astrologie, ce monstre tentaculaire, éternellement renaissant tel le phénix, s'inspire de la mythologie, consacre aux mythes la page spécialisée des journaux, faisant intervenir les dieux... et leurs symboles. Ils ont tous leur spécialité : Jupiter est « bénéfique », Saturne « maléfique », Vénus parle d'amour, Mars de guerre ou de discorde, Mercure est le messager, il protège aussi le commerce... et les voleurs !

Qu'allons-nous chercher, de façon avouée ou non, dans cette page de notre quotidien ?

Ceux qui ne sont pas sincères parlent de curiosité, ou de distraction : on se moque, par crainte du ridicule. En fait, nous cherchons à nous rassurer. Comment expliquer autrement le succès des astrologues, voyantes, mages et cartomanciennes, sinon par l'impression d'être, pendant un moment, « pris en charge » ? Peu importe la façon : c'est le banc dans un jardin public accueillant la fatigue, c'est l'ami rencontré qui rompt, par le dialogue, l'accélération mentale, génératrice de l'idée fixe.

Permettez-moi, ami lecteur que je ne connais pas, de porter témoignage, et d'évoquer, en quelques lignes, deux personnages.

Il y a, à l'ombre de l'église Saint-Sulpice, de petites rues à l'aspect provincial. Une porte cochère, de joli style, précédait une cour où un soleil de bronze laissait échapper, avec une constance parcimonieuse, l'eau de source dont le quartier a le privilège. Deux étages d'un escalier extérieur, honoré d'une jolie rampe, menaient à une petite porte sur laquelle l'inscription « Frappez doucement ! » étonnait. Un homme âgé, dodu comme un chanoine et chaussé de feutre, accueillait le visiteur dans un logis fleurant bon l'encaustique et le civet.

Après une attente silencieuse et solitaire une porte s'ouvrait et un personnage étrange apparaissait : une femme sans âge, minuscule, blafarde, frêle et vacillante, les épaules drapées d'un châle gris, vous introduisait dans un cagibi sombre et sans air. Deux chaises et une table, point d'autre meuble, aucune question. Madame C... se laissa choir sur sa chaise et, d'une voix blanche, à moitié endormie, se mit à parler.

L'histoire de ma vie (car j'étais la visiteuse) s'échappa de sa bouche. La voix prédisait difficultés et deuils, travail et fatigue... J'écoutais, ahurie, et la voix ronronnait, en deçà de l'audible. Nos silhouettes disparaissaient dans la fumée du papier d'Arménie qui se consumait dans un coin : on aurait dit une pythie se nourrissant de son souffle et laissant à son compagnon le civet ou la daube dont les effluves écœurants luttaient avec l'encens !

Puis ce fut le silence et je m'enfuis... non sans avoir déposé, au passage, entre les mains du mari, l'obole convenue. La rue me parut l'image même du bonheur et je respirai à pleins poumons l'odeur roborative de l'essence, distribuée par le garage voisin.

J'eus les deuils, la fatigue et le travail... mais, pendant une heure, en dépit de l'atmosphère (ou à cause d'elle), je n'avais plus été responsable de rien. Ma vie s'était inscrite *à l'extérieur* de moi, comme sur une portée de musique, avec sa clé de sol, son tempo, ses rythmes et ses variations : j'avais été « prise en charge » !

Ma seconde expérience concerne l'astrologie et le décor avait la tristesse grise du béton armé, manié par quelque architecte dépourvu de génie... et de moyens !

On commençait par chercher l'ascenseur... Celui-ci, enfin découvert, enlevait son passager, à une vitesse perfidement accélérée, jusqu'à l'étage très élevé où exerçait mon astrologue. J'avais choisi un des ténors de la profession pour mettre toutes les chances de mon côté. Quelques minutes d'attente et je fus introduite dans un bureau où tout respirait l'efficacité et la compétence. J'eus un recul : nous nous trouvions en plein ciel, sans la moindre petite planète à laquelle s'accrocher... et j'ai le vertige ! Mais mon astrologue m'avais déjà prise en main et j'eus droit, confrontée à un dessin que je trouvais joli (mais auquel je ne comprenais rien), à la démonstration la plus savante, la plus intelligente, la plus brillante que j'aie jamais entendue de la discipline astrologique. J'atterris à nouveau dans la rue, absorbée par le même ascenseur perfide, déçue, ahurie, mais avec la certitude que j'avais découvert un moyen de me connaître, de rectifier mes conduites et qu'en grande partie les événements ne dépendaient que de moi.

Mon astrologue est, depuis, devenu un ami qui m'a, un jour, d'un grand coup de pied, envoyée dans le cosmos, et c'est grâce à lui que j'écris aujourd'hui. Il se reconnaîtra peut-être dans ce récit, mais je n'ai pas attendu si longtemps pour lui dire merci. J'ai appris depuis que ce « dessin auquel je ne comprenais rien mais que je trouvais joli » était un thème astrologique et qu'on l'obtenait par projection sur un plan de la position des astres à la naissance d'un individu, pour un lieu et un moment donnés. Mais les planètes nous influencent-elles et comment ? Que rien ne soit prouvé scientifiquement m'indiffère : la « science » nous a habitués à ses erreurs et à son évolution. Et qu'est-ce que la science ? Si nous prenons le terme au sens de « connaissance », l'astrologie en est une, si c'est un « ensemble de connaissances, d'études d'une valeur universelle, caractérisées par un objet et une méthode déterminés, et fondées sur des *relations objectives vérifiables* », la dernière proposition nous renvoie à notre néant. Le néant a une couleur de nirvâna : on y est bien, restons-y.

Aucun doute ne m'a jamais effleurée sur la valeur de la discipline astrologique ; à condition qu'elle mette de son côté, en les abordant, l'ensemble des sciences humaines. D'abord, quelles sont ces « sciences » où la sacro-sainte relation de cause à effet n'existe pas ? Appelons-les un art, qui oblige, lui aussi, à des connaissances fondamentales, une technique... et du talent ! Je n'oublie pas l'amour qui est l'essentiel. Si l'architecture est un art, elle est aussi une science et, pourtant, on n'est jamais sûr que du béton coulé selon les règles ne s'écroulera pas au décoffrage, sans qu'on sache exactement pourquoi.

Même Descartes, que l'on ne peut accuser de laxisme, préconise de « conduire par ordre ses pensées pour atteindre la vérité grâce à l'*intuition* évidente et la déduction nécessaire ». S'il se révèle « vachement rétro » en distinguant nettement l'âme du corps, niant ainsi, par avance, la médecine psychosomatique et les travaux de Pavlov, quand il prétend « se rendre maître et possesseur de la nature grâce à la science et à la technique », il nourrit l'esprit de nos technocrates, trois siècles à l'avance.

Ivan Petrovitch Pavlov (1849-1936), physiologiste et médecin russe, classait bêtes et gens en excités ou inhibés, selon leurs réactions aux excitations venues de l'extérieur. Il faisait, en même temps, entrer en jeu la qualité de ces réactions : rapidité ou lenteur. Il a prouvé que l'on pouvait, même en l'absence de l'excitant normal, conditionner un animal par un réflexe déjà acquis en présence de cet excitant, mettant ainsi en évidence les relations du physiologique et du psychologique, tant chez l'animal que chez l'homme.

Par quoi sommes-nous conditionnés ? D'abord par notre patrimoine génétique (notre hérédité), puis par notre race, notre culture, notre famille et notre éducation. Nous répondons à cet ensemble de signaux suivant notre constitution nerveuse.

Et le système solaire ? Si l'influence planétaire reste problématique parce que non démontrée par relation de cause à effet, il est difficile de fermer les yeux sur les coïncidences (peut-être significatives) entre la présence des planètes à un endroit précis du thème astrologique et le comportement de l'individu concerné. Des gens sérieux — et pas forcément tendres — n'avouent-ils pas : « On ne sait pas comment ça marche... mais ça marche ! » Quant à l'action de la lumière et l'importance de l'environnement ils sont, en revanche, largement acceptés. Si telle personne apprécie le temps humide et telle autre le temps sec, si l'un aime la chaleur et l'autre le froid, il est rare qu'une journée longuement ensoleillée ne fasse pas l'unanimité. L'automne nous rend mélancoliques et l'hiver casaniers, mais notre joie éclate avec les premiers bourgeons et l'été incite aux voyages, aux vacances, à la promenade et au sport. Serions-nous excités six mois de l'année et inhibés les six autres ?

Jean-Pierre Nicola, fondateur de l'astrologie conditionnelle, s'exprime en ces termes : « L'un des traits de rigueur de Pavlov, célèbre par ses découvertes et travaux sur le conditionnement et l'activité nerveuse supérieure, est d'avoir décrit les tempéraments non plus en langage psychologique, mais en termes de neurologue... Bien après Pavlov, il s'avère toujours fructueux de décrire des comportements en termes d'excitation ou d'inhibition, en considérant les orientations privilégiées de ces processus, leur force respective, leurs rapports, leur équilibre et leur mobilité... L'arc diurne est le signal spécifique de l'excitabilité, l'arc nocturne est le signal spécifique de l'inhibition [1]. » L'arc diurne est la durée du jour, l'arc nocturne est celle de la nuit.

Si un enfant naît à Paris, sous le signe du Verseau, le 7 février 1978, il bénéficiera de neuf heures trente-cinq minutes de lumière solaire et de quatorze heures vingt-cinq d'obscurité. Aucune importance, il dort. Mais, selon W.E. Hunt [2] : « Les électro-rétinogrammes montrent

1. *Pour une astrologie moderne*, éd. du Seuil.
2. *La Psychologie de l'enfant*, Jean Piaget et Bärbel Inhelder, P.U.F.

que, quelques heures après la naissance, les récepteurs rétiniens sont en état de fonctionnement. » On tremble à l'évocation de pareilles investigations sur l'œil d'un nouveau-né, mais cela nous permet de savoir que la lumière a son importance dans les premières perceptions du nourrisson.

En ouvrant le Larousse, nous lisons que « la rétine [cette plaque photographique qui tapisse le fond de notre œil] est composée de cellules en forme de bâtonnets et de cellules en forme de cônes ». Les cônes sont le prolongement de certaines cellules spécifiques de « la perception visuelle diurne et de la vision colorée », tandis que les bâtonnets sont « surtout sensibles aux faibles éclairages et sont l'organe de la vision nocturne ».

Est-ce à dire que notre petit enfant né Verseau (donc sous une dominante nocturne) développera d'abord, par l'intermédiaire de ses « bâtonnets » et d'une façon privilégiée, des informations visuelles transmises par faible éclairage, alors qu'un petit Cancer, né « le jour le plus long », sera sensible aux informations visuelles colorées transmises par fort éclairage ? La proposition est peut-être osée, mais livrée avec « l'intuition évidente » en attendant la « déduction nécessaire » chère à Descartes.

L'hiver, sous nos latitudes, commence le 21 décembre et se termine le 21 mars. Pendant cette période, la nuit règne. Sa durée (15 heures 57 le 21 décembre) ira en diminuant jusqu'au 21 mars (12 heures), tandis que le jour croîtra dans les mêmes proportions. Si « l'arc nocturne est le signal spécifique de l'inhibition », les natifs hivernaux sont-ils des inhibés ? Oui, si cela signifie qu'ils sont peu sensibles au monde extérieur et changent difficilement d'état. Il faut à l'inhibé lent des sollicitations d'autre nature : des principes, des théories, des engagements. Mais pour que l'environnement ne s'éteigne pas complètement en tant qu'excitant, il faut que le Verseau, signe de milieu de saison, en recrée l'intérêt par renversement de la tendance, faisant de lui un excité sur un fond d'inhibition.

Nous voilà loin, semble-t-il, de la mythologie et du symbolisme ? Pas autant qu'on pourrait le croire...

L'homme construit sa pensée à travers ses acquisitions progressives. L'enfant prend d'abord contact avec le monde par l'intermédiaire de ses sens qui se perfectionnent peu à peu. A trois mois, il distingue le jour de la nuit, s'identifie à sa mère comme aux objets qui lui sont proches. A huit mois, il coordonne vision et préhension, devient plus adroit, se différencie de sa mère et commence, en s'asseyant, à conquérir la position verticale. Vers un an, si on lui cache un jouet, il ne sera pas dupe et saura le retrouver : c'est sa première conduite. Au cours de la deuxième année, sa maîtrise s'accroît ; il prononce quelques mots et cherche à ébaucher des phrases. Il tente, à ses dépens, de conquérir l'espace et une certaine autonomie. A deux ans, l'instrument humain est au point. Entre deux et six ans, ses relations avec ses parents se structurent. Pour les psychanalystes freudiens, c'est le passage œdipien, période où le petit enfant se conduit en amoureux vis-à-vis du parent du sexe opposé. La vie affective est très riche. Le sens du merveilleux le porte à croire aux fées et au Père Noël, l'imagination est particulièrement vive : s'il était astrologue, il parlerait de Vénus, de Mercure ou de Jupiter comme s'ils étaient des voisins et leur inventerait les attributs et les prouesses que l'on connaît.

Vers sept ans, le vocabulaire de l'enfant s'enrichit et les mots recouvrent des significations plus complexes. Son activité peut être dirigée et l'on peut utiliser sa logique à des fins constructives. Jusqu'à dix ans, il coordonne ses acquisitions et les met en pratique. Durant cette période, pas de conquêtes nouvelles : c'est le silence. La puberté viendra et l'adolescence posera de nouveaux problèmes. De douze à quinze ans, le sujet parviendra à se dégager du concret : il pensera à construire des théories, élaborer des hypothèses et son raisonnement gagnera en abstraction. Quand il sera plus sûr de lui, il cherchera à imposer sa personnalité et, vers dix-huit ans, réclamera une indépendance financière et sociale. Cette dernière période ne va pas sans difficultés avec la famille. C'est l'époque des grands reniements, des jugements, de l'opposition et de l'insolence. Puis tout rentrera dans l'ordre lorsque, s'introduisant dans la vie productive, l'enfant sera devenu un adulte avec des buts bien définis, des responsabilités et un idéal propres.

Si les civilisations, comme les individus, ont leurs étapes de croissance et si l'astrologie a toujours suivi l'évolution des sociétés, on peut lire le développement de celle-ci à travers son histoire.

Les Suméro-Babyloniens ont une astrologie qui s'inspire du temps qu'il fait et des prévisions météorologiques. Nous sommes à peu près trois mille ans avant Jésus-Christ. Sur leurs tours d'observation, les prêtres-devins sont les Jean Breton de l'époque. Au IIIe siècle avant Jésus-Christ, l'astrologie pénètre en Grèce. Elle est précédée par l'œuvre poétique d'Homère et de quelques autres (*l'Iliade, l'Odyssée*). Ces œuvres relatent des événements beaucoup plus anciens mais sont des sources où toutes les époques de la civilisation européenne ont puisé. Leur langage poétique et symbolique manie le merveilleux et évoque la période de la « pensée magique » ... et les quatre âges de l'homme.

Au Moyen Age, rien ne se passe. L'astrologie, présente partout sous forme de « mancie », devient douteuse ou caricaturale. Elle persiste mais n'avance pas : c'est la « période de latence ».

Avec la Renaissance et ses découvertes, la *Tétrabible* de Claude Ptolémée, écrite au IIe siècle, est imprimée en 1538. Kepler (1571-1630), Galilée (1564-1642) et Newton (1643-1727), dont les œuvres font autorité, donnent un fondement à une connaissance qui devient une discipline. L'astrologie devient pubère.

En 1666, Colbert, père abusif ou tuteur indigne, brise l'essor de la jeune « Astrologie » et, pour cause d'indiscipline, l'enferme pendant trois siècles en maison d'éducation surveillée. Elle sort, en liberté conditionnelle, grâce à la psychanalyse en général et à Jung en particulier...

L'astrologie n'a donc pas échappé à ces différentes phases qui jalonnent l'évolution de l'homme et des civilisations et il semble qu'elle s'attarde, actuellement, à la période ingrate de l'adolescence. Elle tente, péniblement, de se comprendre, de s'éloigner (sans pour autant les renier) des valeurs de son enfance et de trouver sa propre structure.

Comme toutes les adolescentes, elle est turbulente et mal à l'aise dans sa peau. Les contestations de ses membres ou leurs innovations se font agressives : cela lui passera... comme à nous ! Telle qu'elle est, ses adorateurs la mettent au pinacle et ses détracteurs la traînent dans la boue : ce n'est pas une période facile. Mais en tentant d'établir le dialogue, on devrait, sans s'irriter, arriver à une entente qui sera génératrice de progrès.

J'entends, de loin, la complainte qui signe, paraît-il, le comportement du Verseau :

« Si tous les gars du monde voulaient se donner la main... ».

Une cloche, attachée au cou d'un Taureau, appelle les fidèles à un sermon moins optimiste : « Chaque astrologue ayant sa symbolique qui félicite celle du voisin mais ne se confronte pas avec elle, il n'y a pas de travail commun possible, d'édification collective, un véritable dialogue ne pouvant s'établir que sur le terrain impersonnel de l'objet. Or, ces Zodiaques ne sont pas des objets, mais des subjectivités projetées dans les étoiles, les saisons, et même les symboles des signes. » Qui prêche ainsi ? Jean-Pierre Nicola dans *Pour une astrologie moderne*. Neptunien et lunaire mais saturnien patient, les pieds sur Terre et le front dans les nuages, il remplit son contrat planétaire qui est de donner à ses rêves et à ses intuitions la base expérimentale indispensable à tout chercheur tentant, par un raisonnement abstrait, d'élaborer les fondements d'une discipline.

Pour être objectifs en parlant du Zodiaque, il faut avoir recours à l'astronomie.

Astronomiquement parlant, le Zodiaque est le « vélodrome » des planètes ! C'est un circuit, parallèle à l'écliptique, large de 8,5 degrés sur lequel (avec des vitesses, des inclinaisons et des « hauteurs » différentes) se suivent, se poursuivent et se dépassent les planètes du système solaire.

La « hauteur » d'une planète par rapport à l'équateur céleste s'appelle la *déclinaison*. Chaque planète a la sienne, y compris le Soleil dans sa course apparente.

Donc, le *Zodiaque des déclinaisons* est universel. C'est un « objet » bien défini. Un esprit vicieusement mathématique pourrait, sur un simple rond qu'il appellerait un cercle, poursuivre sa démonstration. A la trappe, la représentation graphique des signes du Zodiaque ! Ce serait dommage, c'est tellement joli.

Pour passer du général au particulier, il existe aussi un Zodiaque pour chaque latitude géographique : c'est le *Zodiaque photo-périodique* qui prend en considération l'influence, sur tout ce qui vit, de la variation du temps d'éclairement, et de son corollaire, le temps d'obscurité.

Le Zodiaque photo-périodique solaire a l'avantage de pouvoir être constaté sans lunette astronomique ni télescope : nos yeux suffisent, parés ou non de verres teintés, selon l'intensité des rayons lumineux. Comme certaines latitudes ne sont pas particulièrement gâtées au point de vue de l'ensoleillement, il vaut mieux parler d'« arc diurne » et d'« arc nocturne », la nuit convenant mieux au poète Alfred de Musset dont les *Nuits* sont, électivement, de mai, de décembre, d'août et d'octobre, selon les péripéties planétaires de son thème. Hasard... ou conditionnement ?

Si l'influence des planètes constatée empiriquement par les astrologues n'est pas, à l'heure actuelle, formellement démontrée, l'influence de la lumière sur tout ce qui vit, plantes, animaux et êtres humains, est, en revanche, largement reconnue. Les éleveurs, qui vivent très près de la nature, suivent des traditions dont ils ont, parfois, oublié le « pourquoi » mais ils s'efforcent de le retrouver et d'en donner une signification plus scientifique. Ecoutons l'un d'eux : « Les Anglais, qui ne rentrent jamais leurs troupeaux en bergerie, constatent que c'est en novembre que Monsieur Bélier « honore » Madame Brebis qui est fécondable entre juin et janvier. Mais pourquoi en novembre ? Parce que la nature est bien faite et que, les brebis portant entre cent quarante-cinq et cent cinquante-trois jours selon les races, les mises bas auront lieu au printemps. A l'inverse, l'élevage hors sol intégral permet un désaisonnement considérable surtout si l'on fait intervenir l'*éclairage artificiel.* » Donc c'est bien la lumière qui est en cause.

Sommes-nous si différents de ces mammifères pour interdire tout rapprochement ? Entre le ciel et nous, une « correspondance » s'échange. Quelles sont nos « réponses » aux messages du cosmos ?

Nos humeurs, notre caractère, notre façon d'agir dépendent en grande partie de notre constitution nerveuse et de son aptitude à réagir aux excitations venues de l'extérieur. Si nous répondons rapidement, on dira que nous sommes vifs, enjoués, coléreux ou susceptibles. Si nos réactions sont lentes, on nous décrira comme quelqu'un de calme, pondéré, paisible mais parfois insensible ou indifférent. Si nos réactions cessent rapidement, nous serons d'humeur changeante, mais si les impressions reçues demeurent longtemps inchangées, nous voilà rancunier, calculateur ou susceptible d'actions à long terme. Dans le premier cas on est un « sprinter », dans le second un « coureur de fond »...

Zodiaque réflexologique

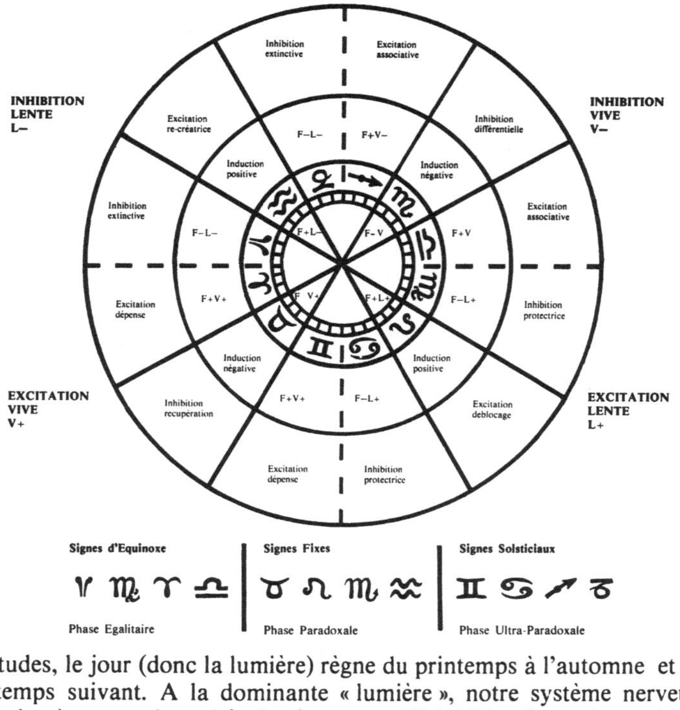

Sous nos latitudes, le jour (donc la lumière) règne du printemps à l'automne et la nuit de l'automne au printemps suivant. A la dominante « lumière », notre système nerveux répond par l'excitation, à la dominante « obscurité » la réponse est l'inhibition (avec des variantes et des subtilités dont le tableau ci-contre donnera les détails). Il y a donc deux systèmes de réponses, de « réflexes » : d'où le nom de *Zodiaque réflexologique* donné à cette manière d'appréhender les douze mois de l'année. Un acte réflexe acquis et associé dans le temps est dit « conditionnel » et *astrologie conditionnelle* la discipline qui en est issue. Pour un sujet défini par ses date, heure et lieu de naissance, l'astrologie conditionnelle donne la qualité des réponses à un excitant : le rythme « arc diurne-arc nocturne » et ses modalités d'adaptation. Par extension, ce « patron » (au sens que les couturiers donnent à ce mot) peut s'étendre à toute autre forme de sollicitation et définir les conduites du sujet.

Et les planètes ? Par définition, il n'y aurait pas d'astrologie si les planètes n'entraient pas dans la danse : c'est notre référence au cosmos, notre adaptation à ce qui n'est pas la Terre mais son environnement céleste.

Qui dit adaptation sous-entend influence. Les lois actuelles qui régissent la physique et l'astronomie sont incapables de donner une formulation mathématique à l'ensemble des faits que les astrologues constatent tous les jours. Mais à défaut de relation de cause à effet, on peut parler de « coïncidences significatives » et de constatations expérimentales qui sont le premier travail indispensable à toute formulation mathématique. Dans un article proposé par la revue *l'Autre Monde* (n° 17), Pierre Zeevaert, professeur de physique, au cours d'un dialogue avec Edgar Stram, astronome à l'Observatoire de Meudon, s'exprime ainsi : « Les êtres vivants dépendent essentiellement des radiations provenant du Soleil. L'étude qui devrait être faite serait celle de la perturbation des radiations et non pas celle des masses... Quand il s'agit des êtres vivants (ce qui intéresse davantage l'astrologue), il faut voir la perturbation dans les radiations... Pour les Chinois, il n'y a pas de distinction possible entre ce qui est matériel et ce qui est psychique, c'est-à-dire que toutes les perturbations matérielles se traduisent par une perturbation psychique, et toute perturbation psychique se traduit par une perturbation matérielle. Le Chinois a un raisonnement qui est très énergétique pour lui, cette perturbation est une perturbation de l'énergie du corps, énergie qui vient de l'être et de l'énergie cosmique. »

Que l'influence cosmique vienne de la masse des planètes ou des perturbations qu'elles apportent aux radiations solaires, et en attendant que les spécialistes se mettent au travail, l'astrologie conditionnelle propose une répartition des planètes sur trois niveaux (fort, moyen et faible), selon deux critères : la distance de la planète au Soleil et la gravité à sa surface.

Le niveau fort concerne Mercure, Vénus et le Soleil. Aux influences de ces planètes qui sont les plus proches, nous répondons fortement aux excitants les plus simples : un mot, une allusion, une image, une apparence entraînent des réactions que certains jugent disproportionnées. On décrira le sujet comme étant « susceptible » : c'est le niveau des représentations *(R).*

Le niveau moyen comprend Mars, Jupiter et Saturne. A ce niveau, nos réponses prennent un peu de retard. Le sujet ne se contente plus de mots, il lui faut des preuves, un signe palpable de ce qui est exprimé, un examen des circonstances. Comme saint Thomas, il ne croit que ce qui lui est présenté et qu'il peut examiner. On dira que la réalité prime : c'est le niveau de l'existence (*E*).

Le niveau faible a trait à Uranus, Neptune et Pluton. Ce sont les planètes les plus éloignées de nous. Elles ont tendance à exprimer le collectif, le monde des idées, des idéaux. C'est l'inconnu, ce qui échappe à la conscience formelle, la pluralité de nos instincts, exprimés ou vécus. Pour le sujet, elles incitent au meilleur comme au pire, font le rêveur, le poète, le psychologue, le « modèle », ou concernent le drogué, le dictateur ou le clochard... C'est le niveau de la « verticalité »... au-dessus ou en dessous. C'est la transcendance *(T).*

Le niveau R est le sujet lui-même, le niveau *E* est l'autre, (le tu), le niveau *T* est le non-Moi... Voilà, en résumé, les fondements d'une discipline que son créateur, Jean-Pierre Nicola, a exposée dans plusieurs ouvrages. Elle me paraît enrichir considérablement le champ d'application de l'astrologie.

De quel côté penche votre personnalité Verseau ?

Les deux listes d'adjectifs ci-dessous décrivent les aspects positifs et négatifs de la personnalité Verseau. Vous lisez chaque mot et, le plus honnêtement possible, vous évaluez si ce mot vous concerne ou non. Chaque fois que votre réponse est « Oui, ce mot me concerne », vous cochez la case correspondante dans la colonne 1 (maintenant).

Totalisez maintenant le nombre de croix dans la colonne de gauche et inscrivez ce nombre dans la case Total ; faites de même pour la colonne de droite. Si votre total de gauche est supérieur de huit points ou plus à votre total de droite, vous êtes actuellement dominé (e) par les excès et les contradictions de votre signe. Si votre total de droite est supérieur à votre total de gauche de huit points ou plus, vous réalisez pleinement le potentiel du Verseau. Refaites cette exploration dans un an puis dans deux ans ; chaque fois que vous pourrez honnêtement supprimer une croix dans la colonne de gauche et ajouter une croix dans la colonne de droite, vous avancerez sur la voie de votre heureux accomplissement personnel.

	MAINTENANT	DANS 1 AN	DANS 2 ANS		MAINTENANT	DANS 1 AN	DANS 2 ANS
EXCENTRIQUE				INVENTIF			
RÉVOLTÉ				INDÉPENDANT			
IRRÉALISTE				HUMANITAIRE			
FROID				SCIENTIFIQUE			
RÉVOLUTIONNAIRE				AVANT-GARDISTE			
GAFFEUR				BIENVEILLANT			
BRUSQUE				RÉFORMATEUR			
FIXÉ A SES OPINIONS				FIDÈLE			
BOHÊME				FRATERNEL			
TROP CÉRÉBRAL				PSYCHOLOGUE			
ENTIER				INTUITIF			
INDIFFÉRENT				LARGE D'ESPRIT			
DUR				INTELLIGENT			
ORIGINAL				LOYAL			
MARGINAL				SOCIABLE			
IMPRÉVISIBLE				FASCINANT			
DISTANT				COMPRÉHENSIF			
TROP DÉTACHÉ				IDÉALISTE			
CONTRARIANT				SEREIN			
TROP ATTIRÉ PAR LE NOUVEAU				SINCÈRE			
INCOMPRÉHENSIBLE				ACCUEILLANT			
INCONSTANT				DE BON CONSEIL			
HYPER NERVEUX - TENDU				ASSOIFFÉ D'ABSOLU			
APPRENTI-SORCIER				DOUÉ POUR LA TECHNIQUE MODERNE			
PEU PRATIQUE				UNIVERSALISTE			
Total				**Total**			

Chapitre Premier

Mythologie et Symbolique du Signe

Il suffit au Verseau d'imaginer le cheval Pégase alimentant l'inspiration des muses et des poètes... (Jean Cocteau, Pégase, *décoration de l'hôtel de ville de Menton).*

La Mythologie du Signe

Si, dans l'univers céleste, les galaxies dansent un ballet à la Béjart, les hommes, collés au sol terrestre par la pesanteur, parcourent les 360 degrés du Zodiaque autant de fois que leur vie compte d'années.

Pour des raisons qu'ils disent commodes (et qui ne sont peut-être que rétrogrades), les astrologues préfèrent se référer à ce qu'ils voient plutôt qu'à ce qu'ils savent et placent au centre de l'univers l'homme, objet de leur étude, faisant tourner autour de lui, en un mouvement apparent, Lune, Soleil et autres planètes. Pourquoi pas ? L'homme vit sur la Terre, mais nous ne retournons pas, pour autant, au système de Ptolémée. Bon ! L'astrologie est géocentrique. Sa pratique, aussi vieille que le monde, accompagne notre destin et son évolution s'essouffle à suivre celle de l'homme.

L'angoisse et la peur faisant partie de notre lot, nous avons toujours tenté de nous rassurer. Il y a pour cela plusieurs méthodes. En un premier temps, on conjura le mauvais sort par des pratiques magiques et superstitieuses. Autrefois, on sacrifiait des animaux, on fouillait leurs entrailles pour se ménager l'indulgence des dieux. A présent, on touche du bois, on évite de passer sous une échelle, même si ce n'est pas vendredi, on promet une obole à saint Antoine s'il vous fait retrouver un objet égaré, et on brûle un cierge en passant devant une église, sans pour autant croire en Dieu.

La mythologie gréco-latine : la plus proche de nous

L'Antiquité, elle, inventa des personnages fabuleux, inspirés par les forces de la nature, les phénomènes célestes et les aspects de la condition humaine. On leur prête un physique qui correspond à leur comportement : ils sont forts, beaux et courageux, ou bien laids, perfides et lâches. Ils symbolisent ce qui rassure ou ce que l'on craint : ce sont des mythes. Les récits, agrémentés de variantes selon les conteurs, passent de génération en génération et sont influencés par le mode de vie, la civilisation et la religion du peuple qui les inspire. L'ensemble de ces récits constitue les mythologies.

La mythologie gréco-latine est la plus proche de nous. Elle est à l'origine de notre culture et fait partie de notre patrimoine artistique et littéraire.

Pour parler du ciel, les mots ne suffisent pas à rendre le lyrisme que sa contemplation nous inspire : il faut que ces mots, évoquant des images, deviennent poésie.

Dans les montagnes de Grèce, le berger est seul avec son troupeau. L'atmosphère étant limpide, son repos est dominé par une infinité de points lumineux, les étoiles, et par la Lune qui bouge et change de forme. Pendant le jour, le Soleil rythme ses activités et la Terre le nourrit, lui et son troupeau. Les brebis sont pleines, des agneaux naissent et le berger veille. Il y a l'homme, la Terre et le ciel. La Terre, le berger la connaît... mais le ciel ! Quelle est cette forme au-dessus de sa tête ? On dirait une amphore qui verse de l'eau... « J'appellerai ce coin du ciel le Verseau », dit le berger. Comme les nuits sont longues, il a le temps d'inventer bien d'autres choses !

Dans le ciel aussi, il y a les héros et les victimes

Il s'identifie à tout ce qu'il voit et conçoit des êtres fabuleux, par sublimation. Il y a les bons et les méchants, les doux et les cruels, les héros et leurs victimes, les opprimés et leurs défenseurs. Comme le berger a parfois peur, il crée des dieux qui habitent sur l'Olympe (montagne qui est un peu au-dessus de lui), puis des déesses, et un héros qui, en cas de danger, saura le défendre : en Grèce, il sera nommé Héraclès, Hercule chez les Romains.

Dans l'Olympe, vivent six dieux et six déesses : pas de sexisme, l'égalité règne et chacun remplit son rôle. Pour compléter la distribution, il y a les demi-dieux, dont le papa ou la maman habite l'Olympe ; mais leur statut n'est pas très net. Pour s'approcher de la divinité, il faut le mériter, sortir de l'inconfortable condition de demi-dieu par l'héroïsme. Bien sûr, votre parent vous y aidera : pour arriver, il faut des protections ! Voyez la « carrière » d'Hercule.

La mère d'Hercule, Alcmène, est une simple mortelle, princesse de Mycène, ville de Grèce. Elle est mariée à Amphitryon et heureuse en ménage. Zeus (le dieu que le berger vient d'inventer) prend, pour triompher de la vertu d'Alcmène, la forme de son mari absent. Alcmène joue le jeu, se donnant l'illusion, sans en être tout à fait sûre, de tromper son mari avec lui-même... Molière et Giraudoux, dieux de l'Olympe du théâtre, s'en sont donné à cœur-joie d'exploiter une situation aussi humoristique que touchante.

Par son absence d'interdits et de scrupules, Zeus devient le symbole de la puissance permissive : il fait ce qu'il veut. Faire ce qu'on veut, c'est être libre... Jupiter-Zeus est donc « bénéfique » si puissance et liberté sont synonymes de bonheur. Mais il y a dans ses comportements tant de démesure qu'il nous fait l'effet d'un clown amplifiant, par ses mimiques, l'expression de la réalité.

Le Verseau : maturité et réalisation de potentialités spirituelles

Pour mériter sa présence parmi les dieux et héros de l'Olympe, Hercule dut, par douze fois, avec courage, force et ténacité, prouver que l'on peut évoluer.

Si les douze signes du Zodiaque et les douze travaux d'Hercule symbolisent l'évolution de l'homme, de sa naissance à sa mort, le Verseau, onzième signe, représente la maturité et la réalisation de potentialités spirituelles.

Au Lion, la représentativité domine, l'intégrité et l'apparence physiques ont une grande importance. Pour la sauvegarder, Hercule tua, de ses flèches acérées, les oiseaux monstrueux du lac Stymphale qui se nourrissaient de chair humaine. Au Verseau, il détruisit le dragon aux cent têtes qui gardait le jardin des Hespérides, nymphes du couchant au service des dieux, et ravit les pommes d'or de la sagesse. Au lion, Hercule c'est Pâris, fils de Priam et d'Hécube. Un mauvais présage ayant précédé sa naissance, il fut exposé tout enfant sur le mont Ida ; mais des bergers le recueillirent et le nommèrent Alexandre, le « protecteur des dieux ». Choisi comme juge dans la dispute opposant Héra, Athéna et Aphrodite pour la pomme de la Discorde lancée par Eris et qui devait récompenser la plus belle, Pâris donna la pomme à Aphrodite car elle lui promettait l'amour d'Hélène... Et la guerre de Troie eut lieu !

Au Verseau, Hercule, vainqueur du dragon et des passions humaines, en échange de la Sagesse donnera à Athéna les pommes d'or du merveilleux jardin.

Que peut encore inventer le berger, rêvant sur sa montagne grecque ? Une constellation, un trident, trois chevaux, une amphore... Ce n'est pas un poème de Prévert (natif du signe), c'est la liste, non exhaustive, des accessoires du Verseau.

Dans la mythologie de ce signe d'Air, on parle cependant beaucoup d'eau. Certains auteurs lui ont même donné Neptune comme maître. Ils devaient être exclusivement buveurs de vin puisqu'ils n'ont pas distingué de l'eau de mer l'eau douce, désaltérante et lustrale, l'eau du baptême et des ablutions purificatrices.

Le Verseau est donc un signe d'Air, où les amphores laissent s'échapper leur contenu. Il y avait, dans l'ancienne Grèce, des fontaines d'où s'écoulait une eau admirable. Dans les contrées sèches et rocheuses, l'eau est une richesse inestimable et ceux qui s'en abreuvaient le faisaient avec respect. Certains même donnaient à leurs filles le nom de leur fontaine préférée.

Erichthonios, fils de la Terre et de Vulcain, avait épousé Callirrhoé, la déesse des sources, la « Fontaine aux belles eaux ». De leur union naquirent deux enfants : Tros et Oreïthyia. Oreïthyia était belle comme le jour.

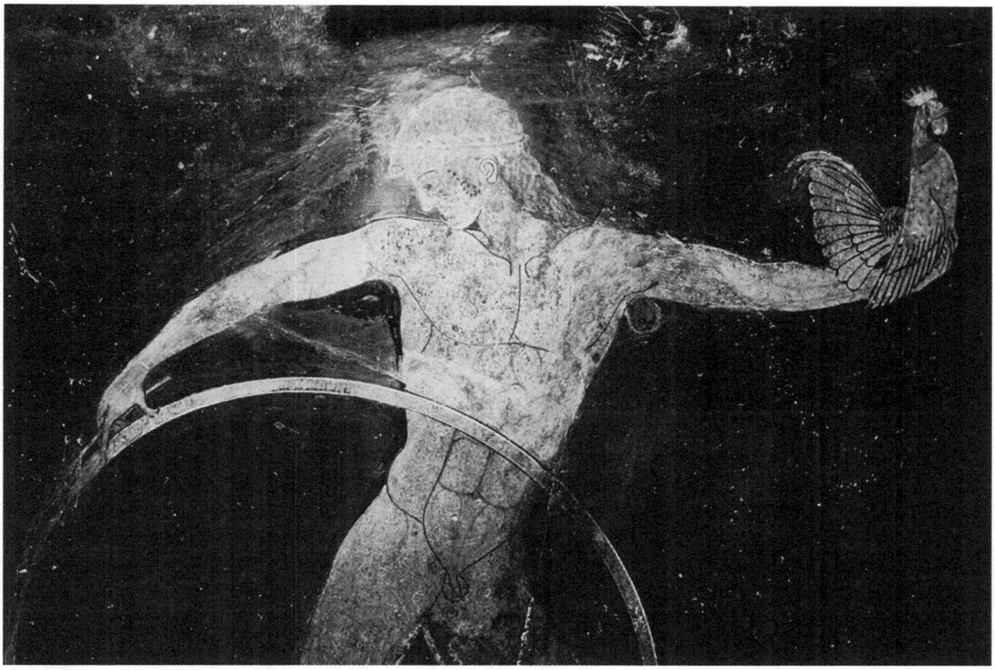

Très représentative du Verseau, cette peinture sur vase où Ganymède tient d'une main un cerceau, de l'autre un coq de combat : le jeu et la combativité.

Oreïthyia séduisit Neptune

Harmonieuses étaient sa voix et sa démarche, grâcieux ses gestes lorsqu'elle allait chercher de l'eau, une amphore sur l'épaule. Neptune, dieu des mers, et amateur de jolies femmes, décida de lui faire la cour. Habitué à mener rondement ce genre d'entreprises, il prit la forme d'un cheval, métamorphosa sa conquête en cavale et l'éleva jusqu'aux cieux où il s'unit à elle. Dans son émoi, avant de devenir jument Oreïthyia lâcha son amphore qui se brisa à terre, arrosant les petites graines enfouies dans le sol. Quant à son frère Tros, qui donna son nom à la ville de Troie, il eut un fils : Ganymède. D'une beauté extraordinaire, celui-ci séduisit Zeus qui se transforma en aigle pour l'enlever dans l'Olympe. Devenu immortel parce qu'il était beau, il priva Hébé de ses prérogatives, versant à sa place nectar et ambroisie qui donnaient aux dieux joie et gaîté, les gardant jeunes pour l'éternité.

Voici l'histoire d'Athéna. Héphaistos-Vulcain, fils de Zeus-Jupiter et d'Héra, était si laid à sa naissance que sa mère le jeta du haut de l'Olympe, le rendant boîteux, de surcroît ! Dieu des Enfers et forgeron habile, il fabriquait les armes des dieux, les foudres de Zeus, et fit naître Athéna-Minerve en fendant le crâne de Jupiter d'un coup de hache bien ajusté. Grande, les yeux pers, vierge et chaste, elle sortit tout armée de la tête et non de la cuisse de Jupiter. Ayant hérité de sa mère Mëtis sagesse et ingéniosité, elle devint la conseillère des dieux et des mortels. Elle aida Héraclès-Hercule à accomplir ses douze travaux, emprunta l'apparence de Mentor pour accompagner Télémaque, et apaisa les Erinyes qui devinrent bienveillantes. Jalouse d'Aphrodite que lui avait préférée Pâris, elle défendit les héros grecs pendant la guerre de Troie. Mais ses colères étaient terribles, et malheur à ceux qui les provoquaient !

On dit que Vulcain, tel Pygmalion, fut amoureux d'Athéna et que Jupiter autorisa leur union. Mais comment « honorer » une déesse ainsi cuirassée ? Vulcain n'y parvint pas, et sa semence perdue féconda la Terre. Qui sait si crocus, perce-neige et autres fleurs hivernales ne sont pas les filles attendrissantes du disgrâcié Vulcain ? Un enfant, cependant, naquit de la Terre fécondée. Athéna le recueillit et l'éleva, dans son temple, sur l'Acropole : il s'appelait Erichthonios, dont nous venons de parler.

Voici deux chevaux : Xantos, lumineux, blond comme l'or, symbole de toutes les vertus ; Podargyre, noir comme le jais, porte sur son dos le poids de la matière ; ils pourraient être la représentation équestre du jour et de la nuit (chevaux de la fontaine de l'Observatoire).

Un espoir fou peut se transformer en bonheur si...

Le Verseau ne désespère jamais ! Un espoir, si fou soit-il, mais conçu avec amour, peut se transformer, si toutefois Athéna s'en mêle, en un lumineux bonheur, malgré les épreuves et le ridicule.

Préférez-vous un récit d'où sont absentes les grâces et les séductions de déesses hors de votre portée ? Voici deux chevaux : Xanthos et Podargyre.

Dons de Neptune, ils remplacent auprès d'Erichthonios sa fille Oreïthyia. Xanthos est lumineux, blond comme l'or, Podargyre est noir comme le jais avec des sabots blancs. Le premier est le symbole de toutes les vertus, le second porte sur son dos le poids de la matière. Ils pourraient être la représentation équestre du jour et de la nuit. Les sabots blancs de Podargyre, entamant l'ombre noire de sa robe, symbolisent le jour gagnant sur la nuit... A cette époque de l'année, le jour, croissant en durée, apporte avec lui des espérances de mutation. Mais la nuit est encore bien dense, la terre est nue, les arbres dépouillés, les insectes enfouis. Il faut que chaque être vivant fasse un immense effort pour renaître, que de nouvelles motivations surgissent, que chacun prenne part à cette vaste re-création et aide autrui à y participer.

La liberté créatrice du Verseau : exempte de tout effort apparent

La liberté créatrice du Verseau a quelque chose de la source : elle est exempte de tout effort apparent. Son sens de l'intuition, de la conciliation, rend parfois le natif apparemment insouciant, son côté libertaire en fait soit un illuminé, soit un révolutionnaire, souvent un utopiste, toujours un être généreux.

A l'exemple d'Athéna, il a la réputation de conseiller, d'aider, d'enseigner et de comprendre : en fait, il contribue à faire repartir ce qui s'est arrêté. Ce n'est pas, pour lui, une vertu, c'est un réflexe.

Le jour est là qui commence à être beau comme Xanthos ; tout le travail souterrain se manifeste, préfigurant le printemps et rythmant la cadence du signe. A défaut de l'angélisme que lui attri-

Pour trouver l'apaisement, le Verseau peut contempler la métamorphose de la libellule des étangs crevant son dernier fourreau.

buent certains auteurs, et qui en irrite beaucoup d'autres, nous dirons qu'il suffit au Verseau, pour qu'il s'apaise, de contempler, en son temps, la métamorphose de la libellule des étangs crevant son dernier fourreau, ou d'imaginer le cheval Pégase alimentant l'inspiration des muses et des poètes à la source Hippocrène qu'il fit jaillir d'un coup de sabot sur l'Hélicon !

Le Verseau, signe de l'espoir

Si le Verseau est le signe de l'espoir, le mythe de Prométhée est, à cet égard, significatif.

Prométhée, nous dit la légende, est un Titan de la deuxième génération. Petit-fils d'Ouranos, il est le cousin germain de Zeus... et son ennemi, car il a dérobé le feu aux forges royales pour le donner aux hommes, malgré la vigilance d'Héphaïstos. Or le feu est le symbole de l'esprit. Hésiode, poète grec du VIIIe siècle avant Jésus-Christ, est l'auteur d'un poème réaliste, *la Théogonie*, dans lequel il raconte la punition infligée par Zeus : « Quant à Prométhée aux subtils desseins, Zeus le chargea de liens inextricables, entraves douloureuses qu'il enroula à mi-hauteur d'une colonne. Puis il lâcha sur lui un aigle aux ailes déployées : et l'aigle mangeait son foie immortel, et le foie se reformait pendant la nuit, en tout point égal à celui qu'avait, le jour durant, dévoré l'oiseau aux ailes déployées [1]. »

Hésiode, ennemi des exploits guerriers, est favorable à la justice immanente : si l'on vole quelque chose, on doit en être puni sans procès préalable. Nous sommes encore au Capricorne, où la loi est souveraine.

Assurer le triomphe de l'esprit sur la force

Avec Eschyle, nous passons au Verseau, trois siècles plus tard. L'évolution sociale fait changer le langage et l'interprétation des faits : l'homme a le droit de se révolter contre l'absurde vengean-

1. *Théogonie*, vers 521 à 524.

Temple égyptien : chez les Égyptiens, le phénix s'appelle Bennou ; il accompagne le soleil dans sa course journalière, naît à l'aurore au-dessus des eaux du Nil et avec lui meurt à son coucher.

ce, d'avoir recours à la justice pour se défendre et d'assurer le triomphe de l'esprit sur la force. Il s'agit de libérer l'homme en maintenant l'espoir de survie que symbolise le feu.

« Oui, dit Prométhée, j'ai délivré les hommes de l'obsession de la mort... J'ai installé en eux les aveugles espoirs... Je leur ai fait présent du feu. De lui ils apprendront des arts sans nombre [1]. »

Pour Eschyle, la torture la plus injuste consiste à être retenu sur terre sans pouvoir transcender ses désirs, à rester dans la nuit de la matière sans espoir de voir la lumière de l'esprit.

A ce moment, la légende fait intervenir Héraclès. Symbole de l'évolution spirituelle pour laquelle il combat, il tue l'aigle d'une flèche et libère Prométhée.

Pour accéder aux valeurs transcendantales, il faut être initié. Héraclès fit intervenir son éducateur, le Centaure Chiron, qu'il avait maladroitement blessé d'une flèche dans le combat engagé pour sauver Pélée, et qui souffrait atrocement.Fils de Cronos, il était immortel et donc sans espoir de délivrance. A moins de pouvoir céder son immortalité comme Esaü son droit d'aînesse, Chiron était condamné à la souffrance éternelle. Dans *Prométhée délivré,* Zeus se réconcilie avec le Titan, son cousin, et permet à Chiron de mourir en paix.

Ainsi le jour, pour renaître, doit provoquer la mort de la nuit, et le Verseau se libérer des contraintes de l'hiver en préparant le printemps.

Si la légende de Prométhée symbolise la libération de l'homme par l'intermédiaire d'un justicier, celle du phénix préfigure les fonctions uraniennes, l'effort individuel pour se recréer soi-même.

Sa propre chaleur suffit à le consumer

Le phénix grec est un oiseau mythique dont la particularité est de renaître spontanément de ses cendres. Très grand, d'une envergure de trois mètres, il ressemble au héron pourpré ou héron de

1. *Prométhée enchaîné,* VII, 110-225.

En Camargue, un peu avant le coucher du soleil, les flamants roses s'envolent ensemble pour une destination inconnue ; le phénix est peut-être parmi eux ?

cinabre. Le dessous de ses ailes est rouge orangé allant en s'éclaircissant jusqu'au rose pâle sur le dos et la tête. Il vit très vieux, parfois plusieurs siècles ; mais comme il est à la fois mâle et femelle, il doit assurer seul sa descendance. A l'approche de la mort, il se construit avec des herbes aromatiques un nid presque complètement clos, s'y réfugie et sa propre chaleur suffit alors à le consumer.

Un autre phénix renaît alors : avec les cendres de son père il confectionne un œuf qu'il emportera en Egypte, à Héliopolis. Il est peut-être le symbole de l'axe Verseau-Lion, se consumant au Lion où le Soleil est dans toute sa gloire et renaissant au Verseau, lieu de son exil.

Pour les Egyptiens, le phénix s'appelle Bennou. Il accompagne le Soleil dans sa course journalière, naît à l'aurore au-dessus des eaux du Nil et, avec lui, meurt à son coucher pour renaître le matin. Ils rythment ensemble les durées respectives du jour et de la nuit, ainsi que les crues annuelles du Nil. Comme Bennou, le Soleil est éternel : il renaît de ses cendres chaque année et chaque matin.

L'effort de l'homme pour se créer sans cesse

Dans la pensée occidentale latine, ce symbole est d'une très haute signification : il évoque la résurrection après le Jugement dernier, au moment où les âmes pesées par Dieu seront désignées pour la vie éternelle ou rejetées à tout jamais. Le mérite est le seul critère qui puisse être interprété suivant des canons bien précis.

Pour le phénix, nulle obligation sauf d'être lui-même et de répondre à son destin. Comme le Verseau, parce que c'est sa vocation uranienne, il préconise le désir de survie, l'effort de l'homme pour se créer sans cesse.

En Camargue, un peu avant le coucher du Soleil, les flamants roses s'envolent tous ensemble pour une destination inconnue, rougissant l'horizon à l'approche de la nuit. Parmi eux, peut-être Bennou s'élance-t-il vers Héliopolis ?

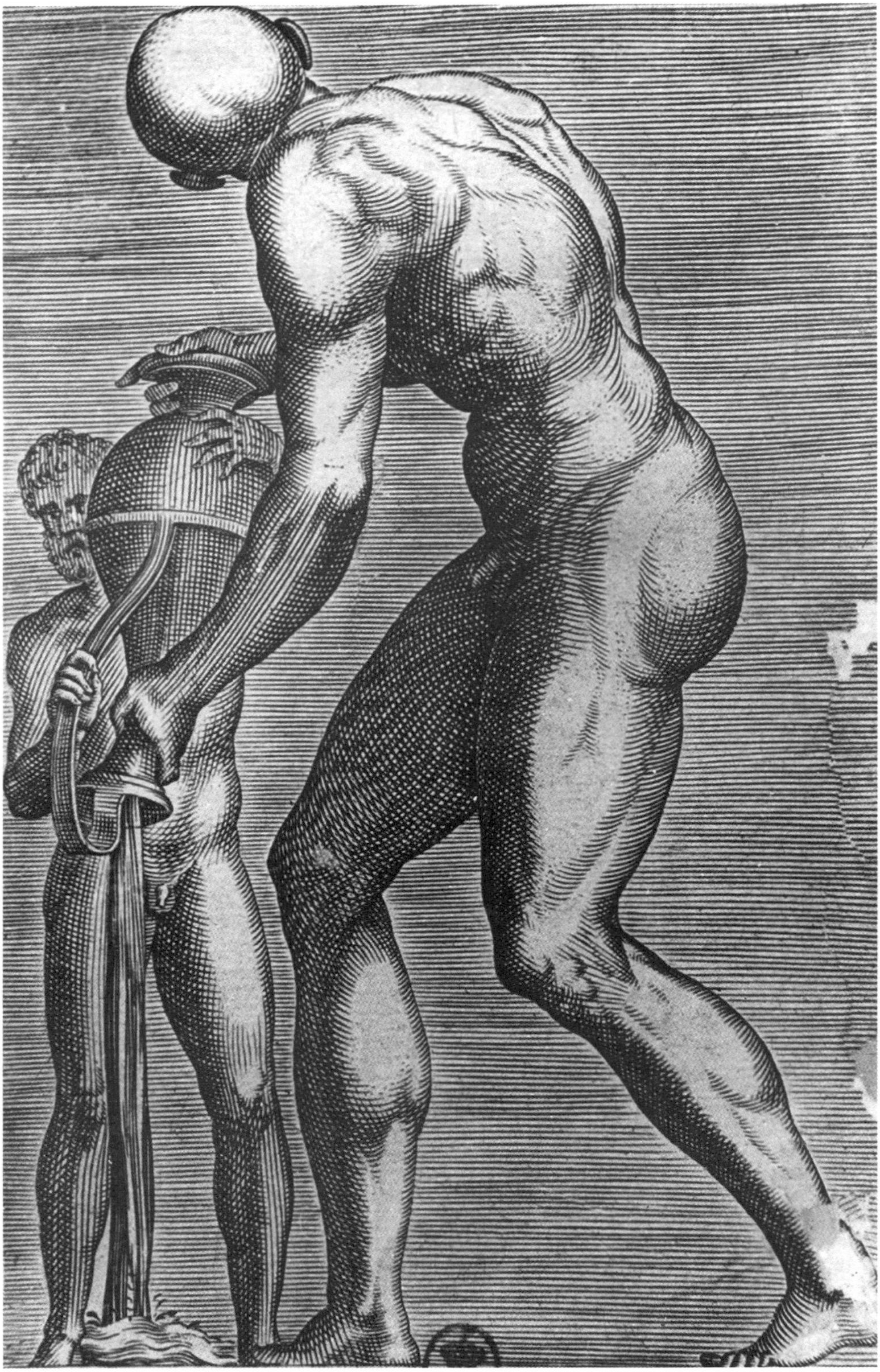

L'eau douce que l'Aquarius déverse d'une lourde amphore est symbole de sagesse : elle confère au signe maturité et dépassement de soi.

La Symbolique du Signe

Pour notre hémisphère, le Verseau fait partie de la quarte d'hiver. Il est précédé du Capricorne, suivi des Poissons, et occupe la portion du cercle zodiacal qui va de 300 degrés à 330 degrés de longitude céleste. Le Soleil traverse ce signe, chaque année, du 20 janvier au 19 février.

Pendant cette période, la nature est en attente. La nuit est plus longue que le jour, mais sa durée va décroissant. Prenons deux exemples, au hasard : à Paris, le 25 décembre, la nuit dure seize heures et le jour huit heures. Le 19 février 1980, Mardi gras pour les chrétiens, nous avons vécu, à quelques minutes près, 14 heures sous la lampe et 10 heures à la lumière solaire, qu'il ait neigé ou fait soleil !

Au signe du Lion, opposé au Verseau, l'épi de blé existe en soi, bien visible et doré par l'intensité lumineuse à défaut du chaud soleil. En hiver, cet épi a perdu son identité et sa singularité : il s'est divisé en autant de graines qu'il peut en contenir et qui sont devenues promesses. Enfouies sous la terre protectrice, elles hivernent, se replient et se concentrent.

Tout à coup, au Verseau, chaque graine reprend vie, se gonfle d'eau et sa chimie mystérieuse va produire le germe, puis la plante... L'épi est devenu la promesse d'un champ de blé. Nous passons de l'individuel au collectif, de la singularité à la multiplicité, de l'ambition personnelle à la prise de conscience d'autrui. Si les douze signes du Zodiaque symbolisent l'évolution de l'homme, nous allons de la représentativité à la maturité psychique, tentant l'accomplissement de l'homme en accord avec l'univers.

Autrefois, le Verseau, ou Aquarius (le porteur d'eau), était représenté par un homme tenant une amphore. Il la gardait sur l'épaule ou faisait don à la Terre, comme en un baptême, de l'eau qui la remplissait. Pour plus de commodité, nous avons gardé l'hiéroglyphe égyptien : deux lignes sinueuses évoquent l'eau agitée par le vent, l'élément liquide sert de support à la communication.

Le Verseau recherche les liens du cœur sans ses passions

Dans le contexte zodiacal, le Verseau est un signe d'Air fixe : c'est le pivot autour duquel tournent la Balance, signe d'Air cardinal et les Gémeaux, signe d'Air mutable.

Si, au printemps, l'homme est tout instinct, en automne il prend conscience de « l'autre » et des liens qu'il peut nouer, et en hiver il tend vers des valeurs universelles. Aux Gémeaux, il s'agit du simple sens des contacts, jeux de l'intelligence et des rapports sociaux. En Balance, c'est la relation à deux, le dialogue amoureux, l'amour qui fait des choix, accueille celui-ci, évite celui-là. Au Verseau, on compose, on tient compte de l'avis de l'autre, on le respecte, sans pour autant se laisser convaincre : c'est le signe de l'amitié qui est le lien du cœur sans ses passions.

Avant la découverte d'Uranus, la planète maîtresse du signe était Saturne, qu'il partageait avec le Capricorne. Mais il convient de distinguer le Saturne du Capricorne de celui du Verseau.

Pour les Grecs, Saturne, c'est Cronos. Fils d'Ouranos et de Gaïa, la Terre, il devint dieu de l'Olympe en émasculant son père. Afin de garder le pouvoir pour lui seul, il élimina toute sa descendance en la dévorant ! Seul Zeus put échapper à cette fatalité grâce à sa mère : elle lui substitua une pierre et le confia à la chèvre Amalthée qui le nourrit dans une grotte.

Cronos, au Capricorne, c'est la nuit qui veut rester reine. Zeus, c'est le jour qui renaît au solstice d'hiver pour devenir roi... en attendant de se faire détrôner lui aussi, au solstice d'été !

Le Saturne du Verseau renverse les valeurs pour en établir de nouvelles

Pour les Romains, Cronos, c'est Saturne. Chassé à son tour de l'Olympe, il fut accueilli à Rome par Janus et symbolisait le héros civilisateur. Il institua les saturnales, sorte de carnaval pendant lequel toutes les licences étaient permises et les rapports sociaux renversés : les esclaves étaient servis par leurs maîtres et ceux-ci obéissaient à leurs ordres. C'est le Saturne du Verseau, celui qui renverse les valeurs pour en établir de nouvelles, c'est l'âge d'or romain, l'espoir d'un bien-être collectif par l'établissement d'une juste répartition des biens matériels, le rêve de fraternité universelle. A ce titre, Saturne procède de l'idéologie neptunienne, mais à travers l'effort d'un seul.

Quant à Janus, le dieu au double visage dont une face est tournée vers le passé et l'autre vers l'avenir, il enseigne que ce qui est devenu caduc doit être renouvelé, il est le symbole des transitions et de l'évolution, le passage d'un état à un autre, le signe de la résurrection.

Le Capricorne, c'était « hier », le Verseau, c'est « demain » !

Si nous passons du dieu à la planète qui porte son nom, pour la Tradition astrologique Saturne implique une concentration, une fixation, l'opposition à tout changement. Il est le « grand maléfique » qui complique la vie parce qu'il engage l'homme à la réflexion et à l'analyse des situations.

En 1781, Herschel, astronome anglais, croit apercevoir une comète mais, quelques années plus tard, Laplace, astronome et mathématicien français, reconnaît une planète : on l'appelle Uranus.

A Uranus, dernière planète du système solaire, on attribua l'infini

Le Verseau l'a échappé belle quant aux malédictions saturniennes : plus de dieux, plus de symboles, nous voici devant une réalité astronomique. Détrompez-vous : en lui donnant un nom, on la rattacha à un dieu : Ouranos ! Récemment découverte, elle fut considérée comme la dernière planète du système solaire et on lui attribua une notion d'infini : le ciel.

Pour les Grecs, au début était Ouranos, l'effervescence chaotique et indifférenciée. Puis vint Cronos qui, en émasculant son père, mit fin à sa fécondité. Enfin, la dernière étape aménage un ajustement entre les deux premières : un rapport est établi entre l'histoire des dieux et celle des hommes, du général nous passons au particulier par une réduction brutale, qui est dans l'ordre uranien. Pour les astrologues, il reste toujours des signes à pourvoir. Bien qu'ils ne soient pas tous d'accord sur l'attribution d'Uranus, l'astropsychologie en fait le « maître » du Verseau. Il est indiscutable que les affinités entre planète et signe sont grandes : même sens de la particularité et de l'hyper-différenciation, même possibilité de réduire, en une formule simple, un ensemble de concepts.

Si nous regardons l'idéogramme de la planète, nous voyons la représentation graphique de la Terre, surmontée de chaque côté par deux demi-cercles.

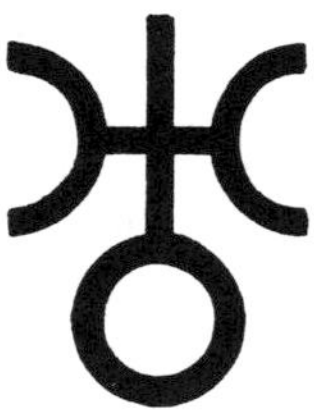

L'ensemble donne une impression de contraction, puis de dégagement brutal. C'est le départ de la fusée Apollo, l'apprenti-sorcier qui déchaîne des forces dont il n'est pas maître. C'est partir de l'informulé et, à travers des choix qui éliminent l'inutile, se dégager de l'indifférencié. C'est le chemin difficile qui va de l'inspiration à la formulation, ce n'est pas une naissance mais une renaissance : c'est l'individu qui s'enfante lui-même.

Chapitre II

Caractérologie générale du Signe

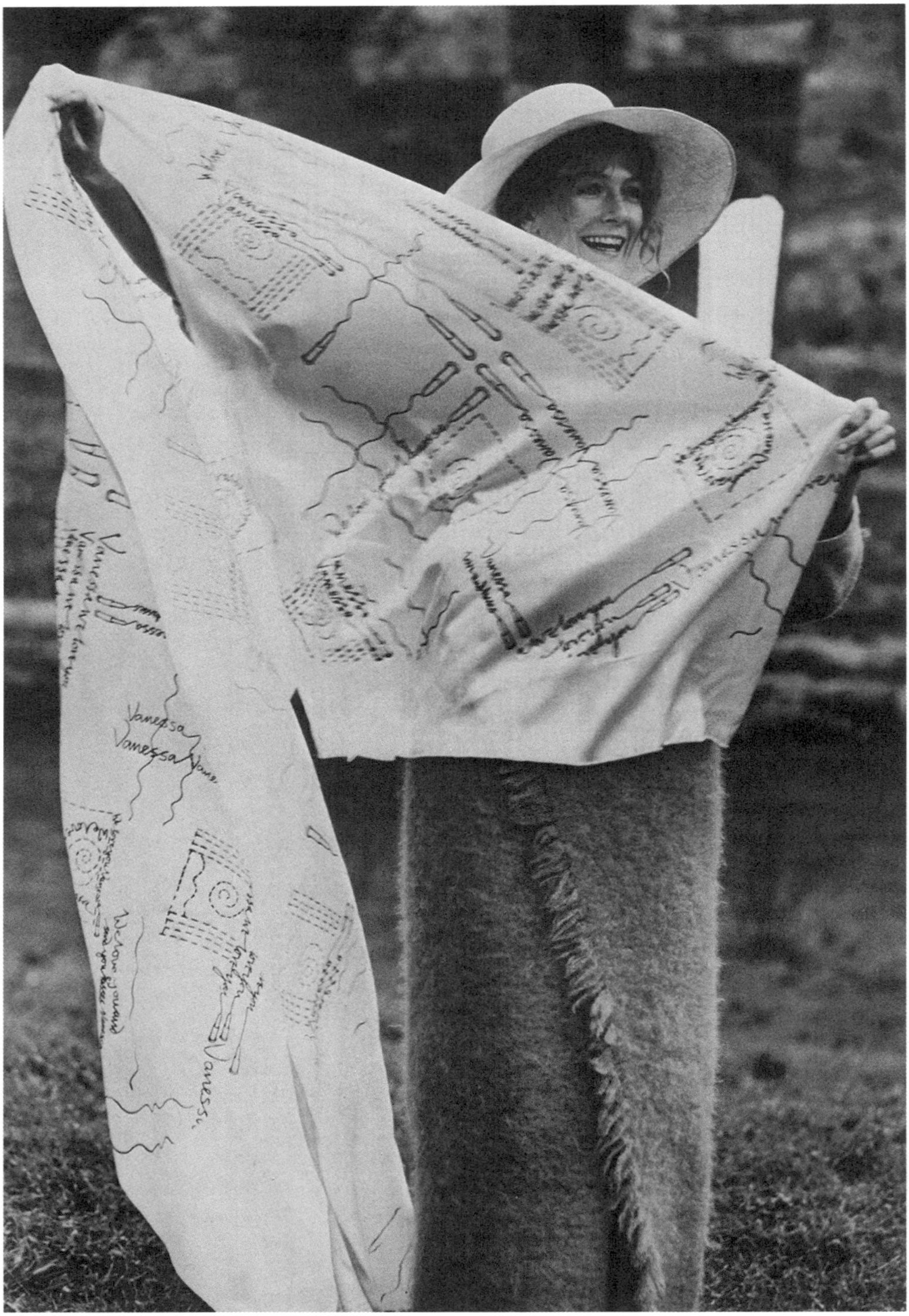

Le Verseau type est un être chaleureux, optimiste, ouvert, humaniste et profondément original : Vanessa Redgrave, native du signe, illustre bien, dans son attitude, ces caractéristiques.

Le Verseau dans la Vie

« Au-delà des apparences, il existe une structure commune à l'homme et au monde : celle des quatre qualités élémentaires. Le ciel, par ses origines comme par son fonctionnement actuel, s'explique de la même manière que l'homme. »

MAX LEJBOWICZ [1]

A partir du moment où l'on se spécialise dans l'étude d'une discipline, on cherche à classer son objet, à constituer des groupements dont les composants aient soit une apparence commune, soit une même forme de comportement.

Après la vision symbolique du monde, le premier effort d'unification entre l'homme et le système solaire est la doctrine des quatre éléments (Terre, Eau, Air, Feu) en rapport avec les qualités élémentales (sec, froid, humide et chaud).

Apparue entre le VIe et le IVe siècle avant Jésus-Christ, cette doctrine fut abusivement attribuée à Hippocrate ; en fait, ce n'est que six cents ans plus tard que Claude Galien (131-201), philosophe et médecin grec, établira un rapport entre les quatre éléments et les qualités élémentales correspondantes.

La bile blanche, hépatique, est en rapport avec le Feu qui est chaud et sec (tempérament bilieux).

La bile noire, secrétion pancréatique, est analogue à la Terre qui est froide et sèche (tempérament mélancolique).

Le flegme est l'Eau qui est froide et humide (tempérament flegmatique).

Le sang est bizarrement en rapport avec l'Air qui est humide et chaud (tempérament sangûin).

Quinze siècles après Galien, en 1783, Lavoisier découvre la composition de l'eau (qui n'est plus considérée comme un corps simple) et prouve qu'il y a parfois du « feu » sans fumée en assimilant la respiration à une combustion sans flamme. Voilà l'Eau et le Feu démystifiés. A l'heure actuelle, si l'on parle de « tempérament de feu », c'est tout autre chose qu'on évoque.

C.G. Jung (1875-1961), psychiatre et psychologue suisse, rattache le devenir de l'homme et son équilibre à la fois à son pouvoir de mémorisation et à ses chances d'insertion dans le monde. Il crée des types psychologiques en faisant référence aux quatre éléments considérés comme des archétypes, des modèles d'action et de comportement.

Résurgence d'un rythme à quatre temps, accommodé avec les exigences des sciences humaines en plein essor et avec celles de la physique moderne, Jung « n'a pas hésité à voir un lien hypothétique possible entre l'importance psychologique du chiffre 4 (quatre points cardinaux d'orientation dans le monde extérieur, quatre fonctions psychologiques principales d'orientation dans l'univers mental, le phénomène universel de la croix) et la tétravalence du carbone... Ici, s'ouvrent des horizons insoupçonnés qui, reliant physique et psychologie modernes, rendront peut-

1. Conférence prononcée à Paris au F.I.A.P. : *Qu'est-ce que l'astrologie ?*

être un jour mieux compte de certains aspects de cette synthèse paradoxale entre la matière *en* l'homme et ce qui ne l'est pas, et qu'on appelle la vie [1] ».

Le chiffre 4 est une façon de s'orienter dans l'espace à laquelle nous sommes adaptés. D'où quatre grandes fonctions elles-mêmes réparties en deux sous-groupes selon qu'elles se rapportent à la réalité ou à leurs résonances intérieures chez les individus : le rationnel ou l'irrationnel.

1. *La fonction sensation* est irrationnelle. Pour qu'elle soit pure, il faut qu'elle évite toute influence et toute interprétation.
2. *La fonction pensée* est un acte rationnel. Elle métamorphose la sensation, fait des choix, préférencie telle ou telle sensation selon un critère intellectuel qui la transforme en idée.
3. *La fonction intuition* est irrationnelle par définition. Elle appréhende l'inconnu, trouve dans le connu des aspects inhabituels ou non codifiés : c'est le fil d'Ariane qui nous guide dans le brouillard.
4. *La fonction sentiment* est rationnelle. Elle fuit la pensée qui détériore son plaisir, mais émet des jugements sur l'objet de son désir. L'amateur d'art est un sentimental qui suit les critères de son goût, mais aussi le courant de la tendance artistique ou de la mode.

Un comportement apparemment irrationnel

Mais comment la « fonction » va-t-elle se faire connaître, quelle sorte de comportement inspire-t-elle au sujet ? Deux attitudes semblent résumer les rapports avec autrui et le monde extérieur :
— soit il y contact et c'est l'extraversion,
— soit il y a fuite et c'est l'introversion.

L'extraverti, dans un moment de crise, raconte son histoire, étale ses déboires, cherche un interlocuteur pour se plaindre, se moquer de lui-même tout en se rassurant.

Dans un même contexte, l'introverti, fasciné par son monde intérieur, refoule ses énergies, refuse les contacts et se complaît dans la solitude qu'il recherche, utilisant ses forces à cultiver les souvenirs et les phantasmes.

Dans un tel contexte le Verseau est, pour nous, un *intuitif extraverti,* de comportement apparemment *irrationnel.*

Nous évoquons le Verseau dont le signe domine réellement le thème soit par la jonction de plusieurs planètes, soit, au moins, par la position du Soleil et de l'Ascendant. Son comportement paraît, à un œil non averti, se perdre dans des cheminements illogiques. Si on analyse le sujet plus attentivement, on constate que sa « promenade » versatile ou primesautière est intuitivement guidée par un fil conducteur très solide : une idée, une innovation, un chemin inhabituel dans la façon de raisonner, d'aimer ou de penser. Il rationalise à sa manière, qui est simplement d'une source différente. Si on l'interroge (mais qui a la patience d'interroger le Verseau ?), il explique volontiers son cheminement qui n'est jamais gratuit. Il glane à droite et à gauche de quoi étayer son argumentation, éclairer son chemin ou égayer son humeur. Rien à voir avec l'idée fixe qui est pourtant, selon Paul Valéry, « une idée particulièrement mouvante puisqu'elle revient plus souvent qu'à son tour ».

Le Verseau : un intuitif extraverti

Intuitif extraverti, le Verseau est dérangé par la sensation pure. Il la met en attente, l'oublie pour faire face à « son » immédiat, puis la retrouve pour en tirer quelque chose de neuf, d'inédit ou de cocasse. Certains appellent cela le sens de l'humour... mais l'on n'est jamais sûr de l'humour des autres ! Selon Jung, pour garder son équilibre, notre Verseau, intuitif extraverti, aura des sensations introverties...

Un passionné para-sentimental

La réaction d'un Verseau confronté avec la caractérologie de Le Senne [2] est un sentiment d'impuissance. Devant une telle complexité la tête lui tourne et l'impatience le saisit. Uranien par

1. Dr. R. Cahen, Préface à *l'Homme à la découverte de son âme,* de C.G. Jung., éditions du Mont-Blanc.
2. La caractérologie de Le Senne comporte trois facteurs fondamentaux : l'émotivité, l'activité, la secondarité et son complémentaire la primarité.

sympathie, le Verseau est pour la simplification : ses intuitions sont verticales, ponctuelles et fulgurantes et le flou neptunien le déroute. Acharné cependant contre ce qui lui résiste, il se définira comme « étroit » dans ses conceptions et « large » dans son comportement. Il a besoin d'une idée directrice qui, telle un fil, l'empêchera de s'égarer, mais la tolérance est une de ses vertus et il cherchera à convaincre et à transmettre. Emotif et secondaire, actif ou non-actif selon les circonstances et les possibilités de son système nerveux, c'est un passionné para-sentimental.

Naissance en hiver : lenteur et profondeur

Pour nos latitudes, le Verseau fait partie de la quarte zodiacale d'hiver : il est entouré du Capricorne et des Poissons.

A cette époque de l'année, l'arc diurne croît mais l'arc nocturne est encore dominant en durée. Il crée autour de lui un phénomène d'inhibition qui a du mal à changer d'état : c'est l'inertie ou la « lenteur » jointe à la force du processus (F – L –). Dans ce cas, il se produit au niveau du système nerveux un renversement de la tendance que Pavlov appelle « induction simultanée » et qui semble être la spécialité des signes fixes de la Tradition : Taureau, Lion, Scorpion et Verseau.

Pendant l'époque considérée, l'induction sera positive, c'est-à-dire contraire au phénomène dominant. Donc le Verseau est un excitable sur fond d'inhibition (F + L –). Dans la vie courante, si vous êtes assis depuis longtemps à votre table de travail vous éprouvez soudain le besoin de vous lever, de marcher... et vous avez bien raison de le faire car c'est votre système nerveux que vous protégez.

Une conscience en perpétuel éveil

Le Verseau est un être profondément cérébral ; ses sensations, ses impressions, ses sentiments, même, lui arrivent par coïncidence brutale avec son intelligence. Le coup de foudre, que l'on attribue au Verseau (et aux Uraniens, en général), est une déduction extraordinairement rapide des qualités qui vont l'intéresser chez un être. On croit à de l'irrationalité intempestive, là où il y a une conscience en perpétuel éveil, attentive aux signaux, parfois infimes, qu'émettent ses interlocuteurs. C'est un fonctionnement soudain quasiment électrique : voilà pourquoi il échappe au commun des mortels. Il peut arriver qu'un Verseau se trompe, mais c'est rare. Sa vivacité dans le discernement, sa faculté de jauger, en une fraction de seconde, la situation dans laquelle il se trouve, les éléments qui la composent, et l'intérêt qu'elle présente (intérêt non pas matériel mais intellectuel, humain) le disposent fort peu à l'erreur.

Un défricheur d'âmes

Sa curiosité innée, abyssale, illimitée, le porte à toutes les expériences. C'est un défricheur d'âmes, un explorateur d'inconnu, d'incompréhensible, d'insaisissable. Cet intérêt porté à la totalité du monde – extra-terrestres, être humains, animaux, pays, choses –, allié à une sensibilité artistique profonde, le rend perméable et accessible à toutes les disciplines : il est *fondamentalement pluridimensionnel.*

Profession : génie

C'est le seul signe du Zodiaque à pouvoir être aussi à l'aise dans les mathématiques que dans la poésie, dans la musique que dans la haute finance, dans la peinture que dans l'économie, dans la décoration et la philosophie autant que dans le sport et la psychologie, le jeu et les sciences exactes. Il ne peut pas choisir et il n'a pas besoin de choisir : son esprit est ainsi fait qu'il emmagasine et appréhende l'essentiel en toute chose. Ce qui n'interdit pas une spécialisation, dans laquelle ses théories, ou sa pratique, font généralement autorité, voire passent pour *géniales.* Car le Verseau fait profession de génie aussi aisément que d'autres font dans la recherche, le journalisme ou l'artisanat d'art.

Marie Trintignant, d'une nature timide ayant du mal à s'exprimer en public, a su se réaliser grâce au théâtre.

Le Verseau et l'Amour

Signe « fort » et signe « faible »

« Les héros ont leurs accès de crainte, les poltrons des instants de bravoure. » (Stendhal)

Qu'il soit bien établi, tout d'abord, qu'il n'y a aucun jugement de valeur dans les termes « fort» et « faible ». On devrait plutôt écrire signes adaptés et non adaptés. Il n'y a pas, non plus, de signe entièrement fort ou entièrement faible. Nous vivons, dans une même journée, les deux pôles, mais il est intéressant de connaître celui que l'on vit le plus souvent et qui constitue une dominante.

Si la formule du Verseau adapté est une force d'excitation dans un contexte d'inhibition (F + L —), le pôle d'inadaptation se définira comme une faiblesse d'inhibition repos, c'est-à-dire la formule du Taureau expliquée par un manque. Un exemple concret peut être donné par l'analyse de la vie affective du Verseau vue sous les deux aspects.

Cela semble paradoxal (c'est-à-dire contraire à un comportement logique) de changer d'état alors que l'on est bien adapté à une situation : d'où le nom de phase paradoxale (P.P.) employée pour les signes où ce phénomène est le plus remarquable.

Individualiste dans son humanisme

Un Verseau, par exemple, peut rester de glace si vous attaquez brutalement son savoir ou sa situation, mais il quittera la pièce avec éclat si, par une allusion, vous mettez en doute sa fidélité à une cause ou son dévouement à une amitié : il préfigure le Bélier par la vivacité de son comportement. Ses valeurs sont rarement en coïncidence avec les valeurs traditionnelles et établies. Même lorsqu'il est intégré à un environnement socio-culturel, il apparaît comme marginal ou asocial. C'est que ses propres critères de jugement, ses propres objectifs, ses propres idéaux comptent plus que tout. Le Verseau est un grand narcissique de l'intérieur : il veut pouvoir s'admirer lui-même en étant conforme à l'image qu'il s'est projetée. A la limite, que cette image ne corresponde en rien aux schémas d'autrui ne le dérange guère. Il a besoin, d'abord, de s'estimer.

Progressant de défis en défis (qu'il se lance à lui-même), il se forge souvent une personnalité originale, profondément a-conventionnelle et riche : sans préjugés, sans *a priori*, curieux de tout. C'est ce qui le rend aussi « individualiste » dans son humanisme : cette force, qu'il ne détient que de lui-même, lui permet de s'ouvrir au monde extérieur, sans qu'il y ait de limites discernables à cette ouverture. Le Lion se sert des autres pour se trouver. Le Verseau part de lui pour trouver les autres. Cette démarche *excentrique* est essentielle pour comprendre son comportement en amour, en amitié, dans le travail, dans les affaires. C'est la démarche d'un être profondément libre.

Une affectivité en « dents de scie »

Sentimentalement, le natif, ou la native, du signe étonne parfois par ses choix. Pour le Verseau, la beauté n'a pas de canon bien défini : il est insensible — et même réfractaire — aux coutumes

En amour, le Verseau fait preuve d'une grande disponibilité ; il a des mœurs extrêmement libres et montre un goût profond pour toutes les expériences (extrait d'une bande dessinée de Régis Franc, né sous le signe du Verseau, intitulée : le Café de la plage, ***copyright*** le Matin).

ou à la mode. N'est « beau » que ce qui l'émeut et son émotion va toujours de pair avec l'admiration. Si le Verseau est amoureux — ce qui demande du temps —, il saura vous en donner les raisons car il sépare naturellement le sentiment de la sexualité. Dans ce cas, réjouissez-vous ou dépérissez : quand le Verseau est amoureux, c'est pour longtemps ! Vous vous lassez ou il s'éloigne : l'amitié continuera la douceur du lien à condition, qu'à ses yeux, vous la méritiez.

S'il s'agit de sexualité, c'est encore un détail auquel lui seul est sensible qui déclenche son émotion. Dans ce cas, point de manières, il va droit au but. Mais il peut, en l'absence de l'excitant désiré, pratiquer sans gêne la chasteté ou l'indifférence. C'est ce qui a fait, aux natives du signe, la réputation de femmes émancipées à une époque où le respect des tabous sexuels réglait la conduite amoureuse.

Préférant l'union libre parce que profondément rebelle à tout lien que la société impose, le Verseau se marie cependant volontiers car il aura l'espoir que, l'un complétant l'autre, le couple créera, en chacun, des valeurs nouvelles.

« Ce n'est pas tant le divorce que je blâme, c'est le mariage. Il me semble que tout vaudrait mieux que le mariage : seulement cela ne se fait pas ! », écrit Colette dans *la Naissance du jour,* et, plus loin : « Souffrir, c'est peut-être un enfantillage, une manière d'occupation sans dignité — j'entends souffrir, quand on est femme par un homme, quand on est homme par une femme. J'ai bien peur que ce genre de douleur-là ne mérite aucune considération. »

En effet, par nature, le Verseau est gai ! Il peut, comme tout le monde, s'attarder dans des situations sans issues dont il se masque provisoirement l'inconfort, mais son amour de la vie provoque le dénouement brutal, inattendu, qui le laisse serein, l'amour l'ayant déjà quitté.

Ses valeurs sentimentales, établies sur une ambiguïté, créent une affectivité en dents de scie car, s'il a tendance à idéaliser son partenaire et à le recréer selon des critères personnels, il se fait peu d'illusions sur ce que l'on peut attendre de l'autre. S'il élève des statues et qu'elles tombent en l'entraînant, il attend patiemment la renaissance. « Ce n'est pas trop de naître et de créer chaque jour... Je n'ai qu'à attendre la reprise d'un rythme interrompu pendant quelque temps. Attendre... cela s'apprend à la bonne école, où s'enseigne aussi la grande élégance des mœurs, le chic suprême du savoir-décliner. » C'est encore Colette, née le 21 janvier 1873 à 22 heures, Soleil-Lune en Verseau.

Si la vie amoureuse du Verseau harmonique est calme et raisonnée — ce qui n'exclut pas la chaleur —, il en va tout autrement du signe mal intégré. La faiblesse d'inhibition-repos amène la poursuite infatigable de l'esthétique vénusienne qui attire l'autre pour se mirer dans son fanatisme. Pas de repos pour qui poursuit ce but ! Chaque manifestation admirative nourrit la représentativité du sujet qui ne s'implique pas.

L'amour d'un seul ne suffit pas : il faut celui de la foule. C'est l'image de la vedette du show-business, des clubs de « fans » où l'on cultive l'adoration hystérique, encouragée par les magnats du disque où l'indice de popularité se mesure au nombre de fauteuils cassés et aux évanouissements spectaculaires. Claude François en fut souvent la victime effrayée mais consentante. Uranus en Taureau au carré du Soleil en Verseau obligeait le chanteur à vivre des périodes de repos forcé, insuffisantes à soutenir l'image sociale indéfiniment recréée.

Pour peu que le Soleil soit en aspect avec Uranus, il y a souvent la poursuite effrénée d'aventures successives, chaque fois déçues, accompagnées de drames, de ruptures, de changements brusques, sans lesquels le sujet perdrait son identité. Cette forme narcissique de l'amour exacerbe une disposition naturelle à renouveler les impressions usées.

Contradictoire en apparence seulement

Quoi qu'on en dise, le Verseau-type s'implique fortement dans la relation amoureuse. Il veut obtenir, dans les plus brefs délais, la satisfaction de ses besoins affectifs : le devenir des sentiments passe au second plan. Sait-on ce que le lendemain nous prépare ? C'est pourquoi il est si important pour lui de s'unir à un partenaire qui sache *évoluer* avec lui, à son rythme et selon ses pulsions. Ce signe de changement est malgré tout un signe fixe, c'est-à-dire fidèle aux valeurs sûres, profondes, stables. Parce qu'il n'attache pas de prix à ses emballements superficiels et fugitifs, il sait vivre un seul, un grand amour dans son existence, pour peu que l'être qui l'a suscité puisse évoluer en même temps que lui. Le paradoxe est flagrant : il attend *tout* de l'autre, son enthousiasme permanent, son soutien et son accord inconditionnels, sa collaboration dans tous les domaines, sa compréhension tendre et attentive. Mais, simultanément, il a besoin d'être assuré que l'autre existe *sans lui,* s'épanouisse indépendamment de lui. Cette exigence, pour contradictoire qu'elle paraisse, n'en est pas moins chaleureuse : elle révèle le respect profond qu'a le Verseau de la personnalité de l'autre et son désir de ne pas être un obstacle à son accomplissement. C'est, vraisemblablement, l'être le moins sujet à la passion de tout le Zodiaque — puisque la passion est « égoïste », exclusive et possessive —, mais le plus capable d'amour : à la limite, le Verseau aime l'autre pour l'autre encore plus que pour lui-même. Pour le conforter, le réconforter, pour qu'il se sente bien, même si ce doit être sans lui. Que chacune des deux parties du couple puisse bien vivre dans l'indépendance, n'est-ce pas une garantie qu'elles vivent ensemble dans l'harmonie ?

Clark Gable, Verseau, aux côtés de Marilyn Monroe : l'amitié joue un rôle capital dans la vie des natifs de ce signe.

Le Verseau et l'Amitié

La Tradition astrologique fait du Verseau l'analogue du onzième Secteur, où le sujet, dans sa relation avec autrui, est présent avec plus de discrétion et de recul, favorisant ainsi l'éclosion de sentiments qui réclament le long terme et leur projection dans l'avenir.

L'amitié demande non seulement de connaître « l'autre » mais aussi de l'expérimenter, de le mettre à l'épreuve. Si l'amour est aveugle, l'amitié demande une bonne vue !

La base d'inhibition extinctive propre aux signes d'hiver rend le natif difficile et patient, en le secondarisant ; mais l'induction positive (excitation qui, au Verseau, projette l'individu vers autrui) lui enlève sa froideur. Il y a, chez lui, un grand enthousiasme pour les êtres, un large accueil ; très vite, la première illusion passée, et à moins d'une codominante en signe ou en planète, la lumière se fait sur ce qu'il peut attendre de sa relation nouvelle. Il la gardera peut-être, mais il prend les gens comme ils sont et n'en attend que ce qu'ils peuvent donner. Sagesse ? Pas toujours : on peut aussi souffrir d'avoir le nez fin et la vue claire !

En arrière-plan de l'amitié du sujet Verseau, il y a parfois un doute sur ses propres mérites ; c'est en partie la raison pour laquelle le réflexe optimiste joue toujours en faveur d'autrui. Avez-vous besoin d'un service, votre situation s'éternise-t-elle dans un bourbier sans lendemain ? Ayez toujours un Verseau « dans votre poche » ! Une force l'habite qui exclut la stagnation : il faut remettre en marche ce qui s'est arrêté. C'est le spécialiste horloger du château de Versailles, chargé de remonter les pendules et qui court, de la première à la dernière, afin que le symbole du Temps garde sa pérennité.

Le sens de la composition, spécialité des signes de milieu de saison, agit en Verseau comme un catalyseur. L'amour s'y termine souvent en amitié, apaisante et subtile. Montaigne (Pluton, Mars, Vénus et Mercure dans le signe), qui s'y connaissait en amitié, y a consacré un chapitre de ses *Essais*. Il souligne qu'« on ne peut y comparer l'affection envers les femmes, quoy qu'elle naisse de nostre choix, on ne peut la loger en ce rolle. Son feu, je le confesse, est plus actif, plus cuisant et plus aspre. Mais c'est un feu téméraire et volage, ondoyant et divers, feu de fiebvre, sujet à accez et remises, et qui ne nous tient qu'à un coing. En l'amitié, c'est une chaleur générale et universelle, tempérée et au demeurant égale, une chaleur constante et rassize, toute douceur et polissure qui n'a rien d'aspre et de poignant... Ainsi ces deux passions sont entrées chez moy en connaissance l'une de l'autre ; mais en comparaison jamais : la première maintenant sa route d'un vol hautain et superbe, et regardant dédaigneusement cette cy passer ses pointes bien loing au-dessoubs d'elle [1]. »

Si l'Ascendant Cancer de Montaigne, entouré de Saturne et d'Uranus, rend celui-ci enclin à l'expression de son désir d'autoprotection et à l'étude raisonnée de lui-même, il est remarquable que la voix du Verseau se soit élevée bien haut lors de sa rencontre avec La Boétie, que cette

1. Montaigne, *Essais*, p. 221-222, La Pléiade. Michel de Montaigne naquit, ainsi qu'il le précise lui même, « entre onze heures et midi, le dernier jour de fébvrier mil cinq cen trente trois ».

amitié ait été le résultat d'un choix et marquée par un dévouement sans relâche à l'œuvre de son ami. Montaigne précise d'ailleurs : « Si on me demandait pourquoy je l'aymais, je sens que cela ne peut s'exprimer qu'en répondant : parce que c'estait luy ; parce que c'estoit moy. »

Il est dommage que, dans Paris, qui se pique d'être le centre mondial de la culture, l'avenue Montaigne et la rue La Boétie ne se soient jamais rencontrées au carrefour de l'Amitié !

Un ami qui ne connaît pas l'interventionnisme

L'inadaptation, en amitié, est une des formes les plus odieuses de l'indiscrétion. C'est la recherche inconsciente du malheur d'autrui à soulager, pour son autosatisfaction, le conseilleur dont personne n'a demandé l'avis mais qui le donne quand même, l'ami qui prend en charge sa victime en la dépersonnalisant. Qu'Athéna nous préserve de pareilles aberrations ! Elles ne seront certes pas le fait du Verseau, qui sait, au contraire, si parfaitement révéler l'autre à lui-même, l'amener à se dépasser, à s'accomplir, à se parfaire, suivant ses propres lois et voies, sans intervenir. Aider son ami dès que le besoin s'en fait sentir, s'ouvrir à lui et lui donner tous les moyens de s'épanouir, tel est le rôle que s'assigne un Verseau (quitte à s'oublier lui-même), sans ménager ses forces ni son temps.

Josef von Sternberg, et Serge Eisenstein, Verseau : les sentiments que portent les natifs de ce signe à leurs amis sont sacrés, indestructibles et fidèles dans leur intensité.

Le petit Verseau montre une grande curiosité à l'égard de tout ce qui l'entoure, dès son plus jeune âge : il faut alimenter et aiguiser sa curiosité sans répit, car les petits faits quotidiens sont pour lui source de profit. Faute de quoi son esprit s'étiole.

Le Verseau et son Éducation

Qu'est-ce que l'éducation ? Consulté, le dictionnaire nous dit que c'est la « mise en œuvre des moyens propres à assurer la formation et le développement de l'être humain » (Robert). Quels sont ces moyens, comment peuvent-ils être proposés au sujet et reçus par lui ?

D'une manière générale, l'éducation, en France, sous-entend les moyens associatifs permettant à l'individu de s'intégrer à la société de son temps et de vivre en paix avec ses semblables. C'est confondre la partie et le tout et ne voir, dans l'éducation, que l'apprentissage de la politesse qui n'est, selon Fénelon, qu'une « manière d'être, telle que, par nos actions et nos paroles, les autres soient contents de nous, et d'eux-mêmes [1] ».

En cette matière, les parents proposent généralement et veillent à l'application de schémas qui conviennent à leur génération, sans se préoccuper si ces normes seront encore vraies quand l'enfant sera adulte.

Une éducation réelle serait de donner au sujet, selon sa forme d'intelligence et sa sensibilité, les moyens de parvenir à un équilibre, tout en éveillant, chez lui, des potentialités adaptatives afin de gérer efficacement ses dons et ses déficiences.

Chaque individu est un être à part, mais on peut percevoir des constantes qui se retrouvent chez la plupart des sujets.

Intuitif et constructif

La forme d'intelligence du Verseau est intuitive, mais cohérente. Il saisit avec une remarquable rapidité la forme générale d'un système, pour peu que celui-ci, évitant le nébuleux, soit logiquement construit. Héritée du Capricorne, la rigueur lui est nécessaire et sert de base à ses constructions audacieuses, fruits d'une imagination novatrice. Le déjà-vu l'impatiente, la routine l'exaspère et le conformisme, qui étouffe l'homme et retarde l'avancement de sa pensée et de ses réalisations, est l'une de ces cibles préférées.

Il bouscule les normes établies et pourfend les pantouflards. Hier est caduc... on l'oublie, pour penser à demain.

L'intelligence, doublée d'un flair de sourcier, devine et devance les potentialités de chacun : il n'aura de cesse de les mettre en valeur et de révéler aux autres leur Moi profond.

Nous vérifions, au passage, la fonction de re-création qu'applique, au Verseau, l'astrologie conditionnelle.

Au stade de l'adolescence, ces caractéristiques sont à l'état d'ébauche : comment l'éducation va-t-elle pouvoir les structurer ? C'est le rôle de l'éducateur qui, en fonction de ce que nous venons d'exposer, aurait avantage à être Verseau !

A cette période, et sauf dans le cas d'une dominante saturnienne, l'adolescent a parfois tendan-

1. *Traité de l'éducation des filles.*

ce à reculer devant la nécessité d'approfondir ses connaissances qui risqueraient alors de rester superficielles, car sa curiosité, toujours en éveil, l'incite à aborder successivement des sujets très divers. Il convient donc de l'aider à orienter ses potentialités intellectuelles qui sont innovatrices, de lui laisser suffisamment de liberté pour œuvrer en toute quiétude, mais aussi de craindre et canaliser l'excès de ses trouvailles et la violence de leur application. Par un été particulièrement chaud, nous avons vu un petit Verseau changer l'hélice d'un modèle réduit d'avion parfaitement mis au point par son frère Capricornien, afin de le transformer en ventilateur ! L'hélice, en se détachant, faillit provoquer une catastrophe... mais c'était astucieux en diable ! Remarquons que notre héros aurait très bien pu fabriquer directement un ventilateur, mais qu'il préféra donner à un objet déjà existant une destination nouvelle, faisant revivre, en le re-créant, un objet qui avait été mis au rebut.

En possession de ce schéma (potentiel énergétique et forme d'intelligence), nous pouvons aborder quelques généralités sur la façon d'éduquer le jeune Verseau.

Lors d'une conférence au Congrès américain d'astrologie (septembre 1974, à Paris), Yves Lenoble, psycho-sociologue et astrologue, reprenant une idée de J.-P. Nicola, mit en évidence les relations des cycles planétaires et les phases successives du développement de l'enfant.

Jean Piaget, psychologue suisse spécialisé dans l'évolution de l'intelligence humaine, reconnaît dans sa continuité différents stades ou phases.

1. La première phase est dite *sensori-motrice*. Comme son nom l'indique, elle va de la sensation pure des premiers mois à la maturité du système nerveux, générateur de la marche. Astrologiquement, elle va du cycle de la Lune (vingt-huit jours), dépendance du premier mois, à Mars (deux ans) conquête musculaire de l'environnement. A cette période, l'amour seul est éducatif, que ce soit dans le sevrage, l'apprentissage de la propreté ou les premiers contacts, souvent brutaux, avec le monde extérieur. Il ne s'agit pas d'enlever au petit Verseau des initiatives qu'il recherche et qui sont indispensables à son indépendance, mais d'en atténuer les effets quelquefois dangereux. Il suffit d'être là pour que le feu ne brûle pas trop et que l'épingle pique sans drame : ce n'est pas une période facile ! S'il subit le sevrage, le Verseau aime la période active de la marche.

2. La deuxième phase est celle de la *pensée concrète*. Elle va de deux à douze ans et correspond à Jupiter. L'acquisition du langage va permettre une première orientation et l'éducation, dont la tâche est de faire jaillir de l'individu les forces et ressources qu'il a en lui, va prendre toute son ampleur dans la communication. A trois ans, attention au langage ! Le passage du babil enfantin au langage adulte est assez lent. Il convient, cependant, d'apprendre à l'enfant, sans les déformer, des mots utiles dont il peut comprendre le sens, afin de stimuler sa curiosité.

De trois à sept ans, la personnalité s'affirme dans le jeu et le « je ». C'est une période très importante pour le Verseau. Il y fait preuve d'une indépendance qu'il gardera toute sa vie, et s'oppose violemment à toute ingérence, car son caractère est naturellement porté à l'insolence. Il recherche l'attention des adultes et, s'il les imite, c'est souvent pour les caricaturer. J'ai surpris, un jour, une petite fille Verseau marchant le ventre en avant et les mains dans les poches, imitant, pour s'en moquer, la démarche paternelle... Elle avait cinq ans !

A ce même âge, l'éducation consiste à répondre aux questions. Il convient de donner des réponses exactes. Comment naissent les bébés ? Ni dans les roses ni dans les choux, pas d'histoire poétique de fleurs et de papillons : la vérité. L'enfant n'en retiendra que ce qu'il peut comprendre et n'insistera que s'il a perçu de la gêne ou une hésitation. A cette période s'installe la confiance... ou la méfiance. Si l'enfant s'aperçoit qu'on l'a trompé, c'en est fini pour la vie : à l'âge adulte, il se méfiera de tout... et de tous. Si l'enfant commence à se servir des mots avec une certaine aisance, la réflexion, qui exprime une pensée, n'existe pas. C'est corporellement qu'il s'exprime, il s'investit totalement dans ce qui lui plaît, devient objet, chat ou oiseau, et on peut agir sur lui en exploitant cette globalité et la curiosité qui en est le moteur. Inventer des jeux est alors la meilleure façon de l'éduquer.

Il se peut que le petit Verseau soit perturbé par l'entrée à l'école maternelle : son intuition lui fait deviner les tensions que crée le groupe et il est possible qu'il réagisse en se fermant à la réalité, utilisant l'inhibition extinctive qui est à sa portée. L'habitude et le désir de communiquer auront bientôt raison de cet inconfort passager.

Sous l'influence jupitérienne

Du point de vue des corrélations astrologiques, nous remarquons que cette période va du premier carré de Jupiter à lui-même (trois ans) à l'opposition (six ans). Quant à la morale, c'est une notion incompréhensible à cet âge : l'enfant la subit mais n'y participe pas ; elle concerne la famille ou les éducateurs. Premières interdictions, premières censures : c'est une période difficile pour le petit Verseau, rebelle par nature à tout ce qui est imposé. Pour passer l'épreuve, il suffit peut-être d'expliquer : toute communication entraînant au moins une adhésion spontanée, à défaut d'une compréhension raisonnée.

Entre sept ans et douze ans, c'est l'âge de l'écolier. Le sujet n'est plus centré uniquement sur lui-même, mais préoccupé de sa relation avec l'objet. Il ne pense pas encore : il ressent.

Vers neuf ans, la mémoire est au point, indispensable aux acquisitions intellectuelles. Si la mémoire est le souvenir d'hier que l'on vit aujourd'hui, le petit Verseau, qui vit aujourd'hui en pensant à demain, pourra ressentir quelques difficultés : la déconcentration de l'attention se manifestera par des susceptibilités ou de l'apathie. Mais le groupe constitue un moyen d'apprentissage, et entraîne des modifications de structure. Le Verseau s'en tirera en ayant une mémoire « volatile », c'est-à-dire spécialisée dans ce qui lui aura plu. Vouloir qu'il en soit autrement, ce serait lui enlever ses chances d'adaptation. Original dans son comportement, l'enfant Verseau se fera des copains par ses inventions, bien que celles-ci soient souvent perturbantes. Du point de vue scolaire, il sort tout à coup d'une indifférence apparente en faisant une remarque incisive, inspirée par son intuition, qui aura pallié son assiduité. Il est de ceux qui « peuvent toujours mieux faire », selon la formule consacrée des livrets scolaires, et les parents se désolent... Calmez-vous, parents de Verseau ! La réussite ne passe pas toujours par le succès scolaire, et votre enfant est de ceux qui ne veulent apprendre que ce qui les passionne. Il deviendra peut-être le maître d'une spécialité (ou de plusieurs spécialités successives), à moins qu'une dominante planétaire ne lui insuffle, en même temps que l'originalité, une réussite qui vous comblera... par procuration !

Pendant toute cette période d'influence jupitérienne, Saturne a cependant rempli son office.

Au premier carré à lui-même (sept ans et demi), l'enfant a atteint « l'âge de raison » au cours duquel on commence à s'apercevoir, selon Piaget, que « les structures sensori-motrices constituent la source des opérations ultérieures de la pensée ».

3. Avec l'apparition des instances saturniennes, nous entrons dans la troisième phase du développement de l'enfant qui est celle de la *pensée abstraite* ou formelle.

Cette période est extrêmement difficile à franchir. L'adolescent doit construire son Moi à travers les changements organiques de la puberté.

Au trigone de Saturne à lui-même, entre neuf et dix ans, (ou un peu plus tard selon les races et les climats) apparaissent les premières inquiétudes pubertaires. L'adolescent grandit en taille et en poids ; il ne se sent pas encore un adulte mais plus du tout un enfant. La puberté implique des pudeurs, des réticences et l'affectivité se détourne de la famille pour s'investir ailleurs. La camaraderie de la phase précédente se transforme en amitié élective qui préfigure l'amour, érotisation de l'émotivité. S'il y a fuite et régression au stade de la pensée magique, il convient de prendre conseil.

En revanche, vers quinze ans (demi-cycle de Saturne), l'opposition aux parents est une manière de s'affirmer. Très inconfortable pour tous, ce moment est extrêmement important. Heureusement, parallèlement aux changements organiques, l'évolution intellectuelle permet la communication. Bien que le silence et la solitude accompagnent souvent la prise de conscience des difficultés de l'existence, et une maturation qui prélude dans l'angoisse, la pensée va passer des modèles aux valeurs.

Jusque-là, la vie mentale se composait d'associations d'images et se résolvait dans l'action. A présent, la pensée est capable d'aborder des généralités, des notions, des concepts : elle s'intériorise. Il y a changement dans les intérêts et les aptitudes individuelles se précisent. On en arrive à une période d'éducation du Moi qui rassure le sujet en lui donnant conscience qu'il peut se défendre seul et s'affirmer positivement. Il va sans dire que cette évolution se fera peu à peu au cours des années suivantes, mais c'est vers quinze ans que l'adolescent a le choix entre deux formes de comportement qui peuvent infléchir son avenir, et son choix se fait, intuitivement, selon ses capacités, les dominantes de son thème, le contexte familial et social dans lequel il vit.

Sous l'impulsion uranienne

Le premier comportement est inspiré par l'impulsion uranienne dont c'est le premier sextile, et l'autre par l'instance saturnienne qui atteint sa demi-période. Nul ne peut savoir comment sera vécu, dans les faits, ce tournant capital. Nous pouvons seulement indiquer les caractéristiques d'Uranus, en positif et en négatif, ainsi que celles de Saturne.

Négativement, à cause de sa formulation brutale et réductrice, Uranus incite aux décisions brusques, aux fugues, à l'affirmation sans nuances de principes mal dégrossis, à une surestimation de la personne qui cache souvent une impuissance secrète. Dans ce cas, inutile de discuter, l'adolescent est sourd à tout ce qui n'est pas son orage intérieur.

Positivement, Uranus inspire une gestion sensée et raisonnée des acquisitions, un équilibre dynamique qui permet l'affirmation sociale et l'intérêt à une cause ou à une idéologie.

Positivement, Saturne prévoit la diffusion de l'action, ses conséquences abstraites, la possibilité de reconnaître les contenus implicites des difficultés rencontrées, et d'agir au mieux en généralisant les faits.

Négatives, ces tendances vont vers l'isolement, le retrait de la réalité, la sécheresse de cœur par manque d'adaptabilité à l'autre et de générosité spontanée.

Quelle que soit la direction prise, l'aide que l'on peut apporter est difficile à définir. Les parents, à cette période, ressentent un certain trouble qui peut aller jusqu'au sentiment d'échec : ils s'apaiseront plus tard. S'ils n'ont pas, déjà, considéré leur enfant comme un adulte en formation, la relation d'égal à égal sera longue à établir : elle est pourtant la clé du comportement. On peut être vigilant sans emphase, et remplacer l'affection tutélaire par l'amitié.

Hors ce sentiment qu'il privilégie, notre Verseau est en danger. Prédisposé, s'il est uranien, à tous les excès dans les moments de crise, il peut, dans la démesure, soit devenir un marginal irrécupérable ou un révolutionnaire exaspéré, soit gérer à fond ses potentialités positives. La frontière est mince qui sépare ces deux solutions.

Vers quinze ans, se pose le problème délicat de l'orientation scolaire, qui déterminera la profession future. A cet âge, on est encore très malléable et il y a des enfants plus ou moins précoces dont les dons pourraient se révéler ultérieurement ; mais le fonctionnement des établissements scolaires oblige à prendre, très tôt, des décisions. Pour les « bons » élèves, la poursuite d'études secondaires est une façon de remettre à plus tard leur orientation. Pour ceux dont la scolarité se révèle difficile, il faut savoir que la période légale de l'apprentissage va de seize à dix-huit ans.

Il est indispensable de préciser que l'astrologie ne saurait définir le métier idéal de chacun, mais qu'elle peut proposer une orientation correspondant aux goûts du sujet, à sa forme d'intelligence, à son pouvoir de réalisation compte tenu des possibilités financières de la famille... que le thème ne précise pas.

John Mac Enroe, qui fut le grand rival de Borg, restera dans l'histoire du tennis comme un champion incontesté, au caractère violent.

Arthur Rubinstein, l'un des plus grands pianistes de notre temps : contrairement à ses apparences désinvoltes et ludiques, le Verseau est capable d'une très grande concentration et montre, lorsque son activité lui plaît, une opiniâtreté perfectionniste et à toute épreuve.

Le Verseau et son Travail

En présence d'un natif du Verseau, et nous bornant aux généralités qu'implique l'analyse globale du signe, nous allons tenter de cerner les possibilités d'orientation professionnelle.

Outre l'intelligence, nous devons rappeler que l'attention du Verseau est vive, profonde mais éphémère, par besoin de récupération nerveuse. Parmi les valeurs émotionnelles, il choisit l'amour du beau, du vrai, la spontanéité et la gaîté. Toujours prêt à rendre service et à s'enthousiasmer pour une cause, il peut, s'il manque d'adaptation, poursuivre frénétiquement un objectif hors d'atteinte, s'user à redresser les torts et, dans un grand élan, pourfendre, comme don Quichotte, les moulins à vent !

Naturellement porté à faire confiance, il s'écroule parfois si on lui fait défaut : à moins que, profondément, son manque d'illusion sur la nature humaine ne lui ait soufflé un échec possible... ou inévitable.

Son insertion sociale est parfois retardée par un manque de confiance en sa propre valeur qu'il remet souvent en question, ou par une dispersion de ses activités, indispensable à son équilibre. Il perd contact avec les valeurs sûres de la sensation qui font la force du Taureau, par exemple.

Qui a dit : « Ce qu'il faut craindre, c'est la crainte » ? Franklin D. Roosevelt. Ses dominantes en signe, Verseau et Taureau à égalité, lui ont permis de conserver son équilibre apparent et de participer à la paix du monde tout en œuvrant pour la prospérité de son pays. A moins que ce bel équilibre n'ait caché une totale inconscience et que les deux tendances, s'annulant en s'affrontant, aient créé une insatisfaction.

Une fonction de rénovation

Nous pouvons citer en exemple Louis Renault et André Citroën qui ont fait de l'automobile un moyen de transport courant alors qu'elle était réservée à une élite, ou Marcel Dassault, qui a mis l'aviation au service de son image sociale.

Dans le monde littéraire, Benoîte Groult a trouvé, en militant pour la libération des femmes, l'exutoire à une éducation bourgeoise et formaliste, et à une culture acquise « en attendant le mariage ». Son ouvrage, *Ainsi soit-elle* (éd. Grasset), marque un tournant dans sa carrière en renouvelant une inspiration jusqu'alors cantonnée à ses souvenirs d'enfance ou à l'exploitation pleine d'humour des méandres de la psychologie conjugale.

La politique, qui est l'histoire que nous sommes en train de vivre, ne semble pas être l'affaire du Verseau.

L'amour de la puissance que cache l'exercice du pouvoir et le conditionnement qu'il sous-entend discréditent, à ses yeux, l'amour tout court et révoltent son indépendance foncière.

Les tentatives de Valéry Giscard d'Estaing (Soleil, Mercure, Jupiter et Vénus en Verseau) pour opérer, dans nos institutions, des changements fondamentaux, n'ont pas vraiment abouti. Mais il a réussi quelques réformes, au risque de se rendre impopulaire, qui ont eu le mérite d'entériner une réelle évolution des mœurs et des mentalités.

Trouver, en dehors de Valéry Giscard d'Estaing, un homme politique natif du Verseau, n'est pas facile. Ne nous laissons pas impressionner par le Soleil de Jean-Jacques Servan-Schreiber qui, opposé à Neptune, fait évoluer son image sociale selon les caprices de son inspiration.

Parler des affinités éventuelles du Verseau avec la politique est une subtile transition pour aborder l'orientation professionnelle du sujet moins bien nanti que son homologue précédent.

Ecrire que ce qui fait la différence entre un Verseau riche et un Verseau pauvre est que l'un a de l'argent et l'autre n'en a pas, est une lapalissade. Pourtant, nous souhaitons exprimer ainsi que, hors les moyens financiers, les aptitudes de l'un peuvent égaler celles de l'autre et que les caractéristiques des valeurs intellectuelles ou des traits de comportement sont équivalentes ou de même structure.

L'apprentissage, qui devient une « mode », est une solution à bien des cas. Il permettra de donner à l'apprenti une formation rémunérée susceptible de perfectionnements. Quels sont les métiers qui font appel en même temps aux qualités de cœur et à la fonction de rénovation typiques du Verseau ?

A priori, l'orientation scolaire et professionnelle d'un sujet issu d'une famille aisée ne devrait pas poser de problèmes quant aux études, à condition qu'il veuille s'y soumettre, par goût ou par conditionnement. Mais il n'est pas rare de voir des jeunes Verseau, des deux sexes, abandonner leurs études pour aborder des métiers immédiatement représentatifs (mannequins, comédiens), où l'aisance familiale compensera la rentabilité, souvent aléatoire.

Imaginons que notre Verseau se trouve à l'aise dans le milieu scolaire et qu'il ait le goût de l'étude. Il serait prudent de chercher une première voie assez souple pour être reconduite ultérieurement. L'irrégularité et la fantaisie étant de règle chez le sujet, il aimera une orientation pluridisciplinaire : égalité entre les options scientifiques et littéraires. Si les parents, tout en restant attentifs, font preuve de libéralisme et acceptent, avec humour, des carnets scolaires où les appréciations élogieuses voisinent avec de sévères remarques, la décantation se fera lentement, l'adolescent intégrant, comme par osmose, ce qui le met en valeur.

Plus tard, toutes les options qui marieront les penchants du jeune homme ou de la jeune femme à ses possibilités intellectuelles seront permises. Si notre jeune Verseau arrive à concilier son indépendance foncière et son amour des autres, ses aptitudes le portent vers la médecine, la psychologie ou la recherche. S'il est plus attiré par le risque et la technique, celle-ci s'exercera dans des domaines inexplorés ou insuffisamment au point.

Le regard attentif et amusé, le geste engageant quoique réservé, une attitude à la fois cordiale et distante : Valéry Giscard d'Estaing, photographié pendant une conférence de presse, démontre, en une fraction de seconde, les caractéristiques du signe qu'il représente.

Sous l'apparence herculéenne de David Douillet se cache un Verseau au cœur tendre.

Le Verseau et l'Argent

Le flouss, le fric, l'oseille, les pépètes et le frusquin, l'auber, le blé, la fraîche, le pognon et les picaillons, les radis ; les moyens, la recette, le compte en banque, la rentabilité, les placements, la trésorerie... Même le vocabulaire est riche quand on parle d'argent ! Mais la langue « verte » introduit, dans ce domaine, l'écologie, la poésie et l'humour qu'on ne s'attendrait pas forcément à y trouver !

Pour le Verseau, l'argent est un moyen de payer ce qu'il doit, donc de conserver son indépendance. C'est aussi la possibilité de donner, de rendre service, non selon les principes d'une philantropie raisonnée mais plutôt par réflexe, afin de faire sortir quelqu'un d'une situation qui le bloque et de lui rendre sa liberté, car l'amour d'autrui est, au Verseau, une valeur sociale.

Une triste nécessité

Profondément, le Verseau n'aime pas l'argent... qui le lui rend bien ! S'il arrive qu'il soit riche, soyez sûr que c'est par héritage, et s'il défend ses biens c'est parce qu'il le faut bien et que « la vie ne vous fait pas de cadeau ». Comme il est sans illusion sur la nature humaine, il sait qu'en prêtant de l'argent à un ami, il perdra les deux... avec une indifférence apparente et une détresse secrète.

Si, depuis Vespasien, l'argent n'a pas d'odeur, pour le Verseau, il sent mauvais. Devant la marée noire échappée des flancs d'un pétrolier géant sabordé sur nos côtes, il se bouche le nez et regarde avec dégoût la « pompe à phynance » chère à Ubu [1] aspirer gloutonnement l'or noir. Bien sûr, il élèvera la voix avec passion pour que des mesures sévères soient prises, mais aussi, et autrement qu'en un « scoop » journalistique, pour « parler aux mammifères, aux oiseaux et aux poissons [2] ».

Une certaine marginalité

Entre exploiteurs et exploités, le Verseau a tendance à se placer du côté des exploités, car obscurément, il craint d'en être un. Jacques Prévert (Soleil, Mercure et Mars dans le signe) décrit les petites gens, qui taisent leurs modestes moyens parce que, dans la première moitié du siècle, ils étaient plus résignés que révoltés. Prévert projette sur eux ses propres fantasmes : une idéologie fraternelle en forme de protectionnisme qu'il ne pouvait exercer que sur les faibles, faute de pouvoir l'intégrer ailleurs. Peu importe la source de l'inspiration, pourvu que le poète nous émeuve ... et il fut un grand poète !

1. *Ubu roi,* d'Alfred Jarry.
2. Titre d'un ouvrage de Konrad Lorenz.

« Nous autres économiquement faibles
Notre joie c'est de dépenser
Notre force c'est de partager
N'ajoute pas d'heures supplémentaires
Au mauvais turbin du chagrin
Mets-lui au cou tes derniers sous
Et noie-le dans le vin
Si tu n'as plus tes derniers sous
Prends les miens... »

Intempéries (Pluie)

Avec Stendhal, l'inadaptation sociale devient un drame. Verseau très valorisé par le Soleil, Vénus, Mercure et Pluton dans le signe, il passe toute sa vie à poursuivre son enfance endeuillée par la mort de sa mère lorsqu'il avait sept ans. Ecolier studieux, il décide, à seize ans, d'apprendre les mathématiques, de quitter Grenoble pour Paris et de ne plus revoir son père et sa tante Séraphie, « ces bourgeois bouffis d'orgueil [1] ». Il ne se présenta pas à l'Ecole polytechnique, et prétendit, toute sa vie, qu'il en fut éloigné délibérément par ses opinions politiques. Ce n'est qu'un faux alibi : la marginalité lui convient. Le reste de sa vie s'écoule dans la gêne : il est successivement soldat sous Napoléon, petit journaliste sous la Restauration et fonctionnaire besogneux le reste du temps. En fait, il veut rêver sa vie, recréer son enfance en accumulant des souvenirs joyeux qu'il pourra revivre à son gré, en les évoquant. C'est dire que l'argent ne l'intéresse pas. Sensible, ardent, timide, animé d'une tension secrète, d'un esprit lucide et critique, il préfère une vie banale aux compromissions des affairistes. Intéressé surtout par les événements, il est le « témoin » rêvé mais ne crée aucun sujet, bien trop préoccupé à se recréer lui-même à travers une auto-analyse qui est sa propre thérapeutique.

En 1838, à cinquante-cinq ans et en cinquante-deux jours, il dicte *la Chartreuse de Parme* et meurt, pauvre et abandonné, quatre ans plus tard. Ce n'est qu'au début du siècle que l'on retrouvera le chroniqueur qui passa sa vie à étudier, à travers les événements, les réactions humaines en général, et les siennes en particulier.

Dans la *Vie de Henry Brulard,* il note : « Je devrais écrire ma vie, je saurais peut-être enfin, quand cela sera fini, dans deux ou trois ans, ce que j'ai été, gai ou triste, homme d'esprit ou sot, homme de courage ou peureux, et enfin, au total, heureux ou malheureux ». Et il avoue dans son *Journal* en 1805 (il a vingt-deux ans) : « Dès que j'aurai corrigé mon caractère mélancolique... j'en aurai, j'espère, un très aimable : la gaîté de meilleur goût sur un fond très tendre. »

Il semble que ce soit là la meilleure approche de la sensibilité du Verseau.

Après cette promenade en compagnie de Stendhal, et pour généraliser un cas, peut-être extrême, nous devons reconnaître qu'en effet le Verseau est plus « pot de terre » que « pot de fer » ou, si l'on en croit Georges Simenon (Saturne, Mercure, Vénus, Soleil et Jupiter dans le signe) un davantage « fessé » qu'un « fesseur ». Mais il ne faudrait pas que la situation s'éternise ! Nous évoquons, bien sûr, les sujets équilibrés, indulgents ou compréhensifs, et non les masochistes, par goût, adeptes de Masoch (lui-même occupant du signe) ! Ceux-là se complairont à étaler leur malchance, à formuler leurs plaintes et à se réjouir de souffrir si agréablement. Laissons-les à leur bonheur !

Pour le sujet « normal », il n'est pas impossible que, par aveuglement voulu ou par paresse, il laisse la situation s'enliser. Le débiteur sans scrupule se réjouit ouvertement et arbore une mine triomphante... Attention ! Comme un chat lance sa griffe, à la surprise de tous le Verseau outragé récupère sa dette, et, préfigurant le Bélier, passe par-dessus bord le « fesseur-fessé » ! Force d'excitation sur fond d'inhibition extinctive...

Mais pourquoi cette réaction si vive ? Parce que, même si l'on est sans illusion sur le prix de la gentillesse dans une société qui apprécie davantage les valeurs économiques que les élans du cœur, il est extrêmement vexant de se rendre compte que la générosité est parfois confondue avec la faiblesse.

1. *Vie de Henry Brulard,* de Stendhal.

D'autres espérances

Les espérances de réussite du Verseau sont particulières et n'ont rien à voir avec l'argent. Nous parlons de l'accumulation de biens en vue de mettre en valeur une image sociale ou de régner à coups de dollars et non de la nécessité d'avoir de quoi vivre, et pas seulement de quoi manger... Il y a des domaines qui le laissent froid et d'autres pour lesquels il se ferait « tuer ». Sachant à quel point la réussite est contraignante, il préfère sa liberté aux obligations que crée la fortune, à la difficulté de l'acquérir... et de la garder. Son esthétisme peut se contenter d'un regard : il n'a pas besoin de posséder pour aimer.

Et la gloire... Mais qu'est-ce que la gloire ? Si c'est le désir de briller, oui, le Verseau est sensible à la gloire, née d'une légitime ambition, bien qu'il y ait dans le mot un son fêlé qui évoque le « toc ».

« Vous n'aimez donc pas la gloire ? », demandait à Colette madame de Noailles.

« Mais si. Je voudrais laisser un grand renom parmi les êtres qui, ayant gardé sur leur pelage, dans leur âme, la trace de mon passage, ont pu follement espérer, un seul moment, que je leur appartenais [1]. »

1. Colette, *la Naissance du jour.*

Virginia Woolf : c'est à sa santé fragile, qui lui interdit des études et une vie « normale », qu'elle doit son œuvre féconde et poétique. L'éducation que lui donna son père fut remarquable. La Traversée des apparences, *son premier roman, marque bien le dépassement propre aux Verseau.*

Le Verseau et sa Santé

Du point de vue de la santé, il faut considérer deux types très différents selon qu'ils privilégient l'inertie d'inhibition ou la force d'excitation.

Le premier type est un calme qui peut s'abstraire de ce qui le gêne. Il contrôle son émotivité en inhibant les motifs de contrariété, mène une vie régulière, indifférent à la gastronomie et se contentant de mets simples qui apaisent sa faim. Sujet, dans son enfance, aux maladies osseuses et aux déformations de la colonne vertébrale par manque de tonus musculaire et hyper-laxité ligamentaire ou articulaire, il accepte de les corriger, même au prix d'une longue rééducation : sa conscience musculaire lui permettant de comprendre le bienfait de tel ou tel exercice. Une bonne élimination rénale retarde considérablement les manifestations arthritiques. Sujet aux maladies infectieuses, il s'en défend assez mal. Une forte posologie est souvent indispensable car son pouvoir de réaction est insuffisant.

Le second type est un excitable par tempérament. Hypersurrénal et hypothyroïdien ou hyperthyroïdien et hyposurrénal (les fonctions de ces deux glandes se compensent), il réagit remarquablement dans les affections les plus graves : il ressuscite comme Lazare ou « renaît de ses cendres » tel le phénix !

Très sensible aux médicaments, un traitement à faible posologie lui convient. Il préfère souvent l'acupuncture ou l'homéopathie qui donnent, chez ces sujets, un meilleur résultat que la médecine officielle. Peu patient de nature, contrairement au premier type, si un traitement n'agit pas assez vite... il en change !

Sa façon de s'alimenter est anarchique, ainsi que ses besoins. S'il affiche un sens de la gastronomie très sélectif, il lui suffira de remplacer, dans un même plat, le filet de citron préconisé dans la recette par des câpres ou des cornichons pour trouver délicieux ce qu'il repoussait. Anorexique et insomniaque par crises, il dort peu mais profondément et récupère très vite.

La sédentarité, le manque d'air et d'exercice lui sont extrêmement préjudiciables, ainsi qu'une atmosphère survoltée qui accroît sa susceptibilité nerveuse. C'est un cyclothymique dont l'équilibre varie selon le temps qu'il fait, les phases de la Lune ou la pression atmosphérique. Très sensible aux ambiances, il cherche en permanence, par son comportement, à établir l'harmonie et l'entente dont il a besoin. Sa force de composition le porte à la gaîté si la morosité s'installe, et il saura apaiser les querelles en prenant la discussion à contre-pied. En fait, il cherche l'équilibre du milieu en renversant l'élément perturbateur.

Deux signes situés à égale distance de l'axe des équinoxes (0 degré Bélier-0 degré Balance) sont dits en « contre-antice ». Le Taureau, par exemple, est en « contre-antice » du Verseau. Le premier, en induction négative, stocke, pour s'en défendre, les excitations venues du dehors, le second, en induction positive, recrée à son profit le contact avec l'environnement. Au cas où il y aurait, dans un thème, égalité flagrante entre ces deux signes par une occupation planétaire de valeur très proche, la décharge (c'est-à-dire l'extériorisation des tensions) deviendrait problématique et risquerait de se résoudre par des conversions somatiques : ce sont des maladies n'ayant pas d'origine bien définie mais qui affectent par exemple la peau (eczéma ou psoriasis), le tube digestif ou le système respiratoire (asthme ou emphysème), et qui révèlent, à un examen plus approfondi, une tendance aux spasmes attribuée, à juste titre, à une dominante uranienne.

La Tradition, elle, prédit aux natifs du Verseau des dispositions aux troubles circulatoires, reprenant une analogie symbolique entre l'eau primordiale et les liquides du corps, en particulier le sang. Il n'est aucunement prouvé que des maladies comme l'artérite, la phlébite ou les leucémies (pour ne citer que les principales) sont plus fréquentes dans un signe que dans un autre. Nous entrons dans un domaine que seule la médecine est habilitée à traiter et qui ne saurait, en aucun cas, être celui de l'astrologie. La seule indication que nous pouvons fournir (et ce n'est pas si mal) est d'indiquer le potentiel énergétique du sujet, et la manière dont il pourra l'utiliser.

Malgré son image de jeune homme rebelle et inquiet, James Dean fut très entouré, durant sa courte vie.

André Dussolier, ce grand comédien, promène avec une apparente désinvolture son élégance et sa gentillesse dans les rôles les plus divers.

Le Verseau et son Apparence

Il y en a des petits et des grands, des minces et des athlétiques, des souriants, des tristes, des bilieux et des euphoriques... Tout existe dans la nature humaine. L'apparence, la morphologie des gens dépend peu du conditionnement astral, mais surtout de l'hérédité, de ce fameux phénotype que chacun porte en soi dans son patrimoine génétique, et qui est une sorte de programmation à laquelle nous ne pouvons guère échapper.

Cependant, on peut remarquer une certaine constante dans la façon dont se présente le sujet du onzième signe.

C'est souvent un longiligne aux muscles étirés et d'apparence plutôt fragile ; mince ou de proportions moyennes, assez gracieux, il est parfois timide mais accueillant. Un élément essentiel facilite la détermination de l'apparence : c'est le signe occupant le dixième Secteur. Pour que la réalité s'approche du portrait-robot, il faut une très forte dominante Verseau et, dans la famille, quelques sujets qui participent de la même tendance.

Beaucoup de traits caractéristiques sont la résultante de la dominante planétaire, et chaque thème est un problème différent.

Si Uranus domine, la présentation vestimentaire sera empreinte des codes personnels du sujet. Il s'inventera une mode correspondant à une valorisation intérieure et s'imposera grâce à l'originalité avec laquelle il interprétera les canons de la beauté.

Il s'arrangera surtout pour ne pas passer inaperçu et une sorte d'agressivité dans le comportement peut rendre celui-ci facilement caricatural.

Si Saturne parle haut, la mise sera plus classique. Mais le sujet donnera à tous l'impression qu'un costume ou une robe d'il y a cinq ans paraissent neufs, tant la façon de les porter peut être différente selon l'humeur. Les détails ou accessoires, à force d'être recherchés pour leur pouvoir régénérateurs, attireront l'œil aux depens de l'ensemble.

Jupiter est-il dominant ? On choisira des vêtements confortables, chauds ou légers selon la saison, qui n'entravent ni la marche ni la position assise, et qui donneront au regard des autres une sensation de bien-être que plus d'un enviera !

Mars prépondérant dans le thème donne un être décontracté, parfois négligent ou un peu débraillé, mais toujours propre. L'eau et le savon sont des éléments de rajeunissement commodes, et la fraîcheur rend neuf le vêtement le plus usagé. De toute façon, le récent est synonyme de clinquant ! On se vêt car on ne peut aller nu, on se protège des intempéries, et il s'agit d'être disponible sans avoir à s'apprêter spécialement pour telle ou telle circonstance. Un costume, une robe, sont des serviteurs qui donneront satisfaction dans la mesure ou l'on n'entendra jamais parler d'eux !

Un Vénusien du Verseau, lui, suivra la mode en s'adressant aux fournisseurs que personne ne connaît mais qu'on aura su découvrir. Il s'agira alors de les imposer. Le bizarre et l'astucieux se mêleront harmonieusement : il faut plaire à l'autre pour le séduire... et le changer !

Mercure rend habile, chacun le sait. Une femme fera peut-être elle-même ses robes et s'en vantera, alors que tout le monde s'habille de prêt-à-porter. Un homme comptera sur sa mise pour élargir son champ de connaissances et ses rapports humains. L'accueil du Verseau se fera encore plus souple, plus vivant et plus efficace. Mercure-Verseau est curieux comme une belette, il s'intéresse à tout et vous écoute parce que cela le régénère !

L'originalité avant tout

Quant au Soleil, il exige que la représentativité sociale passe par l'apparence. Pour lui, « l'habit fait le moine », mais le rayonnement doit être suffisamment reconnaissable pour servir de drapeau, de totem ou d'image de marque et permettre de prendre sa revanche sur des déceptions passées ou vécues comme telles dans l'enfance. Il s'agit de renaître à soi-même, de se faire un nom et une réputation dont on soit extrêmement responsable.

Quelle que soit la dominante chez un Verseau, il y a toujours une certaine recherche dans sa mise : un détail qui le singularise, une couleur qui surprend, un accessoire insolite, quelque chose qu'on ne peut trouver nulle part sauf dans un village du Pérou. Qu'il soit classique d'apparence ou original, c'est aussi un adepte des vêtements faits sur mesure, selon ses propres modèles et indications, dans des matériaux rares ou précieux. A cet égard, c'est un être luxueux : il se refuse à porter ce que tout le monde porte (ou de la même manière que tout le monde), de même qu'il déteste les lieux communs, les idées reçues et les évidences.

Une seule exigence absolue, dans cette apparente diversité : ne jamais mijoter dans l'habitude, le refrain cent fois répété ou la grisaille génératrice d'ennui, pour soi-même et pour les autres. N'être « ni tout à fait le même ni tout à fait un autre » !

Chapitre III

L'entente du Verseau avec les autres Signes

Système parfaitement harmonieux, l'astrologie donne des clés pour une meilleure compréhension de soi et des autres. Cet astrologue, gravé par Nicolas de Larmessin au XVIIe *siècle, est comme une invite à mieux pénétrer le mystérieux univers du Zodiaque.*

Comment vous accordez-vous avec les autres Signes

Il est possible d'explorer vos affinités et vos incompatibilités d'humeur avec les autres en partant des caractéristiques de votre signe solaire.

Ce signe exerce en effet une action particulièrement puissante sur vos goûts et sur vos buts dans la vie.

Dans le tableau qui suit, vous découvrirez sous la forme de plusieurs mots clés la manière dont chaque signe zodiacal perçoit les onze autres signes, en termes d'accord, de conflit ou d'indifférence.

Votre personnalité est certes plus vaste que votre seul signe solaire, c'est pourquoi, pour en explorer un autre aspect, vous pouvez utiliser le même tableau mais en partant cette fois de votre signe ascendant.

Votre Ascendant influence en effet directement votre comportement social spontané.

Si cette deuxième exploration recoupe la première, vous possédez une personnalité dont les affinités et les antipathies sont nettement tranchées ; si, en revanche, les deux résultats sont différents, votre capacité de contacts constructifs est très large.

Votre signe solaire	Perçoit les autres signes comme ci-dessous					
	BÉLIER	TAUREAU	GÉMEAUX	CANCER	LION	VIERGE
BELIER		Routinier Possessif Lent	Vif, rapide Intelligent Stimulant	Trop sensible Susceptible Nostalgique Rêveur	Organisateur Puissant Juste Créatif	Critique Pointilleuse Timorée Inquiète
TAUREAU	Impulsif Brusque Égoïste Imprudent		Inconstant Dilettante Bavard Trompeur	Maternel Économe Aimant le foyer	Autoritaire Théâtral Dépensier Dogmatique	Pratique Méthodique Serviable Perspicace
GÉMEAUX	Audacieux Entraînant Libre Décidé	Lourd Entêté Avide Rigide		Craintif Paresseux Peu ambitieux Désordonné	Chaleureux Large d'esprit Solide Plein d'autorité	Anxieuse Maniaque Trop attachée aux détails
CANCER	Agressif Indiscret Précipité Avide de nouveau	Fidèle Aimant Patient Solide	Nerveux Trop cérébral Insouciant Sceptique		Tumultueux Arriviste Snob Écrasant	Efficiente Réservée Concrète Honnête
LION	Enthousiaste Entreprenant Efficace Rapide	Fruste Obstiné Matérialiste Jaloux	Adaptable Talentueux Charmeur Habile	Capricieux Rancunier Faible Plaintif		Petite Étroite Craintive Critique
VIERGE	Aventureux Imprévoyant Irréfléchi	Doué pour gagner de l'argent Concret Travailleur	Joueur Insouciant Comédien Théoricien	Aimant l'intimité Délicat Prudent	Mégalomane Surmené Prétentieux Dépensier	
BALANCE	Ardent Actif Novateur Remuant	Grossier Instinctif Utilitaire Exclusif	Cultivé Brillant Diplomate Sociable	Replié sur soi Casanier Timide Paresseux	Rayonnant Esthète Courtois Loyal	Trop réservée Critique Timide Égoïste
SCORPION	Imprudent Versatile Précipité Hâbleur	Pratique Stable Affectueux Digne de confiance	Superficiel Dispersé Bavard Comédien	Fécond Compréhensif Tenace Profond	Despotique Orgueilleux Théâtral Conformiste	Précise Perspicace Ponctuelle Pratique
SAGITTAIRE	Énergique Disponible Dynamique Animateur	Limité Terre à terre Enraciné Intéressé	Juvénile Curieux Communicatif Mobile	Fantasque Casanier Désordonné Morose	Optimiste Organisateur Ambitieux Loyal	Manquant d'envergure Anxieuse Refroidissante
CAPRICORNE	Impulsif Fiévreux Révolutionnaire Changeant	Réalisateur Persévérant Gai, fidèle Sincère	Léger Distrait Bavard Superficiel	Pratique Aisé dans ses contacts Maternel Prudent	Théâtral Dépensier Fixé dans ses idées Autoritaire	Disciplinée Méthodique Rationnelle Pratique
VERSEAU	Inventif Progressiste Persuasif Militant	Matérialiste Rétrograde Épais Fatigant	Tolérant Intelligent Curieux de nouveauté Sociable	Passéiste Vulnérable Replié sur soi Infantile	Rayonnant Large d'esprit Maître de soi Efficace	Restrictive Froide Matérialiste Limitée
POISSONS	Agressif Violent Précipité Égoïste	Sécurisant Sensuel Calme Affectueux	Agité Verbeux Trompeur	Compréhensif Profond Idéaliste Maternel	Hautain Agressif Tumultueux Égoïste	Précise Serviable Pratique Consciencieuse

Perçoit les autres signes comme ci-dessous

LANCE	SCORPION	SAGITTAIRE	CAPRICORNE	VERSEAU	POISSONS	Votre signe Ascendant
ilibrée finée nciliante duisante	Secret Vindicatif Obstiné Destructeur	Jovial, sincère Large d'esprit Philosophe Sportif	Décourageant Froid Mesquin Rigide	Indécis Ouvert, amical Progressive Sincère	Impressionnable Fuyant Sentimental	**BÉLIER**
aliste vole cillante olente	Fascinant Fécond Instinctif Persévérant	Trop optimiste Risque-tout Joueur Tendu	Solide Ambitieux Patient Doué d'humour	Utopiste Excentrique Révolté Brusque	Hospitalier Généreux Compatissant Intuitif	**TAUREAU**
ne de charme uitable ndaine fectueuse	Critique Tortueux Jaloux Brutal	Optimiste Large d'esprit Sportif Explorateur	Pessimiste Mesquin Rigoriste Rancunier	Fraternel Libre Intensif Humain	Romanesque Vague, secret Indécis Abandonné	**GÉMEAUX**
angeante gère perficielle p ouverte	Profond Mystique Perspicace Tenace	Aventureux Exagéré Imprudent Peu délicat	Intériorisé Responsable Maître de soi Intègre	Imprévisible Inconstant Intellectuel Trop vaste	Bon, sensible Détaché Mystique Inspiré	**CANCER**
ffinée ciable gante uilibrée	Envieux Arrogant Extrêmiste Violent	Large, vital Entreprenant Compétent Clairvoyant	Isolé, froid Trop ambitieux Rigide Concentré	Humanitaire Complaisant Loyal Idéaliste Inventif	Impressionnable Dissimulé Morbide Faible	**LION**
vole aliste persée écise	Énergique Bénéfique Scrupuleux Passionné	Trop extériorisé Aventureux Joueur Trop habile	Économe Persévérant Voyant loin	Idéaliste Révolté Tendu	Ayant le sens du sacrifice Intuitif Bénéfique	**VIERGE**
	Tyrannique Brutal Instinctif Entier	Riche Talentueux Organisé Large d'esprit Enthousiaste	Décourageant Solitaire Calculateur Froid	Altruiste Fidèle Amical Intelligent	Replié sur soi Timide Secret, mou Négligent	**BALANCE**
p délicate aliste ériorisée solue		Extériorisé Changeant Trop optimiste Diffus	Ambitieux Résolu Solide Perspicace	Excentrique Irréaliste Théorique Trop confiant	Mystique Inspiré Compréhensif Persuasif	**SCORPION**
ciable présentative vée ant du ement	Destructeur Révolté Secret Dangereux		Casanier Routinier Pessimiste Rancunier	Humain Libre, inventif Disponible Sincère	Empêtré dans son émotivité Confus, passif Fuyant	**SAGITTAIRE**
s persévérance niteuse ntimentale perficielle	Tenace Volontaire Fidèle Perspicace	Superficiel Aventureux Joueur Peu rigoureux		Rebelle Trop tendu Utopiste Imprévisible	Compatissant Hospitalier Intuitif Bon	**CAPRICORNE**
ciable ie, vivante aliste plomate	Caustique Antisocial Jaloux Méfiant	Ouvert, sincère Mondialiste Explorateur Indépendant	Trop centré sur soi, froid Calculateur Pessimiste		Trop émotif Désordonné Fluctuant Flou	**VERSEAU**
tériorisée ondaine vole certaine	Mystique Passionné Profond Énergique	Trop extériorisé Excessif Turbulent	Solide, calme Prévoyant Concret Supérieur	Excentrique Brusque Révolté Prométhéen		**POISSONS**

Toujours un peu trop fou pour ses semblables, tel est le Verseau. Charlotte Rampling, actrice secrète et pudique, a joué des personnages originaux et marquants aux limites de l'immoral et de la folie intérieure.

Les Astromariages de la Femme Verseau

Femme Verseau et homme Bélier

Un point commun, mais de taille : la bougeotte. Ce sont deux actifs. Ils se rejoignent pour l'aventure, le risque, les grands voyages, l'imprévu. Ils s'enthousiasment souvent, ensemble, et pour les mêmes choses. Ils brûlent les vaisseaux, les étapes, la chandelle par les deux bouts. C'est à qui étonnera l'autre, le défiera le plus. Mais elle est une cérébrale, réfléchie tout de même, qui contrôle toujours ses dérapages, alors que lui fonce tête baissée vers le danger... Peut-on vraiment l'assagir ?

Femme Verseau et homme Taureau

L'Air et la Terre. La fantaisie et la solidité. L'imprévu et la discipline. Elle fascine par son allure, son aisance, son intelligence inventive notre terrien jouisseur et possessif. Mais fera-t-elle une bonne compagne pour lui ? Elle est tellement imprévisible, séductrice, indépendante, aussi. Le voilà désarmé : lui qui prévoit tout, lui qui ne peut pas faire un pas sans sa « conjointe », lui qui charme pour charmer et non comme elle pour capter, va-t-il accepter qu'elle lui échappe ? Rien n'est moins sûr.

Femme Verseau et homme Gémeaux

Voici deux voltigeurs. Tous deux enfants des airs et des nuages, tous deux légers, optimistes, volatiles. Elle plus sérieuse que lui : ses responsabilités, son travail, sa famille, ses amis requèrent toute son attention. Lui, l'homme Gémeaux, est parfaitement insouciant. Seul le moment qu'il vit l'intéresse. Ce qui doit arriver un peu plus tard ou le lendemain l'ennuie vraiment. Son incapacité à se projeter dans le futur, même immédiat, est viscérale. Il y a entre eux une grande complicité intellectuelle faite d'humour, de réparties caustiques, de compréhension et de vivacité. Mais aucun être un peu profond n'a de prise sur un Gémeaux : et s'il était, comme on le dit souvent, indifférent ?

Femme Verseau et homme Cancer

Il y a, entre eux, une grande attirance, faite de secret et d'étrangeté. La femme Verseau représente ce que l'homme Cancer voudrait être s'il était plus courageux. Et elle admire chez lui son intériorité, son intimisme. Plein de points communs : l'humeur fantasque, la fidélité profonde, le goût de l'harmonie, l'attirance pour les voyages et encore, et surtout, un réel anti-conformisme. Lui, plus torturé qu'elle, puise dans son inaltérable optimisme les forces qui lui manquent parfois. Et elle trouve chez lui le sens du foyer. C'est un bon astromariage.

Femme Verseau et homme Lion

Ces deux extrêmes se rencontrent souvent et se séduisent presque toujours. Le narcissisme généreux de l'un renvoie au narcissisme égotiste de l'autre. La femme Verseau cultive la personnalité éclatante de l'homme Lion et tire de sa réussite, de sa popularité, de sa gloire, parfois, une secrète jouissance. Il faut aussi savoir qu'ils ont les mêmes rythmes biologiques, le même intense besoin d'activité, une grande dépendance aux autres, et, partant, l'un vis-à-vis de l'autre. Il est soucieux des conventions : elle s'applique à lui plaire. Elle a besoin de se perfectionner sans cesse en tout : il l'y encourage. Voilà une union solide et rayonnante.

Femme Verseau et homme Vierge

L'Air et la Terre à nouveau. Mêmes réserves que pour l'homme du Taureau : ces terriens sont trop sûrs et monolithiques face à cette fée légère et bleutée, imprévisible et chatoyante. Ils risquent de se perdre dans ces jeux de séduction et de hasard où elle gagne toujours parce que rien de ce qu'on appelle les biens matériels ne l'attache. L'homme de la Vierge si possessif, si exclusif, ne supportera guère ses échappées de femme libre. En outre, il recherche ce qu'elle hait : les limites. Il se protège des autres alors qu'elle s'expose à eux. Il se replie sur lui tandis qu'elle s'ouvre au monde. Attention : couple difficile.

Femme Verseau et homme Balance

Compréhension immédiate. Même langage de charme, même esthétisme, même sens de l'harmonie en toute chose. Même fascination réciproque. Même besoin des autres : la femme Verseau par réel altruisme, l'homme Balance par nécessité profonde et permanente d'être en accord avec son entourage. Elle est plus indépendante que lui pourtant, et assume le conflit s'il doit avoir lieu alors que lui l'évite comme la peste. Lui pardonnera-t-il son irréductible anticonformisme, lui si souple, prêt à toutes les concessions pour sauver l'entente sereine, l'accord parfait ? C'est un joli risque à courir.

Femme Verseau et homme Scorpion

Ces deux êtres secrets s'approchent l'un de l'autre avec défiance, échangent silences, regards, banalités avant de se quitter, imprégnés de leur étrangeté, de leur magnétisme et de leur force réciproques. Quelque chose en eux fait qu'ils se fuient. Est-ce l'angoisse sadomasochiste et torturée du Scorpion qui déplaît instinctivement au Verseau ? Est-ce la bonne humeur résolument chaleureuse et positive du Verseau qui effraie notre Scorpion ? Ils ont pourtant des ressemblances — malgré eux, peut-être ? Ils aiment étonner leur entourage. Ils se lancent des défis à eux-mêmes, dans une recherche permanente de la difficulté. Ils ont aussi la même inquiétude profonde sur leur propre valeur. Mais leur association est bien meilleure dans le travail que dans la vie.

Femme Verseau et homme Sagittaire

Ils partagent le goût de l'aventure, qu'elle soit spirituelle, intellectuelle, géographique ou physique. C'est un grand actif ; elle aussi. Là encore, l'Air de notre dame Verseau attise le Feu du Sagittaire : elle lui donne confiance en lui, elle nourrit son enthousiasme, son courage, son esprit d'entreprise. Mais y a-t-il dialogue entre eux ? Elle qui, en vraie cérébrale, s'interroge beaucoup sur les êtres, le pourquoi et le comment des choses, parviendra-t-elle à l'intéresser au « deuxième degré », aux motivations de ses actes, aux détours de la pensée, aux dédales de la réflexion ? Et puis, son individualisme à elle s'accordera-t-il de son conventionnalisme associatif ?

Femme Verseau et homme Capricorne

Affinités : le sérieux, le sens du temps, de la durée, la fidélité, la mémoire, la profondeur. Complémentarités : elle, la fantaisie, lui, la discipline. Elle, l'élan vers les autres, lui, l'isolement. Elle, la séduction, lui l'austérité. Mais les différences profondes de personnalité sont nombreuses :

il est tyrannique, possessif, exigeant. Elle est libérale, permissive, tolérante. Il a l'ambition du pouvoir, elle s'assigne des missions personnelles, se provoque en combat singulier hors des sentiers battus et recherche les positions les plus élevées dans la hiérarchie en place. Les valeurs profondes étant semblables, ils peuvent s'unir avec bonheur s'ils savent empêcher la vie professionnelle d'empiéter sur la vie privée.

Femme Verseau et homme Verseau

Tous les points communs, toutes les affinités, toutes les ressemblances plus une : la faculté qu'a l'homme du Verseau de se mettre *à la place* de l'autre, faculté qu'il partage avec la femme du Verseau. Ils ont donc toutes les chances de s'entendre, de se comprendre et de s'aimer durablement. Un risque, qui existe dans tous les mariages du même signe : celui de ne jamais s'étonner l'un l'autre. Mais c'est un risque infime chez les gens du Verseau dont la fantaisie est très grande. Tous deux étant imprévisibles, tous deux ayant le goût du changement, de l'insolite et du singulier, on ne peut qu'applaudir leur union : c'est un spectacle permanent.

Femme Verseau et homme Poissons

Ils aiment la musique et le monde. L'homme du Poissons se fond dans les autres, la femme du Verseau s'en distingue pour créer l'échange, le dialogue, la communication. Les vibrations musicales sont très importantes pour eux. Elles leur permettent d'accéder à une dimension secrète, intime, où rien n'a besoin d'être exprimé. Mais soyons lucides : l'Air et l'Eau n'ont jamais fait bon ménage. Elle n'appréciera pas forcément les complications sadomasochistes de l'homme du Poissons, sa marginalité, son attirance pour l'échec. Et lui, appréciera-t-il a sa juste valeur son courage, sa vitalité, son âme résolument positive ?

Et Dieu créa la femme, Le Repos du guerrier, Barbarella... *Les films de Roger Vadim ont particulièrement bien illustré la quête du Verseau à la recherche de la femme idéale. Il l'avait sans doute trouvée en Marie-Christine Barrault.*

Les Astromariages de l'Homme Verseau

Homme Verseau et femme Bélier

Il est, d'emblée, subjugué par cette boule de feu, piaffante, impétueuse et trompe-la-mort. Ensuite, il s'aperçoit qu'elle est constructive, courageuse, enthousiaste, prête à faire toutes les folies à ses côtés, gaie, vivante, combative, vigilante, et le coup de foudre se mue en grand amour. C'est une association très heureuse : ils se stimulent et se dynamisent l'un l'autre.

Homme Verseau et femme Taureau

Voilà un monsieur fantaisiste et aventurier face à une dame charmeuse mais enracinée : dans la terre ferme, au milieu de ses objets, parmi les siens. S'il parvient à la dégager de son univers un peu matérialiste, s'il la délivre de sa possessivité jalouse, ils s'entendront bien et très durablement car elle est calme, facile à vivre, enjouée. Elle peut admirablement administrer une affaire qu'il aura créée ou le seconder dans son travail pour les contingences ennuyeuses et matérielles. Autrement, conseillons-lui de chercher une âme sœur chez les aériennes (Gémeaux, Balance, Verseau) ou chez les femmes de Feu (Bélier, Lion, Sagittaire).

Homme Verseau et femme Gémeaux

Là, il y a incontestablement attirance : l'Air fait vibrer l'Air, la grâce fuyante et aguicheuse de la dame des Gémeaux intéresse au plus haut point notre monsieur Verseau et lui, par sa nonchalante désinvolture, son intelligence incisive, son discernement, la surprend. Cela dit, il comprend vite ses jeux, ses fugues et ses frasques. Si une solide intelligence et une vraie culture ne soutiennent pas cette personnalité aux multiples facettes, il s'en désintéressera.

Homme Verseau et femme Cancer

Beaucoup de compréhension mutuelle. Il recherche sa douceur, sa tendresse intimiste, sa spontanéité, son imagination jamais à court. Mais son immobilisme angoissé l'agace autant que son besoin de se protéger, en permanence, de toute agression extérieure. Lui qui a tant besoin de se confronter aux autres, aux événements, aux situations, le voilà freiné ou tout au moins ralenti par elle. C'est une alliance délicate, moins facile que la combinaison inverse (femme Verseau et homme Cancer).

Homme Verseau et femme Lion

La femme du Lion, avec sa superbe noble et généreuse, son intense popularité, son succès, ses talents multiples, impressionne le Verseau qui, pourtant, ne s'en laisse pas conter facilement. Elle a, en outre, une autonomie de pensée et d'action qui le séduit beaucoup, lui-même étant de nature extrêmement indépendante. C'est un des rares hommes du Zodiaque à savoir la mettre en valeur, en étant attentif à ses aspirations, à ses goûts, à ses humeurs. C'est, pour elle, un fin conseiller, un remarquable agent de promotion, et un grand ami : si leur sensualité (très vive et variée chez le Verseau) concorde, ils forment un bel astromariage.

Homme Verseau et femme Vierge

En principe, malgré la vive et pénétrante intelligence dont elle fait preuve, la femme Vierge agace un peu l'homme du Verseau : il la trouve trop réservée et trop timide, remplie d'interdits, de tabous, de barrages, encombrée de complexes d'infériorité, manquant totalement de liberté et d'audace, bref, elle représente à ses yeux son irrémédiable contraire. Il lui apparaît, quant à elle, comme un homme sans frein, plein de toupet, sûr de lui et prêt à tous les scandales. En un mot, ce n'est pas le coup de foudre. Cela dit, il peut exister de brillantes exceptions, notamment si la dame Vierge a plusieurs planètes en Balance...

Homme Verseau et femme Balance

Là, tout semble facile : entre gens d'Air, on se comprend. Elle est fragile (d'apparence), douce, vive, sentimentale, compréhensive et tolérante ; capable d'adopter l'autre dans sa globalité, avec qualités et défauts. Donc, il se sent bien à ses côtés. S'il n'est pas trop uranien, c'est-à-dire s'il ne recherche pas constamment le changement, la fantaisie, l'imprévu, il s'entendra très bien avec elle, dans la vie quotidienne. S'il est très marqué par Uranus... il faudra qu'elle se montre inventive, toujours sur le qui-vive intellectuel, surprenante. Courage !

Homme Verseau et femme Scorpion

Il faut bien le dire : elle le subjugue d'emblée. Sa sensualité, son profond magnétisme, sa perception des êtres quasi médiumnique le vampent littéralement. Mais les signes d'Air et les signes d'Eau ne trouvent pas d'harmonie ensemble. Lui, s'intéresse à son prochain, ouvre ses portes au tout venant par réelle humanité. Elle, a trop à faire avec elle-même, ses angoisses, ses révoltes, ses violentes contradictions. Ils risquent, à long terme, de ne pas trouver de terrain d'entente. Pourtant, c'est une avide d'expériences et une aventurière sans foi ni loi, comme lui. Peut-être fera-t-elle pour lui une meilleure amante qu'une bonne compagne.

Homme Verseau et femme Sagittaire

Oui, il aime les voyages, comme elle. Oui, il est curieux et enthousiaste, comme elle. Oui, le monde extérieur l'intéresse au plus haut point, comme elle. En plus, ils sont tous deux optimistes, actifs, indépendants. Et ils ont le sens du risque. Peut-on demander mieux ? En fait, toutes les alliances de signes d'Air et des signes de Feu sont dynamisantes et euphorisantes. Ils se comprennent intimement et s'entraident sans empiéter sur leur jardin respectif. Excellent tandem.

Homme Verseau et femme Capricorne

Elle, c'est la pondération, la mesure, la persévérance, la raison. Lui, il serait plutôt pour la folie (douce), l'extravagance, la démesure (ou l'immesure), l'opiniâtreté maniaque et l'imprévu permanent. Ils ont des points communs : lucidité, obstination, volonté, mais qu'ils utiliseront à meilleur escient dans une entreprise commune, où lui crée et elle administre, ou bien dans une association professionnelle où leurs compétences respectives feront merveille.

Homme Verseau et femme Verseau

L'amitié, le profond respect de la liberté de l'autre, l'extrême tolérance et la générosité constituent pour ce couple un ciment à toute épreuve.

L'entente absolue et (presque) parfaite. Voir les Astromariages de la Femme Verseau, page 71.

Homme Verseau et femme Poissons

Elle est aquatique, hypersensible, torturée. Lui, va de l'avant, vers les autres, l'aventure et l'imprévu. Comme toujours, l'Air et l'Eau sont difficiles à assembler : ils risquent, dans la vie pratique, de vivre en parallèle sans se rencontrer vraiment. Pourquoi ? Malgré leur goût commun et prononcé pour leur prochain, ils n'ont pas les mêmes motivations dans l'existence : elle vit dans une quête mystique de ce qui se passe au-delà (des apparences, des choses matérielles), lui, est profondément assuré dans le réel, l'immédiat, la réalisation de ses objectifs, ici et maintenant. Voilà sans doute ce qui, à long terme, risque de les séparer.

Claude Rich : sa carrière dessine le portrait d'un comédien Verseau passionné, rigoureux et sélectif.

Comment trouver votre Ascendant

Je vous suppose assez averti des notions de base de l'astrologie pour ne pas confondre votre Ascendant horoscopique avec vos ascendants juridiques : l'Ascendant qui nous intéresse, vous le savez, n'a rien à voir avec vos chers parents, grands-parents et arrière-grands-parents. Il n'est cependant pas mauvais de rappeler brièvement quelques définitions avant d'entrer dans le vif du sujet.

Vous qui avez acheté ce livre parce qu'il vous concernait, votre anniversaire se situe forcément entre le 20 janvier et le 19 février, période annuelle durant laquelle le Soleil occupe le secteur zodiacal appelé Verseau. Vous savez donc que vous êtes natif du Verseau ou encore que le Verseau est votre signe solaire. Le jour où vous êtes né, quand le Soleil s'est levé, le signe du Verseau qu'il occupait se levait donc en même temps. Puis ce Soleil en Verseau est monté dans le ciel estival et, un peu plus tard dans la matinée, le signe des Poissons s'est levé à son tour. Ce furent ensuite, au cours de la journée, les levers successifs du Bélier, du Taureau, et *tutti quanti.* C'est ainsi qu'en une période vingt-quatre heures, du fait de la rotation de la Terre, les douze signes du Zodiaque se lèvent tour à tour. Moyennant la connaissance de votre heure et de votre lieu de naissance, il est possible de déterminer lequel des douze se levait à l'instant précis de votre venue au monde : vous connaîtrez alors votre signe Ascendant. Les pages techniques de ce livre vous fourniront tous les moyens de trouver vous-même si vous êtes Verseau Ascendant Bélier, Verseau Ascendant Poissons ou Balance, ou autre chose encore.

Pour trouver tout de suite votre Ascendant, vous avez besoin de connaître votre heure de naissance

Pour connaître votre heure de naissance, vous interrogez vos parents, ou bien, dans de nombreux pays, vous pouvez également l'obtenir auprès de votre mairie, en demandant un extrait d'acte de naissance.

Toutefois, l'heure que vos parents ou la mairie vous indiquent est une heure officielle qui ne coïncide pas forcément avec l'heure solaire.

Souvenez-vous qu'à la campagne certaines personnes ne désirent pas vivre à l'heure officielle et préfèrent suivre l'heure du Soleil.

De même, un enfant né à 14 heures officiellement serait, en fait, né à midi solaire.

Pour que vous puissiez facilement transformer votre heure officielle de naissance en heure solaire, nous avons établi un tableau par pays.

Vous recherchez, dans les pages suivantes, le tableau concernant votre pays de naissance et vous lisez ce que vous avez à faire.

Si le tableau vous demande « Retranchez 1 heure », cela veut dire que vous devez retranchez une heure de votre heure de naissance officielle pour trouver l'heure solaire.

Si le tableau vous demande « Ajoutez 0 h 30 », c'est l'inverse.

Si enfin le tableau indique « Aucun changement », c'est que l'heure officielle est la même que l'heure solaire.

Pourquoi est-il nécessaire que vous retrouviez l'heure solaire de votre naissance ?

Tout simplement parce que si vous utilisez directement votre heure officielle de naissance, vous trouveriez un Ascendant inexact chaque fois que cette heure aurait une avance ou un retard notable sur l'heure du Soleil.

Si vous avez bien noté votre heure de naissance, vous pouvez passer maintenant à la page 84, ou vous lirez comment trouver votre Ascendant sans aucun calcul.

AFRIQUE

AFARS et ISSAS (Djibouti)
Depuis 1900 aucun changement

AFRIQUE DU SUD
Ouest
Province du Cap occidentale et Sud-Ouest africain
De1900 à 1903 retranchez 0 h 15
De 1904 à 1942 retranchez 0 h 45
En 1943 et 1944 retranchez 1 h 45
Depuis 1945 retranchez 0 h 45
Est
Orange, Transvaal, Natal, province du Cap orientale
De 1900 à 1903 ajoutez 0 h 25 (1)
De 1904 à 1942 aucun changement
En 1943 et 1944 retranchez 1 h
Depuis 1945 aucun changement

ALGÉRIE
De 1900 à 1911 aucun changement
De 1912 à 1940 (2) ajoutez 0 h 10
De 1941 à 1946 retranchez 0 h 50
De 1947 au 29 janv. 1956 ajoutez 0 h 10
Du 30 janv. 1956 à 1963 retranchez 0 h 50
Depuis 1964 ajoutez 0 h 10

ANGOLA
Occidental
Depuis 1900 aucun changement

Oriental
Depuis 1900 ajoutez 0 h 20

BENIN (Dahomey)
De 1900 à 1933 aucun changement
Depuis 1934 retranchez 0 h 50

BOTSWANA
De 1900 à 1943 retranchez 0 h 20
En 1944 retranchez 1 h 20
Depuis 1945 retranchez 0 h 20

BURUNDI
Depuis 1900 aucun changement

CAMEROUN
De 1900 à 1911 aucun changement
Depuis 1912 retranchez 0 h 10

CENTRAFRIQUE (REP)
De 1900 à 1911 aucun changement
Depuis 1912 ajoutez 0 h 20

COMORES (Iles)
Depuis 1900 aucun changement

CONGO
Depuis 1900 aucun changement

CÔTE D'IVOIRE
De 1900 à 1911 aucun changement
Depuis 1912 retranchez 0 h 20

ÉGYPTE
Depuis 1900 aucun changement

ÉTHIOPIE (sauf Érythrée)
De 1900 à 1935 aucun changement
Depuis 1936 retranchez 0 h 25

ÉRYTHRÉE
De 1900 à 1930 aucun changement
Depuis 1931 retranchez 0 h 20

GABON
De 1900 à 1911 aucun changement
Depuis 1912 retranchez 0 h 15

GAMBIE
De 1900 à 1963 aucun changement
Depuis 1964 retranchez 1 h

GHANA
Depuis 1900 aucun changement

GUINÉE
De 1900 à 1911 aucun changement
De 1912 à 1934 retranchez 0 h 45
De 1935 à 1959 ajoutez 0 h 15
Depuis 1960 retranchez 0 h 45

GUINÉE BISSAU
Depuis 1900 aucun changement

GUINÉE ÉQUATORIALE
De 1900 à 1911 aucun changement
De 1912 à 1963 ajoutez 0 h 40
Depuis 1964 retranchez 0 h 20

HAUTE-VOLTA
Depuis 1900 aucun changement

KÉNYA
De 1900 à 1928 aucun changement
En 1929 retranchez 0 h 30
De 1930 à 1939 aucun changement
De 1940 à 1959 retranchez 0 h 15
Depuis 1960 retranchez 0 h 30

LESOTHO
Depuis 1900 aucun changement

LIBÉRIA
Depuis 1900 aucun changement

LIBYE
Cyrénaïque
De 1900 à 1919 aucun changement
De 1920 à 1963 ajoutez 0 h 30
Depuis 1964 retranchez 0 h 30
Tripolitaine, Syrte
De 1900 à 1963 aucun changement
Depuis 1964 retranchez 1 h

MADAGASCAR
Depuis 1900 aucun changement

MALAWI
Depuis 1900 ajoutez 0 h 15

MALI
Oriental (Tombouctou-Gao)
De 1900 à 1911 aucun changement
De 1912 à 1934 retranchez 0 h 10
De 1935 à 1960 ajoutez 0 h 50
Depuis 1961 retranchez 0 h 10
Occidental (Bamako)
De 1900 à 1911 aucun changement
De 1912 à 1934 retranchez 0 h 30
De 1935 à 1960 ajoutez 0 h 30
Depuis 1961 retranchez 0 h 30

MAROC
De 1900 à 1913 aucun changement
De 1914 à 1940 retranchez 0 h 30
De 1941 à 1945 retranchez 1 h 30
Depuis 1946 retranchez 0 h 30

MAURICE (Ile)
Depuis 1900 aucun changement

MAURITANIE
De 1900 à 1911 aucun changement
De 1912 à 1934 retranchez 0 h 55
De 1935 à 1959 aucun changement
Depuis 1960 retranchez 0 h 55

MOZAMBIQUE
De 1900 à 1903 retranchez 0 h 15
Depuis 1904 retranchez 0 h 25

NIGER
Occidental (Niamey)
De 1900 à 1911 aucun changement
De 1912 à 1934 ajoutez 1 h 10
De 1935 à 1959 ajoutez 0 h 10
Depuis 1960 retranchez 0 h 50
Central (Tahoua, Nkoni, Ingau, Maradi)
De 1900 à 1911 aucun changement
De 1912 à 1959 ajoutez 0 h 25
Depuis 1960 retranchez 0 h 35
Oriental (Agadez, Bilma, Zinder, Nguigmi)
De 1900 à 1911 aucun changement
Depuis 1912 retranchez 0 h 20

NIGÉRIA
De 1900 à 1919 aucun changement
Depuis 1920 retranchez 0 h 30 (3)

OUGANDA
De 1900 à 1919 aucun changement
De 1920 à 1928 retranchez 0 h 20
En 1929 retranchez 0 h 50
De 1930 à 1947 retranchez 0 h 20
De 1948 à 1963 retranchez 0 h 35
Depuis 1964 retranchez 0 h 50

RÉUNION (Ile de La)
De 1900 à 1911 aucun changement
Depuis 1912 retranchez 0 h 20

RHODÉSIE
Depuis 1900 aucun changement

RWANDA
Depuis 1900 aucun changement

SÉNÉGAL
De 1900 à 1941 aucun changement
Depuis 1942 retranchez 1 h

SIERRA LEONE
De 1900 à 1913 aucun changement
De 1914 à 1963 ajoutez 0 h 15
Depuis 1964 retranchez 0 h 45

SOMALIE
Ex-française et italienne
Depuis 1900 aucun changement
Ex-anglaise
De 1900 à 1965 ajoutez 0 h 30
Depuis 1966 aucun changement

SOUDAN
Depuis 1900 aucun changement

SWAZILAND
Depuis 1900 aucun changement

TANZANIE
Tanganyika
De 1900 à 1930 aucun changement
De 1931 à 1947 retranchez 0 h 30
De 1948 à 1960 retranchez 0 h 15
Depuis 1964 retranchez 0 h 30
Zanzibar
De 1900 à 1930 aucun changement
De 1931 à 1939 ajoutez 0 h 10
Depuis 1940 retranchez 0 h 20

TCHAD
De 1900 à 1911 aucun changement
Depuis 1912 ajoutez 0 h 10

TOGO
Depuis 1900 aucun changement

1. Sauf Natal aucun changement.
2. Sauf 15 au 19 fév. 1920 retranchez 0 h 50.
3. Sauf région du lac Tchad aucun changement.

TUNISIE
De 1900 à 1911 ajoutez 0 h 30
De 1912 à 1940 retranchez 0 h 20
En 1941 retranchez 1 h 20
Depuis 1942 retranchez 0 h 20

ZAÏRE
Provinces de Kinshasa (Léopoldville) et Mbandaka (Coquillatville)
De 1900 à 1920 aucun changement
De 1921 à 1935 retranchez 1 h
Depuis 1936 aucun changement
Provinces orientales, Kasaï et Katanga
De 1900 à 1920 ajoutez à 0 h 45 (4)
Depuis 1921 retranchez 0 h 15

ZAMBIE
Depuis 1900 aucun changement

AMÉRIQUE DU NORD

ALASKA *
Région de Wrangel
Depuis 1900 retranchez 1 h
Région de Juneau
Depuis 1900 retranchez 0 h 15
Régions Centrale et Occidentale
Depuis 1900 aucun changement

CANADA *
Alberta retranchez 0 h 40
Colombie aucun changement
Manitora retranchez 0 h 30
N. Brunswick retranchez 0 h 30
N.F. Labrador retranchez 0 h 40
N. Écosse aucun changement
Ontario Est retranchez 0 h 20
Ontario Ouest retranchez 1 h
Québec : Ouest de Port Cartier ajoutez 0 h 15
Québec : Port Cartier et Est retranchez 0 h 20
Saskatchewan aucun changement

ÉTATS-UNIS *
Alabama ajoutez 0 h 15
Arizona retranchez 0 h 25
Arkansas retranchez 0 h 10
Californie aucun changement
Caroline du Nord retranchez 0 h 20
Caroline du Sud retranchez 0 h 25
Colorado aucun changement
Connecticut ajoutez 0 h 10
Dakota Nord (Est) retranchez 0 h 40
Dakota Nord (Ouest) aucun changement
Dakota Sud (Est) retranchez 0 h 35
Dakota Sud (Ouest) ajoutez 0 h 10
Delaware aucun changement
District Fédér. aucun changement
Floride retranchez 0 h 30
sauf Panama, Pensacola ajoutez 0 h 20
Georgie retranchez 0 h 35
Idaho (Est) retranchez 0 h 30
Idaho (Ouest) ajoutez 0 h 15
Illinois aucun changement
Indiana ajoutez 0 h 15
Iowa retranchez 0 h 15
Kansas retranchez 0 h 30
Sauf Dodge City et Ouest ajoutez 0 h 20
Kentucky Centre et Est retranchez 0 h 40
Kentucky Ouest ajoutez 0 h 10
Louisiane aucun changement
Maine ajoutez 0 h 20
Maryland retranchez 0 h 10
Massachusetts ajoutez 0 h 15
Michigan retranchez 0 h 45
Minnesota retranchez 0 h 15
Mississippi aucun changement
Missouri retranchez 0 h 10
Montana retranchez 0 h 20
Nebraska Est retranchez 0 h 30
Nebraska Ouest ajoutez 0 h 10
Nevada ajoutez 0 h 15
N. Hampshire ajoutez 0 h 15
N. Jersey aucun changement
N. York aucun changement
N. Mexique aucun changement
Ohio retranchez 0 h 30
Oklahoma retranchez 0 h 30
Oregon aucun changement
Pennsylvanie retranchez 0 h 15
Rhode Island aucun changement
Tennessee Est retranchez 0 h 35
Tennessee Ouest et Centre ajoutez 0 h 10
Texas Est retranchez 0 h 25
Texas Ouest retranchez 0 h 45
Utah Est retranchez 0 h 20
Utah Ouest ajoutez 0 h 30
Vermont aucun changement
Virginie retranchez 0 h 15
Virginie Occid. retranchez 0 h 25
Washington (DC) aucun changement
Washington (Etat) aucun changement
Wisconsin aucun changement
Wyoming retranchez 0 h 10
Hawaï retranchez 0 h 20

TERRE-NEUVE (Ile de)
retranchez 0 h 15

AMÉRIQUE CENTRALE

BAHAMAS (Iles) *
Depuis 1900 aucun changement

COSTA RICA
De 1900 à 1920 aucun changement
Depuis 1921 ajoutez 0 h 25

CUBA
De 1900 à 1925 ajoutez 0 h 15
Depuis 1926 retranchez 0 h 15

REP. DOMINICAINE *
De 1900 à 1933 aucun changement
Depuis 1934 ajoutez 0 h 20

GUADELOUPE
Depuis 1900 aucun changement

GUATEMALA
Depuis 1900 aucun changement

HAÏTI
Depuis 1900 aucun changement

HONDURAS
Depuis 1900 aucun changement

HONDURAS BRITANNIQUE *
Depuis 1900 aucun changement

JAMAÏQUE
Depuis 1900 aucun changement

MARTINIQUE
Depuis 1900 aucun changement

MEXIQUE
Oriental
Provinces de Yucatan, Campeche, Chiapas, Oaxaca, Tabasco, Tamaulipas, Vera-Cruz
De 1900 à 1911 aucun changement
De 1912 à 1921 ajoutez 0 h 15
De 1922 à 1931 ajoutez 0 h 50
Depuis 1932 retranchez 0 h 10
Occidental
Provinces de Californie Nord et Sud
De 1900 à 1911 aucun changement
De 1912 à 1921 retranchez 1 h 05
De 1922 à 1931 retranchez 0 h 30
Depuis 1932 : Californie Nord ajoutez 0 h 20
Californie Sud : retranchez 0 h 30
Central
Toutes les autres provinces
De 1900 à 1911 aucun changement
De 1912 à 1921 retranchez 0 h 25
De 1922 à 1931 ajoutez 0 h 10
Depuis 1932 retranchez 0 h 50

NICARAGUA
De 1900 à 1934 aucun changement
Depuis 1935 ajoutez 0 h 20

PANAMA
De 1900 à 1908 aucun changement
Depuis 1909 retranchez 0 h 20

PETITES ANTILLES (Iles des)
Depuis 1900 aucun changement

PORTO RICO
Depuis 1900 retranchez 0 h 25

SAN SALVADOR
Depuis 1900 aucun changement

AMÉRIQUE DU SUD

ARGENTINE *
Est
Régions de Santa Fé, Cordoba, Buesnos-Aires, Bahia Blanca
De 1910 à 1920 ajoutez 0 h 10
Depuis 1921 aucun changement
Ouest
Régions de Tucuman, Mendoza et Patagonie
De 1910 à 1920 retranchez 0 h 20
Depuis 1921 retranchez 0 h 40

BOLIVIE
De 1910 à 1922 ajoutez 0 h 10
Depuis 1933 retranchez 0 h 25

BRÉSIL * (sauf Accre)
Depuis 1910 aucun changement

ACCRE *
De 1910 à 1913 aucun changement
Depuis 1914 ajoutez 0 h 20

CHILI *
De 1910 à 1932 ajoutez 0 h 15
Depuis 1933 retranchez 0 h 45

COLOMBIE
Depuis 1910 aucun changement

ÉQUATEUR
Depuis 1910 aucun changement

4. Ainsi que de 1920 à 1935 pour le Kasaï.
* Pour les pays suivis du * voir le tableau spécial de l'heure d'été page 82 et l'appliquer en fonction de vos informations personnelles.

GUYANA
Depuis 1910 aucun changement
GUYANE FRANÇAISE
De 1910 à 1911 aucun changement
Depuis 1912 ajoutez 0 h 30
PARAGUAY
De 1910 à 1931 retranchez 0 h 15
Depuis 1932 ajoutez 0 h 10
PÉROU
Depuis 1910 aucun changement
SURINAM
Depuis 1910 aucun changement
URUGUAY *
De 1910 à 1920 ajoutez 0 h 15
Depuis 1921 retranchez 0 h 15
VENEZUELA
De 1910 au 11 fév. 1912 ajoutez 0 h 20
Depuis le 12 fév. 1912 retranchez 0 h 15

MOYEN ORIENT

ARABIE SAOUDITE (5)
Ouest retranchez 0 h 20
Est (dont Er Riad) retranchez 0 h 50
EMIRATS ARABES (5)
Retranchez 0 h 20
IRAK
Aucun changement
ISRAËL
Ajoutez 0 h 20
JORDANIE
Ajoutez 0 h 25
KOWEÏT
Aucun changement
LIBAN *
Ajoutez 0 h 20
SYRIE *
Ajoutez 0 h 30
YEMEN Nord et Sud
Aucun changement

ASIE

AFGHANISTAN
Aucun changement
BIRMANIE
Aucun changement
CEYLAN
Aucun changement
CHINE
Pour Pékin et toute la côte Est
aucun changement
Pour le reste de la Chine se reporter à l'heure locale sans aucun changement
CORÉE (5)
Retranchez 0 h 30
CAMBODGE
Aucun changement
INDE
Assam ajoutez 0 h 40
Côte et partie orientale aucun changement
Côte et partie occidentale retranchez 0 h 30
INDONÉSIE
Sumatra retranchez 0 h 15
Java, Bali ajoutez 0 h 20
Bornéo retranchez 0 h 25
Célèbes, Timor, Flores aucun changement
Irian (N. Guinée) aucun changement
Moluques retranchez 0 h 25
JAPON
Kiou Siou retranchez 0 h 10
Sikok, Hondo Ouest de Tokyo
aucun changement
Hondo Nord de Tokyo et Yeso
Ajoutez 0 h 30
LAOS
Aucun changement
MALAYSIA (Fed.)
péninsule malaise retranchez 0 h 15
Sabah Sarawak (5) aucun changement

MANDCHOURIE
De 1910 à 1927 retranchez 0 h 30
De 1928 à 1932 aucun changement
Depuis 1933 se renseigner
PAKISTAN ORIENTAL
Aucun changement
PAKISTAN OCCIDENTAL (5)
Retranchez 0 h 30
PHILIPPINES (Iles)
Aucun changement
THAÏLANDE
De 1910 à 1920 aucun changement
Depuis 1921 retranchez 0 h 15
VIETNAM
Aucun changement
Sauf Vietnam du Sud de 1956 à 1975 retranchez 0 h 50
TAÏWAN (Formose)
Aucun changement
U.R.S.S.
Sibérie
Kazakhstan oriental
Kirghizistan, Tajdikistan
Région de Omsk
De 1910 à 1930 retranchez 2 h
De 1931 à 1963 aucun changement
Depuis 1964 retranchez 1 h
Altaï, régions de Tomsk, Novossibirsk, Krasnoïarsk
De 1910 à 1930 retranchez 1 h
De 1931 à 1963 aucun changement
Depuis 1964 retranchez 1 h
Régions Lac Baïkal, Irkoustk
De 1910 à 1963 aucun changement
Depuis 1964 retranchez 1 h
Région de Tchita-Mogotcha
De 1910 à 1930 ajoutez 1 h
De 1931 à 1963 aucun changement
Depuis 1964 retranchez 1 h
Régions de Vladivostok
Komsomolsk, Okhotsk
De 1910 à 1963 aucun changement
Depuis 1964 retranchez 1 h
Régions de Magadan, Kamtchatka
De 1910 à 1930 ajoutez 1 h
De 1931 à 1963 aucun changement
Depuis 1964 retranchez 1 h

OCÉANIE

AUSTRALIE
Provinces de Canberra, Victoria, N. Galles du Sud, Papouasie (N. Guinée) Queensland, Tasmanie
aucun changement
Territoires du Nord et Australie méridionale retranchez 0 h 30
Australie occidentale
aucun changement
NOUVELLE ZÉLANDE
Aucun changement
TOUTES ÎLES DE L'OCÉANIE
Pratiquement aucun changement

EUROPE

ALBANIE
De 1900 à 1914 aucun changement
De 1915 à 1940 ajoutez 0 h 20
En 1941 et 1942 retranchez 0 h 40
Depuis 1943 ajoutez 0 h 20
ALLEMAGNE DE L'EST (RDA)
De 1900 à 1940 retranchez 0 h 10
En 1941 et 1942 retranchez 1 h 10
Depuis 1943 retranchez 0 h 10
ALLEMAGNE DE L'OUEST (RFA)
De 1900 à 1940 retranchez 0 h 20
En 1941 et 1942 retranchez 1 h 20
Depuis 1943 retranchez 0 h 20
ANGLETERRE (sauf Cornouailles)
De 1900 à 1940 aucun changement
De 1941 à 1945 retranchez 1 h
De 1946 au 17 fév. 1968 aucun changement
Du 18 fév. 1968 à 1971 retranchez 1 h
Depuis 1972 aucun changement

Cornouailles, Écosse, Galles
De 1900 à 1940 retranchez 0 h 15
De 1941 à 1945 retranchez 1 h 15
De 1946 au 17 février 1968 retranchez 0 h 15
Du 18 février 1968 à 1971 retranchez 1 h 15
Depuis 1972 retranchez 0 h 15
AUTRICHE
De 1900 à 1939 aucun changement
En 1940 et 1941 retranchez 1 h
Depuis 1942 aucun changement
BELGIQUE
De 1900 à 1940 ajoutez 0 h 20
En 1941 et 1942 retranchez 1 h 40
Depuis 1943 retranchez 0 h 40
BULGARIE
Depuis 1900 retranchez 0 h 20
CHYPRE
De 1900 à 1921 aucun changement
Depuis 1922 ajoutez 0 h 15
DANEMARK
De 1900 à 1940 retranchez 0 h 15
En 1941 et 1942 retranchez 1 h 15
Depuis 1943 retranchez 0 h 15

* Pour les pays suivis du * voir le tableau spécial de l'heure d'été page 82 et l'appliquer en fonction de vos informations personnelles.
5. Ces informations concernent la période récente, se renseigner sur l'heure officielle avant 1960.

(F) = Franquistes
Aragon, Baléares, Catalogne, Murcie, Navarre, Valence
De 1900 à 1938 aucun changement
En 1939 (R) retranchez 1 h
En 1939 (F) aucun changement
Depuis 1940 retranchez 1 h
Andalousie, Basque, León, Castille, Galice, Extrémadure
De 1900 à 1938 retranchez 0 h 20
En 1939 (R) retranchez 1 h 20
En 1939 (F) retranchez 0 h 20
Depuis 1940 retranchez 1 h 20

ESTONIE
De 1900 à 1921 aucun changement
De 1922 à 1963 retranchez 0 h 20
Depuis 1964 retranchez 1 h 20

FINLANDE
De 1900 à 1921 aucun changement
Depuis 1922 retranchez 0 h 20

FRANCE
(ZNO) = Zone non occupée.
(ZO) = Zone occupée
Aquitaine, Bretagne, Centre, Ile-de-France, Midi-Pyrénées, Nord, Normandie, Limousin, Pays-de-Loire, Poitou, Charente, Picardie
De 1900 à 1911 retranchez 0 h 10
De 1912 à 1940 (6) aucun changement
(ZNO) en 1941 et 1942 retranchez 1 h
(ZO) en 1941 et 1942 retranchez 2 h
Depuis 1943 retranchez 1 h
Alsace, Auvergne, Bourgogne, Champagne, Ardennes, Franche-Comté, Languedoc-Roussillon, Lorraine, Rhône-Alpes Provence, Côte-d'Azur, Corse, Pté Monaco
De 1900 à 1911 ajoutez 0 h 10
De 1912 à 1940 (7) ajoutez 0 h 20
(ZNO) en 1941 et 1942 retranchez 0 h 40
(ZO) en 1941 et 1942 retranchez 1 h 40
Depuis 1943 retranchez 0 h 40

GRÈCE
De 1900 à 1916 aucun changement
De 1917 à 1942 retranchez 0 h 30
En 1943 et 1944 ajoutez 0 h 30
Depuis 1945 retranchez 0 h 30

GROËNLAND
Depuis 1900 aucun changement

HOLLANDE
De 1900 à 1940 aucun changement
En 1941 et 1942 retranchez 1 h 40
Depuis 1943 retranchez 0 h 40

HONGRIE
De 1900 à 1941 ajoutez 0 h 15
En 1942 retranchez 0 h 45
Depuis 1943 ajoutez 0 h 15

IRLANDE (EIRE)
De 1900 à 1916 aucun changement
De 1917 à 1940 retranchez 0 h 30
De 1941 à 1945 retranchez 1 h 30
De 1946 au 17 février 1968 retranchez 0 h 30
Du 18 février 1968 à ce jour retranchez 1 h 30

IRLANDE DU NORD
De 1900 à 1916 aucun changement
De 1917 à 1919 retranchez 0 h 25
A partir de 1920 comme Galles

ISLANDE
De 1900 à 1907 aucun changement
De 1908 à 1966 retranchez 0 h 25
Depuis 1967 retranchez 1 h 25

ITALIE
Emilie, Ligurie, Lombardie, Piémont, Toscane, Sardaigne
De 1900 à 1940 retranchez 0 h 20
En 1941 et 1942 retranchez 1 h 20
Depuis 1943 retranchez 0 h 20
Abruzzes, Calabre, Campanie, Latium, Marche, Ombrie, Pouilles, San-Marino, Sicile, Vénétie
De 1900 à 1940 aucun changement
En 1941 et 1942 retranchez 1 h
Depuis 1943 aucun changement

LETTONIE
De 1900 à 1918 retranchez 0 h 25
De 1919 à 1926 aucun changement
De 1927 à 1963 retranchez 0 h 25
Depuis 1964 retranchez 1 h 25

LITHUANIE
De 1900 à 1919 aucun changement
De 1920 à 1940 ajoutez 0 h 30
De 1941 à 1963 retranchez 0 h 30
Depuis 1964 retranchez 1 h 30

LUXEMBOURG
De 1900 à 1904 aucun changement
De 1905 à 1918 retranchez 0 h 35
De 1919 à 1940 ajoutez 0 h 25
En 1941 et 1942 retranchez 1 h 35
Depuis 1943 retranchez 0 h 35

MALTE
De 1900 à 1978 voir Sicile

NORVEGE
De 1900 à 1940 retranchez 0 h 20
En 1941 et 1942 retranchez 1 h 20
Depuis 1943 retranchez 0 h 20

POLOGNE
De 1900 à 1919
Pour les territoires sous contrôle allemand voir Allemagne Est.
Pour les territoires sous contrôle autrichien voir Autriche
Pour les territoires sous contrôle russe voir U.R.S.S.
De 1920 à 1922 retranchez 0 h 45
De 1923 à 1940 ajoutez 0 h 15
En 1941 et 1942 retranchez 0 h 45
Depuis 1943 ajoutez 0 h 15

PORTUGAL
De 1900 à 1911 aucun changement
De 1912 à 1966 retranchez 0 h 30
De 1967 à 1976 retranchez 1 h 30
Depuis 1977 retranchez 0 h 30

ROUMANIE
De 1900 à 1931 aucun changement
Depuis 1932 retranchez 0 h 15

SUÈDE
Depuis 1900 ajoutez 0 h 10

SUISSE
Depuis 1900 retranchez 0 h 25

TCHECOSLOVAQUIE
De 1900 à 1940 ajoutez 0 h 10
En 1941 et 1942 retranchez 0 h 50
Depuis 1943 ajoutez 0 h 10

TURQUIE
Occidentale
Depuis 1900 aucun changement
Orientale
Depuis 1900 ajoutez 0 h 40

U.R.S.S.
Biélorussie, Carélie, Crimée, Moldavie, Ukraine, régions de Leningrad, Moscou, Orel.
De 1900 à 1963 aucun changement
Depuis 1964 retranchez 1 h
Arménie, Azerbaïdjan, Georgie, régions du Caucase , de la Volga centrale et méridionale et de Kirov
De 1900 à 1930 ajoutez 1 h (sauf Georgie aucun changement)
De 1931 à 1963 aucun changement
Depuis 1964 retranchez 1 h
Versant occidental et oriental de l'Oural, Kazakhstan occidental, Turkménistan, Ouzbékistan
De 1900 à 1930 ajoutez 2 h
De 1931 à 1963 aucun changement
Depuis 1964 retranchez 1 h

YOUGOSLAVIE
De 1900 à 1941 ajoutez 0 h 15
En 1942 retranchez 0 h 45
Depuis 1943 ajoutez 0 h 15

6. Sauf du 15 au 19 fév. 1920 retranchez 1 h.
7. Sauf du 15 au 19 fév. 1920 retranchez 0 h 40.

Tableau spécial de l'heure d'été pour certains pays

Pour les pays marqués d'un * nous savons qu'ils pratiquent l'heure d'été mais les dates précises de début et de fin de période ne nous sont pas connues, ainsi que les années.

Le tableau suivant vous indique comment passer directement d'une heure officielle d'été à l'heure solaire de naissance correspondante.

Vous devez utiliser ce tableau spécial si vous êtes certain(e) que votre naissance a eu lieu pendant la période officielle d'application de l'heure d'été *pour l'année de votre naissance.*

Par exemple, pour les États-Unis, cette période va du dernier dimanche d'avril à 2 heures du matin jusqu'au dernier dimanche d'octobre à 2 heures du matin.

AMERIQUE DU NORD

ALASKA
Région de Wrangel retranchez 2 h.
Région de Juneau retranchez 1 h 15
Alaska central retranchez 1 h.
Alaska occid. retranchez 1 h.

CANADA sauf Alberta, Nouv.-Brunswick, Nouvelle-Écosse
Colombie retranchez 1 h.
Manitoba retranchez 1 h. 30
NF. Labrador retranchez 1 h. 40
Ontario Est retranchez 1 h. 20
Ontario Ouest retranchez 2 h.
Québec Est retranchez 1 h. 20
Québec Ouest retranchez 0 h. 45
Saskatchewan retranchez 1 h.

ETATS-UNIS
Alabama retranchez 0 h. 45
Arizona pas d'heure d'été
Arkansas retranchez 1 h. 10
Californie retranchez 1 h.
Caroline Nord retranchez 1 h. 20
Caroline Sud retranchez 1 h. 25
Colorado retranchez 1 h.
Connecticut retranchez 0 h. 50
Dakota Nord (Est) retranchez 1 h. 40
Dakota Nord (Ouest) retranchez 1 h.
Dakota Sud (Est) retranchez 1 h. 35
Dakota Sud (Ouest) retranchez 0 h. 50
Delaware retranchez 1 h.
District Fédéral retranchez 1 h.
Floride retranchez 1 h. 30
S.F. Panama Pensacola retranchez 0 h. 40
Géorgie retranchez 1 h. 35
Idaho Est retranchez 1 h. 30
Idaho Ouest retranchez 0 h. 45
Illinois retranchez 1 h.
Indiana retranchez 0 h. 45
Iowa retranchez 0 h. 45
Kansas retranchez 1 h. 30
S.F. Dodge City et Ouest retranchez 0 h. 40
Kentucky Centre et Est retranchez 1 h. 40
Kentucky Ouest retranchez 0 h. 50
Louisiane retranchez 1 h.
Maine retranchez 0 h. 40
Maryland retranchez 1 h. 10
Massachusetts retranchez 0 h. 45
Michigan retranchez 1 h. 45
Minnesota retranchez 1 h. 15
Mississippi retranchez 1 h.
Missouri retranchez 1 h. 10
Montana retranchez 1 h. 20
Nebraska Est retranchez 1 h. 30
Nebraska Ouest retranchez 0 h. 50
Nevada retranchez 0 h. 45
N. Hampshire retranchez 0 h. 45
N. Jersey retranchez 0 h. 45
N. Jersey retranchez 1 h.
New York retranchez 1 h.
N. Mexique retranchez 1 h.
Ohio retranchez 1 h. 30
Oklahoma retranchez 1 h. 30
Oregon retranchez 1 h.
Pennsylvanie retranchez 1 h. 15
Rhode Island retranchez 1 h.
Tennessee Est retranchez 1 h. 35
Tennessee Ouest retranchez 0 h. 50
Texas Est retranchez 1 h. 25
Texas Ouest retranchez 1 h. 45
Utah Est retranchez 1 h. 20
Utah Ouest retranchez 0 h. 30
Vermont retranchez 1 h.
Virginie Occidentale retranchez 1 h. 25
Washington (D.C.) retranchez 1 h.
Washington (État) retranchez 1 h.
Wisconsin retranchez 1 h.
Wyoming retranchez 1 h. 10
Hawaï pas d'heure d'été.

AMÉRIQUE CENTRALE

BAHAMAS (iles) retranchez 1 h.
REP. DOMINICAINE retranchez 0 h. 40

AMERIQUE DU SUD

ARGENTINE (après 1920)
Est retranchez 1 h.
Ouest retranchez 1 h. 40
BRESIL
Saul Accre retranchez 1 h.
Accre retranchez 0 h. 40
URUGUAY (après 1920) retranchez 1 h. 15

MOYEN ORIENT

LIBAN retranchez 0 h. 40
SYRIE retranchez 0 h. 30

La princesse Caroline de Monaco allie la sportivité et l'élégance aérienne propres à la femme Verseau.

Comment découvrir votre Ascendant sans aucun calcul

Votre Ascendant est le signe zodiacal qui se levait à l'horizon Est au moment de votre naissance.

Il dépend étroitement de votre heure et de votre lieu de naissance, éléments dont nous avons déjà tenu compte dans la transformation de votre heure officielle en heure solaire de naissance.

Sans effectuer de calcul, vous pouvez dès maintenant découvrir votre Signe Ascendant dans la Table des Ascendants qui vous concerne.

Pour savoir quelle Table consulter, il vous suffit de regarder à la page suivante le numéro de la Table correspondant à votre pays de naissance.

Vous consultez alors votre Table, en recherchant la colonne de votre jour de naissance, puis la ligne de votre heure solaire de naissance qui vous donne votre signe Ascendant.

Si ce signe est le dernier d'une série, vous pouvez considérer que vous êtes également influencé(e) par le signe suivant.

Exemple :	**Scorpion**	
	Scorpion	
	Scorpion	
Ligne de votre heure	**Scorpion**	vous êtes **Scorpion** mais
	Sagittaire	vous êtes également **Sagittaire**
	Sagittaire	

En effet, en raison de la rotation de la Terre sur elle-même en 24 heures, chaque signe zodiacal se lève à son tour à l'horizon Est d'un lieu terrestre déterminé.

Ainsi dans l'ordre des signes, lorsque le **Scorpion** a fini de se lever, c'est au tour du **Sagittaire** d'apparaître, si bien que le début du **Sagittaire** se lève quelques minutes après la fin du **Scorpion** : voilà qui explique l'influence de ces deux signes Ascendants sur une personne.

Le signe Ascendant exerce une influence prépondérante sur votre tempérament, sur votre morphologie et votre comportement.

Etant l'élément le plus individualisé de votre configuration astrologique natale, votre Ascendant caractérise votre mode d'adaptation au monde extérieur aussi bien sur les plans biologique, social que professionnel.

L'analyse concernant votre signe Ascendant s'applique donc essentiellement à votre façon d'être avec les autres et, par conséquent, à la manière dont les autres vous perçoivent.

Si vous ne connaissez votre heure de naissance que de façon approximative, par exemple « dans la matinée », « en fin d'après-midi », vous pouvez vous reporter aux descriptions et juger, à la lecture de leur analyse, du signe qui correspond le mieux à votre comportement spontané.

Vous pouvez contrôler le résultat avec un de vos proches.

Numéro de la Table des Ascendants
à consulter pour chaque pays

AFRIQUE

PAYS	TABLE N° 1	2	3	4	5	6
AFFARS ET ISSAS	1					
AFRIQUE DU SUD		2				
ALGÉRIE			3			
SAHARA ALGÉRIEN		2				
ANGOLA	1					
BENIN (DAHOMEY)	1					
BOTSWANA		2				
CAMEROUN	1					
CAP VERT (ÎLES)	1					
CENTRAFRIQUE Rép.	1					
COMORES (ÎLES)	1					
CONGO	1					
CÔTE D'IVOIRE	1					
ÉGYPTE		2				
ÉTHIOPIE	1					
GABON	1					
GAMBIE	1					
GHANA	1					
GUINÉE	1					
GUINÉE BISSAU	1					
GUINÉE ÉQUAT.	1					
HAUTE VOLTA	1					
KENYA	1					
LESOTHO		2				
LIBÉRIA	1					
LIBYE		2				
MADAGASCAR		2				
MALAWI	1					
MAROC NORD			3			
MAURICE (ILE)		2				
MAURITANIE		2				
MOZAMBIQUE NORD	1					
MOZAMBIQUE SUD		2				
NIGER	1					
NIGÉRIA	1					
OUGANDA	1					
RÉUNION (ÎLE)		2				
RHODÉSIE		2				
RWANDA	1					
SAOTOME (ÎLE)	1					
SÉNÉGAL	1					
SEYCHELLES (ÎLES)	1					
SIERRA LÉONE	1					
SOMALIE	1					
SOUDAN	1					
SUD-OUEST AFRICAIN		2				
SWAZILAND		2				
TANGER			3			
TANZANIE	1					
TCHAD	1					
TOGO	1					
TUNISIE NORD			3			
TUNISIE SUD		2				
ZAÏRE	1					
ZAMBIE	1					

AMERIQUE DU NORD

PAYS	TABLE N° 1	2	3	4	5	6
CANADA						
ALBERTA SUD					5	
ALBERTA NORD						6
BRITISH COLUMBIA SUD					5	
BRITISH COLUMBIA NORD						6
MANITOBA SUD					5	
MANITOBA NORD						6
NEW BRUNSWICK				4		
NEW F. LABRADOR						6
NOUVELLE ÉCOSSE				4		
ONTARIO SUD				4		
ONTARIO NORD					5	
QUÉBEC SUD				4		
QUÉBEC NORD					5	
SASKATCHEWAN SUD					5	
SASKATCHEWAN NORD						6
TERRIT. NORD-OUEST						6
St PIERRE ET MIQUELON				4		

ETATS-UNIS

PAYS	TABLE N° 1	2	3	4	5	6
ALABAMA			3			
ALASKA						6
ARIZONA			3			
ARKANSAS			3			
CALIFORNIE			3			
CAROLINE NORD			3			
CAROLINE SUD			3			
COLORADO			3			
CONNECTICUT				4		
DAKOTA NORD				4		
DAKOTA SUD				4		
DELAWARE			3			
FLORIDE		2				
GÉORGIE			3			
IDAHO				4		
ILLINOIS			3			
INDIANA			3			
IOWA			3			
KANSAS			3			
KENTUCKY			3			
LOUISIANE		2				
MAINE				4		
MARYLAND			3			
MASSACHUSETTS				4		
MICHIGAN				4		
MINNESOTA				4		
MISSISSIPI			3			
MISSOURI			3			
MONTANA				4		
NEBRASKA			3			
NEVADA			3			
NEW HAMPSHIRE				4		
NEW JERSEY			3			
NEW YORK				4		
NOUVEAU MEXIQUE			3			
OHIO			3			
OKLAHOMA			3			
ORÉGON				4		
PENNSYLVANIE			3			
RHODE - ISLAND			3			
TENNESSEE			3			
TEXAS		2				
UTAH			3			
VERMONT				4		
VIRGINIE			3			
VIRGINIE OCCID.			3			
WASHINGTON			3			
WASHINGTON ÉTAT				4		
WISCONSIN				4		
WYOMING				4		
HAWAÏ		2				
BERMUDES DES (ÎLE)			3			
TERRE NEUVE (ÎLE)				4		

AMERIQUE CENTRALE

PAYS	TABLE N° 1	2	3	4	5	6
BAHAMAS (ÎLES)		2				
BARBADE (ÎLES)	1					
COSTA–RICA	1					
CUBA		2				
CURAÇAO	1					
DOMINICAINE Rép.		2				
GUADELOUPE		2				
GUATÉMALA	1					
HAÏTI		2				
HONDURAS	1					
HONDURAS BOIT.		2				
JAMAÏQUE		2				
MARTINIQUE	1					
MEXIQUE		2				
NICARAGUA	1					
PANAMA	1					
PETITES ANTILLES (ÎLES)	1					
PORTO-RICO		2				
SAN SALVADOR	1					

AMÉRIQUE DU SUD

PAYS	TABLE N° 1	2	3	4	5	6
ARGENTINE NORD		2				
ARGENTINE CENTRE			3			
ARGENTINE SUD				4		
BOLIVIE NORD	1					
BOLIVIE SUD		2				
BRÉSIL NORD	1					
BRÉSIL SUD soit :						
MINAS GERAIS		2				
SAO PAULO-RIO		2				
CHILI NORD		2				
CHILI CENTRE			3			
CHILI SUD				4		
COLOMBIE	1					
ÉQUATEUR	1					
GUYANA	1					
GUYANE FRANÇAISE	1					
PARAGUAY		2				
PÉROU	1					
SURINAM	1					
URUGUAY			3			
VÉNÉZUELA	1					

ASIE

PAYS	TABLE N° 1	2	3	4	5	6
AFGHANISTAN			3			
BIRMANIE		2				
BHOUTAN		2				
CACHEMIRE			3			
CAMBODGE	1					
CEYLAN (SRILANKA)	1					
CHINE DU NORD			3			
(SINKIANG, LIAO MING,						
HOPEH, CHANSI, CHENSI						
MANDCHOURIE, KANSOU						
KIANG-SOU, NAN CHAN)						
CHINE CENTRALE		2				
(YANG TSE KIANG)						
CHINE DU SUD		2				
CORÉE DU NORD			3			
CORÉE DU SUD			3			
INDE SUD	1					
INDE CENTRE		2				
INDE NORD		2				
INDONÉSIE	1					
JAPON			3			
JAPON (YESO)				4		
LAOS		2				
MALAYSIA (FED.)	1					
MONGOLIE EXT.				4		
NÉPAL		2				

PAYS	TABLE N° 1	2	3	4	5	6
PAKISTAN OR. OCC.		2				
PHILIPPINES (ÎLES)	1					
THAÏLANDE	1					
U.R.S.S.						
KAZAKHSTAN				4		
KIRGHIZISTAN			3			
OUZBEKISTAN			3			
SIBÉRIE SUD					5	
(OMSK, NOVOSSIBIRSK						
IRKOUTSK)						
RESTE SIBÉRIE						6
TADJIKISTAN			3			
TURKMENISTAN			3			
VLADIVOSTOK (PROV.)				4		
VIETNAM (NORD)		2				
VIETNAM (SUD)	1					
EUROPE						
ALBANIE			3			
NORD ÉCOSSE						6
ALLEMAGNE DE L'EST					5	
ALLEMAGNE OUEST						
NORD-CENTRE					5	
BAVIÈRE-BADE				4		
ANGLETERRE					5	
AUTRICHE				4		
BELGIQUE					5	
BULGARIE				4		
CHYPRE (ÎLE)			3			
DANEMARK						6
ESPAGNE NORD				4		
ESPAGNE CENTRE			3			
ESPAGNE SUD			3			
BALÉARES (ÎLES)			3			
ESTONIE						6
FINLANDE						6
FRANCE				4		
GRÈCE			3			
GROËNLAND						6
HOLLALNDE					5	
HONGRIE				4		
IRLANDE (EIRE)					5	

PAYS	TABLE N° 1	2	3	4	5	6
IRLANDE DU NORD					5	
ISLANDE						6
ITALIE NORD CENTRE				4		
ITALIE SUD			3			
SARDAIGNE-SICILE			3			
LETTONIE						6
LITHUANIE						6
LUXEMBOURG					5	
MALTE			3			
NORVÈGE						6
POLOGNE					5	
PORTUGAL			3			
ROUMANIE				4		
SUÈDE						6
SUISSE				4		
TCHÉCOSLOVAQUIE					5	
TURQUIE			3			
U.R.S.S.						
AZERBAÏDJAN				4		
ARMÉNIE				4		
BIELORUSSIE					5	
GÉORGIE				4		
UKRAINE				4		
U.R.S.S. NORD LIGNE						
SMOLENSK-MOSCOU-						
KAZAN						6
U.R.S.S.-SUD					5	
YOUGOSLAVIE				4		
MOYEN ORIENT						
ARABIE SAOUDITE		2				
ÉMIRATS ARABES		2				
IRAK			3			
IRAN NORD			3			
IRAN SUD		2				
ISRAËL		2				
JORDANIE		2				
KOWEIT		2				
LIBAN			3			
SAMOA		2				
SYRIE			3			

PAYS	TABLE N° 1	2	3	4	5	6
YEMEN NORD	1					
YEMEN SUD	1					
OCEANIE						
AUSTRALIE						
AUSTRALIE MÉRIDIONALE			3			
AUSTRALIE OCCIDENTALE		2				
NOUVELLES–GALLES DU SUD			3			
QUEEN'S LAND		2				
SAUF PÉNINSULE D'YORK	1					
TERRIT. DU NORD (NORD)	1					
TERRIT. DU NORD (SUD)		2				
VICTORIA			3			
TASMANIE				4		
NOUVELLE CALEDONIE		2				
NOUVELLE–GUINÉE	1					
NOUVELLE–ZÉLANDE						
NORD ÎLE FUMANTE			3			
SUD ÎLE DE JADE				4		
AUTRES ILES						
CAROLINES	1					
CHATHAM				4		
CHESTERFIELD		2				
ELLICE	1					
FIDJI	1					
GILBERT	1					
HÉBRIDES	1					
KERMADEC			3			
LOYAUTÉ		2				
MARIANNES	1					
MARQUISES	1					
MARSHALL	1					
MIDWAY		2				
SALOMON	1					
SAOA	1					
SOCIÉTÉ	1					
TONGA		2				
TOUAMOTOU	1					
TUBUAÏ		2				

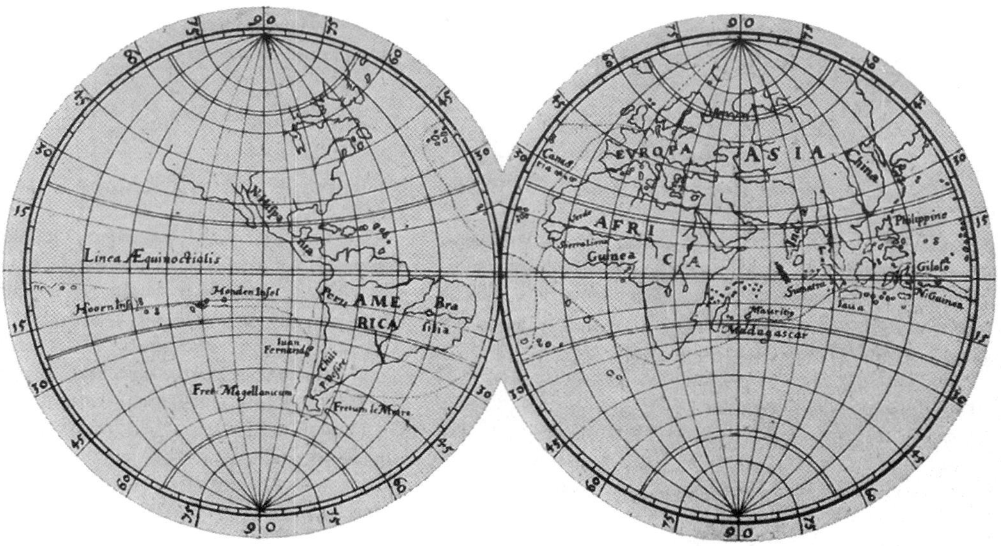

Comment découvrir votre Ascendant si vous êtes né (e) dans l'hémisphère Sud

Par rapport au Zodiaque, l'horizon Est dans l'hémisphère Sud n'est pas le même que dans l'hémisphère Nord.

Pour tenir compte de ce fait, vous ajoutez simplement 12 heures à votre heure solaire de naissance.

Si le total est supérieur à 24 heures, vous retranchez 24 heures : par exemple, 20 h 30 + 12 h – 32 h 30 – 24 h 8 h 30.

En prenant la nouvelle heure obtenue, 8 h 30 dans notre exemple, vous recherchez votre signe Ascendant exactement comme pour une naissance dans l'hémisphère Nord.

Vous obtenez le nom d'un signe zodiacal.

Celui-ci n'est pas encore votre Ascendant.

En effet, vous savez que les saisons australes sont inversées par rapport aux saisons boréales ; l'été en Australie correspond à l'hiver en Europe.

De même, le signe du Bélier de l'hémisphère Nord, c'est-à-dire le début du printemps, correspond au signe de la Balance qui marque le début du printemps dans l'hémisphère Sud.

C'est donc le signe zodiacal opposé au signe que vous avez trouvé précédemment qui est votre signe Ascendant final, et le tableau ci-dessous vous permet de trouver immédiatement ce signe.

Votre signe Ascendant lu dans la Table ▼	Votre signe Ascendant final ▼
Bélier	Balance
Taureau	Scorpion
Gémeaux	Sagittaire
Cancer	Capricorne
Lion	Verseau
Vierge	Poissons
Balance	Bélier
Scorpion	Taureau
Sagittaire	Gémeaux
Capricorne	Cancer
Verseau	Lion
Poissons	Vierge

DECOUVREZ VOTRE ASCENDANT SANS AUCUN CALCUL : TABLE N° 1

VOTRE HEURE DE NAISSANCE	20 JANVIER	21 JANVIER	22 JANVIER	23 JANVIER	24 JANVIER	25 JANVIER	26 JANVIER	27 JANVIER
0 h 00	SCORPION	SCORPION	SCORPION	SCORPION	SCORPION	SCORPION	SCORPION	SCORPION
0 h 30	SCORPION	SCORPION	SCORPION	SCORPION	SCORPION	SCORPION	SCORPION	SCORPION
1 h 00	SCORPION	SCORPION	SCORPION	SCORPION	SCORPION	SCORPION	SCORPION	SCORPION
1 h 30	SCORPION	SCORPION	SCORPION	SCORPION	SCORPION	SCORPION	SCORPION	SCORPION
2 h 00	SAGITTAIRE	SAGITTAIRE	SAGITTAIRE	SAGITTAIRE	SAGITTAIRE	SAGITTAIRE	SAGITTAIRE	SAGITTAIRE
2 h 30	SAGITTAIRE	SAGITTAIRE	SAGITTAIRE	SAGITTAIRE	SAGITTAIRE	SAGITTAIRE	SAGITTAIRE	SAGITTAIRE
3 h 00	SAGITTAIRE	SAGITTAIRE	SAGITTAIRE	SAGITTAIRE	SAGITTAIRE	SAGITTAIRE	SAGITTAIRE	SAGITTAIRE
3 h 30	SAGITTAIRE	SAGITTAIRE	SAGITTAIRE	SAGITTAIRE	SAGITTAIRE	SAGITTAIRE	SAGITTAIRE	SAGITTAIRE
4 h 00	SAGITTAIRE	SAGITTAIRE	SAGITTAIRE	CAPRICORNE	CAPRICORNE	CAPRICORNE	CAPRICORNE	CAPRICORNE
4 h 30	CAPRICORNE	CAPRICORNE	CAPRICORNE	CAPRICORNE	CAPRICORNE	CAPRICORNE	CAPRICORNE	CAPRICORNE
5 h 00	CAPRICORNE	CAPRICORNE	CAPRICORNE	CAPRICORNE	CAPRICORNE	CAPRICORNE	CAPRICORNE	CAPRICORNE
5 h 30	CAPRICORNE	CAPRICORNE	CAPRICORNE	CAPRICORNE	CAPRICORNE	CAPRICORNE	CAPRICORNE	CAPRICORNE
6 h 00	CAPRICORNE	CAPRICORNE	CAPRICORNE	CAPRICORNE	CAPRICORNE	VERSEAU	VERSEAU	VERSEAU
6 h 30	VERSEAU	VERSEAU	VERSEAU	VERSEAU	VERSEAU	VERSEAU	VERSEAU	VERSEAU
7 h 00	VERSEAU	VERSEAU	VERSEAU	VERSEAU	VERSEAU	VERSEAU	VERSEAU	VERSEAU
7 h 30	VERSEAU	VERSEAU	VERSEAU	VERSEAU	VERSEAU	VERSEAU	VERSEAU	VERSEAU
8 h 00	VERSEAU	VERSEAU	VERSEAU	VERSEAU	POISSONS	POISSONS	POISSONS	POISSONS
8 h 30	POISSONS	POISSONS	POISSONS	POISSONS	POISSONS	POISSONS	POISSONS	POISSONS
9 h 00	POISSONS	POISSONS	POISSONS	POISSONS	POISSONS	POISSONS	POISSONS	POISSONS
9 h 30	POISSONS	POISSONS	POISSONS	POISSONS	POISSONS	POISSONS	POISSONS	POISSONS
10 h 00	POISSONS	BELIER	BELIER	BELIER	BELIER	BELIER	BELIER	BELIER
10 h 30	BELIER	BELIER	BELIER	BELIER	BELIER	BELIER	BELIER	BELIER
11 h 00	BELIER	BELIER	BELIER	BELIER	BELIER	TAUREAU	BELIER	BELIER
11 h 30	BELIER	BELIER	BELIER	BELIER	TAUREAU	TAUREAU	TAUREAU	TAUREAU
MIDI	TAUREAU	TAUREAU	TAUREAU	TAUREAU	TAUREAU	TAUREAU	TAUREAU	TAUREAU
12 h 30	TAUREAU	TAUREAU	TAUREAU	TAUREAU	TAUREAU	TAUREAU	TAUREAU	TAUREAU
13 h 00	TAUREAU	TAUREAU	TAUREAU	TAUREAU	TAUREAU	GEMEAUX	TAUREAU	TAUREAU
13 h 30	TAUREAU	TAUREAU	TAUREAU	GEMEAUX	GEMEAUX	GEMEAUX	GEMEAUX	GEMEAUX
14 h 00	GEMEAUX	GEMEAUX	GEMEAUX	GEMEAUX	GEMEAUX	GEMEAUX	GEMEAUX	GEMEAUX
14 h 30	GEMEAUX	GEMEAUX	GEMEAUX	GEMEAUX	GEMEAUX	GEMEAUX	GEMEAUX	GEMEAUX
15 h 00	GEMEAUX	GEMEAUX	GEMEAUX	GEMEAUX	GEMEAUX	GEMEAUX	GEMEAUX	GEMEAUX
15 h 30	GEMEAUX	GEMEAUX	GEMEAUX	GEMEAUX	CANCER	CANCER	CANCER	CANCER
16 h 00	CANCER	CANCER	CANCER	CANCER	CANCER	CANCER	CANCER	CANCER
16 h 30	CANCER	CANCER	CANCER	CANCER	CANCER	CANCER	CANCER	CANCER
17 h 00	CANCER	CANCER	CANCER	CANCER	CANCER	CANCER	CANCER	CANCER
17 h 30	CANCER	CANCER	CANCER	CANCER	CANCER	CANCER	CANCER	LION
18 h 00	LION	LION	LION	LION	LION	LION	LION	LION
18 h 30	LION	LION	LION	LION	LION	LION	LION	LION
19 h 00	LION	LION	LION	LION	LION	LION	LION	LION
19 h 30	LION	LION	LION	LION	LION	LION	LION	LION
20 h 00	LION	VIERGE	VIERGE	VIERGE	VIERGE	VIERGE	VIERGE	VIERGE
20 h 30	VIERGE	VIERGE	VIERGE	VIERGE	VIERGE	VIERGE	VIERGE	VIERGE
21 h 00	VIERGE	VIERGE	VIERGE	VIERGE	VIERGE	VIERGE	VIERGE	VIERGE
21 h 30	VIERGE	VIERGE	VIERGE	VIERGE	VIERGE	VIERGE	VIERGE	VIERGE
22 h 00	VIERGE	BALANCE	BALANCE	BALANCE	BALANCE	BALANCE	BALANCE	BALANCE
22 h 30	BALANCE	BALANCE	BALANCE	BALANCE	BALANCE	BALANCE	BALANCE	BALANCE
23 h 00	BALANCE	BALANCE	BALANCE	BALANCE	BALANCE	BALANCE	BALANCE	BALANCE
23 h 30	BALANCE	BALANCE	BALANCE	BALANCE	BALANCE	BALANCE	BALANCE	BALANCE

DECOUVREZ VOTRE ASCENDANT SANS AUCUN CALCUL : TABLE N° 1

VOTRE HEURE DE NAISSANCE	28 JANVIER	29 JANVIER	30 JANVIER	31 JANVIER	1 FEVRIER	2 FEVRIER	3 FEVRIER	4 FEVRIER
0 h 00	SCORPION	SCORPION	SCORPION	SCORPION	SCORPION	SCORPION	SCORPION	SCORPION
0 h 30	SCORPION	SCORPION	SCORPION	SCORPION	SCORPION	SCORPION	SCORPION	SCORPION
1 h 00	SCORPION	SCORPION	SCORPION	SCORPION	SCORPION	SCORPION	SCORPION	SCORPION
1 h 30	SAGITTAIRE	SAGITTAIRE	SAGITTAIRE	SAGITTAIRE	SAGITTAIRE	SAGITTAIRE	SAGITTAIRE	SAGITTAIRE
2 h 00	SAGITTAIRE	SAGITTAIRE	SAGITTAIRE	SAGITTAIRE	SAGITTAIRE	SAGITTAIRE	SAGITTAIRE	SAGITTAIRE
2 h 30	SAGITTAIRE	SAGITTAIRE	SAGITTAIRE	SAGITTAIRE	SAGITTAIRE	SAGITTAIRE	SAGITTAIRE	SAGITTAIRE
3 h 00	SAGITTAIRE	SAGITTAIRE	SAGITTAIRE	SAGITTAIRE	SAGITTAIRE	SAGITTAIRE	SAGITTAIRE	SAGITTAIRE
3 h 30	SAGITTAIRE	SAGITTAIRE	SAGITTAIRE	CAPRICORNE	CAPRICORNE	CAPRICORNE	CAPRICORNE	CAPRICORNE
4 h 00	CAPRICORNE	CAPRICORNE	CAPRICORNE	CAPRICORNE	CAPRICORNE	CAPRICORNE	CAPRICORNE	CAPRICORNE
4 h 30	CAPRICORNE	CAPRICORNE	CAPRICORNE	CAPRICORNE	CAPRICORNE	CAPRICORNE	CAPRICORNE	CAPRICORNE
5 h 00	CAPRICORNE	CAPRICORNE	CAPRICORNE	CAPRICORNE	CAPRICORNE	CAPRICORNE	CAPRICORNE	CAPRICORNE
5 h 30	CAPRICORNE	CAPRICORNE	CAPRICORNE	CAPRICORNE	VERSEAU	VERSEAU	VERSEAU	VERSEAU
6 h 00	VERSEAU	VERSEAU	VERSEAU	VERSEAU	VERSEAU	VERSEAU	VERSEAU	VERSEAU
6 h 30	VERSEAU	VERSEAU	VERSEAU	VERSEAU	VERSEAU	VERSEAU	VERSEAU	VERSEAU
7 h 00	VERSEAU	VERSEAU	VERSEAU	VERSEAU	VERSEAU	VERSEAU	VERSEAU	VERSEAU
7 h 30	VERSEAU	VERSEAU	VERSEAU	POISSONS	POISSONS	POISSONS	POISSONS	POISSONS
8 h 00	POISSONS	POISSONS	POISSONS	POISSONS	POISSONS	POISSONS	POISSONS	POISSONS
8 h 30	POISSONS	POISSONS	POISSONS	POISSONS	POISSONS	POISSONS	POISSONS	POISSONS
9 h 00	POISSONS	POISSONS	POISSONS	POISSONS	POISSONS	POISSONS	POISSONS	POISSONS
9 h 30	BELIER	BELIER	BELIER	BELIER	BELIER	BELIER	BELIER	BELIER
10 h 00	BELIER	BELIER	BELIER	BELIER	BELIER	BELIER	BELIER	BELIER
10 h 30	BELIER	BELIER	BELIER	BELIER	BELIER	BELIER	BELIER	BELIER
11 h 00	BELIER	BELIER	BELIER	BELIER	TAUREAU	TAUREAU	TAUREAU	TAUREAU
11 h 30	TAUREAU	TAUREAU	TAUREAU	TAUREAU	TAUREAU	TAUREAU	TAUREAU	TAUREAU
MIDI	TAUREAU	TAUREAU	TAUREAU	TAUREAU	TAUREAU	TAUREAU	TAUREAU	TAUREAU
12 h 30	TAUREAU	TAUREAU	TAUREAU	TAUREAU	TAUREAU	TAUREAU	TAUREAU	TAUREAU
13 h 00	TAUREAU	TAUREAU	GEMEAUX	GEMEAUX	GEMEAUX	GEMEAUX	GEMEAUX	GEMEAUX
13 h 30	GEMEAUX	GEMEAUX	GEMEAUX	GEMEAUX	GEMEAUX	GEMEAUX	GEMEAUX	GEMEAUX
14 h 00	GEMEAUX	GEMEAUX	GEMEAUX	GEMEAUX	GEMEAUX	GEMEAUX	GEMEAUX	GEMEAUX
14 h 30	GEMEAUX	GEMEAUX	GEMEAUX	GEMEAUX	GEMEAUX	GEMEAUX	GEMEAUX	GEMEAUX
15 h 00	GEMEAUX	GEMEAUX	GEMEAUX	GEMEAUX	CANCER	CANCER	CANCER	CANCER
15 h 30	CANCER	CANCER	CANCER	CANCER	CANCER	CANCER	CANCER	CANCER
16 h 00	CANCER	CANCER	CANCER	CANCER	CANCER	CANCER	CANCER	CANCER
16 h 30	CANCER	CANCER	CANCER	CANCER	CANCER	CANCER	CANCER	CANCER
17 h 00	CANCER	CANCER	CANCER	CANCER	CANCER	CANCER	CANCER	LION
17 h 30	LION	LION	LION	LION	LION	LION	LION	LION
18 h 00	LION	LION	LION	LION	LION	LION	LION	LION
18 h 30	LION	LION	LION	LION	LION	LION	LION	LION
19 h 00	LION	LION	LION	LION	LION	LION	LION	LION
19 h 30	VIERGE	VIERGE	VIERGE	VIERGE	VIERGE	VIERGE	VIERGE	VIERGE
20 h 00	VIERGE	VIERGE	VIERGE	VIERGE	VIERGE	VIERGE	VIERGE	VIERGE
20 h 30	VIERGE	VIERGE	VIERGE	VIERGE	VIERGE	VIERGE	VIERGE	VIERGE
21 h 00	VIERGE	VIERGE	VIERGE	VIERGE	VIERGE	VIERGE	VIERGE	VIERGE
21 h 30	BALANCE	BALANCE	BALANCE	BALANCE	BALANCE	BALANCE	BALANCE	BALANCE
22 h 00	BALANCE	BALANCE	BALANCE	BALANCE	BALANCE	BALANCE	BALANCE	BALANCE
22 h 30	BALANCE	BALANCE	BALANCE	BALANCE	BALANCE	BALANCE	BALANCE	BALANCE
23 h 00	BALANCE	BALANCE	BALANCE	BALANCE	BALANCE	BALANCE	SCORPION	SCORPION
23 h 30	SCORPION	SCORPION	SCORPION	SCORPION	SCORPION	SCORPION	SCORPION	SCORPION

DECOUVREZ VOTRE ASCENDANT SANS AUCUN CALCUL : TABLE N° 1

VOTRE HEURE DE NAISSANCE	5 FEVRIER	6 FEVRIER	7 FEVRIER	8 FEVRIER	9 FEVRIER	10 FEVRIER	11 FEVRIER	12 FEVRIER
0 h 00	SCORPION	SCORPION	SCORPION	SCORPION	SCORPION	SCORPION	SCORPION	SCORPION
0 h 30	SCORPION	SCORPION	SCORPION	SCORPION	SCORPION	SCORPION	SCORPION	SAGITTAIRE
1 h 00	SAGITTAIRE	SAGITTAIRE	SAGITTAIRE	SAGITTAIRE	SAGITTAIRE	SAGITTAIRE	SAGITTAIRE	SAGITTAIRE
1 h 30	SAGITTAIRE	SAGITTAIRE	SAGITTAIRE	SAGITTAIRE	SAGITTAIRE	SAGITTAIRE	SAGITTAIRE	SAGITTAIRE
2 h 00	SAGITTAIRE	SAGITTAIRE	SAGITTAIRE	SAGITTAIRE	SAGITTAIE	SAGITTAIRE	SAGITTAIRE	SAGITTAIRE
2 h 30	SAGITTAIRE	SAGITTAIRE	SAGITTAIRE	SAGITTAIRE	SAGITTAIRE	SAGITTAIRE	SAGITTAIRE	SAGITTAIRE
3 h 00	SAGITTAIRE	SAGITTAIRE	CAPRICORNE	CAPRICORNE	CAPRICORNE	CAPRICORNE	CAPRICORNE	CAPRICORNE
3 H 30	CAPRICORNE	CAPRICORNE	CAPRICORNE	CAPRICORNE	CAPRICORNE	CAPRICORNE	CAPRICORNE	CAPRICORNE
4 h 00	CAPRICORNE	CAPRICORNE	CAPRICORNE	CAPRICORNE	CAPRICORNE	CAPRICORNE	CAPRICORNE	CAPRICORNE
4 h 30	CAPRICORNE	CAPRICORNE	CAPRICORNE	CAPRICORNE	CAPRICORNE	CAPRICORNE	CAPRICORNE	CAPRICORNE
5 h 00	CAPRICORNE	CAPRICORNE	CAPRICORNE	CAPRICORNE	VERSEAU	VERSEAU	VERSEAU	VERSEAU
5 h 30	VERSEAU	VERSEAU	VERSEAU	VERSEAU	VERSEAU	VERSEAU	VERSEAU	VERSEAU
6 h 00	VERSEAU	VERSEAU	VERSEAU	VERSEAU	VERSEAU	VERSEAU	VERSEAU	VERSEAU
6 h 30	VERSEAU	VERSEAU	VERSEAU	VERSEAU	VERSEAU	VERSEAU	VERSEAU	VERSEAU
7 h 00	VERSEAU	VERSEAU	VERSEAU	POISSONS	POISSONS	POISSONS	POISSONS	POISSONS
7 h 30	POISSONS	POISSONS	POISSONS	POISSONS	POISSONS	POISSONS	POISSONS	POISSONS
8 h 00	POISSONS	POISSONS	POISSONS	POISSONS	POISSONS	POISSONS	POISSONS	POISSONS
8 h 30	POISSONS	POISSONS	POISSONS	POISSONS	POISSONS	POISSONS	POISSONS	BELIER
9 h 00	BELIER	BELIER	BELIER	BELIER	BELIER	BELIER	BELIER	BELIER
9 h 30	BELIER	BELIER	BELIER	BELIER	BELIER	BELIER	BELIER	BELIER
10 h 00	BELIER	BELIER	BELIER	BELIER	BELIER	BELIER	BELIER	BELIER
10 h 30	BELIER	BELIER	BELIER	TAUREAU	TAUREAU	TAUREAU	TAUREAU	TAUREAU
11 h 00	TAUREAU	TAUREAU	TAUREAU	TAUREAU	TAUREAU	TAUREAU	TAUREAU	TAUREAU
11 h 30	TAUREAU	TAUREAU	TAUREAU	TAUREAU	TAUREAU	TAUREAU	TAUREAU	TAUREAU
MIDI	TAUREAU	TAUREAU	TAUREAU	TAUREAU	TAUREAU	TAUREAU	TAUREAU	TAUREAU
12 h 30	TAUREAU	TAUREAU	GEMEAUX	GEMEAUX	GEMEAUX	GEMEAUX	GEMEAUX	GEMEAUX
13 h 00	GEMEAUX	GEMEAUX	GEMEAUX	GEMEAUX	GEMEAUX	GEMEAUX	GEMEAUX	GEMEAUX
13 h 30	GEMEAUX	GEMEAUX	GEMEAUX	GEMEAUX	GEMEAUX	GEMEAUX	GEMEAUX	GEMEAUX
14 h 00	GEMEAUX	GEMEAUX	GEMEAUX	GEMEAUX	GEMEAUX	GEMEAUX	GEMEAUX	GEMEAUX
14 h 30	GEMEAUX	GEMEAUX	GEMEAUX	GEMEAUX	CANCER	CANCER	CANCER	CANCER
15 h 00	CANCER	CANCER	CANCER	CANCER	CANCER	CANCER	CANCER	CANCER
15 h 30	CANCER	CANCER	CANCER	CANCER	CANCER	CANCER	CANCER	CANCER
16 h 00	CANCER	CANCER	CANCER	CANCER	CANCER	CANCER	CANCER	CANCER
16 h 30	CANCER	CANCER	CANCER	CANCER	CANCER	CANCER	LION	LION
17 h 00	LION	LION	LION	LION	LION	LION	LION	LION
17 h 30	LION	LION	LION	LION	LION	LION	LION	LION
18 h 00	LION	LION	LION	LION	LION	LION	LION	LION
18 h 30	LION	LION	LION	LION	LION	LION	LION	VIERGE
19 h 00	VIERGE	VIERGE	VIERGE	VIERGE	VIERGE	VIERGE	VIERGE	VIERGE
19 h 30	VIERGE	VIERGE	VIERGE	VIERGE	VIERGE	VIERGE	VIERGE	VIERGE
20 h 00	VIERGE	VIERGE	VIERGE	VIERGE	VIERGE	VIERGE	VIERGE	VIERGE
20 h 30	VIERGE	VIERGE	VIERGE	VIERGE	VIERGE	VIERGE	VIERGE	BALANCE
21 h 00	BALANCE	BALANCE	BALANCE	BALANCE	BALANCE	BALANCE	BALANCE	BALANCE
21 h 30	BALANCE	BALANCE	BALANCE	BALANCE	BALANCE	BALANCE	BALANCE	BALANCE
22 h 00	BALANCE	BALANCE	BALANCE	BALANCE	BALANCE	BALANCE	BALANCE	BALANCE
22 h 30	BALANCE	BALANCE	BALANCE	BALANCE	BALANCE	BALANCE	SCORPION	SCORPION
23 h 00	SCORPION	SCORPION	SCORPION	SCORPION	SCORPION	SCORPION	SCORPION	SCORPION
23 h 30	SCORPION	SCORPION	SCORPION	SCORPION	SCORPION	SCORPION	SCORPION	SCORPION

DECOUVREZ VOTRE ASCENDANT SANS AUCUN CALCUL : TABLE N° 1

VOTRE HEURE DE NAISSANCE	13 FEVRIER	14 FEVRIER	15 FEVRIER	16 FEVRIER	17 FEVRIER	18 FEVRIER	19 FEVRIER
0 h 00	SCORPION	SCORPION	SCORPION	SCORPION	SCORPION	SCORPION	SCORPION
0 h 30	SAGITTAIRE	SAGITTAIRE	SAGITTAIRE	SAGITTAIRE	SAGITTAIRE	SAGITTAIRE	SAGITTAIRE
1 h 00	SAGITTAIRE	SAGITTAIRE	SAGITTAIRE	SAGITTAIRE	SAGITTAIRE	SAGITTAIRE	SAGITTAIRE
1 h 30	SAGITTAIRE	SAGITTAIRE	SAGITTAIRE	SAGITTAIRE	SAGITTAIRE	SAGITTAIRE	SAGITTAIRE
2 h 00	SAGITTAIRE	SAGITTAIRE	SAGITTAIRE	SAGITTAIRE	SAGITTAIRE	SAGITTAIRE	SAGITTAIRE
2 h 30	SAGITTAIRE	SAGITTAIRE	CAPRICORNE	CAPRICORNE	CAPRICORNE	CAPRICORNE	CAPRICORNE
3 h 00	CAPRICORNE	CAPRICORNE	CAPRICORNE	CAPRICORNE	CAPRICORNE	CAPRICORNE	CAPRICORNE
3 h 30	CAPRICORNE	CAPRICORNE	CAPRICORNE	CAPRICORNE	CAPRICORNE	CAPRICORNE	CAPRICORNE
4 h 00	CAPRICORNE	CAPRICORNE	CAPRICORNE	CAPRICORNE	CAPRICORNE	CAPRICORNE	CAPRICORNE
4 h 30	CAPRICORNE	CAPRICORNE	CAPRICORNE	CAPRICORNE	VERSEAU	VERSEAU	VERSEAU
5 h 00	VERSEAU	VERSEAU	VERSEAU	VERSEAU	VERSEAU	VERSEAU	VERSEAU
5 h 30	VERSEAU	VERSEAU	VERSEAU	VERSEAU	VERSEAU	VERSEAU	VERSEAU
6 h 00	VERSEAU	VERSEAU	VERSEAU	VERSEAU	VERSEAU	VERSEAU	VERSEAU
6 h 30	VERSEAU	VERSEAU	VERSEAU	POISSONS	POISSONS	POISSONS	POISSONS
7 h 00	POISSONS	POISSONS	POISSONS	POISSONS	POISSONS	POISSONS	POISSONS
7 h 30	POISSONS	POISSONS	POISSONS	POISSONS	POISSONS	POISSONS	POISSONS
8 h 00	POISSONS	POISSONS	POISSONS	POISSONS	POISSONS	POISSONS	POISSONS
8 h 30	BELIER	BELIER	BELIER	BELIER	BELIER	BELIER	BELIER
9 h 00	BELIER	BELIER	BELIER	BELIER	BELIER	BELIER	BELIER
9 h 30	BELIER	BELIER	BELIER	BELIER	BELIER	BELIER	BELIER
10 h 00	BELIER	BELIER	BELIER	TAUREAU	TAUREAU	TAUREAU	TAUREAU
10 h 30	TAUREAU	TAUREAU	TAUREAU	TAUREAU	TAUREAU	TAUREAU	TAUREAU
11 h 00	TAUREAU	TAUREAU	TAUREAU	TAUREAU	TAUREAU	TAUREAU	TAUREAU
11 h 30	TAUREAU	TAUREAU	TAUREAU	TAUREAU	TAUREAU	TAUREAU	TAUREAU
MIDI	TAUREAU	TAUREAU	GEMEAUX	GEMEAUX	GEMEAUX	GEMEAUX	GEMEAUX
12 h 30	GEMEAUX	GEMEAUX	GEMEAUX	GEMEAUX	GEMEAUX	GEMEAUX	GEMEAUX
13 h 00	GEMEAUX	GEMEAUX	GEMEAUX	GEMEAUX	GEMEAUX	GEMEAUX	GEMEAUX
13 h 30	GEMEAUX	GEMEAUX	GEMEAUX	GEMEAUX	GEMEAUX	GEMEAUX	GEMEAUX
14 h 00	GEMEAUX	GEMEAUX	GEMEAUX	CANCER	CANCER	CANCER	CANCER
14 h 30	CANCER	CANCER	CANCER	CANCER	CANCER	CANCER	CANCER
15 h 00	CANCER	CANCER	CANCER	CANCER	CANCER	CANCER	CANCER
15 h 30	CANCER	CANCER	CANCER	CANCER	CANCER	CANCER	CANCER
16 h 00	CANCER	CANCER	CANCER	CANCER	CANCER	CANCER	LION
16 h 30	LION	LION	LION	LION	LION	LION	LION
17 h 00	LION	LION	LION	LION	LION	LION	LION
17 h 30	LION	LION	LION	LION	LION	LION	LION
18 h 00	LION	LION	LION	LION	LION	LION	LION
18 h 30	VIERGE	VIERGE	VIERGE	VIERGE	VIERGE	VIERGE	VIERGE
19 h 00	VIERGE	VIERGE	VIERGE	VIERGE	VIERGE	VIERGE	VIERGE
19 h 30	VIERGE	VIERGE	VIERGE	VIERGE	VIERGE	VIERGE	VIERGE
20 h 00	VIERGE	VIERGE	VIERGE	VIERGE	VIERGE	VIERGE	VIERGE
20 h 30	BALANCE	BALANCE	BALANCE	BALANCE	BALANCE	BALANCE	BALANCE
21 h 00	BALANCE	BALANCE	BALANCE	BALANCE	BALANCE	BALANCE	BALANCE
21 h 30	BALANCE	BALANCE	BALANCE	BALANCE	BALANCE	BALANCE	BALANCE
22 h 00	BALANCE	BALANCE	BALANCE	BALANCE	BALANCE	BALANCE	SCORPION
22 h 30	SCORPION	SCORPION	SCORPION	SCORPION	SCORPION	SCORPION	SCORPION
23 h 00	SCORPION	SCORPION	SCORPION	SCORPION	SCORPION	SCORPION	SCORPION
23 h 30	SCORPION	SCORPION	SCORPION	SCORPION	SCORPION	SCORPION	SCORPION

DECOUVREZ VOTRE ASCENDANT SANS AUCUN CALCUL : TABLE Nº 2

VOTRE HEURE DE NAISSANCE	20 JANVIER	21 JANVIER	22 JANVIER	23 JANVIER	24 JANVIER	25 JANVIER	26 JANVIER	27 JANVIER
0 h 00	BALANCE	BALANCE	BALANCE	BALANCE	SCORPION	SCORPION	SCORPION	SCORPION
0 h 30	SCORPION	SCORPION	SCORPION	SCORPION	SCORPION	SCORPION	SCORPION	SCORPION
1 h 00	SCORPION	SCORPION	SCORPION	SCORPION	SCORPION	SCORPION	SCORPION	SCORPION
1 h 30	SCORPION	SCORPION	SCORPION	SCORPION	SCORPION	SCORPION	SCORPION	SCORPION
2 h 00	SCORPION	SCORPION	SCORPION	SCORPION	SCORPION	SCORPION	SCORPION	SCORPION
2 h 30	SCORPION	SCORPION	SAGITTAIRE	SAGITTAIRE	SAGITTAIRE	SAGITTAIRE	SAGITTAIRE	SAGITTAIRE
3 h 00	SAGITTAIRE	SAGITTAIRE	SAGITTAIRE	SAGITTAIRE	SAGITTAIRE	SAGITTAIRE	SAGITTAIRE	SAGITTAIRE
3 h 30	SAGITTAIRE	SAGITTAIRE	SAGITTAIRE	SAGITTAIRE	SAGITTAIRE	SAGITTAIRE	SAGITTAIRE	SAGITTAIRE
4 h 00	SAGITTAIRE	SAGITTAIRE	SAGITTAIRE	SAGITTAIRE	SAGITTAIRE	SAGITTAIRE	SAGITTAIRE	SAGITTAIRE
4 h 30	SAGITTAIRE	SAGITTAIRE	SAGITTAIRE	SAGITTAIRE	SAGITTAIRE	SAGITTAIRE	CAPRICORNE	CAPRICORNE
5 h 00	CAPRICORNE	CAPRICORNE	CAPRICORNE	CAPRICORNE	CAPRICORNE	CAPRICORNE	CAPRICORNE	CAPRICORNE
5 h 30	CAPRICORNE	CAPRICORNE	CAPRICORNE	CAPRICORNE	CAPRICORNE	CAPRICORNE	CAPRICORNE	CAPRICORNE
6 h 00	CAPRICORNE	CAPRICORNE	CAPRICORNE	CAPRICORNE	CAPRICORNE	CAPRICORNE	CAPRICORNE	CAPRICORNE
6 h 30	CAPRICORNE	CAPRICORNE	CAPRICORNE	CAPRICORNE	CAPRICORNE	CAPRICORNE	VERSEAU	VERSEAU
7 h 00	VERSEAU	VERSEAU	VERSEAU	VERSEAU	VERSEAU	VERSEAU	VERSEAU	VERSEAU
7 h 30	VERSEAU	VERSEAU	VERSEAU	VERSEAU	VERSEAU	VERSEAU	VERSEAU	VERSEAU
8 h 00	VERSEAU	VERSEAU	VERSEAU	VERSEAU	VERSEAU	VERSEAU	VERSEAU	VERSEAU
8 h 30	VERSEAU	POISSONS	POISSONS	POISSONS	POISSONS	POISSONS	POISSONS	POISSONS
9 h 00	POISSONS	POISSONS	POISSONS	POISSONS	POISSONS	POISSONS	POISSONS	POISSONS
9 h 30	POISSONS	POISSONS	POISSONS	POISSONS	POISSONS	POISSONS	POISSONS	POISSONS
10 h 00	POISSONS	BELIER	BELIER	BELIER	BELIER	BELIER	BELIER	BELIER
10 h 30	BELIER	BELIER	BELIER	BELIER	BELIER	BELIER	BELIER	BELIER
11 h 00	BELIER	BELIER	BELIER	BELIER	BELIER	BELIER	BELIER	TAUREAU
11 h 30	TAUREAU	TAUREAU	TAUREAU	TAUREAU	TAUREAU	TAUREAU	TAUREAU	TAUREAU
MIDI	TAUREAU	TAUREAU	TAUREAU	TAUREAU	TAUREAU	TAUREAU	TAUREAU	TAUREAU
12 h 30	TAUREAU	TAUREAU	TAUREAU	TAUREAU	TAUREAU	TAUREAU	TAUREAU	TAUREAU
13 h 00	TAUREAU	GEMEAUX	GEMEAUX	GEMEAUX	GEMEAUX	GEMEAUX	GEMEAUX	GEMEAUX
13 h 30	GEMEAUX	GEMEAUX	GEMEAUX	GEMEAUX	GEMEAUX	GEMEAUX	GEMEAUX	GEMEAUX
14 h 00	GEMEAUX	GEMEAUX	GEMEAUX	GEMEAUX	GEMEAUX	GEMEAUX	GEMEAUX	GEMEAUX
14 h 30	GEMEAUX	GEMEAUX	GEMEAUX	GEMEAUX	GEMEAUX	GEMEAUX	GEMEAUX	GEMEAUX
15 h 00	GEMEAUX	CANCER	CANCER	CANCER	CANCER	CANCER	CANCER	CANCER
15 h 30	CANCER	CANCER	CANCER	CANCER	CANCER	CANCER	CANCER	CANCER
16 h 00	CANCER	CANCER	CANCER	CANCER	CANCER	CANCER	CANCER	CANCER
16 h 30	CANCER	CANCER	CANCER	CANCER	CANCER	CANCER	CANCER	CANCER
17 h 00	CANCER	CANCER	CANCER	CANCER	CANCER	CANCER	LION	LION
17 h 30	LION	LION	LION	LION	LION	LION	LION	LION
18 h 00	LION	LION	LION	LION	LION	LION	LION	LION
18 h 30	LION	LION	LION	LION	LION	LION	LION	LION
19 h 00	LION	LION	LION	LION	LION	LION	LION	LION
19 h 30	LION	LION	LION	VIERGE	VIERGE	VIERGE	VIERGE	VIERGE
20 h 00	VIERGE	VIERGE	VIERGE	VIERGE	VIERGE	VIERGE	VIERGE	VIERGE
20 h 30	VIERGE	VIERGE	VIERGE	VIERGE	VIERGE	VIERGE	VIERGE	VIERGE
21 h 00	VIERGE	VIERGE	VIERGE	VIERGE	VIERGE	VIERGE	VIERGE	VIERGE
21 h 30	VIERGE	VIERGE	VIERGE	VIERGE	VIERGE	VIERGE	VIERGE	VIERGE
22 h 00	VIERGE	BALANCE	BALANCE	BALANCE	BALANCE	BALANCE	BALANCE	BALANCE
22 h 30	BALANCE	BALANCE	BALANCE	BALANCE	BALANCE	BALANCE	BALANCE	BALANCE
23 h 00	BALANCE	BALANCE	BALANCE	BALANCE	BALANCE	BALANCE	BALANCE	BALANCE
23 h 30	BALANCE	BALANCE	BALANCE	BALANCE	BALANCE	BALANCE	BALANCE	BALANCE

DECOUVREZ VOTRE ASCENDANT SANS AUCUN CALCUL : TABLE N° 2

VOTRE HEURE DE NAISSANCE	28 JANVIER	29 JANVIER	30 JANVIER	31 JANVIER	1 FEVRIER	2 FEVRIER	3 FEVRIER	4 FEVRIER
0 h 00	SCORPION	SCORPION	SCORPION	SCORPION	SCORPION	SCORPION	SCORPION	SCORPION
0 h 30	SCORPION	SCORPION	SCORPION	SCORPION	SCORPION	SCORPION	SCORPION	SCORPION
1 h 00	SCORPION	SCORPION	SCORPION	SCORPION	SCORPION	SCORPION	SCORPION	SCORPION
1 h 30	SCORPION	SCORPION	SCORPION	SCORPION	SCORPION	SCORPION	SCORPION	SCORPION
2 h 00	SCORPION	SAGITTAIRE	SAGITTAIRE	SAGITTAIRE	SAGITTAIRE	SAGITTAIRE	SAGITTAIRE	SAGITTAIRE
2 h 30	SAGITTAIRE	SAGITTAIRE	SAGITTAIRE	SAGITTAIRE	SAGITTAIRE	SAGITTAIRE	SAGITTAIRE	SAGITTAIRE
3 h 00	SAGITTAIRE	SAGITTAIRE	SAGITTAIRE	SAGITTAIRE	SAGITTAIRE	SAGITTAIRE	SAGITTAIRE	SAGITTAIRE
3 h 30	SAGITTAIRE	SAGITTAIRE	SAGITTAIRE	SAGITTAIRE	SAGITTAIRE	SAGITTAIRE	SAGITTAIRE	SAGITTAIRE
4 h 00	SAGITTAIRE	SAGITTAIRE	SAGITTAIRE	SAGITTAIRE	SAGITTAIRE	SAGITTAIRE	CAPRICORNE	CAPRICORNE
4 h 30	CAPRICORNE	CAPRICORNE	CAPRICORNE	CAPRICORNE	CAPRICORNE	CAPRICORNE	CAPRICORNE	CAPRICORNE
5 h 00	CAPRICORNE	CAPRICORNE	CAPRICORNE	CAPRICORNE	CAPRICORNE	CAPRICORNE	CAPRICORNE	CAPRICORNE
5 h 30	CAPRICORNE	CAPRICORNE	CAPRICORNE	CAPRICORNE	CAPRICORNE	CAPRICORNE	CAPRICORNE	CAPRICORNE
6 h 00	CAPRICORNE	CAPRICORNE	CAPRICORNE	CAPRICORNE	CAPRICORNE	CAPRICORNE	VERSEAU	VERSEAU
6 h 30	VERSEAU	VERSEAU	VERSEAU	VERSEAU	VERSEAU	VERSEAU	VERSEAU	VERSEAU
7 h 00	VERSEAU	VERSEAU	VERSEAU	VERSEAU	VERSEAU	VERSEAU	VERSEAU	VERSEAU
7 h 30	VERSEAU	VERSEAU	VERSEAU	VERSEAU	VERSEAU	VERSEAU	VERSEAU	VERSEAU
8 h 00	VERSEAU	POISSONS	POISSONS	POISSONS	POISSONS	POISSONS	POISSONS	POISSONS
8 h 30	POISSONS	POISSONS	POISSONS	POISSONS	POISSONS	POISSONS	POISSONS	POISSONS
9 h 00	POISSONS	POISSONS	POISSONS	POISSONS	POISSONS	POISSONS	POISSONS	POISSONS
9 h 30	BELIER	BELIER	BELIER	BELIER	BELIER	BELIER	BELIER	BELIER
10 h 00	BELIER	BELIER	BELIER	BELIER	BELIER	BELIER	BELIER	BELIER
10 h 30	BELIER	BELIER	BELIER	BELIER	BELIER	BELIER	TAUREAU	TAUREAU
11 h 00	TAUREAU	TAUREAU	TAUREAU	TAUREAU	TAUREAU	TAUREAU	TAUREAU	TAUREAU
11 h 30	TAUREAU	TAUREAU	TAUREAU	TAUREAU	TAUREAU	TAUREAU	TAUREAU	TAUREAU
MIDI	TAUREAU	TAUREAU	TAUREAU	TAUREAU	TAUREAU	TAUREAU	TAUREAU	TAUREAU
12 h 30	TAUREAU	GEMEAUX	GEMEAUX	GEMEAUX	GEMEAUX	GEMEAUX	GEMEAUX	GEMEAUX
13 h 00	GEMEAUX	GEMEAUX	GEMEAUX	GEMEAUX	GEMEAUX	GEMEAUX	GEMEAUX	GEMEAUX
13 h 30	GEMEAUX	GEMEAUX	GEMEAUX	GEMEAUX	GEMEAUX	GEMEAUX	GEMEAUX	GEMEAUX
14 h 00	GEMEAUX	GEMEAUX	GEMEAUX	GEMEAUX	GEMEAUX	GEMEAUX	GEMEAUX	GEMEAUX
14 h 30	GEMEAUX	CANCER	CANCER	CANCER	CANCER	CANCER	CANCER	CANCER
15 h 00	CANCER	CANCER	CANCER	CANCER	CANCER	CANCER	CANCER	CANCER
15 h 30	CANCER	CANCER	CANCER	CANCER	CANCER	CANCER	CANCER	CANCER
16 h 00	CANCER	CANCER	CANCER	CANCER	CANCER	CANCER	CANCER	CANCER
16 h 30	CANCER	CANCER	CANCER	CANCER	CANCER	LION	LION	LION
17 h 00	LION	LION	LION	LION	LION	LION	LION	LION
17 h 30	LION	LION	LION	LION	LION	LION	LION	LION
18 h 00	LION	LION	LION	LION	LION	LION	LION	LION
18 h 30	LION	LION	LION	LION	LION	LION	LION	LION
19 h 00	LION	LION	LION	VIERGE	VIERGE	VIERGE	VIERGE	VIERGE
19 h 30	VIERGE	VIERGE	VIERGE	VIERGE	VIERGE	VIERGE	VIERGE	VIERGE
20 h 00	VIERGE	VIERGE	VIERGE	VIERGE	VIERGE	VIERGE	VIERGE	VIERGE
20 h 30	VIERGE	VIERGE	VIERGE	VIERGE	VIERGE	VIERGE	VIERGE	VIERGE
21 h 30	VIERGE	VIERGE	VIERGE	VIERGE	VIERGE	VIERGE	VIERGE	VIERGE
21 h 30	BALANCE	BALANCE	BALANCE	BALANCE	BALANCE	BALANCE	BALANCE	BALANCE
22 h 00	BALANCE	BALANCE	BALANCE	BALANCE	BALANCE	BALANCE	BALANCE	BALANCE
22 h 30	BALANCE	BALANCE	BALANCE	BALANCE	BALANCE	BALANCE	BALANCE	BALANCE
23 h 00	BALANCE	BALANCE	BALANCE	BALANCE	BALANCE	BALANCE	BALANCE	BALANCE
23 h 30	BALANCE	BALANCE	BALANCE	BALANCE	SCORPION	SCORPION	SCORPION	SCORPION

DECOUVREZ VOTRE ASCENDANT SANS AUCUN CALCUL : TABLE N° 2

VOTRE HEURE DE NAISSANCE	5 FEVRIER	6 FEVRIER	7 FEVRIER	8 FEVRIER	9 FEVRIER	10 FEVRIER	11 FEVRIER	12 FEVRIER
0 h 00	SCORPION	SCORPION	SCORPION	SCORPION	SCORPION	SCORPION	SCORPION	SCORPION
0 h 30	SCORPION	SCORPION	SCORPION	SCORPION	SCORPION	SCORPION	SCORPION	SCORPION
1 h 00	SCORPION	SCORPION	SCORPION	SCORPION	SCORPION	SCORPION	SCORPION	SCORPION
1 h 30	SCORPION	SAGITTAIRE	SAGITTAIRE	SAGITTAIRE	SAGITTAIRE	SAGITTAIRE	SAGITTAIRE	SAGITTAIRE
2 h 00	SAGITTAIRE	SAGITTAIRE	SAGITTAIRE	SAGITTAIRE	SAGITTAIRE	SAGITTAIRE	SAGITTAIRE	SAGITTAIRE
2 h 30	SAGITTAIRE	SAGITTAIRE	SAGITTAIRE	SAGITTAIRE	SAGITTAIRE	SAGITTAIRE	SAGITTAIRE	SAGITTAIRE
3 h 00	SAGITTAIRE	SAGITTAIRE	SAGITTAIRE	SAGITTAIRE	SAGITTAIRE	SAGITTAIRE	SAGITTAIRE	SAGITTAIRE
3 h 30	SAGITTAIRE	SAGITTAIRE	SAGITTAIRE	SAGITTAIRE	SAGITTAIRE	SAGITTAIRE	CAPRICORNE	CAPRICORNE
4 h 00	CAPRICORNE	CAPRICORNE	CAPRICORNE	CAPRICORNE	CAPRICORNE	CAPRICORNE	CAPRICORNE	CAPRICORNE
4 h 30	CAPRICORNE	CAPRICORNE	CAPRICORNE	CAPRICORNE	CAPRICORNE	CAPRICORNE	CAPRICORNE	CAPRICORNE
5 h 00	CAPRICORNE	CAPRICORNE	CAPRICORNE	CAPRICORNE	CAPRICORNE	CAPRICORNE	CAPRICORNE	CAPRICORNE
5 h 30	CAPRICORNE	CAPRICORNE	CAPRICORNE	CAPRICORNE	CAPRICORNE	CAPRICORNE	VERSEAU	VERSEAU
6 h 00	VERSEAU	VERSEAU	VERSEAU	VERSEAU	VERSEAU	VERSEAU	VERSEAU	VERSEAU
6 h 30	VERSEAU	VERSEAU	VERSEAU	VERSEAU	VERSEAU	VERSEAU	VERSEAU	VERSEAU
7 h 00	VERSEAU	VERSEAU	VERSEAU	VERSEAU	VERSEAU	VERSEAU	VERSEAU	VERSEAU
7 h 30	POISSONS	POISSONS	POISSONS	POISSONS	POISSONS	POISSONS	POISSONS	POISSONS
8 h 00	POISSONS	POISSONS	POISSONS	POISSONS	POISSONS	POISSONS	POISSONS	POISSONS
8 h 30	POISSONS	POISSONS	POISSONS	POISSONS	POISSONS	POISSONS	POISSONS	BELIER
9 h 00	BELIER	BELIER	BELIER	BELIER	BELIER	BELIER	BELIER	BELIER
9 h 30	BELIER	BELIER	BELIER	BELIER	BELIER	BELIER	BELIER	BELIER
10 h 00	BELIER	BELIER	BELIER	BELIER	BELIER	BELIER	TAUREAU	TAUREAU
10 h 30	TAUREAU	TAUREAU	TAUREAU	TAUREAU	TAUREAU	TAUREAU	TAUREAU	TAUREAU
11 h 00	TAUREAU	TAUREAU	TAUREAU	TAUREAU	TAUREAU	TAUREAU	TAUREAU	TAUREAU
11 h 30	TAUREAU	TAUREAU	TAUREAU	TAUREAU	TAUREAU	TAUREAU	TAUREAU	TAUREAU
MIDI	TAUREAU	GEMEAUX	GEMEAUX	GEMEAUX	GEMEAUX	GEMEAUX	GEMEAUX	GEMEAUX
12 h 30	GEMEAUX	GEMEAUX	GEMEAUX	GEMEAUX	GEMEAUX	GEMEAUX	GEMEAUX	GEMEAUX
13 h 00	GEMEAUX	GEMEAUX	GEMEAUX	GEMEAUX	GEMEAUX	GEMEAUX	GEMEAUX	GEMEAUX
13 h 30	GEMEAUX	GEMEAUX	GEMEAUX	GEMEAUX	GEMEAUX	GEMEAUX	GEMEAUX	GEMEAUX
14 h 00	GEMEAUX	CANCER	CANCER	CANCER	CANCER	CANCER	CANCER	CANCER
14 h 30	CANCER	CANCER	CANCER	CANCER	CANCER	CANCER	CANCER	CANCER
15 h 00	CANCER	CANCER	CANCER	CANCER	CANCER	CANCER	CANCER	CANCER
15 h 30	CANCER	CANCER	CANCER	CANCER	CANCER	CANCER	CANCER	CANCER
16 h 00	CANCER	CANCER	CANCER	CANCER	CANCER	LION	LION	LION
16 h 30	LION	LION	LION	LION	LION	LION	LION	LION
17 h 00	LION	LION	LION	LION	LION	LION	LION	LION
17 h 30	LION	LION	LION	LION	LION	LION	LION	LION
18 h 00	LION	LION	LION	LION	LION	LION	LION	LION
18 h 30	LION	LION	VIERGE	VIERGE	VIERGE	VIERGE	VIERGE	VIERGE
19 h 00	VIERGE	VIERGE	VIERGE	VIERGE	VIERGE	VIERGE	VIERGE	VIERGE
19 h 30	VIERGE	VIERGE	VIERGE	VIERGE	VIERGE	VIERGE	VIERGE	VIERGE
20 h 00	VIERGE	VIERGE	VIERGE	VIERGE	VIERGE	VIERGE	VIERGE	VIERGE
20 h 30	VIERGE	VIERGE	VIERGE	VIERGE	VIERGE	VIERGE	VIERGE	BALANCE
21 h 00	BALANCE	BALANCE	BALANCE	BALANCE	BALANCE	BALANCE	BALANCE	BALANCE
21 h 30	BALANCE	BALANCE	BALANCE	BALANCE	BALANCE	BALANCE	BALANCE	BALANCE
22 h 00	BALANCE	BALANCE	BALANCE	BALANCE	BALANCE	BALANCE	BALANCE	BALANCE
22 h 30	BALANCE	BALANCE	BALANCE	BALANCE	BALANCE	BALANCE	BALANCE	BALANCE
23 h 00	BALANCE	BALANCE	BALANCE	BALANCE	SCORPION	SCORPION	SCORPION	SCORPION
23 h 30	SCORPION	SCORPION	SCORPION	SCORPION	SCORPION	SCORPION	SCORPION	SCORPION

DECOUVREZ VOTRE ASCENDANT SANS AUCUN CALCUL : TABLE N° 2

VOTRE HEURE DE NAISSANCE	13 FEVRIER	14 FEVRIER	15 FEVRIER	16 FEVRIER	17 FEVRIER	18 FEVRIER	19 FEVRIER
0 h 00	SCORPION	SCORPION	SCORPION	SCORPION	SCORPION	SCORPION	SCORPION
0 h 30	SCORPION	SCORPION	SCORPION	SCORPION	SCORPION	SCORPION	SCORPION
1 h 00	SAGITTAIRE	SAGITTAIRE	SAGITTAIRE	SAGITTAIRE	SAGITTAIRE	SAGITTAIRE	SAGITTAIRE
1 h 30	SAGITTAIRE	SAGITTAIRE	SAGITTAIRE	SAGITTAIRE	SAGITTAIRE	SAGITTAIRE	SAGITTAIRE
2 h 00	SAGITTAIRE	SAGITTAIRE	SAGITTAIRE	SAGITTAIRE	SAGITTAIRE	SAGITTAIRE	SAGITTAIRE
2 h 30	SAGITTAIRE	SAGITTAIRE	SAGITTAIRE	SAGITTAIRE	SAGITTAIRE	SAGITTAIRE	SAGITTAIRE
3 h 00	SAGITTAIRE	SAGITTAIRE	SAGITTAIRE	SAGITTAIRE	SAGITTAIRE	CAPRICORNE	CAPRICORNE
3 h 30	CAPRICORNE	CAPRICORNE	CAPRICORNE	CAPRICORNE	CAPRICORNE	CAPRICORNE	CAPRICORNE
4 h 00	CAPRICORNE	CAPRICORNE	CAPRICORNE	CAPRICORNE	CAPRICORNE	CAPRICORNE	CAPRICORNE
4 h 30	CAPRICORNE	CAPRICORNE	CAPRICORNE	CAPRICORNE	CAPRICORNE	CAPRICORNE	CAPRICORNE
5 h 00	CAPRICORNE	CAPRICORNE	CAPRICORNE	CAPRICORNE	CAPRICORNE	VERSEAU	VERSEAU
5 h 30	VERSEAU	VERSEAU	VERSEAU	VERSEAU	VERSEAU	VERSEAU	VERSEAU
6 h 00	VERSEAU	VERSEAU	VERSEAU	VERSEAU	VERSEAU	VERSEAU	VERSEAU
6 h 30	VERSEAU	VERSEAU	VERSEAU	VERSEAU	VERSEAU	VERSEAU	VERSEAU
7 h 00	POISSONS	POISSONS	POISSONS	POISSONS	POISSONS	POISSONS	POISSONS
7 h 30	POISSONS	POISSONS	POISSONS	POISSONS	POISSONS	POISSONS	POISSONS
8 h 00	POISSONS	POISSONS	POISSONS	POISSONS	POISSONS	POISSONS	POISSONS
8 h 30	BELIER	BELIER	BELIER	BELIER	BELIER	BELIER	BELIER
9 h 00	BELIER	BELIER	BELIER	BELIER	BELIER	BELIER	BELIER
9 h 30	BELIER	BELIER	BELIER	BELIER	BELIER	BELIER	TAUREAU
10 h 00	TAUREAU	TAUREAU	TAUREAU	TAUREAU	TAUREAU	TAUREAU	TAUREAU
10 h 30	TAUREAU	TAUREAU	TAUREAU	TAUREAU	TAUREAU	TAUREAU	TAUREAU
11 h 00	TAUREAU	TAUREAU	TAUREAU	TAUREAU	TAUREAU	TAUREAU	TAUREAU
11 h 30	GEMEAUX	GEMEAUX	GEMEAUX	GEMEAUX	GEMEAUX	GEMEAUX	GEMEAUX
MIDI	GEMEAUX	GEMEAUX	GEMEAUX	GEMEAUX	GEMEAUX	GEMEAUX	GEMEAUX
12 h 30	GEMEAUX	GEMEAUX	GEMEAUX	GEMEAUX	GEMEAUX	GEMEAUX	GEMEAUX
13 h 00	GEMEAUX	GEMEAUX	GEMEAUX	GEMEAUX	GEMEAUX	GEMEAUX	GEMEAUX
13 h 30	CANCER	CANCER	CANCER	CANCER	CANCER	CANCER	CANCER
14 h 00	CANCER	CANCER	CANCER	CANCER	CANCER	CANCER	CANCER
14 h 30	CANCER	CANCER	CANCER	CANCER	CANCER	CANCER	CANCER
15 h 00	CANCER	CANCER	CANCER	CANCER	CANCER	CANCER	CANCER
15 h 30	CANCER	CANCER	CANCER	CANCER	CANCER	LION	LION
16 h 00	LION	LION	LION	LION	LION	LION	LION
16 h 30	LION	LION	LION	LION	LION	LION	LION
17 h 00	LION	LION	LION	LION	LION	LION	LION
17 h 30	LION	LION	LION	LION	LION	LION	LION
18 h 00	LION	LION	VIERGE	VIERGE	VIERGE	VIERGE	VIERGE
18 h 30	VIERGE	VIERGE	VIERGE	VIERGE	VIERGE	VIERGE	VIERGE
19 h 00	VIERGE	VIERGE	VIERGE	VIERGE	VIERGE	VIERGE	VIERGE
19 h 30	VIERGE	VIERGE	VIERGE	VIERGE	VIERGE	VIERGE	VIERGE
20 h 00	VIERGE	VIERGE	VIERGE	VIERGE	VIERGE	VIERGE	VIERGE
20 h 30	BALANCE	BALANCE	BALANCE	BALANCE	BALANCE	BALANCE	BALANCE
21 h 00	BALANCE	BALANCE	BALANCE	BALANCE	BALANCE	BALANCE	BALANCE
21 h 30	BALANCE	BALANCE	BALANCE	BALANCE	BALANCE	BALANCE	BALANCE
22 h 00	BALANCE	BALANCE	BALANCE	BALANCE	BALANCE	BALANCE	BALANCE
22 h 30	BALANCE	BALANCE	BALANCE	SCORPION	SCORPION	SCORPION	SCORPION
23 h 00	SCORPION	SCORPION	SCORPION	SCORPION	SCORPION	SCORPION	SCORPION
23 h 30	SCORPION	SCORPION	SCORPION	SCORPION	SCORPION	SCORPION	SCORPION

DECOUVREZ VOTRE ASCENDANT SANS AUCUN CALCUL : TABLE N° 3

VOTRE HEURE DE NAISSANCE	20 JANVIER	21 JANVIER	22 JANVIER	23 JANVIER	24 JANVIER	25 JANVIER	26 JANVIER	27 JANVIER
0 h 00	BALANCE	BALANCE	BALANCE	BALANCE	BALANCE	BALANCE	BALANCE	SCORPION
0 h 30	SCORPION	SCORPION	SCORPION	SCORPION	SCORPION	SCORPION	SCORPION	SCORPION
1 h 00	SCORPION	SCORPION	SCORPION	SCORPION	SCORPION	SCORPION	SCORPION	SCORPION
1 h 30	SCORPION	SCORPION	SCORPION	SCORPION	SCORPION	SCORPION	SCORPION	SCORPION
2 h 00	SCORPION	SCORPION	SCORPION	SCORPION	SCORPION	SCORPION	SCORPION	SCORPION
2 h 30	SCORPION	SCORPION	SCORPION	SCORPION	SCORPION	SCORPION	SCORPION	SAGITTAIRE
3 h 00	SAGITTAIRE	SAGITTAIRE	SAGITTAIRE	SAGITTAIRE	SAGITTAIRE	SAGITTAIRE	SAGITTAIRE	SAGITTAIRE
3 h 30	SAGITTAIRE	SAGITTAIRE	SAGITTAIRE	SAGITTAIRE	SAGITTAIRE	SAGITTAIRE	SAGITTAIRE	SAGITTAIRE
4 h 00	SAGITTAIRE	SAGITTAIRE	SAGITTAIRE	SAGITTAIRE	SAGITTAIRE	SAGITTAIRE	SAGITTAIRE	SAGITTAIRE
4 h 30	SAGITTAIRE	SAGITTAIRE	SAGITTAIRE	SAGITTAIRE	SAGITTAIRE	SAGITTAIRE	SAGITTAIRE	SAGITTAIRE
5 h 00	SAGITTAIRE	SAGITTAIRE	SAGITTAIRE	SAGITTAIRE	SAGITTAIRE	CAPRICORNE	CAPRICORNE	CAPRICORNE
5 h 30	CAPRICORNE	CAPRICORNE	CAPRICORNE	CAPRICORNE	CAPRICORNE	CAPRICOREN	CAPRICORNE	CAPRICORNE
6 h 00	CAPRICORNE	CAPRICORNE	CAPRICORNE	CAPRICORNE	CAPRICORNE	CAPRICORNE	CAPRICORNE	CAPRICORNE
6 h 30	CAPRICORNE	CAPRICORNE	CAPRICORNE	CAPRICORNE	CAPRICORNE	CAPRICORNE	CAPRICORNE	CAPRICORNE
7 h 00	CAPRICORNE	CAPRICORNE	CAPRICORNE	CAPRICORNE	VERSEAU	VERSEAU	VERSEAU	VERSEAU
7 h 30	VERSEAU	VERSEAU	VERSEAU	VERSEAU	VERSEAU	VERSEAU	VERSEAU	VERSEAI
8 h 00	VERSEAU	VERSEAU	VERSEAU	VERSEAU	VERSEAU	VERSEAU	VERSEAU	VERSEAU
8 h 30	VERSEAU	VERSEAU	VERSEAU	VERSEAU	POISSONS	POISSONS	POISSONS	POISSONS
9 h 00	POISSONS	POISSONS	POISSONS	POISSONS	POISSONS	POISSONS	POISSONS	POISSONS
9 h 30	POISSONS	POISSONS	POISSONS	POISSONS	POISSONS	POISSONS	POISSONS	POISSONS
10 h 00	POISSONS	BELIER	BELIER	BELIER	BELIER	BELIER	BELIER	BELIER
10 h 30	BELIER	BELIER	BELIER	BELIER	BELIER	BELIER	BELIER	BELIER
11 h 00	BELIER	BELIER	BELIER	BELIER	TAUREAU	TAUREAU	TAUREAU	TAUREAU
11 h 30	TAUREAU	TAUREAU	TAUREAU	TAUREAU	TAUREAU	TAUREAU	TAUREAU	TAUREAU
MIDI	TAUREAU	TAUREAU	TAUREAU	TAUREAU	TAUREAU	TAUREAU	TAUREAU	TAUREAU
12 h 30	TAUREAU	TAUREAU	TAUREAU	TAUREAU	GEMEAUX	GEMEAUX	GEMEAUX	GEMEAUX
13 h 00	GEMEAUX	GEMEAUX	GEMEAUX	GEMEAUX	GEMEAUX	GEMEAUX	GEMEAUX	GEMEAUX
13 h 30	GEMEAUX	GEMEAUX	GEMEAUX	GEMEAUX	GEMEAUX	GEMEAUX	GEMEAUX	GEMEAUX
14 h 00	GEMEAUX	GEMEAUX	GEMEAUX	GEMEAUX	GEMEAUX	GEMEAUX	GEMEAUX	GEMEAUX
14 h 30	GEMEAUX	GEMEAUX	GEMEAUX	CANCER	CANCER	CANCER	CANCER	CANCER
15 h 00	CANCER	CANCER	CANCER	CANCER	CANCER	CANCER	CANCER	CANCER
15 h 30	CANCER	CANCER	CANCER	CANCER	CANCER	CANCER	CANCER	CANCER
16 h 00	CANCER	CANCER	CANCER	CANCER	CANCER	CANCER	CANCER	CANCER
16 h 30	CANCER	CANCER	CANCER	CANCER	CANCER	CANCER	CANCER	CANCER
17 h 00	CANCER	LION	LION	LION	LION	LION	LION	LION
17 h 30	LION	LION	LION	LION	LION	LION	LION	LION
18 h 00	LION	LION	LION	LION	LION	LION	LION	LION
18 h 30	LION	LION	LION	LION	LION	LION	LION	LION
19 h 00	LION	LION	LION	LION	LION	LION	LION	LION
19 h 30	VIERGE	VIERGE	VIERGE	VIERGE	VIERGE	VIERGE	VIERGE	VIERGE
20 h 00	VIERGE	VIERGE	VIERGE	VIERGE	VIERGE	VIERGE	VIERGE	VIERGE
20 h 30	VIERGE	VIERGE	VIERGE	VIERGE	VIERGE	VIERGE	VIERGE	VIERGE
21 h 00	VIERGE	VIERGE	VIERGE	VIERGE	VIERGE	VIERGE	VIERGE	VIERGE
21 h 30	VIERGE	VIERGE	VIERGE	VIERGE	VIERGE	VIERGE	VIERGE	VIERGE
22 h 00	BALANCE	BALANCE	BALANCE	BALANCE	BALANCE	BALANCE	BALANCE	BALANCE
22 h 30	BALANCE	BALANCE	BALANCE	BALANCE	BALANCE	BALANCE	BALANCE	BALANCE
23 h 00	BALANCE	BALANCE	BALANCE	BALANCE	BALANCE	BALANCE	BALANCE	BALANCE
23 h 30	BALANCE	BALANCE	BALANCE	BALANCE	BALANCE	BALANCE	BALANCE	BALANCE

DECOUVREZ VOTRE ASCENDANT SANS AUCUN CALCUL : TABLE N° 3

VOTRE HEURE DE NAISSANCE	28 JANVIER	29 JANVIER	30 JANVIER	31 JANVIER	1 FEVRIER	2 FEVRIER	3 FEVRIER	4 FEVRIER
0 h 00	SCORPION	SCORPION	SCORPION	SCORPION	SCORPION	SCORPION	SCORPION	SCORPION
0 h 30	SCORPION	SCORPION	SCORPION	SCORPION	SCORPION	SCORPION	SCORPION	SCORPION
1 h 00	SCORPION	SCORPION	SCORPION	SCORPION	SCORPION	SCORPION	SCORPION	SCORPION
1 h 30	SCORPION	SCORPION	SCORPION	SCORPION	SCORPION	SCORPION	SCORPION	SCORPION
2 h 00	SCORPION	SCORPION	SCORPION	SCORPION	SCORPION	SCORPION	SAGITTAIRE	SAGITTAIRE
2 h 30	SAGITTAIRE	SAGITTAIRE	SAGITTAIRE	SAGITTAIRE	SAGITTAIRE	SAGITTAIRE	SAGITTAIRE	SAGITTAIRE
3 h 00	SAGITTAIRE	SAGITTAIRE	SAGITTAIRE	SAGITTAIRE	SAGITTAIRE	SAGITTAIRE	SAGITTAIRE	SAGITTAIRE
3 h 30	SAGITTAIRE	SAGITTAIRE	SAGITTAIRE	SAGITTAIRE	SAGITTAIRE	SAGITTAIRE	SAGITTAIRE	SAGITTAIRE
4 h 00	SAGITTAIRE	SAGITTAIRE	SAGITTAIRE	SAGITTAIRE	SAGITTAIRE	SAGITTAIRE	SAGITTAIRE	SAGITTAIRE
4 h 30	SAGITTAIRE	SAGITTAIRE	SAGITTAIRE	SAGITTAIRE	CAPRICORNE	CAPRICORNE	CAPRICORNE	CAPRICORNE
5 h 00	CAPRICORNE	CAPRICORNE	CAPRICORNE	CAPRICORNE	CAPRICORNE	CAPRICORNE	CAPRICORNE	CAPRICORNE
5 h 30	CAPRICORNE	CAPRICORNE	CAPRICORNE	CAPRICORNE	CAPRICORNE	CAPRICORNE	CAPRICORNE	CAPRICORNE
6 h 00	CAPRICORNE	CAPRICORNE	CAPRICORNE	CAPRICORNE	CAPRICORNE	CAPRICORNE	CAPRICORNE	CAPRICORNE
6 h 30	CAPRICORNE	CAPRICORNE	CAPRICORNE	VERSEAU	VERSEAU	VERSEAU	VERSEAU	VERSEAU
7 h 00	VERSEAU	VERSEAU	VERSEAU	VERSEAU	VERSEAU	VERSEAU	VERSEAU	VERSEAU
7 h 30	VERSEAU	VERSEAU	VERSEAU	VERSEAU	VERSEAU	VERSEAU	VERSEAU	VERSEAU
8 h 00	VERSEAU	VERSEAU	VERSEAU	POISSONS	POISSONS	POISSONS	POISSONS	POISSONS
8 h 30	POISSONS	POISSONS	POISSONS	POISSONS	POISSONS	POISSONS	POISSONS	POISSONS
9 h 00	POISSONS	POISSONS	POISSONS	POISSONS	POISSONS	POISSONS	POISSONS	POISSONS
9 h 30	BELIER	BELIER	BELIER	BELIER	BELIER	BELIER	BELIER	BELIER
10 h 00	BELIER	BELIER	BELIER	BELIER	BELIER	BELIER	BELIER	BELIER
10 h 30	BELIER	BELIER	BELIER	BELIER	TAUREAU	TAUREAU	TAUREAU	TAUREAU
11 h 00	TAUREAU	TAUREAU	TAUREAU	TAUREAU	TAUREAU	TAUREAU	TAUREAU	TAUREAU
11 h 30	TAUREAU	TAUREAU	TAUREAU	TAUREAU	TAUREAU	TAUREAU	TAUREAU	TAUREAU
MIDI	TAUREAU	TAUREAU	TAUREAU	GEMEAUX	GEMEAUX	GEMEAUX	GEMEAUX	GEMEAUX
12 h 30	GEMEAUX	GEMEAUX	GEMEAUX	GEMEAUX	GEMEAUX	GEMEAUX	GEMEAUX	GEMEAUX
13 h 00	GEMEAUX	GEMEAUX	GEMEAUX	GEMEAUX	GEMEAUX	GEMEAUX	GEMEAUX	GEMEAUX
13 h 30	GEMEAUX	GEMEAUX	GEMEAUX	GEMEAUX	GEMEAUX	GEMEAUX	GEMEAUX	GEMEAUX
14 h 00	GEMEAUX	GEMEAUX	CANCER	CANCER	CANCER	CANCER	CANCER	CANCER
14 h 30	CANCER	CANCER	CANCER	CANCER	CANCER	CANCER	CANCER	CANCER
15 h 00	CANCER	CANCER	CANCER	CANCER	CANCER	CANCER	CANCER	CANCER
15 h 30	CANCER	CANCER	CANCER	CANCER	CANCER	CANCER	CANCER	CANCER
16 h 00	CANCER	CANCER	CANCER	CANCER	CANCER	CANCER	CANCER	CANCER
16 h 30	LION	LION	LION	LION	LION	LION	LION	LION
17 h 00	LION	LION	LION	LION	LION	LION	LION	LION
17 h 30	LION	LION	LION	LION	LION	LION	LION	LION
18 h 00	LION	LION	LION	LION	LION	LION	LION	LION
18 h 30	LION	LION	LION	LION	LION	LION	LION	VIERGE
19 h 00	VIERGE	VIERGE	VIERGE	VIERGE	VIERGE	VIERGE	VIERGE	VIERGE
19 h 30	VIERGE	VIERGE	VIERGE	VIERGE	VIERGE	VIERGE	VIERGE	VIERGE
20 h 00	VIERGE	VIERGE	VIERGE	VIERGE	VIERGE	VIERGE	VIERGE	VIERGE
20 h 30	VIERGE	VIERGE	VIERGE	VIERGE	VIERGE	VIERGE	VIERGE	VIERGE
21 h 00	VIERGE	VIERGE	VIERGE	VIERGE	VIERGE	VIERGE	VIERGE	VIERGE
21 h 30	BALANCE	BALANCE	BALANCE	BALANCE	BALANCE	BALANCE	BALANCE	BALANCE
22 h 00	BALANCE	BALANCE	BALANCE	BALANCE	BALANCE	BALANCE	BALANCE	BALANCE
22 h 30	BALANCE	BALANCE	BALANCE	BALANCE	BALANCE	BALANCE	BALANCE	BALANCE
23 h 00	BALANCE	BALANCE	BALANCE	BALANCE	BALANCE	BALANCE	BALANCE	BALANCE
23 h 30	BALANCE	BALANCE	BALANCE	BALANCE	BALANCE	BALANCE	BALANCE	SCORPION

DECOUVREZ VOTRE ASCENDANT SANS AUCUN CALCUL : TABLE N° 3

VOTRE HEURE DE NAISSANCE	5 FEVRIER	6 FEVRIER	7 FEVRIER	8 FEVRIER	9 FEVRIER	10 FEVRIER	11 FEVRIER	12 FEVRIER
0 h 00	SCORPION	SCORPION	SCORPION	SCORPION	SCORPION	SCORPION	SCORPION	SCORPION
0 h 30	SCORPION	SCORPION	SCORPION	SCORPION	SCORPION	SCORPION	SCORPION	SCORPION
1 h 00	SCORPION	SCORPION	SCORPION	SCORPION	SCORPION	SCORPION	SCORPION	SCORPION
1 h 30	SCORPION	SCORPION	SCORPION	SCORPION	SCORPION	SCORPION	SAGITTAIRE	SAGITTAIRE
2 h 00	SAGITTAIRE	SAGITTAIRE	SAGITTAIRE	SAGITTAIRE	SAGITTAIRE	SAGITTAIRE	SAGITTAIRE	SAGITTAIRE
2 h 30	SAGITTAIRE	SAGITTAIRE	SAGITTAIRE	SAGITTAIRE	SAGITTAIRE	SAGITTAIRE	SAGITTAIRE	SAGITTAIRE
3 h 00	SAGITTAIRE	SAGITTAIRE	SAGITTAIRE	SAGITTAIRE	SAGITTAIRE	SAGITTAIRE	SAGITTAIRE	SAGITTAIRE
3 h 30	SAGITTAIRE	SAGITTAIRE	SAGITTAIRE	SAGITTAIRE	SAGITTAIRE	SAGITTAIRE	SAGITTAIRE	SAGITTAIRE
4 h 00	SAGITTAIRE	SAGITTAIRE	SAGITTAIRE	SAGITTAIRE	CAPRICORNE	CAPRICORNE	CAPRICORNE	CAPRICORNE
4 h 30	CAPRICORNE	CAPRICORNE	CAPRICORNE	CAPRICORNE	CAPRICORNE	CAPRICORNE	CAPRICORNE	CAPRICORNE
5 h 00	CAPRICORNE	CAPRICORNE	CAPRICORNE	CAPRICORNE	CAPRICORNE	CAPRICORNE	CAPRICORNE	CAPRICORNE
5 h 30	CAPRICORNE	CAPRICORNE	CAPRICORNE	CAPRICORNE	CAPRICORNE	CAPRICORNE	CAPRICORNE	CAPRICORNE
6 h 00	CAPRICORNE	CAPRICORNE	CAPRICORNE	VERSEAU	VERSEAU	VERSEAU	VERSEAU	VERSEAU
6 h 30	VERSEAU	VERSEAU	VERSEAU	VERSEAU	VERSEAU	VERSEAU	VERSEAU	VERSEAU
7 h 00	VERSEAU	VERSEAU	VERSEAU	VERSEAU	VERSEAU	VERSEAU	VERSEAU	VERSEAU
7 h 30	VERSEAU	VERSEAU	VERSEAU	POISSONS	POISSONS	POISSONS	POISSONS	POISSONS
8 h 00	POISSONS	POISSONS	POISSONS	POISSONS	POISSONS	POISSONS	POISSONS	POISSONS
8 h 30	POISSONS	POISSONS	POISSONS	POISSONS	POISSONS	POISSONS	POISSONS	BELIER
9 h 00	BELIER	BELIER	BELIER	BELIER	BELIER	BELIER	BELIER	BELIER
9 h 30	BELIER	BELIER	BELIER	BELIER	BELIER	BELIER	BELIER	BELIER
10 h 00	BELIER	BELIER	BELIER	TAUREAU	TAUREAU	TAUREAU	TAUREAU	TAUREAU
10 h 30	TAUREAU	TAUREAU	TAUREAU	TAUREAU	TAUREAU	TAUREAU	TAUREAU	TAUREAU
11 h 00	TAUREAU	TAUREAU	TAUREAU	TAUREAU	TAUREAU	TAUREAU	TAUREAU	TAUREAU
11 h 30	TAUREAU	TAUREAU	TAUREAU	GEMEAUX	GEMEAUX	GEMEAUX	GEMEAUX	GEMEAUX
MIDI	GEMEAUX	GEMEAUX	GEMEAUX	GEMEAUX	GEMEAUX	GEMEAUX	GEMEAUX	GEMEAUX
12 h 30	GEMEAUX	GEMEAUX	GEMEAUX	GEMEAUX	GEMEAUX	GEMEAUX	GEMEAUX	GEMEAUX
13 h 00	GEMEAUX	GEMEAUX	GEMEAUX	GEMEAUX	GEMEAUX	GEMEAUX	GEMEAUX	GEMEAUX
13 h 30	GEMEAUX	GEMEAUX	CANCER	CANCER	CANCER	CANCER	CANCER	CANCER
14 h 00	CANCER	CANCER	CANCER	CANCER	CANCER	CANCER	CANCER	CANCER
14 h 30	CANCER	CANCER	CANCER	CANCER	CANCER	CANCER	CANCER	CANCER
15 h 00	CANCER	CANCER	CANCER	CANCER	CANCER	CANCER	CANCER	CANCER
15 h 30	CANCER	CANCER	CANCER	CANCER	CANCER	CANCER	CANCER	LION
16 h 00	LION	LION	LION	LION	LION	LION	LION	LION
16 h 30	LION	LION	LION	LION	LION	LION	LION	LION
17 h 00	LION	LION	LION	LION	LION	LION	LION	LION
17 h 30	LION	LION	LION	LION	LION	LION	LION	LION
18 h 00	LION	LION	LION	LION	LION	LION	LION	VIERGE
18 h 30	VIERGE	VIERGE	VIERGE	VIERGE	VIERGE	VIERGE	VIERGE	VIERGE
19 h 00	VIERGE	VIERGE	VIERGE	VIERGE	VIERGE	VIERGE	VIERGE	VIERGE
19 h 30	VIERGE	VIERGE	VIERGE	VIERGE	VIERGE	VIERGE	VIERGE	VIERGE
20 h 00	VIERGE	VIERGE	VIERGE	VIERGE	VIERGE	VIERGE	VIERGE	VIERGE
20 h 30	VIERGE	VIERGE	VIERGE	VIERGE	VIERGE	VIERGE	VIERGE	BALANCE
21 h 00	BALANCE	BALANCE	BALANCE	BALANCE	BALANCE	BALANCE	BALANCE	BALANCE
21 h 30	BALANCE	BALANCE	BALANCE	BALANCE	BALANCE	BALANCE	BALANCE	BALANCE
22 h 00	BALANCE	BALANCE	BALANCE	BALANCE	BALANCE	BALANCE	BALANCE	BALANCE
22 h 30	BALANCE	BALANCE	BALANCE	BALANCE	BALANCE	BALANCE	BALANCE	BALANCE
23 h 00	BALANCE	BALANCE	BALANCE	BALANCE	BALANCE	BALANCE	SCORPION	SCORPION
23 h 30	SCORPION	SCORPION	SCORPION	SCORPION	SCORPION	SCORPION	SCORPION	SCORPION

DECOUVREZ VOTRE ASCENDANT SANS AUCUN CALCUL : TABLE N° 3

VOTRE HEURE DE NAISSANCE	13 FEVRIER	14 FEVRIER	15 FEVRIER	16 FEVRIER	17 FEVRIER	18 FEVRIER	19 FEVRIER
0 h 00	SCORPION	SCORPION	SCORPION	SCORPION	SCORPION	SCORPION	SCORPION
0 h 30	SCORPION	SCORPION	SCORPION	SCORPION	SCORPION	SCORPION	SCORPION
1 h 00	SCORPION	SCORPION	SCORPION	SCORPION	SCORPION	SCORPION	SAGITTAIRE
1 h 30	SAGITTAIRE	SAGITTAIRE	SAGITTAIRE	SAGITTAIRE	SAGITTAIRE	SAGITTAIRE	SAGITTAIRE
2 h 00	SAGITTAIRE	SAGITTAIRE	SAGITTAIRE	SAGITTAIRE	SAGITTAIRE	SAGITTAIRE	SAGITTAIRE
2 h 30	SAGITTAIRE	SAGITTAIRE	SAGITTAIRE	SAGITTAIRE	SAGITTAIRE	SAGITTAIRE	SAGITTAIRE
3 h 00	SAGITTAIRE	SAGITTAIRE	SAGITTAIRE	SAGITTAIRE	SAGITTAIRE	SAGITTAIRE	SAGITTAIRE
3 h 30	SAGITTAIRE	SAGITTAIRE	SAGITTAIRE	SAGITTAIRE	CAPRICORNE	CAPRICORNE	CAPRICORNE
4 h 00	CAPRICORNE	CAPRICORNE	CAPRICORNE	CAPRICORNE	CAPRICORNE	CAPRICORNE	CAPRICORNE
4 h 30	CAPRICORNE	CAPRICORNE	CAPRICORNE	CAPRICORNE	CAPRICORNE	CAPRICORNE	CAPRICORNE
5 h 00	CAPRICORNE	CAPRICORNE	CAPRICORNE	CAPRICORNE	CAPRICORNE	CAPRICORNE	CAPRICORNE
5 h 30	CAPRICORNE	CAPRICORNE	CAPRICORNE	VERSEAU	VERSEAU	VERSEAU	VERSEAU
6 h 00	VERSEAU	VERSEAU	VERSEAU	VERSEAU	VERSEAU	VERSEAU	VERSEAU
6 h 30	VERSEAU	VERSEAU	VERSEAU	VERSEAU	VERSEAU	VERSEAU	VERSEAU
7 h 00	VERSEAU	VERSEAU	VERSEAU	POISSONS	POISSONS	POISSONS	POISSONS
7 h 30	POISSONS	POISSONS	POISSONS	POISSONS	POISSONS	POISSONS	POISSONS
8 h 30	POISSONS	POISSONS	POISSONS	POISSONS	POISSONS	POISSONS	POISSONS
8 h 30	BELIER	BELIER	BELIER	BELIER	BELIER	BELIER	BELIER
9 h 00	BELIER	BELIER	BELIER	BELIER	BELIER	BELIER	BELIER
9 h 30	BELIER	BELIER	BELIER	TAUREAU	TAUREAU	TAUREAU	TAUREAU
10 h 00	TAUREAU	TAUREAU	TAUREAU	TAUREAU	TAUREAU	TAUREAU	TAUREAU
10 h 30	TAUREAU	TAUREAU	TAUREAU	TAUREAU	TAUREAU	TAUREAU	TAUREAU
11 h 00	TAUREAU	TAUREAU	TAUREAU	GEMEAUX	GEMEAUX	GEMEAUX	GEMEAUX
11 h 30	GEMEAUX	GEMEAUX	GEMEAUX	GEMEAUX	GEMEAUX	GEMEAUX	GEMEAUX
MIDI	GEMEAUX	GEMEAUX	GEMEAUX	GEMEAUX	GEMEAUX	GEMEAUX	GEMEAUX
12 h 30	GEMEAUX	GEMEAUX	GEMEAUX	GEMEAUX	GEMEAUX	GEMEAUX	GEMEAUX
13 h 00	GEMEAUX	GEMEAUX	CANCER	CANCER	CANCER	CANCER	CANCER
13 h 30	CANCER	CANCER	CANCER	CANCER	CANCER	CANCER	CANCER
14 h 00	CANCER	CANCER	CANCER	CANCER	CANCER	CANCER	CANCER
14 h 30	CANCER	CANCER	CANCER	CANCER	CANCER	CANCER	CANCER
15 h 00	CANCER	CANCER	CANCER	CANCER	CANCER	CANCER	CANCER
15 h 30	LION	LION	LION	LION	LION	LION	LION
16 h 00	LION	LION	LION	LION	LION	LION	LION
16 h 30	LION	LION	LION	LION	LION	LION	LION
17 h 00	LION	LION	LION	LION	LION	LION	LION
17 h 30	LION	LION	LION	LION	LION	LION	VIERGE
18 h 00	VIERGE	VIERGE	VIERGE	VIERGE	VIERGE	VIERGE	VIERGE
18 h 30	VIERGE	VIERGE	VIERGE	VIERGE	VIERGE	VIERGE	VIERGE
19 h 00	VIERGE	VIERGE	VIERGE	VIERGE	VIERGE	VIERGE	VIERGE
19 h 30	VIERGE	VIERGE	VIERGE	VIERGE	VIERGE	VIERGE	VIERGE
20 h 00	VIERGE	VIERGE	VIERGE	VIERGE	VIERGE	VIERGE	VIERGE
20 h 30	BALANCE	BALANCE	BALANCE	BALANCE	BALANCE	BALANCE	BALANCE
21 h 00	BALANCE	BALANCE	BALANCE	BALANCE	BALANCE	BALANCE	BALANCE
21 h 30	BALANCE	BALANCE	BALANCE	BALANCE	BALANCE	BALANCE	BALANCE
22 h 00	BALANCE	BALANCE	BALANCE	BALANCE	BALANCE	BALANCE	BALANCE
22 h 30	BALANCE	BALANCE	BALANCE	BALANCE	BALANCE	BALANCE	SCORPION
23 H 00	SCORPION	SCORPION	SCORPION	SCORPION	SCORPION	SCORPION	SCORPION
23 h 30	SCORPION	SCORPION	SCORPION	SCORPION	SCORPION	SCORPION	SCORPION

VOTRE HEURE DE NAISSANCE	20 JANVIER	21 JANVIER	22 JANVIER	23 JANVIER	24 JANVIER	25 JANVIER	26 JANVIER	27 JANVIER
0 h 00	BALANCE	BALANCE	BALANCE	BALANCE	BALANCE	BALANCE	BALANCE	BALANCE
0 h 30	BALANCE	BALANCE	BALANCE	SCORPION	SCORPION	SCORPION	SCORPION	SCORPION
1 h 00	SCORPION	SCORPION	SCORPION	SCORPION	SCORPION	SCORPION	SCORPION	SCORPION
1 h 30	SCORPION	SCORPION	SCORPION	SCORPION	SCORPION	SCORPION	SCORPION	SCORPION
2 h 00	SCORPION	SCORPION	SCORPION	SCORPION	SCORPION	SCORPION	SCORPION	SCORPION
2 h 30	SCORPION	SCORPION	SCORPION	SCORPION	SCORPION	SCORPION	SCORPION	SCORPION
3 h 00	SCORPION	SCORPION	SCORPION	SCORPION	SAGITTAIRE	SAGITTAIRE	SAGITTAIRE	SAGITTAIRE
3 h 30	SAGITTAIRE	SAGITTAIRE	SAGITTAIRE	SAGITTAIRE	SAGITTAIRE	SAGITTAIRE	SAGITTAIRE	SAGITTAIRE
4 h 00	SAGITTAIRE	SAGITTAIRE	SAGITTAIRE	SAGITTAIRE	SAGITTAIRE	SAGITTAIRE	SAGITTAIRE	SAGITTAIRE
4 h 30	SAGITTAIRE	SAGITTAIRE	SAGITTAIRE	SAGITTAIRE	SAGITTAIRE	SAGITTAIRE	SAGITTAIRE	SAGITTAIRE
5 h 00	SAGITTAIRE	SAGITTAIRE	SAGITTAIRE	SAGITTAIRE	SAGITTAIRE	SAGITTAIRE	SAGITTAIRE	SAGITTAIRE
5 h 30	SAGITTAIRE	SAGITTAIRE	SAGITTAIRE	SAGITTAIRE	CAPRICORNE	CAPRICORNE	CAPRICORNE	CAPRICORNE
6 h 00	CAPRICORNE	CAPRICORNE	CAPRICORNE	CAPRICORNE	CAPRICORNE	CAPRICORNE	CAPRICORNE	CAPRICORNE
6 h 30	CAPRICORNE	CAPRICORNE	CAPRICORNE	CAPRICORNE	CAPRICORNE	CAPRICORNE	CAPRICORNE	CAPRICORNE
7 h 00	CAPRICORNE	CAPRICORNE	CAPRICORNE	CAPRICORNE	CAPRICORNE	CAPRICORNE	CAPRICORNE	CAPRICORNE
7 h 30	CAPRICORNE	CAPRICORNE	VERSEAU	VERSEAU	VERSEAU	VERSEAU	VERSEAU	VERSEAU
8 h 00	VERSEAU	VERSEAU	VERSEAU	VERSEAU	VERSEAU	VERSEAU	VERSEAU	VERSEAU
8 h 30	VERSEAU	VERSEAU	VERSEAU	VERSEAU	VERSEAU	VERSEAU	VERSEAU	POISSONS
9 h 00	POISSONS	POISSONS	POISSONS	POISSONS	POISSONS	POISSONS	POISSONS	POISSONS
9 h 30	POISSONS	POISSONS	POISSONS	POISSONS	POISSONS	POISSONS	POISSONS	POISSONS
10 h 00	BELIER	BELIER	BELIER	BELIER	BELIER	BELIER	BELIER	BELIER
10 h 30	BELIER	BELIER	BELIER	BELIER	BELIER	BELIER	BELIER	BELIER
11 h 00	BELIER	TAUREAU	TAUREAU	TAUREAU	TAUREAU	TAUREAU	TAUREAU	TAUREAU
11 h 30	TAUREAU	TAUREAU	TAUREAU	TAUREAU	TAUREAU	TAUREAU	TAUREAU	TAUREAU
MIDI	TAUREAU	TAUREAU	TAUREAU	TAUREAU	TAUREAU	TAUREAU	GEMEAUX	GEMEAUX
12 h 30	GEMEAUX	GEMEAUX	GEMEAUX	GEMEAUX	GEMEAUX	GEMEAUX	GEMEAUX	GEMEAUX
13 h 00	GEMEAUX	GEMEAUX	GEMEAUX	GEMEAUX	GEMEAUX	GEMEAUX	GEMEAUX	GEMEAUX
13 h 30	GEMEAUX	GEMEAUX	GEMEAUX	GEMEAUX	GEMEAUX	GEMEAUX	GEMEAUX	GEMEAUX
14 h 00	GEMEAUX	GEMEAUX	GEMEAUX	GEMEAUX	CANCER	CANCER	CANCER	CANCER
14 h 30	CANCER	CANCER	CANCER	CANCER	CANCER	CANCER	CANCER	CANCER
15 h 00	CANCER	CANCER	CANCER	CANCER	CANCER	CANCER	CANCER	CANCER
15 h 30	CANCER	CANCER	CANCER	CANCER	CANCER	CANCER	CANCER	CANCER
16 h 00	CANCER	CANCER	CANCER	CANCER	CANCER	CANCER	CANCER	CANCER
16 h 30	CANCER	CANCER	CANCER	LION	LION	LION	LION	LION
17 h 00	LION	LION	LION	LION	LION	LION	LION	LION
17 h 30	LION	LION	LION	LION	LION	LION	LION	LION
18 h 00	LION	LION	LION	LION	LION	LION	LION	LION
18 h 30	LION	LION	LION	LION	LION	LION	LION	LION
19 h 00	LION	LION	LION	LION	LION	VIERGE	VIERGE	VIERGE
19 h 30	VIERGE	VIERGE	VIERGE	VIERGE	VIERGE	VIERGE	VIERGE	VIERGE
20 h 00	VIERGE	VIERGE	VIERGE	VIERGE	VIERGE	VIERGE	VIERGE	VIERGE
20 h 30	VIERGE	VIERGE	VIERGE	VIERGE	VIERGE	VIERGE	VIERGE	VIERGE
21 h 00	VIERGE	VIERGE	VIERGE	VIERGE	VIERGE	VIERGE	VIERGE	VIERGE
21 h 30	VIERGE	VIERGE	VIERGE	VIERGE	VIERGE	VIERGE	VIERGE	VIERGE
22 h 00	BALANCE	BALANCE	BALANCE	BALANCE	BALANCE	BALANCE	BALANCE	BALANCE
22 h 30	BALANCE	BALANCE	BALANCE	BALANCE	BALANCE	BALANCE	BALANCE	BALANCE
23 h 00	BALANCE	BALANCE	BALANCE	BALANCE	BALANCE	BALANCE	BALANCE	BALANCE
23 h 30	BALANCE	BALANCE	BALANCE	BALANCE	BALANCE	BALANCE	BALANCE	BALANCE

DECOUVREZ VOTRE ASCENDANT SANS AUCUN CALCUL : TABLE N° 4

VOTRE HEURE DE NAISSANCE	28 JANVIER	29 JANVIER	30 JANVIER	31 JANVIER	1 FEVRIER	2 FEVRIER	3 FEVRIER	4 FEVRIER
0 h 00	BALANCE	BALANCE	SCORPION	SCORPION	SCORPION	SCORPION	SCORPION	SCORPION
0 h 30	SCORPION	SCORPION	SCORPION	SCORPION	SCORPION	SCORPION	SCORPION	SCORPION
1 H 00	SCORPION	SCORPION	SCORPION	SCORPION	SCORPION	SCORPION	SCORPION	SCORPION
1 h 30	SCORPION	SCORPION	SCORPION	SCORPION	SCORPION	SCORPION	SCORPION	SCORPION
2 h 00	SCORPION	SCORPION	SCORPION	SCORPION	SCORPION	SCORPION	SCORPION	SCORPION
2 h 30	SCORPION	SCORPION	SCORPION	SCORPION	SAGITTAIRE	SAGITTAIRE	SAGITTAIRE	SAGITTAIRE
3 h 00	SAGITTAIRE	SAGITTAIRE	SAGITTAIRE	SAGITTAIRE	SAGITTAIRE	SAGITTAIRE	SAGITTAIRE	SAGITTAIRE
3 h 30	SAGITTAIRE	SAGITTAIRE	SAGITTAIRE	SAGITTAIRE	SAGITTAIRE	SAGITTAIRE	SAGITTAIRE	SAGITTAIRE
4 H 00	SAGITTAIRE	SAGITTAIRE	SAGITTAIRE	SAGITTAIRE	SAGITTAIRE	SAGITTAIRE	SAGITTAIRE	SAGITTAIRE
4 h 30	SAGITTAIRE	SAGITTAIRE	SAGITTAIRE	SAGITTAIRE	SAGITTAIRE	SAGITTAIRE	SAGITTAIRE	SAGITTAIRE
5 h 00	SAGITTAIRE	SAGITTAIRE	SAGITTAIRE	CAPRICORNE	CAPRICORNE	CAPRICORNE	CAPRICORNE	CAPRICORNE
5 h 30	CAPRICORNE	CAPRICORNE	CAPRICORNE	CAPRICORNE	CAPRICORNE	CAPRICORNE	CAPRICORNE	CAPRICORNE
6 h 00	CAPRICORNE	CAPRICORNE	CAPRICORNE	CAPRICORNE	CAPRICORNE	CAPRICORNE	CAPRICORNE	CAPRICORNE
6 h 30	CAPRICORNE	CAPRICORNE	CAPRICORNE	CAPRICORNE	CAPRICORNE	CAPRICORNE	CAPRICORNE	CAPRICORNE
7 h 00	CAPRICORNE	VERSEAU	VERSEAU	VERSEAU	VERSEAU	VERSEAU	VERSEAU	VERSEAU
7 h 30	VERSEAU	VERSEAU	VERSEAU	VERSEAU	VERSEAU	VERSEAU	VERSEAU	VERSEAU
8 h 00	VERSEAU	VERSEAU	VERSEAU	VERSEAU	VERSEAU	VERSEAU	POISSONS	POISSONS
8 h 30	POISSONS	POISSONS	POISSONS	POISSONS	POISSONS	POISSONS	POISSONS	POISSONS
9 h 00	POISSONS	POISSONS	POISSONS	POISSONS	POISSONS	POISSONS	POISSONS	POISSONS
9 h 30	BELIER	BELIER	BELIER	BELIER	BELIER	BELIER	BELIER	BELIER
10 h 00	BELIER	BELIER	BELIER	BELIER	BELIER	BELIER	BELIER	BELIER
10 h 30	BELIER	TAUREAU	TAUREAU	TAUREAU	TAUREAU	TAUREAU	TAUREAU	TAUREAU
11 h 00	TAUREAU	TAUREAU	TAUREAU	TAUREAU	TAUREAU	TAUREAU	TAUREAU	TAUREAU
11 h 30	TAUREAU	TAUREAU	TAUREAU	TAUREAU	TAUREAU	TAUREAU	GEMEAUX	GEMEAUX
MIDI	GEMEAUX	GEMEAUX	GEMEAUX	GEMEAUX	GEMEAUX	GEMEAUX	GEMEAUX	GEMEAUX
12 h 30	GEMEAUX	GEMEAUX	GEMEAUX	GEMEAUX	GEMEAUX	GEMEAUX	GEMEAUX	GEMEAUX
13 h 00	GEMEAUX	GEMEAUX	GEMEAUX	GEMEAUX	GEMEAUX	GEMEAUX	GEMEAUX	GEMEAUX
13 h 30	GEMEAUX	GEMEAUX	GEMEAUX	CANCER	CANCER	CANCER	CANCER	CANCER
14 h 00	CANCER	CANCER	CANCER	CANCER	CANCER	CANCER	CANCER	CANCER
14 h 30	CANCER	CANCER	CANCER	CANCER	CANCER	CANCER	CANCER	CANCER
15 h 00	CANCER	CANCER	CANCER	CANCER	CANCER	CANCER	CANCER	CANCER
15 h 30	CANCER	CANCER	CANCER	CANCER	CANCER	CANCER	CANCER	CANCER
16 h 00	CANCER	CANCER	LION	LION	LION	LION	LION	LION
16 h 30	LION	LION	LION	LION	LION	LION	LION	LION
17 h 00	LION	LION	LION	LION	LION	LION	LION	LION
17 h 30	LION	LION	LION	LION	LION	LION	LION	LION
18 h 00	LION	LION	LION	LION	LION	LION	LION	LION
18 h 30	LION	LION	LION	LION	LION	VIERGE	VIERGE	VIERGE
19 h 00	VIERGE	VIERGE	VIERGE	VIERGE	VIERGE	VIERGE	VIERGE	VIERGE
19 h 30	VIERGE	VIERGE	VIERGE	VIERGE	VIERGE	VIERGE	VIERGE	VIERGE
20 h 00	VIERGE	VIERGE	VIERGE	VIERGE	VIERGE	VIERGE	VIERGE	VIERGE
20 h 30	VIERGE	VIERGE	VIERGE	VIERGE	VIERGE	VIERGE	VIERGE	VIERGE
21 h 00	VIERGE	VIERGE	VIERGE	VIERGE	VIERGE	VIERGE	VIERGE	VIERGE
21 h 30	BALANCE	BALANCE	BALANCE	BALANCE	BALANCE	BALANCE	BALANCE	BALANCE
22 h 00	BALANCE	BALANCE	BALANCE	BALANCE	BALANCE	BALANCE	BALANCE	BALANCE
22 h 30	BALANCE	BALANCE	BALANCE	BALANCE	BALANCE	BALANCE	BALANCE	BALANCE
23 h 00	BALANCE	BALANCE	BALANCE	BALANCE	BALANCE	BALANCE	BALANCE	BALANCE
23 h 30	BALANCE	BALANCE	BALANCE	BALANCE	BALANCE	BALANCE	BALANCE	BALANCE

DECOUVREZ VOTRE ASCENDANT SANS AUCUN CALCUL : TABLE N° 4

VOTRE HEURE DE NAISSANCE	5 FEVRIER	6 FEVRIER	7 FEVRIER	8 FEVRIER	9 FEVRIER	10 FEVRIER	11 FEVRIER	12 FEVRIER
0 h 00	SCORPION	SCORPION	SCORPION	SCORPION	SCORPION	SCORPION	SCORPION	SCORPION
0 h 30	SCORPION	SCORPION	SCORPION	SCORPION	SCORPION	SCORPION	SCORPION	SCORPION
1 h 00	SCORPION	SCORPION	SCORPION	SCORPION	SCORPION	SCORPION	SCORPION	SCORPION
1 h 30	SCORPION	SCORPION	SCORPION	SCORPION	SCORPION	SCORPION	SCORPION	SCORPION
2 h 00	SCORPION	SCORPION	SCORPION	SCORPION	SAGITTAIRE	SAGITTAIRE	SAGITAIRE	SAGITTAIRE
2 h 30	SAGITTAIRE	SAGITTAIRE	SAGITTAIRE	SAGITTAIRE	SAGITTAIRE	SAGITTAIRE	SAGITTAIRE	SAGITTAIRE
3 h 00	SAGITTAIRE	SAGITTAIRE	SAGITTAIRE	SAGITTAIRE	SAGITTAIRE	SAGITTAIRE	SAGITTAIRE	SAGITTAIRE
3 h 30	SAGITTAIRE	SAGITTAIRE	SAGITTAIRE	SAGITTAIRE	SAGITTAIRE	SAGITTAIRE	SAGITTAIRE	SAGITTAIRE
4 h 00	SAGITTAIRE	SAGITTAIRE	SAGITTAIRE	SAGITTAIRE	SAGITTAIRE	SAGITTAIRE	SAGITTAIRE	SAGITTAIRE
4 h 30	SAGITTAIRE	SAGITTAIRE	SAGITTAIRE	CAPRICORNE	CAPRICORNE	CAPRICORNE	CAPRICORNE	CAPRICORNE
5 h 00	CAPRICORNE	CAPRICORNE	CAPRICORNE	CAPRICORNE	CAPRICORNE	CAPRICORNE	CAPRICORNE	CAPRICORNE
5 h 30	CAPRICORNE	CAPRICORNE	CAPRICORNE	CAPRICORNE	CAPRICORNE	CAPRICORNE	CAPRICORNE	CAPRICORNE
6 h 00	CAPRICORNE	CAPRICORNE	CAPRICORNE	CAPRICORNE	CAPRICORNE	CAPRICORNE	CAPRICORNE	CAPRICORNE
6 h 30	CAPRICORNE	VERSEAU	VERSEAU	VERSEAU	VERSEAU	VERSEAU	VERSEAU	VERSEAU
7 h 00	VERSEAU	VERSEAU	VERSEAU	VERSEAU	VERSEAU	VERSEAU	VERSEAU	VERSEAU
7 h 30	VERSEAU	VERSEAU	VERSEAU	VERSEAU	VERSEAU	VERSEAU	POISSONS	POISSONS
8 h 00	POISSONS	POISSONS	POISSONS	POISSONS	POISSONS	POISSONS	POISSONS	POISSONS
8 h 30	POISSONS	POISSONS	POISSONS	POISSONS	POISSONS	POISSONS	POISSONS	BELIER
9 h 00	BELIER	BELIER	BELIER	BELIER	BELIER	BELIER	BELIER	BELIER
9 h 30	BELIER	BELIER	BELIER	BELIER	BELIER	BELIER	BELIER	BELIER
10 h 00	BELIER	TAUREAU	TAUREAU	TAUREAU	TAUREAU	TAUREAU	TAUREAU	TAUREAU
10 h 30	TAUREAU	TAUREAU	TAUREAU	TAUREAU	TAUREAU	TAUREAU	TAUREAU	TAUREAU
11 h 00	TAUREAU	TAUREAU	TAUREAU	TAUREAU	TAUREAU	TAUREAU	GEMEAUX	GEMEAUX
11 h 30	GEMEAUX	GEMEAUX	GEMEAUX	GEMEAUX	GEMEAUX	GEMEAUX	GEMEAUX	GEMEAUX
MIDI	GEMEAUX	GEMEAUX	GEMEAUX	GEMEAUX	GEMEAUX	GEMEAUX	GEMEAUX	GEMEAUX
12 h 30	GEMEAUX	GEMEAUX	GEMEAUX	GEMEAUX	GEMEAUX	GEMEAUX	GEMEAUX	GEMEAUX
13 h 00	GEMEAUX	GEMEAUX	GEMEAUX	CANCER	CANCER	CANCER	CANCER	CANCER
13 h 30	CANCER	CANCER	CANCER	CANCER	CANCER	CANCER	CANCER	CANCER
14 h 00	CANCER	CANCER	CANCER	CANCER	CANCER	CANCER	CANCER	CANCER
14 h 30	CANCER	CANCER	CANCER	CANCER	CANCER	CANCER	CANCER	CANCER
15 h 00	CANCER	CANCER	CANCER	CANCER	CANCER	CANCER	CANCER	CANCER
15 h 30	CANCER	CANCER	LION	LION	LION	LION	LION	LION
16 h 00	LION	LION	LION	LION	LION	LION	LION	LION
16 h 30	LION	LION	LION	LION	LION	LION	LION	LION
17 h 00	LION	LION	LION	LION	LION	LION	LION	LION
17 h 30	LION	LION	LION	LION	LION	LION	LION	LION
18 h 00	LION	LION	LION	LION	VIERGE	VIERGE	VIERGE	VIERGE
18 h 30	VIERGE	VIERGE	VIERGE	VIERGE	VIERGE	VIERGE	VIERGE	VIERGE
19 h 00	VIERGE	VIERGE	VIERGE	VIERGE	VIERGE	VIERGE	VIERGE	VIERGE
19 h 30	VIERGE	VIERGE	VIERGE	VIERGE	VIERGE	VIERGE	VIERGE	VIERGE
20 h 00	VIERGE	VIERGE	VIERGE	VIERGE	VIERGE	VIERGE	VIERGE	VIERGE
20 h 30	VIERGE	VIERGE	VIERGE	VIERGE	VIERGE	VIERGE	VIERGE	BALANCE
21 h 00	BALANCE	BALANCE	BALANCE	BALANCE	BALANCE	BALANCE	BALANCE	BALANCE
21 h 30	BALANCE	BALANCE	BALANCE	BALANCE	BALANCE	BALANCE	BALANCE	BALANCE
22 h 00	BALANCE	BALANCE	BALANCE	BALANCE	BALANCE	BALANCE	BALANCE	BALANCE
22 h 30	BALANCE	BALANCE	BALANCE	BALANCE	BALANCE	BALANCE	BALANCE	BALANCE
23 h 00	BALANCE	BALANCE	BALANCE	BALANCE	BALANCE	BALANCE	BALANCE	BALANCE
23 h 30	BALANCE	BALANCE	SCORPION	SCORPION	SCORPION	SCORPION	SCORPION	SCORPION

DECOUVREZ VOTRE ASCENDANT SANS AUCUN CALCUL : TABLE Nº 4

VOTRE HEURE DE NAISSANCE	13 FEVRIER	14 FEVRIER	15 FEVRIER	16 FEVRIER	17 FEVRIER	18 FEVRIER	19 FEVRIER
0 h 00	SCORPION	SCORPION	SCORPION	SCORPION	SCORPION	SCORPION	SCORPION
0 h 30	SCORPION	SCORPION	SCORPION	SCORPION	SCORPION	SCORPION	SCORPION
1 h 00	SCORPION	SCORPION	SCORPION	SCORPION	SCORPION	SCORPION	SCORPION
1 h 30	SCORPION	SCORPION	SCORPION	SAGITTAIRE	SAGITTAIRE	SAGITTAIRE	SAGITTAIRE
2 h 00	SAGITTAIRE	SAGITTAIRE	SAGITTAIRE	SAGITTAIRE	SAGITTAIRE	SAGITTAIRE	SAGITTAIRE
2 h 30	SAGITTAIRE	SAGITTAIRE	SAGITTAIRE	SAGITTAIRE	SAGITTAIRE	SAGITTAIRE	SAGITTAIRE
3 h 00	SAGITTAIRE	SAGITTAIRE	SAGITTAIRE	SAGITTAIRE	SAGITTAIRE	SAGITTAIRE	SAGITTAIRE
3 h 30	SAGITTAIRE	SAGITTAIRE	SAGITTAIRE	SAGITTAIRE	SAGITTAIRE	SAGITTAIRE	SAGITTAIRE
4 h 00	SAGITTAIRE	SAGITTAIRE	CAPRICORNE	CAPRICORNE	CAPRICORNE	CAPRICORNE	CAPRICORNE
4 h 30	CAPRICORNE	CAPRICORNE	CAPRICORNE	CAPRICORNE	CAPRICORNE	CAPRICORNE	CAPRICORNE
5 h 00	CAPRICORNE	CAPRICORNE	CAPRICORNE	CAPRICORNE	CAPRICORNE	CAPRICORNE	CAPRICORNE
5 h 30	CAPRICORNE	CAPRICORNE	CAPRICORNE	CAPRICORNE	CAPRICORNE	CAPRICORNE	CAPRICORNE
6 h 00	CAPRICORNE	VERSEAU	VERSEAU	VERSEAU	VERSEAU	VERSEAU	VERSEAU
6 h 30	VERSEAU	VERSEAU	VERSEAU	VERSEAU	VERSEAU	VERSEAU	VERSEAU
7 h 00	VERSEAU	VERSEAU	VERSEAU	VERSEAU	VERSEAU	VERSEAU	POISSONS
7 h 30	POISSONS	POISSONS	POISSONS	POISSONS	POISSONS	POISSONS	POISSONS
8 h 00	POISSONS	POISSONS	POISSONS	POISSONS	POISSONS	POISSONS	POISSONS
8 h 30	BELIER	BELIER	BELIER	BELIER	BELIER	BELIER	BELIER
9 h 00	BELIER	BELIER	BELIER	BELIER	BELIER	BELIER	BELIER
9 h 30	TAUREAU	TAUREAU	TAUREAU	TAUREAU	TAUREAU	TAUREAU	TAUREAU
10 h 00	TAUREAU	TAUREAU	TAUREAU	TAUREAU	TAUREAU	TAUREAU	TAUREAU
10 h 30	TAUREAU	TAUREAU	TAUREAU	TAUREAU	TAUREAU	GEMEAUX	GEMEAUX
11 h 00	GEMEAUX	GEMEAUX	GEMEAUX	GEMEAUX	GEMEAUX	GEMEAUX	GEMEAUX
11 h 30	GEMEAUX	GEMEAUX	GEMEAUX	GEMEAUX	GEMEAUX	GEMEAUX	GEMEAUX
MIDI	GEMEAUX	GEMEAUX	GEMEAUX	GEMEAUX	GEMEAUX	GEMEAUX	GEMEAUX
12 h 30	GEMEAUX	GEMEAUX	GEMEAUX	CANCER	CANCER	CANCER	CANCER
13 h 00	CANCER	CANCER	CANCER	CANCER	CANCER	CANCER	CANCER
13 h 30	CANCER	CANCER	CANCER	CANCER	CANCER	CANCER	CANCER
14 h 00	CANCER	CANCER	CANCER	CANCER	CANCER	CANCER	CANCER
14 h 30	CANCER	CANCER	CANCER	CANCER	CANCER	CANCER	CANCER
15 h 00	CANCER	LION	LION	LION	LION	LION	LION
15 h 30	LION	LION	LION	LION	LION	LION	LION
16 h 00	LION	LION	LION	LION	LION	LION	LION
16 h 30	LION	LION	LION	LION	LION	LION	LION
17 h 00	LION	LION	LION	LION	LION	LION	LION
17 h 30	LION	LION	LION	LION	VIERGE	VIERGE	VIERGE
18 h 00	VIERGE	VIERGE	VIERGE	VIERGE	VIERGE	VIERGE	VIERGE
18 h 30	VIERGE	VIERGE	VIERGE	VIERGE	VIERGE	VIERGE	VIERGE
19 h 00	VIERGE	VIERGE	VIERGE	VIERGE	VIERGE	VIERGE	VIERGE
19 h 30	VIERGE	VIERGE	VIERGE	VIERGE	VIERGE	VIERGE	VIERGE
20 h 00	VIERGE	VIERGE	VIERGE	VIERGE	VIERGE	VIERGE	VIERGE
20 h 30	BALANCE	BALANCE	BALANCE	BALANCE	BALANCE	BALANCE	BALANCE
21 h 00	BALANCE	BALANCE	BALANCE	BALANCE	BALANCE	BALANCE	BALANCE
21 h 30	BALANCE	BALANCE	BALANCE	BALANCE	BALANCE	BALANCE	BALANCE
22 h 00	BALANCE	BALANCE	BALANCE	BALANCE	BALANCE	BALANCE	BALANCE
22 h 30	BALANCE	BALANCE	BALANCE	BALANCE	BALANCE	BALANCE	BALANCE
23 h 00	BALANCE	SCORPION	SCORPION	SCORPION	SCORPION	SCORPION	SCORPION
23 h 30	SCORPION	SCORPION	SCORPION	SCORPION	SCORPION	SCORPION	SCORPION

DECOUVREZ VOTRE ASCENDANT SANS AUCUN CALCUL : TABLE N° 5

VOTRE HEURE DE NAISSANCE	20 JANVIER	21 JANVIER	22 JANVIER	23 JANVIER	24 JANVIER	25 JANVIER	26 JANVIER	27 JANVIER
0 h 00	BALANCE	BALANCE	BALANCE	BALANCE	BALANCE	BALANCE	BALANCE	BALANCE
0 h 30	BALANCE	BALANCE	BALANCE	BALANCE	BALANCE	BALANCE	SCORPION	SCORPION
1 h 00	SCORPION	SCORPION	SCORPION	SCORPION	SCORPION	SCORPION	SCORPION	SCORPION
1 h 30	SCORPION	SCORPION	SCORPION	SCORPION	SCORPION	SCORPION	SCORPION	SCORPION
2 h 00	SCORPION	SCORPION	SCORPION	SCORPION	SCORPION	SCORPION	SCORPION	SCORPION
2 h 30	SCORPION	SCORPION	SCORPION	SCORPION	SCORPION	SCORPION	SCORPION	SCORPION
3 h 00	SCORPION	SCORPION	SCORPION	SCORPION	SCORPION	SCORPION	SCORPION	SCORPION
3 h 30	SCORPION	SCORPION	SCORPION	SCORPION	SAGITTAIRE	SAGITTAIRE	SAGITTAIRE	SAGITTAIRE
4 h 00	SAGITTAIRE	SAGITTAIRE	SAGITTAIRE	SAGITTAIRE	SAGITTAIRE	SAGITTAIRE	SAGITTAIRE	SAGITTAIRE
4 h 30	SAGITTAIRE	SAGITTAIRE	SAGITTAIRE	SAGITTAIRE	SAGITTAIRE	SAGITTAIRE	SAGITTAIRE	SAGITTAIRE
5 h 00	SAGITTAIRE	SAGITTAIRE	SAGITTAIRE	SAGITTAIRE	SAGITTAIRE	SAGITTAIRE	SAGITTAIRE	SAGITTAIRE
5 h 30	SAGITTAIRE	SAGITTAIRE	SAGITTAIRE	SAGITTAIRE	SAGITTAIRE	SAGITTAIRE	SAGITTAIRE	SAGITTAIRE
6 h 00	SAGITTAIRE	SAGITTAIRE	SAGITTAIRE	SAGITTAIRE	CAPRICORNE	CAPRICORNE	CAPRICORNE	CAPRICORNE
6 h 30	CAPRICORNE	CAPRICORNE	CAPRICORNE	CAPRICORNE	CAPRICORNE	CAPRICORNE	CAPRICORNE	CAPRICORNE
7 h 00	CAPRICORNE	CAPRICORNE	CAPRICORNE	CAPRICORNE	CAPRICORNE	CAPRICORNE	CAPRICORNE	CAPRICORNE
7 h 30	CAPRICORNE	CAPRICORNE	CAPRICORNE	CAPRICORNE	CAPRICORNE	CAPRICORNE	CAPRICORNE	CAPRICORNE
8 h 00	CAPRICORNE	CAPRICORNE	VERSEAU	VERSEAU	VERSEAU	VERSEAU	VERSEAU	VERSEAU
8 h 30	VERSEAU	VERSEAU	VERSEAU	VERSEAU	VERSEAU	VERSEAU	VERSEAU	VERSEAU
9 h 00	VERSEAU	VERSEAU	VERSEAU	POISSONS	POISSONS	POISSONS	POISSONS	POISSONS
9 h 30	POISSONS	POISSONS	POISSONS	POISSONS	POISSONS	POISSONS	POISSONS	POISSONS
10 h 00	POISSONS	BELIER	BELIER	BELIER	BELIER	BELIER	BELIER	BELIER
10 h 30	BELIER	BELIER	BELIER	BELIER	BELIER	BELIER	TAUREAU	TAUREAU
11 h 00	TAUREAU	TAUREAU	TAUREAU	TAUREAU	TAUREAU	TAUREAU	TAUREAU	TAUREAU
11 h 30	TAUREAU	TAUREAU	TAUREAU	TAUREAU	TAUREAU	TAUREAU	TAUREAU	TAUREAU
MIDI	TAUREAU	GEMEAUX	GEMEAUX	GEMEAUX	GEMEAUX	GEMEAUX	GEMEAUX	GEMEAUX
12 h 30	GEMEAUX	GEMEAUX	GEMEAUX	GEMEAUX	GEMEAUX	GEMEAUX	GEMEAUX	GEMEAUX
13 h 00	GEMEAUX	GEMEAUX	GEMEAUX	GEMEAUX	GEMEAUX	GEMEAUX	GEMEAUX	GEMEAUX
13 h 30	GEMEAUX	GEMEAUX	GEMEAUX	GEMEAUX	CANCER	CANCER	CANCER	CANCER
14 h 00	CANCER	CANCER	CANCER	CANCER	CANCER	CANCER	CANCER	CANCER
14 h 30	CANCER	CANCER	CANCER	CANCER	CANCER	CANCER	CANCER	CANCER
15 h 00	CANCER	CANCER	CANCER	CANCER	CANCER	CANCER	CANCER	CANCER
15 h 30	CANCER	CANCER	CANCER	CANCER	CANCER	CANCER	CANCER	CANCER
16 h 00	CANCER	CANCER	CANCER	CANCER	CANCER	LION	LION	LION
16 h 30	LION	LION	LION	LION	LION	LION	LION	LION
17 h 00	LION	LION	LION	LION	LION	LION	LION	LION
17 h 30	LION	LION	LION	LION	LION	LION	LION	LION
18 h 00	LION	LION	LION	LION	LION	LION	LION	LION
18 h 30	LION	LION	LION	LION	LION	LION	LION	LION
19 h 00	LION	LION	VIERGE	VIERGE	VIERGE	VIERGE	VIERGE	VIERGE
19 h 30	VIERGE	VIERGE	VIERGE	VIERGE	VIERGE	VIERGE	VIERGE	VIERGE
20 h 00	VIERGE	VIERGE	VIERGE	VIERGE	VIERGE	VIERGE	VIERGE	VIERGE
20 h 30	VIERGE	VIERGE	VIERGE	VIERGE	VIERGE	VIERGE	VIERGE	VIERGE
21 h 00	VIERGE	VIERGE	VIERGE	VIERGE	VIERGE	VIERGE	VIERGE	VIERGE
21 h 30	VIERGE	VIERGE	VIERGE	VIERGE	VIERGE	VIERGE	VIERGE	VIERGE
22 h 00	VIERGE	BALANCE	BALANCE	BALANCE	BALANCE	BALANCE	BALANCE	BALANCE
22 h 30	BALANCE	BALANCE	BALANCE	BALANCE	BALANCE	BALANCE	BALANCE	BALANCE
23 h 00	BALANCE	BALANCE	BALANCE	BALANCE	BALANCE	BALANCE	BALANCE	BALANCE
23 h 30	BALANCE	BALANCE	BALANCE	BALANCE	BALANCE	BALANCE	BALANCE	BALANCE

DECOUVREZ VOTRE ASCENDANT SANS AUCUN CALCUL : TABLE N° 5

VOTRE HEURE DE NAISSANCE	28 JANVIER	29 JANVIER	30 JANVIER	31 JANVIER	1 FEVRIER	2 FEVRIER	3 FEVRIER	4 FEVRIER
0 h 00	BALANCE	BALANCE	BALANCE	BALANCE	BALANCE	SCORPION	SCORPION	SCORPION
0 h 30	SCORPION	SCORPION	SCORPION	SCORPION	SCORPION	SCORPION	SCORPION	SCORPION
1 h 00	SCORPION	SCORPION	SCORPION	SCORPION	SCORPION	SCORPION	SCORPION	SCORPION
1 h 30	SCORPION	SCORPION	SCORPION	SCORPION	SCORPION	SCORPION	SCOPPION	SCORPION
2 h 00	SCORPION	SCORPION	SCORPION	SCORPION	SCORPION	SCORPION	SCORPION	SCORPION
2 h 30	SCORPION	SCORPION	SCORPION	SCORPION	SCORPION	SCORPION	SCORPION	SCORPION
3 h 00	SCORPION	SCORPION	SCORPION	SCORPION	SAGITTAIRE	SAGITTAIRE	SAGITTAIRE	SAGITTAIRE
3 h 30	SAGITTAIRE	SAGITTAIRE	SAGITTAIRE	SAGITTAIRE	SAGITTAIRE	SAGITTAIRE	SAGITTAIRE	SAGITTAIRE
4 h 00	SAGITTAIRE	SAGITTAIRE	SAGITTAIRE	SAGITTAIRE	SAGITTAIRE	SAGITTAIRE	SAGITTAIRE	SAGITTAIRE
4 h 30	SAGITTAIRE	SAGITTAIRE	SAGITTAIRE	SAGITTAIRE	SAGITTAIRE	SAGITTAIRE	SAGITTAIRE	SAGITTAIRE
5 h 00	SAGITTAIRE	SAGITTAIRE	SAGITTAIRE	SAGITTAIRE	SAGITTAIRE	SAGITTAIRE	SAGITTAIRE	SAGITTAIRE
5 h 30	SAGITTAIRE	SAGITTAIRE	SAGITTAIRE	SAGITTAIRE	CAPRICORNE	CAPRICORNE	CAPRICORNE	CAPRICORNE
6 h 00	CAPRICORNE	CAPRICORNE	CAPRICORNE	CAPRICORNE	CAPRICORNE	CAPRICORNE	CAPRICORNE	CAPRICORNE
6 h 30	CAPRICORNE	CAPRICORNE	CAPRICORNE	CAPRICORNE	CAPRICORNE	CAPRICORNE	CAPRICORNE	CAPRICORNE
7 h 00	CAPRICORNE	CAPRICORNE	CAPRICORNE	CAPRICORNE	CAPRICORNE	CAPRICORNE	CAPRICORNE	CAPRICORNE
7 h 30	CAPRICORNE	VERSEAU	VERSEAU	VERSEAU	VERSEAU	VERSEAU	VERSEAU	VERSEAU
8 h 00	VERSEAU	VERSEAU	VERSEAU	VERSEAU	VERSEAU	VERSEAU	VERSEAU	VERSEAU
8 h 30	VERSEAU	VERSEAU	VERSEAU	POISSONS	POISSONS	POISSONS	POISSONS	POISSONS
9 h 00	POISSONS	POISSONS	POISSONS	POISSONS	POISSONS	POISSONS	POISSONS	POISSONS
9 h 30	BELIER	BELIER	BELIER	BELIER	BELIER	BELIER	BELIER	BELIER
10 h 00	BELIER	BELIER	BELIER	BELIER	BELIER	TAUREAU	TAUREAU	TAUREAU
10 h 30	TAUREAU	TAUREAU	TAUREAU	TAUREAU	TAUREAU	TAUREAU	TAUREAU	TAUREAU
11 h 00	TAUREAU	TAUREAU	TAUREAU	TAUREAU	TAUREAU	TAUREAU	TAUREAU	TAUREAU
11 h 30	GEMEAUX	GEMEAUX	GEMEAUX	GEMEAUX	GEMEAUX	GEMEAUX	GEMEAUX	GEMEAUX
MIDI	GEMEAUX	GEMEAUX	GEMEAUX	GEMEAUX	GEMEAUX	GEMEAUX	GEMEAUX	GEMEAUX
12 h 30	GEMEAUX	GEMEAUX	GEMEAUX	GEMEAUX	GEMEAUX	GEMEAUX	GEMEAUX	GEMEAUX
13 h 00	GEMEAUX	GEMEAUX	GEMEAUX	GEMEAUX	CANCER	CANCER	CANCER	CANCER
13 h 30	CANCER	CANCER	CANCER	CANCER	CANCER	CANCER	CANCER	CANCER
14 h 00	CANCER	CANCER	CANCER	CANCER	CANCER	CANCER	CANCER	CANCER
14 h 30	CANCER	CANCER	CANCER	CANCER	CANCER	CANCER	CANCER	CANCER
15 h 00	CANCER	CANCER	CANCER	CANCER	CANCER	CANCER	CANCER	CANCER
15 h 30	CANCER	CANCER	CANCER	CANCER	LION	LION	LION	LION
16 h 00	LION	LION	LION	LION	LION	LION	LION	LION
16 h 30	LION	LION	LION	LION	LION	LION	LION	LION
17 h 00	LION	LION	LION	LION	LION	LION	LION	LION
17 h 30	LION	LION	LION	LION	LION	LION	LION	LION
18 h 00	LION	LION	LION	LION	LION	LION	LION	LION
18 h 30	LION	LION	VIERGE	VIERGE	VIERGE	VIERGE	VIERGE	VIERGE
19 h 00	VIERGE	VIERGE	VIERGE	VIERGE	VIERGE	VIERGE	VIERGE	VIERGE
19 h 30	VIERGE	VIERGE	VIERGE	VIERGE	VIERGE	VIERGE	VIERGE	VIERGE
20 h 00	VIERGE	VIERGE	VIERGE	VIERGE	VIERGE	VIERGE	VIERGE	VIERGE
20 h 30	VIERGE	VIERGE	VIERGE	VIERGE	VIERGE	VIERGE	VIERGE	VIERGE
21 h 00	VIERGE	VIERGE	VIERGE	VIERGE	VIERGE	VIERGE	VIERGE	VIERGE
21 h 30	BALANCE	BALANCE	BALANCE	BALANCE	BALANCE	BALANCE	BALANCE	BALANCE
22 h 00	BALANCE	BALANCE	BALANCE	BALANCE	BALANCE	BALANCE	BALANCE	BALANCE
22 h 30	BALANCE	BALANCE	BALANCE	BALANCE	BALANCE	BALANCE	BALANCE	BALANCE
23 h 00	BALANCE	BALANCE	BALANCE	BALANCE	BALANCE	BALANCE	BALANCE	BALANCE
23 h 30	BALANCE	BALANCE	BALANCE	BALANCE	BALANCE	BALANCE	BALANCE	BALANCE

DECOUVREZ VOTRE ASCENDANT SANS AUCUN CALCUL : TABLE N° 5

VOTRE HEURE DE NAISSANCE	5 FEVRIER	6 FEVRIER	7 FEVRIER	8 FEVRIER	9 FEVRIER	10 FEVRIER	11 FEVRIER	12 FEVRIER
0 h 00	SCORPION	SCORPION	SCORPION	SCORPION	SCORPION	SCORPION	SCORPION	SCORPION
0 h 30	SCORPION	SCORPION	SCORPION	SCORPION	SCORPION	SCORPION	SCORPION	SCORPION
1 h 00	SCORPION	SCORPION	SCORPION	SCORPION	SCORPION	SCORPION	SCORPION	SCORPION
1 h 30	SCORPION	SCORPION	SCORPION	SCORPION	SCORPION	SCORPION	SCORPION	SCORPION
2 h 00	SCORPION	SCORPION	SCORPION	SCORPION	SCORPION	SCORPION	SCORPION	SCORPION
2 h 30	SCORPION	SCORPION	SCORPION	SCORPION	SCORPION	SAGITTAIRE	SAGITTAIRE	SAGITTAIRE
3 h 00	SAGITTAIRE	SAGITTAIRE	SAGITTAIRE	SAGITTAIRE	SAGITTAIRE	SAGITTAIRE	SAGITTAIRE	SAGITTAIRE
3 h 30	SAGITTAIRE	SAGITTAIRE	SAGITTAIRE	SAGITTAIRE	SAGITTAIRE	SAGITTAIRE	SAGITTAIRE	SAGITTAIRE
4 h 00	SAGITTAIRE	SAGITTAIRE	SAGITTAIRE	SAGITTAIRE	SAGITTAIRE	SAGITTAIRE	SAGITTAIRE	SAGITTAIRE
4 h 30	SAGITTAIRE	SAGITTAIRE	SAGITTAIRE	SAGITTAIRE	SAGITTAIRE	SAGITTAIRE	SAGITTAIRE	SAGITTAIRE
5 h 00	SAGITTAIRE	SAGITTAIRE	SAGITTAIRE	CAPRICORNE	CAPRICORNE	CAPRICORNE	CAPRICORNE	CAPRICORNE
5 h 30	CAPRICORNE	CAPRICORNE	CAPRICORNE	CAPRICORNE	CAPRICORNE	CAPRICORNE	CAPRICORNE	CAPRICORNE
6 h 00	CAPRICORNE	CAPRICORNE	CAPRICORNE	CAPRICORNE	CAPRICORNE	CAPRICORNE	CAPRICORNE	CAPRICORNE
6 h 30	CAPRICORNE	CAPRICORNE	CAPRICORNE	CAPRICORNE	CAPRICORNE	CAPRICORNE	CAPRICORNE	CAPRICORNE
7 h 00	CAPRICORNE	VERSEAU	VERSEAU	VERSEAU	VERSEAU	VERSEAU	VERSEAU	VERSEAU
7 h 30	VERSEAU	VERSEAU	VERSEAU	VERSEAU	VERSEAU	VERSEAU	VERSEAU	VERSEAU
8 h 00	VERSEAU	VERSEAU	POISSONS	POISSONS	POISSONS	POISSONS	POISSONS	POISSONS
8 h 30	POISSONS	POISSONS	POISSONS	POISSONS	POISSONS	POISSONS	POISSONS	BELIER
9 h 00	BELIER	BELIER	BELIER	BELIER	BELIER	BELIER	BELIER	BELIER
9 h 30	BELIER	BELIER	BELIER	BELIER	BELIER	TAUREAU	TAUREAU	TAUREAU
10 h 00	TAUREAU	TAUREAU	TAUREAU	TAUREAU	TAUREAU	TAUREAU	TAUREAU	TAUREAU
10 h 30	TAUREAU	TAUREAU	TAUREAU	TAUREAU	TAUREAU	TAUREAU	TAUREAU	GEMEAUX
11 h 00	GEMEAUX	GEMEAUX	GEMEAUX	GEMEAUX	GEMEAUX	GEMEAUX	GEMEAUX	GEMEAUX
11 h 30	GEMEAUX	GEMEAUX	GEMEAUX	GEMEAUX	GEMEAUX	GEMEAUX	GEMEAUX	GEMEAUX
MIDI	GEMEAUX	GEMEAUX	GEMEAUX	GEMEAUX	GEMEAUX	GEMEAUX	GEMEAUX	GEMEAUX
12 h 30	GEMEAUX	GEMEAUX	GEMEAUX	GEMEAUX	CANCER	CANCER	CANCER	CANCER
13 h 00	CANCER	CANCER	CANCER	CANCER	CANCER	CANCER	CANCER	CANCER
13 h 30	CANCER	CANCER	CANCER	CANCER	CANCER	CANCER	CANCER	CANCER
14 h 00	CANCER	CANCER	CANCER	CANCER	CANCER	CANCER	CANCER	CANCER
14 h 30	CANCER	CANCER	CANCER	CANCER	CANCER	CANCER	CANCER	CANCER
15 h 00	CANCER	CANCER	CANCER	CANCER	LION	LION	LION	LION
15 h 30	LION	LION	LION	LION	LION	LION	LION	LION
16 h 00	LION	LION	LION	LION	LION	LION	LION	LION
16 h 30	LION	LION	LION	LION	LION	LION	LION	LION
17 h 00	LION	LION	LION	LION	LION	LION	LION	LION
17 h 30	LION	LION	LION	LION	LION	LION	LION	LION
18 h 00	LION	VIERGE	VIERGE	VIERGE	VIERGE	VIERGE	VIERGE	VIERGE
18 h 30	VIERGE	VIERGE	VIERGE	VIERGE	VIERGE	VIERGE	VIERGE	VIERGE
19 h 00	VIERGE	VIERGE	VIERGE	VIERGE	VIERGE	VIERGE	VIERGE	VIERGE
19 h 30	VIERGE	VIERGE	VIERGE	VIERGE	VIERGE	VIERGE	VIERGE	VIERGE
20 h 00	VIERGE	VIERGE	VIERGE	VIERGE	VIERGE	VIERGE	VIERGE	VIERGE
20 h 30	VIERGE	VIERGE	VIERGE	VIERGE	VIERGE	VIERGE	VIERGE	BALANCE
21 h 00	BALANCE	BALANCE	BALANCE	BALANCE	BALANCE	BALANCE	BALANCE	BALANCE
21 h 30	BALANCE	BALANCE	BALANCE	BALANCE	BALANCE	BALANCE	BALANCE	BALANCE
22 h 00	BALANCE	BALANCE	BALANCE	BALANCE	BALANCE	BALANCE	BALANCE	BALANCE
22 h 30	BALANCE	BALANCE	BALANCE	BALANCE	BALANCE	BALANCE	BALANCE	BALANCE
23 h 00	BALANCE	BALANCE	BALANCE	BALANCE	BALANCE	BALANCE	BALANCE	BALANCE
23 h 30	BALANCE	BALANCE	BALANCE	BALANCE	BALANCE	SCORPION	SCORPION	SCORPION

DECOUVREZ VOTRE ASCENDANT SANS AUCUN CALCUL : TABLE N° 5

VOTRE HEURE DE NAISSANCE	13 FEVRIER	14 FEVRIER	15 FEVRIER	16 FEVRIER	17 FEVRIER	18 FEVRIER	19 FEVRIER
0 h 00	SCORPION	SCORPION	SCORPION	SCORPION	SCORPION	SCORPION	SCORPION
0 h 30	SCORPION	SCORPION	SCORPION	SCORPION	SCORPION	SCORPION	SCORPION
1 h 00	SCORPION	SCORPION	SCORPION	SCORPION	SCORPION	SCORPION	SCORPION
1 h 30	SCORPION	SCORPION	SCORPION	SCORPION	SCORPION	SCORPION	SCORPION
2 h 00	SCORPION	SCORPION	SCORPION	SAGITTAIRE	SAGITTAIRE	SAGITTAIRE	SAGITTAIRE
2 h 30	SAGITTAIRE	SAGITTAIRE	SAGITTAIRE	SAGITTAIRE	SAGITTAIRE	SAGITTAIRE	SAGITTAIRE
3 h 00	SAGITTAIRE	SAGITTAIRE	SAGITTAIRE	SAGITTAIRE	SAGITTAIRE	SAGITTAIRE	SAGITTAIRE
3 h 30	SAGITTAIRE	SAGITTAIRE	SAGITTAIRE	SAGITTAIRE	SAGITTAIRE	SAGITTAIRE	SAGITTAIRE
4 h 00	SAGITTAIRE	SAGITTAIRE	SAGITTAIRE	SAGITTAIRE	SAGITTAIRE	SAGITTAIRE	SAGITTAIRE
4 h 30	SAGITTAIRE	SAGITTAIRE	SAGITTAIRE	CAPRICORNE	CAPRICORNE	CAPRICORNE	CAPRICORNE
5 h 00	CAPRICORNE	CAPRICORNE	CAPRICORNE	CAPRICORNE	CAPRICORNE	CAPRICORNE	CAPRICORNE
5 h 30	CAPRICORNE	CAPRICORNE	CAPRICORNE	CAPRICORNE	CAPRICORNE	CAPRICORNE	CAPRICORNE
6 h 00	CAPRICORNE	CAPRICORNE	CAPRICORNE	CAPRICORNE	CAPRICORNE	CAPRICORNE	CAPRICORNE
6 h 30	VERSEAU	VERSEAU	VERSEAU	VERSEAU	VERSEAU	VERSEAU	VERSEAU
7 h 00	VERSEAU	VERSEAU	VERSEAU	VERSEAU	VERSEAU	VERSEAU	VERSEAU
7 h 30	VERSEAU	VERSEAU	POISSONS	POISSONS	POISSONS	POISSONS	POISSONS
8 h 00	POISSONS	POISSONS	POISSONS	POISSONS	POISSONS	POISSONS	POISSONS
8 h 30	BELIER	BELIER	BELIER	BELIER	BELIER	BELIER	BELIER
9 h 00	BELIER	BELIER	BELIER	BELIER	TAUREAU	TAUREAU	TAUREAU
9 h 30	TAUREAU	TAUREAU	TAUREAU	TAUREAU	TAUREAU	TAUREAU	TAUREAU
10 h 00	TAUREAU	TAUREAU	TAUREAU	TAUREAU	TAUREAU	TAUREAU	TAUREAU
10 h 30	GEMEAUX	GEMEAUX	GEMEAUX	GEMEAUX	GEMEAUX	GEMEAUX	GEMEAUX
11 h 00	GEMEAUX	GEMEAUX	GEMEAUX	GEMEAUX	GEMEAUX	GEMEAUX	GEMEAUX
11 h 30	GEMEAUX	GEMEAUX	GEMEAUX	GEMEAUX	GEMEAUX	GEMEAUX	GEMEAUX
MIDI	GEMEAUX	GEMEAUX	GEMEAUX	CANCER	CANCER	CANCER	CANCER
12 h 30	CANCER	CANCER	CANCER	CANCER	CANCER	CANCER	CANCER
13 h 00	CANCER	CANCER	CANCER	CANCER	CANCER	CANCER	CANCER
13 h 30	CANCER	CANCER	CANCER	CANCER	CANCER	CANCER	CANCER
14 h 00	CANCER	CANCER	CANCER	CANCER	CANCER	CANCER	CANCER
14 h 30	CANCER	CANCER	CANCER	LION	LION	LION	LION
15 h 00	LION	LION	LION	LION	LION	LION	LION
15 h 30	LION	LION	LION	LION	LION	LION	LION
16 h 00	LION	LION	LION	LION	LION	LION	LION
16 h 30	LION	LION	LION	LION	LION	LION	LION
17 h 00	LION	LION	LION	LION	LION	LION	LION
17 h 30	LION	VIERGE	VIERGE	VIERGE	VIERGE	VIERGE	VIERGE
18 h 00	VIERGE	VIERGE	VIERGE	VIERGE	VIERGE	VIERGE	VIERGE
18 h 30	VIERGE	VIERGE	VIERGE	VIERGE	VIERGE	VIERGE	VIERGE
19 h 00	VIERGE	VIERGE	VIERGE	VIERGE	VIERGE	VIERGE	VIERGE
19 h 30	VIERGE	VIERGE	VIERGE	VIERGE	VIERGE	VIERGE	VIERGE
20 h 00	VIERGE	VIERGE	VIERGE	VIERGE	VIERGE	VIERGE	VIERGE
20 h 30	BALANCE	BALANCE	BALANCE	BALANCE	BALANCE	BALANCE	BALANCE
21 h 00	BALANCE	BALANCE	BALANCE	BALANCE	BALANCE	BALANCE	BALANCE
21 h 30	BALANCE	BALANCE	BALANCE	BALANCE	BALANCE	BALANCE	BALANCE
22 h 00	BALANCE	BALANCE	BALANCE	BALANCE	BALANCE	BALANCE	BALANCE
22 h 30	BALANCE	BALANCE	BALANCE	BALANCE	BALANCE	BALANCE	BALANCE
23 h 00	BALANCE	BALANCE	BALANCE	BALANCE	SCORPION	SCORPION	SCORPION
23 h 30	SCORPION	SCORPION	SCORPION	SCORPION	SCORPION	SCORPION	SCORPION

DECOUVREZ VOTRE ASCENDANT SANS AUCUN CALCUL : TABLE N° 6

VOTRE HEURE DE NAISSANCE	20 JANVIER	21 JANVIER	22 JANVIER	23 JANVIER	24 JANVIER	25 JANVIER	26 JANVIER	27 JANVIER
0 h 00	BALANCE	BALANCE	BALANCE	BALANCE	BALANCE	BALANCE	BALANCE	BALANCE
0 h 30	BALANCE	BALANCE	BALANCE	BALANCE	BALANCE	BALANCE	BALANCE	BALANCE
1 h 00	BALANCE	BALANCE	BALANCE	SCORPION	SCORPION	SCORPION	SCORPION	SCORPION
1 h 30	SCORPION	SCORPION	SCORPION	SCORPION	SCORPION	SCORPION	SCORPION	SCORPION
2 h 00	SCORPION	SCORPION	SCORPION	SCORPION	SCORPION	SCORPION	SCORPION	SCORPION
2 h 30	SCORPION	SCORPION	SCORPION	SCORPION	SCORPION	SCORPION	SCORPION	SCORPION
3 h 00	SCORPION	SCORPION	SCORPION	SCORPION	SCORPION	SCORPION	SCORPION	SCORPION
3 h 30	SCORPION	SCORPION	SCORPION	SCORPION	SCORPION	SCORPION	SCORPION	SCORPION
4 h 00	SCORPION	SCORPION	SCORPION	SCORPION	SCORPION	SCORPION	SAGITTAIRE	SAGITTAIRE
4 h 30	SAGITTAIRE	SAGITTAIRE	SAGITTAIRE	SAGITTAIRE	SAGITTAIRE	SAGITTAIRE	SAGITTAIRE	SAGITTAIRE
5 h 00	SAGITTAIRE	SAGITTAIRE	SAGITTAIRE	SAGITTAIRE	SAGITTAIRE	SAGITTAIRE	SAGITTAIRE	SAGITTAIRE
5 h 30	SAGITTAIRE	SAGITTAIRE	SAGITTAIRE	SAGITTAIRE	SAGITTAIRE	SAGITTAIRE	SAGITTAIRE	SAGITTAIRE
6 h 00	SAGITTAIRE	SAGITTAIRE	SAGITTAIRE	SAGITTAIRE	SAGITTAIRE	SAGITTAIRE	SAGITTAIRE	SAGITTAIRE
6 h 30	SAGITTAIRE	SAGITTAIRE	SAGITTAIRE	SAGITTAIRE	SAGITTAIRE	SAGITTAIRE	SAGITTAIRE	SAGITTAIRE
7 h 00	SAGITTAIRE	CAPRICORNE	CAPRICORNE	CAPRICORNE	CAPRICORNE	CAPRICORNE	CAPRICORNE	CAPRICORNE
7 h 30	CAPRICORNE	CAPRICORNE	CAPRICORNE	CAPRICORNE	CAPRICORNE	CAPRICORNE	CAPRICORNE	CAPRICORNE
8 h 00	CAPRICORNE	CAPRICORNE	CAPRICORNE	CAPRICORNE	CAPRICORNE	CAPRICORNE	CAPRICORNE	CAPRICORNE
8 h 30	CAPRICORNE	CAPRICORNE	CAPRICORNE	VERSEAU	VERSEAU	VERSEAU	VERSEAU	VERSEAU
9 h 00	VERSEAU	VERSEAU	VERSEAU	VERSEAU	VERSEAU	VERSEAU	VERSEAU	POISSONS
9 h 30	POISSONS	POISSONS	POISSONS	POISSONS	POISSONS	POISSONS	POISSONS	POISSONS
10 h 00	POISSONS	BELIER	BELIER	BELIER	BELIER	BELIER	BELIER	BELIER
10 h 30	BELIER	TAUREAU	TAUREAU	TAUREAU	TAUREAU	TAUREAU	TAUREAU	TAUREAU
11 h 00	TAUREAU	TAUREAU	TAUREAU	TAUREAU	TAUREAU	TAUREAU	GEMEAUX	GEMEAUX
11 h 30	GEMEAUX	GEMEAUX	GEMEAUX	GEMEAUX	GEMEAUX	GEMEAUX	GEMEAUX	GEMEAUX
MIDI	GEMEAUX	GEMEAUX	GEMEAUX	GEMEAUX	GEMEAUX	GEMEAUX	GEMEAUX	GEMEAUX
12 h 30	GEMEAUX	GEMEAUX	GEMEAUX	GEMEAUX	GEMEAUX	GEMEAUX	CANCER	CANCER
13 h 00	CANCER	CANCER	CANCER	CANCER	CANCER	CANCER	CANCER	CANCER
13 h 30	CANCER	CANCER	CANCER	CANCER	CANCER	CANCER	CANCER	CANCER
14 h 00	CANCER	CANCER	CANCER	CANCER	CANCER	CANCER	CANCER	CANCER
14 h 30	CANCER	CANCER	CANCER	CANCER	CANCER	CANCER	CANCER	CANCER
15 h 00	CANCER	CANCER	CANCER	CANCER	CANCER	CANCER	CANCER	CANCER
15 h 30	CANCER	CANCER	LION	LION	LION	LION	LION	LION
16 h 00	LION	LION	LION	LION	LION	LION	LION	LION
16 H 30	LION	LION	LION	LION	LION	LION	LION	LION
17 h 00	LION	LION	LION	LION	LION	LION	LION	LION
17 h 30	LION	LION	LION	LION	LION	LION	LION	LION
18 h 00	LION	LION	LION	LION	LION	LION	LION	LION
18 h 30	LION	LION	LION	LION	LION	VIERGE	VIERGE	VIERGE
19 h 00	VIERGE	VIERGE	VIERGE	VIERGE	VIERGE	VIERGE	VIERGE	VIERGE
19 h 30	VIERGE	VIERGE	VIERGE	VIERGE	VIERGE	VIERGE	VIERGE	VIERGE
20 h 00	VIERGE	VIERGE	VIERGE	VIERGE	VIERGE	VIERGE	VIERGE	VIERGE
20 h 30	VIERGE	VIERGE	VIERGE	VIERGE	VIERGE	VIERGE	VIERGE	VIERGE
21 h 00	VIERGE	VIERGE	VIERGE	VIERGE	VIERGE	VIERGE	VIERGE	VIERGE
21 h 30	VIERGE	VIERGE	VIERGE	VIERGE	VIERGE	VIERGE	VIERGE	VIERGE
22 h 00	VIERGE	BALANCE	BALANCE	BALANCE	BALANCE	BALANCE	BALANCE	BALANCE
22 h 30	BALANCE	BALANCE	BALANCE	BALANCE	BALANCE	BALANCE	BALANCE	BALANCE
23 h 00	BALANCE	BALANCE	BALANCE	BALANCE	BALANCE	BALANCE	BALANCE	BALANCE
23 h 30	BALANCE	BALANCE	BALANCE	BALANCE	BALANCE	BALANCE	BALANCE	BALANCE

DECOUVREZ VOTRE ASCENDANT SANS AUCUN CALCUL : TABLE N° 6

VOTRE HEURE DE NAISSANCE	28 JANVIER	29 JANVIER	30 JANVIER	31 JANVIER	1 FEVRIER	2 FEVRIER	3 FEVRIER	4 FEVRIER
0 h 00	BALANCE	BALANCE	BALANCE	BALANCE	BALANCE	BALANCE	BALANCE	BALANCE
0 h 30	BALANCE	BALANCE	SCORPION	SCORPION	SCORPION	SCORPION	SCORPION	SCORPION
1 h 00	SCORPION	SCORPION	SCORPION	SCORPION	SCORPION	SCORPION	SCORPION	SCORPION
1 h 30	SCORPION	SCORPION	SCORPION	SCORPION	SCORPION	SCORPION	SCORPION	SCORPION
2 h 00	SCORPION	SCORPION	SCORPION	SCORPION	SCORPION	SCORPION	SCORPION	SCORPION
2 h 30	SCORPION	SCORPION	SCORPION	SCORPION	SCORPION	SCORPION	SCORPION	SCORPION
3 h 00	SCORPION	SCORPION	SCORPION	SCORPION	SCORPION	SCORPION	SCORPION	SCORPION
3 h 30	SCORPION	SCORPION	SCORPION	SCORPION	SCORPION	SAGITTAIRE	SAGITTAIRE	SAGITTAIRE
4 h 00	SAGITTAIRE	SAGITTAIRE	SAGITTAIRE	SAGITTAIRE	SAGITTAIRE	SAGITTAIRE	SAGITTAIRE	SAGITTAIRE
4 h 30	SAGITTAIRE	SAGITTAIRE	SAGITTAIRE	SAGITTAIRE	SAGITTAIRE	SAGITTAIRE	SAGITTAIRE	SAGITTAIRE
5 h 00	SAGITTAIRE	SAGITTAIRE	SAGITTAIRE	SAGITTAIRE	SAGITTAIRE	SAGITTAIRE	SAGITTAIRE	SAGITTAIRE
5 h 30	SAGITTAIRE	SAGITTAIRE	SAGITTAIRE	SAGITTAIRE	SAGITTAIRE	SAGITTAIRE	SAGITTAIRE	SAGITTAIRE
6 h 00	SAGITTAIRE	SAGITTAIRE	SAGITTAIRE	SAGITTAIRE	SAGITTAIRE	SAGITTAIRE	SAGITTAIRE	SAGITTAIRE
6 h 30	SAGITTAIRE	CAPRICORNE	CAPRICORNE	CAPRICORNE	CAPRICORNE	CAPRICORNE	CAPRICORNE	CAPRICORNE
7 h 00	CAPRICORNE	CAPRICORNE	CAPRICORNE	CAPRICORNE	CAPRICORNE	CAPRICORNE	CAPRICORNE	CAPRICORNE
7 h 30	CAPRICORNE	CAPRICORNE	CAPRICORNE	CAPRICORNE	CAPRICORNE	CAPRICORNE	CAPRICORNE	CAPRICORNE
8 h 00	CAPRICORNE	CAPRICORNE	VERSEAU	VERSEAU	VERSEAU	VERSEAU	VERSEAU	VERSEAU
8 h 30	VERSEAU	VERSEAU	VERSEAU	VERSEAU	VERSEAU	VERSEAU	VERSEAU	POISSONS
9 h 00	POISSONS	POISSONS	POISSONS	POISSONS	POISSONS	POISSONS	POISSONS	POISSONS
9 h 30	BELIER	BELIER	BELIER	BELIER	BELIER	BELIER	BELIER	BELIER
10 h 00	BELIER	TAUREAU	TAUREAU	TAUREAU	TAUREAU	TAUREAU	TAUREAU	TAUREAU
10 h 30	TAUREAU	TAUREAU	TAUREAU	TAUREAU	TAUREAU	GEMEAUX	GEMEAUX	GEMEAUX
11 h 00	GEMEAUX	GEMEAUX	GEMEAUX	GEMEAUX	GEMEAUX	GEMEAUX	GEMEAUX	GEMEAUX
11 h 30	GEMEAUX	GEMEAUX	GEMEAUX	GEMEAUX	GEMEAUX	GEMEAUX	GEMEAUX	GEMEAUX
MIDI	GEMEAUX	GEMEAUX	GEMEAUX	GEMEAUX	GEMEAUX	GEMEAUX	CANCER	CANCER
12 h 30	CANCER	CANCER	CANCER	CANCER	CANCER	CANCER	CANCER	CANCER
13 h 00	CANCER	CANCER	CANCER	CANCER	CANCER	CANCER	CANCER	CANCER
13 h 30	CANCER	CANCER	CANCER	CANCER	CANCER	CANCER	CANCER	CANCER
14 h 00	CANCER	CANCER	CANCER	CANCER	CANCER	CANCER	CANCER	CANCER
14 h 30	CANCER	CANCER	CANCER	CANCER	CANCER	CANCER	CANCER	CANCER
15 h 00	CANCER	CANCER	LION	LION	LION	LION	LION	LION
15 h 30	LION	LION	LION	LION	LION	LION	LION	LION
16 h 00	LION	LION	LION	LION	LION	LION	LION	LION
16 h 30	LION	LION	LION	LION	LION	LION	LION	LION
17 h 00	LION	LION	LION	LION	LION	LION	LION	LION
17 h 30	LION	LION	LION	LION	LION	LION	LION	LION
18 h 00	LION	LION	LION	LION	LION	VIERGE	VIERGE	VIERGE
18 h 30	VIERGE	VIERGE	VIERGE	VIERGE	VIERGE	VIERGE	VIERGE	VIERGE
19 h 00	VIERGE	VIERGE	VIERGE	VIERGE	VIERGE	VIERGE	VIERGE	VIERGE
19 h 30	VIERGE	VIERGE	VIERGE	VIERGE	VIERGE	VIERGE	VIERGE	VIERGE
20 h 00	VIERGE	VIERGE	VIERGE	VIERGE	VIERGE	VIERGE	VIERGE	VIERGE
20 h 30	VIERGE	VIERGE	VIERGE	VIERGE	VIERGE	VIERGE	VIERGE	VIERGE
21 h 00	VIERGE	VIERGE	VIERGE	VIERGE	VIERGE	VIERGE	VIERGE	VIERGE
21 h 30	BALANCE	BALANCE	BALANCE	BALANCE	BALANCE	BALANCE	BALANCE	BALANCE
22 h 00	BALANCE	BALANCE	BALANCE	BALANCE	BALANCE	BALANCE	BALANCE	BALANCE
22 h 30	BALANCE	BALANCE	BALANCE	BALANCE	BALANCE	BALANCE	BALANCE	BALANCE
23 h 00	BALANCE	BALANCE	BALANCE	BALANCE	BALANCE	BALANCE	BALANCE	BALANCE
23 h 30	BALANCE	BALANCE	BALANCE	BALANCE	BALANCE	BALANCE	BALANCE	BALANCE

DECOUVREZ VOTRE ASCENDANT SANS AUCUN CALCUL : TABLE N° 6

VOTRE HEURE DE NAISSANCE	5 FEVRIER	6 FEVRIER	7 FEVRIER	8 FEVRIER	9 FEVRIER	10 FEVRIER	11 FEVRIER	12 FEVRIER
0 h 00	BALANCE	BALANCE	SCORPION	SCORPION	SCORPION	SCORPION	SCORPION	SCORPION
0 h 30	SCORPION	SCORPION	SCORPION	SCORPION	SCORPION	SCORPION	SCORPION	SCORPION
1 h 00	SCORPION	SCORPION	SCORPION	SCORPION	SCORPION	SCORPION	SCORPION	SCORPION
1 h 30	SCORPION	SCORPION	SCORPION	SCORPION	SCORPION	SCORPION	SCORPION	SCORPION
2 h 00	SCORPION	SCORPION	SCORPION	SCORPION	SCORPION	SCORPION	SCORPION	SCORPION
2 h 30	SCORPION	SCORPION	SCORPION	SCORPION	SCORPIN	SCORPION	SCORPION	SCORPION
3 h 00	SCORPION	SCORPION	SCORPION	SCORPION	SCORPION	SAGITTAIRE	SAGITTAIRE	SAGITTAIRE
3 h 30	SAGITTAIRE	SAGITTAIRE	SAGITTAIRE	SAGITTAIRE	SAGITTAIRE	SAGITTAIRE	SAGITTAIRE	SAGITTAIRE
4 h 00	SAGITTAIRE	SAGITTAIRE	SAGITTAIRE	SAGITTAIRE	SAGITTAIRE	SAGITTAIRE	SAGITTAIRE	SAGITTAIRE
4 h 30	SAGITTAIRE	SAGITTAIRE	SAGITTAIRE	SAGITTAIRE	SAGITTAIRE	SAGITTAIRE	SAGITTAIRE	SAGITTAIRE
5 h 00	SAGITTAIRE	SAGITTAIRE	SAGITTAIRE	SAGITTAIRE	SAGITTAIRE	SAGITTAIRE	SAGITTAIRE	SAGITTAIRE
5 h 30	SAGITTAIRE	SAGITTAIRE	SAGITTAIRE	SAGITTAIRE	SAGITTAIRE	SAGITTAIRE	SAGITTAIRE	SAGITTAIRE
6 h 00	SAGITTAIRE	CAPRICORNE	CAPRICORNE	CAPRICORNE	CAPRICORNE	CAPRICORNE	CAPRICORNE	CAPRICORNE
6 h 30	CAPRICORNE	CAPRICORNE	CAPRICORNE	CAPRICORNE	CAPRICORNE	CAPRICORNE	CAPRICORNE	CAPRICORNE
7 h 00	CAPRICORNE	CAPRICORNE	CAPRICORNE	CAPRICORNE	CAPRICORNE	CAPRICORNE	CAPRICORNE	CAPRICORNE
7 h 30	CAPRICORNE	CAPRICORNE	VERSEAU	VERSEAU	VERSEAU	VERSEAU	VERSEAU	VERSEAU
8 h 00	VERSEAU	VERSEAU	VERSEAU	VERSEAU	VERSEAU	VERSEAU	POISSONS	POISSONS
8 h 30	POISSONS	POISSONS	POISSONS	POISSONS	POISSONS	POISSONS	POISSONS	BELIER
9 h 00	BELIER	BELIER	BELIER	BELIER	BELIER	BELIER	BELIER	BELIER
9 h 30	TAUREAU	TAUREAU	TAUREAU	TAUREAU	TAUREAU	TAUREAU	TAUREAU	TAUREAU
10 h 00	TAUREAU	TAUREAU	TAUREAU	TAUREAU	TAUREAU	GEMEAUX	GEMEAUX	GEMEAUX
10 h 30	GEMEAUX	GEMEAUX	GEMEAUX	GEMEAUX	GEMEAUX	GEMEAUX	GEMEAUX	GEMEAUX
11 h 00	GEMEAUX	GEMEAUX	GEMEAUX	GEMEAUX	GEMEAUX	GEMEAUX	GEMEAUX	GEMEAUX
11 h 30	GEMEAUX	GEMEAUX	GEMEAUX	GEMEAUX	GEMEAUX	GEMEAUX	CANCER	CANCER
MIDI	CANCER	CANCER	CANCER	CANCER	CANCER	CANCER	CANCER	CANCER
12 h 30	CANCER	CANCER	CANCER	CANCER	CANCER	CANCER	CANCER	CANCER
13 h 00	CANCER	CANCER	CANCER	CANCER	CANCER	CANCER	CANCER	CANCER
13 h 30	CANCER	CANCER	CANCER	CANCER	CANCER	CANCER	CANCER	CANCER
14 h 00	CANCER	CANCER	CANCER	CANCER	CANCER	CANCER	CANCER	CANCER
14 h 30	CANCER	LION	LION	LION	LION	LION	LION	LION
15 h 00	LION	LION	LION	LION	LION	LION	LION	LION
15 h 30	LION	LION	LION	LION	LION	LION	LION	LION
16 h 00	LION	LION	LION	LION	LION	LIN	LION	LION
16 h 30	LION	LION	LION	LION	LION	LION	LION	LION
17 h 00	LION	LION	LION	LION	LION	LION	LION	LION
17 h 30	LION	LION	LION	LION	LION	VIERGE	VIERGE	VIERGE
18 h 00	VIERGE	VIERGE	VIERGE	VIERGE	VIERGE	VIERGE	VIERGE	VIERGE
18 h 30	VIERGE	VIERGE	VIERGE	VIERGE	VIERGE	VIERGE	VIERGE	VIERGE
19 h 00	VIERGE	VIERGE	VIERGE	VIERGE	VIERGE	VIERGE	VIERGE	VIERGE
19 h 30	VIERGE	VIERGE	VIERGE	VIERGE	VIERGE	VIERGE	VIERGE	VIERGE
20 h 00	VIERGE	VIERGE	VIERGE	VIERGE	VIERGE	VIERGE	VIERGE	VIERGE
20 h 30	VIERGE	VIERGE	VIERGE	VIERGE	VIERGE	VIERGE	VIERGE	BALANCE
21 h 00	BALANCE	BALANCE	BALANCE	BALANCE	BALANCE	BALANCE	BALANCE	BALANCE
21 h 30	BALANCE	BALANCE	BALANCE	BALANCE	BALANCE	BALANCE	BALANCE	BALANCE
22 H 00	BALANCE	BALANCE	BALANCE	BALANCE	BALANCE	BALANCE	BALANCE	BALANCE
22 h 30	BALANCE	BALANCE	BALANCE	BALANCE	BALANCE	BALANCE	BALANCE	BALANCE
23 h 00	BALANCE	BALANCE	BALANCE	BALANCE	BALANCE	BALANCE	BALANCE	BALANCE
23 h 30	BALANCE	BALANCE	BALANCE	BALANCE	BALANCE	BALANCE	BALANCE	BALANCE

DECOUVREZ VOTRE ASCENDANT SANS AUCUN CALCUL : TABLE N° 6

VOTRE HEURE DE NAISSANCE	13 FEVRIER	14 FEVRIER	15 FEVRIER	16 FEVRIER	17 FEVRIER	18 FEVRIER	19 FEVRIER
0 h 00	SCORPION	SCORPION	SCORPION	SCORPION	SCORPION	SCORPION	SCORPION
0 h 30	SCORPION	SCORPION	SCORPION	SCORPION	SCORPION	SCORPION	SCORPION
1 h 00	SCORPION	SCORPION	SCORPION	SCORPION	SCORPION	SCORPION	SCORPION
1 h 30	SCORPION	SCORPION	SCORPION	SCORPION	SCORPION	SCORPION	SCORPION
2 h 00	SCORPION	SCORPION	SCORPION	SCORPION	SCORPION	SCORPION	SCORPION
2 h 30	SCORPION	SCORPION	SCORPION	SCORPION	SAGITTAIRE	SAGITTAIRE	SAGITTAIRE
3 h 00	SAGITTAIRE	SAGITTAIRE	SAGITTAIRE	SAGITTAIRE	SAGITTAIRE	SAGITTAIRE	SAGITTAIRE
3 h 30	SAGITTAIRE	SAGITTAIRE	SAGITTAIRE	SAGITTAIRE	SAGITTAIRE	SAGITTAIRE	SAGITTAIRE
4 h 00	SAGITTAIRE	SABITTAIRE	SAGITTAIRE	SAGITTAIRE	SAGITTAIRE	SAGITTAIRE	SAGITTAIRE
4 h 30	SAGITTAIRE	SAGITTAIRE	SAGITTAIRE	SAGITTAIRE	SAGITTAIRE	SAGITTAIRE	SAGITTAIRE
5 h 00	SAGITTAIRE	SAGITTAIRE	SAGITTAIRE	SAGITTAIRE	SAGITTAIRE	SAGITTAIRE	SAGITTAIRE
5 h 30	CAPRICORNE	CAPRICORNE	CAPRICORNE	CAPRICORNE	CAPRICORNE	CAPRICORNE	CAPRICORNE
6 h 00	CAPRICORNE	CAPRICORNE	CAPRICORNE	CAPRICORNE	CAPRICORNE	CAPRICORNE	CAPRICORNE
6 h 30	CAPRICORNE	CAPRICORNE	CAPRICORNE	CAPRICORNE	CAPRICORNE	CAPRICORNE	CAPRICORNE
7 h 00	CAPRICORNE	VERSEAU	VERSEAU	VERSEAU	VERSEAU	VERSEAU	VERSEAU
7 h 30	VERSEAU	VERSEAU	VERSEAU	VERSEAU	VERSEAU	VERSEAU	POISSONS
8 h 00	POISSONS	POISSONS	POISSONS	POISSONS	POISSONS	POISSONS	POISSONS
8 h 30	BELIER	BELIER	BELIER	BELIER	BELIER	BELIER	BELIER
9 h 00	TAUREAU	TAUREAU	TAUREAU	TAUREAU	TAUREAU	TAUREAU	TAUREAU
9 h 30	TAUREAU	TAUREAU	TAUREAU	TAUREAU	GEMEAUX	GEMEAUX	GEMEAUX
10 h 00	GEMEAUX	GEMEAUX	GEMEAUX	GEMEAUX	GEMEAUX	GEMEAUX	GEMEAUX
10 h 30	GEMEAUX	GEMEAUX	GEMEAUX	GEMEAUX	GEMEAUX	GEMEAUX	GEMEAUX
11 h 00	GEMEAUX	GEMEAUX	GEMEAUX	GEMEAUX	GEMEAUX	CANCER	CANCER
11 h 30	CANCER	CANCER	CANCER	CANCER	CANCER	CANCER	CANCER
MIDI	CANCER	CANCER	CANCER	CANCER	CANCER	CANCER	CANCER
12 h 30	CANCER	CANCER	CANCER	CANCER	CANCER	CANCER	CANCER
13 h 00	CANCER	CANCER	CANCER	CANCER	CANCER	CANCER	CANCER
13 h 30	CANCER	CANCER	CANCER	CANCER	CANCER	CANCER	CANCER
14 h 00	CANCER	LION	LION	LION	LION	LION	LION
14 h 30	LION	LION	LION	LION	LION	LION	LION
15 h 00	LION	LION	LION	LION	LION	LION	LION
15 h 30	LION	LION	LION	LION	LION	LION	LION
16 h 00	LION	LION	LION	LION	LION	LION	LION
16 h 30	LION	LION	LION	LION	LION	LION	LION
17 h 00	LION	LION	LION	LION	VIERGE	VIERGE	VIERGE
17 h 30	VIERGE	VIERGE	VIERGE	VIERGE	VIERGE	VIERGE	VIERGE
18 h 00	VIERGE	VIERGE	VIERGE	VIERGE	VIERGE	VIERGE	VIERGE
18 h 30	VIERGE	VIERGE	VIERGE	VIERGE	VIERGE	VIERGE	VIERGE
19 h 00	VIERGE	VIERGE	VIERGE	VIERGE	VIERGE	VIERGE	VIERGE
19 h 30	VIERGE	VIERGE	VIERGE	VIERGE	VIERGE	VIERGE	VIERGE
20 h 00	VIERGE	VIERGE	VIERGE	VIERGE	VIERGE	VIERGE	VIERGE
20 h 30	BALANCE	BALANCE	BALANCE	BALANCE	BALANCE	BALANCE	BALANCE
21 h 00	BALANCE	BALANCE	BALANCE	BALANCE	BALANCE	BALANCE	BALANCE
21 h 30	BALANCE	BALANCE	BALANCE	BALANCE	BALANCE	BALANCE	BALANCE
22 h 00	BALANCE	BALANCE	BALANCE	BALANCE	BALANCE	BALANCE	BALANCE
22 h 30	BALANCE	BALANCE	BALANCE	BALANCE	BALANCE	BALANCE	BALANCE
23 h 00	BALANCE	BALANCE	BALANCE	BALANCE	BALANCE	BALANCE	BALANCE
23 h 30	BALANCE	SCORPION	SCORPION	SCORPION	SCORPION	SCORPION	SCORPION

Bertolt Brecht : son théâtre, fait presque exclusivement de créations originales ou de libres adaptations, a exercé une influence profonde sur le théâtre contemporain.

Combinaison du Signe avec les Ascendants

La combinaison du signe avec l'Ascendant met en valeur la correspondance symbolique qui existe entre la journée et l'année, entre les heures et les mois.

Pour la mythologie, les Heures et les Moires sont filles de Thémis et de Zeus.

Thémis appartient à la génération des dieux primordiaux et a dans l'Olympe un rôle prépondérant car elle personnifie la Justice au service de la Loi. Ses accessoires sont donc la balance et l'épée, et ses yeux bandés la rendent insensible aux influences du monde extérieur. Elle règle aussi le cours de la vie humaine, aidée par ses filles auxquelles les Latins donneront le nom de Parques. Les Heures symbolisent le Temps dans son rythme journalier et annuel et les Moires la destinée de l'homme en rapport avec celui-ci.

Les Heures sont, à l'origine, au nombre de trois : Thallô, Carpô et Auxô, mais elles se multiplieront par quatre quand les Grecs établieront la journée de douze heures ! Ce sont des jeunes filles gaies qui se nourrissent de fruits, et dansent parées de fleurs ou d'épis suivant les saisons. L'hiver semble ne pas exister... Il est vrai que nous sommes en Grèce !

Les Moires, elles, prennent en charge la destinée humaine. Clotho a hérité du bandeau de Thémis : immuable, elle file, et sa quenouille, tournant comme le Soleil, symbolise le Temps qui s'écoule inéluctablement.

Lachésis est la première astrologue de l'Antiquité : elle a, comme sa mère, le don de prophétie et pèse sur la balance céleste le destin de chacun qu'elle définit selon le cours des astres. Atropos, obéissant à la signification de son nom, tranche le fil de la vie de l'homme et le rend immobile à jamais !

Pour les Grecs, chaque heure est double, à la fois diurne et nocturne, divisant le jour en douze parties, comme les douze mois divisent l'année. Perpétuant ce symbole, on a partagé le thème natal en douze Maisons, ou Secteurs, qui représentent la course journalière du Soleil en rapport avec son rythme annuel. C'est donc une division du Temps. Elle est due au moine Placide, bénédictin du VIe siècle que saint Benoît sauva de la noyade et qui devint, de ce fait, le patron des noyés... et des novices de son ordre, mais pas des astrologues !

Les douze Secteurs représentent un Zodiaque terrestre qui se superpose au Zodiaque céleste et précise le vécu de l'homme, en rapport avec ses tendances générales, que révèle le Zodiaque saisonnier. Chaque Secteur a son domaine qui reste à préciser.

Astronomiquement parlant, qu'est-ce que l'Ascendant ? De savantes personnes vous diront que c'est, pour un lieu et un moment donnés, le point d'intersection de l'écliptique avec l'horizon oriental. Elles ont absolument raison, mais leur définition est un peu abstraite !

En fait, c'est le degré du signe qui se lève en même temps que le Soleil, c'est Bennou, l'oiseau migrateur au plumage pourpré que les Latins appellent phénix, qui naît à Héliopolis, suit le Soleil dans sa course, se consumant à son midi, mourant à son coucher, pour renaître le matin suivant. Il marque, symboliquement, les axes privilégiés qui valorisent les planètes et, dans son cas, signe ascendant et signe solaire se confondent ; mais tout le monde n'a pas cette chance. Il s'agit pourtant d'être à l'heure, c'est-à-dire d'intégrer deux rythmes : l'un annuel, l'autre journalier. S'ils vont de pair, pas de difficultés : on peut valser indifféremment sur une musique de Strauss ou de Chopin ; mais s'ils diffèrent, cela revient à danser la valse en écoutant la *Marseillaise*. Que de faux pas si l'on est pris de court ! Prévenu, on y arrive : essayez donc !

Pour certaines écoles astrologiques, l'Ascendant indique la morphologie du sujet, sa présentation et le signe solaire son image sociale. Serions-nous partagés en deux, et dans quel sens : horizontal ou vertical ? La personne humaine est *une* entité qui tente de trouver et de garder son équilibre d'une façon dynamique : en rattrapant les faux-pas ! Il s'agit donc d'accorder — au sens musical du mot — les deux tendances, de voir comment on peut vivre les deux signes et, s'ils sont de rythme différent, de valser tout de même sur la *Marseillaise*, comme si elle était faite pour ça !

Notre apparence rend compte de cette dynamique, elle inspire les gestes et la mimique qui animent le corps et le visage, y inscrivant l'histoire de notre vie.

Voyons, maintenant, comment on peut interpréter les différentes combinaisons entre le signe solaire et le signe ascendant.

Verseau Ascendant Bélier

Voilà une combinaison zodiacale qui ne manque pas de piquant : haute en couleur, elle ne passe pas inaperçue. Il s'agit d'intégrer deux signes où l'excitation domine sans pour autant être de même nature : réaction contre l'inhibition hivernale chez le Verseau, excitation naturelle et printanière pour le Bélier.

Si rien, dans le thème, ne vient augmenter ce dynamisme, tout va bien : la résistance spontanée de l'un appuiera l'effort de renouvellement de l'autre et votre abord sera vif, gai, remuant. Vous êtes le bout-en-train du groupe et on ne peut pas vous résister quand vous désirez quelque chose. Vous êtes compréhensif, mais le Bélier rend vos choix rapides, vos préférences tranchées, et vous avez du mal à les exprimer sans blesser personne. Si vous vous enthousiasmez pour une idée, votre fougue respectera les opinions d'autrui, quoi qu'il vous en coûte, mais vous serez intransigeant si l'enjeu en vaut la peine à vos yeux : défendre un idéal, un ami, une discipline.

Rapide dans l'exécution de vos tâches, vous voudriez qu'elles soient finies avant même de les avoir commencées. Intuitif, vous saisissez rapidement ce qu'on vous expose ; impatient, vous négligez de l'approfondir et restez, parfois, superficiel. Il serait souhaitable d'avoir, près de vous, un mentor habile qui calme votre ardeur et réalise, dans le détail, ce que vous avez esquissé. Choisissez-le solide, car votre suractivité le mettrait vite sur le flanc et il vous quitterait, épuisé ! Bélier bien adapté, vous le remplacerez sur l'heure en pestant contre le temps perdu, mais le Verseau comprendra la situation, se fera des reproches tout en se réjouissant du changement...

Professionnellement, l'association Verseau-Bélier aime la prompte réussite et, si le succès tarde, vous cherchez ailleurs une compensation à ce que vous considérez comme un échec.

Dans la vie quotidienne, le plus urgent est toujours ce qui plaît : vous choisissez une tâche qui corresponde à l'humeur du monde, et laissez le reste !

Vous achetez vite... et payez vos erreurs ! Vous aimez ce qui est original et de couleur chatoyante : il vous arrive de passer devant une vitrine et d'acheter un objet ou un vêtement dont vous n'avez nul besoin mais qui vous a séduit. Tant pis si, rentré chez vous, il se révèle immettable : vous ne le porterez jamais !

Dans la maison, pas d'armoires encombrées ni de « petits bouts de ficelle » ne pouvant servir à rien : les objets doivent être en état de marche, et s'ils résistent aux réparations, on les jette.

Vous voyagez avec une brosse à dents et quelques vêtements.

L'enthousiasme et l'impatience signent la vie sentimentale du Verseau Ascendant Bélier. Si quelqu'un lui plaît, c'est par opposition à un autre qu'il déteste : « Comparé à Pierre qui était odieux, Paul est charmant », dira la dame, sujette (comme vous Monsieur) aux coups de foudre. La nouvelle conquête, avec laquelle les préliminaires seront réduits au strict minimum, inspire un lyrisme naïf qui prend tout ce qui brille pour de l'or... jusqu'à la prochaine déception ! La fuite est alors rapide et le nouveau choix aussi soudain que le précédent. « Un de perdu, dix de retrouvés », dit cyniquement le Bélier pendant que le Verseau soupire :« Je l'aurais fait changer... » Ainsi va la vie !

Si l'Ascendant Bélier est vécu dans l'inadaptation, la démesure s'installe. Vous vous épuisez à répondre toujours plus vite aux sollicitations de l'environnement, il vous faut tenter toutes les expériences, les unes après les autres, sans jamais revenir en arrière. La femme la plus belle, l'homme le plus en vue ne rassurent plus votre orgueil, il faut gagner à tout prix, même au détriment de votre résistance nerveuse, ce que le non-conformisme vous a soufflé : refaire le monde par la révolte et prôner l'anarchie.

Si vous ne sublimez pas ces pulsions par une création artistique ou un dévouement à une cause, vous risquez d'être un Verseau qui met les gens dans l'embarras pour l'éventuelle satisfaction de les en tirer.

Verseau Ascendant Taureau

Petits taureaux de Camargue ou puissants monstres espagnols, votre bonhomie n'est qu'apparente et, devant elle, nous restons cois : car si le rouge vous indiffère, tout mouvement désordonné vous excite et, paradoxalement, vous foncez pour qu'on vous fiche la paix !

Dans une alliance Verseau-Taureau, l'entente semble problématique : l'un recherche les contacts pour extérioriser une excitation bloquée par l'hiver, l'autre concentre sa vigueur pour s'isoler de l'environnement et se vouer à l'essentiel. Entre ces deux signes, le dialogue est parfois difficile, les buts étant différents : « J'ai quelque chose à te montrer », dit le Verseau excité par sa trouvaille. « Vade retro », pense le Taureau latiniste, le sourire aux lèvres mais croisant deux doigts pour conjurer le mauvais sort et décourager l'importun...

Mais l'association de ces deux signes réunis par le caprice de l'heure peut être aussi extrêmement féconde.

Si vous êtes un Verseau très valorisé, la prudence du Taureau saura mettre un frein à vos emballements. Dans la vie professionnelle, toutes les innovations seront permises, mais les initiatives les plus osées auront leur contrepoids de réalisme : l'imprévu sera canalisé, organisé. Si les valeurs Taureau priment, du fait d'une importante occupation planétaire, elles peuvent brimer, par excès de prudence, l'invention, l'amour des autres et de la liberté du Verseau. Elles vous montreront, en les grossissant, les complications qu'apporte tout changement et vanteront le confort de l'immobilisme. Cette dualité peut donc retarder vos réalisations en étouffant le goût du risque et en enlevant toute crédibilité en des intuitions futuristes dont le Verseau est fécond.

Parier sur l'avenir est, pour le Taureau, l'équivalent de tirer un chèque sans provision.

Sentimentalement, votre vie est sans contraintes et ne noue que des liens librement consentis. Vous ne courrez pas, pour autant, deux lièvres à la fois : l'amour du moment est seul valable et induit toute autre possibilité. Le sens de la composition vous permettra de garder comme ami l'amour de la veille, car vous brûlez rarement ce que vous avez adoré ! Vos amis sont votre famille et vous prenez soin d'eux plus que de vous : en général, ils vous le rendent bien !

Si vous êtes un Verseau bon teint, votre système nerveux est fragile : bénissez donc la composante Taureau qui vous incite à dormir quand vous en avez envie, à manger par gourmandise sans penser à votre foie, vos reins ou votre cellulite et à pratiquer un doux farniente quand l'inspiration fait défaut. Vous vous sentirez un peu coupable... mais tellement détendu ! C'est elle aussi qui vous fait languir après un brin d'herbe, contempler le va-et-vient des merles sur le marronnier de la cour et vous fait soigner, avec amour, le géranium accroché à votre balcon.

La réactivité Verseau vous épargnera peut-être les difficultés de contact ou la paresse qui envahissent parfois le Taureau, à moins que vous renouveliez, dans l'isolement et la routine, la fraîcheur d'un œil candide qui saisit la cocasserie d'une situation, l'humour d'une remarque, ou la lueur d'espérance qui subsiste dans le chaos.

Verseau Ascendant Gémeaux

Le jumelage de ces deux signes est fécond en rebondissements qui prennent leur source dans le goût des contacts humains. Inspirés par une finalité dynamique au Verseau, ils s'étalent complaisamment en Gémeaux et élargissent le dialogue avec le monde extérieur. C'est dire que vos relations sont nombreuses et entretenues sans effort. Vous appréciez les mondanités à condition qu'elles aient une utilité et un but : vous serez le président actif d'une œuvre, le représentant habile d'un groupe, car vous savez apaiser les tensions, et votre « liant » est plus efficace qu'une obstination cassante.

Si votre imagination n'a pas la dimension de celle de Jules Verne qui parcourut le monde sans

Ernst Lubitsch, grand réalisateur allemand installé aux États-Unis : il a peint la frivolité et le libertinage. L'ironie, l'insolence et l'humour noir mêlés à un romantisme proche du tragique ont caractérisé son œuvre cinématographique, lui donnant une tonalité très Verseau.

sortir de chez lui et fonda une « Société pour la recherche de la navigation aérienne », vous lisez les ouvrages de science-fiction et les soucoupes volantes ou autres OVNI n'ont plus de secret pour vous.

Indépendant par le Verseau, les Gémeaux vous soumettent à l'ambiance. Vous êtes le témoin rêvé et savez raconter en larges traits les événements les plus variés. Si vous aimez les chansons de Serge Lama pour ce qu'elles racontent, vous défendez la peinture moderne parce qu'elle exprime une idée de la réalité au lieu de la représenter. Si votre signe solaire vous invite à suivre une pensée et à la démontrer, l'Ascendant peut disperser vos buts car vous avez parfois du mal à faire un choix, à exclure des opportunités parmi les intérêts qui vous sollicitent : vous les vivrez intégralement, quitte à vous renier...

Vous aimez plaire... de toutes les façons ! Quelle que soit votre morphologie, vous pesez « une plume », votre démarche est vive, légère, à la manière de ces obèses qui dansent merveilleusement ! Vêtu avec recherche, vous portez allègrement les tenues les plus absurdes... et cela vous va, car, sur vous, tout bouge. Vous préférez le flou aux vêtements ajustés et c'est vous, Madame, qui renouvelez votre toilette en la portant.. le décolleté dans le dos !

Sentimentalement, le flirt est votre affaire, vous êtes un spécialiste de l'aller-retour et dites avec sérieux : « Comme vous êtes beau ! », pour séduire sans vous engager. Chez vous, la sensation devient idée et vous colonisez l'espace comme le danseur transforme le mouvement en abstraction. Prenez garde de ne pas être un Pygmalion collectionneur qui aime pour se mirer dans ses conquêtes et les modeler à sa guise !

Dans l'inadaptation, vous dites oui à tout sans rien réaliser, vous semez à tous vents les inventions les plus burlesques et vous pouvez vendre avec brio le fil à couper le beurre comme s'il devait refaire le monde !

Coluche, le grand amuseur des années 80. En pleine gloire, à 36 ans, il s'était retiré en Guadeloupe, puis s'était présenté aux élections présidentielles, illustrant la nature imprévisible du tempérament Verseau.

Si vous n'y preniez pas garde, vous pourriez perdre votre identité à la manière de ces sujets qu'un prestidigitateur fait disparaître, et l'on ignorera toujours comment vous nous aurez quittés : par la fenêtre, par le trou de la serrure ou par la cheminée, avec la fumée...

Verseau Ascendant Cancer

Au Cancer, sous nos latitudes, la durée du jour va commencer à croître et notre cellule nerveuse, lasse de l'excitation liée à l'augmentation du temps journalier de lumière, se bloque pour s'autoréguler et répondre aux sollicitations en prenant son temps.

Au Verseau, nous l'avons vu, le sujet s'extériorise et son interrogation pressante appelle de promptes réponses. Il semble que ces deux rythmes aient du mal à s'accorder : comment vivre le Verseau sous son angle le plus cancérien et coordonner les contradictions ?

Si tel est votre cas, vous paraissez calme, détendu, mais on sent dans votre attitude une tension sous-jacente.

Professionnellement, vous aimez travailler dans une atmosphère familiale où les rapports ont peu de chance d'engendrer de graves malentendus. Mais vous sentez confusément que l'on s'encroûte dans de telles situations et qu'il vous faudra une forte motivation pour changer votre mode de vie. C'est alors que le Verseau vous inspire l'idée qui révolutionne une technique attardée et lui donne un avenir : en somme, vous renouvelez pour promouvoir.

Dans votre vie personnelle, contrairement aux Gémeaux qui se diluent dans le milieu ambiant, vous l'absorbez passivement. Votre mémoire engrange les informations et les organise : vous faites votre nid avec ce que vous trouvez. Tout être qui vous sécurise est le bon, à condition que vous puissiez vous renouveler à son contact.

Le Verseau peut vous inciter à rechercher des moyens inédits pour assurer votre équilibre personnel et familial, à prendre appui sur votre force d'inertie pour scandaliser sans être ému et adopter une façon personnelle de vivre, sans pour autant renier vos modèles.

Pour illustrer notre propos par une comparaison empruntée à la vie des oiseaux, vous pouvez être comme madame Coucou qui pond ses œufs dans le nid des autres, n'ayant pas le temps de les couver et de les nourrir. Au moment de l'éclosion, le petit, éliminant ce qui le gêne, passe par-dessus bord ses frères de couvée afin de recevoir seul toute la nourriture... Et madame Coucou peut aller dire l'heure dans nos maisons !

Il peut aussi vous arriver, par nature ou par fatigue passagère, de vous couper du monde extérieur et de n'accepter que vos proches comme témoins. Vous avez alors besoin d'être pris en charge : souhaitons que votre conjoint soit à la hauteur ! De toute façon, n'importe qui fera l'affaire : il vous est indispensable d'être rassuré. Vous êtes comme ces plantes qui ne vivent qu'accrochées à un tuteur, un mur, une palissade. Si le Verseau reste vif, il vous tirera de ce mauvais pas. S'il entre en inadaptation, vous serez peut-être le révolutionnaire du Café du Commerce ou l'inventeur incapable de prendre un brevet et qui n'est un grand homme qu'aux yeux des siens. Dans ces cas-là, vous affirmez bien haut qu'il n'y a que les profiteurs qui gagnent de l'argent et qu'il faut être pistonné pour faire breveter son invention... et vous vous targuez de n'être ni ce capitaliste mercantile, ni ce flatteur à la solde de quelque magnat : vous êtes roi chez vous, cela vous suffit !

Vous pouvez aussi imaginer le monde à votre façon et nous le faire partager par une œuvre d'art, à moins que, vivant dans le passé, vous décidiez de le faire revivre en actualisant l'histoire.

Verseau Ascendant Lion

La combinaison de ces deux signes met en valeur la fonction d'excitation et crée un déblocage de la situation saisonnière qui met en valeur l'individu : au Verseau, le sujet s'exprime à travers les autres, au Lion il se projette sur eux.

Un thème astrologique qui comporte ces deux rythmes peut être vécu dans l'harmonie ou la démesure, jamais dans la tiédeur.

Si votre signature planétaire reproduit cette configuration, vous savez vous mettre en valeur à travers vos œuvres qui sont souvent le fruit d'une vocation. Que celles-ci aient une portée humaine, métaphysique ou d'utilité quotidienne, l'impact sera le même.

Avec vous, on sait tout de suite à qui l'on a à faire, si vous êtes dans un moment d'optimisme ou une crise de cafard, car vous extériorisez facilement vos humeurs.

Votre volonté est directive et vous l'imposez sans nuances, car l'audace est une façon de cacher une peur irraisonnée, qui se manifeste par l'attaque. Malgré l'émotivité que ces conduites révèlent, vos efforts sont bien dirigés : vous suivez votre idée et la menez à terme. Si vous l'abandonnez, c'est pour la reprendre après avoir fortifié vos arrières : chez vous, « l'intendance » suit !

L'indépendance foncière qui caractérise les deux signes s'exaspère dans le duo : malheur à qui la met en péril ! Dans le cas d'un péril éventuel que vous savez définir vous préférez organiser vous-même vos défenses.

Professionnellement, si vous vous intéressez aux autres, vous pouvez être le biographe d'auteurs contestés que vous chercherez à réhabiliter en apportant de nouvelles sources d'information : voilà pour le côté Verseau. Quant au Lion, il vous permet toutes les audaces : vos sources sont sûres, l'attaque est sans péril !

Vous pouvez, aussi, être Verseau Ascendant Lion à la manière futée du petit garçon qui promène, contre espèces sonnantes et trébuchantes, les chiens d'un quartier dont il est devenu le roi !

Derrière cette image sociale, qu'est-ce qui vous incite à reconstruire le monde ? Beaucoup d'orgueil, masqué de générosité oblative, et le désir aigu d'être un centre d'intérêt. D'ailleurs, votre présentation le marque bien : élégante et soignée, il faut qu'elle impressionne sans entraver la liberté des mouvements.

Sentimentalement, vous êtes sujet à l'instabilité. Il faut que vous admiriez l'objet aimé... ou qu'il vous admire ! La prise de contact est rapide, la séparation inattendue.

Dans la démesure, l'alliance entre le Verseau et le Lion est placée sous le signe du divorce, la disparité exaltant leurs différences, sans possibilité de dépassement. Nous aurons alors un sujet partagé entre l'exaltation de sa personnalité qui s'exprime en naïves fanfaronnades dans lesquelles on a du mal à déceler la part de l'humour et une démobilisation de ses énergies dans laquelle il se complaît : c'est le trahi content ou le « sorcier » conscient de l'efficacité de son image dont il use à tout venant, sans discrimination, et qu'il exploite maladroitement sans, pour autant, croire à ses vertus. C'est le Lion de la Metro-Goldwin-Mayer mâchant du chewing-gum entre deux baillements !

Verseau Ascendant Vierge

« Le changement dans la continuité », ça ne vous fait penser à rien ? Non, non, fermons les yeux sur cette haute figure qui nous gouverne et qui, pourtant, fait le maximum, selon son conditionnement planétaire, en bornant sa re-création aux seuls détails que lui permet sa fonction. Mais quittons l'Elysée, séjour de la vertu aux Enfers, et, enjambant la mythologie, laissons l'exception pour aborder les généralités.

La Vierge, dernier signe de l'été, marque la fin de la fonction d'autoprotection. Débutant au Cancer par un quiétisme assimilateur qui dépersonnalise le sujet, elle se débloque au Lion pour lui rendre son identité. La Vierge, forte des expériences passées, va élaborer et mettre en pratique les conduites adéquates. Le « Petit Manuel de l'autoprotection », suivi du mode d'emploi, est la bible du signe.

Etre Verseau Ascendant Vierge, c'est ressentir en soi deux tendances qui ont du mal à se comprendre et à s'accorder. L'une prend tous les risques pour faire bouger les situations embourbées, l'autre s'enferme dans un silence attentif et, avant de prendre une décision, évalue le pour et le contre sur une balance truquée, qui ne pèse que les limites. L'un diffuse, l'autre entasse, et qui dit Vierge dit économie : avoir le maximum de satisfaction pour le minimum de dépense, aménager son temps de la manière la plus confortable et disposer d'autrui selon son bon vouloir.

Si vous êtes un Verseau apocalyptique, l'Ascendant Vierge vous gardera des visions prophétiques qui dépassent le bon sens et vous épargnera les incidents annexes. Par contre, Verseau adapté, vous saurez diriger vos efforts avec le maximum d'efficacité et votre comportement sera guidé par une ligne de conduite : vous saurez vous faire valoir sans vous laisser envahir, et manier les nuances avant d'agir.

Votre apparence est sobre, vos vêtements, simples et commodes, adaptés au climat ou à la saison. Vous conservez, usez, jusqu'à ce que le Verseau vous souffle une façon inhabituelle de renouveler votre garde-robe, sans grande mise de fond. Cela peut être aussi le règne du rafistolage à domicile, du « je fais du neuf avec du vieux » et de la recette cent fois expérimentée dont vous gardez le secret.

Professionnellement, vous serez à l'aise dans les métiers qui demandent du soin, de l'attention, mais laissent une part d'invention ou de rêve. Vous pouvez être le chercheur patient qui dirige ses travaux vers un but inexploré mais riche en potentialités humanitaires, ou l'artisan amoureux de son métier et des gestes spécifiques qu'il demande. Vous employez l'outil adéquat et, si vous êtes cuisinier, vous n'« émincerez » pas des oignons avec un couteau à « trancher » ; mais vous inventerez peut-être un plat qui gardera votre nom et dont vous aurez très soigneusement noté la composition.

Sentimentalement, votre emballement initial sera suivi d'une période silencieuse pendant laquelle vous chercherez à définir la personnalité de votre conquête. Longues fiançailles, suivies d'un mariage avec contrat, établiront au mieux une vie conjugale dont vous aurez aménagé tous les détails. A moins que le célibat consciemment assumé ne vous ait paru un choix répondant à votre goût de la diversité et à votre crainte de l'erreur.

Vous aurez donc tout prévu sauf, à l'approche de la quarantaine, l'intervention du Verseau coquin qui, faisant sauter tous les verrous, vous fera mener une vie de bâton de chaise dans une carrière bien assise !

Verseau Ascendant Balance

Voici deux signes « vifs » qui poussent, dans le même sens, le char de votre destinée, tout en modulant différemment le trajet selon les obstacles rencontrés : l'un (le Verseau) résiste et s'élance en ignorant les obstacles ; l'autre (la Balance) se dérobe promptement, avec adresse, pour revenir à la charge dans un meilleur moment... ou changer de destination.

Delphine Seyrig dans *Peau d'Ane*. Cette grande comédienne avait l'allure de fée qu'ont souvent les femmes du Verseau : ce sont des magiciennes, à la fois triomphantes et fragiles.

Sous nos latitudes, au printemps et en été, l'homme est envahi par les changements de l'environnement qu'il ressent d'abord, puis utilise. En automne, son intérêt se restreint et envisage plus spécialement les contacts avec ses semblables. A la Balance, il établit des critères : l'un est comme ceci, l'autre comme cela. Il s'occupe avec une belle équité de lui et de « l'autre » afin de trouver un point commun à ce qui est différent et de faire coexister, dans la paix, ce qui semble inconciliable. Comme il n'a pas le sens de la synthèse, il ne peut que s'appuyer sur des codes établis par d'autres et qu'il applique soigneusement.

Si vous êtes Verseau Ascendant Balance, vous aurez des facilités pour établir entre les êtres des rapports nouveaux. Vous n'avez pas besoin d'être le « pape du surréalisme », comme André Breton, pour vivre votre signature planétaire. Il vous suffira d'engager le dialogue avec vos confrères, vos camarades ou vos subordonnés, d'avoir un abord accueillant, de discipliner votre agressivité, et de tout mettre en œuvre pour que la bonne entente règne. Dans les codes du savoir-vivre, vous éliminerez tout ce qui est compassé, dépassé, pour faire place à un comportement inspiré par le respect de la liberté d'autrui. Vous aurez des amis dans tous les milieux, sans considération de leur situation sociale, et les choisirez pour leurs qualités de cœur, leur originalité ou leur humour.

Si la Balance domine, vous vous soumettrez à l'essentiel des obligations de votre milieu : vous vous marierez pour faire plaisir à votre famille, à votre fiancée, appréciant les facilités que vous donneront cet état pour avoir des enfants et fonder une famille, mais vous refuserez tout cérémonial, vous contentant, après la mairie, d'aller dîner dans un petit bistrot avec vos témoins.

Vous pouvez aussi, dans l'inadaptation, ne fréquenter que le « gratin » pour le tourner en ridicule ou vous faire une réputation fondée sur la méchanceté de vos « mots » à l'égard de ceux qui n'en font pas partie.

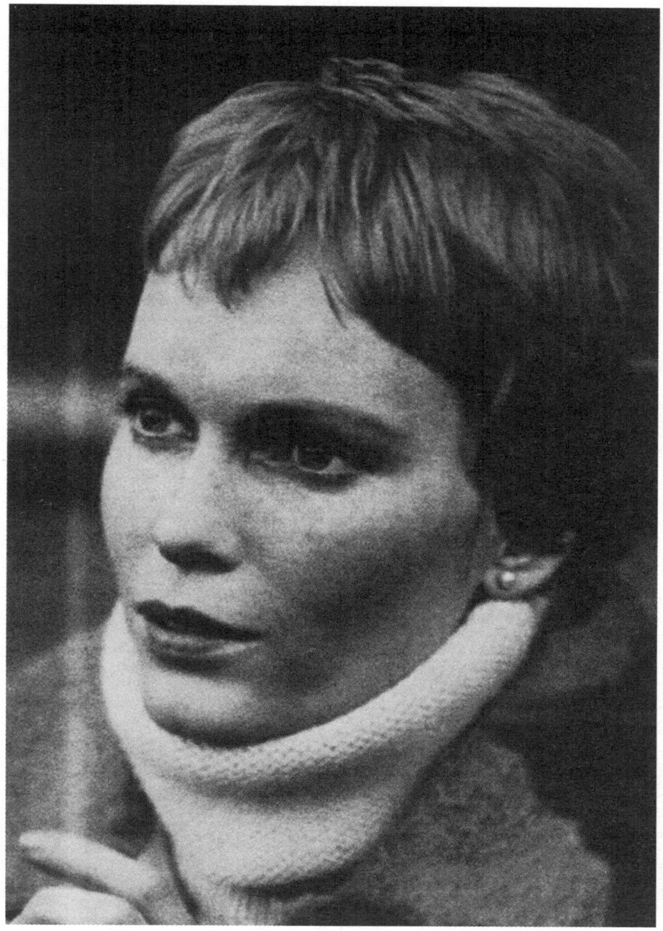

Mia Farrow, au beau regard ardent : sensualité et pureté mêlées se dégagent de cette personnalité très uranienne.

A défaut de sociabilité, vous pouvez briser les associations de mots stéréotypées, concilier ce qui est inhabituel, et créer un langage dont les effets inattendus feront votre réputation.

Verseau Ascendant Scorpion

Les deux composantes Verseau et Scorpion semblent, à première vue, difficiles à concilier. La première est fondée sur l'immixtion dans le monde, la seconde sur un retrait tactique.

Le Scorpion, qui définit votre Ascendant, est le deuxième signe automnal. Il organise une défense contre les excès de sociabilité de la Balance, ses contacts multiples, ses revirements adroits. En y regardant de plus près, l'Ascendant peut apporter une aide précieuse à votre signe solaire : il vous gardera de l'enthousiasme à tous crins et canalisera les efforts de remise en question que le Verseau a toujours tendance à élargir. Par leurs différences, les deux signes auront, l'un pour l'autre, un rôle stabilisateur.

Dans votre profession, par exemple, vous ne communiquerez vos trouvailles ou vos intuitions innovatrices qu'à ceux qui vous aideront à les préciser, à les réaliser, et le sens tactique du Scorpion vous gardera d'une naïveté qui faciliterait l'exploitation systématique de vos talents par les autres. Esprit analytique, sans pitié pour l'injustice, il trouve immédiatement l'arme précise qui économise les forces, et frappe au bon endroit. Si une discussion s'éternise, vous vous absentez sous un prétexte futile, déroutant vos interlocuteurs et désorganisant leur défense. Vous reparaissez alors, fortifié par la réflexion solitaire et le désarroi de vos protagonistes.

L'alliance des deux signes vous donne la possibilité de faire des choix réfléchis et de vous y tenir. Vous n'êtes pas très malléable, et si vous agréez une proposition c'est que vous avez épuisé

Avec vous, le premier contact n'est pas aisé : vous déroutez par un mélange de spontanéité et de réserve, une étrangeté indéfinissable qui attire et inquiète à la fois. Vous pouvez vous montrer dynamique, plein d'entrain, causeur infatigable ou bien énigmatique et lointain : pas de demi-mesure, on vous adore ou on vous déteste !

Dans le déroulement de votre vie sentimentale, vous dosez l'absence et la présence, la générosité et la parcimonie. Jaloux dans vos rapports avec l'être choisi, vous aimez le faire évoluer, le transformer, lui suggérer une tenue, un comportement qui révéleront, aux yeux de tous, sa personnalité profonde... Gare, alors, aux scènes et aux bouderies !

Une horreur invincible de l'approbation systématique vous fait prendre le contre-pied de la mode, et vous adoptez une tenue imprévisible sur laquelle des accessoires, choisis avec soin, vous démarqueront de la foule.

Dans l'inadaptation, les deux signes créent des situations pénibles. Toute création peut vous sembler vaine et les drames sans issue, car vous vous axez sur un détail, négligeant l'ensemble des problèmes. Ayant déjà tendance à refuser la communication, vous ne fréquentez que les membres d'une petite chapelle et la relation avec autrui, si intense au Verseau, devient problématique. Vous pouvez vivre alors replié sur vous-même, toujours sur la défensive, ne trouvant plus de sens à l'existence. Vous projetez sur « l'autre » la méfiance, l'impatience ou la colère, et vous vous croyez jugé par vos propres lois.

Bien qu'axé sur vous-même, si le Verseau tient bon, vous pouvez compter sur une résurrection par les chemins les plus divers : la rencontre d'une amitié, un acte généreux qui vous mobilise ou la curiosité de situations dramatiques qui vous empêcheront de retourner contre vous le « dard » animal qui terrorise les autres, et transformeront votre cri de guerre en chant d'espoir.

Verseau Ascendant Sagittaire

Votre signe solaire change de compagnon : de l'indifférent vous passez au curieux, du silencieux au prolixe. Verseau et Sagittaire sont tous deux des excitables et adhéreraient spontanément à ce qu'on leur propose, si le Verseau ne gardait ses distances, conscient de l'ambivalence des situations. Dans ce couple zodiacal, le Sagittaire apporte la possibilité et le goût de faire face à un maximum d'options : il ouvre toutes les portes, tant est vive son envie de communiquer. Mais, pour transmettre, il faut ordonner ses expériences et son savoir : si le Cancer stocke, le Sagittaire diffuse après avoir totalisé, accumulé son savoir. Il a, avant tout, le sens de la dialectique, qui est d'employer tous les moyens pour convaincre.

Si vous êtes Verseau Ascendant Sagittaire, vous pouvez, dans le cadre de votre métier, tenter d'exercer une action sur la société, vouloir concilier le collectif et l'individuel sans perdre de vue leurs différences fondamentales. Vous pouvez, si vous êtes très fort, réaliser une synthèse humaniste afin de sauvegarder les droits de l'individu et de la collectivité. Plus simplement, vous aimerez réunir les gens afin qu'ils échangent leurs connaissances d'une spécialité et fassent évoluer un savoir qui aurait tendance à se scléroser. Dans le but d'une audience générale, vous utilisez votre dynamisme pour concilier vos antagonismes et vos contradictions. Vous savez vous entourer de collaborateurs efficaces qui faciliteront votre réussite sociale. Mais craignez le retour de bâton de ceux qui se lasseront d'être votre « chausse-pied » !

Affectivement, cette double signature inspire la curiosité de l'inconnu, de l'inhabituel. Votre soif d'être aimé vous expose à des changements ou des compromissions qu'une partie de vous-même ne saurait admettre : il vous reste à donner libre cours à vos fantasmes, à rêver d'un amour universel, d'une amitié qui ne demanderait aucun effort et qui naîtrait d'une simple rencontre, d'un seul regard, mais grâce à laquelle vous referiez le monde. Pour ne pas l'avoir trouvée, ou parce que vous avez été déçu, vous aurez peut-être la nostalgie du foyer, de ce cocon qui limite (mais protège) et coupe les ailes des conquérants. Vous pouvez, aussi, sublimer vos carences et chanter l'espoir de venir en aide aux hommes de partout et d'ailleurs, par cette « terrible tentation de la bonté ».

Verseau Ascendant Capricorne

Voici deux signes qui se donnent la réplique : l'un éteint le monde, l'autre le ressuscite. Si vous êtes Verseau Ascendant Capricorne et qu'une seule lampe éclaire votre lieu de travail, de distraction ou de repos, vous obéissez, au sens propre, au phénomène d'extinction : une seule chose existe, celle à laquelle vous donnez tous vos soins. Mais il y aura, en plus, au-dessus d'un objet, d'un meuble ou d'un tableau, une seconde lampe qui vous rappellera que le monde ne se restreint pas à une seule préoccupation, que quelque chose ou quelqu'un soutient votre effort primordial, en élargissant vos ambitions ou vos espoirs.

Que ce soit dans la vie professionnelle ou privée, vous êtes calme et discret, parfois même un peu froid : vous intimidez, car il est difficile de vous définir au premier abord. Mais l'on sent très vite que, sous cette indifférence, se cache une passion qui soutient votre tonus : une cause à défendre, une idéologie à promouvoir. Si vous vous intéressez surtout à la genèse des événements, votre intuition vous renseigne sur leur avenir éventuel, et vous dirigez vos efforts avec une économie de moyens qui minimise les risques.

Dans la vie quotidienne, vous êtes un pessimiste gai qui souhaite que tout réussisse, et si vous marchez vers le « non-espoir », ce n'est qu'à reculons. Si la vie vous a été difficile, votre humour sera défensif, un peu grinçant mais se tempérera parfois d'un sourire.

Résistant de nature, vous dissimulez votre fatigue ou vos chagrins par un « tout va très bien » qui évoque la réponse à « madame la marquise » ou les recommandations de la méthode Coué qui prétend atteindre l'équilibre organique par l'autosuggestion.

Sentimentalement... c'est bien joli ! Sous une carapace impassible se cache une sensibilité frémissante : vous êtes un « chaud-froid » dont le froid serait à l'extérieur.

Si vous hésitez à vous lier, c'est parce que vous craignez les emballements de la passion qui est, pourtant, votre eau de jouvence. La peur d'aimer vous inspire d'étranges comportements : vous disparaissez pour reprendre votre sang-froid et reparaissez, aussi serein que par le passé... et votre partenaire n'y comprend rien ! « N'avouez jamais ! » est votre bible, vous n'offrez pas de fleurs, vous oubliez les anniversaires, mais vous aimez les attentions... quand vous en êtes le bénéficiaire ! Si votre sociabilité se réduit à l'essentiel, ceux que vous avez choisis ont droit à tous vos soins : Vous êtes l'ami discret sur qui l'on peut compter, ou le conjoint dévoué « dans le meilleur comme dans le pire ». Votre vie conjugale est fondée sur l'affection et l'estime réciproques, avec des bouffées de lyrisme qui entretiennent la vivacité du sentiment. Vous pouvez paraître austère... jamais ennuyeux !

Si, par malheur, l'extinction propre aux signes d'hiver portait sur les codes de la vie à deux, vous pourriez donner le ton à un ménage où toutes les licences seraient permises, vous chercheriez, dans la multiplicité de vos aventures, un adjuvant à vos désirs et trouveriez, dans chaque conquête, les prémices de la suivante. A moins que vous ne consacriez tous vos efforts à la poursuite effrénée d'une réussite sociale, aux dépens de votre santé et de votre bonheur.

Verseau Ascendant Verseau

Même rythme pour les deux signes : nous sommes en présence d'un mariage d'amour ! Vous êtes un pur Verseau et vous le montrez bien.

De la rigueur sur un fond de timidité est la composante héritée du Capricorne, mais vous y ajoutez du dynamisme et, placé en situation de confiance, vous devenez expansif et accueillant, aimant les contacts sociaux si vous vous y sentez à l'aise. Vous découvrez souvent chez les êtres des attitudes, des comportements qui vous enchantent par leur cocasserie : vous voilà alors fasciné et vous oubliez tout le reste pour vous fixer sur ce détail. On vous taxera de distraction et vous passerez pour le professeur Nimbus du Zodiaque ! Un *a priori* favorable dans les contacts, inspiré par l'amour d'autrui, vous rend sensible aux difficultés des autres et, parce que cela vous fait plaisir, vous n'avez de cesse d'y trouver un remède ou une solution.

Prenez garde, cependant, que votre serviabilité ne vous fasse une réputation de « petit saint », et qu'en donnant mauvaise conscience à ceux qui sont incapables de bienveillance, vous ne soyez victime d'une impopularité dont vous pourriez souffrir.

Assidu au travail si celui-ci permet des innovations, vous trouvez les petits trucs ou les grandes idées qui président au changement et animent le travail collectif.

Tout ce qui est usé, démodé, doit être remis à neuf. Si cela heurte les habitudes de certains, on vous tiendra rigueur de bousculer la routine, mais vous savez attendre, même si l'impatience vous anime et, revenant à la charge, votre optimisme contagieux aura souvent raison des insatisfaits. Si leur froncement de sourcils ne se change pas en sourire, vous perdez patience, bâillez d'ennui

Joseph Kessel, cet émigré russe, a su donner à son œuvre une dimension à la fois historique, réaliste et psychologique. C'est à lui que l'on doit la célèbre *Belle de jour,* mais aussi *le Lion* et *Vents de sable.*

pour brusquement aller, sans déplaisir, planter votre tente ailleurs ! Tout ce qui est nouveau vous excite et si l'on vous trouve instable, peu vous chaut... C'est votre destin !

Sentimentalement, vous séduisez par le charme et l'originalité de votre comportement. Un certain humour, fait de causticité sans aigreur, anime les anecdotes et émaille la conversation : on ne s'ennuie pas avec vous ! L'inattendu est de règle : vous transformez une promenade en exploration et un dîner en feu d'artifice dans un restaurant inconnu où, quinze jours après le Tout-Paris attendra une table... vous l'aurez déjà déserté au profit d'une autre découverte !

Madame qui êtes éprise d'un Verseau ou vous, Monsieur, qui en courtisez une, gardez-vous de la jalousie ! Perdre sa liberté angoisse le natif jusqu'au vertige : il disparaîtrait sans laisser d'adresse... N'oubliez pas que, s'il vous recrée à sa guise, il se renouvelle à travers vous et que le changement est sa source de jouvence et son credo !

Verseau Ascendant Poissons

Voici deux signes d'hiver qui ne demandent qu'à s'accorder : ils ont en commun l'« inhibition extinctive » qu'ils partagent avec le Capricorne, mais si le Verseau s'en dégage en réagissant, les Poissons la vivent par affinité élective.

Le nom barbare d'inhibition extinctive recouvre un processus très simple : s'abstraire le plus possible de l'environnement pour mettre toute sa force dans une activité qui nécessite la concentration. Pour les Poissons, c'est un choix qui ne s'extériorise pas et qui, vécu harmonieusement, encourage à la réflexion. Dans la dissonance, cette disposition peut engendrer le refus de tout effort, la misanthropie, parfois la drogue ou l'excès d'alcool. Dans le premier cas, c'est un processus actif : rechercher la solitude quand on a un livre à écrire est une sage conduite qui procure le

André Breton, surnommé le pape du surréalisme, fut le premier à introduire dans la littérature l'écriture automatique, l'illogisme, le hasard objectif et les dérapages de la folie : *l'Amour fou, Arcane 17, les Champs magnétiques, Clair de terre,* autant d'œuvres qui en apportent l'illustration.

calme et la concentration nécessaires pour mener à bien sa tâche. Dans le second cas, la solitude peut être vécue comme un isolement dans lequel le sujet ressent l'impuissance de celui qui ne pense bien qu'après avoir parlé. Certains écrivent en prison, d'autres ont besoin de la radio ou d'une musique de fond : affaire de tempérament ! Entre le Verseau qui est un excité par réaction à l'hiver et un Poissons inhibé par choix, c'est, sur un même tempo, deux rythmes différents qui peuvent s'équilibrer sans se nuire, l'un apportant à l'autre ses richesses et ses faux pas.

Le signe des Poissons, habile à distinguer en toutes choses ce qu'il convient d'éliminer ou de garder, apporte au Verseau le sens tactique qui lui fait défaut : si le Verseau réagit, le Poissons agit. Il a le don de la manœuvre ouatée : pas de bruit, aucune susceptibilité tapageuse, à peine si, de temps à autre, l'œil s'entrouve pour laisser filtrer un regard aigu qui voit tout sans rien manifester. Il va, vient, repasse, draguant dans les eaux comme un vieux marcheur oisif !

Si vous êtes Verseau Ascendant Poissons, votre excitabilité joyeuse — mais parfois désordonnée — se teinte de feinte bonhomie et de patience réelle. En éliminant systématiquement ce qui est contraire à vos buts, vous augmentez vos chances de triompher en douceur, sans trop vous faire d'ennemis. Par contre, si la manœuvre a été particulièrement adroite et que vous avez donné l'illusion d'un abandon tout en poursuivant vos intérêts, on vous le pardonnera difficilement !

Que ce soit dans votre métier, l'éducation de vos enfants ou la poursuite d'une idylle, les Poissons vous empêchent d'enfoncer les portes : ils vous font la main de velours et la démarche feutrée, vous conseillent l'attente vigilante qui profite de la moindre brèche pour s'y précipiter.

Prenez garde cependant, si votre Ascendant est vécu dans l'inadaptation, à ne pas éteindre complètement, par paresse ou désintérêt, la fonction créative de votre signe solaire. Vous risqueriez de ressentir l'aigreur, l'envie ou les regrets de potentialités non réalisées, et vous accuseriez la société, le Diable ou la malchance d'être un phénix incapable de renaître.

Paul Newman : comme cela arrive souvent dans la vie des Verseau, il a interrompu une brillante carrière de comédien pour se lancer dans la course automobile.

Chapitre IV

Quelques personnalités nées sous le Signe du Verseau

Jules Verne, Stendhal, Lou Andréas Salomé, Colette : quatre écrivains à l'univers imaginaire hors du commun, qui ont lutté, dans leur vie et leur œuvre, contre les périls du conventionnalisme, de la morale et des traditions.

Quelques grands noms

Dans les pages qui vont suivre, nous nous appliquerons surtout à étudier les réponses de chaque personnage au conditionnement Verseau et donnerons une courte biographie afin de le situer socialement. Des passages d'ouvrages ou d'interviews nous ont parfois aidée à mettre en lumière certains traits de caractère ; nous les livrons au lecteur, ainsi que les titres dont ils sont extraits, afin que celui-ci, si le cœur lui en dit, puisse les replacer dans un plus large contexte.

L'heure de naissance changeant l'orientation du thème, il est plaisant de constater que, dans un même milieu social et au sein d'une même profession, mais avec un bagage génétique et familial différent, trois personnalités utilisent (avec des dominantes planétaires propres à chacune d'elles) une signature Verseau facilement reconnaissable : il s'agit de Jeanne Moreau, Françoise Dorin et Michel Serrault. Jeanne Moreau est un Verseau solaire dans l'image sociale qu'elle donne ; Françoise Dorin utilise son don de réflexion à concrétiser, dans une œuvre théâtrale, ses méditations sur les problèmes du couple ; quant à Michel Serrault, il a revalorisé, aux yeux du public, le personnage du monsieur falot, parfois besogneux, toujours embarrassé... mais qui n'est pas dupe ! C'est sa manière de créer des contacts, et personne ne s'en plaint. En dixième Secteur, l'idéal simplificateur que demande la réussite sociale (Jeanne Moreau), en deuxième Secteur sa valeur d'échange et son utilité pratique (Françoise Dorin), enfin, en sixième Secteur, au sein d'une complexité hiérarchique, Michel Serrault renverse les valeurs et montre que la naïveté est souvent un langage.

Enfin, quittant le « nous » des auteurs de livres (qui est de modestie et non de majesté), je profite de ce court préambule pour signaler qu'il n'entre aucun jugement de valeur dans les appréciations des personnes sur lesquelles je me suis penchée et que si la griffe perce parfois sous le gant, c'est par taquinerie et non par méchanceté.

Stéphanie de Monaco

Née le 1er février 1965

Cette superbe jeune femme aux multiples talents aurait pu se contenter d'être princesse, épouse et mère. Mais elle est Verseau, ce qui lui donne un irrésistible attrait pour l'indépendance. Financière, d'abord : après s'être essayée à la chanson — on se souvient du triomphe de son *Ouragan* —, au stylisme, elle a lancé une boutique à Monaco : le « Replay Store ». Elle s'explique : « J'aurais très bien pu passer mon temps chez la manucure [...] On ne me l'aurait pas reproché. Mais il y a mieux à faire pour remplir sa vie [...] J'adore travailler, réaliser des choses par moi-même. » Son autonomie se révèle aussi dans la façon dont elle a mené sa vie amoureuse. Elle n'a jamais choisi les jeunes gens qui lui semblaient destinés, préférant suivre ses goûts propres. Elle a vécu avec son ancien garde du corps Daniel Ducruet, sans être mariée avec lui, et en ayant deux enfants, avant que son père n'accepte leur union. Liberté, enfin, de pensée et d'action. Elle est la seule princesse chérie des médias qui avoue « se lever très tôt, emmener ses enfants à l'école, aller à sa boutique tous les jours pour s'occuper de la marchandise, vendre et tenir la comptabilité jusqu'à 19 heures ». Elle fait fi du qu'en dira-t-on : qui pouvait imaginer

qu'une princesse pouvait ouvrir et s'occuper d'une boutique (projet auquel son ex-mari était associéavant leur divorce fracassant) ? Il y a fort à parier qu'en vraie enfant du Verseau, elle révèle encore bien des facettes de ses talents grâce à son sens inné de la communication et son indifférence aux préjugés. Libre d'esprit, libre de cœur, simple, aimant le soleil, les animaux, Stéphanie, comme sa sœur Caroline, autre Verseau, va sans entraves où son cœur la porte.

Général Bigeard

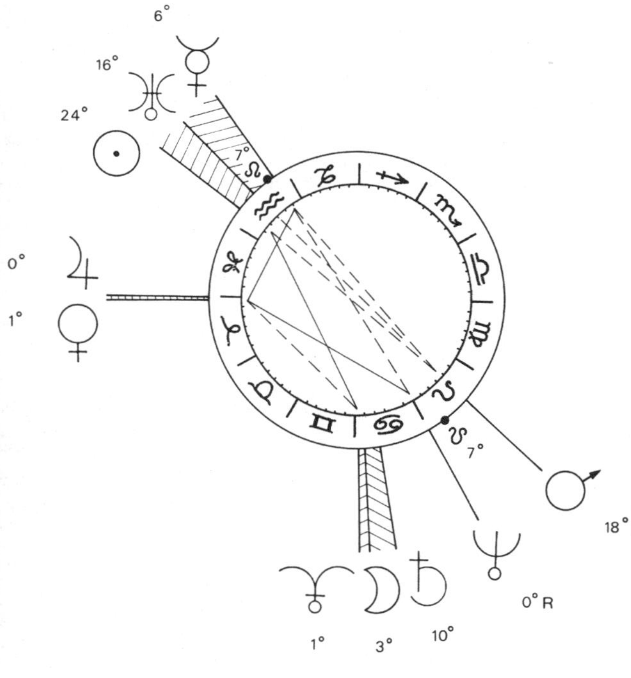

Le général Bigeard, célèbre pour ses mots inattendus, ses comportements non conformistes et ses fracassantes déclarations sur la politique étrangère de la France.

Né le 14 février 1916, à Toul (Meurthe-et-Moselle).

Au début du siècle, on allait à Longchamp « voir et complimenter l'armée française » et on le chantait sur un rythme de marche militaire ! Aujourd'hui encore, essayez-donc de téléphoner à vos amis le matin du 14 juillet : leur réponse sera brève tant ils sont impatients de regarder le défilé à la télévision. On aura beau me dire le contraire : la France aime les militaires ! Tous ne sont pas connus, bien sûr ; mais demandez à quelqu'un de vous citer le nom d'un général, celui de Bigeard jaillit !

Qu'a donc ce diable d'homme pour être dans la mémoire de chacun ? Outre ses combats fameux, je sais bien qu'il y a la casquette et que, depuis Bugeaud, ce détail vestimentaire a fait son chemin sur les ailes d'un refrain populaire... tout de même, ça ne doit pas être suffisant ! Pour l'astrologue, première singularité : il ignore son heure de naissance et la mairie de Toul répond que les registres d'état civil et ceux du greffe du tribunal civil ont brûlé dans l'incendie de l'hôtel de ville, le 20 décembre 1939. Que faire ? Mieux vaut pas d'heure de naissance qu'une approximation, et le thème est assez parlant pour inspirer des commentaires sans le soutien de la domification.
Uranus conjoint à Mercure et au Soleil en Verseau, opposé à Mars en Lion, c'est un jeu de bascule entre

l'inhibition qui se prolonge et l'excitation qui ne veut pas s'éteindre, mais vécu sur un mode d'excitation forte. Entre le goût du changement, du renouvellement, et une passion pour l'action, il y a une fougue qui dure.

L'amas planétaire en Verseau engage le sujet à imposer son propre modèle en obéissant à des spéculations où « le cœur a ses raisons que la raison ne connaît pas », et qui se vit, à cause de la réduction uranienne, dans un durcissement de la personnalité et avec une économie de mots qui ne disent que l'essentiel ; mais l'action est une nécessité qui remplace le discours.

Si l'on élargit l'examen du thème — n'en déplaise à certains esprits qui ne voient, dans une dominante lunaire, qu'une propension à l'inspiration poétique —, Bigeard a la Lune en Cancer : celle-ci forme des aspects avec six planètes du thème et ajoute une valeur cancérienne à la dominante Verseau. Côté Verseau, amour du risque, côté Cancer, l'autoprotection.

Un portrait de Bigeard dû à la plume de Jules Roy, dans *la Bataille de Diên Biên Phû,* a le mérite d'être objectif et de résumer ce que l'astrologue dirait avec moins de détachement, soucieux — peut-être — de faire « coller » la réalité astrologique aux faits.

« Bigeard n'a guère quitté l'Indochine depuis qu'il y est venu avec Leclerc en octobre 1945. Commandant d'une compagnie isolée, il a vécu au pays thaï, dressé des bataillons à subsister et à combattre l'ennemi dont il a analysé les méthodes. [Lune-Saturne qui « encaisse » en Cancer et se protège en assimilant le milieu ambiant.]

« Les civilités ne sont pas son fort. Né pour commander, ne sachant ni feindre ni composer, jaloux de tout ce qu'il possède, il n'aime pas obéir ; mais, lancé seul au milieu des périls, il exige tout de lui-même et des autres. C'est un gagneur. Il a fait sien le mot de Calonne : " Si c'est possible, c'est fait ; impossible cela se fera. " A trente-sept ans, il a l'innocence et la dureté des purs. Sa douceur cache une furieuse impatience ; son masque peut soudain s'illuminer sous la colère et la rage, son regard bleu prendre le sombre éclat de l'acier. [Soleil, Uranus et Mercure en Verseau, au trigone de Lune-Saturne-Pluton en Cancer.] Huit ans de combat presque ininterrompus lui ont donné une mystique de l'armée, des camarades et de la mort. [Lune-Pluton au carré de Vénus Jupiter.] Par une sorte de flirt avec le danger, il ne porte jamais d'armes sur lui au combat et répète sans cesse aux siens, avec la familiarité du tutoiement parachutiste auquel il ne manque que le mot " frère " pour devenir religieux : " tu vas où l'on meurt. Tu es fait pour mourir... " Ses hommes l'aiment, beaucoup de ses compagnons le trouvent insupportable, l'ennemi le craint, les gouvernements ne savent comment l'employer. »

La preuve : le 31 janvier 1975, il est nommé secrétaire d'État auprès du ministère de la Défense, mais il démissionne, écœuré, en août 1976.

Solaire et uranien mais non jupitérien, ne croyant qu'à ses propres valeurs et les défendant avec une exigence pour laquelle on l'admire, il ne sait pas composer (absence de signes d'automne). Qu'elles se nomment Armus, Oculus Giédi, Dorsum ou Castra, elles font partie de la constellation du Verseau : ce sont des « parcelles de gloire » qui couronnent une vie d'action désintéressée, de passion pour la patrie, d'amour pour tous ceux qui lui ont été confiés et qui brillent, pour certains, dans l'eau que répand l'urne du signe.

Paul Bocuse

Né le 11 février 1926 à 16 heures, à Collonges-au-Mont-d'Or (Rhône).

Pour ceux qui pourraient l'ignorer, les Bocuse sont, depuis deux siècles, cuisiniers de père en fils ! En 1875, à Collonges-au-Mont-d'Or, un Michel Bocuse servait la friture de Saône et le beaujolais des côteaux aux mariniers et aux pêcheurs. Aujourd'hui, Paul, le dernier de la lignée (il n'a qu'une fille et personne n'est plus sexiste qu'un cuisinier), sillonne le monde en jet pour vanter les mérites de la gastronomie française... et vulgariser ses tours de main !

Mais il est, le plus souvent, dans son « cirque », *Chez Bocuse,* à Collonges, où il reçoit P.D.G., hommes politiques ou vedettes de cinéma, à moins que ce ne soit dimanche et que les familles lyonnaises aient décidé de festoyer !

Paul Bocuse (promotion 1965) engendre la sympathie ! Il a le visage du politicien arrivé, le nez busqué, l'œil vif sous de gros sourcils noirs... et le sens de l'accueil. Dans son thème astrologique, après le vosne-romanée, cinq planètes se couchent doucement en Verseau, tandis qu'à l'opposé Neptune se lève avant le jour et que Saturne en Scorpion résoud l'aspect par double carré.

En langage clair, nous avons affaire à un Neptunien doublé d'un Jupitérien, c'est-à-dire à un bon vivant rabelaisien, à un artiste original, à un clown qui serait poète... Si l'on devine une tristesse dans l'œil quand tout le visage rit, c'est qu'il y a, chez cet homme, une nostalgie que ses proches doivent connaître.

Le Verseau est là pour lui souffler que la grande cuisine de papa est morte, et qu'il faut la renouveler : « la continuité dans le changement » est une formule passe-partout pour les Verseau bien programmés, qui peut, aussi, s'appliquer à l'art culinaire. Un ouvrage, *la Cuisine commence au marché,* annonce son programme : c'est devant le matériau que l'artiste élabore son œuvre en redécouvrant les qualités des produits au moment où la nature les offre. C'est aussi grâce à la réactivité du Verseau qu'il a pu remonter la pente et recréer un nom que son père avait vendu avec son fonds. Depuis, Bocuse se rattrappe ! Débordant de vitalité, il a le sens de l'amitié et des affaires, le goût du faste et un don pour la relation publique. Il enseigne à Osaka, à l'école hôtelière Tsuji (les jeunes Japonais envahissent les cuisines), mais il sait aussi rapporter de Hong-Kong l'art de cuire les pois gourmands.

Si l'on se fie à la légende qu'il a su créer et entretenir, ses tabliers sont d'un grand couturier et il ceint son col de veste d'un liseré rouge depuis qu'il est décoré de la légion d'honneur ! Mais son goût de la farce est au moins égal à ses talents culinaires. S'il aime la publicité, il en fait profiter ses amis, ses associés ou ses four-

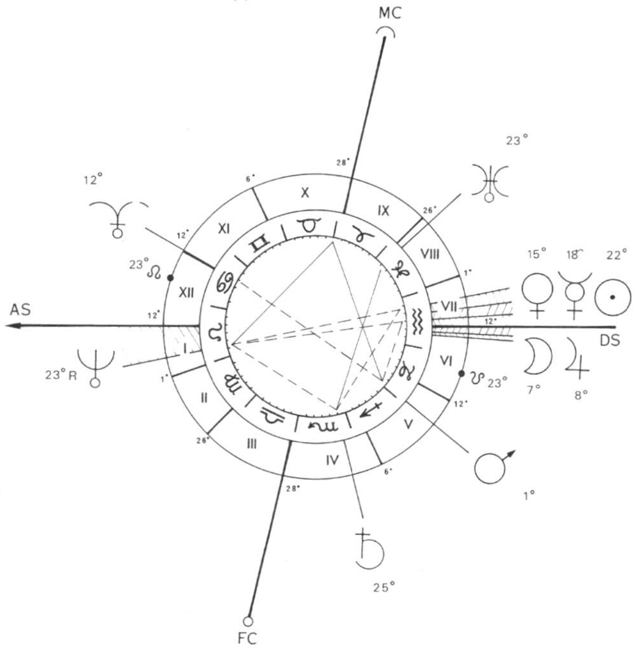

Paul Bocuse, sacré « meilleur cuisinier de France », en train de goûter un de ses plats.

nisseurs et son sens de l'efficacité le transforme même en homme-grenouille : on ignore le nombre de poissons qu'il a « chassés » dans la Saône, mais il a déjà sauvé onze baigneurs. C'est de famille : son père en avait sauvé dix-sept !
Si, chez Paul Bocuse, on remarque surtout le clown (ce qui le ravit), Saturne en Scorpion lui inspire des remarques que l'on s'étonne de trouver sous la plume d'un homme aussi extraverti : « Les architectes qui ratent une façade camouflent leurs fautes avec du lierre, les cuisiniers avec de la sauce, les médecins avec un peu de terre ! »

André Citroën

Né le 5 février 1878 à 0 h 30, à Paris.

Troisième garçon d'une famille de cinq enfants, André Citroën était le fils d'un diamantaire hollandais. Contrairement à Louis Renault, il fit des études très poussées. Mais il sortit de Polytechnique dans un rang médiocre (159e sur 200) ; il entra immédiatement dans la vie active : peut-être le suicide de son père lorsqu'il avait six ans influa-t-il sur sa décision.
A vingt-deux ans, il monta, avec deux amis, un atelier pour exploiter son invention : l'engrenage à double chevrons qui intéressait surtout l'industrie de la grosse mécanique. Sur sa réputation, il entra chez Mors en 1907, où on lui confia la direction de la section automobile puis, en 1915, il réalisa son usine du quai de Javel qui produisit cinquante-cinq mille obus par jour. Après la Première Guerre mondiale, il se reconvertit dans la fabrication en série de voitures automobiles, dont le premier exemplaire est livré en 1919.
Astrologiquement, le thème d'André Citroën est remarquable par l'opposition, sur l'axe méridien, du Soleil en Verseau et d'Uranus qui culmine en Lion au trigone de Mars-Neptune en Taureau.
La réduction de l'image sociale à une seule idée-force en fait un personnage hors mesure. Il s'agit de recréer et de dépasser une image paternelle détériorée par le folklore familial. Doué d'un sens commercial peu commun, c'est un réalisateur hanté par la réussite. Son imagination publicitaire (on l'appelait le « Barnum » de l'automobile), l'abondance et la variété de ses activités, le mettent au premier plan en tant que personnage. Sa marque de fabrique s'éteint et s'allume toute la nuit sur la Tour Eiffel, vantant les mérites de la C4, de la C6 et le double chevron obsède les Parisiens ! Ses instincts parlent haut, mais sa gestion est parfois imprudente, car il suit ses impulsions et ne se discipline pas. Lune-Vénus-Saturne en Poissons en font un éternel frustré, jamais comblé. Il mène grand train et fait souvent appel au crédit bancaire, mais ses difficultés financières s'aggravent.

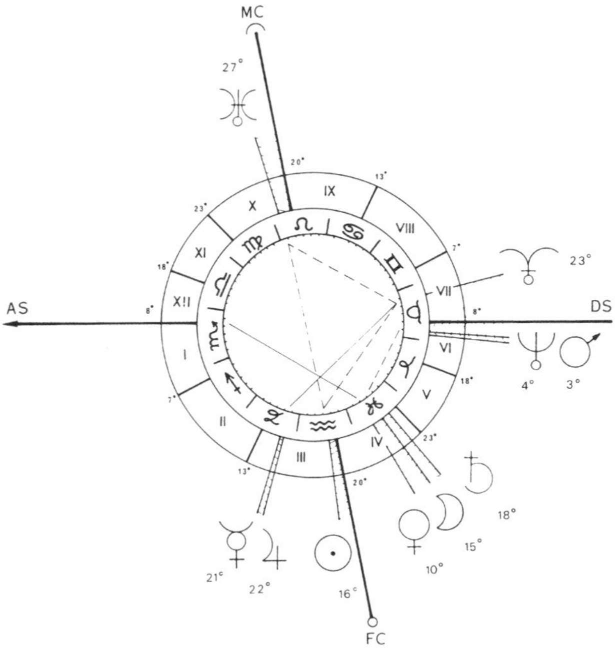

André Citroën : son usine du quai de Javel produisit, en 1915, 55 000 obus par jour. Il créa de nombreuses usines et inaugura le travail à la chaîne en France.

Le 21 décembre 1934, le tribunal de commerce de la Seine met la société anonyme André Citroën en liquidation judiciaire. Celui-ci meurt, en 1935, abandonné des grandes banques, effrayées par ses décisions impliquant les plus grandes nations.
En fait, Citroën s'est cassé les reins parce qu'il était en avance sur son temps. Uranien comme Ford, il avait adopté sa tactique : simplification du programme de fabrication qui permet de concentrer, sur un seul type de véhicule, tous les investissements et les moyens de production. Un an avant sa mort, il avait lancé la 7-11 CV, qui était révolutionnaire pour l'époque : traction avant, boîte automatique, suspension par barres de torsion, carrosserie monocoque... les « fanas » de vieilles voitures savent de quoi je parle !
Neptune dominant dans son thème astrologique aura soufflé à André Citroën qu'un jour, quand le temps sera venu, la même voiture pourra convenir, avec des aménagements différents, au paysan, à l'artisan ou au notable, et c'est peut-être cela la raison de son échec.

Françoise Dorin

Née le 23 janvier 1928 à 5 heures à Paris.

Comédienne depuis toujours, romancière depuis 1956 et auteur dramatique depuis 1967, elle donne aux acteurs et aux directeurs de théâtre la pâture annuelle que réclame leur appétit.
Née dans le monde des chansonniers et des revuistes parce que fille de René Dorin qui fit les beaux jours du Théâtre des Deux-Anes, puis épouse de Jean Poiret durant plusieurs années, elle a l'habitude de la chose théâtrale, de ce qu'on peut en espérer comme de ce qu'il faut en craindre et la « Facture » est réglée rubis sur l'ongle par quelqu'un qui connaît la musique !
Verseau par son signe solaire, elle est Sagittaire par l'Ascendant qu'encadrent Vénus et Saturne, deux planètes qui ont du mal à entretenir des rapports exempts de nostalgie : « Que c'est triste Venise, au temps des amours mortes... » Les paroles de la chanson sont de Françoise Dorin, tout le monde le sait. Mais le Sagittaire, par son sens de la composition qui ne supporte guère l'exclusion, lui fait observer le monde qu'elle fréquente avec beaucoup de sensibilité et une intelligence lucide, en essayant de coordonner ses informations et de prendre la distance nécessaire afin de les utiliser, réinventées par la vivacité mercurienne qui introduit des variations sur un thème et se moque de la réalité pour élargir son propos. Témoin idéal de détails cocasses que le Sagittaire lui apporte avec abondance, elle a pris pour cible l'homme, non seulement dans ses rapports avec la femme, mais aussi en tant que spéci-

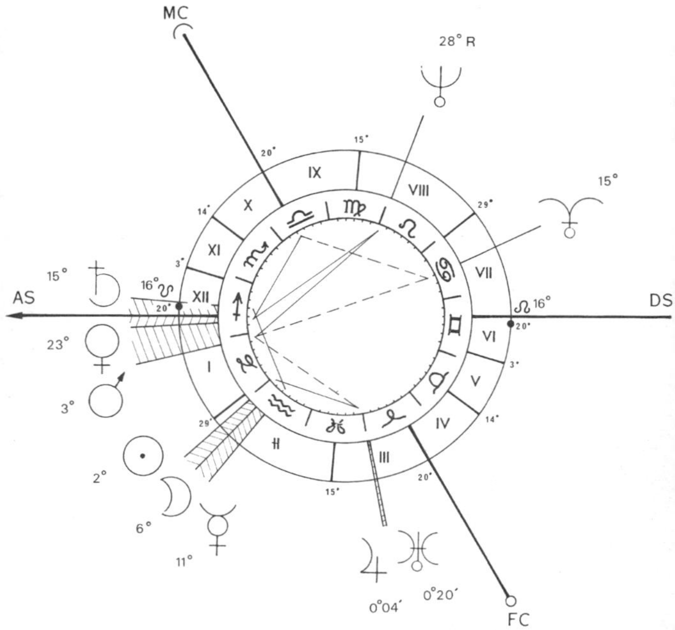

Françoise Dorin, célèbre auteur à succès de nombreuses pièces de théâtre, a écrit également plusieurs romans à succès dont Le lit à une place.

men faisant partie d'une espèce. Il n'est pas impossible que, sous la composante Verseau qui lui donne envie de faire rire de ce qui impatiente beaucoup de femmes, par des détails inattendus, Françoise Dorin nous cache une sensiblilité tempérée par la réflexion, et une nostalgie qui se sublime en se taisant. A l'écoute de sa vie intérieure, elle a mis en carte perforée tous les échos qui lui parviennent et élaboré un système où le tonus et la réaction sont sources d'équilibre. Elle a, en de multiples comédies, liquidé les poncifs du théâtre intellectuel où les messages s'envolant dans les cintres laissent planer l'ennui sur un public blasé, et réhabilité avec talent ce que les critiques appellent le spectacle de « digestion » où les gens vont rire après avoir dîné. La gaîté étant plutôt apéritive, conseillons-leur le souper comme prélude à une nuit sans cauchemars. Saluons aussi l'auteur prolifique qui a publié *Va voir papa, maman travaille*, *La mouflette*, *Pique et cœur*, *Au nom du père et de la fille*, etc.

Claude François

Né le 1er février 1939 à Ismaïlia (Égypte).

S'il n'y avait pas eu « l'affaire de Suez », Claude François, qui nous a quittés le 11 mars 1978, serait peut-être devenu ingénieur ou pianiste, suivant une destinée souhaitée par sa mère, d'origine calabraise, et par son père, ingénieur de la Compagnie du canal de Suez, comme l'était son grand-père, lyonnais tous deux. Son enfance fut celle de tous les petits garçons qui ont la chance d'avoir « une vie facile, un confort ouaté, dans une atmosphère luxueuse où les domestiques sont légion [1] ». Il la passe à Ismaïlia, au sein d'une famille qui ne manque de rien ; mais ses copains de prédilection, grecs, arabes ou italiens, sont ceux des quartiers populaires où pendant des heures, « assis dans la poussière des trottoirs, il accompagne des airs orientaux sur le darbouka, simple jarre de terre tendue d'une peau de mouton ». Légende ou vérité ? Peu importe : il y a des cas où elles se confondent ! Mais la chance va tourner : en nationalisant le canal de Suez, Nasser plonge dans la misère la famille de Claude François, et c'est la nécessité qui a fait de ce fils, bourgeoisement élevé et futur ingénieur, un des fleurons du show-business. Nous passerons sur les débuts difficiles et les années noires que la légende, qui entoure tout personnage public, a abondamment décrits : engagement comme batteur stagiaire à l'orchestre du Sporting à Monte-Carlo où la famille a été relogée, puis débuts dans la chanson avec

1. *Claude François, le bien-aimé.* Denis Goise. Éd. Mengès.

J'aime Paris au mois de mai, mariage avec une jeune danseuse anglaise, premier disque qui est un fiasco et, enfin, le miracle de *Belles, belles, belles* qui, diffusé à la radio, lui ouvre les portes de chez Philips.

Astrologiquement, Claude François était un Verseau doublement valorisé par la présence du Soleil et de l'Ascendant dans le signe.

Soleil angulaire à l'Ascendant en Verseau, au carré d'Uranus en Taureau, en conjonction large à Mercure fin Capricorne, tous deux opposés à Pluton à peine entré en Lion, composent la « fiche technique » astrologique qui permet de s'aventurer un peu plus loin dans la connaissance du sujet.

Le Soleil, par sa position d'angularité, incite le natif à une grande préoccupation de lui-même et de son aspect physique, mais l'opposition à Pluton l'empêche d'en être satisfait.

Comment, en effet, ne pas être alarmé par la difficulté de représenter tous les personnages qui nous habitent, et d'être réellement chacun d'eux (Mars, sextile-trigone à l'opposition) ?

Nerveux, charmant, enthousiaste, animé d'une grande volonté de plaire, qui était Claude François pour avoir été aimé à ce point par son public ? Une partie de son succès était due à son physique qu'il améliorait sans cesse ; car ce beau garçon était mécontent de son apparence. Serait-ce sur ce plan que la re-création du Verseau s'est exercée ? On serait tenté de le croire. Plusieurs opérations chirurgicales lui avaient façonné un nez dont il doutait encore en plein succès. Il prenait un soin très attentif de sa personne, son élégance un peu voyante était bien connue et laissait deviner, derrière l'apparence, un personnage aux facettes multiples — dont il était peut-être inconscient (opposition Mercure-Pluton) mais qu'il vivait sur scène — qui plongeaient son auditoire dans une extase collective aux résonances un peu troubles. Il voulait être pour son public l'incarnation permissive de tout ce qui sommeille en nous (Uranus en Taureau lui permettait de le formuler), de ce que toute sa génération a souhaité comme modèle : quelqu'un qui vivait largement en fonçant sur un rythme endiablé. Il incarnait le héros représentant ce que l'inconscient collectif de sa génération portait en lui de désirs inassouvis, de plaisirs non vécus, de possibilités de défoulement brutal et rapide : en trois minutes... le temps d'une chanson ! Quant à l'opposition Mercure-Pluton, elle rend parfois malhabile dans l'emploi des mots et le succès de Claude François fut d'avoir sacrifié les paroles aux rythmes, qui étaient son élément.

Sentimentalement, ses biographes soulignent des changements fréquents, peut-être dus aux conditionnements créés par l'opposition Lune-Vénus sur l'axe Gémeaux-Sagittaire, qui le portaient à une dépendance impossible à satisfaire dans l'attitude amoureuse, donc à des foucades dans lesquelles on ne s'implique que de loin. La seule personne qui pouvait satisfaire sans risque cette demande était sa mère, et l'on connaît la place qu'elle tenait dans sa vie.

Pour essayer de cerner l'homme derrière les apparences, il faudrait jeter au feu les vestes trop pailletées et éteindre les projecteurs : on trouverait alors une poupée mécanique usée par le succès et un travail au-dessus de ses forces, un homme triste, irritable, contraint, par lui-même, à se surpasser, à « renaître de ses cendres » jusqu'à ce que le cœur lâche.

Claude François, cette grande star du music-hall, n'eut guère le temps de vivre : la gloire puis la mort l'en empêchèrent.

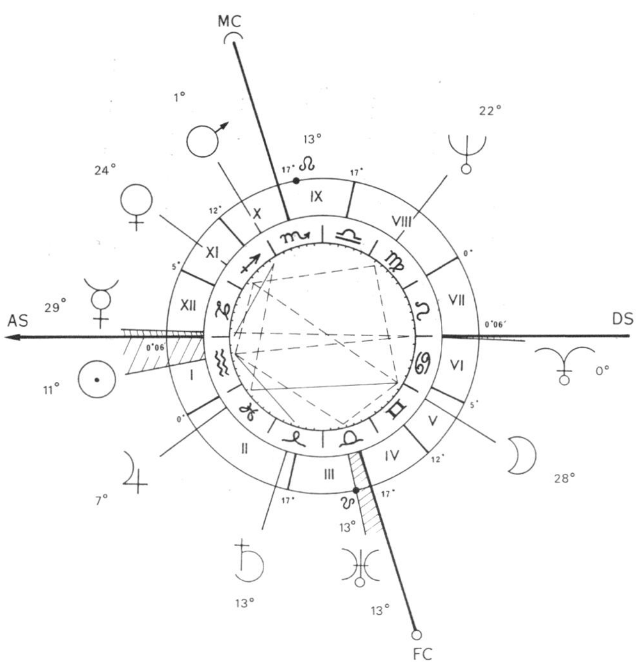

Marcel Jullian

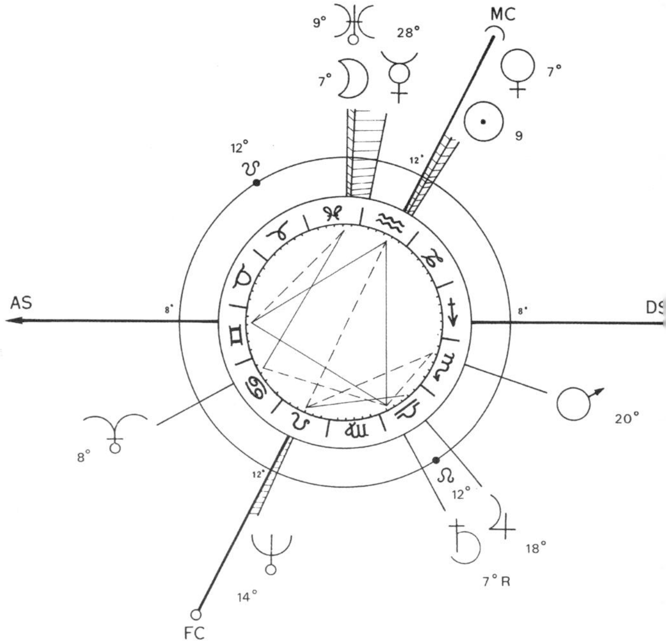

Marcel Jullian, baladin des Temps modernes, poète de l'audio-visuel, éditeur, écrivain, surdoué : un vrai Verseau.

Né le 30 janvier 1922 à 12 heures, à Châteaurenard (Bouches-du-Rhône).

Monsieur Marcel Jullian est un homme connu ! Connu mais non célèbre : il y a, entre les deux mots, une différence qui tient à la spécificité. Inconnu de l'homme de la rue, il dîne avec le Tout-Paris. Attaché de presse, éditeur depuis 1955 et homme de lettres depuis toujours, scénariste de films et, pendant trois ans, directeur d'Antenne 2, président de la maison d'édition Marcel Jullian : une carrière d'artificier, à la manière de Ruggieri qui, une fois l'an, le 14 juillet, pare le ciel de Paris d'étoiles éphémères !
Mais, en fait d'étoiles, celles que Marcel Jullian a projetées dans le monde littéraire ont d'autres éclats que leur talent d'écrivain et une durée qui font les beaux jours de leur éditeur : elles se nomment Charles De Gaulle, Georges Pompidou, Valéry Giscard d'Estaing, pour ne citer que les « monarques », j'allais écrire les ténors ! Le Tout-Paris du cinéma, de l'édition ou de la télévision a eu, un jour ou l'autre, affaire à lui. Michel Audiard et Antoine Blondin étaient ses amis ; Gérard Oury est un intime et bien d'autres encore, car c'est un homme qui a du « liant » !
Il est né le 30 janvier 1922 à 12 heures (l'état civil dit le 31, mais son père était distrait...) à Châteaurenard, dans cette Provence dont le mistral refoule loin de nous les senteurs aillées, l'odeur du thym, de la tomate et celle, un peu douteuse, du melon trop mûr ! Marcel Jullian nous les restitue pêle-mêle, échappant de peu au *Délit de vagabondage*[1]. Il nous y confie, avec une pudeur de bon aloi, l'essentiel d'une biographie : son père était expéditeur en fruits et légumes, il a deux sœurs, et sa mère avait le « port de la Vénus d'Arles et une blondeur toute viennoise ».
Astrologiquement, Marcel Jullian se définit par une forte valorisation du Verseau qui contient, outre le Milieu-du-Ciel, Mercure et le Soleil conjoint à Vénus au trigone d'un Ascendant en Gémeaux. Soleil Verseau, Ascendant Gémeaux.
La destinée professionnelle du sujet est éclairée par ce qui fait du Verseau le « raccommodeur de porcelaine » du Zodiaque : un penchant à rénover ce qui a été établi, à être celui qui s'efforce de réinventer un succès, redresser une situation, tenir le gouvernail quand le bateau dérive, et dont on attend des miracles, comme si c'était son destin unique.
Précisons que la carrière de Marcel Jullian répond bien à cette définition. Les adaptations d'abord : celle de *HMS Fidelity*, « écrite tout exprès pour être lue et lisse comme un œuf. Si l'on veut la communiquer sous une autre forme, il faut d'abord briser la coquille », c'est-à-dire la dépecer pour la transformer ; puis, pour la télévision, *les Rois maudits* de Maurice Druon et, enfin, le « remake » (un mot bien Verseau) de *Lagardère*.

1. *Délit de vagabondage*, éditions Grasset.

Le métier d'éditeur, mené conjointement, n'ést-il pas le fait de transformer en objet commercialisable le travail de l'auteur, donc une dialectique Verseau. Quant à sa nomination, en novembre 1974, au poste de président de la seconde chaîne de télévision, le programme, s'il était ambigu, parlait de remaniements, de « pluralisme, [de] liberté et [de] curiosité » très vite remplacés, pour le nouveau président, par la nécessité d'assumer une corvée que les pouvoirs publics lui avaient collée sur le dos, comptant sur sa naïveté, son goût du risque, ou une réputation de « dire toujours oui quand, sans préalable, on lui demande d'assumer une responsabilité à laquelle, la veille, il ne songeait pas »... Mais le Verseau est plus réactif qu'actif, puisqu'il transforme une inhibition hivernale en excitation qui préfigure le printemps !

Maxime Le Forestier

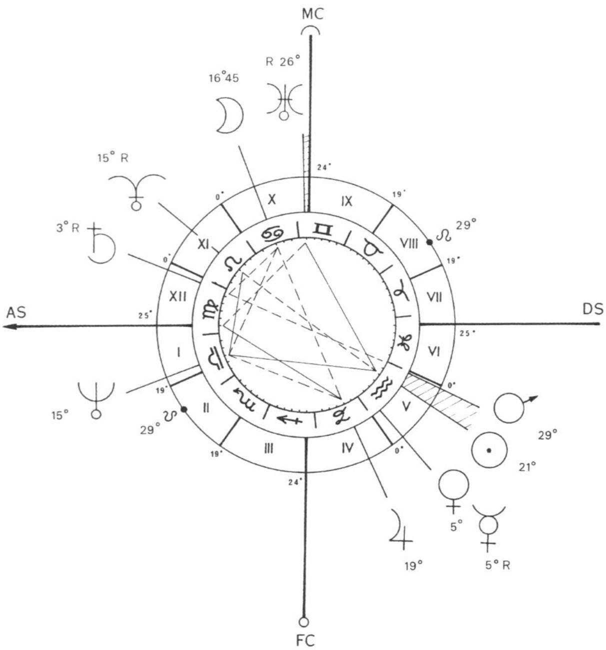

Maxime Le Forestier : auteur-compositeur-interprète de grand talent, artiste prolixe et bête de scène.

Né le 10 février 1949 à 21 h 03 à Paris.

C'était une fin d'hiver à peine printanière, il faisait froid. Au Théâtre de la Ville, la salle était comble : elle écoutait un jeune chanteur aux yeux clairs, souriant dans sa barbe. La voix juste, la mélodie agréable célébraient l'arbre menacé, les oiseaux fugueurs, le chômage et les amours ratées.C'était insinuant et bizarre, on se disait : « Tout à l'heure, ça va éclater ! » Non, la contestation restait courtoise, la confidence pudique.

« Février de cette année-là
C'est le début de mon histoire
Bien avant ma première guitare
Quatre ans avant Hiroshima...
Le dix de ce mois-là...
Tu peux venir chez moi. »

C'est en vers et en musique que Maxime Le Forestier annonce son état civil ! Seule l'heure manque qui eût comblé l'astrologue : renseignement pris, il est né à 21 h 03. Sa mère, adaptatrice de films *(les Incorruptibles, Mission impossible)* a élevé ses enfants dans une atmosphère de musique, de gaîté... et de bobines de pellicule ! On apprend les notes en même temps que la table de multiplication et l'air que l'on respire se transforme en chansons qui ont meilleur goût que l'air en question : voilà comment on devient chanteur engagé, anti-pollution, anti-show-business, anti-tout-ce-que-vous-voudrez, obéissant à une fonction uranienne qui signe le thème astrologique de Maxime Le Forestier. La période probatoire a commencé très tôt : dès l'âge de seize ans avec sa sœur Catherine, puis seul. Il a connu pas mal d'échecs, mais il a fait des rencontres : Brassens, Moustaki, Reggiani qui, le premier, enregistra sa *Ballade pour un traître.* De toute façon, Maxime Le Forestier est un garçon patient. Car si le dialogue harmonieux entre le Soleil, Mars et Uranus l'engage à

vivre sa contestation jusqu'à en faire un modèle, s'il a parfois envie de l'exprimer avec violence, Saturne en Vierge, dans le même signe que l'Ascendant, agit en modérateur, incite à la prudence et à la réflexion.
Verseau très valorisé (Soleil, Mars, Mercure et Vénus dans le signe en Maison V), s'il ne peut refaire le monde, il entreprend de refaire le « métier » pour donner libre cours à sa créativité.
Dans le show-business, il y a des règles bien précises : on choisit une très grande salle, et le prix des places est le plus élevé possible. Le résultat est que, sauf pour quelques « ténors » de la profession, le music-hall mijote dans un non-être désespérant. Mais que ferait Le Forestier d'un modèle si bien entretenu ? Une seule envie le tenaille : entrer dans le « système » qu'évoque le Soleil par l'« anti-système » qui est Pluton. Il n'y entre pas violemment, il s'y glisse, poussé par le désir neptunien de partager un idéal de vie qui permettrait aux hommes d'être heureux en éliminant consciemment tout ce qui peut nuire à leur équilibre intérieur. C'est en affirmant que cela est réalisable qu'il est devenu le chantre de nos désirs inexprimés, car il a su les saisir. Comme c'est un réalisateur, il prend des mesures concrètes : en 1977, le prix des places de ses galas ne dépassait pas dix francs, et il refusait tout cachet au-dessus de cinq mille francs alors que les fabricants de « tubes » en demandaient vingt ou trente. Sa position est si logique qu'il fait école : il est suivi par Barbara, Léo Ferré, Ferrat et les moins connus reprennent espoir. L'astrologue aura reconnu l'opposition Soleil-Pluton dans l'axe Verseau-Lion ; elle débloque, en recréant de nouvelles valeurs, l'inhibition propre aux signes d'hiver et d'été et qui fait appel au réflexe, sans se préoccuper d'être entendue :

« Si la fille qui te cajole
Est plus gaie que mes chansons drôles
Fais comme si je n'étais pas là...
Je ne chante pas pour toi ! »

Mais exprimer le contenu de Pluton est aussi difficile que de mettre Paris dans une bouteille. De ses problèmes Maxime ne dit rien... ou il les a mis en musique ! Sa vie privée est exempte de tout scandale ; nous savons son attachement à sa mère et au groupe qu'il forme avec ses musiciens. L'Ascendant en Vierge le rend un peu timide : la présence de quelqu'un qu'il ne connaît pas le bloque ; il est accueillant sans familiarité, disponible mais un peu secret. Sur scène, en revanche, il se décontracte, Uranus en Gémeaux fait passer le message, et il décrit avec succès ce que lui inspire l'environnement.
Lorsqu'en septembre 1976 il est entré en piste avec les clowns au Cirque d'Hiver, Luce, une élève d'Annie Fratellini a jonglé avec des massues, et un Pierrot lunaire, perché sur son trapèze, a mimé une longue chanson.
Maxime Le Forestier n'a rien renié des exigences de ses débuts, mais la salle est immense ! « Il y a un truc qui pourrit tout, dit-il. Moi, je chante avec une guitare " sèche ". Si je fais un vrai show, il me faut une guitare électrique, un piano et un synthétiseur. Avec une sono, un piano, il me faut trois déménageurs et un ingénieur du son. C'est le début de l'escalade " consommation-piège à cons ". » Il a donc mis les places à quatorze francs. « Je crois, dit-il, que nous gagnerons de l'argent. Il n'y a pas de honte à ça ! »
Même s'il s'est rapproché du « Soleil-système » en jouant de la guitare-business, ce jour-là, au Cirque d'Hiver, c'est le même jeune homme qui a chanté !

Professeur Monod

Né le 9 février 1910 à 6 heures, à Paris.

Décédé le 31 mai 1976, Jacques Monod était professeur au Collège de France et directeur de l'Institut Pasteur.
En 1965, il avait obtenu, avec André Wolff et François Jacob, le prix Nobel de médecine et de physiologie qui couronnait leurs travaux sur la biologie cellulaire. Mais c'est la publication d'un ouvrage intitulé *le Hasard et la nécessité* [1] qui le fit connaître du grand public. Dans cet essai, il « tentait de poser l'essentiel des idées sur la biologie moderne, et d'en tirer le contenu philosophique et idéologique ».
Voilà, formulée par le sujet lui-même, la dialectique de l'opposition Uranus-Neptune sur l'axe Capricorne-Cancer qui marque l'horizon du thème de Jacques Monod.
D'un côté, Uranus ordonne les supputations variées de Mercure qui lui est conjoint au mépris de la connaissance des faits, mais, à l'opposé, Neptune en Cancer les devine, concrétise les valeurs cachées, expérimente l'affirmation uranienne, pose des vérités que l'instinct inspire et incline aux réalisations plus intuitives que raisonnées.

1. Jacques Monod, *le Hasard et la nécessité*, Le Seuil.

Jacques Monod était issu d'une famille d'artistes : son père était peintre aquarelliste et sa mère musicienne. Il avait épousé Odette Bruhl, conservatrice du musée Guimet ; lui-même devait longtemps hésiter entre la musique et les sciences fondamentales, et ce n'est qu'en 1936 qu'il s'orienta vers la biologie. Au cours d'une interview qu'il accorda à Jacques Chancel (« Radioscopie » du 18 novembre 1970), il précise cependant : « Ma vocation réelle est venue lorsque j'étais en classe de philosophie. J'éprouvais une sorte d'intuition physique du fait que les êtres vivants paraissent donner un démenti aux principes les plus généraux des sciences du réel et que certaines de leurs propriétés constituent un défi à certains principes généraux de la physique... en sorte que j'ai eu cette chance incroyable d'être tout à la fois de la génération qui a connu la biologie d'avant et de celle qui a connu la biologie moderne. »
Voilà qui met en vedette Neptune et l'amas de planètes en Verseau. Ce signe, nous l'avons vu, a comme particularité de reprendre à son compte des valeurs périmées et de déceler, dans certains rapports, ce qui peut faire évoluer les situations. Délibérément tourné vers l'avenir, le Moi se projette sur l'autre ; Moi social et Moi intime confondus dans la conjonction Soleil-Lune qui s'allie à Vénus pour mieux affirmer son intention. En Verseau, il n'appartient qu'aux âmes bien nées de

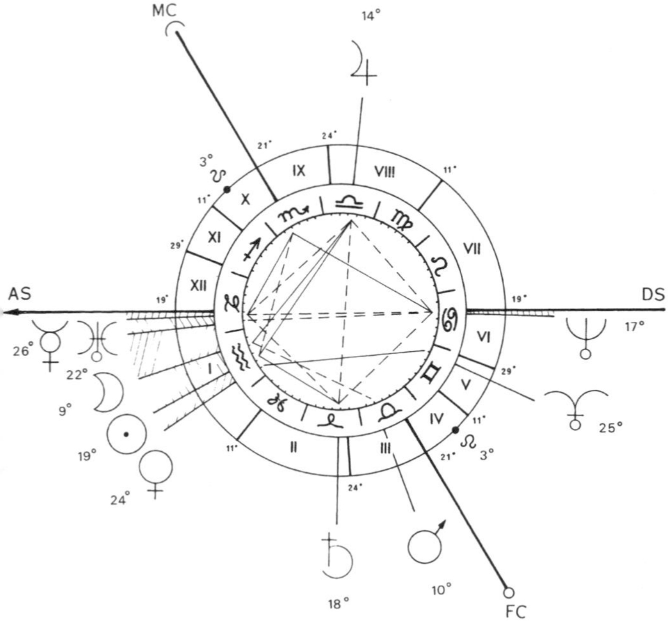

Jacques Monod, prix Nobel de médecine en 1965 : ses travaux sur les mécanismes biochimiques de la transmission de l'information génétique ont eu une audience considérable (le Hasard et la Nécessité, *1970).*

rester souriantes devant l'épreuve et tenaces dans l'échec. L'inhibition extinctive des signes hivernaux rend le sujet têtu et capable d'éternels recommencements, pour peu qu'une idée-force anime sa patience, et qu'une « fidélité supérieure nie les dieux et soulève les rochers ».

Il y avait autrefois en Grèce un roi nommé Sisyphe. Fondateur mythique de la ville de Corinthe et ayant enchaîné Thanatos (la Mort) afin de vivre éternellement, il fut condamné par Zeus à rouler sans cesse un rocher sur une pente car, parvenue au sommet, la pierre retombait et il devait indéfiniment recommencer.

En exergue à son ouvrage *le Hasard et la nécessité,* Jacques Monod cite un passage du *Mythe de Sisyphe,* essai philosophique d'Albert Camus :

« A cet instant où l'homme se retourne sur sa vie, Sisyphe, revenant vers son rocher, contemple cette suite d'actions sans lien qui devient son destin, créé par lui, uni sous le regard de sa mémoire et bientôt scellé par sa mort. Ainsi, persuadé de l'origine toute humaine de ce qui est humain, aveugle qui désire voir et qui sait que la nuit n'a pas de fin, il est toujours en marche. Le rocher roule encore. Je laisse Sisyphe au bas de la montagne ! On retrouve toujours son fardeau. Mais Sisyphe enseigne la fidélité supérieure qui nie les dieux et soulève les rochers. Lui aussi juge que tout est bien. Cet univers désormais sans maître ne lui paraît ni stérile ni futile. Chacun des grains de cette pierre, chaque éclat minéral de cette montagne pleine de nuit, à lui seul forme un monde. La lutte elle-même vers les sommets suffit à remplir un cœur d'homme. Il faut imaginer Sisyphe heureux. »

Le choix de ce passage par Jacques Monod le signe « Verseau » mieux qu'aucun commentaire.

Jeanne Moreau

Née le 23 janvier 1928 à 11 h 30 à Paris.

Fille d'un père restaurateur boubonnais et d'une mère danseuse anglaise, Jeanne Moreau est certainement l'une des comédiennes les plus complètes et les plus originales de sa génération : elle a tant de personnalité qu'elle échappe à la mode !

Engagée à la Comédie-Française en 1948 sans avoir été lauréate du premier prix de comédie ou de tragédie qui ouvre généralement les portes de la maison de Molière, sa carrière débute par l'exception. Elle restera pensionnaire trois ans, puis s'échappera pour rejoindre Gérard Philippe en Avignon et y interpréter *Le Prince de Hombourg* de Kleist et *Ruy-Blas* de Victor Hugo sous la direction de Jean Vilar.

Plus de soixante-dix films l'ont, depuis, rendue célèbre dans le monde entier et chacun a dans l'oreille cette voix étrange, qui émeut à la fois par son timbre et par les modulations qu'elle impose à la phrase.

Astrologiquement, Jeanne Moreau est Verseau par la

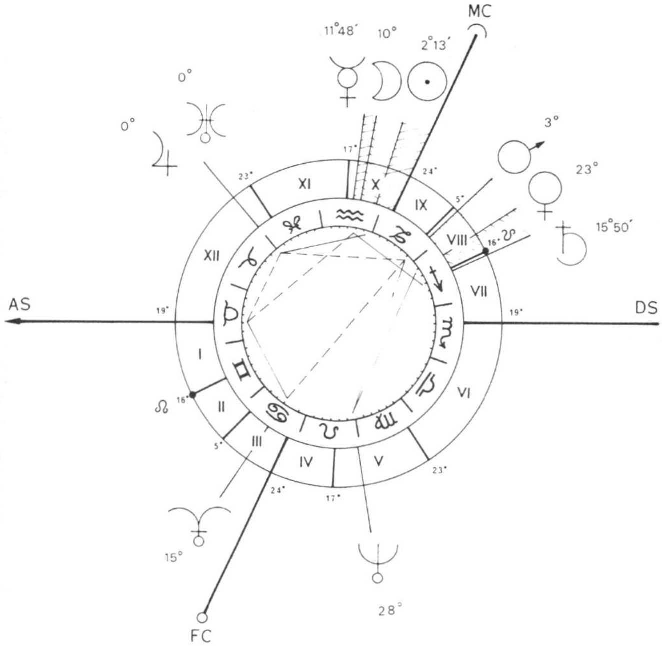

Jeanne Moreau : l'inoubliable comédienne de Jules et Jim *poursuit une carrière créative et personnelle.*

triple conjonction du Soleil, de la Lune et de Mercure, aux approches de la culmination, qui constituent, avec Pluton, l'essentiel de ses dominantes planétaires. Trois signes de milieu de saison lui font cultiver le paradoxe, par renversement de la tendance saisonnière et se dire, dans les moments d'adaptation, « comblée et insatisfaite, possessive et généreuse », affirmer que les extrêmes se touchent et qu'« on ne peut séparer la vie de la mort, la nuit du jour, le soleil de la lune, le bonheur du malheur... et la luxure de la spiritualité [1] ».
Par contre, si l'équilibre chancelle pour une raison inconnue, la voilà excessive, réagissant fortement si l'on touche à sa vie privée, détestant la mesquinerie et le mensonge, exigeante pour elle-même et pour autrui, mais acceptant finalement les autres tels qu'ils sont.
Mercure en Verseau conjoint à la Lune, la rend curieuse de ses propres réactions et de tout ce qu'il y a de nouveau et qu'elle ne connaît pas, de ces vérités abstraites qu'elle colore de sa sensibilité. Curiosité qui la porte vers les êtres, la rend bavarde et imaginative. Le Soleil la porte à vouloir plaire, à être un centre d'intérêt. Par sa conjonction à la Lune, il lui faut plaire telle qu'elle est, sans coquetterie ni malhonnêteté, en accord avec son être profond. Mais comment est Jeanne Moreau ? Indépendante, sûrement, aimant vivre dans le présent, mais surtout « marcher, marcher, aller de l'avant, avancer... c'est la vie, c'est le chemin ! ». A la voir, on ne soupçonnerait pas une telle vitalité. L'Ascendant Taureau vient opportunément calmer une excitation qui, sans lui, serait sujette à des baisses de pression négatives : il la rend nonchalante et un peu paresseuse, aimant la bonne cuisine, la campagne, les arbres... et son lit ! Ne dit-on pas qu'elle préfère le cinéma au théâtre parce qu'il permet de se coucher tôt ? C'est encore le Taureau, associé au Verseau, qui teinte sa force de flegme, et son humour de bonhomie, qui la rend fidèle, par l'amitié, à des amours apaisées, jalouse « pendant » mais si indulgente « après »...
Traçant un raccourci de son personnage, elle se définit ainsi : « Je mesure un mètre soixante-deux. Je suis possessive et généreuse. Quelquefois difficile à vivre. En ayant conscience, j'essaie de respecter l'indépendance des autres parce que je tiens essentiellement à la mienne. Avide de tout. Cyclothymique, avec des hauts et des bas. Et je vis dans le monde, dans un joli pays qui s'appelle la France. »
Pour le côté solaire du personnage, ajoutons qu'elle est chevalier de la Légion d'honneur, de l'Ordre national du mérite des Arts et des Lettres, qu'elle a obtenu en 1960, le prix de l'interprétation féminine au festival de Cannes et, pour son affabilité, le prix Orange en 1972. Bien adaptée à un conditionnement solaire qui lui donne le sens des combinaisons antinomiques sans perdre de vue leurs vérités fondamentales, elle poursuit une représentativité qui lui a fait accepter la présidence du Festival de Cannes et, en 1997, le rôle de « coordinatrice » du 50e Festival. Exprimant des idées modérées, mais bien actuelles, sur la condition féminine, elle serait ministre si elle avait la tête politique et si les comédiennes, éminences grises du pouvoir, n'étaient encore cantonnées dans ce milieu à des activités plus marginales...

1. « Radioscopie » de Jeanne Moreau par Jacques Chancel, 10 septembre 1970.

Auguste Perret

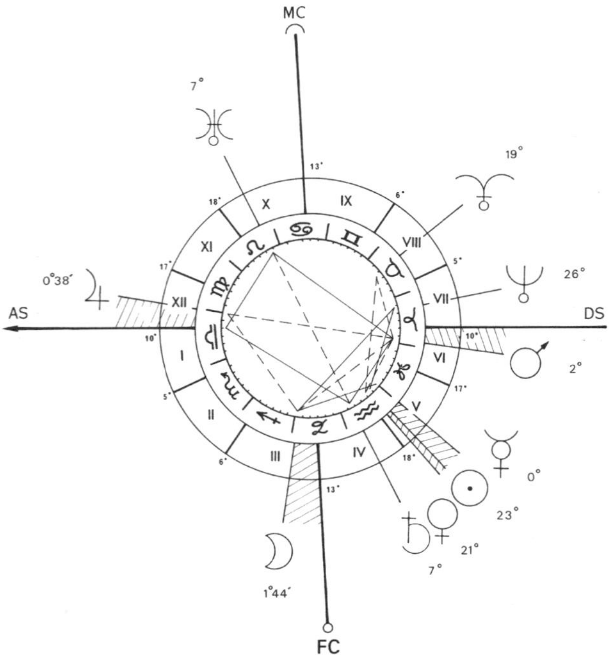

Auguste Perret : ce célèbre architecte français s'affirma d'emblée comme un novateur par l'usage qu'il fit du béton armé dans un immeuble de la rue Franklin.

Né le 12 février 1874 à 21 h 30 à Ixelles (Belgique).

Qui était Auguste Perret ? Si l'on en croit le dictionnaire Robert, c'était un « architecte français né à Ixelles en 1874 et mort à Paris en 1954 ». Pour le public qui ne le connaît pas, on lui doit la vulgarisation de l'emploi du béton armé. Dès 1903, par l'usage qu'il en fit dans un immeuble rue Franklin, il s'affirma d'emblée comme un novateur et chercha à tirer les conséquences formelles de l'emploi du nouveau matériau ; il évita notamment de masquer totalement la structure portante qui contraste ainsi avec les panneaux de remplissage. Pour l'astrologue, voilà une bonne interprétation de l'opposition Saturne-Uranus dans l'axe Verseau-Lion, compensée par Mars en Bélier : le technicien à la recherche du concret mais qui, pourtant, se réclamait de l'architecture grecque et déclarait que « les Anciens n'ont jamais manqué de mettre en évidence les parties portantes », qu' « en appliquant les lois de toujours, on fait du moderne sans le savoir, et que « la technique n'est pas un frein mais un accélérateur ». Bel exemple d'induction positive qui débloque l'inhibition extinctive d'hiver et l'inhibition protectrice de l'été.

Cet architecte n'était pas un artiste : l'opposition Vénus-Uranus (si l'on accepte un orbe un peu large) lui fait écrire : « Par une formule, régler son compte à l'Art. » Mais l'irretenue de la fonction vénusienne, en Verseau inadapté et au carré de Pluton, se résoud par des outrances de nabab. Je cite Bernard Champigneulle dans sa préface à son ouvrage sur Perret[1] :

« Ainsi attachait-il à son habillement une curieuse importance. Il s'était construit, en architecte, une silhouette qui lui allait fort bien. Ses amples costumes, son canotier noir dont la face intérieure était blanche et éclairait son visage, ses gants gris, ses lunettes qu'il avait fait fabriquer d'après ses dessins, ses cannes à pommeaux, sa barbe en collier, toute cette braverie dénotait une recherche et un désir d'originalité dans sa personne qui pouvait contraster avec le mépris qu'il affichait pour l'originalité. »

Le créateur, en tout cas, aura donné, entre autres, à la France des œuvres comme le Théâtre des Champs-Élysées et le Garde-Meuble national, l'église Saint-Joseph au Havre et l'église du Raincy.

« S'il fut considéré comme le grand maître de l'architecture de la première moitié du XXe siècle, c'est sans doute parce qu'il a apporté à son temps, et avant tout autre, la réponse aux problèmes posés par l'évolution de la technique, c'est sans doute parce qu'il a enseigné un langage neuf et magnifique, mais c'est aussi parce que l'homme était d'une pureté, d'une intégrité et d'une intransigeance assez rares et qu'il possédait les vertus supérieures que l'on demande à un chef d'école. »

Verseau Ascendant Balance, il fit coexister, dans la paix, ce qui semblait inconciliable. Les effets inattendus de cette ligne de conduite ont « bâti » sa réputation.

1. Bernard Champigneulle, *Perret*, éd. des Arts et Métiers graphiques.

Louis Renault

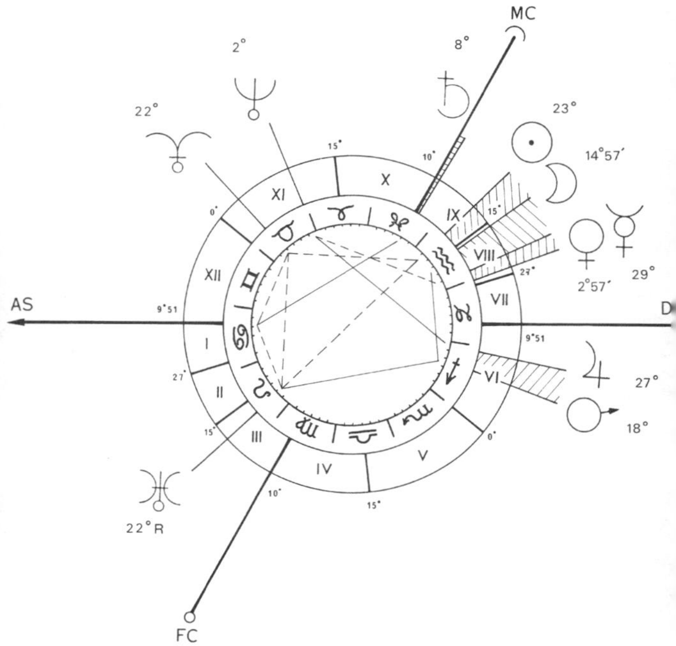

Louis Renault, inaugurant le Salon de l'automobile de 1923 : son affaire prospère fut nationalisée en 1945 (sous l'appellation de « La Régie Renault ») pour avoir travaillé avec les Allemands pendant la Seconde Guerre mondiale .

Né le 12 février 1877 à 13 h 15 à Paris.

Le 25 février 1899, les trois frères Renault fondent la société qui porte leur nom. Leur objectif est d'exploiter une usine de fabrication de voitures automobiles à Billancourt. Dès 1903, Louis reste seul : son frère Fernand est mort en 1901 et Marcel, le plus jeune, se tue lors de la course Paris-Madrid. C'est le début d'une carrière désormais solitaire qui durera jusqu'à la nationalisation de l'usine, en 1944.

Saturnien et jupitérien, Louis Renault était un homme concret, qui « n'hésitait pas à mettre la main à la pâte, se méfiait des hommes à système et ne croyait ni aux bonimenteurs ni aux inventeurs qui n'avaient pas fait leurs preuves ». Ayant lui-même déposé une centaine de brevets, il était bien placé pour juger ceux qu'on pouvait lui soumettre. D'un caractère très renfermé, il s'était fait une réputation d'homme « diabolique ». Dur à la besogne, travailleur infatigable, il exigeait des prouesses de son personnel qu'il rétribuait avec parcimonie. « Il voyait dans ses ouvriers des producteurs, et cherchait à les payer au prorata des ventes et au résultat obtenu par chacun d'eux. Il avait en horreur la bureaucratie et la paperasserie. »

D'abord spécialisée dans la fabrication des voitures de course, la firme Renault produit, à la Première Guerre mondiale, des moteurs d'avion et un modèle de tank léger. Après la guerre, Louis Renault, en bon saturnien des Poissons, pratique une « politique de sagesse financière, et s'intègre dans l'industrie de son temps, par sa prudence technique et la réduction des prix de revient. Il persévère dans la diversification qui lui apporte, semble-t-il, la sécurité d'un plus large marché. Mais cette diversification [Vénus conjoint à Mercure], il la conçoit au niveau des châssis et des carrosseries. Les moteurs, les boîtes de vitesse, les organes mécaniques, sont le plus possible communs pour atteindre des chiffres de production concurrentiels [1] ».

Homme de technique, le « gorille de Billancourt », comme l'appelait André Citroën, s'enorgueillissait de mépriser les diplômes et d'avoir réussi, sans autre formation que de brèves études secondaires, à devenir l'industriel le plus important de France et l'un des premiers constructeurs du monde.

Soleil-Lune conjoints à Vénus en Verseau, puis à Mercure en Capricorne, l'opposition d'Uranus en Lion au sextile-trigone de Jupiter-Mars en Sagittaire qui, avec Saturne culminant domine le thème, en font un homme réservé, qui s'efface devant son œuvre mais qui aura donné à l'industrie automobile française un élan qu'elle garde encore.

La fin de sa vie fut dramatique. Ayant travaillé pour la Wehrmacht, lors de la Seconde Guerre mondiale, Louis Renault fut inculpé et ses usines furent nationalisées en 1945, devenant la Régie nationale que nous connaissons aujourd'hui.

1. *L'Épopée de Renault* de Fernand Picard, éd. Albin Michel.

Michel Serrault

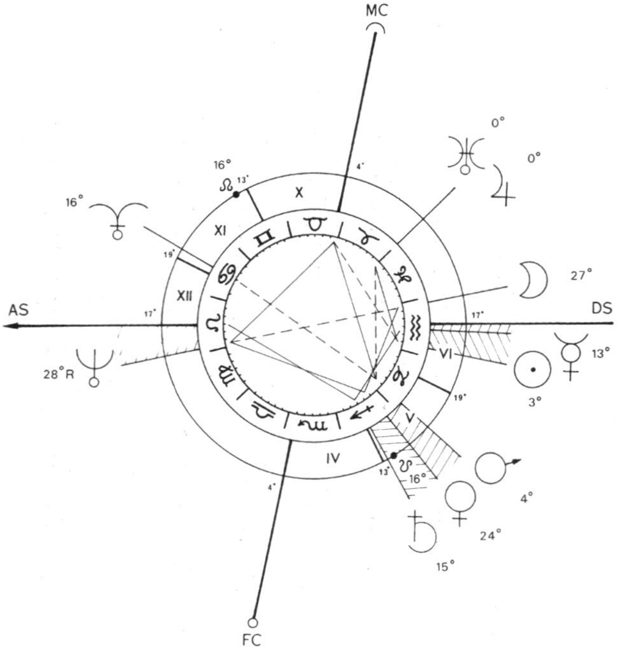

Michel Serrault pendant longtemps s'exprima uniquement dans un registre comique ; il trouve aujourd'hui des rôles dramatiques à la mesure de son talent.

Né le 24 janvier 1928 à 17h 45 à Brunoy (Essonne).

Il est des noms indissociables ! On a dit Poiret et Serrault comme Castor et Pollux...
Lion et Verseau, les deux compères se complétaient par leurs différences. Dans le couple, l'Auguste, celui qui reçoit des giffles et rate ses tours avec plus de talent qu'il n'en faut pour les réussir, celui qui garde son sérieux avec l'air de le perdre, c'est Michel Serrault. Après être passé par le petit séminaire de Conflans, Michel Serrault aboutit au Centre du spectacle de la rue Blanche à Paris. Interprète d'une dizaine de pièces et d'une centaine de films si ce n'est plus, il a, dans la majeure partie de ses interprétations, renouvelé avec brio l'art de ne rien faire... programmé par l'opposition Lune-Neptune qui s'étale complaisamment sur l'horizon de son thème. Rêverie, intuition, goût de l'inflation poétique sont ses sources d'inspiration, bien soutenues par Vénus et Saturne en Sagittaire et par Mars en Capricorne : ne rien faire donne beaucoup de mal à Michel Serrault ! Aussi, méfions-nous de l'apparente bonhomie du personnage : ses compositions de rôles sont minutieusement établies et il sait se servir de ses réflexes pour les avoir longuement éprouvés. Une inhibition qui se prolonge et fait attendre ses réponses prend, au Verseau, un relief imprévisible. La Lune, Mercure et le Soleil s'y couchent, mettant l'accent sur une disponibilité aventureuse dans la relation avec autrui, et le Lion qui se lève, portant Neptune en croupe, fait éclater l'invention que Mercure alimente d'une curiosité sans cesse remise en question.
Si étudier les comportements d'autrui dans un large cadre d'expérimentation est nécessaire à ses trouvailles d'acteur, il emprunte les masques de la comédie pour multiplier les contacts, les adapter aux différents publics, et faire de son image de marque une source de renouvellement et d'élargissement de la confidence.

Georges Simenon

Né le 13 février 1903 à 0 h 10 à Liège (Belgique).

« Mon Dieu ! s'écria madame Simenon à la naissance de son fils, il est né un vendredi 13... Il ne faudra le dire à personne ! C'est pourquoi quand, le lendemain matin, mon père accompagné de son frère Arthur est allé me déclarer à l'hôtel de ville, il a fait inscrire, en prenant un air innocent : né le jeudi 12 février. »
Donc, Georges Simenon est né le 13 février 1903 à 0 h 10 à Liège, où son père était comptable dans une

compagnie d'assurances et sa mère ancienne vendeuse au magasin Innovation. Il a eu un frère, né deux ans après lui, et a vécu toute son enfance dans une gêne matérielle, un « strict nécessaire » qui était le lot de ces petites gens qui sont « ceux qui croient tout ce qu'on leur a appris, qui passent leur vie à vouloir bien faire, à être approuvés par les autres, aussi bien par l'autorité que par leurs voisins ». Si ce n'est pas le cas, il se crée un facteur d'incommunicabilité entre la famille et l'entourage qu'indique parfaitement Jupiter en Verseau à la pointe du quatrième Secteur, celui de la famille et des conditionnements d'enfance. Ce Secteur est opposé à la Lune en Vierge qui exprime le monde clos, celui du sujet, d'un clan, d'un quartier, où l'on connaît les joies et les peines de chacun, les bonheurs et les maladies ... et qui vous sécurise. L'opposition de la Lune à Jupiter (lié, par conjonction, au Soleil, à Vénus, Mercure et Saturne), fait craindre une inflation du Moi, un désir de vivre pleinement ses instincts et de réaliser avec éclat une affirmation sociale du sujet et du groupe qu'il crée. Bien étayée par Uranus en Sagittaire, l'opposition se résoud par un désir de réaction contre le milieu, la pauvreté, une volonté de différenciation par tous les moyens possible, héritée de sa mère, « du côté où l'on trouvait les insatisfaits, les gens plus individualistes qui, tous, cherchaient à faire fortune ».

A seize ans et demi, Simenon est reporter à *la Gazette de Liège,* à dix-neuf, il débarque à Paris où il écrit des contes pour *le Matin* sous la direction tutélaire mais ferme de Colette.

Le Soleil en Verseau et l'Ascendant en Scorpion signent un problème de communication. L'amas planétaire en Verseau se trouve dans le troisième Secteur qui concerne la complexité des relations familiales, et c'est dans ce domaine que Simenon est le plus à l'aise... depuis qu'il en est sorti !

« J'ai été en harmonie avec mon milieu, vers douze ans, douze ans et demi. Soudain, je me suis rendu compte que les miens étaient des victimes et je me suis dit : « Je veux m'en sortir, être en dehors. » C'est à ce moment qu'il invente le « raccommodeur de destinées », le « monsieur qui connaît l'âme humaine et les moyens d'éviter les malheurs ». C'est peut-être ainsi qu'est né le commissaire Maigret, cet homme bon et compréhensif qui cerne la vérité d'une affaire en s'attachant à l'étude de l'homme et de son environnement immédiat, s'en écartant par cercles concentriques, comme une araignée dans sa toile.

Toute sa vie, Simenon a recherché le contact anonyme, jusque dans ses nombreuses expériences sexuelles dont il parlait avec une grande honnêteté, hanté, comme la plupart de ses personnages, par l'incommunicabilité. Pourtant, la façon dont il se présentait, l'image qu'il voulait donner de lui-même, sont celles d'un homme attaché à un groupe, un clan, une cellule, qui en a la nostalgie mais aussi la terreur : « Appartenir, c'est malgré tout se confondre avec un ordre de vie qui n'est pas le sien. »[1]

Inflation de la personnalité se canalisant dans une œuvre qui récrée le sujet, le façonne au gré d'une affabulation derrière laquelle l'auteur se devine : monsieur simenon aura soigné une névrose en écrivant.

1. Les passages cités en référence sont extraits du « Portrait souvenir » accordé à Roger Stéphane pour l'ORTF. Il a été diffusé sur les antennes le 30 novembre et les 7, 14 et 21 décembre 1963.

Georges Simenon, mondialement célèbre pour sa série des « Maigret », fut aussi l'auteur de romans proprement psychologiques tels que : le Fils, le Voyageur de la Toussaint *ou la* Lettre à mon juge.

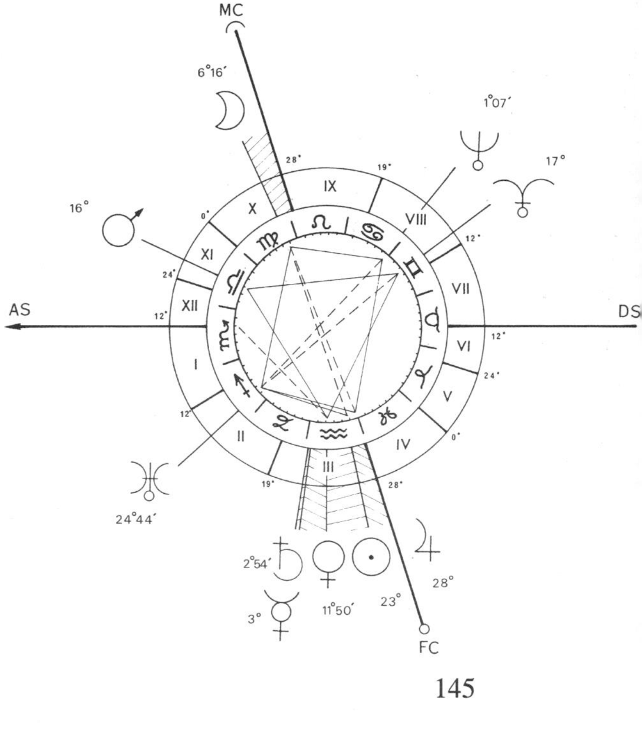

François Truffaut

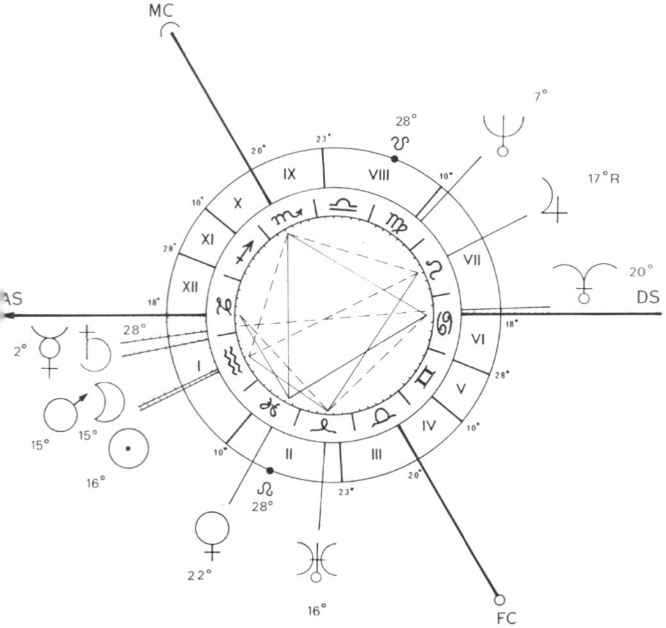

François Truffaut, très grande figure du cinéma français. Chacun de ses films était un événement tant il savait se renouveler.

Né le 6 février 1932 à 6 heures, à Paris.

« Depuis 1955, dans le monde entier, se sont révélées de " nouvelles vagues ". Cette expression, créée en France, est ici entendue dans son sens large : promotion, par un premier long métrage, de nouveaux réalisateurs de maturité, tendances et formations diverses, s'imposant aux côtés de réalisateurs déjà consacrés, en renouvelant, dans une certaine mesure, l'art du film. » Georges Sadoul, *Histoire du cinéma mondial.*

Pour les astrologues, 1955 marque le début d'une période de quatorze ans, amorcée par la conjonction Jupiter-Uranus qui se situait, en mai, à 23 degrés du Cancer. On peut dire qu'elle amenait l'intuition de forces rénovatrices bousculant les conformismes, et qu'elle allait mettre en valeur ceux qui étaient programmés pour les ressentir.

Né alors que Pluton se couchait en Cancer, au nez et à la barbe de Saturne qui s'apprêtait, en compagnie de Mercure, à se lever en Capricorne, François Truffaut avait de grandes chances de ne pas être d'accord avec le cinéma d'il y a vingt ans, la signification d'une opposition Saturne-Pluton étant d'inciter le sujet à refuser tout ce qui lui est transmis par la mode d'une époque, la tradition ou les modèles d'un passé proche.

Mal à l'aise dans le dialogue ou l'interview, Truffaut écoute plus qu'il ne parle. Mais donnez-lui une caméra et il sera partout à la fois, stimulé par la diversité des images qu'il voudrait toutes fixer. Réactif par Mercure, Mars, le Soleil et la Lune en Verseau, l'événement le sollicite. Doué d'ubiquité, il est partout où quelque chose se passe qu'il est seul à voir. Le choix qu'il fait des images peut se passer de dialogue, car elles mettent en relief ce que le personnage a de « différent ». Il est cinéaste comme on est reporter : la mise en forme vient après ! On lui a parfois reproché de ne pas diriger les acteurs ; ce n'est pas là son propos : l'inattendu le passionne et sa caméra est un stéthoscope qui écoute battre les cœurs.

En 1955, la conjonction Jupiter-Uranus (dont le trigone se trouve dans son thème natal) venait actualiser, par transit de conjonction, la marginalité de Pluton et fournir un langage pour exprimer un passé longtemps retenu parce que tragiquement vécu. Employé de bureau et ouvrier soudeur si l'on en croît sa biographie, il anime un ciné-club puis, en 1955, il est enfin critique aux *Cahiers du cinéma*, en même temps que Claude Chabrol et Jean-Luc Godard. Quatre ans après, il liquide enfin son adolescence, et cela donne *les Quatre Cents Coups*. Le succès est éclatant ! Premier prix de la mise en scène au festival de Cannes 1959, prix Fémina du cinéma en Belgique et prix du meilleur film étranger aux États-Unis.

Pour l'astrologue, entre octobre 1958 et août 1959, Uranus transitait, Jupiter natal à 15 degrés du Lion s'opposait au Soleil et à la Lune, faisant ainsi d'un inconnu un homme célèbre, et de son patronyme un nom bien à lui !

Chapitre V

A la recherche de votre « Moi » profond

Cet ange du célèbre peintre Pinturicchio symbolise l'attitude du Verseau dans la vie : tourné vers les êtres, à l'écoute du monde et attentif, il semble montrer les deux doigts de sa main qui représentent la nature de ses liens avec « l'autre ».

Dans quel Signe se trouvaient les Planètes à votre naissance

Comment utiliser les Tables des positions planétaires

Les planètes, le Soleil et la Lune sont des points d'émissions énergétiques qui correspondent chacun à une certaine expression de votre personnalité.

Mais ces corps célestes n'agissent pas directement sur nous.

Entre eux et la Terre, le Zodiaque avec ses douze signes différents constitue une sorte de bande abstraite à travers laquelle va s'exercer l'action des astres sur la Terre.

Ainsi la planète Jupiter n'agit-elle pas directement sur vous mais à travers le signe zodiacal dans lequel, vue de la Terre, elle se trouvait au moment de votre naissance.

C'est pourquoi, pour connaître le mode d'action complet de Jupiter sur vous, vous devez rechercher ce signe.

Les Tables des positions planétaires de 1920 à 2010 vous permettront de trouver d'un seul coup d'œil pour l'année et le jour de votre naissance le signe zodiacal dans lequel se trouvait chacune des huit planètes de Mercure à Pluton.

Pour la Lune, vous procédez différemment car cet astre se déplace beaucoup plus rapidement que les planètes, si bien qu'il vous faut tenir compte de votre heure de naissance pour connaître son signe zodiacal.

Dans les *Tables de positions planétaires* vous trouvez la position de la Lune à midi, temps universel de Greenwich, près de Londres.

Comme la Lune parcourt en moyenne 12 degrés zodiacaux par jour, elle reste environ deux jours et demi dans un signe puisque chaque signe compte 30 degrés zodiacaux.

Toutes les deux heures la Lune parcourt 1 degré zodiacal et c'est en fonction de cela que nous trouverons sa position finale.

Pratiquement, voici comment vous allez opérer.

1) Si les *Tables des positions planétaires* vous indiquent une position de la Lune comprise entre 6 et 23 degrés de n'importe quel signe zodiacal, cela veut dire que la Lune est restée toute la journée dans ce signe, quelle que soit votre heure de naissance.

2) Si ces *Tables* vous indiquent une position 0, 1, 2, 3, 4, 5, ou 24, 25, 26, 27, 28, 29 degrés d'un signe zodiacal, vous devez tenir compte de votre heure et de votre lieu de naissance pour découvrir si la Lune était encore dans le signe zodiacal précédent ou était déjà passée dans le signe suivant. Vous procédez pour cela comme indiqué à la page 199.

DECOUVREZ DANS QUEL SIGNE SE TROUVAIENT LES PLANETES A VOTRE NAISSANCE

1924	MERCURE	VENUS	MARS	JUPITER	SATURNE	URANUS	NEPTUNE	PLUTON	LUNE *
21 JANVIER	CAPRICORNE	POISSONS	SAGITTAIRE	SAGITTAIRE	SCORPION	POISSONS	LION	CANCER	24 CANCER
22 JANVIER	CAPRICORNE	POISSONS	SAGITTAIRE	SAGITTAIRE	SCORPION	POISSONS	LION	CANCER	6 LION
23 JANVIER	CAPRICORNE	POISSONS	SAGITTAIRE	SAGITTAIRE	SCORPION	POISSONS	LION	CANCER	19 LION
24 JANVIER	CAPRICORNE	POISSONS	SAGITTAIRE	SAGITTAIRE	SCORPION	POISSONS	LION	CANCER	3 VIERGE
25 JANVIER	CAPRICORNE	POISSONS	SAGITTAIRE	SAGITTAIRE	SCORPION	POISSONS	LION	CANCER	16 VIERGE
26 JANVIER	CAPRICORNE	POISSONS	SAGITTAIRE	SAGITTAIRE	SCORPION	POISSONS	LION	CANCER	0 BALANCE
27 JANVIER	CAPRICORNE	POISSONS	SAGITTAIRE	SAGITTAIRE	SCORPION	POISSONS	LION	CANCER	13 BALANCE
28 JANVIER	CAPRICORNE	POISSONS	SAGITTAIRE	SAGITTAIRE	SCORPION	POISSONS	LION	CANCER	27 BALANCE
29 JANVIER	CAPRICORNE	POISSONS	SAGITTAIRE	SAGITTAIRE	SCORPION	POISSONS	LION	CANCER	11 SCORPION
30 JANVIER	CAPRICORNE	POISSONS	SAGITTAIRE	SAGITTAIRE	SCORPION	POISSONS	LION	CANCER	26 SCORPION
31 JANVIER	CAPRICORNE	POISSONS	SAGITTAIRE	SAGITTAIRE	SCORPION	POISSONS	LION	CANCER	10 SAGITTAIRE
1 FEVRIER	CAPRICORNE	POISSONS	SAGITTAIRE	SAGITTAIRE	SCORPION	POISSONS	LION	CANCER	24 SAGITTAIRE
2 FEVRIER	CAPRICORNE	POISSONS	SAGITTAIRE	SAGITTAIRE	SCORPION	POISSONS	LION	CANCER	9 CAPRICORNE
3 FEVRIER	CAPRICORNE	POISSONS	SAGITTAIRE	SAGITTAIRE	SCORPION	POISSONS	LION	CANCER	23 CAPRICORNE
4 FEVRIER	CAPRICORNE	POISSONS	SAGITTAIRE	SAGITTAIRE	SCORPION	POISSONS	LION	CANCER	7 VERSEAU
5 FEVRIER	CAPRICORNE	POISSONS	SAGITTAIRE	SAGITTAIRE	SCORPION	POISSONS	LION	CANCER	21 VERSEAU
6 FEVRIER	CAPRICORNE	POISSONS	SAGITTAIRE	SAGITTAIRE	SCORPION	POISSONS	LION	CANCER	4 POISSONS
7 FEVRIER	CAPRICORNE	POISSONS	SAGITTAIRE	SAGITTAIRE	SCORPION	POISSONS	LION	CANCER	17 POISSONS
8 FEVRIER	CAPRICORNE	POISSONS	SAGITTAIRE	SAGITTAIRE	SCORPION	POISSONS	LION	CANCER	0 BELIER
9 FEVRIER	CAPRICORNE	POISSONS	SAGITTAIRE	SAGITTAIRE	SCORPION	POISSONS	LION	CANCER	12 BELIER
10 FEVRIER	CAPRICORNE	POISSONS	SAGITTAIRE	SAGITTAIRE	SCORPION	POISSONS	LION	CANCER	25 BELIER
11 FEVRIER	CAPRICORNE	POISSONS	SAGITTAIRE	SAGITTAIRE	SCORPION	POISSONS	LION	CANCER	7 TAUREAU
12 FEVRIER	CAPRICORNE	POISSONS	SAGITTAIRE	SAGITTAIRE	SCORPION	POISSONS	LION	CANCER	19 TAUREAU
13 FEVRIER	CAPRICORNE	BELIER	SAGITTAIRE	SAGITTAIRE	SCORPION	POISSONS	LION	CANCER	0 GEMEAUX
14 FEVRIER	VERSEAU	BELIER	SAGITTAIRE	SAGITTAIRE	SCORPION	POISSONS	LION	CANCER	12 GEMEAUX
15 FEVRIER	VERSEAU	BELIER	SAGITTAIRE	SAGITTAIRE	SCORPION	POISSONS	LION	CANCER	24 GEMEAUX
16 FEVRIER	VERSEAU	BELIER	SAGITTAIRE	SAGITTAIRE	SCORPION	POISSONS	LION	CANCER	7 CANCER
17 FEVRIER	VERSEAU	BELIER	SAGITTAIRE	SAGITTAIRE	SCORPION	POISSONS	LION	CANCER	19 CANCER
18 FEVRIER	VERSEAU	BELIER	SAGITTAIRE	SAGITTAIRE	SCORPION	POISSONS	LION	CANCER	2 LION
19 FEVRIER	VERSEAU	BELIER	SAGITTAIRE	SAGITTAIRE	SCORPION	POISSONS	LION	CANCER	15 LION

	ENTRE DANS LE SIGNE DU		LE 21 JANVIER	A 7 h 15	
LE SOLEIL		VERSEAU	1924		* LES CHIFFRES INDIQUENT LES DEGRES
	QUITTE LE SIGNE DU		LE 19 FEVRIER	A 12 h 35	

1925	MERCURE	VENUS	MARS	JUPITER	SATURNE	URANUS	NEPTUNE	PLUTON	LUNE *
20 JANVIER	CAPRICORNE	CAPRICORNE	BELIER	CAPRICORNE	SCORPION	POISSONS	LION	CANCER	2 SAGITTAIRE
21 JANVIER	CAPRICORNE	CAPRICORNE	BELIER	CAPRICORNE	SCORPION	POISSONS	LION	CANCER	17 SAGITTAIRE
22 JANVIER	CAPRICORNE	CAPRICORNE	BELIER	CAPRICORNE	SCORPION	POISSONS	LION	CANCER	2 CAPRICORNE
23 JANVIER	CAPRICORNE	CAPRICORNE	BELIER	CAPRICORNE	SCORPION	POISSONS	LION	CANCER	17 CAPRICORNE
24 JANVIER	CAPRICORNE	CAPRICORNE	BELIER	CAPRICORNE	SCORPION	POISSONS	LION	CANCER	2 VERSEAU
25 JANVIER	CAPRICORNE	CAPRICORNE	BELIER	CAPRICORNE	SCORPION	POISSONS	LION	CANCER	17 VERSEAU
26 JANVIER	CAPRICORNE	CAPRICORNE	BELIER	CAPRICORNE	SCORPION	POISSONS	LION	CANCER	2 POISSONS
27 JANVIER	CAPRICORNE	CAPRICORNE	BELIER	CAPRICORNE	SCORPION	POISSONS	LION	CANCER	16 POISSONS
28 JANVIER	CAPRICORNE	CAPRICORNE	BELIER	CAPRICORNE	SCORPION	POISSONS	LION	CANCER	0 BELIER
29 JANVIER	CAPRICORNE	CAPRICORNE	BELIER	CAPRICORNE	SCORPION	POISSONS	LION	CANCER	13 BELIER
30 JANVIER	CAPRICORNE	CAPRICORNE	BELIER	CAPRICORNE	SCORPION	POISSONS	LION	CANCER	26 BELIER
31 JANVIER	CAPRICORNE	CAPRICORNE	BELIER	CAPRICORNE	SCORPION	POISSONS	LION	CANCER	9 TAUREAU
1 FEVRIER	CAPRICORNE	CAPRICORNE	BELIER	CAPRICORNE	SCORPION	POISSONS	LION	CANCER	21 TAUREAU
2 FEVRIER	CAPRICORNE	CAPRICORNE	BELIER	CAPRICORNE	SCORPION	POISSONS	LION	CANCER	3 GEMEAUX
3 FEVRIER	CAPRICORNE	CAPRICORNE	BELIER	CAPRICORNE	SCORPION	POISSONS	LION	CANCER	15 GEMEAUX
4 FEVRIER	CAPRICORNE	CAPRICORNE	BELIER	CAPRICORNE	SCORPION	POISSONS	LION	CANCER	27 GEMEAUX
5 FEVRIER	CAPRICORNE	CAPRICORNE	TAUREAU	CAPRICORNE	SCORPION	POISSONS	LION	CANCER	8 CANCER
6 FEVRIER	CAPRICORNE	CAPRICORNE	TAUREAU	CAPRICORNE	SCORPION	POISSONS	LION	CANCER	20 CANCER
7 FEVRIER	VERSEAU	CAPRICORNE	TAUREAU	CAPRICORNE	SCORPION	POISSONS	LION	CANCER	2 LION
8 FEVRIER	VERSEAU	VERSEAU	TAUREAU	CAPRICORNE	SCORPION	POISSONS	LION	CANCER	14 LION
9 FEVRIER	VERSEAU	VERSEAU	TAUREAU	CAPRICORNE	SCORPION	POISSONS	LION	CANCER	27 LION
10 FEVRIER	VERSEAU	VERSEAU	TAUREAU	CAPRICORNE	SCORPION	POISSONS	LION	CANCER	9 VIERGE
11 FEVRIER	VERSEAU	VERSEAU	TAUREAU	CAPRICORNE	SCORPION	POISSONS	LION	CANCER	22 VIERGE
12 FEVRIER	VERSEAU	VERSEAU	TAUREAU	CAPRICORNE	SCORPION	POISSONS	LION	CANCER	4 BALANCE
13 FEVRIER	VERSEAU	VERSEAU	TAUREAU	CAPRICORNE	SCORPION	POISSONS	LION	CANCER	18 BALANCE
14 FEVRIER	VERSEAU	VERSEAU	TAUREAU	CAPRICORNE	SCORPION	POISSONS	LION	CANCER	1 SCORPION
15 FEVRIER	VERSEAU	VERSEAU	TAUREAU	CAPRICORNE	SCORPION	POISSONS	LION	CANCER	14 SCORPION
16 FEVRIER	VERSEAU	VERSEAU	TAUREAU	CAPRICORNE	SCORPION	POISSONS	LION	CANCER	28 SCORPION
17 FEVRIER	VERSEAU	VERSEAU	TAUREAU	CAPRICORNE	SCORPION	POISSONS	LION	CANCER	12 SAGITTAIRE
18 FEVRIER	VERSEAU	VERSEAU	TAUREAU	CAPRICORNE	SCORPION	POISSONS	LION	CANCER	27 SAGITTAIRE
19 FEVRIER	VERSEAU	VERSEAU	TAUREAU	CAPRICORNE	SCORPION	POISSONS	LION	CANCER	11 CAPRICORNE

	ENTRE DANS LE SIGNE DU		LE 20 JANVIER	A 13 h 05	
LE SOLEIL		VERSEAU	1925		* LES CHIFFRES INDIQUENT LES DEGRES
	QUITTE LE SIGNE DU		LE 19 FEVRIER	A 3 h 30	

DECOUVREZ DANS QUEL SIGNE SE TROUVAIENT LES PLANETES A VOTRE NAISSANCE

1926	MERCURE	VENUS	MARS	JUPITER	SATURNE	URANUS	NEPTUNE	PLUTON	LUNE *
20 JANVIER	CAPRICORNE	VERSEAU	SAGITTAIRE	VERSEAU	SCORPION	POISSONS	LION	CANCER	24 BELIER
21 JANVIER	CAPRICORNE	VERSEAU	SAGITTAIRE	VERSEAU	SCORPION	POISSONS	LION	CANCER	7 TAUREAU
22 JANVIER	CAPRICORNE	VERSEAU	SAGITTAIRE	VERSEAU	SCORPION	POISSONS	LION	CANCER	20 TAUREAU
23 JANVIER	CAPRICORNE	VERSEAU	SAGITTAIRE	VERSEAU	SCORPION	POISSONS	LION	CANCER	3 GEMEAUX
24 JANVIER	CAPRICORNE	VERSEAU	SAGITTAIRE	VERSEAU	SCORPION	POISSONS	LION	CANCER	15 GEMEAUX
25 JANVIER	CAPRICORNE	VERSEAU	SAGITTAIRE	VERSEAU	SCORPION	POISSONS	LION	CANCER	27 GEMEAUX
26 JANVIER	CAPRICORNE	VERSEAU	SAGITTAIRE	VERSEAU	SCORPION	POISSONS	LION	CANCER	9 CANCER
27 JANVIER	CAPRICORNE	VERSEAU	SAGITTAIRE	VERSEAU	SCORPION	POISSONS	LION	CANCER	21 CANCER
28 JANVIER	CAPRICORNE	VERSEAU	SAGITTAIRE	VERSEAU	SCORPION	POISSONS	LION	CANCER	3 LION
29 JANVIER	CAPRICORNE	VERSEAU	SAGITTAIRE	VERSEAU	SCORPION	POISSONS	LION	CANCER	15 LION
30 JANVIER	CAPRICORNE	VERSEAU	SAGITTAIRE	VERSEAU	SCORPION	POISSONS	LION	CANCER	27 LION
31 JANVIER	VERSEAU	VERSEAU	SAGITTAIRE	VERSEAU	SCORPION	POISSONS	LION	CANCER	9 VIERGE
1 FEVRIER	VERSEAU	VERSEAU	SAGITTAIRE	VERSEAU	SCORPION	POISSONS	LION	CANCER	21 VIERGE
2 FEVRIER	VERSEAU	VERSEAU	SAGITTAIRE	VERSEAU	SCORPION	POISSONS	LION	CANCER	3 BALANCE
3 FEVRIER	VERSEAU	VERSEAU	SAGITTAIRE	VERSEAU	SCORPION	POISSONS	LION	CANCER	15 BALANCE
4 FEVRIER	VERSEAU	VERSEAU	SAGITTAIRE	VERSEAU	SCORPION	POISSONS	LION	CANCER	27 BALANCE
5 FEVRIER	VERSEAU	VERSEAU	SAGITTAIRE	VERSEAU	SCORPION	POISSONS	LION	CANCER	10 SCORPION
6 FEVRIER	VERSEAU	VERSEAU	SAGITTAIRE	VERSEAU	SCORPION	POISSONS	LION	CANCER	23 SCORPION
7 FEVRIER	VERSEAU	VERSEAU	SAGITTAIRE	VERSEAU	SCORPION	POISSONS	LION	CANCER	20 SAGITTAIRE
8 FEVRIER	VERSEAU	VERSEAU	SAGITTAIRE	VERSEAU	SCORPION	POISSONS	LION	CANCER	6 SAGITTAIRE
9 FEVRIER	VERSEAU	VERSEAU	CAPRICORNE	VERSEAU	SCORPION	POISSONS	LION	CANCER	5 CAPRICORNE
10 FEVRIER	VERSEAU	VERSEAU	CAPRICORNE	VERSEAU	SCORPION	POISSONS	LION	CANCER	19 CAPRICORNE
11 FEVRIER	VERSEAU	VERSEAU	CAPRICORNE	VERSEAU	SCORPION	POISSONS	LION	CANCER	4 VERSEAU
12 FEVRIER	VERSEAU	VERSEAU	CAPRICORNE	VERSEAU	SCORPION	POISSONS	LION	CANCER	20 VERSEAU
13 FEVRIER	VERSEAU	VERSEAU	CAPRICORNE	VERSEAU	SCORPION	POISSONS	LION	CANCER	5 POISSONS
14 FEVRIER	VERSEAU	VERSEAU	CAPRICORNE	VERSEAU	SCORPION	POISSONS	LION	CANCER	20 POISSONS
15 FEVRIER	VERSEAU	VERSEAU	CAPRICORNE	VERSEAU	SCORPION	POISSONS	LION	CANCER	5 BELIER
16 FEVRIER	VERSEAU	VERSEAU	CAPRICORNE	VERSEAU	SCORPION	POISSONS	LION	CANCER	19 BELIER
17 FEVRIER	VERSEAU	VERSEAU	CAPRICORNE	VERSEAU	SCORPION	POISSONS	LION	CANCER	3 TAUREAU
18 FEVRIER	POISSONS	VERSEAU	CAPRICORNE	VERSEAU	SCORPION	POISSONS	LION	CANCER	16 TAUREAU
19 FEVRIER	POISSONS	VERSEAU	CAPRICORNE	VERSEAU	SCORPION	POISSONS	LION	CANCER	29 TAUREAU

LE SOLEIL ENTRE DANS LE SIGNE DU VERSEAU LE 20 JANVIER 1926 A 19 h 00
LE SOLEIL QUITTE LE SIGNE DU VERSEAU LE 19 FEVRIER 1926 A 9 h 20

* LES CHIFFRES INDIQUENT LES DEGRES

1927	MERCURE	VENUS	MARS	JUPITER	SATURNE	URANUS	NEPTUNE	PLUTON	LUNE *
21 JANVIER	CAPRICORNE	VERSEAU	TAUREAU	POISSONS	SAGITTAIRE	POISSONS	LION	CANCER	10 VIERGE
22 JANVIER	CAPRICORNE	VERSEAU	TAUREAU	POISSONS	SAGITTAIRE	POISSONS	LION	CANCER	22 VIERGE
23 JANVIER	CAPRICORNE	VERSEAU	TAUREAU	POISSONS	SAGITTAIRE	POISSONS	LION	CANCER	4 BALANCE
24 JANVIER	VERSEAU	VERSEAU	TAUREAU	POISSONS	SAGITTAIRE	POISSONS	LION	CANCER	16 BALANCE
25 JANVIER	VERSEAU	VERSEAU	TAUREAU	POISSONS	SAGITTAIRE	POISSONS	LION	CANCER	28 BALANCE
26 JANVIER	VERSEAU	VERSEAU	TAUREAU	POISSONS	SAGITTAIRE	POISSONS	LION	CANCER	10 SCORPION
27 JANVIER	VERSEAU	VERSEAU	TAUREAU	POISSONS	SAGITTAIRE	POISSONS	LION	CANCER	22 SCORPION
28 JANVIER	VERSEAU	VERSEAU	TAUREAU	POISSONS	SAGITTAIRE	POISSONS	LION	CANCER	5 SAGITTAIRE
29 JANVIER	VERSEAU	VERSEAU	TAUREAU	POISSONS	SAGITTAIRE	POISSONS	LION	CANCER	18 SAGITTAIRE
30 JANVIER	VERSEAU	VERSEAU	TAUREAU	POISSONS	SAGITTAIRE	POISSONS	LION	CANCER	1 CAPRICORNE
31 JANVIER	VERSEAU	VERSEAU	TAUREAU	POISSONS	SAGITTAIRE	POISSONS	LION	CANCER	15 CAPRICORNE
1 FEVRIER	VERSEAU	VERSEAU	TAUREAU	POISSONS	SAGITTAIRE	POISSONS	LION	CANCER	29 CAPRICORNE
2 FEVRIER	VERSEAU	POISSONS	TAUREAU	POISSONS	SAGITTAIRE	POISSONS	LION	CANCER	14 VERSEAU
3 FEVRIER	VERSEAU	POISSONS	TAUREAU	POISSONS	SAGITTAIRE	POISSONS	LION	CANCER	29 VERSEAU
4 FEVRIER	VERSEAU	POISSONS	TAUREAU	POISSONS	SAGITTAIRE	POISSONS	LION	CANCER	14 POISSONS
5 FEVRIER	VERSEAU	POISSONS	TAUREAU	POISSONS	SAGITTAIRE	POISSONS	LION	CANCER	29 POISSONS
6 FEVRIER	VERSEAU	POISSONS	TAUREAU	POISSONS	SAGITTAIRE	POISSONS	LION	CANCER	14 BELIER
7 FEVRIER	VERSEAU	POISSONS	TAUREAU	POISSONS	SAGITTAIRE	POISSONS	LION	CANCER	26 BELIER
8 FEVRIER	VERSEAU	POISSONS	TAUREAU	POISSONS	SAGITTAIRE	POISSONS	LION	CANCER	12 TAUREAU
9 FEVRIER	VERSEAU	POISSONS	TAUREAU	POISSONS	SAGITTAIRE	POISSONS	LION	CANCER	26 TAUREAU
10 FEVRIER	POISSONS	POISSONS	TAUREAU	POISSONS	SAGITTAIRE	POISSONS	LION	CANCER	9 GEMEAUX
11 FEVRIER	POISSONS	POISSONS	TAUREAU	POISSONS	SAGITTAIRE	POISSONS	LION	CANCER	22 GEMEAUX
12 FEVRIER	POISSONS	POISSONS	TAUREAU	POISSONS	SAGITTAIRE	POISSONS	LION	CANCER	5 CANCER
13 FEVRIER	POISSONS	POISSONS	TAUREAU	POISSONS	SAGITTAIRE	POISSONS	LION	CANCER	17 CANCER
14 FEVRIER	POISSONS	POISSONS	TAUREAU	POISSONS	SAGITTAIRE	POISSONS	LION	CANCER	0 LION
15 FEVRIER	POISSONS	POISSONS	TAUREAU	POISSONS	SAGITTAIRE	POISSONS	LION	CANCER	12 LION
16 FEVRIER	POISSONS	POISSONS	TAUREAU	POISSONS	SAGITTAIRE	POISSONS	LION	CANCER	25 LION
17 FEVRIER	POISSONS	POISSONS	TAUREAU	POISSONS	SAGITTAIRE	POISSONS	LION	CANCER	7 VIERGE
18 FEVRIER	POISSONS	POISSONS	TAUREAU	POISSONS	SAGITTAIRE	POISSONS	LION	CANCER	19 VIERGE
19 FEVRIER	POISSONS	POISSONS	TAUREAU	POISSONS	SAGITTAIRE	POISSONS	LION	CANCER	0 BALANCE

LE SOLEIL ENTRE DANS LE SIGNE DU VERSEAU LE 21 JANVIER 1927 A 1 h 00
LE SOLEIL QUITTE LE SIGNE DU VERSEAU LE 19 FEVRIER 1927 A 15 h 20

* LES CHIFFRES INDIQUENT LES DEGRES

DECOUVREZ DANS QUEL SIGNE SE TROUVAIENT LES PLANETES A VOTRE NAISSANCE

1928	MERCURE	VENUS	MARS	JUPITER	SATURNE	URANUS	NEPTUNE	PLUTON	LUNE *
21 JANVIER	VERSEAU	SAGITTAIRE	CAPRICORNE	POISSONS	SAGITTAIRE	BELIER	LION	CANCER	14 CAPRICORNE
22 JANVIER	VERSEAU	SAGITTAIRE	CAPRICORNE	POISSONS	SAGITTAIRE	BELIER	LION	CANCER	27 CAPRICORNE
23 JANVIER	VERSEAU	SAGITTAIRE	CAPRICORNE	BELIER	SAGITTAIRE	BELIER	LION	CANCER	10 VERSEAU
24 JANVIER	VERSEAU	SAGITTAIRE	CAPRICORNE	BELIER	SAGITTAIRE	BELIER	LION	CANCER	24 VERSEAU
25 JANVIER	VERSEAU	SAGITTAIRE	CAPRICORNE	BELIER	SAGITTAIRE	BELIER	LION	CANCER	8 POISSONS
26 JANVIER	VERSEAU	SAGITTAIRE	CAPRICORNE	BELIER	SAGITTAIRE	BELIER	LION	CANCER	22 POISSONS
27 JANVIER	VERSEAU	SAGITTAIRE	CAPRICORNE	BELIER	SAGITTAIRE	BELIER	LION	CANCER	6 BELIER
28 JANVIER	VERSEAU	SAGITTAIRE	CAPRICORNE	BELIER	SAGITTAIRE	BELIER	LION	CANCER	20 BELIER
29 JANVIER	VERSEAU	CAPRICORNE	CAPRICORNE	BELIER	SAGITTAIRE	BELIER	LION	CANCER	4 TAUREAU
30 JANVIER	VERSEAU	CAPRICORNE	CAPRICORNE	BELIER	SAGITTAIRE	BELIER	LION	CANCER	18 TAUREAU
31 JANVIER	VERSEAU	CAPRICORNE	CAPRICORNE	BELIER	SAGITTAIRE	BELIER	LION	CANCER	2 GEMEAUX
1 FEVRIER	VERSEAU	CAPRICORNE	CAPRICORNE	BELIER	SAGITTAIRE	BELIER	LION	CANCER	16 GEMEAUX
2 FEVRIER	VERSEAU	CAPRICORNE	CAPRICORNE	BELIER	SAGITTAIRE	BELIER	LION	CANCER	0 CANCER
3 FEVRIER	POISSONS	CAPRICORNE	CAPRICORNE	BELIER	SAGITTAIRE	BELIER	LION	CANCER	14 CANCER
4 FEVRIER	POISSONS	CAPRICORNE	CAPRICORNE	BELIER	SAGITTAIRE	BELIER	LION	CANCER	27 CANCER
5 FEVRIER	POISSONS	CAPRICORNE	CAPRICORNE	BELIER	SAGITTAIRE	BELIER	LION	CANCER	11 LION
6 FEVRIER	POISSONS	CAPRICORNE	CAPRICORNE	BELIER	SAGITTAIRE	BELIER	LION	CANCER	24 LION
7 FEVRIER	POISSONS	CAPRICORNE	CAPRICORNE	BELIER	SAGITTAIRE	BELIER	LION	CANCER	7 VIERGE
8 FEVRIER	POISSONS	CAPRICORNE	CAPRICORNE	BELIER	SAGITTAIRE	BELIER	LION	CANCER	20 VIERGE
9 FEVRIER	POISSONS	CAPRICORNE	CAPRICORNE	BELIER	SAGITTAIRE	BELIER	LION	CANCER	2 BALANCE
10 FEVRIER	POISSONS	CAPRICORNE	CAPRICORNE	BELIER	SAGITTAIRE	BELIER	LION	CANCER	14 BALANCE
11 FEVRIER	POISSONS	CAPRICORNE	CAPRICORNE	BELIER	SAGITTAIRE	BELIER	LION	CANCER	26 BALANCE
12 FEVRIER	POISSONS	CAPRICORNE	CAPRICORNE	BELIER	SAGITTAIRE	BELIER	LION	CANCER	8 SCORPION
13 FEVRIER	POISSONS	CAPRICORNE	CAPRICORNE	BELIER	SAGITTAIRE	BELIER	LION	CANCER	20 SCORPION
14 FEVRIER	POISSONS	CAPRICORNE	CAPRICORNE	BELIER	SAGITTAIRE	BELIER	LION	CANCER	2 SAGITTAIRE
15 FEVRIER	POISSONS	CAPRICORNE	CAPRICORNE	BELIER	SAGITTAIRE	BELIER	LION	CANCER	14 SAGITTAIRE
16 FEVRIER	POISSONS	CAPRICORNE	CAPRICORNE	BELIER	SAGITTAIRE	BELIER	LION	CANCER	26 SAGITTAIRE
17 FEVRIER	POISSONS	CAPRICORNE	CAPRICORNE	BELIER	SAGITTAIRE	BELIER	LION	CANCER	9 CAPRICORNE
18 FEVRIER	POISSONS	CAPRICORNE	CAPRICORNE	BELIER	SAGITTAIRE	BELIER	LION	CANCER	22 CAPRICORNE
19 FEVRIER	POISSONS	CAPRICORNE	CAPRICORNE	BELIER	SAGITTAIRE	BELIER	LION	CANCER	5 VERSEAU

LE SOLEIL ENTRE DANS LE SIGNE DU VERSEAU LE 21 JANVIER 1928 A 6 h 45
LE SOLEIL QUITTE LE SIGNE DU VERSEAU LE 19 FEVRIER 1928 A 21 h 05
* LES CHIFFRES INDIQUENT LES DEGRES

1929	MERCURE	VENUS	MARS	JUPITER	SATURNE	URANUS	NEPTUNE	PLUTON	LUNE *
20 JANVIER	VERSEAU	POISSONS	GEMEAUX	TAUREAU	SAGITTAIRE	BELIER	VIERGE	CANCER	24 TAUREAU
21 JANVIER	VERSEAU	POISSONS	GEMEAUX	TAUREAU	SAGITTAIRE	BELIER	VIERGE	CANCER	8 GEMEAUX
22 JANVIER	VERSEAU	POISSONS	GEMEAUX	TAUREAU	SAGITTAIRE	BELIER	VIERGE	CANCER	23 GEMEAUX
23 JANVIER	VERSEAU	POISSONS	GEMEAUX	TAUREAU	SAGITTAIRE	BELIER	VIERGE	CANCER	8 CANCER
24 JANVIER	VERSEAU	POISSONS	GEMEAUX	TAUREAU	SAGITTAIRE	BELIER	VIERGE	CANCER	23 CANCER
25 JANVIER	VERSEAU	POISSONS	GEMEAUX	TAUREAU	SAGITTAIRE	BELIER	VIERGE	CANCER	7 LION
26 JANVIER	VERSEAU	POISSONS	GEMEAUX	TAUREAU	SAGITTAIRE	BELIER	VIERGE	CANCER	22 LION
27 JANVIER	VERSEAU	POISSONS	GEMEAUX	TAUREAU	SAGITTAIRE	BELIER	VIERGE	CANCER	6 VIERGE
28 JANVIER	VERSEAU	POISSONS	GEMEAUX	TAUREAU	SAGITTAIRE	BELIER	VIERGE	CANCER	20 VIERGE
29 JANVIER	VERSEAU	POISSONS	GEMEAUX	TAUREAU	SAGITTAIRE	BELIER	VIERGE	CANCER	3 BALANCE
30 JANVIER	VERSEAU	POISSONS	GEMEAUX	TAUREAU	SAGITTAIRE	BELIER	VIERGE	CANCER	16 BALANCE
31 JANVIER	VERSEAU	POISSONS	GEMEAUX	TAUREAU	SAGITTAIRE	BELIER	VIERGE	CANCER	29 BALANCE
1 FEVRIER	VERSEAU	POISSONS	GEMEAUX	TAUREAU	SAGITTAIRE	BELIER	VIERGE	CANCER	11 SCORPION
2 FEVRIER	VERSEAU	POISSONS	GEMEAUX	TAUREAU	SAGITTAIRE	BELIER	VIERGE	CANCER	23 SCORPION
3 FEVRIER	VERSEAU	BELIER	GEMEAUX	TAUREAU	SAGITTAIRE	BELIER	VIERGE	CANCER	5 SAGITTAIRE
4 FEVRIER	VERSEAU	BELIER	GEMEAUX	TAUREAU	SAGITTAIRE	BELIER	VIERGE	CANCER	16 SAGITTAIRE
5 FEVRIER	VERSEAU	BELIER	GEMEAUX	TAUREAU	SAGITTAIRE	BELIER	VIERGE	CANCER	28 SAGITTAIRE
6 FEVRIER	VERSEAU	BELIER	GEMEAUX	TAUREAU	SAGITTAIRE	BELIER	VIERGE	CANCER	10 CAPRICORNE
7 FEVRIER	VERSEAU	BELIER	GEMEAUX	TAUREAU	SAGITTAIRE	BELIER	VIERGE	CANCER	22 CAPRICORNE
8 FEVRIER	VERSEAU	BELIER	GEMEAUX	TAUREAU	SAGITTAIRE	BELIER	VIERGE	CANCER	5 VERSEAU
9 FEVRIER	VERSEAU	BELIER	GEMEAUX	TAUREAU	SAGITTAIRE	BELIER	VIERGE	CANCER	17 VERSEAU
10 FEVRIER	VERSEAU	BELIER	GEMEAUX	TAUREAU	SAGITTAIRE	BELIER	VIERGE	CANCER	0 POISSONS
11 FEVRIER	VERSEAU	BELIER	GEMEAUX	TAUREAU	SAGITTAIRE	BELIER	VIERGE	CANCER	13 POISSONS
12 FEVRIER	VERSEAU	BELIER	GEMEAUX	TAUREAU	SAGITTAIRE	BELIER	VIERGE	CANCER	26 POISSONS
13 FEVRIER	VERSEAU	BELIER	GEMEAUX	TAUREAU	SAGITTAIRE	BELIER	VIERGE	CANCER	9 BELIER
14 FEVRIER	VERSEAU	BELIER	GEMEAUX	TAUREAU	SAGITTAIRE	BELIER	VIERGE	CANCER	23 BELIER
15 FEVRIER	VERSEAU	BELIER	GEMEAUX	TAUREAU	SAGITTAIRE	BELIER	VIERGE	CANCER	7 TAUREAU
16 FEVRIER	VERSEAU	BELIER	GEMEAUX	TAUREAU	SAGITTAIRE	BELIER	VIERGE	CANCER	20 TAUREAU
17 FEVRIER	VERSEAU	BELIER	GEMEAUX	TAUREAU	SAGITTAIRE	BELIER	VIERGE	CANCER	4 GEMEAUX
18 FEVRIER	VERSEAU	BELIER	GEMEAUX	TAUREAU	SAGITTAIRE	BELIER	VIERGE	CANCER	19 GEMEAUX
19 FEVRIER	VERSEAU	BELIER	GEMEAUX	TAUREAU	SAGITTAIRE	BELIER	VIERGE	CANCER	3 CANCER

LE SOLEIL ENTRE DANS LE SIGNE DU VERSEAU LE 20 JANVIER 1929 A 12 h 30
LE SOLEIL QUITTE LE SIGNE DU VERSEAU LE 19 FEVRIER 1929 A 2 h 55
* LES CHIFFRES INDIQUENT LES DEGRES

DECOUVREZ DANS QUEL SIGNE SE TROUVAIENT LES PLANETES A VOTRE NAISSANCE

1930	MERCURE	VENUS	MARS	JUPITER	SATURNE	URANUS	NEPTUNE	PLUTON	LUNE *
20 JANVIER	VERSEAU	CAPRICORNE	CAPRICORNE	GEMEAUX	CAPRICORNE	BELIER	VIERGE	CANCER	15 BALANCE
21 JANVIER	VERSEAU	CAPRICORNE	CAPRICORNE	GEMEAUX	CAPRICORNE	BELIER	VIERGE	CANCER	28 BALANCE
22 JANVIER	VERSEAU	CAPRICORNE	CAPRICORNE	GEMEAUX	CAPRICORNE	BELIER	VIERGE	CANCER	11 SCORPION
23 JANVIER	CAPRICORNE	CAPRICORNE	CAPRICORNE	GEMEAUX	CAPRICORNE	BELIER	VIERGE	CANCER	24 SCORPION
24 JANVIER	CAPRICORNE	VERSEAU	CAPRICORNE	GEMEAUX	CAPRICORNE	BELIER	VIERGE	CANCER	6 SAGITTAIRE
25 JANVIER	CAPRICORNE	VERSEAU	CAPRICORNE	GEMEAUX	CAPRICORNE	BELIER	VIERGE	CANCER	18 SAGITTAIRE
26 JANVIER	CAPRICORNE	VERSEAU	CAPRICORNE	GEMEAUX	CAPRICORNE	BELIER	VIERGE	CANCER	0 CAPRICORNE
27 JANVIER	CAPRICORNE	VERSEAU	CAPRICORNE	GEMEAUX	CAPRICORNE	BELIER	VIERGE	CANCER	12 CAPRICORNE
28 JANVIER	CAPRICORNE	VERSEAU	CAPRICORNE	GEMEAUX	CAPRICORNE	BELIER	VIERGE	CANCER	23 CAPRICORNE
29 JANVIER	CAPRICORNE	VERSEAU	CAPRICORNE	GEMEAUX	CAPRICORNE	BELIER	VIERGE	CANCER	5 VERSEAU
30 JANVIER	CAPRICORNE	VERSEAU	CAPRICORNE	GEMEAUX	CAPRICORNE	BELIER	VIERGE	CANCER	17 VERSEAU
31 JANVIER	CAPRICORNE	VERSEAU	CAPRICORNE	GEMEAUX	CAPRICORNE	BELIER	VIERGE	CANCER	29 VERSEAU
1 FEVRIER	CAPRICORNE	VERSEAU	CAPRICORNE	GEMEAUX	CAPRICORNE	BELIER	VIERGE	CANCER	11 POISSONS
2 FEVRIER	CAPRICORNE	VERSEAU	CAPRICORNE	GEMEAUX	CAPRICORNE	BELIER	VIERGE	CANCER	23 POISSONS
3 FEVRIER	CAPRICORNE	VERSEAU	CAPRICORNE	GEMEAUX	CAPRICORNE	BELIER	VIERGE	CANCER	6 BELIER
4 FEVRIER	CAPRICORNE	VERSEAU	CAPRICORNE	GEMEAUX	CAPRICORNE	BELIER	VIERGE	CANCER	18 BELIER
5 FEVRIER	CAPRICORNE	VERSEAU	CAPRICORNE	GEMEAUX	CAPRICORNE	BELIER	VIERGE	CANCER	1 TAUREAU
6 FEVRIER	CAPRICORNE	VERSEAU	CAPRICORNE	GEMEAUX	CAPRICORNE	BELIER	VIERGE	CANCER	14 TAUREAU
7 FEVRIER	CAPRICORNE	VERSEAU	VERSEAU	GEMEAUX	CAPRICORNE	BELIER	VIERGE	CANCER	27 TAUREAU
8 FEVRIER	CAPRICORNE	VERSEAU	VERSEAU	GEMEAUX	CAPRICORNE	BELIER	VIERGE	CANCER	11 GEMEAUX
9 FEVRIER	CAPRICORNE	VERSEAU	VERSEAU	GEMEAUX	CAPRICORNE	BELIER	VIERGE	CANCER	25 GEMEAUX
10 FEVRIER	CAPRICORNE	VERSEAU	VERSEAU	GEMEAUX	CAPRICORNE	BELIER	VIERGE	CANCER	10 CANCER
11 FEVRIER	CAPRICORNE	VERSEAU	VERSEAU	GEMEAUX	CAPRICORNE	BELIER	VIERGE	CANCER	25 CANCER
12 FEVRIER	CAPRICORNE	VERSEAU	VERSEAU	GEMEAUX	CAPRICORNE	BELIER	VIERGE	CANCER	10 LION
13 FEVRIER	CAPRICORNE	VERSEAU	VERSEAU	GEMEAUX	CAPRICORNE	BELIER	VIERGE	CANCER	26 LION
14 FEVRIER	CAPRICORNE	VERSEAU	VERSEAU	GEMEAUX	CAPRICORNE	BELIER	VIERGE	CANCER	11 VIERGE
15 FEVRIER	CAPRICORNE	VERSEAU	VERSEAU	GEMEAUX	CAPRICORNE	BELIER	VIERGE	CANCER	26 VIERGE
16 FEVRIER	VERSEAU	VERSEAU	VERSEAU	GEMEAUX	CAPRICORNE	BELIER	VIERGE	CANCER	10 BALANCE
17 FEVRIER	VERSEAU	POISSONS	VERSEAU	GEMEAUX	CAPRICORNE	BELIER	VIERGE	CANCER	24 BALANCE
18 FEVRIER	VERSEAU	POISSONS	VERSEAU	GEMEAUX	CAPRICORNE	BELIER	VIERGE	CANCER	7 SCORPION
19 FEVRIER	VERSEAU	POISSONS	VERSEAU	GEMEAUX	CAPRICORNE	BELIER	VIERGE	CANCER	20 SCORPION

ENTRE DANS LE SIGNE DU — LE 20 JANVIER — A 18 h 20
LE SOLEIL — VERSEAU — 1930 — * LES CHIFFRES INDIQUENT LES DEGRES
QUITTE LE SIGNE DU — LE 19 FEVRIER — A 8 h 45

1931	MERCURE	VENUS	MARS	JUPITER	SATURNE	URANUS	NEPTUNE	PLUTON	LUNE *
21 JANVIER	CAPRICORNE	SAGITTAIRE	LION	CANCER	CAPRICORNE	BELIER	VIERGE	CANCER	0 POISSONS
22 JANVIER	CAPRICORNE	SAGITTAIRE	LION	CANCER	CAPRICORNE	BELIER	VIERGE	CANCER	12 POISSONS
23 JANVIER	CAPRICORNE	SAGITTAIRE	LION	CANCER	CAPRICORNE	BELIER	VIERGE	CANCER	24 POISSONS
24 JANVIER	CAPRICORNE	SAGITTAIRE	LION	CANCER	CAPRICORNE	BELIER	VIERGE	CANCER	6 BELIER
25 JANVIER	CAPRICORNE	SAGITTAIRE	LION	CANCER	CAPRICORNE	BELIER	VIERGE	CANCER	18 BELIER
26 JANVIER	CAPRICORNE	SAGITTAIRE	LION	CANCER	CAPRICORNE	BELIER	VIERGE	CANCER	0 TAUREAU
27 JANVIER	CAPRICORNE	SAGITTAIRE	LION	CANCER	CAPRICORNE	BELIER	VIERGE	CANCER	12 TAUREAU
28 JANVIER	CAPRICORNE	SAGITTAIRE	LION	CANCER	CAPRICORNE	BELIER	VIERGE	CANCER	25 TAUREAU
29 JANVIER	CAPRICORNE	SAGITTAIRE	LION	CANCER	CAPRICORNE	BELIER	VIERGE	CANCER	8 GEMEAUX
30 JANVIER	CAPRICORNE	SAGITTAIRE	LION	CANCER	CAPRICORNE	BELIER	VIERGE	CANCER	21 GEMEAUX
31 JANVIER	CAPRICORNE	SAGITTAIRE	LION	CANCER	CAPRICORNE	BELIER	VIERGE	CANCER	6 CANCER
1 FEVRIER	CAPRICORNE	SAGITTAIRE	LION	CANCER	CAPRICORNE	BELIER	VIERGE	CANCER	20 CANCER
2 FEVRIER	CAPRICORNE	SAGITTAIRE	LION	CANCER	CAPRICORNE	BELIER	VIERGE	CANCER	5 LION
3 FEVRIER	CAPRICORNE	SAGITTAIRE	LION	CANCER	CAPRICORNE	BELIER	VIERGE	CANCER	20 LION
4 FEVRIER	CAPRICORNE	SAGITTAIRE	LION	CANCER	CAPRICORNE	BELIER	VIERGE	CANCER	5 VIERGE
5 FEVRIER	CAPRICORNE	SAGITTAIRE	LION	CANCER	CAPRICORNE	BELIER	VIERGE	CANCER	20 VIERGE
6 FEVRIER	CAPRICORNE	SAGITTAIRE	LION	CANCER	CAPRICORNE	BELIER	VIERGE	CANCER	5 BALANCE
7 FEVRIER	CAPRICORNE	CAPRICORNE	LION	CANCER	CAPRICORNE	BELIER	VIERGE	CANCER	20 BALANCE
8 FEVRIER	CAPRICORNE	CAPRICORNE	LION	CANCER	CAPRICORNE	BELIER	VIERGE	CANCER	4 SCORPION
9 FEVRIER	CAPRICORNE	CAPRICORNE	LION	CANCER	CAPRICORNE	BELIER	VIERGE	CANCER	17 SCORPION
10 FEVRIER	CAPRICORNE	CAPRICORNE	LION	CANCER	CAPRICORNE	BELIER	VIERGE	CANCER	1 SAGITTAIRE
11 FEVRIER	CAPRICORNE	CAPRICORNE	LION	CANCER	CAPRICORNE	BELIER	VIERGE	CANCER	14 SAGITTAIRE
12 FEVRIER	VERSEAU	CAPRICORNE	LION	CANCER	CAPRICORNE	BELIER	VIERGE	CANCER	26 SAGITTAIRE
13 FEVRIER	VERSEAU	CAPRICORNE	LION	CANCER	CAPRICORNE	BELIER	VIERGE	CANCER	9 CAPRICORNE
14 FEVRIER	VERSEAU	CAPRICORNE	LION	CANCER	CAPRICORNE	BELIER	VIERGE	CANCER	21 CAPRICORNE
15 FEVRIER	VERSEAU	CAPRICORNE	LION	CANCER	CAPRICORNE	BELIER	VIERGE	CANCER	3 VERSEAU
16 FEVRIER	VERSEAU	CAPRICORNE	LION	CANCER	CAPRICORNE	BELIER	VIERGE	CANCER	15 VERSEAU
17 FEVRIER	VERSEAU	CAPRICORNE	CANCER	CANCER	CAPRICORNE	BELIER	VIERGE	CANCER	27 VERSEAU
18 FEVRIER	VERSEAU	CAPRICORNE	CANCER	CANCER	CAPRICORNE	BELIER	VIERGE	CANCER	9 POISSONS
19 FEVRIER	VERSEAU	CAPRICORNE	CANCER	CANCER	CAPRICORNE	BELIER	VIERGE	CANCER	21 POISSONS

ENTRE DANS LE SIGNE DU — LE 21 JANVIER — A 0 h 05
LE SOLEIL — VERSEAU — 1931 — * LES CHIFFRES INDIQUENT LES DEGRES
QUITTE LE SIGNE DU — LE 19 FEVRIER — A 14 h 25

DECOUVREZ DANS QUEL SIGNE SE TROUVAIENT LES PLANETES A VOTRE NAISSANCE

1932	MERCURE	VENUS	MARS	JUPITER	SATURNE	URANUS	NEPTUNE	PLUTON	LUNE *
21 JANVIER	CAPRICORNE	POISSONS	VERSEAU	LION	CAPRICORNE	BELIER	VIERGE	CANCER	4 CANCER
22 JANVIER	CAPRICORNE	POISSONS	VERSEAU	LION	CAPRICORNE	BELIER	VIERGE	CANCER	17 CANCER
23 JANVIER	CAPRICORNE	POISSONS	VERSEAU	LION	CAPRICORNE	BELIER	VIERGE	CANCER	1 LION
24 JANVIER	CAPRICORNE	POISSONS	VERSEAU	LION	CAPRICORNE	BELIER	VIERGE	CANCER	15 LION
25 JANVIER	CAPRICORNE	POISSONS	VERSEAU	LION	CAPRICORNE	BELIER	VIERGE	CANCER	29 LION
26 JANVIER	CAPRICORNE	POISSONS	VERSEAU	LION	CAPRICORNE	BELIER	VIERGE	CANCER	13 VIERGE
27 JANVIER	CAPRICORNE	POISSONS	VERSEAU	LION	CAPRICORNE	BELIER	VIERGE	CANCER	28 VIERGE
28 JANVIER	CAPRICORNE	POISSONS	VERSEAU	LION	CAPRICORNE	BELIER	VIERGE	CANCER	12 BALANCE
29 JANVIER	CAPRICORNE	POISSONS	VERSEAU	LION	CAPRICORNE	BELIER	VIERGE	CANCER	26 BALANCE
30 JANVIER	CAPRICORNE	POISSONS	VERSEAU	LION	CAPRICORNE	BELIER	VIERGE	CANCER	10 SCORPION
31 JANVIER	CAPRICORNE	POISSONS	VERSEAU	LION	CAPRICORNE	BELIER	VIERGE	CANCER	24 SCORPION
1 FEVRIER	CAPRICORNE	POISSONS	VERSEAU	LION	CAPRICORNE	BELIER	VIERGE	CANCER	8 SAGITTAIRE
2 FEVRIER	CAPRICORNE	POISSONS	VERSEAU	LION	CAPRICORNE	BELIER	VIERGE	CANCER	22 SAGITTAIRE
3 FEVRIER	CAPRICORNE	POISSONS	VERSEAU	LION	CAPRICORNE	BELIER	VIERGE	CANCER	5 CAPRICORNE
4 FEVRIER	CAPRICORNE	POISSONS	VERSEAU	LION	CAPRICORNE	BELIER	VIERGE	CANCER	19 CAPRICORNE
5 FEVRIER	VERSEAU	POISSONS	VERSEAU	LION	CAPRICORNE	BELIER	VIERGE	CANCER	2 VERSEAU
6 FEVRIER	VERSEAU	POISSONS	VERSEAU	LION	CAPRICORNE	BELIER	VIERGE	CANCER	15 VERSEAU
7 FEVRIER	VERSEAU	POISSONS	VERSEAU	LION	CAPRICORNE	BELIER	VIERGE	CANCER	27 VERSEAU
8 FEVRIER	VERSEAU	POISSONS	VERSEAU	LION	CAPRICORNE	BELIER	VIERGE	CANCER	10 POISSONS
9 FEVRIER	VERSEAU	POISSONS	VERSEAU	LION	CAPRICORNE	BELIER	VIERGE	CANCER	22 POISSONS
10 FEVRIER	VERSEAU	POISSONS	VERSEAU	LION	CAPRICORNE	BELIER	VIERGE	CANCER	4 BELIER
11 FEVRIER	VERSEAU	POISSONS	VERSEAU	LION	CAPRICORNE	BELIER	VIERGE	CANCER	16 BELIER
12 FEVRIER	VERSEAU	POISSONS	VERSEAU	LION	CAPRICORNE	BELIER	VIERGE	CANCER	28 BELIER
13 FEVRIER	VERSEAU	BELIER	VERSEAU	LION	CAPRICORNE	BELIER	VIERGE	CANCER	9 TAUREAU
14 FEVRIER	VERSEAU	BELIER	VERSEAU	LION	CAPRICORNE	BELIER	VIERGE	CANCER	21 TAUREAU
15 FEVRIER	VERSEAU	BELIER	VERSEAU	LION	CAPRICORNE	BELIER	VIERGE	CANCER	3 GEMEAUX
16 FEVRIER	VERSEAU	BELIER	VERSEAU	LION	CAPRICORNE	BELIER	VIERGE	CANCER	16 GEMEAUX
17 FEVRIER	VERSEAU	BELIER	VERSEAU	LION	CAPRICORNE	BELIER	VIERGE	CANCER	29 GEMEAUX
18 FEVRIER	VERSEAU	BELIER	VERSEAU	LION	CAPRICORNE	BELIER	VIERGE	CANCER	12 CANCER
19 FEVRIER	VERSEAU	BELIER	VERSEAU	LION	CAPRICORNE	BELIER	VIERGE	CANCER	25 CANCER

ENTRE DANS LE SIGNE DU — LE 21 JANVIER — A 5 h 50
LE SOLEIL — VERSEAU — 1932 — * LES CHIFFRES INDIQUENT LES DEGRES
QUITTE LE SIGNE DU — LE 19 FEVRIER — A 20 h 15

1933	MERCURE	VENUS	MARS	JUPITER	SATURNE	URANUS	NEPTUNE	PLUTON	LUNE *
20 JANVIER	CAPRICORNE	CAPRICORNE	VIERGE	VIERGE	VERSEAU	BELIER	VIERGE	CANCER	16 SCORPION
21 JANVIER	CAPRICORNE	CAPRICORNE	VIERGE	VIERGE	VERSEAU	BELIER	VIERGE	CANCER	0 SAGITTAIRE
22 JANVIER	CAPRICORNE	CAPRICORNE	VIERGE	VIERGE	VERSEAU	BELIER	VIERGE	CANCER	15 SAGITTAIRE
23 JANVIER	CAPRICORNE	CAPRICORNE	VIERGE	VIERGE	VERSEAU	BELIER	VIERGE	CANCER	29 SAGITTAIRE
24 JANVIER	CAPRICORNE	CAPRICORNE	VIERGE	VIERGE	VERSEAU	BELIER	VIERGE	CANCER	14 CAPRICORNE
25 JANVIER	CAPRICORNE	CAPRICORNE	VIERGE	VIERGE	VERSEAU	BELIER	VIERGE	CANCER	29 CAPRICORNE
26 JANVIER	CAPRICORNE	CAPRICORNE	VIERGE	VIERGE	VERSEAU	BELIER	VIERGE	CANCER	13 VERSEAU
27 JANVIER	CAPRICORNE	CAPRICORNE	VIERGE	VIERGE	VERSEAU	BELIER	VIERGE	CANCER	27 VERSEAU
28 JANVIER	VERSEAU	CAPRICORNE	VIERGE	VIERGE	VERSEAU	BELIER	VIERGE	CANCER	10 POISSONS
29 JANVIER	VERSEAU	CAPRICORNE	VIERGE	VIERGE	VERSEAU	BELIER	VIERGE	CANCER	23 POISSONS
30 JANVIER	VERSEAU	CAPRICORNE	VIERGE	VIERGE	VERSEAU	BELIER	VIERGE	CANCER	6 BELIER
31 JANVIER	VERSEAU	CAPRICORNE	VIERGE	VIERGE	VERSEAU	BELIER	VIERGE	CANCER	18 BELIER
1 FEVRIER	VERSEAU	CAPRICORNE	VIERGE	VIERGE	VERSEAU	BELIER	VIERGE	CANCER	0 TAUREAU
2 FEVRIER	VERSEAU	CAPRICORNE	VIERGE	VIERGE	VERSEAU	BELIER	VIERGE	CANCER	12 TAUREAU
3 FEVRIER	VERSEAU	CAPRICORNE	VIERGE	VIERGE	VERSEAU	BELIER	VIERGE	CANCER	24 TAUREAU
4 FEVRIER	VERSEAU	CAPRICORNE	VIERGE	VIERGE	VERSEAU	BELIER	VIERGE	CANCER	6 GEMEAUX
5 FEVRIER	VERSEAU	CAPRICORNE	VIERGE	VIERGE	VERSEAU	BELIER	VIERGE	CANCER	18 GEMEAUX
6 FEVRIER	VERSEAU	CAPRICORNE	VIERGE	VIERGE	VERSEAU	BELIER	VIERGE	CANCER	0 CANCER
7 FEVRIER	VERSEAU	VERSEAU	VIERGE	VIERGE	VERSEAU	BELIER	VIERGE	CANCER	12 CANCER
8 FEVRIER	VERSEAU	VERSEAU	VIERGE	VIERGE	VERSEAU	BELIER	VIERGE	CANCER	25 CANCER
9 FEVRIER	VERSEAU	VERSEAU	VIERGE	VIERGE	VERSEAU	BELIER	VIERGE	CANCER	8 LION
10 FEVRIER	VERSEAU	VERSEAU	VIERGE	VIERGE	VERSEAU	BELIER	VIERGE	CANCER	20 LION
11 FEVRIER	VERSEAU	VERSEAU	VIERGE	VIERGE	VERSEAU	BELIER	VIERGE	CANCER	4 VIERGE
12 FEVRIER	VERSEAU	VERSEAU	VIERGE	VIERGE	VERSEAU	BELIER	VIERGE	CANCER	17 VIERGE
13 FEVRIER	VERSEAU	VERSEAU	VIERGE	VIERGE	VERSEAU	BELIER	VIERGE	CANCER	1 BALANCE
14 FEVRIER	POISSONS	VERSEAU	VIERGE	VIERGE	VERSEAU	BELIER	VIERGE	CANCER	15 BALANCE
15 FEVRIER	POISSONS	VERSEAU	VIERGE	VIERGE	VERSEAU	BELIER	VIERGE	CANCER	29 BALANCE
16 FEVRIER	POISSONS	VERSEAU	VIERGE	VIERGE	VERSEAU	BELIER	VIERGE	CANCER	13 SCORPION
17 FEVRIER	POISSONS	VERSEAU	VIERGE	VIERGE	VERSEAU	BELIER	VIERGE	CANCER	27 SCORPION
18 FEVRIER	POISSONS	VERSEAU	VIERGE	VIERGE	VERSEAU	BELIER	VIERGE	CANCER	11 SAGITTAIRE
19 FEVRIER	POISSONS	VERSEAU	VIERGE	VIERGE	VERSEAU	BELIER	VIERGE	CANCER	25 SAGITTAIRE

ENTRE DANS LE SIGNE DU — LE 20 JANVIER — A 11 h 40
LE SOLEIL — VERSEAU — 1933 — * LES CHIFFRES INDIQUENT LES DEGRES
QUITTE LE SIGNE DU — LE 19 FEVRIER — A 2 h 00

DECOUVREZ DANS QUEL SIGNE SE TROUVAIENT LES PLANETES A VOTRE NAISSANCE

1934	MERCURE	VENUS	MARS	JUPITER	SATURNE	URANUS	NEPTUNE	PLUTON	LUNE *
20 JANVIER	VERSEAU	VERSEAU	VERSEAU	BALANCE	VERSEAU	BELIER	VIERGE	CANCER	6 BELIER
21 JANVIER	VERSEAU	VERSEAU	VERSEAU	BALANCE	VERSEAU	BELIER	VIERGE	CANCER	19 BELIER
22 JANVIER	VERSEAU	VERSEAU	VERSEAU	BALANCE	VERSEAU	BELIER	VIERGE	CANCER	2 TAUREAU
23 JANVIER	VERSEAU	VERSEAU	VERSEAU	BALANCE	VERSEAU	BELIER	VIERGE	CANCER	14 TAUREAU
24 JANVIER	VERSEAU	VERSEAU	VERSEAU	BALANCE	VERSEAU	BELIER	VIERGE	CANCER	26 TAUREAU
25 JANVIER	VERSEAU	VERSEAU	VERSEAU	BALANCE	VERSEAU	BELIER	VIERGE	CANCER	8 GEMEAUX
26 JANVIER	VERSEAU	VERSEAU	VERSEAU	BALANCE	VERSEAU	BELIER	VIERGE	CANCER	20 GEMEAUX
27 JANVIER	VERSEAU	VERSEAU	VERSEAU	BALANCE	VERSEAU	BELIER	VIERGE	CANCER	2 CANCER
28 JANVIER	VERSEAU	VERSEAU	VERSEAU	BALANCE	VERSEAU	BELIER	VIERGE	CANCER	14 CANCER
29 JANVIER	VERSEAU	VERSEAU	VERSEAU	BALANCE	VERSEAU	BELIER	VIERGE	CANCER	26 CANCER
30 JANVIER	VERSEAU	VERSEAU	VERSEAU	BALANCE	VERSEAU	BELIER	VIERGE	CANCER	8 LION
31 JANVIER	VERSEAU	VERSEAU	VERSEAU	BALANCE	VERSEAU	BELIER	VIERGE	CANCER	20 LION
1 FEVRIER	VERSEAU	VERSEAU	VERSEAU	BALANCE	VERSEAU	BELIER	VIERGE	CANCER	2 VIERGE
2 FEVRIER	VERSEAU	VERSEAU	VERSEAU	BALANCE	VERSEAU	BELIER	VIERGE	CANCER	14 VIERGE
3 FEVRIER	VERSEAU	VERSEAU	VERSEAU	BALANCE	VERSEAU	BELIER	VIERGE	CANCER	27 VIERGE
4 FEVRIER	VERSEAU	VERSEAU	POISSONS	BALANCE	VERSEAU	BELIER	VIERGE	CANCER	9 BALANCE
5 FEVRIER	VERSEAU	VERSEAU	POISSONS	BALANCE	VERSEAU	BELIER	VIERGE	CANCER	22 BALANCE
6 FEVRIER	VERSEAU	VERSEAU	POISSONS	BALANCE	VERSEAU	BELIER	VIERGE	CANCER	6 SCORPION
7 FEVRIER	POISSONS	VERSEAU	POISSONS	BALANCE	VERSEAU	BELIER	VIERGE	CANCER	19 SCORPION
8 FEVRIER	POISSONS	VERSEAU	POISSONS	BALANCE	VERSEAU	BELIER	VIERGE	CANCER	3 SAGITTAIRE
9 FEVRIER	POISSONS	VERSEAU	POISSONS	BALANCE	VERSEAU	BELIER	VIERGE	CANCER	17 SAGITTAIRE
10 FEVRIER	POISSONS	VERSEAU	POISSONS	BALANCE	VERSEAU	BELIER	VIERGE	CANCER	2 CAPRICORNE
11 FEVRIER	POISSONS	VERSEAU	POISSONS	BALANCE	VERSEAU	BELIER	VIERGE	CANCER	17 CAPRICORNE
12 FEVRIER	POISSONS	VERSEAU	POISSONS	BALANCE	VERSEAU	BELIER	VIERGE	CANCER	2 VERSEAU
13 FEVRIER	POISSONS	VERSEAU	POISSONS	BALANCE	VERSEAU	BELIER	VIERGE	CANCER	16 VERSEAU
14 FEVRIER	POISSONS	VERSEAU	POISSONS	BALANCE	VERSEAU	BELIER	VIERGE	CANCER	1 POISSONS
15 FEVRIER	POISSONS	VERSEAU	POISSONS	BALANCE	VERSEAU	BELIER	VIERGE	CANCER	16 POISSONS
16 FEVRIER	POISSONS	VERSEAU	POISSONS	BALANCE	VERSEAU	BELIER	VIERGE	CANCER	0 BELIER
17 FEVRIER	POISSONS	VERSEAU	POISSONS	BALANCE	VERSEAU	BELIER	VIERGE	CANCER	14 BELIER
18 FEVRIER	POISSONS	VERSEAU	POISSONS	BALANCE	VERSEAU	BELIER	VIERGE	CANCER	27 BELIER
19 FEVRIER	POISSONS	VERSEAU	POISSONS	BALANCE	VERSEAU	BELIER	VIERGE	CANCER	10 TAUREAU

LE SOLEIL ENTRE DANS LE SIGNE DU VERSEAU LE 20 JANVIER 1934 A 17 h 20
LE SOLEIL QUITTE LE SIGNE DU VERSEAU LE 19 FEVRIER 1934 A 7 h 45

* LES CHIFFRES INDIQUENT LES DEGRES

1935	MERCURE	VENUS	MARS	JUPITER	SATURNE	URANUS	NEPTUNE	PLUTON	LUNE *
20 JANVIER	VERSEAU	VERSEAU	BALANCE	SCORPION	VERSEAU	BELIER	VIERGE	CANCER	8 LION
21 JANVIER	VERSEAU	VERSEAU	BALANCE	SCORPION	VERSEAU	BELIER	VIERGE	CANCER	20 LION
22 JANVIER	VERSEAU	VERSEAU	BALANCE	SCORPION	VERSEAU	BELIER	VIERGE	CANCER	2 VIERGE
23 JANVIER	VERSEAU	VERSEAU	BALANCE	SCORPION	VERSEAU	BELIER	VIERGE	CANCER	14 VIERGE
24 JANVIER	VERSEAU	VERSEAU	BALANCE	SCORPION	VERSEAU	BELIER	VIERGE	CANCER	26 VIERGE
25 JANVIER	VERSEAU	VERSEAU	BALANCE	SCORPION	VERSEAU	BELIER	VIERGE	CANCER	8 BALANCE
26 JANVIER	VERSEAU	VERSEAU	BALANCE	SCORPION	VERSEAU	BELIER	VIERGE	CANCER	20 BALANCE
27 JANVIER	VERSEAU	VERSEAU	BALANCE	SCORPION	VERSEAU	BELIER	VIERGE	CANCER	2 SCORPION
28 JANVIER	VERSEAU	VERSEAU	BALANCE	SCORPION	VERSEAU	BELIER	VIERGE	CANCER	15 SCORPION
29 JANVIER	VERSEAU	VERSEAU	BALANCE	SCORPION	VERSEAU	BELIER	VIERGE	CANCER	28 SCORPION
30 JANVIER	VERSEAU	VERSEAU	BALANCE	SCORPION	VERSEAU	BELIER	VIERGE	CANCER	12 SAGITTAIRE
31 JANVIER	VERSEAU	VERSEAU	BALANCE	SCORPION	VERSEAU	BELIER	VIERGE	CANCER	26 SAGITTAIRE
1 FEVRIER	POISSONS	VERSEAU	BALANCE	SCORPION	VERSEAU	BELIER	VIERGE	CANCER	11 CAPRICORNE
2 FEVRIER	POISSONS	POISSONS	BALANCE	SCORPION	VERSEAU	BELIER	VIERGE	CANCER	26 CAPRICORNE
3 FEVRIER	POISSONS	POISSONS	BALANCE	SCORPION	VERSEAU	BELIER	VIERGE	CANCER	11 VERSEAU
4 FEVRIER	POISSONS	POISSONS	BALANCE	SCORPION	VERSEAU	BELIER	VIERGE	CANCER	26 VERSEAU
5 FEVRIER	POISSONS	POISSONS	BALANCE	SCORPION	VERSEAU	BELIER	VIERGE	CANCER	11 POISSONS
6 FEVRIER	POISSONS	POISSONS	BALANCE	SCORPION	VERSEAU	BELIER	VIERGE	CANCER	26 POISSONS
7 FEVRIER	POISSONS	POISSONS	BALANCE	SCORPION	VERSEAU	BELIER	VIERGE	CANCER	11 BELIER
8 FEVRIER	POISSONS	POISSONS	BALANCE	SCORPION	VERSEAU	BELIER	VIERGE	CANCER	25 BELIER
9 FEVRIER	POISSONS	POISSONS	BALANCE	SCORPION	VERSEAU	BELIER	VIERGE	CANCER	9 TAUREAU
10 FEVRIER	POISSONS	POISSONS	BALANCE	SCORPION	VERSEAU	BELIER	VIERGE	CANCER	22 TAUREAU
11 FEVRIER	POISSONS	POISSONS	BALANCE	SCORPION	VERSEAU	BELIER	VIERGE	CANCER	5 GEMEAUX
12 FEVRIER	POISSONS	POISSONS	BALANCE	SCORPION	VERSEAU	BELIER	VIERGE	CANCER	17 GEMEAUX
13 FEVRIER	POISSONS	POISSONS	BALANCE	SCORPION	VERSEAU	BELIER	VIERGE	CANCER	29 GEMEAUX
14 FEVRIER	POISSONS	POISSONS	BALANCE	SCORPION	POISSONS	BELIER	VIERGE	CANCER	12 CANCER
15 FEVRIER	VERSEAU	POISSONS	BALANCE	SCORPION	POISSONS	BELIER	VIERGE	CANCER	23 CANCER
16 FEVRIER	VERSEAU	POISSONS	BALANCE	SCORPION	POISSONS	BELIER	VIERGE	CANCER	5 LION
17 FEVRIER	VERSEAU	POISSONS	BALANCE	SCORPION	POISSONS	BELIER	VIERGE	CANCER	17 LION
18 FEVRIER	VERSEAU	POISSONS	BALANCE	SCORPION	POISSONS	BELIER	VIERGE	CANCER	29 LION
19 FEVRIER	VERSEAU	POISSONS	BALANCE	SCORPION	POISSONS	BELIER	VIERGE	CANCER	11 VIERGE

LE SOLEIL ENTRE DANS LE SIGNE DU VERSEAU LE 20 JANVIER 1935 A 23 h 15
LE SOLEIL QUITTE LE SIGNE DU VERSEAU LE 19 FEVRIER 1935 A 13 h 40

* LES CHIFFRES INDIQUENT LES DEGRES

DECOUVREZ DANS QUEL SIGNE SE TROUVAIENT LES PLANETES A VOTRE NAISSANCE

1936	MERCURE	VENUS	MARS	JUPITER	SATURNE	URANUS	NEPTUNE	PLUTON	LUNE *
21 JANVIER	VERSEAU	SAGITTAIRE	POISSONS	SAGITTAIRE	POISSONS	TAUREAU	VIERGE	CANCER	24 SAGITTAIRE
22 JANVIER	VERSEAU	SAGITTAIRE	POISSONS	SAGITTAIRE	POISSONS	TAUREAU	VIERGE	CANCER	7 CAPRICORNE
23 JANVIER	VERSEAU	SAGITTAIRE	POISSONS	SAGITTAIRE	POISSONS	TAUREAU	VIERGE	CANCER	21 CAPRICORNE
24 JANVIER	VERSEAU	SAGITTAIRE	POISSONS	SAGITTAIRE	POISSONS	TAUREAU	VIERGE	CANCER	6 VERSEAU
25 JANVIER	VERSEAU	SAGITTAIRE	POISSONS	SAGITTAIRE	POISSONS	TAUREAU	VIERGE	CANCER	20 VERSEAU
26 JANVIER	VERSEAU	SAGITTAIRE	POISSONS	SAGITTAIRE	POISSONS	TAUREAU	VIERGE	CANCER	5 POISSONS
27 JANVIER	VERSEAU	SAGITTAIRE	POISSONS	SAGITTAIRE	POISSONS	TAUREAU	VIERGE	CANCER	20 POISSONS
28 JANVIER	VERSEAU	SAGITTAIRE	POISSONS	SAGITTAIRE	POISSONS	TAUREAU	VIERGE	CANCER	4 BELIER
29 JANVIER	VERSEAU	CAPRICORNE	POISSONS	SAGITTAIRE	POISSONS	TAUREAU	VIERGE	CANCER	19 BELIER
30 JANVIER	VERSEAU	CAPRICORNE	POISSONS	SAGITTAIRE	POISSONS	TAUREAU	VIERGE	CANCER	3 TAUREAU
31 JANVIER	VERSEAU	CAPRICORNE	POISSONS	SAGITTAIRE	POISSONS	TAUREAU	VIERGE	CANCER	17 TAUREAU
1 FEVRIER	VERSEAU	CAPRICORNE	POISSONS	SAGITTAIRE	POISSONS	TAUREAU	VIERGE	CANCER	0 GEMEAUX
2 FEVRIER	VERSEAU	CAPRICORNE	POISSONS	SAGITTAIRE	POISSONS	TAUREAU	VIERGE	CANCER	14 GEMEAUX
3 FEVRIER	VERSEAU	CAPRICORNE	POISSONS	SAGITTAIRE	POISSONS	TAUREAU	VIERGE	CANCER	27 GEMEAUX
4 FEVRIER	VERSEAU	CAPRICORNE	POISSONS	SAGITTAIRE	POISSONS	TAUREAU	VIERGE	CANCER	10 CANCER
5 FEVRIER	VERSEAU	CAPRICORNE	POISSONS	SAGITTAIRE	POISSONS	TAUREAU	VIERGE	CANCER	23 CANCER
6 FEVRIER	VERSEAU	CAPRICORNE	POISSONS	SAGITTAIRE	POISSONS	TAUREAU	VIERGE	CANCER	5 LION
7 FEVRIER	VERSEAU	CAPRICORNE	POISSONS	SAGITTAIRE	POISSONS	TAUREAU	VIERGE	CANCER	18 LION
8 FEVRIER	VERSEAU	CAPRICORNE	POISSONS	SAGITTAIRE	POISSONS	TAUREAU	VIERGE	CANCER	0 VIERGE
9 FEVRIER	VERSEAU	CAPRICORNE	POISSONS	SAGITTAIRE	POISSONS	TAUREAU	VIERGE	CANCER	12 VIERGE
10 FEVRIER	VERSEAU	CAPRICORNE	POISSONS	SAGITTAIRE	POISSONS	TAUREAU	VIERGE	CANCER	24 VIERGE
11 FEVRIER	VERSEAU	CAPRICORNE	POISSONS	SAGITTAIRE	POISSONS	TAUREAU	VIERGE	CANCER	6 BALANCE
12 FEVRIER	VERSEAU	CAPRICORNE	POISSONS	SAGITTAIRE	POISSONS	TAUREAU	VIERGE	CANCER	18 BALANCE
13 FEVRIER	VERSEAU	CAPRICORNE	POISSONS	SAGITTAIRE	POISSONS	TAUREAU	VIERGE	CANCER	29 BALANCE
14 FEVRIER	VERSEAU	CAPRICORNE	POISSONS	SAGITTAIRE	POISSONS	TAUREAU	VIERGE	CANCER	11 SCORPION
15 FEVRIER	VERSEAU	CAPRICORNE	POISSONS	SAGITTAIRE	POISSONS	TAUREAU	VIERGE	CANCER	24 SCORPION
16 FEVRIER	VERSEAU	CAPRICORNE	POISSONS	SAGITTAIRE	POISSONS	TAUREAU	VIERGE	CANCER	6 SAGITTAIRE
17 FEVRIER	VERSEAU	CAPRICORNE	POISSONS	SAGITTAIRE	POISSONS	TAUREAU	VIERGE	CANCER	19 SAGITTAIRE
18 FEVRIER	VERSEAU	CAPRICORNE	POISSONS	SAGITTAIRE	POISSONS	TAUREAU	VIERGE	CANCER	2 CAPRICORNE
19 FEVRIER	VERSEAU	CAPRICORNE	POISSONS	SAGITTAIRE	POISSONS	TAUREAU	VIERGE	CANCER	15 CAPRICORNE

LE SOLEIL ENTRE DANS LE SIGNE DU VERSEAU LE 21 JANVIER 1936 A 5 h 00
LE SOLEIL QUITTE LE SIGNE DU VERSEAU LE 19 FEVRIER 1936 A 19 h 20

* LES CHIFFRES INDIQUENT LES DEGRES

1937	MERCURE	VENUS	MARS	JUPITER	SATURNE	URANUS	NEPTUNE	PLUTON	LUNE *
20 JANVIER	CAPRICORNE	POISSONS	SCORPION	CAPRICORNE	POISSONS	TAUREAU	VIERGE	CANCER	8 TAUREAU
21 JANVIER	CAPRICORNE	POISSONS	SCORPION	CAPRICORNE	POISSONS	TAUREAU	VIERGE	CANCER	23 TAUREAU
22 JANVIER	CAPRICORNE	POISSONS	SCORPION	CAPRICORNE	POISSONS	TAUREAU	VIERGE	CANCER	7 GEMEAUX
23 JANVIER	CAPRICORNE	POISSONS	SCORPION	CAPRICORNE	POISSONS	TAUREAU	VIERGE	CANCER	21 GEMEAUX
24 JANVIER	CAPRICORNE	POISSONS	SCORPION	CAPRICORNE	POISSONS	TAUREAU	VIERGE	CANCER	5 CANCER
25 JANVIER	CAPRICORNE	POISSONS	SCORPION	CAPRICORNE	POISSONS	TAUREAU	VIERGE	CANCER	19 CANCER
26 JANVIER	CAPRICORNE	POISSONS	SCORPION	CAPRICORNE	POISSONS	TAUREAU	VIERGE	CANCER	3 LION
27 JANVIER	CAPRICORNE	POISSONS	SCORPION	CAPRICORNE	POISSONS	TAUREAU	VIERGE	CANCER	17 LION
28 JANVIER	CAPRICORNE	POISSONS	SCORPION	CAPRICORNE	POISSONS	TAUREAU	VIERGE	CANCER	0 VIERGE
29 JANVIER	CAPRICORNE	POISSONS	SCORPION	CAPRICORNE	POISSONS	TAUREAU	VIERGE	CANCER	13 VIERGE
30 JANVIER	CAPRICORNE	POISSONS	SCORPION	CAPRICORNE	POISSONS	TAUREAU	VIERGE	CANCER	26 VIERGE
31 JANVIER	CAPRICORNE	POISSONS	SCORPION	CAPRICORNE	POISSONS	TAUREAU	VIERGE	CANCER	8 BALANCE
1 FEVRIER	CAPRICORNE	POISSONS	SCORPION	CAPRICORNE	POISSONS	TAUREAU	VIERGE	CANCER	20 BALANCE
2 FEVRIER	CAPRICORNE	BELIER	SCORPION	CAPRICORNE	POISSONS	TAUREAU	VIERGE	CANCER	2 SCORPION
3 FEVRIER	CAPRICORNE	BELIER	SCORPION	CAPRICORNE	POISSONS	TAUREAU	VIERGE	CANCER	14 SCORPION
4 FEVRIER	CAPRICORNE	BELIER	SCORPION	CAPRICORNE	POISSONS	TAUREAU	VIERGE	CANCER	26 SCORPION
5 FEVRIER	CAPRICORNE	BELIER	SCORPION	CAPRICORNE	POISSONS	TAUREAU	VIERGE	CANCER	8 SAGITTAIRE
6 FEVRIER	CAPRICORNE	BELIER	SCORPION	CAPRICORNE	POISSONS	TAUREAU	VIERGE	CANCER	20 SAGITTAIRE
7 FEVRIER	CAPRICORNE	BELIER	SCORPION	CAPRICORNE	POISSONS	TAUREAU	VIERGE	CANCER	2 CAPRICORNE
8 FEVRIER	CAPRICORNE	BELIER	SCORPION	CAPRICORNE	POISSONS	TAUREAU	VIERGE	CANCER	15 CAPRICORNE
9 FEVRIER	CAPRICORNE	BELIER	SCORPION	CAPRICORNE	POISSONS	TAUREAU	VIERGE	CANCER	27 CAPRICORNE
10 FEVRIER	CAPRICORNE	BELIER	SCORPION	CAPRICORNE	POISSONS	TAUREAU	VIERGE	CANCER	11 VERSEAU
11 FEVRIER	CAPRICORNE	BELIER	SCORPION	CAPRICORNE	POISSONS	TAUREAU	VIERGE	CANCER	24 VERSEAU
12 FEVRIER	CAPRICORNE	BELIER	SCORPION	CAPRICORNE	POISSONS	TAUREAU	VIERGE	CANCER	8 POISSONS
13 FEVRIER	CAPRICORNE	BELIER	SCORPION	CAPRICORNE	POISSONS	TAUREAU	VIERGE	CANCER	22 POISSONS
14 FEVRIER	VERSEAU	BELIER	SCORPION	CAPRICORNE	POISSONS	TAUREAU	VIERGE	CANCER	7 BELIER
15 FEVRIER	VERSEAU	BELIER	SCORPION	CAPRICORNE	POISSONS	TAUREAU	VIERGE	CANCER	21 BELIER
16 FEVRIER	VERSEAU	BELIER	SCORPION	CAPRICORNE	POISSONS	TAUREAU	VIERGE	CANCER	5 TAUREAU
17 FEVRIER	VERSEAU	BELIER	SCORPION	CAPRICORNE	POISSONS	TAUREAU	VIERGE	CANCER	19 TAUREAU
18 FEVRIER	VERSEAU	BELIER	SCORPION	CAPRICORNE	POISSONS	TAUREAU	VIERGE	CANCER	4 GEMEAUX
19 FEVRIER	VERSEAU	BELIER	SCORPION	CAPRICORNE	POISSONS	TAUREAU	VIERGE	CANCER	18 GEMEAUX

LE SOLEIL ENTRE DANS LE SIGNE DU VERSEAU LE 20 JANVIER 1937 A 10 h 45
LE SOLEIL QUITTE LE SIGNE DU VERSEAU LE 19 FEVRIER 1937 A 1 h 05

* LES CHIFFRES INDIQUENT LES DEGRES

DECOUVREZ DANS QUEL SIGNE SE TROUVAIENT LES PLANETES A VOTRE NAISSANCE

1938	MERCURE	VENUS	MARS	JUPITER	SATURNE	URANUS	NEPTUNE	PLUTON	LUNE *
20 JANVIER	CAPRICORNE	CAPRICORNE	POISSONS	VERSEAU	BELIER	TAUREAU	VIERGE	CANCER	26 VIERGE
21 JANVIER	CAPRICORNE	CAPRICORNE	POISSONS	VERSEAU	BELIER	TAUREAU	VIERGE	CANCER	9 BALANCE
22 JANVIER	CAPRICORNE	CAPRICORNE	POISSONS	VERSEAU	BELIER	TAUREAU	VIERGE	CANCER	22 BALANCE
23 JANVIER	CAPRICORNE	VERSEAU	POISSONS	VERSEAU	BELIER	TAUREAU	VIERGE	CANCER	4 SCORPION
24 JANVIER	CAPRICORNE	VERSEAU	POISSONS	VERSEAU	BELIER	TAUREAU	VIERGE	CANCER	16 SCORPION
25 JANVIER	CAPRICORNE	VERSEAU	POISSONS	VERSEAU	BELIER	TAUREAU	VIERGE	CANCER	28 SCORPION
26 JANVIER	CAPRICORNE	VERSEAU	POISSONS	VERSEAU	BELIER	TAUREAU	VIERGE	CANCER	10 SAGITTAIRE
27 JANVIER	CAPRICORNE	VERSEAU	POISSONS	VERSEAU	BELIER	TAUREAU	VIERGE	CANCER	22 SAGITTAIRE
28 JANVIER	CAPRICORNE	VERSEAU	POISSONS	VERSEAU	BELIER	TAUREAU	VIERGE	CANCER	4 CAPRICORNE
29 JANVIER	CAPRICORNE	VERSEAU	POISSONS	VERSEAU	BELIER	TAUREAU	VIERGE	CANCER	16 CAPRICORNE
30 JANVIER	CAPRICORNE	VERSEAU	POISSONS	VERSEAU	BELIER	TAUREAU	VIERGE	CANCER	28 CAPRICORNE
31 JANVIER	CAPRICORNE	VERSEAU	BELIER	VERSEAU	BELIER	TAUREAU	VIERGE	CANCER	10 VERSEAU
1 FEVRIER	CAPRICORNE	VERSEAU	BELIER	VERSEAU	BELIER	TAUREAU	VIERGE	CANCER	22 VERSEAU
2 FEVRIER	CAPRICORNE	VERSEAU	BELIER	VERSEAU	BELIER	TAUREAU	VIERGE	CANCER	5 POISSONS
3 FEVRIER	CAPRICORNE	VERSEAU	BELIER	VERSEAU	BELIER	TAUREAU	VIERGE	CANCER	18 POISSONS
4 FEVRIER	CAPRICORNE	VERSEAU	BELIER	VERSEAU	BELIER	TAUREAU	VIERGE	CANCER	1 BELIER
5 FEVRIER	CAPRICORNE	VERSEAU	BELIER	VERSEAU	BELIER	TAUREAU	VIERGE	CANCER	14 BELIER
6 FEVRIER	CAPRICORNE	VERSEAU	BELIER	VERSEAU	BELIER	TAUREAU	VIERGE	CANCER	27 BELIER
7 FEVRIER	CAPRICORNE	VERSEAU	BELIER	VERSEAU	BELIER	TAUREAU	VIERGE	CANCER	11 TAUREAU
8 FEVRIER	CAPRICORNE	VERSEAU	BELIER	VERSEAU	BELIER	TAUREAU	VIERGE	CANCER	25 TAUREAU
9 FEVRIER	VERSEAU	VERSEAU	BELIER	VERSEAU	BELIER	TAUREAU	VIERGE	CANCER	9 GEMEAUX
10 FEVRIER	VERSEAU	VERSEAU	BELIER	VERSEAU	BELIER	TAUREAU	VIERGE	CANCER	23 GEMEAUX
11 FEVRIER	VERSEAU	VERSEAU	BELIER	VERSEAU	BELIER	TAUREAU	VIERGE	CANCER	8 CANCER
12 FEVRIER	VERSEAU	VERSEAU	BELIER	VERSEAU	BELIER	TAUREAU	VIERGE	CANCER	23 CANCER
13 FEVRIER	VERSEAU	VERSEAU	BELIER	VERSEAU	BELIER	TAUREAU	VIERGE	CANCER	7 LION
14 FEVRIER	VERSEAU	VERSEAU	BELIER	VERSEAU	BELIER	TAUREAU	VIERGE	CANCER	22 LION
15 FEVRIER	VERSEAU	VERSEAU	BELIER	VERSEAU	BELIER	TAUREAU	VIERGE	CANCER	6 VIERGE
16 FEVRIER	VERSEAU	POISSONS	BELIER	VERSEAU	BELIER	TAUREAU	VIERGE	CANCER	20 VIERGE
17 FEVRIER	VERSEAU	POISSONS	BELIER	VERSEAU	BELIER	TAUREAU	VIERGE	CANCER	4 BALANCE
18 FEVRIER	VERSEAU	POISSONS	BELIER	VERSEAU	BELIER	TAUREAU	VIERGE	CANCER	17 BALANCE
19 FEVRIER	VERSEAU	POISSONS	BELIER	VERSEAU	BELIER	TAUREAU	VIERGE	CANCER	0 SCORPION

	ENTRE DANS LE SIGNE DU		LE 20 JANVIER	A 16 h 45	
LE SOLEIL		VERSEAU	1938		* LES CHIFFRES INDIQUENT LES DEGRES
	QUITTE LE SIGNE DU		LE 19 FEVRIER	A 7 h 05	

1939	MERCURE	VENUS	MARS	JUPITER	SATURNE	URANUS	NEPTUNE	PLUTON	LUNE *
20 JANVIER	CAPRICORNE	SAGITTAIRE	SCORPION	POISSONS	BELIER	TAUREAU	VIERGE	LION	29 CAPRICORNE
21 JANVIER	CAPRICORNE	SAGITTAIRE	SCORPION	POISSONS	BELIER	TAUREAU	VIERGE	LION	10 VERSEAU
22 JANVIER	CAPRICORNE	SAGITTAIRE	SCORPION	POISSONS	BELIER	TAUREAU	VIERGE	LION	22 VERSEAU
23 JANVIER	CAPRICORNE	SAGITTAIRE	SCORPION	POISSONS	BELIER	TAUREAU	VIERGE	LION	4 POISSONS
24 JANVIER	CAPRICORNE	SAGITTAIRE	SCORPION	POISSONS	BELIER	TAUREAU	VIERGE	LION	16 POISSONS
25 JANVIER	CAPRICORNE	SAGITTAIRE	SCORPION	POISSONS	BELIER	TAUREAU	VIERGE	LION	28 POISSONS
26 JANVIER	CAPRICORNE	SAGITTAIRE	SCORPION	POISSONS	BELIER	TAUREAU	VIERGE	LION	11 BELIER
27 JANVIER	CAPRICORNE	SAGITTAIRE	SCORPION	POISSONS	BELIER	TAUREAU	VIERGE	LION	23 BELIER
28 JANVIER	CAPRICORNE	SAGITTAIRE	SCORPION	POISSONS	BELIER	TAUREAU	VIERGE	LION	6 TAUREAU
29 JANVIER	CAPRICORNE	SAGITTAIRE	SAGITTAIRE	POISSONS	BELIER	TAUREAU	VIERGE	LION	19 TAUREAU
30 JANVIER	CAPRICORNE	SAGITTAIRE	SAGITTAIRE	POISSONS	BELIER	TAUREAU	VIERGE	LION	3 GEMEAUX
31 JANVIER	CAPRICORNE	SAGITTAIRE	SAGITTAIRE	POISSONS	BELIER	TAUREAU	VIERGE	LION	17 GEMEAUX
1 FEVRIER	CAPRICORNE	SAGITTAIRE	SAGITTAIRE	POISSONS	BELIER	TAUREAU	VIERGE	LION	1 CANCER
2 FEVRIER	VERSEAU	SAGITTAIRE	SAGITTAIRE	POISSONS	BELIER	TAUREAU	VIERGE	LION	16 CANCER
3 FEVRIER	VERSEAU	SAGITTAIRE	SAGITTAIRE	POISSONS	BELIER	TAUREAU	VIERGE	LION	2 LION
4 FEVRIER	VERSEAU	SAGITTAIRE	SAGITTAIRE	POISSONS	BELIER	TAUREAU	VIERGE	LION	17 LION
5 FEVRIER	VERSEAU	SAGITTAIRE	SAGITTAIRE	POISSONS	BELIER	TAUREAU	VIERGE	LION	2 VIERGE
6 FEVRIER	VERSEAU	CAPRICORNE	SAGITTAIRE	POISSONS	BELIER	TAUREAU	VIERGE	LION	17 VIERGE
7 FEVRIER	VERSEAU	CAPRICORNE	SAGITTAIRE	POISSONS	BELIER	TAUREAU	VIERGE	CANCER	2 BALANCE
8 FEVRIER	VERSEAU	CAPRICORNE	SAGITTAIRE	POISSONS	BELIER	TAUREAU	VIERGE	CANCER	16 BALANCE
9 FEVRIER	VERSEAU	CAPRICORNE	SAGITTAIRE	POISSONS	BELIER	TAUREAU	VIERGE	CANCER	29 BALANCE
10 FEVRIER	VERSEAU	CAPRICORNE	SAGITTAIRE	POISSONS	BELIER	TAUREAU	VIERGE	CANCER	13 SCORPION
11 FEVRIER	VERSEAU	CAPRICORNE	SAGITTAIRE	POISSONS	BELIER	TAUREAU	VIERGE	CANCER	25 SCORPION
12 FEVRIER	VERSEAU	CAPRICORNE	SAGITTAIRE	POISSONS	BELIER	TAUREAU	VIERGE	CANCER	8 SAGITTAIRE
13 FEVRIER	VERSEAU	CAPRICORNE	SAGITTAIRE	POISSONS	BELIER	TAUREAU	VIERGE	CANCER	20 SAGITTAIRE
14 FEVRIER	VERSEAU	CAPRICORNE	SAGITTAIRE	POISSONS	BELIER	TAUREAU	VIERGE	CANCER	2 CAPRICORNE
15 FEVRIER	VERSEAU	CAPRICORNE	SAGITTAIRE	POISSONS	BELIER	TAUREAU	VIERGE	CANCER	14 CAPRICORNE
16 FEVRIER	VERSEAU	CAPRICORNE	SAGITTAIRE	POISSONS	BELIER	TAUREAU	VIERGE	CANCER	26 CAPRICORNE
17 FEVRIER	VERSEAU	CAPRICORNE	SAGITTAIRE	POISSONS	BELIER	TAUREAU	VIERGE	CANCER	7 VERSEAU
18 FEVRIER	VERSEAU	CAPRICORNE	SAGITTAIRE	POISSONS	BELIER	TAUREAU	VIERGE	CANCER	19 VERSEAU
19 FEVRIER	POISSONS	CAPRICORNE	SAGITTAIRE	POISSONS	BELIER	TAUREAU	VIERGE	CANCER	1 POISSONS

	ENTRE DANS LE SIGNE DU		LE 20 JANVIER	A 22 h 35	
LE SOLEIL		VERSEAU	1939		* LES CHIFFRES INDIQUENT LES DEGRES
	QUITTE LE SIGNE DU		LE 19 FEVRIER	A 13 h 00	

DECOUVREZ DANS QUEL SIGNE SE TROUVAIENT LES PLANETES A VOTRE NAISSANCE

1940	MERCURE	VENUS	MARS	JUPITER	SATURNE	URANUS	NEPTUNE	PLUTON	LUNE *
21 JANVIER	CAPRICORNE	POISSONS	BELIER	BELIER	BELIER	TAUREAU	VIERGE	LION	14 GEMEAUX
22 JANVIER	CAPRICORNE	POISSONS	BELIER	BELIER	BELIER	TAUREAU	VIERGE	LION	28 GEMEAUX
23 JANVIER	CAPRICORNE	POISSONS	BELIER	BELIER	BELIER	TAUREAU	VIERGE	LION	12 CANCER
24 JANVIER	CAPRICORNE	POISSONS	BELIER	BELIER	BELIER	TAUREAU	VIERGE	LION	26 CANCER
25 JANVIER	VERSEAU	POISSONS	BELIER	BELIER	BELIER	TAUREAU	VIERGE	LION	11 LION
26 JANVIER	VERSEAU	POISSONS	BELIER	BELIER	BELIER	TAUREAU	VIERGE	LION	26 LION
27 JANVIER	VERSEAU	POISSONS	BELIER	BELIER	BELIER	TAUREAU	VIERGE	LION	11 VIERGE
28 JANVIER	VERSEAU	POISSONS	BELIER	BELIER	BELIER	TAUREAU	VIERGE	LION	26 VIERGE
29 JANVIER	VERSEAU	POISSONS	BELIER	BELIER	BELIER	TAUREAU	VIERGE	LION	11 BALANCE
30 JANVIER	VERSEAU	POISSONS	BELIER	BELIER	BELIER	TAUREAU	VIERGE	LION	25 BALANCE
31 JANVIER	VERSEAU	POISSONS	BELIER	BELIER	BELIER	TAUREAU	VIERGE	LION	9 SCORPION
1 FEVRIER	VERSEAU	POISSONS	BELIER	BELIER	BELIER	TAUREAU	VIERGE	LION	22 SCORPION
2 FEVRIER	VERSEAU	POISSONS	BELIER	BELIER	BELIER	TAUREAU	VIERGE	LION	5 SAGITTAIRE
3 FEVRIER	VERSEAU	POISSONS	BELIER	BELIER	BELIER	TAUREAU	VIERGE	LION	18 SAGITTAIRE
4 FEVRIER	VERSEAU	POISSONS	BELIER	BELIER	BELIER	TAUREAU	VIERGE	LION	1 CAPRICORNE
5 FEVRIER	VERSEAU	POISSONS	BELIER	BELIER	BELIER	TAUREAU	VIERGE	LION	14 CAPRICORNE
6 FEVRIER	VERSEAU	POISSONS	BELIER	BELIER	BELIER	TAUREAU	VIERGE	LION	26 CAPRICORNE
7 FEVRIER	VERSEAU	POISSONS	BELIER	BELIER	BELIER	TAUREAU	VIERGE	LION	8 VERSEAU
8 FEVRIER	VERSEAU	POISSONS	BELIER	BELIER	BELIER	TAUREAU	VIERGE	LION	20 VERSEAU
9 FEVRIER	VERSEAU	POISSONS	BELIER	BELIER	BELIER	TAUREAU	VIERGE	LION	2 POISSONS
10 FEVRIER	VERSEAU	POISSONS	BELIER	BELIER	BELIER	TAUREAU	VIERGE	LION	14 POISSONS
11 FEVRIER	VERSEAU	POISSONS	BELIER	BELIER	BELIER	TAUREAU	VIERGE	LION	26 POISSONS
12 FEVRIER	POISSONS	BELIER	BELIER	BELIER	BELIER	TAUREAU	VIERGE	LION	8 BELIER
13 FEVRIER	POISSONS	BELIER	BELIER	BELIER	BELIER	TAUREAU	VIERGE	LION	19 BELIER
14 FEVRIER	POISSONS	BELIER	BELIER	BELIER	BELIER	TAUREAU	VIERGE	LION	1 TAUREAU
15 FEVRIER	POISSONS	BELIER	BELIER	BELIER	BELIER	TAUREAU	VIERGE	LION	13 TAUREAU
16 FEVRIER	POISSONS	BELIER	BELIER	BELIER	BELIER	TAUREAU	VIERGE	LION	26 TAUREAU
17 FEVRIER	POISSONS	BELIER	TAUREAU	BELIER	BELIER	TAUREAU	VIERGE	LION	9 GEMEAUX
18 FEVRIER	POISSONS	BELIER	TAUREAU	BELIER	BELIER	TAUREAU	VIERGE	LION	22 GEMEAUX
19 FEVRIER	POISSONS	BELIER	TAUREAU	BELIER	BELIER	TAUREAU	VIERGE	LION	6 CANCER

	ENTRE DANS LE SIGNE DU		LE 21 JANVIER	A 4 h 30	
LE SOLEIL		VERSEAU	1940		* LES CHIFFRES INDIQUENT LES DEGRES
	QUITTE LE SIGNE DU		LE 19 FEVRIER	A 18 h 50	

1941	MERCURE	VENUS	MARS	JUPITER	SATURNE	URANUS	NEPTUNE	PLUTON	LUNE *
20 JANVIER	VERSEAU	CAPRICORNE	SAGITTAIRE	TAUREAU	TAUREAU	TAUREAU	VIERGE	LION	1 SCORPION
21 JANVIER	VERSEAU	CAPRICORNE	SAGITTAIRE	TAUREAU	TAUREAU	TAUREAU	VIERGE	LION	15 SCORPION
22 JANVIER	VERSEAU	CAPRICORNE	SAGITTAIRE	TAUREAU	TAUREAU	TAUREAU	VIERGE	LION	29 SCORPION
23 JANVIER	VERSEAU	CAPRICORNE	SAGITTAIRE	TAUREAU	TAUREAU	TAUREAU	VIERGE	LION	13 SAGITTAIRE
24 JANVIER	VERSEAU	CAPRICORNE	SAGITTAIRE	TAUREAU	TAUREAU	TAUREAU	VIERGE	LION	27 SAGITTAIRE
25 JANVIER	VERSEAU	CAPRICORNE	SAGITTAIRE	TAUREAU	TAUREAU	TAUREAU	VIERGE	LION	11 CAPRICORNE
26 JANVIER	VERSEAU	CAPRICORNE	SAGITTAIRE	TAUREAU	TAUREAU	TAUREAU	VIERGE	LION	24 CAPRICORNE
27 JANVIER	VERSEAU	CAPRICORNE	SAGITTAIRE	TAUREAU	TAUREAU	TAUREAU	VIERGE	LION	7 VERSEAU
28 JANVIER	VERSEAU	CAPRICORNE	SAGITTAIRE	TAUREAU	TAUREAU	TAUREAU	VIERGE	LION	20 VERSEAU
29 JANVIER	VERSEAU	CAPRICORNE	SAGITTAIRE	TAUREAU	TAUREAU	TAUREAU	VIERGE	LION	3 POISSONS
30 JANVIER	VERSEAU	CAPRICORNE	SAGITTAIRE	TAUREAU	TAUREAU	TAUREAU	VIERGE	LION	15 POISSONS
31 JANVIER	VERSEAU	CAPRICORNE	SAGITTAIRE	TAUREAU	TAUREAU	TAUREAU	VIERGE	LION	28 POISSONS
1 FEVRIER	VERSEAU	CAPRICORNE	SAGITTAIRE	TAUREAU	TAUREAU	TAUREAU	VIERGE	LION	10 BELIER
2 FEVRIER	VERSEAU	CAPRICORNE	SAGITTAIRE	TAUREAU	TAUREAU	TAUREAU	VIERGE	LION	21 BELIER
3 FEVRIER	VERSEAU	CAPRICORNE	SAGITTAIRE	TAUREAU	TAUREAU	TAUREAU	VIERGE	LION	3 TAUREAU
4 FEVRIER	POISSONS	CAPRICORNE	SAGITTAIRE	TAUREAU	TAUREAU	TAUREAU	VIERGE	LION	15 TAUREAU
5 FEVRIER	POISSONS	CAPRICORNE	SAGITTAIRE	TAUREAU	TAUREAU	TAUREAU	VIERGE	LION	27 TAUREAU
6 FEVRIER	POISSONS	CAPRICORNE	SAGITTAIRE	TAUREAU	TAUREAU	TAUREAU	VIERGE	LION	9 GEMEAUX
7 FEVRIER	POISSONS	VERSEAU	SAGITTAIRE	TAUREAU	TAUREAU	TAUREAU	VIERGE	LION	22 GEMEAUX
8 FEVRIER	POISSONS	VERSEAU	SAGITTAIRE	TAUREAU	TAUREAU	TAUREAU	VIERGE	LION	5 CANCER
9 FEVRIER	POISSONS	VERSEAU	SAGITTAIRE	TAUREAU	TAUREAU	TAUREAU	VIERGE	LION	18 CANCER
10 FEVRIER	POISSONS	VERSEAU	SAGITTAIRE	TAUREAU	TAUREAU	TAUREAU	VIERGE	LION	1 LION
11 FEVRIER	POISSONS	VERSEAU	SAGITTAIRE	TAUREAU	TAUREAU	TAUREAU	VIERGE	LION	15 LION
12 FEVRIER	POISSONS	VERSEAU	SAGITTAIRE	TAUREAU	TAUREAU	TAUREAU	VIERGE	LION	29 LION
13 FEVRIER	POISSONS	VERSEAU	SAGITTAIRE	TAUREAU	TAUREAU	TAUREAU	VIERGE	LION	14 VIERGE
14 FEVRIER	POISSONS	VERSEAU	SAGITTAIRE	TAUREAU	TAUREAU	TAUREAU	VIERGE	LION	28 VIERGE
15 FEVRIER	POISSONS	VERSEAU	SAGITTAIRE	TAUREAU	TAUREAU	TAUREAU	VIERGE	LION	13 BALANCE
16 FEVRIER	POISSONS	VERSEAU	SAGITTAIRE	TAUREAU	TAUREAU	TAUREAU	VIERGE	LION	27 BALANCE
17 FEVRIER	POISSONS	VERSEAU	SAGITTAIRE	TAUREAU	TAUREAU	TAUREAU	VIERGE	LION	12 SCORPION
18 FEVRIER	POISSONS	VERSEAU	CAPRICORNE	TAUREAU	TAUREAU	TAUREAU	VIERGE	LION	26 SCORPION
19 FEVRIER	POISSONS	VERSEAU	CAPRICORNE	TAUREAU	TAUREAU	TAUREAU	VIERGE	LION	10 SAGITTAIRE

	ENTRE DANS LE SIGNE DU		LE 20 JANVIER	A 10 h 20	
LE SOLEIL		VERSEAU	1941		* LES CHIFFRES INDIQUENT LES DEGRES
	QUITTE LE SIGNE DU		LE 19 FEVRIER	A 0 h 45	

DECOUVREZ DANS QUEL SIGNE SE TROUVAIENT LES PLANETES A VOTRE NAISSANCE

1942	MERCURE	VENUS	MARS	JUPITER	SATURNE	URANUS	NEPTUNE	PLUTON	LUNE *
20 JANVIER	VERSEAU	VERSEAU	TAUREAU	GEMEAUX	TAUREAU	TAUREAU	VIERGE	LION	16 POISSONS
21 JANVIER	VERSEAU	VERSEAU	TAUREAU	GEMEAUX	TAUREAU	TAUREAU	VIERGE	LION	29 POISSONS
22 JANVIER	VERSEAU	VERSEAU	TAUREAU	GEMEAUX	TAUREAU	TAUREAU	VIERGE	LION	12 BELIER
23 JANVIER	VERSEAU	VERSEAU	TAUREAU	GEMEAUX	TAUREAU	TAUREAU	VIERGE	LION	24 BELIER
24 JANVIER	VERSEAU	VERSEAU	TAUREAU	GEMEAUX	TAUREAU	TAUREAU	VIERGE	LION	6 TAUREAU
25 JANVIER	VERSEAU	VERSEAU	TAUREAU	GEMEAUX	TAUREAU	TAUREAU	VIERGE	LION	18 TAUREAU
26 JANVIER	VERSEAU	VERSEAU	TAUREAU	GEMEAUX	TAUREAU	TAUREAU	VIERGE	LION	0 GEMEAUX
27 JANVIER	VERSEAU	VERSEAU	TAUREAU	GEMEAUX	TAUREAU	TAUREAU	VIERGE	LION	12 GEMEAUX
28 JANVIER	VERSEAU	VERSEAU	TAUREAU	GEMEAUX	TAUREAU	TAUREAU	VIERGE	LION	24 GEMEAUX
29 JANVIER	VERSEAU	VERSEAU	TAUREAU	GEMEAUX	TAUREAU	TAUREAU	VIERGE	LION	6 CANCER
30 JANVIER	VERSEAU	VERSEAU	TAUREAU	GEMEAUX	TAUREAU	TAUREAU	VIERGE	LION	18 CANCER
31 JANVIER	VERSEAU	VERSEAU	TAUREAU	GEMEAUX	TAUREAU	TAUREAU	VIERGE	LION	0 LION
1 FEVRIER	VERSEAU	VERSEAU	TAUREAU	GEMEAUX	TAUREAU	TAUREAU	VIERGE	LION	13 LION
2 FEVRIER	VERSEAU	VERSEAU	TAUREAU	GEMEAUX	TAUREAU	TAUREAU	VIERGE	LION	26 LION
3 FEVRIER	VERSEAU	VERSEAU	TAUREAU	GEMEAUX	TAUREAU	TAUREAU	VIERGE	LION	9 VIERGE
4 FEVRIER	VERSEAU	VERSEAU	TAUREAU	GEMEAUX	TAUREAU	TAUREAU	VIERGE	LION	22 VIERGE
5 FEVRIER	VERSEAU	VERSEAU	TAUREAU	GEMEAUX	TAUREAU	TAUREAU	VIERGE	LION	6 BALANCE
6 FEVRIER	VERSEAU	VERSEAU	TAUREAU	GEMEAUX	TAUREAU	TAUREAU	VIERGE	LION	19 BALANCE
7 FEVRIER	VERSEAU	VERSEAU	TAUREAU	GEMEAUX	TAUREAU	TAUREAU	VIERGE	LION	3 SCORPION
8 FEVRIER	VERSEAU	VERSEAU	TAUREAU	GEMEAUX	TAUREAU	TAUREAU	VIERGE	LION	17 SCORPION
9 FEVRIER	VERSEAU	VERSEAU	TAUREAU	GEMEAUX	TAUREAU	TAUREAU	VIERGE	LION	1 SAGITTAIRE
10 FEVRIER	VERSEAU	VERSEAU	TAUREAU	GEMEAUX	TAUREAU	TAUREAU	VIERGE	LION	16 SAGITTAIRE
11 FEVRIER	VERSEAU	VERSEAU	TAUREAU	GEMEAUX	TAUREAU	TAUREAU	VIERGE	LION	0 CAPRICORNE
12 FEVRIER	VERSEAU	VERSEAU	TAUREAU	GEMEAUX	TAUREAU	TAUREAU	VIERGE	LION	14 CAPRICORNE
13 FEVRIER	VERSEAU	VERSEAU	TAUREAU	GEMEAUX	TAUREAU	TAUREAU	VIERGE	LION	29 CAPRICORNE
14 FEVRIER	VERSEAU	VERSEAU	TAUREAU	GEMEAUX	TAUREAU	TAUREAU	VIERGE	LION	13 VERSEAU
15 FEVRIER	VERSEAU	VERSEAU	TAUREAU	GEMEAUX	TAUREAU	TAUREAU	VIERGE	LION	27 VERSEAU
16 FEVRIER	VERSEAU	VERSEAU	TAUREAU	GEMEAUX	TAUREAU	TAUREAU	VIERGE	LION	11 POISSONS
17 FEVRIER	VERSEAU	VERSEAU	TAUREAU	GEMEAUX	TAUREAU	TAUREAU	VIERGE	LION	24 POISSONS
18 FEVRIER	VERSEAU	VERSEAU	TAUREAU	GEMEAUX	TAUREAU	TAUREAU	VIERGE	LION	7 BELIER
19 FEVRIER	VERSEAU	VERSEAU	TAUREAU	GEMEAUX	TAUREAU	TAUREAU	VIERGE	LION	19 BELIER

ENTRE DANS LE SIGNE DU VERSEAU LE 20 JANVIER 1942 A 16 h 00
LE SOLEIL
QUITTE LE SIGNE DU VERSEAU LE 19 FEVRIER 1942 A 6 h 25

* LES CHIFFRES INDIQUENT LES DEGRES

1943	MERCURE	VENUS	MARS	JUPITER	SATURNE	URANUS	NEPTUNE	PLUTON	LUNE *
20 JANVIER	VERSEAU	VERSEAU	SAGITTAIRE	CANCER	GEMEAUX	GEMEAUX	BALANCE	LION	19 CANCER
21 JANVIER	VERSEAU	VERSEAU	SAGITTAIRE	CANCER	GEMEAUX	GEMEAUX	BALANCE	LION	1 LION
22 JANVIER	VERSEAU	VERSEAU	SAGITTAIRE	CANCER	GEMEAUX	GEMEAUX	BALANCE	LION	13 LION
23 JANVIER	VERSEAU	VERSEAU	SAGITTAIRE	CANCER	GEMEAUX	GEMEAUX	BALANCE	LION	25 LION
24 JANVIER	VERSEAU	VERSEAU	SAGITTAIRE	CANCER	GEMEAUX	GEMEAUX	BALANCE	LION	7 VIERGE
25 JANVIER	VERSEAU	VERSEAU	SAGITTAIRE	CANCER	GEMEAUX	GEMEAUX	BALANCE	LION	19 VIERGE
26 JANVIER	VERSEAU	VERSEAU	SAGITTAIRE	CANCER	GEMEAUX	GEMEAUX	BALANCE	LION	1 BALANCE
27 JANVIER	VERSEAU	VERSEAU	CAPRICORNE	CANCER	GEMEAUX	GEMEAUX	BALANCE	LION	14 BALANCE
28 JANVIER	CAPRICORNE	VERSEAU	CAPRICORNE	CANCER	GEMEAUX	GEMEAUX	BALANCE	LION	27 BALANCE
29 JANVIER	CAPRICORNE	VERSEAU	CAPRICORNE	CANCER	GEMEAUX	GEMEAUX	BALANCE	LION	10 SCORPION
30 JANVIER	CAPRICORNE	VERSEAU	CAPRICORNE	CANCER	GEMEAUX	GEMEAUX	BALANCE	LION	24 SCORPION
31 JANVIER	CAPRICORNE	VERSEAU	CAPRICORNE	CANCER	GEMEAUX	GEMEAUX	BALANCE	LION	8 SAGITTAIRE
1 FEVRIER	CAPRICORNE	POISSONS	CAPRICORNE	CANCER	GEMEAUX	GEMEAUX	BALANCE	LION	23 SAGITTAIRE
2 FEVRIER	CAPRICORNE	POISSONS	CAPRICORNE	CANCER	GEMEAUX	GEMEAUX	BALANCE	LION	8 CAPRICORNE
3 FEVRIER	CAPRICORNE	POISSONS	CAPRICORNE	CANCER	GEMEAUX	GEMEAUX	BALANCE	LION	23 CAPRICORNE
4 FEVRIER	CAPRICORNE	POISSONS	CAPRICORNE	CANCER	GEMEAUX	GEMEAUX	BALANCE	LION	8 VERSEAU
5 FEVRIER	CAPRICORNE	POISSONS	CAPRICORNE	CANCER	GEMEAUX	GEMEAUX	BALANCE	LION	23 VERSEAU
6 FEVRIER	CAPRICORNE	POISSONS	CAPRICORNE	CANCER	GEMEAUX	GEMEAUX	BALANCE	LION	8 POISSONS
7 FEVRIER	CAPRICORNE	POISSONS	CAPRICORNE	CANCER	GEMEAUX	GEMEAUX	BALANCE	LION	22 POISSONS
8 FEVRIER	CAPRICORNE	POISSONS	CAPRICORNE	CANCER	GEMEAUX	GEMEAUX	BALANCE	LION	6 BELIER
9 FEVRIER	CAPRICORNE	POISSONS	CAPRICORNE	CANCER	GEMEAUX	GEMEAUX	BALANCE	LION	20 BELIER
10 FEVRIER	CAPRICORNE	POISSONS	CAPRICORNE	CANCER	GEMEAUX	GEMEAUX	BALANCE	LION	3 TAUREAU
11 FEVRIER	CAPRICORNE	POISSONS	CAPRICORNE	CANCER	GEMEAUX	GEMEAUX	BALANCE	LION	16 TAUREAU
12 FEVRIER	CAPRICORNE	POISSONS	CAPRICORNE	CANCER	GEMEAUX	GEMEAUX	BALANCE	LION	28 TAUREAU
13 FEVRIER	CAPRICORNE	POISSONS	CAPRICORNE	CANCER	GEMEAUX	GEMEAUX	BALANCE	LION	10 GEMEAUX
14 FEVRIER	CAPRICORNE	POISSONS	CAPRICORNE	CANCER	GEMEAUX	GEMEAUX	BALANCE	LION	22 GEMEAUX
15 FEVRIER	CAPRICORNE	POISSONS	CAPRICORNE	CANCER	GEMEAUX	GEMEAUX	BALANCE	LION	4 CANCER
16 FEVRIER	VERSEAU	POISSONS	CAPRICORNE	CANCER	GEMEAUX	GEMEAUX	BALANCE	LION	16 CANCER
17 FEVRIER	VERSEAU	POISSONS	CAPRICORNE	CANCER	GEMEAUX	GEMEAUX	BALANCE	LION	28 CANCER
18 FEVRIER	VERSEAU	POISSONS	CAPRICORNE	CANCER	GEMEAUX	GEMEAUX	BALANCE	LION	9 LION
19 FEVRIER	VERSEAU	POISSONS	CAPRICORNE	CANCER	GEMEAUX	GEMEAUX	BALANCE	LION	21 LION

ENTRE DANS LE SIGNE DU VERSEAU LE 20 JANVIER 1943 A 22 h 05
LE SOLEIL
QUITTE LE SIGNE DU VERSEAU LE 19 FEVRIER 1943 A 12 h 25

* LES CHIFFRES INDIQUENT LES DEGRES

DECOUVREZ DANS QUEL SIGNE SE TROUVAIENT LES PLANETES A VOTRE NAISSANCE

1944	MERCURE	VENUS	MARS	JUPITER	SATURNE	URANUS	NEPTUNE	PLUTON	LUNE *
21 JANVIER	CAPRICORNE	SAGITTAIRE	GEMEAUX	LION	GEMEAUX	GEMEAUX	BALANCE	LION	4 SAGITTAIRE
22 JANVIER	CAPRICORNE	SAGITTAIRE	GEMEAUX	LION	GEMEAUX	GEMEAUX	BALANCE	LION	18 SAGITTAIRE
23 JANVIER	CAPRICORNE	SAGITTAIRE	GEMEAUX	LION	GEMEAUX	GEMEAUX	BALANCE	LION	2 CAPRICORNE
24 JANVIER	CAPRICORNE	SAGITTAIRE	GEMEAUX	LION	GEMEAUX	GEMEAUX	BALANCE	LION	17 CAPRICORNE
25 JANVIER	CAPRICORNE	SAGITTAIRE	GEMEAUX	LION	GEMEAUX	GEMEAUX	BALANCE	LION	2 VERSEAU
26 JANVIER	CAPRICORNE	SAGITTAIRE	GEMEAUX	LION	GEMEAUX	GEMEAUX	BALANCE	LION	17 VERSEAU
27 JANVIER	CAPRICORNE	SAGITTAIRE	GEMEAUX	LION	GEMEAUX	GEMEAUX	BALANCE	LION	2 POISSONS
28 JANVIER	CAPRICORNE	CAPRICORNE	GEMEAUX	LION	GEMEAUX	GEMEAUX	BALANCE	LION	17 POISSONS
29 JANVIER	CAPRICORNE	CAPRICORNE	GEMEAUX	LION	GEMEAUX	GEMEAUX	BALANCE	LION	2 BELIER
30 JANVIER	CAPRICORNE	CAPRICORNE	GEMEAUX	LION	GEMEAUX	GEMEAUX	BALANCE	LION	16 BELIER
31 JANVIER	CAPRICORNE	CAPRICORNE	GEMEAUX	LION	GEMEAUX	GEMEAUX	BALANCE	LION	0 TAUREAU
1 FEVRIER	CAPRICORNE	CAPRICORNE	GEMEAUX	LION	GEMEAUX	GEMEAUX	BALANCE	LION	14 TAUREAU
2 FEVRIER	CAPRICORNE	CAPRICORNE	GEMEAUX	LION	GEMEAUX	GEMEAUX	BALANCE	LION	27 TAUREAU
3 FEVRIER	CAPRICORNE	CAPRICORNE	GEMEAUX	LION	GEMEAUX	GEMEAUX	BALANCE	LION	10 GEMEAUX
4 FEVRIER	CAPRICORNE	CAPRICORNE	GEMEAUX	LION	GEMEAUX	GEMEAUX	BALANCE	LION	22 GEMEAUX
5 FEVRIER	CAPRICORNE	CAPRICORNE	GEMEAUX	LION	GEMEAUX	GEMEAUX	BALANCE	LION	4 CANCER
6 FEVRIER	CAPRICORNE	CAPRICORNE	GEMEAUX	LION	GEMEAUX	GEMEAUX	BALANCE	LION	17 CANCER
7 FEVRIER	CAPRICORNE	CAPRICORNE	GEMEAUX	LION	GEMEAUX	GEMEAUX	BALANCE	LION	29 CANCER
8 FEVRIER	CAPRICORNE	CAPRICORNE	GEMEAUX	LION	GEMEAUX	GEMEAUX	BALANCE	LION	10 LION
9 FEVRIER	CAPRICORNE	CAPRICORNE	GEMEAUX	LION	GEMEAUX	GEMEAUX	BALANCE	LION	22 LION
10 FEVRIER	CAPRICORNE	CAPRICORNE	GEMEAUX	LION	GEMEAUX	GEMEAUX	BALANCE	LION	4 VIERGE
11 FEVRIER	CAPRICORNE	CAPRICORNE	GEMEAUX	LION	GEMEAUX	GEMEAUX	BALANCE	LION	16 VIERGE
12 FEVRIER	CAPRICORNE	CAPRICORNE	GEMEAUX	LION	GEMEAUX	GEMEAUX	BALANCE	LION	28 VIERGE
13 FEVRIER	VERSEAU	CAPRICORNE	GEMEAUX	LION	GEMEAUX	GEMEAUX	BALANCE	LION	10 BALANCE
14 FEVRIER	VERSEAU	CAPRICORNE	GEMEAUX	LION	GEMEAUX	GEMEAUX	BALANCE	LION	22 BALANCE
15 FEVRIER	VERSEAU	CAPRICORNE	GEMEAUX	LION	GEMEAUX	GEMEAUX	BALANCE	LION	4 SCORPION
16 FEVRIER	VERSEAU	CAPRICORNE	GEMEAUX	LION	GEMEAUX	GEMEAUX	BALANCE	LION	17 SCORPION
17 FEVRIER	VERSEAU	CAPRICORNE	GEMEAUX	LION	GEMEAUX	GEMEAUX	BALANCE	LION	0 SAGITTAIRE
18 FEVRIER	VERSEAU	CAPRICORNE	GEMEAUX	LION	GEMEAUX	GEMEAUX	BALANCE	LION	13 SAGITTAIRE
19 FEVRIER	VERSEAU	CAPRICORNE	GEMEAUX	LION	GEMEAUX	GEMEAUX	BALANCE	LION	26 SAGITTAIRE

LE SOLEIL ENTRE DANS LE SIGNE DU VERSEAU LE 21 JANVIER 1944 A 4 h 00
LE SOLEIL QUITTE LE SIGNE DU VERSEAU LE 19 FEVRIER 1944 A 18 h 15

* LES CHIFFRES INDIQUENT LES DEGRES

1945	MERCURE	VENUS	MARS	JUPITER	SATURNE	URANUS	NEPTUNE	PLUTON	LUNE *
20 JANVIER	CAPRICORNE	POISSONS	CAPRICORNE	VIERGE	CANCER	GEMEAUX	BALANCE	LION	23 BELIER
21 JANVIER	CAPRICORNE	POISSONS	CAPRICORNE	VIERGE	CANCER	GEMEAUX	BALANCE	LION	7 TAUREAU
22 JANVIER	CAPRICORNE	POISSONS	CAPRICORNE	VIERGE	CANCER	GEMEAUX	BALANCE	LION	21 TAUREAU
23 JANVIER	CAPRICORNE	POISSONS	CAPRICORNE	VIERGE	CANCER	GEMEAUX	BALANCE	LION	5 GEMEAUX
24 JANVIER	CAPRICORNE	POISSONS	CAPRICORNE	VIERGE	CANCER	GEMEAUX	BALANCE	LION	19 GEMEAUX
25 JANVIER	CAPRICORNE	POISSONS	CAPRICORNE	VIERGE	CANCER	GEMEAUX	BALANCE	LION	2 CANCER
26 JANVIER	CAPRICORNE	POISSONS	CAPRICORNE	VIERGE	CANCER	GEMEAUX	BALANCE	LION	15 CANCER
27 JANVIER	CAPRICORNE	POISSONS	CAPRICORNE	VIERGE	CANCER	GEMEAUX	BALANCE	LION	28 CANCER
28 JANVIER	CAPRICORNE	POISSONS	CAPRICORNE	VIERGE	CANCER	GEMEAUX	BALANCE	LION	10 LION
29 JANVIER	CAPRICORNE	POISSONS	CAPRICORNE	VIERGE	CANCER	GEMEAUX	BALANCE	LION	23 LION
30 JANVIER	CAPRICORNE	POISSONS	CAPRICORNE	VIERGE	CANCER	GEMEAUX	BALANCE	LION	5 VIERGE
31 JANVIER	CAPRICORNE	POISSONS	CAPRICORNE	VIERGE	CANCER	GEMEAUX	BALANCE	LION	17 VIERGE
1 FEVRIER	CAPRICORNE	POISSONS	CAPRICORNE	VIERGE	CANCER	GEMEAUX	BALANCE	LION	29 VIERGE
2 FEVRIER	CAPRICORNE	BELIER	CAPRICORNE	VIERGE	CANCER	GEMEAUX	BALANCE	LION	11 BALANCE
3 FEVRIER	CAPRICORNE	BELIER	CAPRICORNE	VIERGE	CANCER	GEMEAUX	BALANCE	LION	23 BALANCE
4 FEVRIER	CAPRICORNE	BELIER	CAPRICORNE	VIERGE	CANCER	GEMEAUX	BALANCE	LION	5 SCORPION
5 FEVRIER	VERSEAU	BELIER	CAPRICORNE	VIERGE	CANCER	GEMEAUX	BALANCE	LION	17 SCORPION
6 FEVRIER	VERSEAU	BELIER	CAPRICORNE	VIERGE	CANCER	GEMEAUX	BALANCE	LION	29 SCORPION
7 FEVRIER	VERSEAU	BELIER	CAPRICORNE	VIERGE	CANCER	GEMEAUX	BALANCE	LION	12 SAGITTAIRE
8 FEVRIER	VERSEAU	BELIER	CAPRICORNE	VIERGE	CANCER	GEMEAUX	BALANCE	LION	24 SAGITTAIRE
9 FEVRIER	VERSEAU	BELIER	CAPRICORNE	VIERGE	CANCER	GEMEAUX	BALANCE	LION	8 CAPRICORNE
10 FEVRIER	VERSEAU	BELIER	CAPRICORNE	VIERGE	CANCER	GEMEAUX	BALANCE	LION	21 CAPRICORNE
11 FEVRIER	VERSEAU	BELIER	CAPRICORNE	VIERGE	CANCER	GEMEAUX	BALANCE	LION	5 VERSEAU
12 FEVRIER	VERSEAU	BELIER	CAPRICORNE	VIERGE	CANCER	GEMEAUX	BALANCE	LION	20 VERSEAU
13 FEVRIER	VERSEAU	BELIER	CAPRICORNE	VIERGE	CANCER	GEMEAUX	BALANCE	LION	5 POISSONS
14 FEVRIER	VERSEAU	BELIER	VERSEAU	VIERGE	CANCER	GEMEAUX	BALANCE	LION	20 POISSONS
15 FEVRIER	VERSEAU	BELIER	VERSEAU	VIERGE	CANCER	GEMEAUX	BALANCE	LION	5 BELIER
16 FEVRIER	VERSEAU	BELIER	VERSEAU	VIERGE	CANCER	GEMEAUX	BALANCE	LION	19 BELIER
17 FEVRIER	VERSEAU	BELIER	VERSEAU	VIERGE	CANCER	GEMEAUX	BALANCE	LION	4 TAUREAU
18 FEVRIER	VERSEAU	BELIER	VERSEAU	VIERGE	CANCER	GEMEAUX	BALANCE	LION	18 TAUREAU
19 FEVRIER	VERSEAU	BELIER	VERSEAU	VIERGE	CANCER	GEMEAUX	BALANCE	LION	2 GEMEAUX

LE SOLEIL ENTRE DANS LE SIGNE DU VERSEAU LE 20 JANVIER 1945 A 9 h 40
LE SOLEIL QUITTE LE SIGNE DU VERSEAU LE 19 FEVRIER 1945 A 0 h 00

* LES CHIFFRES INDIQUENT LES DEGRES

DECOUVREZ DANS QUEL SIGNE SE TROUVAIENT LES PLANETES A VOTRE NAISSANCE

1946	MERCURE	VENUS	MARS	JUPITER	SATURNE	URANUS	NEPTUNE	PLUTON	LUNE *
20 JANVIER	CAPRICORNE	CAPRICORNE	CANCER	BALANCE	CANCER	GEMEAUX	BALANCE	LION	6 VIERGE
21 JANVIER	CAPRICORNE	CAPRICORNE	CANCER	BALANCE	CANCER	GEMEAUX	BALANCE	LION	19 VIERGE
22 JANVIER	CAPRICORNE	CAPRICORNE	CANCER	BALANCE	CANCER	GEMEAUX	BALANCE	LION	1 BALANCE
23 JANVIER	CAPRICORNE	VERSEAU	CANCER	BALANCE	CANCER	GEMEAUX	BALANCE	LION	14 BALANCE
24 JANVIER	CAPRICORNE	VERSEAU	CANCER	BALANCE	CANCER	GEMEAUX	BALANCE	LION	26 BALANCE
25 JANVIER	CAPRICORNE	VERSEAU	CANCER	BALANCE	CANCER	GEMEAUX	BALANCE	LION	8 SCORPION
26 JANVIER	CAPRICORNE	VERSEAU	CANCER	BALANCE	CANCER	GEMEAUX	BALANCE	LION	20 SCORPION
27 JANVIER	CAPRICORNE	VERSEAU	CANCER	BALANCE	CANCER	GEMEAUX	BALANCE	LION	1 SAGITTAIRE
28 JANVIER	CAPRICORNE	VERSEAU	CANCER	BALANCE	CANCER	GEMEAUX	BALANCE	LION	13 SAGITTAIRE
29 JANVIER	VERSEAU	VERSEAU	CANCER	BALANCE	CANCER	GEMEAUX	BALANCE	LION	25 SAGITTAIRE
30 JANVIER	VERSEAU	VERSEAU	CANCER	BALANCE	CANCER	GEMEAUX	BALANCE	LION	8 CAPRICORNE
31 JANVIER	VERSEAU	VERSEAU	CANCER	BALANCE	CANCER	GEMEAUX	BALANCE	LION	20 CAPRICORNE
1 FEVRIER	VERSEAU	VERSEAU	CANCER	BALANCE	CANCER	GEMEAUX	BALANCE	LION	3 VERSEAU
2 FEVRIER	VERSEAU	VERSEAU	CANCER	BALANCE	CANCER	GEMEAUX	BALANCE	LION	16 VERSEAU
3 FEVRIER	VERSEAU	VERSEAU	CANCER	BALANCE	CANCER	GEMEAUX	BALANCE	LION	0 POISSONS
4 FEVRIER	VERSEAU	VERSEAU	CANCER	BALANCE	CANCER	GEMEAUX	BALANCE	LION	14 POISSONS
5 FEVRIER	VERSEAU	VERSEAU	CANCER	BALANCE	CANCER	GEMEAUX	BALANCE	LION	28 POISSONS
6 FEVRIER	VERSEAU	VERSEAU	CANCER	BALANCE	CANCER	GEMEAUX	BALANCE	LION	12 BELIER
7 FEVRIER	VERSEAU	VERSEAU	CANCER	BALANCE	CANCER	GEMEAUX	BALANCE	LION	26 BELIER
8 FEVRIER	VERSEAU	VERSEAU	CANCER	BALANCE	CANCER	GEMEAUX	BALANCE	LION	10 TAUREAU
9 FEVRIER	VERSEAU	VERSEAU	CANCER	BALANCE	CANCER	GEMEAUX	BALANCE	LION	24 TAUREAU
10 FEVRIER	VERSEAU	VERSEAU	CANCER	BALANCE	CANCER	GEMEAUX	BALANCE	LION	8 GEMEAUX
11 FEVRIER	VERSEAU	VERSEAU	CANCER	BALANCE	CANCER	GEMEAUX	BALANCE	LION	22 GEMEAUX
12 FEVRIER	VERSEAU	VERSEAU	CANCER	BALANCE	CANCER	GEMEAUX	BALANCE	LION	6 CANCER
13 FEVRIER	VERSEAU	VERSEAU	CANCER	BALANCE	CANCER	GEMEAUX	BALANCE	LION	20 CANCER
14 FEVRIER	VERSEAU	VERSEAU	CANCER	BALANCE	CANCER	GEMEAUX	BALANCE	LION	4 LION
15 FEVRIER	VERSEAU	VERSEAU	CANCER	BALANCE	CANCER	GEMEAUX	BALANCE	LION	17 LION
16 FEVRIER	POISSONS	POISSONS	CANCER	BALANCE	CANCER	GEMEAUX	BALANCE	LION	1 VIERGE
17 FEVRIER	POISSONS	POISSONS	CANCER	BALANCE	CANCER	GEMEAUX	BALANCE	LION	14 VIERGE
18 FEVRIER	POISSONS	POISSONS	CANCER	BALANCE	CANCER	GEMEAUX	BALANCE	LION	27 VIERGE
19 FEVRIER	POISSONS	POISSONS	CANCER	BALANCE	CANCER	GEMEAUX	BALANCE	LION	9 BALANCE

LE SOLEIL ENTRE DANS LE SIGNE DU VERSEAU LE 20 JANVIER 1946 A 15 h 30
QUITTE LE SIGNE DU VERSEAU LE 19 FEVRIER 1946 A 6 h 00

* LES CHIFFRES INDIQUENT LES DEGRES

1947	MERCURE	VENUS	MARS	JUPITER	SATURNE	URANUS	NEPTUNE	PLUTON	LUNE *
20 JANVIER	CAPRICORNE	SAGITTAIRE	CAPRICORNE	SCORPION	LION	GEMEAUX	BALANCE	LION	9 CAPRICORNE
21 JANVIER	CAPRICORNE	SAGITTAIRE	CAPRICORNE	SCORPION	LION	GEMEAUX	BALANCE	LION	21 CAPRICORNE
22 JANVIER	VERSEAU	SAGITTAIRE	CAPRICORNE	SCORPION	LION	GEMEAUX	BALANCE	LION	3 VERSEAU
23 JANVIER	VERSEAU	SAGITTAIRE	CAPRICORNE	SCORPION	LION	GEMEAUX	BALANCE	LION	15 VERSEAU
24 JANVIER	VERSEAU	SAGITTAIRE	CAPRICORNE	SCORPION	LION	GEMEAUX	BALANCE	LION	27 VERSEAU
25 JANVIER	VERSEAU	SAGITTAIRE	VERSEAU	SCORPION	LION	GEMEAUX	BALANCE	LION	10 POISSONS
26 JANVIER	VERSEAU	SAGITTAIRE	VERSEAU	SCORPION	LION	GEMEAUX	BALANCE	LION	23 POISSONS
27 JANVIER	VERSEAU	SAGITTAIRE	VERSEAU	SCORPION	LION	GEMEAUX	BALANCE	LION	6 BELIER
28 JANVIER	VERSEAU	SAGITTAIRE	VERSEAU	SCORPION	LION	GEMEAUX	BALANCE	LION	19 BELIER
29 JANVIER	VERSEAU	SAGITTAIRE	VERSEAU	SCORPION	LION	GEMEAUX	BALANCE	LION	2 TAUREAU
30 JANVIER	VERSEAU	SAGITTAIRE	VERSEAU	SCORPION	LION	GEMEAUX	BALANCE	LION	16 TAUREAU
31 JANVIER	VERSEAU	SAGITTAIRE	VERSEAU	SCORPION	LION	GEMEAUX	BALANCE	LION	0 GEMEAUX
1 FEVRIER	VERSEAU	SAGITTAIRE	VERSEAU	SCORPION	LION	GEMEAUX	BALANCE	LION	14 GEMEAUX
2 FEVRIER	VERSEAU	SAGITTAIRE	VERSEAU	SCORPION	LION	GEMEAUX	BALANCE	LION	29 GEMEAUX
3 FEVRIER	VERSEAU	SAGITTAIRE	VERSEAU	SCORPION	LION	GEMEAUX	BALANCE	LION	13 CANCER
4 FEVRIER	VERSEAU	SAGITTAIRE	VERSEAU	SCORPION	LION	GEMEAUX	BALANCE	LION	28 CANCER
5 FEVRIER	VERSEAU	SAGITTAIRE	VERSEAU	SCORPION	LION	GEMEAUX	BALANCE	LION	13 LION
6 FEVRIER	VERSEAU	CAPRICORNE	VERSEAU	SCORPION	LION	GEMEAUX	BALANCE	LION	28 LION
7 FEVRIER	VERSEAU	CAPRICORNE	VERSEAU	SCORPION	LION	GEMEAUX	BALANCE	LION	12 VIERGE
8 FEVRIER	POISSONS	CAPRICORNE	VERSEAU	SCORPION	LION	GEMEAUX	BALANCE	LION	26 VIERGE
9 FEVRIER	POISSONS	CAPRICORNE	VERSEAU	SCORPION	LION	GEMEAUX	BALANCE	LION	10 BALANCE
10 FEVRIER	POISSONS	CAPRICORNE	VERSEAU	SCORPION	LION	GEMEAUX	BALANCE	LION	23 BALANCE
11 FEVRIER	POISSONS	CAPRICORNE	VERSEAU	SCORPION	LION	GEMEAUX	BALANCE	LION	6 SCORPION
12 FEVRIER	POISSONS	CAPRICORNE	VERSEAU	SCORPION	LION	GEMEAUX	BALANCE	LION	18 SCORPION
13 FEVRIER	POISSONS	CAPRICORNE	VERSEAU	SCORPION	LION	GEMEAUX	BALANCE	LION	0 SAGITTAIRE
14 FEVRIER	POISSONS	CAPRICORNE	VERSEAU	SCORPION	LION	GEMEAUX	BALANCE	LION	12 SAGITTAIRE
15 FEVRIER	POISSONS	CAPRICORNE	VERSEAU	SCORPION	LION	GEMEAUX	BALANCE	LION	24 SAGITTAIRE
16 FEVRIER	POISSONS	CAPRICORNE	VERSEAU	SCORPION	LION	GEMEAUX	BALANCE	LION	5 CAPRICORNE
17 FEVRIER	POISSONS	CAPRICORNE	VERSEAU	SCORPION	LION	GEMEAUX	BALANCE	LION	17 CAPRICORNE
18 FEVRIER	POISSONS	CAPRICORNE	VERSEAU	SCORPION	LION	GEMEAUX	BALANCE	LION	29 CAPRICORNE
19 FEVRIER	POISSONS	CAPRICORNE	VERSEAU	SCORPION	LION	GEMEAUX	BALANCE	LION	12 VERSEAU

LE SOLEIL ENTRE DANS LE SIGNE DU VERSEAU LE 20 JANVIER 1947 A 21 h 15
QUITTE LE SIGNE DU VERSEAU LE 19 FEVRIER 1947 A 11 h 40

* LES CHIFFRES INDIQUENT LES DEGRES

DECOUVREZ DANS QUEL SIGNE SE TROUVAIENT LES PLANETES A VOTRE NAISSANCE

1948	MERCURE	VENUS	MARS	JUPITER	SATURNE	URANUS	NEPTUNE	PLUTON	LUNE *
21 JANVIER	VERSEAU	POISSONS	VIERGE	SAGITTAIRE	LION	GEMEAUX	BALANCE	LION	25 TAUREAU
22 JANVIER	VERSEAU	POISSONS	VIERGE	SAGITTAIRE	LION	GEMEAUX	BALANCE	LION	8 GEMEAUX
23 JANVIER	VERSEAU	POISSONS	VIERGE	SAGITTAIRE	LION	GEMEAUX	BALANCE	LION	23 GEMEAUX
24 JANVIER	VERSEAU	POISSONS	VIERGE	SAGITTAIRE	LION	GEMEAUX	BALANCE	LION	7 CANCER
25 JANVIER	VERSEAU	POISSONS	VIERGE	SAGITTAIRE	LION	GEMEAUX	BALANCE	LION	23 CANCER
26 JANVIER	VERSEAU	POISSONS	VIERGE	SAGITTAIRE	LION	GEMEAUX	BALANCE	LION	8 LION
27 JANVIER	VERSEAU	POISSONS	VIERGE	SAGITTAIRE	LION	GEMEAUX	BALANCE	LION	23 LION
28 JANVIER	VERSEAU	POISSONS	VIERGE	SAGITTAIRE	LION	GEMEAUX	BALANCE	LION	9 VIERGE
29 JANVIER	VERSEAU	POISSONS	VIERGE	SAGITTAIRE	LION	GEMEAUX	BALANCE	LION	23 VIERGE
30 JANVIER	VERSEAU	POISSONS	VIERGE	SAGITTAIRE	LION	GEMEAUX	BALANCE	LION	8 BALANCE
31 JANVIER	VERSEAU	POISSONS	VIERGE	SAGITTAIRE	LION	GEMEAUX	BALANCE	LION	22 BALANCE
1 FEVRIER	VERSEAU	POISSONS	VIERGE	SAGITTAIRE	LION	GEMEAUX	BALANCE	LION	5 SCORPION
2 FEVRIER	POISSONS	POISSONS	VIERGE	SAGITTAIRE	LION	GEMEAUX	BALANCE	LION	18 SCORPION
3 FEVRIER	POISSONS	POISSONS	VIERGE	SAGITTAIRE	LION	GEMEAUX	BALANCE	LION	0 SAGITTAIRE
4 FEVRIER	POISSONS	POISSONS	VIERGE	SAGITTAIRE	LION	GEMEAUX	BALANCE	LION	13 SAGITTAIRE
5 FEVRIER	POISSONS	POISSONS	VIERGE	SAGITTAIRE	LION	GEMEAUX	BALANCE	LION	25 SAGITTAIRE
6 FEVRIER	POISSONS	POISSONS	VIERGE	SAGITTAIRE	LION	GEMEAUX	BALANCE	LION	7 CAPRICORNE
7 FEVRIER	POISSONS	POISSONS	VIERGE	SAGITTAIRE	LION	GEMEAUX	BALANCE	LION	19 CAPRICORNE
8 FEVRIER	POISSONS	POISSONS	VIERGE	SAGITTAIRE	LION	GEMEAUX	BALANCE	LION	1 VERSEAU
9 FEVRIER	POISSONS	POISSONS	VIERGE	SAGITTAIRE	LION	GEMEAUX	BALANCE	LION	13 VERSEAU
10 FEVRIER	POISSONS	POISSONS	VIERGE	SAGITTAIRE	LION	GEMEAUX	BALANCE	LION	24 VERSEAU
11 FEVRIER	POISSONS	POISSONS	VIERGE	SAGITTAIRE	LION	GEMEAUX	BALANCE	LION	6 POISSONS
12 FEVRIER	POISSONS	BELIER	LION	SAGITTAIRE	LION	GEMEAUX	BALANCE	LION	18 POISSONS
13 FEVRIER	POISSONS	BELIER	LION	SAGITTAIRE	LION	GEMEAUX	BALANCE	LION	0 BELIER
14 FEVRIER	POISSONS	BELIER	LION	SAGITTAIRE	LION	GEMEAUX	BALANCE	LION	13 BELIER
15 FEVRIER	POISSONS	BELIER	LION	SAGITTAIRE	LION	GEMEAUX	BALANCE	LION	25 BELIER
16 FEVRIER	POISSONS	BELIER	LION	SAGITTAIRE	LION	GEMEAUX	BALANCE	LION	7 TAUREAU
17 FEVRIER	POISSONS	BELIER	LION	SAGITTAIRE	LION	GEMEAUX	BALANCE	LION	20 TAUREAU
18 FEVRIER	POISSONS	BELIER	LION	SAGITTAIRE	LION	GEMEAUX	BALANCE	LION	4 GEMEAUX
19 FEVRIER	POISSONS	BELIER	LION	SAGITTAIRE	LION	GEMEAUX	BALANCE	LION	17 GEMEAUX

	ENTRE DANS LE SIGNE DU		LE 21 JANVIER	A 3 h 00
LE SOLEIL		VERSEAU	1948	* LES CHIFFRES INDIQUENT LES DEGRES
	QUITTE LE SIGNE DU		LE 19 FEVRIER	A 17 h 20

1949	MERCURE	VENUS	MARS	JUPITER	SATURNE	URANUS	NEPTUNE	PLUTON	LUNE *
20 JANVIER	VERSEAU	CAPRICORNE	VERSEAU	CAPRICORNE	VIERGE	GEMEAUX	BALANCE	LION	16 BALANCE
21 JANVIER	VERSEAU	CAPRICORNE	VERSEAU	CAPRICORNE	VIERGE	GEMEAUX	BALANCE	LION	0 SCORPION
22 JANVIER	VERSEAU	CAPRICORNE	VERSEAU	CAPRICORNE	VIERGE	GEMEAUX	BALANCE	LION	13 SCORPION
23 JANVIER	VERSEAU	CAPRICORNE	VERSEAU	CAPRICORNE	VIERGE	GEMEAUX	BALANCE	LION	27 SCORPION
24 JANVIER	VERSEAU	CAPRICORNE	VERSEAU	CAPRICORNE	VIERGE	GEMEAUX	BALANCE	LION	10 SAGITTAIRE
25 JANVIER	VERSEAU	CAPRICORNE	VERSEAU	CAPRICORNE	VIERGE	GEMEAUX	BALANCE	LION	23 SAGITTAIRE
26 JANVIER	VERSEAU	CAPRICORNE	VERSEAU	CAPRICORNE	VIERGE	GEMEAUX	BALANCE	LION	6 CAPRICORNE
27 JANVIER	VERSEAU	CAPRICORNE	VERSEAU	CAPRICORNE	VIERGE	GEMEAUX	BALANCE	LION	19 CAPRICORNE
28 JANVIER	VERSEAU	CAPRICORNE	VERSEAU	CAPRICORNE	VIERGE	GEMEAUX	BALANCE	LION	1 VERSEAU
29 JANVIER	VERSEAU	CAPRICORNE	VERSEAU	CAPRICORNE	VIERGE	GEMEAUX	BALANCE	LION	13 VERSEAU
30 JANVIER	VERSEAU	CAPRICORNE	VERSEAU	CAPRICORNE	VIERGE	GEMEAUX	BALANCE	LION	25 VERSEAU
31 JANVIER	VERSEAU	CAPRICORNE	VERSEAU	CAPRICORNE	VIERGE	GEMEAUX	BALANCE	LION	7 POISSONS
1 FEVRIER	VERSEAU	CAPRICORNE	VERSEAU	CAPRICORNE	VIERGE	GEMEAUX	BALANCE	LION	19 POISSONS
2 FEVRIER	VERSEAU	CAPRICORNE	VERSEAU	CAPRICORNE	VIERGE	GEMEAUX	BALANCE	LION	1 BELIER
3 FEVRIER	VERSEAU	CAPRICORNE	VERSEAU	CAPRICORNE	VIERGE	GEMEAUX	BALANCE	LION	13 BELIER
4 FEVRIER	VERSEAU	CAPRICORNE	VERSEAU	CAPRICORNE	VIERGE	GEMEAUX	BALANCE	LION	25 BELIER
5 FEVRIER	VERSEAU	CAPRICORNE	VERSEAU	CAPRICORNE	VIERGE	GEMEAUX	BALANCE	LION	7 TAUREAU
6 FEVRIER	VERSEAU	VERSEAU	VERSEAU	CAPRICORNE	VIERGE	GEMEAUX	BALANCE	LION	19 TAUREAU
7 FEVRIER	VERSEAU	VERSEAU	VERSEAU	CAPRICORNE	VIERGE	GEMEAUX	BALANCE	LION	1 GEMEAUX
8 FEVRIER	VERSEAU	VERSEAU	VERSEAU	CAPRICORNE	VIERGE	GEMEAUX	BALANCE	LION	14 GEMEAUX
9 FEVRIER	VERSEAU	VERSEAU	VERSEAU	CAPRICORNE	VIERGE	GEMEAUX	BALANCE	LION	28 GEMEAUX
10 FEVRIER	VERSEAU	VERSEAU	VERSEAU	CAPRICORNE	VIERGE	GEMEAUX	BALANCE	LION	12 CANCER
11 FEVRIER	VERSEAU	VERSEAU	VERSEAU	CAPRICORNE	VIERGE	GEMEAUX	BALANCE	LION	26 CANCER
12 FEVRIER	VERSEAU	VERSEAU	POISSONS	CAPRICORNE	VIERGE	GEMEAUX	BALANCE	LION	11 LION
13 FEVRIER	VERSEAU	VERSEAU	POISSONS	CAPRICORNE	VIERGE	GEMEAUX	BALANCE	LION	26 LION
14 FEVRIER	VERSEAU	VERSEAU	POISSONS	CAPRICORNE	VIERGE	GEMEAUX	BALANCE	LION	11 VIERGE
15 FEVRIER	VERSEAU	VERSEAU	POISSONS	CAPRICORNE	VIERGE	GEMEAUX	BALANCE	LION	26 VIERGE
16 FEVRIER	VERSEAU	VERSEAU	POISSONS	CAPRICORNE	VIERGE	GEMEAUX	BALANCE	LION	11 BALANCE
17 FEVRIER	VERSEAU	VERSEAU	POISSONS	CAPRICORNE	VIERGE	GEMEAUX	BALANCE	LION	26 BALANCE
18 FEVRIER	VERSEAU	VERSEAU	POISSONS	CAPRICORNE	VIERGE	GEMEAUX	BALANCE	LION	10 SCORPION
19 FEVRIER	VERSEAU	VERSEAU	POISSONS	CAPRICORNE	VIERGE	GEMEAUX	BALANCE	LION	24 SCORPION

	ENTRE DANS LE SIGNE DU		LE 20 JANVIER	A 9 h 00
LE SOLEIL		VERSEAU	1949	* LES CHIFFRES INDIQUENT LES DEGRES
	QUITTE LE SIGNE DU		LE 19 FEVRIER	A 23 h 10

DECOUVREZ DANS QUEL SIGNE SE TROUVAIENT LES PLANETES A VOTRE NAISSANCE

1950	MERCURE	VENUS	MARS	JUPITER	SATURNE	URANUS	NEPTUNE	PLUTON	LUNE *
20 JANVIER	CAPRICORNE	VERSEAU	BALANCE	VERSEAU	VIERGE	CANCER	BALANCE	LION	26 VERSEAU
21 JANVIER	CAPRICORNE	VERSEAU	BALANCE	VERSEAU	VIERGE	CANCER	BALANCE	LION	9 POISSONS
22 JANVIER	CAPRICORNE	VERSEAU	BALANCE	VERSEAU	VIERGE	CANCER	BALANCE	LION	21 POISSONS
23 JANVIER	CAPRICORNE	VERSEAU	BALANCE	VERSEAU	VIERGE	CANCER	BALANCE	LION	3 BELIER
24 JANVIER	CAPRICORNE	VERSEAU	BALANCE	VERSEAU	VIERGE	CANCER	BALANCE	LION	15 BELIER
25 JANVIER	CAPRICORNE	VERSEAU	BALANCE	VERSEAU	VIERGE	CANCER	BALANCE	LION	27 BELIER
26 JANVIER	CAPRICORNE	VERSEAU	BALANCE	VERSEAU	VIERGE	CANCER	BALANCE	LION	9 TAUREAU
27 JANVIER	CAPRICORNE	VERSEAU	BALANCE	VERSEAU	VIERGE	CANCER	BALANCE	LION	21 TAUREAU
28 JANVIER	CAPRICORNE	VERSEAU	BALANCE	VERSEAU	VIERGE	CANCER	BALANCE	LION	3 GEMEAUX
29 JANVIER	CAPRICORNE	VERSEAU	BALANCE	VERSEAU	VIERGE	CANCER	BALANCE	LION	15 GEMEAUX
30 JANVIER	CAPRICORNE	VERSEAU	BALANCE	VERSEAU	VIERGE	CANCER	BALANCE	LION	28 GEMEAUX
31 JANVIER	CAPRICORNE	VERSEAU	BALANCE	VERSEAU	VIERGE	CANCER	BALANCE	LION	11 CANCER
1 FEVRIER	CAPRICORNE	VERSEAU	BALANCE	VERSEAU	VIERGE	CANCER	BALANCE	LION	24 CANCER
2 FEVRIER	CAPRICORNE	VERSEAU	BALANCE	VERSEAU	VIERGE	CANCER	BALANCE	LION	7 LION
3 FEVRIER	CAPRICORNE	VERSEAU	BALANCE	VERSEAU	VIERGE	CANCER	BALANCE	LION	21 LION
4 FEVRIER	CAPRICORNE	VERSEAU	BALANCE	VERSEAU	VIERGE	CANCER	BALANCE	LION	5 VIERGE
5 FEVRIER	CAPRICORNE	VERSEAU	BALANCE	VERSEAU	VIERGE	CANCER	BALANCE	LION	19 VIERGE
6 FEVRIER	CAPRICORNE	VERSEAU	BALANCE	VERSEAU	VIERGE	CANCER	BALANCE	LION	4 BALANCE
7 FEVRIER	CAPRICORNE	VERSEAU	BALANCE	VERSEAU	VIERGE	CANCER	BALANCE	LION	19 BALANCE
8 FEVRIER	CAPRICORNE	VERSEAU	BALANCE	VERSEAU	VIERGE	CANCER	BALANCE	LION	2 SCORPION
9 FEVRIER	CAPRICORNE	VERSEAU	BALANCE	VERSEAU	VIERGE	CANCER	BALANCE	LION	16 SCORPION
10 FEVRIER	CAPRICORNE	VERSEAU	BALANCE	VERSEAU	VIERGE	CANCER	BALANCE	LION	0 SAGITTAIRE
11 FEVRIER	CAPRICORNE	VERSEAU	BALANCE	VERSEAU	VIERGE	CANCER	BALANCE	LION	14 SAGITTAIRE
12 FEVRIER	CAPRICORNE	VERSEAU	BALANCE	VERSEAU	VIERGE	CANCER	BALANCE	LION	28 SAGITTAIRE
13 FEVRIER	CAPRICORNE	VERSEAU	BALANCE	VERSEAU	VIERGE	CANCER	BALANCE	LION	12 CAPRICORNE
14 FEVRIER	CAPRICORNE	VERSEAU	BALANCE	VERSEAU	VIERGE	CANCER	BALANCE	LION	25 CAPRICORNE
15 FEVRIER	VERSEAU	VERSEAU	BALANCE	VERSEAU	VIERGE	CANCER	BALANCE	LION	9 VERSEAU
16 FEVRIER	VERSEAU	VERSEAU	BALANCE	VERSEAU	VIERGE	CANCER	BALANCE	LION	22 VERSEAU
17 FEVRIER	VERSEAU	VERSEAU	BALANCE	VERSEAU	VIERGE	CANCER	BALANCE	LION	4 POISSONS
18 FEVRIER	VERSEAU	VERSEAU	BALANCE	VERSEAU	VIERGE	CANCER	BALANCE	LION	17 POISSONS
19 FEVRIER	VERSEAU	VERSEAU	BALANCE	VERSEAU	VIERGE	CANCER	BALANCE	LION	29 POISSONS

ENTRE DANS LE SIGNE DU LE 20 JANVIER A 14 h 45
LE SOLEIL VERSEAU 1950 * LES CHIFFRES INDIQUENT LES DEGRES
QUITTE LE SIGNE DU LE 19 FEVRIER A 5 h 00

1951	MERCURE	VENUS	MARS	JUPITER	SATURNE	URANUS	NEPTUNE	PLUTON	LUNE *
20 JANVIER	CAPRICORNE	VERSEAU	VERSEAU	POISSONS	BALANCE	CANCER	BALANCE	LION	29 GEMEAUX
21 JANVIER	CAPRICORNE	VERSEAU	VERSEAU	POISSONS	BALANCE	CANCER	BALANCE	LION	11 CANCER
22 JANVIER	CAPRICORNE	VERSEAU	VERSEAU	POISSONS	BALANCE	CANCER	BALANCE	LION	23 CANCER
23 JANVIER	CAPRICORNE	VERSEAU	POISSONS	POISSONS	BALANCE	CANCER	BALANCE	LION	6 LION
24 JANVIER	CAPRICORNE	VERSEAU	POISSONS	POISSONS	BALANCE	CANCER	BALANCE	LION	18 LION
25 JANVIER	CAPRICORNE	VERSEAU	POISSONS	POISSONS	BALANCE	CANCER	BALANCE	LION	1 VIERGE
26 JANVIER	CAPRICORNE	VERSEAU	POISSONS	POISSONS	BALANCE	CANCER	BALANCE	LION	14 VIERGE
27 JANVIER	CAPRICORNE	VERSEAU	POISSONS	POISSONS	BALANCE	CANCER	BALANCE	LION	27 VIERGE
28 JANVIER	CAPRICORNE	VERSEAU	POISSONS	POISSONS	BALANCE	CANCER	BALANCE	LION	10 BALANCE
29 JANVIER	CAPRICORNE	VERSEAU	POISSONS	POISSONS	BALANCE	CANCER	BALANCE	LION	24 BALANCE
30 JANVIER	CAPRICORNE	VERSEAU	POISSONS	POISSONS	BALANCE	CANCER	BALANCE	LION	8 SCORPION
31 JANVIER	CAPRICORNE	VERSEAU	POISSONS	POISSONS	BALANCE	CANCER	BALANCE	LION	22 SCORPION
1 FEVRIER	CAPRICORNE	POISSONS	POISSONS	POISSONS	BALANCE	CANCER	BALANCE	LION	6 SAGITTAIRE
2 FEVRIER	CAPRICORNE	POISSONS	POISSONS	POISSONS	BALANCE	CANCER	BALANCE	LION	21 SAGITTAIRE
3 FEVRIER	CAPRICORNE	POISSONS	POISSONS	POISSONS	BALANCE	CANCER	BALANCE	LION	5 CAPRICORNE
4 FEVRIER	CAPRICORNE	POISSONS	POISSONS	POISSONS	BALANCE	CANCER	BALANCE	LION	20 CAPRICORNE
5 FEVRIER	CAPRICORNE	POISSONS	POISSONS	POISSONS	BALANCE	CANCER	BALANCE	LION	4 VERSEAU
6 FEVRIER	CAPRICORNE	POISSONS	POISSONS	POISSONS	BALANCE	CANCER	BALANCE	LION	19 VERSEAU
7 FEVRIER	CAPRICORNE	POISSONS	POISSONS	POISSONS	BALANCE	CANCER	BALANCE	LION	3 POISSONS
8 FEVRIER	CAPRICORNE	POISSONS	POISSONS	POISSONS	BALANCE	CANCER	BALANCE	LION	17 POISSONS
9 FEVRIER	CAPRICORNE	POISSONS	POISSONS	POISSONS	BALANCE	CANCER	BALANCE	LION	0 BELIER
10 FEVRIER	VERSEAU	POISSONS	POISSONS	POISSONS	BALANCE	CANCER	BALANCE	LION	13 BELIER
11 FEVRIER	VERSEAU	POISSONS	POISSONS	POISSONS	BALANCE	CANCER	BALANCE	LION	25 BELIER
12 FEVRIER	VERSEAU	POISSONS	POISSONS	POISSONS	BALANCE	CANCER	BALANCE	LION	8 TAUREAU
13 FEVRIER	VERSEAU	POISSONS	POISSONS	POISSONS	BALANCE	CANCER	BALANCE	LION	20 TAUREAU
14 FEVRIER	VERSEAU	POISSONS	POISSONS	POISSONS	BALANCE	CANCER	BALANCE	LION	1 GEMEAUX
15 FEVRIER	VERSEAU	POISSONS	POISSONS	POISSONS	BALANCE	CANCER	BALANCE	LION	13 GEMEAUX
16 FEVRIER	VERSEAU	POISSONS	POISSONS	POISSONS	BALANCE	CANCER	BALANCE	LION	25 GEMEAUX
17 FEVRIER	VERSEAU	POISSONS	POISSONS	POISSONS	BALANCE	CANCER	BALANCE	LION	7 CANCER
18 FEVRIER	VERSEAU	POISSONS	POISSONS	POISSONS	BALANCE	CANCER	BALANCE	LION	19 CANCER
19 FEVRIER	VERSEAU	POISSONS	POISSONS	POISSONS	BALANCE	CANCER	BALANCE	LION	2 LION

ENTRE DANS LE SIGNE DU LE 20 JANVIER A 20 h 40
LE SOLEIL VERSEAU 1951 * LES CHIFFRES INDIQUENT LES DEGRES
QUITTE LE SIGNE DU LE 19 FEVRIER A 11 h 00

DECOUVREZ DANS QUEL SIGNE SE TROUVAIENT LES PLANETES A VOTRE NAISSANCE

1952	MERCURE	VENUS	MARS	JUPITER	SATURNE	URANUS	NEPTUNE	PLUTON	LUNE *
21 JANVIER	CAPRICORNE	SAGITTAIRE	SCORPION	BELIER	BALANCE	CANCER	BALANCE	LION	16 SCORPION
22 JANVIER	CAPRICORNE	SAGITTAIRE	SCORPION	BELIER	BALANCE	CANCER	BALANCE	LION	29 SCORPION
23 JANVIER	CAPRICORNE	SAGITTAIRE	SCORPION	BELIER	BALANCE	CANCER	BALANCE	LION	14 SAGITTAIRE
24 JANVIER	CAPRICORNE	SAGITTAIRE	SCORPION	BELIER	BALANCE	CANCER	BALANCE	LION	29 SAGITTAIRE
25 JANVIER	CAPRICORNE	SAGITTAIRE	SCORPION	BELIER	BALANCE	CANCER	BALANCE	LION	14 CAPRICORNE
26 JANVIER	CAPRICORNE	SAGITTAIRE	SCORPION	BELIER	BALANCE	CANCER	BALANCE	LION	29 CAPRICORNE
27 JANVIER	CAPRICORNE	SAGITTAIRE	SCORPION	BELIER	BALANCE	CANCER	BALANCE	LION	14 VERSEAU
28 JANVIER	CAPRICORNE	CAPRICORNE	SCORPION	BELIER	BALANCE	CANCER	BALANCE	LION	29 VERSEAU
29 JANVIER	CAPRICORNE	CAPRICORNE	SCORPION	BELIER	BALANCE	CANCER	BALANCE	LION	14 POISSONS
30 JANVIER	CAPRICORNE	CAPRICORNE	SCORPION	BELIER	BALANCE	CANCER	BALANCE	LION	28 POISSONS
31 JANVIER	CAPRICORNE	CAPRICORNE	SCORPION	BELIER	BALANCE	CANCER	BALANCE	LION	12 BELIER
1 FEVRIER	CAPRICORNE	CAPRICORNE	SCORPION	BELIER	BALANCE	CANCER	BALANCE	LION	25 BELIER
2 FEVRIER	CAPRICORNE	CAPRICORNE	SCORPION	BELIER	BALANCE	CANCER	BALANCE	LION	8 TAUREAU
3 FEVRIER	VERSEAU	CAPRICORNE	SCORPION	BELIER	BALANCE	CANCER	BALANCE	LION	21 TAUREAU
4 FEVRIER	VERSEAU	CAPRICORNE	SCORPION	BELIER	BALANCE	CANCER	BALANCE	LION	3 GEMEAUX
5 FEVRIER	VERSEAU	CAPRICORNE	SCORPION	BELIER	BALANCE	CANCER	BALANCE	LION	15 GEMEAUX
6 FEVRIER	VERSEAU	CAPRICORNE	SCORPION	BELIER	BALANCE	CANCER	BALANCE	LION	27 GEMEAUX
7 FEVRIER	VERSEAU	CAPRICORNE	SCORPION	BELIER	BALANCE	CANCER	BALANCE	LION	9 CANCER
8 FEVRIER	VERSEAU	CAPRICORNE	SCORPION	BELIER	BALANCE	CANCER	BALANCE	LION	21 CANCER
9 FEVRIER	VERSEAU	CAPRICORNE	SCORPION	BELIER	BALANCE	CANCER	BALANCE	LION	3 LION
10 FEVRIER	VERSEAU	CAPRICORNE	SCORPION	BELIER	BALANCE	CANCER	BALANCE	LION	15 LION
11 FEVRIER	VERSEAU	CAPRICORNE	SCORPION	BELIER	BALANCE	CANCER	BALANCE	LION	27 LION
12 FEVRIER	VERSEAU	CAPRICORNE	SCORPION	BELIER	BALANCE	CANCER	BALANCE	LION	9 VIERGE
13 FEVRIER	VERSEAU	CAPRICORNE	SCORPION	BELIER	BALANCE	CANCER	BALANCE	LION	21 VIERGE
14 FEVRIER	VERSEAU	CAPRICORNE	SCORPION	BELIER	BALANCE	CANCER	BALANCE	LION	3 BALANCE
15 FEVRIER	VERSEAU	CAPRICORNE	SCORPION	BELIER	BALANCE	CANCER	BALANCE	LION	16 BALANCE
16 FEVRIER	VERSEAU	CAPRICORNE	SCORPION	BELIER	BALANCE	CANCER	BALANCE	LION	29 BALANCE
17 FEVRIER	VERSEAU	CAPRICORNE	SCORPION	BELIER	BALANCE	CANCER	BALANCE	LION	12 SCORPION
18 FEVRIER	VERSEAU	CAPRICORNE	SCORPION	BELIER	BALANCE	CANCER	BALANCE	LION	25 SCORPION
19 FEVRIER	VERSEAU	CAPRICORNE	SCORPION	BELIER	BALANCE	CANCER	BALANCE	LION	9 SAGITTAIRE

	ENTRE DANS LE SIGNE DU		LE 21 JANVIER	A 2 h 25	
LE SOLEIL		VERSEAU	1952		* LES CHIFFRES INDIQUENT LES DEGRES
	QUITTE LE SIGNE DU		LE 19 FEVRIER	A 16 h 45	

1953	MERCURE	VENUS	MARS	JUPITER	SATURNE	URANUS	NEPTUNE	PLUTON	LUNE *
20 JANVIER	CAPRICORNE	POISSONS	POISSONS	TAUREAU	BALANCE	CANCER	BALANCE	LION	7 BELIER
21 JANVIER	CAPRICORNE	POISSONS	POISSONS	TAUREAU	BALANCE	CANCER	BALANCE	LION	21 BELIER
22 JANVIER	CAPRICORNE	POISSONS	POISSONS	TAUREAU	BALANCE	CANCER	BALANCE	LION	5 TAUREAU
23 JANVIER	CAPRICORNE	POISSONS	POISSONS	TAUREAU	BALANCE	CANCER	BALANCE	LION	19 TAUREAU
24 JANVIER	CAPRICORNE	POISSONS	POISSONS	TAUREAU	BALANCE	CANCER	BALANCE	LION	2 GEMEAUX
25 JANVIER	CAPRICORNE	POISSONS	POISSONS	TAUREAU	BALANCE	CANCER	BALANCE	LION	14 GEMEAUX
26 JANVIER	VERSEAU	POISSONS	POISSONS	TAUREAU	BALANCE	CANCER	BALANCE	LION	27 GEMEAUX
27 JANVIER	VERSEAU	POISSONS	POISSONS	TAUREAU	BALANCE	CANCER	BALANCE	LION	9 CANCER
28 JANVIER	VERSEAU	POISSONS	POISSONS	TAUREAU	BALANCE	CANCER	BALANCE	LION	22 CANCER
29 JANVIER	VERSEAU	POISSONS	POISSONS	TAUREAU	BALANCE	CANCER	BALANCE	LION	4 LION
30 JANVIER	VERSEAU	POISSONS	POISSONS	TAUREAU	BALANCE	CANCER	BALANCE	LION	16 LION
31 JANVIER	VERSEAU	POISSONS	POISSONS	TAUREAU	BALANCE	CANCER	BALANCE	LION	27 LION
1 FEVRIER	VERSEAU	POISSONS	POISSONS	TAUREAU	BALANCE	CANCER	BALANCE	LION	9 VIERGE
2 FEVRIER	VERSEAU	BELIER	POISSONS	TAUREAU	BALANCE	CANCER	BALANCE	LION	21 VIERGE
3 FEVRIER	VERSEAU	BELIER	POISSONS	TAUREAU	BALANCE	CANCER	BALANCE	LION	3 BALANCE
4 FEVRIER	VERSEAU	BELIER	POISSONS	TAUREAU	BALANCE	CANCER	BALANCE	LION	15 BALANCE
5 FEVRIER	VERSEAU	BELIER	POISSONS	TAUREAU	BALANCE	CANCER	BALANCE	LION	27 BALANCE
6 FEVRIER	VERSEAU	BELIER	POISSONS	TAUREAU	BALANCE	CANCER	BALANCE	LION	9 SCORPION
7 FEVRIER	VERSEAU	BELIER	POISSONS	TAUREAU	BALANCE	CANCER	BALANCE	LION	22 SCORPION
8 FEVRIER	VERSEAU	BELIER	BELIER	TAUREAU	BALANCE	CANCER	BALANCE	LION	5 SAGITTAIRE
9 FEVRIER	VERSEAU	BELIER	BELIER	TAUREAU	BALANCE	CANCER	BALANCE	LION	18 SAGITTAIRE
10 FEVRIER	VERSEAU	BELIER	BELIER	TAUREAU	BALANCE	CANCER	BALANCE	LION	2 CAPRICORNE
11 FEVRIER	VERSEAU	BELIER	BELIER	TAUREAU	BALANCE	CANCER	BALANCE	LION	17 CAPRICORNE
12 FEVRIER	POISSONS	BELIER	BELIER	TAUREAU	BALANCE	CANCER	BALANCE	LION	1 VERSEAU
13 FEVRIER	POISSONS	BELIER	BELIER	TAUREAU	BALANCE	CANCER	BALANCE	LION	16 VERSEAU
14 FEVRIER	POISSONS	BELIER	BELIER	TAUREAU	BALANCE	CANCER	BALANCE	LION	2 POISSONS
15 FEVRIER	POISSONS	BELIER	BELIER	TAUREAU	BALANCE	CANCER	BALANCE	LION	17 POISSONS
16 FEVRIER	POISSONS	BELIER	BELIER	TAUREAU	BALANCE	CANCER	BALANCE	LION	2 BELIER
17 FEVRIER	POISSONS	BELIER	BELIER	TAUREAU	BALANCE	CANCER	BALANCE	LION	17 BELIER
18 FEVRIER	POISSONS	BELIER	BELIER	TAUREAU	BALANCE	CANCER	BALANCE	LION	1 TAUREAU

	ENTRE DANS LE SIGNE DU		LE 20 JANVIER	A 8 h 10	
LE SOLEIL		VERSEAU	1953		* LES CHIFFRES INDIQUENT LES DEGRES
	QUITTE LE SIGNE DU		LE 18 FEVRIER	A 22 h 30	

DECOUVREZ DANS QUEL SIGNE SE TROUVAIENT LES PLANETES A VOTRE NAISSANCE

1954	MERCURE	VENUS	MARS	JUPITER	SATURNE	URANUS	NEPTUNE	PLUTON	LUNE *
20 JANVIER	VERSEAU	CAPRICORNE	SCORPION	GEMEAUX	SCORPION	CANCER	BALANCE	LION	16 LION
21 JANVIER	VERSEAU	CAPRICORNE	SCORPION	GEMEAUX	SCORPION	CANCER	BALANCE	LION	29 LION
22 JANVIER	VERSEAU	VERSEAU	SCORPION	GEMEAUX	SCORPION	CANCER	BALANCE	LION	11 VIERGE
23 JANVIER	VERSEAU	VERSEAU	SCORPION	GEMEAUX	SCORPION	CANCER	BALANCE	LION	23 VIERGE
24 JANVIER	VERSEAU	VERSEAU	SCORPION	GEMEAUX	SCORPION	CANCER	BALANCE	LION	5 BALANCE
25 JANVIER	VERSEAU	VERSEAU	SCORPION	GEMEAUX	SCORPION	CANCER	BALANCE	LION	17 BALANCE
26 JANVIER	VERSEAU	VERSEAU	SCORPION	GEMEAUX	SCORPION	CANCER	BALANCE	LION	29 BALANCE
27 JANVIER	VERSEAU	VERSEAU	SCORPION	GEMEAUX	SCORPION	CANCER	BALANCE	LION	11 SCORPION
28 JANVIER	VERSEAU	VERSEAU	SCORPION	GEMEAUX	SCORPION	CANCER	BALANCE	LION	23 SCORPION
29 JANVIER	VERSEAU	VERSEAU	SCORPION	GEMEAUX	SCORPION	CANCER	BALANCE	LION	5 SAGITTAIRE
30 JANVIER	VERSEAU	VERSEAU	SCORPION	GEMEAUX	SCORPION	CANCER	BALANCE	LION	18 SAGITTAIRE
31 JANVIER	VERSEAU	VERSEAU	SCORPION	GEMEAUX	SCORPION	CANCER	BALANCE	LION	1 CAPRICORNE
1 FEVRIER	VERSEAU	VERSEAU	SCORPION	GEMEAUX	SCORPION	CANCER	BALANCE	LION	14 CAPRICORNE
2 FEVRIER	VERSEAU	VERSEAU	SCORPION	GEMEAUX	SCORPION	CANCER	BALANCE	LION	28 CAPRICORNE
3 FEVRIER	VERSEAU	VERSEAU	SCORPION	GEMEAUX	SCORPION	CANCER	BALANCE	LION	12 VERSEAU
4 FEVRIER	VERSEAU	VERSEAU	SCORPION	GEMEAUX	SCORPION	CANCER	BALANCE	LION	26 VERSEAU
5 FEVRIER	POISSONS	VERSEAU	SCORPION	GEMEAUX	SCORPION	CANCER	BALANCE	LION	11 POISSONS
6 FEVRIER	POISSONS	VERSEAU	SCORPION	GEMEAUX	SCORPION	CANCER	BALANCE	LION	25 POISSONS
7 FEVRIER	POISSONS	VERSEAU	SCORPION	GEMEAUX	SCORPION	CANCER	BALANCE	LION	10 BELIER
8 FEVRIER	POISSONS	VERSEAU	SCORPION	GEMEAUX	SCORPION	CANCER	BALANCE	LION	24 BELIER
9 FEVRIER	POISSONS	VERSEAU	SCORPION	GEMEAUX	SCORPION	CANCER	BALANCE	LION	9 TAUREAU
10 FEVRIER	POISSONS	VERSEAU	SAGITTAIRE	GEMEAUX	SCORPION	CANCER	BALANCE	LION	23 TAUREAU
11 FEVRIER	POISSONS	VERSEAU	SAGITTAIRE	GEMEAUX	SCORPION	CANCER	BALANCE	LION	7 GEMEAUX
12 FEVRIER	POISSONS	VERSEAU	SAGITTAIRE	GEMEAUX	SCORPION	CANCER	BALANCE	LION	20 GEMEAUX
13 FEVRIER	POISSONS	VERSEAU	SAGITTAIRE	GEMEAUX	SCORPION	CANCER	BALANCE	LION	3 CANCER
14 FEVRIER	POISSONS	VERSEAU	SAGITTAIRE	GEMEAUX	SCORPION	CANCER	BALANCE	LION	16 CANCER
15 FEVRIER	POISSONS	POISSONS	SAGITTAIRE	GEMEAUX	SCORPION	CANCER	BALANCE	LION	29 CANCER
16 FEVRIER	POISSONS	POISSONS	SAGITTAIRE	GEMEAUX	SCORPION	CANCER	BALANCE	LION	12 LION
17 FEVRIER	POISSONS	POISSONS	SAGITTAIRE	GEMEAUX	SCORPION	CANCER	BALANCE	LION	25 LION
18 FEVRIER	POISSONS	POISSONS	SAGITTAIRE	GEMEAUX	SCORPION	CANCER	BALANCE	LION	7 VIERGE
19 FEVRIER	POISSONS	POISSONS	SAGITTAIRE	GEMEAUX	SCORPION	CANCER	BALANCE	LION	19 VIERGE

LE SOLEIL ENTRE DANS LE SIGNE DU VERSEAU LE 20 JANVIER 1954 A 14 h 00
LE SOLEIL QUITTE LE SIGNE DU VERSEAU LE 19 FEVRIER 1954 A 4 h 20

* LES CHIFFRES INDIQUENT LES DEGRES

1955	MERCURE	VENUS	MARS	JUPITER	SATURNE	URANUS	NEPTUNE	PLUTON	LUNE *
20 JANVIER	VERSEAU	SAGITTAIRE	BELIER	CANCER	SCORPION	CANCER	BALANCE	LION	19 SAGITTAIRE
21 JANVIER	VERSEAU	SAGITTAIRE	BELIER	CANCER	SCORPION	CANCER	BALANCE	LION	1 CAPRICORNE
22 JANVIER	VERSEAU	SAGITTAIRE	BELIER	CANCER	SCORPION	CANCER	BALANCE	LION	13 CAPRICORNE
23 JANVIER	VERSEAU	SAGITTAIRE	BELIER	CANCER	SCORPION	CANCER	BALANCE	LION	26 CAPRICORNE
24 JANVIER	VERSEAU	SAGITTAIRE	BELIER	CANCER	SCORPION	CANCER	BALANCE	LION	9 VERSEAU
25 JANVIER	VERSEAU	SAGITTAIRE	BELIER	CANCER	SCORPION	CANCER	BALANCE	LION	22 VERSEAU
26 JANVIER	VERSEAU	SAGITTAIRE	BELIER	CANCER	SCORPION	CANCER	BALANCE	LION	5 POISSONS
27 JANVIER	VERSEAU	SAGITTAIRE	BELIER	CANCER	SCORPION	CANCER	BALANCE	LION	19 POISSONS
28 JANVIER	VERSEAU	SAGITTAIRE	BELIER	CANCER	SCORPION	CANCER	BALANCE	LION	2 BELIER
29 JANVIER	VERSEAU	SAGITTAIRE	BELIER	CANCER	SCORPION	CANCER	BALANCE	LION	16 BELIER
30 JANVIER	VERSEAU	SAGITTAIRE	BELIER	CANCER	SCORPION	CANCER	BALANCE	LION	0 TAUREAU
31 JANVIER	VERSEAU	SAGITTAIRE	BELIER	CANCER	SCORPION	CANCER	BALANCE	LION	14 TAUREAU
1 FEVRIER	VERSEAU	SAGITTAIRE	BELIER	CANCER	SCORPION	CANCER	BALANCE	LION	28 TAUREAU
2 FEVRIER	VERSEAU	SAGITTAIRE	BELIER	CANCER	SCORPION	CANCER	BALANCE	LION	13 GEMEAUX
3 FEVRIER	VERSEAU	SAGITTAIRE	BELIER	CANCER	SCORPION	CANCER	BALANCE	LION	27 GEMEAUX
4 FEVRIER	VERSEAU	SAGITTAIRE	BELIER	CANCER	SCORPION	CANCER	BALANCE	LION	11 CANCER
5 FEVRIER	VERSEAU	SAGITTAIRE	BELIER	CANCER	SCORPION	CANCER	BALANCE	LION	25 CANCER
6 FEVRIER	VERSEAU	CAPRICORNE	BELIER	CANCER	SCORPION	CANCER	BALANCE	LION	9 LION
7 FEVRIER	VERSEAU	CAPRICORNE	BELIER	CANCER	SCORPION	CANCER	BALANCE	LION	23 LION
8 FEVRIER	VERSEAU	CAPRICORNE	BELIER	CANCER	SCORPION	CANCER	BALANCE	LION	7 VIERGE
9 FEVRIER	VERSEAU	CAPRICORNE	BELIER	CANCER	SCORPION	CANCER	BALANCE	LION	20 VIERGE
10 FEVRIER	VERSEAU	CAPRICORNE	BELIER	CANCER	SCORPION	CANCER	BALANCE	LION	3 BALANCE
11 FEVRIER	VERSEAU	CAPRICORNE	BELIER	CANCER	SCORPION	CANCER	BALANCE	LION	15 BALANCE
12 FEVRIER	VERSEAU	CAPRICORNE	BELIER	CANCER	SCORPION	CANCER	BALANCE	LION	27 BALANCE
13 FEVRIER	VERSEAU	CAPRICORNE	BELIER	CANCER	SCORPION	CANCER	BALANCE	LION	9 SCORPION
14 FEVRIER	VERSEAU	CAPRICORNE	BELIER	CANCER	SCORPION	CANCER	BALANCE	LION	21 SCORPION
15 FEVRIER	VERSEAU	CAPRICORNE	BELIER	CANCER	SCORPION	CANCER	BALANCE	LION	3 SAGITTAIRE
16 FEVRIER	VERSEAU	CAPRICORNE	BELIER	CANCER	SCORPION	CANCER	BALANCE	LION	15 SAGITTAIRE
17 FEVRIER	VERSEAU	CAPRICORNE	BELIER	CANCER	SCORPION	CANCER	BALANCE	LION	27 SAGITTAIRE
18 FEVRIER	VERSEAU	CAPRICORNE	BELIER	CANCER	SCORPION	CANCER	BALANCE	LION	9 CAPRICORNE
19 FEVRIER	VERSEAU	CAPRICORNE	BELIER	CANCER	SCORPION	CANCER	BALANCE	LION	21 CAPRICORNE

LE SOLEIL ENTRE DANS LE SIGNE DU VERSEAU LE 20 JANVIER 1955 A 19 h 50
LE SOLEIL QUITTE LE SIGNE DU VERSEAU LE 19 FEVRIER 1955 A 10 h 05

* LES CHIFFRES INDIQUENT LES DEGRES

DECOUVREZ DANS QUEL SIGNE SE TROUVAIENT LES PLANETES A VOTRE NAISSANCE

1956	MERCURE	VENUS	MARS	JUPITER	SATURNE	URANUS	NEPTUNE	PLUTON	LUNE *
21 JANVIER	VERSEAU	POISSONS	SAGITTAIRE	LION	SAGITTAIRE	LION	SCORPION	LION	7 TAUREAU
22 JANVIER	VERSEAU	POISSONS	SAGITTAIRE	LION	SAGITTAIRE	LION	SCORPION	LION	21 TAUREAU
23 JANVIER	VERSEAU	POISSONS	SAGITTAIRE	LION	SAGITTAIRE	LION	SCORPION	LION	5 GEMEAUX
24 JANVIER	VERSEAU	POISSONS	SAGITTAIRE	LION	SAGITTAIRE	LION	SCORPION	LION	20 GEMEAUX
25 JANVIER	VERSEAU	POISSONS	SAGITTAIRE	LION	SAGITTAIRE	LION	SCORPION	LION	4 CANCER
26 JANVIER	VERSEAU	POISSONS	SAGITTAIRE	LION	SAGITTAIRE	LION	SCORPION	LION	20 CANCER
27 JANVIER	VERSEAU	POISSONS	SAGITTAIRE	LION	SAGITTAIRE	LION	SCORPION	LION	5 LION
28 JANVIER	VERSEAU	POISSONS	SAGITTAIRE	LION	SAGITTAIRE	CANCER	SCORPION	LION	20 LION
29 JANVIER	VERSEAU	POISSONS	SAGITTAIRE	LION	SAGITTAIRE	CANCER	SCORPION	LION	4 VIERGE
30 JANVIER	VERSEAU	POISSONS	SAGITTAIRE	LION	SAGITTAIRE	CANCER	SCORPION	LION	19 VIERGE
31 JANVIER	VERSEAU	POISSONS	SAGITTAIRE	LION	SAGITTAIRE	CANCER	SCORPION	LION	3 BALANCE
1 FEVRIER	VERSEAU	POISSONS	SAGITTAIRE	LION	SAGITTAIRE	CANCER	SCORPION	LION	16 BALANCE
2 FEVRIER	VERSEAU	POISSONS	SAGITTAIRE	LION	SAGITTAIRE	CANCER	SCORPION	LION	29 BALANCE
3 FEVRIER	CAPRICORNE	POISSONS	SAGITTAIRE	LION	SAGITTAIRE	CANCER	SCORPION	LION	11 SCORPION
4 FEVRIER	CAPRICORNE	POISSONS	SAGITTAIRE	LION	SAGITTAIRE	CANCER	SCORPION	LION	24 SCORPION
5 FEVRIER	CAPRICORNE	POISSONS	SAGITTAIRE	LION	SAGITTAIRE	CANCER	SCORPION	LION	6 SAGITTAIRE
6 FEVRIER	CAPRICORNE	POISSONS	SAGITTAIRE	LION	SAGITTAIRE	CANCER	SCORPION	LION	17 SAGITTAIRE
7 FEVRIER	CAPRICORNE	POISSONS	SAGITTAIRE	LION	SAGITTAIRE	CANCER	SCORPION	LION	29 SAGITTAIRE
8 FEVRIER	CAPRICORNE	POISSONS	SAGITTAIRE	LION	SAGITTAIRE	CANCER	SCORPION	LION	11 CAPRICORNE
9 FEVRIER	CAPRICORNE	POISSONS	SAGITTAIRE	LION	SAGITTAIRE	CANCER	SCORPION	LION	23 CAPRICORNE
10 FEVRIER	CAPRICORNE	POISSONS	SAGITTAIRE	LION	SAGITTAIRE	CANCER	SCORPION	LION	5 VERSEAU
11 FEVRIER	CAPRICORNE	BELIER	SAGITTAIRE	LION	SAGITTAIRE	CANCER	SCORPION	LION	17 VERSEAU
12 FEVRIER	CAPRICORNE	BELIER	SAGITTAIRE	LION	SAGITTAIRE	CANCER	SCORPION	LION	29 VERSEAU
13 FEVRIER	CAPRICORNE	BELIER	SAGITTAIRE	LION	SAGITTAIRE	CANCER	SCORPION	LION	12 POISSONS
14 FEVRIER	CAPRICORNE	BELIER	SAGITTAIRE	LION	SAGITTAIRE	CANCER	SCORPION	LION	24 POISSONS
15 FEVRIER	VERSEAU	BELIER	SAGITTAIRE	LION	SAGITTAIRE	CANCER	SCORPION	LION	7 BELIER
16 FEVRIER	VERSEAU	BELIER	SAGITTAIRE	LION	SAGITTAIRE	CANCER	SCORPION	LION	20 BELIER
17 FEVRIER	VERSEAU	BELIER	SAGITTAIRE	LION	SAGITTAIRE	CANCER	SCORPION	LION	4 TAUREAU
18 FEVRIER	VERSEAU	BELIER	SAGITTAIRE	LION	SAGITTAIRE	CANCER	SCORPION	LION	17 TAUREAU
19 FEVRIER	VERSEAU	BELIER	SAGITTAIRE	LION	SAGITTAIRE	CANCER	SCORPION	LION	1 GEMEAUX

ENTRE DANS LE SIGNE DU — LE 21 JANVIER — A 1 h 35
LE SOLEIL — VERSEAU — 1956 — * LES CHIFFRES INDIQUENT LES DEGRES
QUITTE LE SIGNE DU — LE 19 FEVRIER — A 15 h 50

1957	MERCURE	VENUS	MARS	JUPITER	SATURNE	URANUS	NEPTUNE	PLUTON	LUNE *
20 JANVIER	CAPRICORNE	CAPRICORNE	BELIER	BALANCE	SAGITTAIRE	LION	SCORPION	LION	29 VIERGE
21 JANVIER	CAPRICORNE	CAPRICORNE	BELIER	BALANCE	SAGITTAIRE	LION	SCORPION	LION	13 BALANCE
22 JANVIER	CAPRICORNE	CAPRICORNE	BELIER	BALANCE	SAGITTAIRE	LION	SCORPION	LION	27 BALANCE
23 JANVIER	CAPRICORNE	CAPRICORNE	BELIER	BALANCE	SAGITTAIRE	LION	SCORPION	LION	10 SCORPION
24 JANVIER	CAPRICORNE	CAPRICORNE	BELIER	BALANCE	SAGITTAIRE	LION	SCORPION	LION	23 SCORPION
25 JANVIER	CAPRICORNE	CAPRICORNE	BELIER	BALANCE	SAGITTAIRE	LION	SCORPION	LION	5 SAGITTAIRE
26 JANVIER	CAPRICORNE	CAPRICORNE	BELIER	BALANCE	SAGITTAIRE	LION	SCORPION	LION	18 SAGITTAIRE
27 JANVIER	CAPRICORNE	CAPRICORNE	BELIER	BALANCE	SAGITTAIRE	LION	SCORPION	LION	0 CAPRICORNE
28 JANVIER	CAPRICORNE	CAPRICORNE	BELIER	BALANCE	SAGITTAIRE	LION	SCORPION	LION	12 CAPRICORNE
29 JANVIER	CAPRICORNE	CAPRICORNE	TAUREAU	BALANCE	SAGITTAIRE	LION	SCORPION	LION	24 CAPRICORNE
30 JANVIER	CAPRICORNE	CAPRICORNE	TAUREAU	BALANCE	SAGITTAIRE	LION	SCORPION	LION	6 VERSEAU
31 JANVIER	CAPRICORNE	CAPRICORNE	TAUREAU	BALANCE	SAGITTAIRE	LION	SCORPION	LION	18 VERSEAU
1 FEVRIER	CAPRICORNE	CAPRICORNE	TAUREAU	BALANCE	SAGITTAIRE	LION	SCORPION	LION	29 VERSEAU
2 FEVRIER	CAPRICORNE	CAPRICORNE	TAUREAU	BALANCE	SAGITTAIRE	LION	SCORPION	LION	11 POISSONS
3 FEVRIER	CAPRICORNE	CAPRICORNE	TAUREAU	BALANCE	SAGITTAIRE	LION	SCORPION	LION	23 POISSONS
4 FEVRIER	CAPRICORNE	CAPRICORNE	TAUREAU	BALANCE	SAGITTAIRE	LION	SCORPION	LION	5 BELIER
5 FEVRIER	CAPRICORNE	CAPRICORNE	TAUREAU	BALANCE	SAGITTAIRE	LION	SCORPION	LION	17 BELIER
6 FEVRIER	CAPRICORNE	VERSEAU	TAUREAU	BALANCE	SAGITTAIRE	LION	SCORPION	LION	0 TAUREAU
7 FEVRIER	CAPRICORNE	VERSEAU	TAUREAU	BALANCE	SAGITTAIRE	LION	SCORPION	LION	12 TAUREAU
8 FEVRIER	CAPRICORNE	VERSEAU	TAUREAU	BALANCE	SAGITTAIRE	LION	SCORPION	LION	25 TAUREAU
9 FEVRIER	CAPRICORNE	VERSEAU	TAUREAU	BALANCE	SAGITTAIRE	LION	SCORPION	LION	9 GEMEAUX
10 FEVRIER	CAPRICORNE	VERSEAU	TAUREAU	BALANCE	SAGITTAIRE	LION	SCORPION	LION	23 GEMEAUX
11 FEVRIER	CAPRICORNE	VERSEAU	TAUREAU	BALANCE	SAGITTAIRE	LION	SCORPION	LION	7 CANCER
12 FEVRIER	CAPRICORNE	VERSEAU	TAUREAU	BALANCE	SAGITTAIRE	LION	SCORPION	LION	22 CANCER
13 FEVRIER	VERSEAU	VERSEAU	TAUREAU	BALANCE	SAGITTAIRE	LION	SCORPION	LION	7 LION
14 FEVRIER	VERSEAU	VERSEAU	TAUREAU	BALANCE	SAGITTAIRE	LION	SCORPION	LION	22 LION
15 FEVRIER	VERSEAU	VERSEAU	TAUREAU	BALANCE	SAGITTAIRE	LION	SCORPION	LION	8 VIERGE
16 FEVRIER	VERSEAU	VERSEAU	TAUREAU	BALANCE	SAGITTAIRE	LION	SCORPION	LION	23 VIERGE
17 FEVRIER	VERSEAU	VERSEAU	TAUREAU	BALANCE	SAGITTAIRE	LION	SCORPION	LION	8 BALANCE
19 FEVRIER	VERSEAU	VERSEAU	TAUREAU	BALANCE	SAGITTAIRE	LION	SCORPION	LION	22 BALANCE

ENTRE DANS LE SIGNE DU — LE 20 JANVIER — A 7 h 30
LE SOLEIL — VERSEAU — 1957 — * LES CHIFFRES INDIQUENT LES DEGRES
QUITTE LE SIGNE DU — LE 18 FEVRIER — A 21 h 45

DECOUVREZ DANS QUEL SIGNE SE TROUVAIENT LES PLANETES A VOTRE NAISSANCE

1958	MERCURE	VENUS	MARS	JUPITER	SATURNE	URANUS	NEPTUNE	PLUTON	LUNE *
20 JANVIER	CAPRICORNE	VERSEAU	SAGITTAIRE	SCORPION	SAGITTAIRE	LION	SCORPION	VIERGE	6 VERSEAU
21 JANVIER	CAPRICORNE	VERSEAU	SAGITTAIRE	SCORPION	SAGITTAIRE	LION	SCORPION	VIERGE	19 VERSEAU
22 JANVIER	CAPRICORNE	VERSEAU	SAGITTAIRE	SCORPION	SAGITTAIRE	LION	SCORPION	VIERGE	1 POISSONS
23 JANVIER	CAPRICORNE	VERSEAU	SAGITTAIRE	SCORPION	SAGITTAIRE	LION	SCORPION	VIERGE	13 POISSONS
24 JANVIER	CAPRICORNE	VERSEAU	SAGITTAIRE	SCORPION	SAGITTAIRE	LION	SCORPION	VIERGE	25 POISSONS
25 JANVIER	CAPRICORNE	VERSEAU	SAGITTAIRE	SCORPION	SAGITTAIRE	LION	SCORPION	VIERGE	7 BELIER
26 JANVIER	CAPRICORNE	VERSEAU	SAGITTAIRE	SCORPION	SAGITTAIRE	LION	SCORPION	VIERGE	18 BELIER
27 JANVIER	CAPRICORNE	VERSEAU	SAGITTAIRE	SCORPION	SAGITTAIRE	LION	SCORPION	VIERGE	0 TAUREAU
28 JANVIER	CAPRICORNE	VERSEAU	SAGITTAIRE	SCORPION	SAGITTAIRE	LION	SCORPION	VIERGE	12 TAUREAU
29 JANVIER	CAPRICORNE	VERSEAU	SAGITTAIRE	SCORPION	SAGITTAIRE	LION	SCORPION	VIERGE	25 TAUREAU
30 JANVIER	CAPRICORNE	VERSEAU	SAGITTAIRE	SCORPION	SAGITTAIRE	LION	SCORPION	VIERGE	7 GEMEAUX
31 JANVIER	CAPRICORNE	VERSEAU	SAGITTAIRE	SCORPION	SAGITTAIRE	LION	SCORPION	VIERGE	20 GEMEAUX
1 FEVRIER	CAPRICORNE	VERSEAU	SAGITTAIRE	SCORPION	SAGITTAIRE	LION	SCORPION	VIERGE	4 CANCER
2 FEVRIER	CAPRICORNE	VERSEAU	SAGITTAIRE	SCORPION	SAGITTAIRE	LION	SCORPION	VIERGE	18 CANCER
3 FEVRIER	CAPRICORNE	VERSEAU	SAGITTAIRE	SCORPION	SAGITTAIRE	LION	SCORPION	VIERGE	2 LION
4 FEVRIER	CAPRICORNE	VERSEAU	CAPRICORNE	SCORPION	SAGITTAIRE	LION	SCORPION	VIERGE	17 LION
5 FEVRIER	CAPRICORNE	VERSEAU	CAPRICORNE	SCORPION	SAGITTAIRE	LION	SCORPION	VIERGE	2 VIERGE
6 FEVRIER	CAPRICORNE	VERSEAU	CAPRICORNE	SCORPION	SAGITTAIRE	LION	SCORPION	VIERGE	17 VIERGE
7 FEVRIER	VERSEAU	VERSEAU	CAPRICORNE	SCORPION	SAGITTAIRE	LION	SCORPION	VIERGE	2 BALANCE
8 FEVRIER	VERSEAU	VERSEAU	CAPRICORNE	SCORPION	SAGITTAIRE	LION	SCORPION	VIERGE	17 BALANCE
9 FEVRIER	VERSEAU	VERSEAU	CAPRICORNE	SCORPION	SAGITTAIRE	LION	SCORPION	VIERGE	1 SCORPION
10 FEVRIER	VERSEAU	VERSEAU	CAPRICORNE	SCORPION	SAGITTAIRE	LION	SCORPION	VIERGE	15 SCORPION
11 FEVRIER	VERSEAU	VERSEAU	CAPRICORNE	SCORPION	SAGITTAIRE	LION	SCORPION	VIERGE	28 SCORPION
12 FEVRIER	VERSEAU	VERSEAU	CAPRICORNE	SCORPION	SAGITTAIRE	LION	SCORPION	VIERGE	12 SAGITTAIRE
13 FEVRIER	VERSEAU	VERSEAU	CAPRICORNE	SCORPION	SAGITTAIRE	LION	SCORPION	VIERGE	25 SAGITTAIRE
14 FEVRIER	VERSEAU	VERSEAU	CAPRICORNE	SCORPION	SAGITTAIRE	LION	SCORPION	VIERGE	8 CAPRICORNE
15 FEVRIER	VERSEAU	VERSEAU	CAPRICORNE	SCORPION	SAGITTAIRE	LION	SCORPION	VIERGE	20 CAPRICORNE
16 FEVRIER	VERSEAU	VERSEAU	CAPRICORNE	SCORPION	SAGITTAIRE	LION	SCORPION	VIERGE	3 VERSEAU
17 FEVRIER	VERSEAU	VERSEAU	CAPRICORNE	SCORPION	SAGITTAIRE	LION	SCORPION	VIERGE	15 VERSEAU
18 FEVRIER	VERSEAU	VERSEAU	CAPRICORNE	SCORPION	SAGITTAIRE	LION	SCORPION	VIERGE	27 VERSEAU
19 FEVRIER	VERSEAU	VERSEAU	CAPRICORNE	SCORPION	SAGITTAIRE	LION	SCORPION	VIERGE	9 POISSONS

ENTRE DANS LE SIGNE DU LE 20 JANVIER A 13 h 00
LE SOLEIL VERSEAU 1958 * LES CHIFFRES INDIQUENT LES DEGRES
QUITTE LE SIGNE DU LE 19 FEVRIER A 3 h 35

1959	MERCURE	VENUS	MARS	JUPITER	SATURNE	URANUS	NEPTUNE	PLUTON	LUNE *
20 JANVIER	CAPRICORNE	VERSEAU	TAUREAU	SCORPION	CAPRICORNE	LION	SCORPION	VIERGE	9 GEMEAUX
21 JANVIER	CAPRICORNE	VERSEAU	TAUREAU	SCORPION	CAPRICORNE	LION	SCORPION	VIERGE	21 GEMEAUX
22 JANVIER	CAPRICORNE	VERSEAU	TAUREAU	SCORPION	CAPRICORNE	LION	SCORPION	VIERGE	3 CANCER
23 JANVIER	CAPRICORNE	VERSEAU	TAUREAU	SCORPION	CAPRICORNE	LION	SCORPION	VIERGE	16 CANCER
24 JANVIER	CAPRICORNE	VERSEAU	TAUREAU	SCORPION	CAPRICORNE	LION	SCORPION	VIERGE	0 LION
25 JANVIER	CAPRICORNE	VERSEAU	TAUREAU	SCORPION	CAPRICORNE	LION	SCORPION	VIERGE	13 LION
26 JANVIER	CAPRICORNE	VERSEAU	TAUREAU	SCORPION	CAPRICORNE	LION	SCORPION	VIERGE	27 LION
27 JANVIER	CAPRICORNE	VERSEAU	TAUREAU	SCORPION	CAPRICORNE	LION	SCORPION	VIERGE	11 VIERGE
28 JANVIER	CAPRICORNE	VERSEAU	TAUREAU	SCORPION	CAPRICORNE	LION	SCORPION	VIERGE	24 VIERGE
29 JANVIER	CAPRICORNE	VERSEAU	TAUREAU	SCORPION	CAPRICORNE	LION	SCORPION	VIERGE	8 BALANCE
30 JANVIER	CAPRICORNE	VERSEAU	TAUREAU	SCORPION	CAPRICORNE	LION	SCORPION	VIERGE	23 BALANCE
31 JANVIER	VERSEAU	POISSONS	TAUREAU	SCORPION	CAPRICORNE	LION	SCORPION	VIERGE	7 SCORPION
1 FEVRIER	VERSEAU	POISSONS	TAUREAU	SCORPION	CAPRICORNE	LION	SCORPION	VIERGE	21 SCORPION
2 FEVRIER	VERSEAU	POISSONS	TAUREAU	SCORPION	CAPRICORNE	LION	SCORPION	VIERGE	5 SAGITTAIRE
3 FEVRIER	VERSEAU	POISSONS	TAUREAU	SCORPION	CAPRICORNE	LION	SCORPION	VIERGE	19 SAGITTAIRE
4 FEVRIER	VERSEAU	POISSONS	TAUREAU	SCORPION	CAPRICORNE	LION	SCORPION	VIERGE	3 CAPRICORNE
5 FEVRIER	VERSEAU	POISSONS	TAUREAU	SCORPION	CAPRICORNE	LION	SCORPION	VIERGE	17 CAPRICORNE
6 FEVRIER	VERSEAU	POISSONS	TAUREAU	SCORPION	CAPRICORNE	LION	SCORPION	VIERGE	0 VERSEAU
7 FEVRIER	VERSEAU	POISSONS	TAUREAU	SCORPION	CAPRICORNE	LION	SCORPION	VIERGE	14 VERSEAU
8 FEVRIER	VERSEAU	POISSONS	TAUREAU	SCORPION	CAPRICORNE	LION	SCORPION	VIERGE	27 VERSEAU
9 FEVRIER	VERSEAU	POISSONS	TAUREAU	SCORPION	CAPRICORNE	LION	SCORPION	VIERGE	10 POISSONS
10 FEVRIER	VERSEAU	POISSONS	TAUREAU	SCORPION	CAPRICORNE	LION	SCORPION	VIERGE	23 POISSONS
11 FEVRIER	VERSEAU	POISSONS	GEMEAUX	SAGITTAIRE	CAPRICORNE	LION	SCORPION	VIERGE	5 BELIER
12 FEVRIER	VERSEAU	POISSONS	GEMEAUX	SAGITTAIRE	CAPRICORNE	LION	SCORPION	VIERGE	17 BELIER
13 FEVRIER	VERSEAU	POISSONS	GEMEAUX	SAGITTAIRE	CAPRICORNE	LION	SCORPION	VIERGE	29 BELIER
14 FEVRIER	VERSEAU	POISSONS	GEMEAUX	SAGITTAIRE	CAPRICORNE	LION	SCORPION	VIERGE	11 TAUREAU
15 FEVRIER	VERSEAU	POISSONS	GEMEAUX	SAGITTAIRE	CAPRICORNE	LION	SCORPION	VIERGE	22 TAUREAU
16 FEVRIER	VERSEAU	POISSONS	GEMEAUX	SAGITTAIRE	CAPRICORNE	LION	SCORPION	VIERGE	4 GEMEAUX
17 FEVRIER	POISSONS	POISSONS	GEMEAUX	SAGITTAIRE	CAPRICORNE	LION	SCORPION	VIERGE	16 GEMEAUX
18 FEVRIER	POISSONS	POISSONS	GEMEAUX	SAGITTAIRE	CAPRICORNE	LION	SCORPION	VIERGE	29 GEMEAUX
19 FEVRIER	POISSONS	POISSONS	GEMEAUX	SAGITTAIRE	CAPRICORNE	LION	SCORPION	VIERGE	11 CANCER

ENTRE DANS LE SIGNE DU LE 20 JANVIER A 19 h 05
LE SOLEIL VERSEAU 1958 * LES CHIFFRES INDIQUENT LES DEGRES
QUITTE LE SIGNE DU LE 19 FEVRIER A 9 h 20

DECOUVREZ DANS QUEL SIGNE SE TROUVAIENT LES PLANETES A VOTRE NAISSANCE

1960	MERCURE	VENUS	MARS	JUPITER	SATURNE	URANUS	NEPTUNE	PLUTON	LUNE *
21 JANVIER	CAPRICORNE	SAGITTAIRE	CAPRICORNE	SAGITTAIRE	CAPRICORNE	LION	SCORPION	VIERGE	29 BALANCE
22 JANVIER	CAPRICORNE	SAGITTAIRE	CAPRICORNE	SAGITTAIRE	CAPRICORNE	LION	SCORPION	VIERGE	12 SCORPION
23 JANVIER	VERSEAU	SAGITTAIRE	CAPRICORNE	SAGITTAIRE	CAPRICORNE	LION	SCORPION	VIERGE	27 SCORPION
24 JANVIER	VERSEAU	SAGITTAIRE	CAPRICORNE	SAGITTAIRE	CAPRICORNE	LION	SCORPION	VIERGE	11 SAGITTAIRE
25 JANVIER	VERSEAU	SAGITTAIRE	CAPRICORNE	SAGITTAIRE	CAPRICORNE	LION	SCORPION	VIERGE	26 SAGITTAIRE
26 JANVIER	VERSEAU	SAGITTAIRE	CAPRICORNE	SAGITTAIRE	CAPRICORNE	LION	SCORPION	VIERGE	11 CAPRICORNE
27 JANVIER	VERSEAU	CAPRICORNE	CAPRICORNE	SAGITTAIRE	CAPRICORNE	LION	SCORPION	VIERGE	26 CAPRICORNE
28 JANVIER	VERSEAU	CAPRICORNE	CAPRICORNE	SAGITTAIRE	CAPRICORNE	LION	SCORPION	VIERGE	11 VERSEAU
29 JANVIER	VERSEAU	CAPRICORNE	CAPRICORNE	SAGITTAIRE	CAPRICORNE	LION	SCORPION	VIERGE	25 VERSEAU
30 JANVIER	VERSEAU	CAPRICORNE	CAPRICORNE	SAGITTAIRE	CAPRICORNE	LION	SCORPION	VIERGE	9 POISSONS
31 JANVIER	VERSEAU	CAPRICORNE	CAPRICORNE	SAGITTAIRE	CAPRICORNE	LION	SCORPION	VIERGE	23 POISSONS
1 FEVRIER	VERSEAU	CAPRICORNE	CAPRICORNE	SAGITTAIRE	CAPRICORNE	LION	SCORPION	VIERGE	6 BELIER
2 FEVRIER	VERSEAU	CAPRICORNE	CAPRICORNE	SAGITTAIRE	CAPRICORNE	LION	SCORPION	VIERGE	19 BELIER
3 FEVRIER	VERSEAU	CAPRICORNE	CAPRICORNE	SAGITTAIRE	CAPRICORNE	LION	SCORPION	VIERGE	1 TAUREAU
4 FEVRIER	VERSEAU	CAPRICORNE	CAPRICORNE	SAGITTAIRE	CAPRICORNE	LION	SCORPION	VIERGE	13 TAUREAU
5 FEVRIER	VERSEAU	CAPRICORNE	CAPRICORNE	SAGITTAIRE	CAPRICORNE	LION	SCORPION	VIERGE	25 TAUREAU
6 FEVRIER	VERSEAU	CAPRICORNE	CAPRICORNE	SAGITTAIRE	CAPRICORNE	LION	SCORPION	VIERGE	7 GEMEAUX
7 FEVRIER	VERSEAU	CAPRICORNE	CAPRICORNE	SAGITTAIRE	CAPRICORNE	LION	SCORPION	VIERGE	19 GEMEAUX
8 FEVRIER	VERSEAU	CAPRICORNE	CAPRICORNE	SAGITTAIRE	CAPRICORNE	LION	SCORPION	VIERGE	1 CANCER
9 FEVRIER	POISSONS	CAPRICORNE	CAPRICORNE	SAGITTAIRE	CAPRICORNE	LION	SCORPION	VIERGE	13 CANCER
10 FEVRIER	POISSONS	CAPRICORNE	CAPRICORNE	SAGITTAIRE	CAPRICORNE	LION	SCORPION	VIERGE	25 CANCER
11 FEVRIER	POISSONS	CAPRICORNE	CAPRICORNE	SAGITTAIRE	CAPRICORNE	LION	SCORPION	VIERGE	7 LION
12 FEVRIER	POISSONS	CAPRICORNE	CAPRICORNE	SAGITTAIRE	CAPRICORNE	LION	SCORPION	VIERGE	20 LION
13 FEVRIER	POISSONS	CAPRICORNE	CAPRICORNE	SAGITTAIRE	CAPRICORNE	LION	SCORPION	VIERGE	3 VIERGE
14 FEVRIER	POISSONS	CAPRICORNE	CAPRICORNE	SAGITTAIRE	CAPRICORNE	LION	SCORPION	VIERGE	15 VIERGE
15 FEVRIER	POISSONS	CAPRICORNE	CAPRICORNE	SAGITTAIRE	CAPRICORNE	LION	SCORPION	VIERGE	29 VIERGE
16 FEVRIER	POISSONS	CAPRICORNE	CAPRICORNE	SAGITTAIRE	CAPRICORNE	LION	SCORPION	VIERGE	12 BALANCE
17 FEVRIER	POISSONS	CAPRICORNE	CAPRICORNE	SAGITTAIRE	CAPRICORNE	LION	SCORPION	VIERGE	25 BALANCE
18 FEVRIER	POISSONS	CAPRICORNE	CAPRICORNE	SAGITTAIRE	CAPRICORNE	LION	SCORPION	VIERGE	9 SCORPION
19 FEVRIER	POISSONS	CAPRICORNE	CAPRICORNE	SAGITTAIRE	CAPRICORNE	LION	SCORPION	VIERGE	23 SCORPION

LE SOLEIL ENTRE DANS LE SIGNE DU VERSEAU LE 21 JANVIER 1960 A 1 h 00
LE SOLEIL QUITTE LE SIGNE DU VERSEAU LE 19 FEVRIER 1960 A 15 h 10

* LES CHIFFRES INDIQUENT LES DEGRES

1961	MERCURE	VENUS	MARS	JUPITER	SATURNE	URANUS	NEPTUNE	PLUTON	LUNE *
20 JANVIER	VERSEAU	POISSONS	CANCER	CAPRICORNE	CAPRICORNE	LION	SCORPION	VIERGE	20 POISSONS
21 JANVIER	VERSEAU	POISSONS	CANCER	CAPRICORNE	CAPRICORNE	LION	SCORPION	VIERGE	4 BELIER
22 JANVIER	VERSEAU	POISSONS	CANCER	CAPRICORNE	CAPRICORNE	LION	SCORPION	VIERGE	18 BELIER
23 JANVIER	VERSEAU	POISSONS	CANCER	CAPRICORNE	CAPRICORNE	LION	SCORPION	VIERGE	1 TAUREAU
24 JANVIER	VERSEAU	POISSONS	CANCER	CAPRICORNE	CAPRICORNE	LION	SCORPION	VIERGE	14 TAUREAU
25 JANVIER	VERSEAU	POISSONS	CANCER	CAPRICORNE	CAPRICORNE	LION	SCORPION	VIERGE	26 TAUREAU
26 JANVIER	VERSEAU	POISSONS	CANCER	CAPRICORNE	CAPRICORNE	LION	SCORPION	VIERGE	8 GEMEAUX
27 JANVIER	VERSEAU	POISSONS	CANCER	CAPRICORNE	CAPRICORNE	LION	SCORPION	VIERGE	21 GEMEAUX
28 JANVIER	VERSEAU	POISSONS	CANCER	CAPRICORNE	CAPRICORNE	LION	SCORPION	VIERGE	2 CANCER
29 JANVIER	VERSEAU	POISSONS	CANCER	CAPRICORNE	CAPRICORNE	LION	SCORPION	VIERGE	14 CANCER
30 JANVIER	VERSEAU	POISSONS	CANCER	CAPRICORNE	CAPRICORNE	LION	SCORPION	VIERGE	26 CANCER
31 JANVIER	VERSEAU	POISSONS	CANCER	CAPRICORNE	CAPRICORNE	LION	SCORPION	VIERGE	8 LION
1 FEVRIER	VERSEAU	POISSONS	CANCER	CAPRICORNE	CAPRICORNE	LION	SCORPION	VIERGE	20 LION
2 FEVRIER	POISSONS	BELIER	CANCER	CAPRICORNE	CAPRICORNE	LION	SCORPION	VIERGE	2 VIERGE
3 FEVRIER	POISSONS	BELIER	CANCER	CAPRICORNE	CAPRICORNE	LION	SCORPION	VIERGE	14 VIERGE
4 FEVRIER	POISSONS	BELIER	CANCER	CAPRICORNE	CAPRICORNE	LION	SCORPION	VIERGE	26 VIERGE
5 FEVRIER	POISSONS	BELIER	GEMEAUX	CAPRICORNE	CAPRICORNE	LION	SCORPION	VIERGE	8 BALANCE
6 FEVRIER	POISSONS	BELIER	GEMEAUX	CAPRICORNE	CAPRICORNE	LION	SCORPION	VIERGE	21 BALANCE
7 FEVRIER	POISSONS	BELIER	CANCER	CAPRICORNE	CAPRICORNE	LION	SCORPION	VIERGE	4 SCORPION
8 FEVRIER	POISSONS	BELIER	CANCER	CAPRICORNE	CAPRICORNE	LION	SCORPION	VIERGE	17 SCORPION
9 FEVRIER	POISSONS	BELIER	CANCER	CAPRICORNE	CAPRICORNE	LION	SCORPION	VIERGE	0 SAGITTAIRE
10 FEVRIER	POISSONS	BELIER	CANCER	CAPRICORNE	CAPRICORNE	LION	SCORPION	VIERGE	14 SAGITTAIRE
11 FEVRIER	POISSONS	BELIER	CANCER	CAPRICORNE	CAPRICORNE	LION	SCORPION	VIERGE	29 SAGITTAIRE
12 FEVRIER	POISSONS	BELIER	CANCER	CAPRICORNE	CAPRICORNE	LION	SCORPION	VIERGE	13 CAPRICORNE
13 FEVRIER	POISSONS	BELIER	CANCER	CAPRICORNE	CAPRICORNE	LION	SCORPION	VIERGE	28 CAPRICORNE
14 FEVRIER	POISSONS	BELIER	CANCER	CAPRICORNE	CAPRICORNE	LION	SCORPION	VIERGE	13 VERSEAU
15 FEVRIER	POISSONS	BELIER	CANCER	CAPRICORNE	CAPRICORNE	LION	SCORPION	VIERGE	28 VERSEAU
16 FEVRIER	POISSONS	BELIER	CANCER	CAPRICORNE	CAPRICORNE	LION	SCORPION	VIERGE	13 POISSONS
17 FEVRIER	POISSONS	BELIER	CANCER	CAPRICORNE	CAPRICORNE	LION	SCORPION	VIERGE	28 POISSONS
18 FEVRIER	POISSONS	BELIER	CANCER	CAPRICORNE	CAPRICORNE	LION	SCORPION	VIERGE	12 BELIER

LE SOLEIL ENTRE DANS LE SIGNE DU VERSEAU LE 20 JANVIER 1961 A 6 h 45
LE SOLEIL QUITTE LE SIGNE DU VERSEAU LE 18 FEVRIER 1961 A 21 h 15

* LES CHIFFRES INDIQUENT LES DEGRES

DECOUVREZ DANS QUEL SIGNE SE TROUVAIENT LES PLANETES A VOTRE NAISSANCE

1962	MERCURE	VENUS	MARS	JUPITER	SATURNE	URANUS	NEPTUNE	PLUTON	LUNE *
20 JANVIER	VERSEAU	CAPRICORNE	CAPRICORNE	VERSEAU	VERSEAU	LION	SCORPION	VIERGE	27 CANCER
21 JANVIER	VERSEAU	CAPRICORNE	CAPRICORNE	VERSEAU	VERSEAU	LION	SCORPION	VIERGE	9 LION
22 JANVIER	VERSEAU	VERSEAU	CAPRICORNE	VERSEAU	VERSEAU	LION	SCORPION	VIERGE	21 LION
23 JANVIER	VERSEAU	VERSEAU	CAPRICORNE	VERSEAU	VERSEAU	LION	SCORPION	VIERGE	3 VIERGE
24 JANVIER	VERSEAU	VERSEAU	CAPRICORNE	VERSEAU	VERSEAU	LION	SCORPION	VIERGE	14 VIERGE
25 JANVIER	VERSEAU	VERSEAU	CAPRICORNE	VERSEAU	VERSEAU	LION	SCORPION	VIERGE	26 VIERGE
26 JANVIER	VERSEAU	VERSEAU	CAPRICORNE	VERSEAU	VERSEAU	LION	SCORPION	VIERGE	8 BALANCE
27 JANVIER	VERSEAU	VERSEAU	CAPRICORNE	VERSEAU	VERSEAU	LION	SCORPION	VIERGE	20 BALANCE
28 JANVIER	VERSEAU	VERSEAU	CAPRICORNE	VERSEAU	VERSEAU	LION	SCORPION	VIERGE	2 SCORPION
29 JANVIER	VERSEAU	VERSEAU	CAPRICORNE	VERSEAU	VERSEAU	LION	SCORPION	VIERGE	15 SCORPION
30 JANVIER	VERSEAU	VERSEAU	CAPRICORNE	VERSEAU	VERSEAU	LION	SCORPION	VIERGE	27 SCORPION
31 JANVIER	VERSEAU	VERSEAU	CAPRICORNE	VERSEAU	VERSEAU	LION	SCORPION	VIERGE	11 SAGITTAIRE
1 FEVRIER	VERSEAU	VERSEAU	CAPRICORNE	VERSEAU	VERSEAU	LION	SCORPION	VIERGE	24 SAGITTAIRE
2 FEVRIER	VERSEAU	VERSEAU	VERSEAU	VERSEAU	VERSEAU	LION	SCORPION	VIERGE	8 CAPRICORNE
3 FEVRIER	VERSEAU	VERSEAU	VERSEAU	VERSEAU	VERSEAU	LION	SCORPION	VIERGE	23 CAPRICORNE
4 FEVRIER	VERSEAU	VERSEAU	VERSEAU	VERSEAU	VERSEAU	LION	SCORPION	VIERGE	8 VERSEAU
5 FEVRIER	VERSEAI	VERSEAU	VERSEAU	VERSEAU	VERSEAU	LION	SCORPION	VIERGE	23 VERSEAU
6 FEVRIER	VERSEAU	VERSEAU	VERSEAU	VERSEAU	VERSEAU	LION	SCORPION	VIERGE	8 POISSONS
7 FEVRIER	VERSEAU	VERSEAU	VERSEAU	VERSEAU	VERSEAU	LION	SCORPION	VIERGE	23 POISSONS
8 FEVRIER	VERSEAU	VERSEAU	VERSEAU	VERSEAU	VERSEAU	LION	SCORPION	VIERGE	8 BELIER
9 FEVRIER	VERSEAU	VERSEAU	VERSEAU	VERSEAU	VERSEAU	LION	SCORPION	VIERGE	22 BELIER
10 FEVRIER	VERSEAU	VERSEAU	VERSEAU	VERSEAU	VERSEAU	LION	SCORPION	VIERGE	6 TAUREAU
11 FEVRIER	VERSEAU	VERSEAU	VERSEAU	VERSEAU	VERSEAU	LION	SCORPION	VIERGE	20 TAUREAU
12 FEVRIER	VERSEAU	VERSEAU	VERSEAU	VERSEAU	VERSEAU	LION	SCORPION	VIERGE	3 GEMEAUX
13 FEVRIER	VERSEAU	VERSEAU	VERSEAU	VERSEAU	VERSEAU	LION	SCORPION	VIERGE	16 GEMEAUX
14 FEVRIER	VERSEAU	VERSEAU	VERSEAU	VERSEAU	VERSEAU	LION	SCORPION	VIERGE	29 GEMEAUX
15 FEVRIER	VERSEAU	POISSONS	VERSEAU	VERSEAU	VERSEAU	LION	SCORPION	VIERGE	11 CANCER
16 FEVRIER	VERSEAU	POISSONS	VERSEAU	VERSEAU	VERSEAU	LION	SCORPION	VIERGE	24 CANCER
17 FEVRIER	VERSEAU	POISSONS	VERSEAU	VERSEAU	VERSEAU	LION	SCORPION	VIERGE	6 LION
18 FEVRIER	VERSEAU	POISSONS	VERSEAU	VERSEAU	VERSEAU	LION	SCORPION	VIERGE	18 LION
19 FEVRIER	VERSEAU	POISSONS	VERSEAU	VERSEAU	VERSEAU	LION	SCORPION	VIERGE	29 LION

ENTRE DANS LE SIGNE DU LE 20 JANVIER A 12 h 35
LE SOLEIL VERSEAU 1962 * LES CHIFFRES INDIQUENT LES DEGRES
QUITTE LE SIGNE DU LE 19 FEVRIER A 3 h 00

1963	MERCURE	VENUS	MARS	JUPITER	SATURNE	URANUS	NEPTUNE	PLUTON	LUNE *
20 JANVIER	CAPRICORNE	SAGITTAIRE	LION	POISSONS	VERSEAU	VIERGE	SCORPION	VIERGE	28 SCORPION
21 JANVIER	CAPRICORNE	SAGITTAIRE	LION	POISSONS	VERSEAU	VIERGE	SCORPION	VIERGE	11 SAGITTAIRE
22 JANVIER	CAPRICORNE	SAGITTAIRE	LION	POISSONS	VERSEAU	VIERGE	SCORPION	VIERGE	24 SAGITTAIRE
23 JANVIER	CAPRICORNE	SAGITTAIRE	LION	POISSONS	VERSEAU	VIERGE	SCORPION	VIERGE	7 CAPRICORNE
24 JANVIER	CAPRICORNE	SAGITTAIRE	LION	POISSONS	VERSEAU	VIERGE	SCORPION	VIERGE	20 CAPRICORNE
25 JANVIER	CAPRICORNE	SAGITTAIRE	LION	POISSONS	VERSEAU	VIERGE	SCORPION	VIERGE	4 VERSEAU
26 JANVIER	CAPRICORNE	SAGITTAIRE	LION	POISSONS	VERSEAU	VIERGE	SCORPION	VIERGE	18 VERSEAU
27 JANVIER	CAPRICORNE	SAGITTAIRE	LION	POISSONS	VERSEAU	VIERGE	SCORPION	VIERGE	2 POISSONS
28 JANVIER	CAPRICORNE	SAGITTAIRE	LION	POISSONS	VERSEAU	VIERGE	SCORPION	VIERGE	16 POISSONS
29 JANVIER	CAPRICORNE	SAGITTAIRE	LION	POISSONS	VERSEAU	VIERGE	SCORPION	VIERGE	0 BELIER
30 JANVIER	CAPRICORNE	SAGITTAIRE	LION	POISSONS	VERSEAU	VIERGE	SCORPION	VIERGE	15 BELIER
31 JANVIER	CAPRICORNE	SAGITTAIRE	LION	POISSONS	VERSEAU	VIERGE	SCORPION	VIERGE	29 BELIER
1 FEVRIER	CAPRICORNE	SAGITTAIRE	LION	POISSONS	VERSEAU	VIERGE	SCORPION	VIERGE	13 TAUREAU
2 FEVRIER	CAPRICORNE	SAGITTAIRE	LION	POISSONS	VERSEAU	VIERGE	SCORPION	VIERGE	27 TAUREAU
3 FEVRIER	CAPRICORNE	SAGITTAIRE	LION	POISSONS	VERSEAU	VIERGE	SCORPION	VIERGE	11 GEMEAUX
4 FEVRIER	CAPRICORNE	SAGITTAIRE	LION	POISSONS	VERSEAU	VIERGE	SCORPION	VIERGE	25 GEMEAUX
5 FEVRIER	CAPRICORNE	SAGITTAIRE	LION	POISSONS	VERSEAU	VIERGE	SCORPION	VIERGE	8 CANCER
6 FEVRIER	CAPRICORNE	CAPRICORNE	LION	POISSONS	VERSEAU	VIERGE	SCORPION	VIERGE	21 CANCER
7 FEVRIER	CAPRICORNE	CAPRICORNE	LION	POISSONS	VERSEAU	VIERGE	SCORPION	VIERGE	4 LION
8 FEVRIER	CAPRICORNE	CAPRICORNE	LION	POISSONS	VERSEAU	VIERGE	SCORPION	VIERGE	17 LION
9 FEVRIER	CAPRICORNE	CAPRICORNE	LION	POISSONS	VERSEAU	VIERGE	SCORPION	VIERGE	0 VIERGE
10 FEVRIER	CAPRICORNE	CAPRICORNE	LION	POISSONS	VERSEAU	VIERGE	SCORPION	VIERGE	12 VIERGE
11 FEVRIER	CAPRICORNE	CAPRICORNE	LION	POISSONS	VERSEAU	VIERGE	SCORPION	VIERGE	24 VIERGE
12 FEVRIER	CAPRICORNE	CAPRICORNE	LION	POISSONS	VERSEAU	VIERGE	SCORPION	VIERGE	7 BALANCE
13 FEVRIER	CAPRICORNE	CAPRICORNE	LION	POISSONS	VERSEAU	VIERGE	SCORPION	VIERGE	18 BALANCE
14 FEVRIER	CAPRICORNE	CAPRICORNE	LION	POISSONS	VERSEAU	VIERGE	SCORPION	VIERGE	0 SCORPION
15 FEVRIER	VERSEAU	CAPRICORNE	LION	POISSONS	VERSEAU	VIERGE	SCORPION	VIERGE	12 SCORPION
16 FEVRIER	VERSEAU	CAPRICORNE	LION	POISSONS	VERSEAU	VIERGE	SCORPION	VIERGE	24 SCORPION
17 FEVRIER	VERSEAU	CAPRICORNE	LION	POISSONS	VERSEAU	VIERGE	SCORPION	VIERGE	6 SAGITTAIRE
18 FEVRIER	VERSEAU	CAPRICORNE	LION	POISSONS	VERSEAU	VIERGE	SCORPION	VIERGE	19 SAGITTAIRE
19 FEVRIER	VERSEAU	CAPRICORNE	LION	POISSONS	VERSEAU	VIERGE	SCORPION	VIERGE	1 CAPRICORNE

ENTRE DANS LE SIGNE DU LE 20 JANVIER A 18 h 40
LE SOLEIL VERSEAU 1963 * LES CHIFFRES INDIQUENT LES DEGRES
QUITTE LE SIGNE DU LE 19 FEVRIER A 9 h 00

DECOUVREZ DANS QUEL SIGNE SE TROUVAIENT LES PLANETES A VOTRE NAISSANCE

1964	MERCURE	VENUS	MARS	JUPITER	SATURNE	URANUS	NEPTUNE	PLUTON	LUNE *
20 JANVIER	CAPRICORNE	POISSONS	VERSEAU	BELIER	VERSEAU	VIERGE	SCORPION	VIERGE	7 BELIER
21 JANVIER	CAPRICORNE	POISSONS	VERSEAU	BELIER	VERSEAU	VIERGE	SCORPION	VIERGE	21 BELIER
22 JANVIER	CAPRICORNE	POISSONS	VERSEAU	BELIER	VERSEAU	VIERGE	SCORPION	VIERGE	5 TAUREAU
23 JANVIER	CAPRICORNE	POISSONS	VERSEAU	BELIER	VERSEAU	VIERGE	SCORPION	VIERGE	19 TAUREAU
24 JANVIER	CAPRICORNE	POISSONS	VERSEAU	BELIER	VERSEAU	VIERGE	SCORPION	VIERGE	3 GEMEAUX
25 JANVIER	CAPRICORNE	POISSONS	VERSEAU	BELIER	VERSEAU	VIERGE	SCORPION	VIERGE	18 GEMEAUX
26 JANVIER	CAPRICORNE	POISSONS	VERSEAU	BELIER	VERSEAU	VIERGE	SCORPION	VIERGE	2 CANCER
27 JANVIER	CAPRICORNE	POISSONS	VERSEAU	BELIER	VERSEAU	VIERGE	SCORPION	VIERGE	17 CANCER
28 JANVIER	CAPRICORNE	POISSONS	VERSEAU	BELIER	VERSEAU	VIERGE	SCORPION	VIERGE	1 LION
29 JANVIER	CAPRICORNE	POISSONS	VERSEAU	BELIER	VERSEAU	VIERGE	SCORPION	VIERGE	15 LION
30 JANVIER	CAPRICORNE	POISSONS	VERSEAU	BELIER	VERSEAU	VIERGE	SCORPION	VIERGE	29 LION
31 JANVIER	CAPRICORNE	POISSONS	VERSEAU	BELIER	VERSEAU	VIERGE	SCORPION	VIERGE	13 VIERGE
1 FEVRIER	CAPRICORNE	POISSONS	VERSEAU	BELIER	VERSEAU	VIERGE	SCORPION	VIERGE	26 VIERGE
2 FEVRIER	CAPRICORNE	POISSONS	VERSEAU	BELIER	VERSEAU	VIERGE	SCORPION	VIERGE	8 BALANCE
3 FEVRIER	CAPRICORNE	POISSONS	VERSEAU	BELIER	VERSEAU	VIERGE	SCORPION	VIERGE	21 BALANCE
4 FEVRIER	CAPRICORNE	POISSONS	VERSEAU	BELIER	VERSEAU	VIERGE	SCORPION	VIERGE	3 SCORPION
5 FEVRIER	CAPRICORNE	POISSONS	VERSEAU	BELIER	VERSEAU	VIERGE	SCORPION	VIERGE	15 SCORPION
6 FEVRIER	CAPRICORNE	POISSONS	VERSEAU	BELIER	VERSEAU	VIERGE	SCORPION	VIERGE	27 SCORPION
7 FEVRIER	CAPRICORNE	POISSONS	VERSEAU	BELIER	VERSEAU	VIERGE	SCORPION	VIERGE	9 SAGITTAIRE
8 FEVRIER	CAPRICORNE	POISSONS	VERSEAU	BELIER	VERSEAU	VIERGE	SCORPION	VIERGE	21 SAGITTAIRE
9 FEVRIER	CAPRICORNE	POISSONS	VERSEAU	BELIER	VERSEAU	VIERGE	SCORPION	VIERGE	3 CAPRICORNE
10 FEVRIER	CAPRICORNE	POISSONS	VERSEAU	BELIER	VERSEAU	VIERGE	SCORPION	VIERGE	15 CAPRICORNE
11 FEVRIER	VERSEAU	BELIER	VERSEAU	BELIER	VERSEAU	VIERGE	SCORPION	VIERGE	27 CAPRICORNE
12 FEVRIER	VERSEAU	BELIER	VERSEAU	BELIER	VERSEAU	VIERGE	SCORPION	VIERGE	10 VERSEAU
13 FEVRIER	VERSEAU	BELIER	VERSEAU	BELIER	VERSEAU	VIERGE	SCORPION	VIERGE	23 VERSEAU
14 FEVRIER	VERSEAU	BELIER	VERSEAU	BELIER	VERSEAU	VIERGE	SCORPION	VIERGE	6 POISSONS
15 FEVRIER	VERSEAU	BELIER	VERSEAU	BELIER	VERSEAU	VIERGE	SCORPION	VIERGE	20 POISSONS
16 FEVRIER	VERSEAU	BELIER	VERSEAU	BELIER	VERSEAU	VIERGE	SCORPION	VIERGE	4 BELIER
17 FEVRIER	VERSEAU	BELIER	VERSEAU	BELIER	VERSEAU	VIERGE	SCORPION	VIERGE	18 BELIER
18 FEVRIER	VERSEAU	BELIER	VERSEAU	BELIER	VERSEAU	VIERGE	SCORPION	VIERGE	2 TAUREAU
19 FEVRIER	VERSEAU	BELIER	VERSEAU	BELIER	VERSEAU	VIERGE	SCORPION	VIERGE	16 TAUREAU

LE SOLEIL ENTRE DANS LE SIGNE DU VERSEAU LE 20 JANVIER 1964 A 0 h 30
LE SOLEIL QUITTE LE SIGNE DU VERSEAU LE 19 FEVRIER 1964 A 15 h 10

* LES CHIFFRES INDIQUENT LES DEGRES

1965	MERCURE	VENUS	MARS	JUPITER	SATURNE	URANUS	NEPTUNE	PLUTON	LUNE *
20 JANVIER	CAPRICORNE	CAPRICORNE	VIERGE	TAUREAU	POISSONS	VIERGE	SCORPION	VIERGE	11 VIERGE
21 JANVIER	CAPRICORNE	CAPRICORNE	VIERGE	TAUREAU	POISSONS	VIERGE	SCORPION	VIERGE	25 VIERGE
22 JANVIER	CAPRICORNE	CAPRICORNE	VIERGE	TAUREAU	POISSONS	VIERGE	SCORPION	VIERGE	8 BALANCE
23 JANVIER	CAPRICORNE	CAPRICORNE	VIERGE	TAUREAU	POISSONS	VIERGE	SCORPION	VIERGE	22 BALANCE
24 JANVIER	CAPRICORNE	CAPRICORNE	VIERGE	TAUREAU	POISSONS	VIERGE	SCORPION	VIERGE	4 SCORPION
25 JANVIER	CAPRICORNE	CAPRICORNE	VIERGE	TAUREAU	POISSONS	VIERGE	SCORPION	VIERGE	17 SCORPION
26 JANVIER	CAPRICORNE	CAPRICORNE	VIERGE	TAUREAU	POISSONS	VIERGE	SCORPION	VIERGE	29 SCORPION
27 JANVIER	CAPRICORNE	CAPRICORNE	VIERGE	TAUREAU	POISSONS	VIERGE	SCORPION	VIERGE	11 SAGITTAIRE
28 JANVIER	CAPRICORNE	CAPRICORNE	VIERGE	TAUREAU	POISSONS	VIERGE	SCORPION	VIERGE	23 SAGITTAIRE
29 JANVIER	CAPRICORNE	CAPRICORNE	VIERGE	TAUREAU	POISSONS	VIERGE	SCORPION	VIERGE	4 CAPRICORNE
30 JANVIER	CAPRICORNE	CAPRICORNE	VIERGE	TAUREAU	POISSONS	VIERGE	SCORPION	VIERGE	16 CAPRICORNE
31 JANVIER	CAPRICORNE	CAPRICORNE	VIERGE	TAUREAU	POISSONS	VIERGE	SCORPION	VIERGE	28 CAPRICORNE
1 FEVRIER	CAPRICORNE	CAPRICORNE	VIERGE	TAUREAU	POISSONS	VIERGE	SCORPION	VIERGE	10 VERSEAU
2 FEVRIER	CAPRICORNE	CAPRICORNE	VIERGE	TAUREAU	POISSONS	VIERGE	SCORPION	VIERGE	22 VERSEAU
3 FEVRIER	VERSEAU	CAPRICORNE	VIERGE	TAUREAU	POISSONS	VIERGE	SCORPION	VIERGE	4 POISSONS
4 FEVRIER	VERSEAU	CAPRICORNE	VIERGE	TAUREAU	POISSONS	VIERGE	SCORPION	VIERGE	17 POISSONS
5 FEVRIER	VERSEAU	VERSEAU	VIERGE	TAUREAU	POISSONS	VIERGE	SCORPION	VIERGE	29 POISSONS
6 FEVRIER	VERSEAU	VERSEAU	VIERGE	TAUREAU	POISSONS	VIERGE	SCORPION	VIERGE	12 BELIER
7 FEVRIER	VERSEAU	VERSEAU	VIERGE	TAUREAU	POISSONS	VIERGE	SCORPION	VIERGE	25 BELIER
8 FEVRIER	VERSEAU	VERSEAU	VIERGE	TAUREAU	POISSONS	VIERGE	SCORPION	VIERGE	8 TAUREAU
9 FEVRIER	VERSEAU	VERSEAU	VIERGE	TAUREAU	POISSONS	VIERGE	SCORPION	VIERGE	22 TAUREAU
10 FEVRIER	VERSEAU	VERSEAU	VIERGE	TAUREAU	POISSONS	VIERGE	SCORPION	VIERGE	6 GEMEAUX
11 FEVRIER	VERSEAU	VERSEAU	VIERGE	TAUREAU	POISSONS	VIERGE	SCORPION	VIERGE	20 GEMEAUX
12 FEVRIER	VERSEAU	VERSEAU	VIERGE	TAUREAU	POISSONS	VIERGE	SCORPION	VIERGE	4 CANCER
13 FEVRIER	VERSEAU	VERSEAU	VIERGE	TAUREAU	POISSONS	VIERGE	SCORPION	VIERGE	19 CANCER
14 FEVRIER	VERSEAU	VERSEAU	VIERGE	TAUREAU	POISSONS	VIERGE	SCORPION	VIERGE	4 LION
15 FEVRIER	VERSEAU	VERSEAU	VIERGE	TAUREAU	POISSONS	VIERGE	SCORPION	VIERGE	19 LION
16 FEVRIER	VERSEAU	VERSEAU	VIERGE	TAUREAU	POISSONS	VIERGE	SCORPION	VIERGE	4 VIERGE
17 FEVRIER	VERSEAU	VERSEAU	VIERGE	TAUREAU	POISSONS	VIERGE	SCORPION	VIERGE	19 VIERGE
18 FEVRIER	VERSEAU	VERSEAU	VIERGE	TAUREAU	POISSONS	VIERGE	SCORPION	VIERGE	3 BALANCE

LE SOLEIL ENTRE DANS LE SIGNE DU VERSEAU LE 20 JANVIER 1965 A 6 h 15
LE SOLEIL QUITTE LE SIGNE DU VERSEAU LE 18 FEVRIER 1965 A 20 h 35

* LES CHIFFRES INDIQUENT LES DEGRES

DECOUVREZ DANS QUEL SIGNE SE TROUVAIENT LES PLANETES A VOTRE NAISSANCE

1966	MERCURE	VENUS	MARS	JUPITER	SATURNE	URANUS	NEPTUNE	PLUTON	LUNE *
20 JANVIER	CAPRICORNE	VERSEAU	VERSEAU	GEMEAUX	POISSONS	VIERGE	SCORPION	VIERGE	17 CAPRICORNE
21 JANVIER	CAPRICORNE	VERSEAU	VERSEAU	GEMEAUX	POISSONS	VIERGE	SCORPION	VIERGE	29 CAPRICORNE
22 JANVIER	CAPRICORNE	VERSEAU	VERSEAU	GEMEAUX	POISSONS	VIERGE	SCORPION	VIERGE	11 VERSEAU
23 JANVIER	CAPRICORNE	VERSEAU	VERSEAU	GEMEAUX	POISSONS	VIERGE	SCORPION	VIERGE	23 VERSEAU
24 JANVIER	CAPRICORNE	VERSEAU	VERSEAU	GEMEAUX	POISSONS	VIERGE	SCORPION	VIERGE	5 POISSONS
25 JANVIER	CAPRICORNE	VERSEAU	VERSEAU	GEMEAUX	POISSONS	VIERGE	SCORPION	VIERGE	16 POISSONS
26 JANVIER	CAPRICORNE	VERSEAU	VERSEAU	GEMEAUX	POISSONS	VIERGE	SCORPION	VIERGE	28 POISSONS
27 JANVIER	VERSEAU	VERSEAU	VERSEAU	GEMEAUX	POISSONS	VIERGE	SCORPION	VIERGE	10 BELIER
28 JANVIER	VERSEAU	VERSEAU	VERSEAU	GEMEAUX	POISSONS	VIERGE	SCORPION	VIERGE	23 BELIER
29 JANVIER	VERSEAU	VERSEAU	VERSEAU	GEMEAUX	POISSONS	VIERGE	SCORPION	VIERGE	5 TAUREAU
30 JANVIER	VERSEAU	VERSEAU	POISSONS	GEMEAUX	POISSONS	VIERGE	SCORPION	VIERGE	18 TAUREAU
31 JANVIER	VERSEAU	VERSEAU	POISSONS	GEMEAUX	POISSONS	VIERGE	SCORPION	VIERGE	1 GEMEAUX
1 FEVRIER	VERSEAU	VERSEAU	POISSONS	GEMEAUX	POISSONS	VIERGE	SCORPION	VIERGE	15 GEMEAUX
2 FEVRIER	VERSEAU	VERSEAU	POISSONS	GEMEAUX	POISSONS	VIERGE	SCORPION	VIERGE	29 GEMEAUX
3 FEVRIER	VERSEAU	VERSEAU	POISSONS	GEMEAUX	POISSONS	VIERGE	SCORPION	VIERGE	13 CANCER
4 FEVRIER	VERSEAU	VERSEAU	POISSONS	GEMEAUX	POISSONS	VIERGE	SCORPION	VIERGE	28 CANCER
5 FEVRIER	VERSEAU	VERSEAU	POISSONS	GEMEAUX	POISSONS	VIERGE	SCORPION	VIERGE	14 LION
6 FEVRIER	VERSEAU	VERSEAU	POISSONS	GEMEAUX	POISSONS	VIERGE	SCORPION	VIERGE	29 LION
7 FEVRIER	VERSEAU	CAPRICORNE	POISSONS	GEMEAUX	POISSONS	VIERGE	SCORPION	VIERGE	14 VIERGE
8 FEVRIER	VERSEAU	CAPRICORNE	POISSONS	GEMEAUX	POISSONS	VIERGE	SCORPION	VIERGE	29 VIERGE
9 FEVRIER	VERSEAU	CAPRICORNE	POISSONS	GEMEAUX	POISSONS	VIERGE	SCORPION	VIERGE	14 BALANCE
10 FEVRIER	VERSEAU	CAPRICORNE	POISSONS	GEMEAUX	POISSONS	VIERGE	SCORPION	VIERGE	28 BALANCE
11 FEVRIER	VERSAU	CAPRICORNE	POISSONS	GEMEAUX	POISSONS	VIERGE	SCORPION	VIERGE	11 SCORPION
12 FEVRIER	VERSEAU	CAPRICORNE	POISSONS	GEMEAUX	POISSONS	VIERGE	SCORPION	VIERGE	25 SCORPION
13 FEVRIER	POISSONS	CAPRICORNE	POISSONS	GEMEAUX	POISSONS	VIERGE	SCORPION	VIERGE	7 SAGITTAIRE
14 FEVRIER	POISSONS	CAPRICORNE	POISSONS	GEMEAUX	POISSONS	VIERGE	SCORPION	VIERGE	20 SAGITTAIRE
15 FEVRIER	POISSONS	CAPRICORNE	POISSONS	GEMEAUX	POISSONS	VIERGE	SCORPION	VIERGE	2 CAPRICORNE
16 FEVRIER	POISSONS	CAPRICORNE	POISSONS	GEMEAUX	POISSONS	VIERGE	SCORPION	VIERGE	14 CAPRICORNE
17 FEVRIER	POISSONS	CAPRICORNE	POISSONS	GEMEAUX	POISSONS	VIERGE	SCORPION	VIERGE	26 CAPRICORNE
18 FEVRIER	POISSONS	CAPRICORNE	POISSONS	GEMEAUX	POISSONS	VIERGE	SCORPION	VIERGE	8 VERSEAU
19 FEVRIER	POISSONS	CAPRICORNE	POISSONS	GEMEAUX	POISSONS	VIERGE	SCORPION	VIERGE	20 VERSEAU

LE SOLEIL ENTRE DANS LE SIGNE DU VERSEAU LE 20 JANVIER 1966 A 12 h 05
QUITTE LE SIGNE DU VERSEAU LE 19 FEVRIER 1966 A 2 h 25

* LES CHIFFRES INDIQUENT LES DEGRES

1967	MERCURE	VENUS	MARS	JUPITER	SATURNE	URANUS	NEPTUNE	PLUTON	LUNE *
20 JANVIER	VERSEAU	VERSEAU	BALANCE	CANCER	POISSONS	VIERGE	SCORPION	VIERGE	18 TAUREAU
21 JANVIER	VERSEAU	VERSEAU	BALANCE	CANCER	POISSONS	VIERGE	SCORPION	VIERGE	0 GEMEAUX
22 JANVIER	VERSEAU	VERSEAU	BALANCE	CANCER	POISSONS	VIERGE	SCORPION	VIERGE	13 GEMEAUX
23 JANVIER	VERSEAU	VERSEAU	BALANCE	CANCER	POISSONS	VIERGE	SCORPION	VIERGE	26 GEMEAUX
24 JANVIER	VERSEAU	VERSEAU	BALANCE	CANCER	POISSONS	VIERGE	SCORPION	VIERGE	10 CANCER
25 JANVIER	VERSEAU	VERSEAU	BALANCE	CANCER	POISSONS	VIERGE	SCORPION	VIERGE	24 CANCER
26 JANVIER	VERSEAU	VERSEAU	BALANCE	CANCER	POISSONS	VIERGE	SCORPION	VIERGE	8 LION
27 JANVIER	VERSEAU	VERSEAU	BALANCE	CANCER	POISSONS	VIERGE	SCORPION	VIERGE	23 LION
28 JANVIER	VERSEAU	VERSEAU	BALANCE	CANCER	POISSONS	VIERGE	SCORPION	VIERGE	8 VIERGE
29 JANVIER	VERSEAU	VERSEAU	BALANCE	CANCER	POISSONS	VIERGE	SCORPION	VIERGE	23 VIERGE
30 JANVIER	VERSEAU	VERSEAU	BALANCE	CANCER	POISSONS	VIERGE	SCORPION	VIERGE	7 BALANCE
31 JANVIER	VERSEAU	POISSONS	BALANCE	CANCER	POISSONS	VIERGE	SCORPION	VIERGE	22 BALANCE
1 FEVRIER	VERSEAU	POISSONS	BALANCE	CANCER	POISSONS	VIERGE	SCORPION	VIERGE	6 SCORPION
2 FEVRIER	VERSEAU	POISSONS	BALANCE	CANCER	POISSONS	VIERGE	SCORPION	VIERGE	19 SCORPION
3 FEVRIER	VERSEAU	POISSONS	BALANCE	CANCER	POISSONS	VIERGE	SCORPION	VIERGE	3 SAGITTAIRE
4 FEVRIER	VERSEAU	POISSONS	BALANCE	CANCER	POISSONS	VIERGE	SCORPION	VIERGE	16 SAGITTAIRE
5 FEVRIER	VERSEAU	POISSONS	BALANCE	CANCER	POISSONS	VIERGE	SCORPION	VIERGE	0 CAPRICORNE
6 FEVRIER	POISSONS	POISSONS	BALANCE	CANCER	POISSONS	VIERGE	SCORPION	VIERGE	13 CAPRICORNE
7 FEVRIER	POISSONS	POISSONS	BALANCE	CANCER	POISSONS	VIERGE	SCORPION	VIERGE	25 CAPRICORNE
8 FEVRIER	POISSONS	POISSONS	BALANCE	CANCER	POISSONS	VIERGE	SCORPION	VIERGE	8 VERSEAU
9 FEVRIER	POISSONS	POISSONS	BALANCE	CANCER	POISSONS	VIERGE	SCORPION	VIERGE	20 VERSEAU
10 FEVRIER	POISSONS	POISSONS	BALANCE	CANCER	POISSONS	VIERGE	SCORPION	VIERGE	3 POISSONS
11 FEVRIER	POISSONS	POISSONS	BALANCE	CANCER	POISSONS	VIERGE	SCORPION	VIERGE	15 POISSONS
12 FEVRIER	POISSONS	POISSONS	BALANCE	CANCER	POISSONS	VIERGE	SCORPION	VIERGE	27 POISSONS
13 FEVRIER	POISSONS	POISSONS	SCORPION	CANCER	POISSONS	VIERGE	SCORPION	VIERGE	8 BELIER
14 FEVRIER	POISSONS	POISSONS	SCORPION	CANCER	POISSONS	VIERGE	SCORPION	VIERGE	20 BELIER
15 FEVRIER	POISSONS	POISSONS	SCORPION	CANCER	POISSONS	VIERGE	SCORPION	VIERGE	2 TAUREAU
16 FEVRIER	POISSONS	POISSONS	SCORPION	CANCER	POISSONS	VIERGE	SCORPION	VIERGE	14 TAUREAU
17 FEVRIER	POISSONS	POISSONS	SCORPION	CANCER	POISSONS	VIERGE	SCORPION	VIERGE	26 TAUREAU
18 FEVRIER	POISSONS	POISSONS	SCORPION	CANCER	POISSONS	VIERGE	SCORPION	VIERGE	8 GEMEAUX
19 FEVRIER	POISSONS	POISSONS	SCORPION	CANCER	POISSONS	VIERGE	SCORPION	VIERGE	21 GEMEAUX

LE SOLEIL ENTRE DANS LE SIGNE DU VERSEAU LE 20 JANVIER 1967 A 18 h 00
QUITTE LE SIGNE DU VERSEAU LE 19 FEVRIER 1967 A 8 h 10

* LES CHIFFRES INDIQUENT LES DEGRES

DECOUVREZ DANS QUEL SIGNE SE TROUVAIENT LES PLANETES A VOTRE NAISSANCE

1968	MERCURE	VENUS	MARS	JUPITER	SATURNE	URANUS	NEPTUNE	PLUTON	LUNE *
20 JANVIER	VERSEAU	SAGITTAIRE	POISSONS	VIERGE	BELIER	VIERGE	SCORPION	VIERGE	29 VIERGE
21 JANVIER	VERSEAU	SAGITTAIRE	POISSONS	VIERGE	BELIER	VIERGE	SCORPION	VIERGE	13 BALANCE
22 JANVIER	VERSEAU	SAGITTAIRE	POISSONS	VIERGE	BELIER	VIERGE	SCORPION	VIERGE	27 BALANCE
23 JANVIER	VERSEAU	SAGITTAIRE	POISSONS	VIERGE	BELIER	VIERGE	SCORPION	VIERGE	11 SCORPION
24 JANVIER	VERSEAU	SAGITTAIRE	POISSONS	VIERGE	BELIER	VIERGE	SCORPION	VIERGE	25 SCORPION
25 JANVIER	VERSEAU	SAGITTAIRE	POISSONS	VIERGE	BELIER	VIERGE	SCORPION	VIERGE	10 SAGITTAIRE
26 JANVIER	VERSEAU	SAGITTAIRE	POISSONS	VIERGE	BELIER	VIERGE	SCORPION	VIERGE	24 SAGITTAIRE
27 JANVIER	VERSEAU	CAPRICORNE	POISSONS	VIERGE	BELIER	VIERGE	SCORPION	VIERGE	8 CAPRICORNE
28 JANVIER	VERSEAU	CAPRICORNE	POISSONS	VIERGE	BELIER	VIERGE	SCORPION	VIERGE	22 CAPRICORNE
29 JANVIER	VERSEAU	CAPRICORNE	POISSONS	VIERGE	BELIER	VIERGE	SCORPION	VIERGE	6 VERSEAU
30 JANVIER	VERSEAU	CAPRICORNE	POISSONS	VIERGE	BELIER	VIERGE	SCORPION	VIERGE	20 VERSEAU
31 JANVIER	VERSEAU	CAPRICORNE	POISSONS	VIERGE	BELIER	VIERGE	SCORPION	VIERGE	3 POISSONS
1 FEVRIER	VERSEAU	CAPRICORNE	POISSONS	VIERGE	BELIER	VIERGE	SCORPION	VIERGE	16 POISSONS
2 FEVRIER	POISSONS	CAPRICORNE	POISSONS	VIERGE	BELIER	VIERGE	SCORPION	VIERGE	28 POISSONS
3 FEVRIER	POISSONS	CAPRICORNE	POISSONS	VIERGE	BELIER	VIERGE	SCORPION	VIERGE	11 BELIER
4 FEVRIER	POISSONS	CAPRICORNE	POISSONS	VIERGE	BELIER	VIERGE	SCORPION	VIERGE	23 BELIER
5 FEVRIER	POISSONS	CAPRICORNE	POISSONS	VIERGE	BELIER	VIERGE	SCORPION	VIERGE	4 TAUREAU
6 FEVRIER	POISSONS	CAPRICORNE	POISSONS	VIERGE	BELIER	VIERGE	SCORPION	VIERGE	16 TAUREAU
7 FEVRIER	POISSONS	CAPRICORNE	POISSONS	VIERGE	BELIER	VIERGE	SCORPION	VIERGE	28 TAUREAU
8 FEVRIER	POISSONS	CAPRICORNE	POISSONS	VIERGE	BELIER	VIERGE	SCORPION	VIERGE	10 GEMEAUX
9 FEVRIER	POISSONS	CAPRICORNE	POISSONS	VIERGE	BELIER	VIERGE	SCORPION	VIERGE	22 GEMEAUX
10 FEVRIER	POISSONS	CAPRICORNE	POISSONS	VIERGE	BELIER	VIERGE	SCORPION	VIERGE	5 CANCER
11 FEVRIER	POISSONS	CAPRICORNE	POISSONS	VIERGE	BELIER	VIERGE	SCORPION	VIERGE	17 CANCER
12 FEVRIER	VERSEAU	CAPRICORNE	POISSONS	VIERGE	BELIER	VIERGE	SCORPION	VIERGE	0 LION
13 FEVRIER	VERSEAU	CAPRICORNE	POISSONS	VIERGE	BELIER	VIERGE	SCORPION	VIERGE	14 LION
14 FEVRIER	VERSEAU	CAPRICORNE	POISSONS	VIERGE	BELIER	VIERGE	SCORPION	VIERGE	27 LION
15 FEVRIER	VERSEAU	CAPRICORNE	POISSONS	VIERGE	BELIER	VIERGE	SCORPION	VIERGE	11 VIERGE
16 FEVRIER	VERSEAU	CAPRICORNE	POISSONS	VIERGE	BELIER	VIERGE	SCORPION	VIERGE	25 VIERGE
17 FEVRIER	VERSEAU	CAPRICORNE	BELIER	VIERGE	BELIER	VIERGE	SCORPION	VIERGE	10 BALANCE
18 FEVRIER	VERSEAU	CAPRICORNE	BELIER	VIERGE	BELIER	VIERGE	SCORPION	VIERGE	24 BALANCE
19 FEVRIER	VERSEAU	CAPRICORNE	BELIER	VIERGE	BELIER	VIERGE	SCORPION	VIERGE	8 SCORPION

LE SOLEIL ENTRE DANS LE SIGNE DU VERSEAU LE 20 JANVIER 1968 A 23 h 40
LE SOLEIL QUITTE LE SIGNE DU VERSEAU LE 19 FEVRIER 1968 A 14 h 00

* LES CHIFFRES INDIQUENT LES DEGRES

1969	MERCURE	VENUS	MARS	JUPITER	SATURNE	URANUS	NEPTUNE	PLUTON	LUNE *
20 JANVIER	VERSEAU	POISSONS	SCORPION	BALANCE	BELIER	BALANCE	SCORPION	VIERGE	1 POISSONS
21 JANVIER	VERSEAU	POISSONS	SCORPION	BALANCE	BELIER	BALANCE	SCORPION	VIERGE	15 POISSONS
22 JANVIER	VERSEAU	POISSONS	SCORPION	BALANCE	BELIER	BALANCE	SCORPION	VIERGE	29 POISSONS
23 JANVIER	VERSEAU	POISSONS	SCORPION	BALANCE	BELIER	BALANCE	SCORPION	VIERGE	12 BELIER
24 JANVIER	VERSEAU	POISSONS	SCORPION	BALANCE	BELIER	BALANCE	SCORPION	VIERGE	24 BELIER
25 JANVIER	VERSEAU	POISSONS	SCORPION	BALANCE	BELIER	BALANCE	SCORPION	VIERGE	7 TAUREAU
26 JANVIER	VERSEAU	POISSONS	SCORPION	BALANCE	BELIER	BALANCE	SCORPION	VIERGE	19 TAUREAU
27 JANVIER	VERSEAU	POISSONS	SCORPION	BALANCE	BELIER	BALANCE	SCORPION	VIERGE	1 GEMEAUX
28 JANVIER	VERSEAU	POISSONS	SCORPION	BALANCE	BELIER	BALANCE	SCORPION	VIERGE	13 GEMEAUX
29 JANVIER	VERSEAU	POISSONS	SCORPION	BALANCE	BELIER	BALANCE	SCORPION	VIERGE	24 GEMEAUX
30 JANVIER	VERSEAU	POISSONS	SCORPION	BALANCE	BELIER	BALANCE	SCORPION	VIERGE	6 CANCER
31 JANVIER	VERSEAU	POISSONS	SCORPION	BALANCE	BELIER	BALANCE	SCORPION	VIERGE	18 CANCER
1 FEVRIER	VERSEAU	POISSONS	SCORPION	BALANCE	BELIER	BALANCE	SCORPION	VIERGE	0 LION
2 FEVRIER	VERSEAU	BELIER	SCORPION	BALANCE	BELIER	BALANCE	SCORPION	VIERGE	13 LION
3 FEVRIER	VERSEAU	BELIER	SCORPION	BALANCE	BELIER	BALANCE	SCORPION	VIERGE	25 LION
4 FEVRIER	VERSEAU	BELIER	SCORPION	BALANCE	BELIER	BALANCE	SCORPION	VIERGE	8 VIERGE
5 FEVRIER	VERSEAU	BELIER	SCORPION	BALANCE	BELIER	BALANCE	SCORPION	VIERGE	20 VIERGE
6 FEVRIER	VERSEAU	BELIER	SCORPION	BALANCE	BELIER	BALANCE	SCORPION	VIERGE	3 BALANCE
7 FEVRIER	VERSEAU	BELIER	SCORPION	BALANCE	BELIER	BALANCE	SCORPION	VIERGE	17 BALANCE
8 FEVRIER	VERSEAU	BELIER	SCORPION	BALANCE	BELIER	BALANCE	SCORPION	VIERGE	0 SCORPION
9 FEVRIER	VERSEAU	BELIER	SCORPION	BALANCE	BELIER	BALANCE	SCORPION	VIERGE	14 SCORPION
10 FEVRIER	VERSEAU	BELIER	SCORPION	BALANCE	BELIER	BALANCE	SCORPION	VIERGE	28 SCORPION
11 FEVRIER	VERSEAU	BELIER	SCORPION	BALANCE	BELIER	BALANCE	SCORPION	VIERGE	12 SAGITTAIRE
12 FEVRIER	VERSEAU	BELIER	SCORPION	BALANCE	BELIER	BALANCE	SCORPION	VIERGE	26 SAGITTAIRE
13 FEVRIER	VERSEAU	BELIER	SCORPION	BALANCE	BELIER	BALANCE	SCORPION	VIERGE	11 CAPRICORNE
14 FEVRIER	VERSEAU	BELIER	SCORPION	BALANCE	BELIER	BALANCE	SCORPION	VIERGE	26 CAPRICORNE
15 FEVRIER	VERSEAU	BELIER	SCORPION	BALANCE	BELIER	BALANCE	SCORPION	VIERGE	10 VERSEAU
16 FEVRIER	VERSEAU	BELIER	SCORPION	BALANCE	BELIER	BALANCE	SCORPION	VIERGE	25 VERSEAU
17 FEVRIER	VERSEAU	BELIER	SCORPION	BALANCE	BELIER	BALANCE	SCORPION	VIERGE	9 POISSONS
18 FEVRIER	VERSEAU	BELIER	SCORPION	BALANCE	BELIER	BALANCE	SCORPION	VIERGE	23 POISSONS

LE SOLEIL ENTRE DANS LE SIGNE DU VERSEAU LE 20 JANVIER 1969 A 5 h 15
LE SOLEIL QUITTE LE SIGNE DU VERSEAU LE 18 FEVRIER 1969 A 19 h 30

* LES CHIFFRES INDIQUENT LES DEGRES

DECOUVREZ DANS QUEL SIGNE SE TROUVAIENT LES PLANETES A VOTRE NAISSANCE

1970	MERCURE	VENUS	MARS	JUPITER	SATURNE	URANUS	NEPTUNE	PLUTON	LUNE *
20 JANVIER	CAPRICORNE	CAPRICORNE	POISSONS	SCORPION	TAUREAU	BALANCE	SAGITTAIRE	VIERGE	8 CANCER
21 JANVIER	CAPRICORNE	VERSEAU	POISSONS	SCORPION	TAUREAU	BALANCE	SAGITTAIRE	VIERGE	19 CANCER
22 JANVIER	CAPRICORNE	VERSEAU	POISSONS	SCORPION	TAUREAU	BALANCE	SAGITTAIRE	VIERGE	1 LION
23 JANVIER	CAPRICORNE	VERSEAU	POISSONS	SCORPION	TAUREAU	BALANCE	SAGITTAIRE	VIERGE	13 LION
24 JANVIER	CAPRICORNE	VERSEAU	POISSONS	SCORPION	TAUREAU	BALANCE	SAGITTAIRE	VIERGE	25 LION
25 JANVIER	CAPRICORNE	VERSEAU	BELIER	SCORPION	TAUREAU	BALANCE	SAGITTAIRE	VIERGE	7 VIERGE
26 JANVIER	CAPRICORNE	VERSEAU	BELIER	SCORPION	TAUREAU	BALANCE	SAGITTAIRE	VIERGE	19 VIERGE
27 JANVIER	CAPRICORNE	VERSEAU	BELIER	SCORPION	TAUREAU	BALANCE	SAGITTAIRE	VIERGE	1 BALANCE
28 JANVIER	CAPRICORNE	VERSEAU	BELIER	SCORPION	TAUREAU	BALANCE	SAGITTAIRE	VIERGE	13 BALANCE
29 JANVIER	CAPRICORNE	VERSEAU	BELIER	SCORPION	TAUREAU	BALANCE	SAGITTAIRE	VIERGE	26 BALANCE
30 JANVIER	CAPRICORNE	VERSEAU	BELIER	SCORPION	TAUREAU	BALANCE	SAGITTAIRE	VIERGE	9 SCORPION
31 JANVIER	CAPRICORNE	VERSEAU	BELIER	SCORPION	TAUREAU	BALANCE	SAGITTAIRE	VIERGE	22 SCORPION
1 FEVRIER	CAPRICORNE	VERSEAU	BELIER	SCORPION	TAUREAU	BALANCE	SAGITTAIRE	VIERGE	6 SAGITTAIRE
2 FEVRIER	CAPRICORNE	VERSEAU	BELIER	SCORPION	TAUREAU	BALANCE	SAGITTAIRE	VIERGE	20 SAGITTAIRE
3 FEVRIER	CAPRICORNE	VERSEAU	BELIER	SCORPION	TAUREAU	BALANCE	SAGITTAIRE	VIERGE	4 CAPRICORNE
4 FEVRIER	CAPRICORNE	VERSEAU	BELIER	SCORPION	TAUREAU	BALANCE	SAGITTAIRE	VIERGE	19 CAPRICORNE
5 FEVRIER	CAPRICORNE	VERSEAU	BELIER	SCORPION	TAUREAU	BALANCE	SAGITTAIRE	VIERGE	5 VERSEAU
6 FEVRIER	CAPRICORNE	VERSEAU	BELIER	SCORPION	TAUREAU	BALANCE	SAGITTAIRE	VIERGE	20 VERSEAU
7 FEVRIER	CAPRICORNE	VERSEAU	BELIER	SCORPION	TAUREAU	BALANCE	SAGITTAIRE	VIERGE	5 POISSONS
8 FEVRIER	CAPRICORNE	VERSEAU	BELIER	SCORPION	TAUREAU	BALANCE	SAGITTAIRE	VIERGE	20 POISSONS
9 FEVRIER	CAPRICORNE	VERSEAU	BELIER	SCORPION	TAUREAU	BALANCE	SAGITTAIRE	VIERGE	4 BELIER
10 FEVRIER	CAPRICORNE	VERSEAU	BELIER	SCORPION	TAUREAU	BALANCE	SAGITTAIRE	VIERGE	18 BELIER
11 FEVRIER	CAPRICORNE	VERSEAU	BELIER	SCORPION	TAUREAU	BALANCE	SAGITTAIRE	VIERGE	2 TAUREAU
12 FEVRIER	CAPRICORNE	VERSEAU	BELIER	SCORPION	TAUREAU	BALANCE	SAGITTAIRE	VIERGE	15 TAUREAU
13 FEVRIER	CAPRICORNE	VERSEAU	BELIER	SCORPION	TAUREAU	BALANCE	SAGITTAIRE	VIERGE	28 TAUREAU
14 FEVRIER	VERSEAU	POISSONS	BELIER	SCORPION	TAUREAU	BALANCE	SAGITTAIRE	VIERGE	10 GEMEAUX
15 FEVRIER	VERSEAU	POISSONS	BELIER	SCORPION	TAUREAU	BALANCE	SAGITTAIRE	VIERGE	22 GEMEAUX
16 FEVRIER	VERSEAU	POISSONS	BELIER	SCORPION	TAUREAU	BALANCE	SAGITTAIRE	VIERGE	5 CANCER
17 FEVRIER	VERSEAU	POISSONS	BELIER	SCORPION	TAUREAU	BALANCE	SAGITTAIRE	VIERGE	16 CANCER
18 FEVRIER	VERSEAU	POISSONS	BELIER	SCORPION	TAUREAU	BALANCE	SAGITTAIRE	VIERGE	28 CANCER
19 FEVRIER	VERSEAU	POISSONS	BELIER	SCORPION	TAUREAU	BALANCE	SAGITTAIRE	VIERGE	10 LION

ENTRE DANS LE SIGNE DU VERSEAU LE 20 JANVIER 1970 A 11 h 10
LE SOLEIL
QUITTE LE SIGNE DU VERSEAU LE 19 FEVRIER 1970 A 1 h 30

* LES CHIFFRES INDIQUENT LES DEGRES

1971	MERCURE	VENUS	MARS	JUPITER	SATURNE	URANUS	NEPTUNE	PLUTON	LUNE *
20 JANVIER	CAPRICORNE	SAGITTAIRE	SCORPION	SAGITTAIRE	TAUREAU	BALANCE	SAGITTAIRE	VIERGE	8 SCORPION
21 JANVIER	CAPRICORNE	SAGITTAIRE	SCORPION	SAGITTAIRE	TAUREAU	BALANCE	SAGITTAIRE	VIERGE	20 SCORPION
22 JANVIER	CAPRICORNE	SAGITTAIRE	SCORPION	SAGITTAIRE	TAUREAU	BALANCE	SAGITTAIRE	VIERGE	3 SAGITTAIRE
23 JANVIER	CAPRICORNE	SAGITTAIRE	SAGITTAIRE	SAGITTAIRE	TAUREAU	BALANCE	SAGITTAIRE	VIERGE	17 SAGITTAIRE
24 JANVIER	CAPRICORNE	SAGITTAIRE	SAGITTAIRE	SAGITTAIRE	TAUREAU	BALANCE	SAGITTAIRE	VIERGE	1 CAPRICORNE
25 JANVIER	CAPRICORNE	SAGITTAIRE	SAGITTAIRE	SAGITTAIRE	TAUREAU	BALANCE	SAGITTAIRE	VIERGE	15 CAPRICORNE
26 JANVIER	CAPRICORNE	SAGITTAIRE	SAGITTAIRE	SAGITTAIRE	TAUREAU	BALANCE	SAGITTAIRE	VIERGE	29 CAPRICORNE
27 JANVIER	CAPRICORNE	SAGITTAIRE	SAGITTAIRE	SAGITTAIRE	TAUREAU	BALANCE	SAGITTAIRE	VIERGE	14 VERSEAU
28 JANVIER	CAPRICORNE	SAGITTAIRE	SAGITTAIRE	SAGITTAIRE	TAUREAU	BALANCE	SAGITTAIRE	VIERGE	29 VERSEAU
29 JANVIER	CAPRICORNE	SAGITTAIRE	SAGITTAIRE	SAGITTAIRE	TAUREAU	BALANCE	SAGITTAIRE	VIERGE	14 POISSONS
30 JANVIER	CAPRICORNE	SAGITTAIRE	SAGITTAIRE	SAGITTAIRE	TAUREAU	BALANCE	SAGITTAIRE	VIERGE	29 POISSONS
31 JANVIER	CAPRICORNE	SAGITTAIRE	SAGITTAIRE	SAGITTAIRE	TAUREAU	BALANCE	SAGITTAIRE	VIERGE	13 BELIER
1 FEVRIER	CAPRICORNE	SAGITTAIRE	SAGITTAIRE	SAGITTAIRE	TAUREAU	BALANCE	SAGITTAIRE	VIERGE	27 BELIER
2 FEVRIER	CAPRICORNE	SAGITTAIRE	SAGITTAIRE	SAGITTAIRE	TAUREAU	BALANCE	SAGITTAIRE	VIERGE	11 TAUREAU
3 FEVRIER	CAPRICORNE	SAGITTAIRE	SAGITTAIRE	SAGITTAIRE	TAUREAU	BALANCE	SAGITTAIRE	VIERGE	25 TAUREAU
4 FEVRIER	CAPRICORNE	SAGITTAIRE	SAGITTAIRE	SAGITTAIRE	TAUREAU	BALANCE	SAGITTAIRE	VIERGE	8 GEMEAUX
5 FEVRIER	CAPRICORNE	SAGITTAIRE	SAGITTAIRE	SAGITTAIRE	TAUREAU	BALANCE	SAGITTAIRE	VIERGE	21 GEMEAUX
6 FEVRIER	CAPRICORNE	CAPRICORNE	SAGITTAIRE	SAGITTAIRE	TAUREAU	BALANCE	SAGITTAIRE	VIERGE	4 CANCER
7 FEVRIER	CAPRICORNE	CAPRICORNE	SAGITTAIRE	SAGITTAIRE	TAUREAU	BALANCE	SAGITTAIRE	VIERGE	16 CANCER
8 FEVRIER	VERSEAU	CAPRICORNE	SAGITTAIRE	SAGITTAIRE	TAUREAU	BALANCE	SAGITTAIRE	VIERGE	29 CANCER
9 FEVRIER	VERSEAU	CAPRICORNE	SAGITTAIRE	SAGITTAIRE	TAUREAU	BALANCE	SAGITTAIRE	VIERGE	11 LION
10 FEVRIER	VERSEAU	CAPRICORNE	SAGITTAIRE	SAGITTAIRE	TAUREAU	BALANCE	SAGITTAIRE	VIERGE	23 LION
11 FEVRIER	VERSEAU	CAPRICORNE	SAGITTAIRE	SAGITTAIRE	TAUREAU	BALANCE	SAGITTAIRE	VIERGE	5 VIERGE
12 FEVRIER	VERSEAU	CAPRICORNE	SAGITTAIRE	SAGITTAIRE	TAUREAU	BALANCE	SAGITTAIRE	VIERGE	16 VIERGE
13 FEVRIER	VERSEAU	CAPRICORNE	SAGITTAIRE	SAGITTAIRE	TAUREAU	BALANCE	SAGITTAIRE	VIERGE	28 VIERGE
14 FEVRIER	VERSEAU	CAPRICORNE	SAGITTAIRE	SAGITTAIRE	TAUREAU	BALANCE	SAGITTAIRE	VIERGE	10 BALANCE
15 FEVRIER	VERSEAU	CAPRICORNE	SAGITTAIRE	SAGITTAIRE	TAUREAU	BALANCE	SAGITTAIRE	VIERGE	22 BALANCE
16 FEVRIER	VERSEAU	CAPRICORNE	SAGITTAIRE	SAGITTAIRE	TAUREAU	BALANCE	SAGITTAIRE	VIERGE	4 SCORPION
17 FEVRIER	VERSEAU	CAPRICORNE	SAGITTAIRE	SAGITTAIRE	TAUREAU	BALANCE	SAGITTAIRE	VIERGE	16 SCORPION
18 FEVRIER	VERSEAU	CAPRICORNE	SAGITTAIRE	SAGITTAIRE	TAUREAU	BALANCE	SAGITTAIRE	VIERGE	29 SCORPION
19 FEVRIER	VERSEAU	CAPRICORNE	SAGITTAIRE	SAGITTAIRE	TAUREAU	BALANCE	SAGITTAIRE	VIERGE	12 SAGITTAIRE

ENTRE DANS LE SIGNE DU VERSEAU LE 20 JANVIER 1971 A 17 h 00
LE SOLEIL
QUITTE LE SIGNE DU VERSEAU LE 19 FEVRIER 1971 A 7 h 15

* LES CHIFFRES INDIQUENT LES DEGRES

DECOUVREZ DANS QUEL SIGNE SE TROUVAIENT LES PLANETES A VOTRE NAISSANCE

1972	MERCURE	VENUS	MARS	JUPITER	SATURNE	URANUS	NEPTUNE	PLUTON	LUNE *
20 JANVIER	CAPRICORNE	POISSONS	BELIER	SAGITTAIRE	TAUREAU	BALANCE	SAGITTAIRE	BALANCE	21 POISSONS
21 JANVIER	CAPRICORNE	POISSONS	BELIER	SAGITTAIRE	TAUREAU	BALANCE	SAGITTAIRE	BALANCE	5 BELIER
22 JANVIER	CAPRICORNE	POISSONS	BELIER	SAGITTAIRE	TAUREAU	BALANCE	SAGITTAIRE	BALANCE	19 BELIER
23 JANVIER	CAPRICORNE	POISSONS	BELIER	SAGITTAIRE	TAUREAU	BALANCE	SAGITTAIRE	BALANCE	4 TAUREAU
24 JANVIER	CAPRICORNE	POISSONS	BELIER	SAGITTAIRE	TAUREAU	BALANCE	SAGITTAIRE	BALANCE	18 TAUREAU
25 JANVIER	CAPRICORNE	POISSONS	BELIER	SAGITTAIRE	TAUREAU	BALANCE	SAGITTAIRE	BALANCE	2 GEMEAUX
26 JANVIER	CAPRICORNE	POISSONS	BELIER	SAGITTAIRE	TAUREAU	BALANCE	SAGITTAIRE	BALANCE	16 GEMEAUX
27 JANVIER	CAPRICORNE	POISSONS	BELIER	SAGITTAIRE	TAUREAU	BALANCE	SAGITTAIRE	BALANCE	0 CANCER
28 JANVIER	CAPRICORNE	POISSONS	BELIER	SAGITTAIRE	TAUREAU	BALANCE	SAGITTAIRE	BALANCE	13 CANCER
29 JANVIER	CAPRICORNE	POISSONS	BELIER	SAGITTAIRE	TAUREAU	BALANCE	SAGITTAIRE	BALANCE	27 CANCER
30 JANVIER	CAPRICORNE	POISSONS	BELIER	SAGITTAIRE	TAUREAU	BALANCE	SAGITTAIRE	BALANCE	10 LION
31 JANVIER	CAPRICORNE	POISSONS	BELIER	SAGITTAIRE	TAUREAU	BALANCE	SAGITTAIRE	BALANCE	23 LION
1 FEVRIER	VERSEAU	POISSONS	BELIER	SAGITTAIRE	TAUREAU	BALANCE	SAGITTAIRE	BALANCE	5 VIERGE
2 FEVRIER	VERSEAU	POISSONS	BELIER	SAGITTAIRE	TAUREAU	BALANCE	SAGITTAIRE	BALANCE	18 VIERGE
3 FEVRIER	VERSEAU	POISSONS	BELIER	SAGITTAIRE	TAUREAU	BALANCE	SAGITTAIRE	BALANCE	0 BALANCE
4 FEVRIER	VERSEAU	POISSONS	BELIER	SAGITTAIRE	TAUREAU	BALANCE	SAGITTAIRE	BALANCE	12 BALANCE
5 FEVRIER	VERSEAU	POISSONS	BELIER	SAGITTAIRE	TAUREAU	BALANCE	SAGITTAIRE	BALANCE	24 BALANCE
6 FEVRIER	VERSEAU	POISSONS	BELIER	SAGITTAIRE	TAUREAU	BALANCE	SAGITTAIRE	BALANCE	6 SCORPION
7 FEVRIER	VERSEAU	POISSONS	BELIER	CAPRICORNE	TAUREAU	BALANCE	SAGITTAIRE	BALANCE	18 SCORPION
8 FEVRIER	VERSEAU	POISSONS	BELIER	CAPRICORNE	TAUREAU	BALANCE	SAGITTAIRE	BALANCE	0 SAGITTAIRE
9 FEVRIER	VERSEAU	POISSONS	BELIER	CAPRICORNE	TAUREAU	BALANCE	SAGITTAIRE	BALANCE	12 SAGITTAIRE
10 FEVRIER	VERSEAU	BELIER	BELIER	CAPRICORNE	TAUREAU	BALANCE	SAGITTAIRE	BALANCE	24 SAGITTAIRE
11 FEVRIER	VERSEAU	BELIER	TAUREAU	CAPRICORNE	TAUREAU	BALANCE	SAGITTAIRE	BALANCE	7 CAPRICORNE
12 FEVRIER	VERSEAU	BELIER	TAUREAU	CAPRICORNE	TAUREAU	BALANCE	SAGITTAIRE	BALANCE	20 CAPRICORNE
13 FEVRIER	VERSEAU	BELIER	TAUREAU	CAPRICORNE	TAUREAU	BALANCE	SAGITTAIRE	BALANCE	4 VERSEAU
14 FEVRIER	VERSEAU	BELIER	TAUREAU	CAPRICORNE	TAUREAU	BALANCE	SAGITTAIRE	BALANCE	18 VERSEAU
15 FEVRIER	VERSEAU	BELIER	TAUREAU	CAPRICORNE	TAUREAU	BALANCE	SAGITTAIRE	BALANCE	2 POISSONS
16 FEVRIER	VERSEAU	BELIER	TAUREAU	CAPRICORNE	TAUREAU	BALANCE	SAGITTAIRE	BALANCE	16 POISSONS
17 FEVRIER	VERSEAU	BELIER	TAUREAU	CAPRICORNE	TAUREAU	BALANCE	SAGITTAIRE	BALANCE	1 BELIER
18 FEVRIER	VERSEAU	BELIER	TAUREAU	CAPRICORNE	TAUREAU	BALANCE	SAGITTAIRE	BALANCE	16 BELIER
19 FEVRIER	POISSONS	BELIER	TAUREAU	CAPRICORNE	TAUREAU	BALANCE	SAGITTAIRE	BALANCE	0 TAUREAU

LE SOLEIL ENTRE DANS LE SIGNE DU VERSEAU LE 20 JANVIER 1972 A 22 h 45
LE SOLEIL QUITTE LE SIGNE DU VERSEAU LE 19 FEVRIER 1972 A 13 h 00

* LES CHIFFRES INDIQUENT LES DEGRES

1973	MERCURE	VENUS	MARS	JUPITER	SATURNE	URANUS	NEPTUNE	PLUTON	LUNE *
20 JANVIER	CAPRICORNE	CAPRICORNE	SAGITTAIRE	CAPRICORNE	GEMEAUX	BALANCE	SAGITTAIRE	BALANCE	21 LION
21 JANVIER	CAPRICORNE	CAPRICORNE	SAGITTAIRE	CAPRICORNE	GEMEAUX	BALANCE	SAGITTAIRE	BALANCE	5 VIERGE
22 JANVIER	CAPRICORNE	CAPRICORNE	SAGITTAIRE	CAPRICORNE	GEMEAUX	BALANCE	SAGITTAIRE	BALANCE	19 VIERGE
23 JANVIER	CAPRICORNE	CAPRICORNE	SAGITTAIRE	CAPRICORNE	GEMEAUX	BALANCE	SAGITTAIRE	BALANCE	2 BALANCE
24 JANVIER	VERSEAU	CAPRICORNE	SAGITTAIRE	CAPRICORNE	GEMEAUX	BALANCE	SAGITTAIRE	BALANCE	14 BALANCE
25 JANVIER	VERSEAU	CAPRICORNE	SAGITTAIRE	CAPRICORNE	GEMEAUX	BALANCE	SAGITTAIRE	BALANCE	27 BALANCE
26 JANVIER	VERSEAU	CAPRICORNE	SAGITTAIRE	CAPRICORNE	GEMEAUX	BALANCE	SAGITTAIRE	BALANCE	9 SCORPION
27 JANVIER	VERSEAU	CAPRICORNE	SAGITTAIRE	CAPRICORNE	GEMEAUX	BALANCE	SAGITTAIRE	BALANCE	21 SCORPION
28 JANVIER	VERSEAU	CAPRICORNE	SAGITTAIRE	CAPRICORNE	GEMEAUX	BALANCE	SAGITTAIRE	BALANCE	3 SAGITTAIRE
29 JANVIER	VERSEAU	CAPRICORNE	SAGITTAIRE	CAPRICORNE	GEMEAUX	BALANCE	SAGITTAIRE	BALANCE	14 SAGITTAIRE
30 JANVIER	VERSEAU	CAPRICORNE	SAGITTAIRE	CAPRICORNE	GEMEAUX	BALANCE	SAGITTAIRE	BALANCE	26 SAGITTAIRE
31 JANVIER	VERSEAU	CAPRICORNE	SAGITTAIRE	CAPRICORNE	GEMEAUX	BALANCE	SAGITTAIRE	BALANCE	8 CAPRICORNE
1 FEVRIER	VERSEAU	CAPRICORNE	SAGITTAIRE	CAPRICORNE	GEMEAUX	BALANCE	SAGITTAIRE	BALANCE	20 CAPRICORNE
2 FEVRIER	VERSEAU	CAPRICORNE	SAGITTAIRE	CAPRICORNE	GEMEAUX	BALANCE	SAGITTAIRE	BALANCE	3 VERSEAU
3 FEVRIER	VERSEAU	CAPRICORNE	SAGITTAIRE	CAPRICORNE	GEMEAUX	BALANCE	SAGITTAIRE	BALANCE	15 VERSEAU
4 FEVRIER	VERSEAU	CAPRICORNE	SAGITTAIRE	CAPRICORNE	GEMEAUX	BALANCE	SAGITTAIRE	BALANCE	28 VERSEAU
5 FEVRIER	VERSEAU	VERSEAU	SAGITTAIRE	CAPRICORNE	GEMEAUX	BALANCE	SAGITTAIRE	BALANCE	12 POISSONS
6 FEVRIER	VERSEAU	VERSEAU	SAGITTAIRE	CAPRICORNE	GEMEAUX	BALANCE	SAGITTAIRE	BALANCE	25 POISSONS
7 FEVRIER	VERSEAU	VERSEAU	SAGITTAIRE	CAPRICORNE	GEMEAUX	BALANCE	SAGITTAIRE	BALANCE	8 BELIER
8 FEVRIER	VERSEAU	VERSEAU	SAGITTAIRE	CAPRICORNE	GEMEAUX	BALANCE	SAGITTAIRE	BALANCE	22 BELIER
9 FEVRIER	VERSEAU	VERSEAU	SAGITTAIRE	CAPRICORNE	GEMEAUX	BALANCE	SAGITTAIRE	BALANCE	6 TAUREAU
10 FEVRIER	POISSONS	VERSEAU	SAGITTAIRE	CAPRICORNE	GEMEAUX	BALANCE	SAGITTAIRE	BALANCE	20 TAUREAU
11 FEVRIER	POISSONS	VERSEAU	SAGITTAIRE	CAPRICORNE	GEMEAUX	BALANCE	SAGITTAIRE	BALANCE	4 GEMEAUX
12 FEVRIER	POISSONS	VERSEAU	CAPRICORNE	CAPRICORNE	GEMEAUX	BALANCE	SAGITTAIRE	BALANCE	19 GEMEAUX
13 FEVRIER	POISSONS	VERSEAU	CAPRICORNE	CAPRICORNE	GEMEAUX	BALANCE	SAGITTAIRE	BALANCE	3 CANCER
14 FEVRIER	POISSONS	VERSEAU	CAPRICORNE	CAPRICORNE	GEMEAUX	BALANCE	SAGITTAIRE	BALANCE	17 CANCER
15 FEVRIER	POISSONS	VERSEAU	CAPRICORNE	CAPRICORNE	GEMEAUX	BALANCE	SAGITTAIRE	BALANCE	1 LION
16 FEVRIER	POISSONS	VERSEAU	CAPRICORNE	CAPRICORNE	GEMEAUX	BALANCE	SAGITTAIRE	BALANCE	15 LION
17 FEVRIER	POISSONS	VERSEAU	CAPRICORNE	CAPRICORNE	GEMEAUX	BALANCE	SAGITTAIRE	BALANCE	29 LION
18 FEVRIER	POISSONS	VERSEAU	CAPRICORNE	CAPRICONRE	GEMEAUX	BALANCE	SAGITTAIRE	BALANCE	13 VIERGE

LE SOLEIL ENTRE DANS LE SIGNE DU VERSEAU LE 20 JANVIER 1973 A 4 h 35
LE SOLEIL QUITTE LE SIGNE DU VERSEAU LE 18 FEVRIER 1973 A 18 h 45

* LES CHIFFRES INDIQUENT LES DEGRES

DECOUVREZ DANS QUEL SIGNE SE TROUVAIENT LES PLANETES A VOTRE NAISSANCE

1974	MERCURE	VENUS	MARS	JUPITER	SATURNE	URANUS	NEPTUNE	PLUTON	LUNE *
20 JANVIER	VERSEAU	VERSEAU	TAUREAU	VERSEAU	GEMEAUX	BALANCE	SAGITTAIRE	BALANCE	28 SAGITTAIRE
21 JANVIER	VERSEAU	VERSEAU	TAUREAU	VERSEAU	GEMEAUX	BALANCE	SAGITTAIRE	BALANCE	10 CAPRICORNE
22 JANVIER	VERSEAU	VERSEAU	TAUREAU	VERSEAU	GEMEAUX	BALANCE	SAGITTAIRE	BALANCE	21 CAPRICORNE
23 JANVIER	VERSEAU	VERSEAU	TAUREAU	VERSEAU	GEMEAUX	BALANCE	SAGITTAIRE	BALANCE	3 VERSEAU
24 JANVIER	VERSEAU	VERSEAU	TAUREAU	VERSEAU	GEMEAUX	BALANCE	SAGITTAIRE	BALANCE	15 VERSEAU
25 JANVIER	VERSEAU	VERSEAU	TAUREAU	VERSEAU	GEMEAUX	BALANCE	SAGITTAIRE	BALANCE	27 VERSEAU
26 JANVIER	VERSEAU	VERSEAU	TAUREAU	VERSEAU	GEMEAUX	BALANCE	SAGITTAIRE	BALANCE	9 POISSONS
27 JANVIER	VERSEAU	VERSEAU	TAUREAU	VERSEAU	GEMEAUX	BALANCE	SAGITTAIRE	BALANCE	22 POISSONS
28 JANVIER	VERSEAU	VERSEAU	TAUREAU	VERSEAU	GEMEAUX	BALANCE	SAGITTAIRE	BALANCE	4 BELIER
29 JANVIER	VERSEAU	VERSEAU	TAUREAU	VERSEAU	GEMEAUX	BALANCE	SAGITTAIRE	BALANCE	17 BELIER
30 JANVIER	VERSEAU	CAPRICORNE	TAUREAU	VERSEAU	GEMEAUX	BALANCE	SAGITTAIRE	BALANCE	0 TAUREAU
31 JANVIER	VERSEAU	CAPRICORNE	TAUREAU	VERSEAU	GEMEAUX	BALANCE	SAGITTAIRE	BALANCE	13 TAUREAU
1 FEVRIER	VERSEAU	CAPRICORNE	TAUREAU	VERSEAU	GEMEAUX	BALANCE	SAGITTAIRE	BALANCE	27 TAUREAU
2 FEVRIER	VERSEAU	CAPRICORNE	TAUREAU	VERSEAU	GEMEAUX	BALANCE	SAGITTAIRE	BALANCE	11 GEMEAUX
3 FEVRIER	POISSONS	CAPRICORNE	TAUREAU	VERSEAU	GEMEAUX	BALANCE	SAGITTAIRE	BALANCE	25 GEMEAUX
4 FEVRIER	POISSONS	CAPRICORNE	TAUREAU	VERSEAU	GEMEAUX	BALANCE	SAGITTAIRE	BALANCE	10 CANCER
5 FEVRIER	POISSONS	CAPRICORNE	TAUREAU	VERSEAU	GEMEAUX	BALANCE	SAGITTAIRE	BALANCE	25 CANCER
6 FEVRIER	POISSONS	CAPRICORNE	TAUREAU	VERSEAU	GEMEAUX	BALANCE	SAGITTAIRE	BALANCE	10 LION
7 FEVRIER	POISSONS	CAPRICORNE	TAUREAU	VERSEAU	GEMEAUX	BALANCE	SAGITTAIRE	BALANCE	25 LION
8 FEVRIER	POISSONS	CAPRICORNE	TAUREAU	VERSEAU	GEMEAUX	BALANCE	SAGITTAIRE	BALANCE	10 VIERGE
9 FEVRIER	POISSONS	CAPRICORNE	TAUREAU	VERSEAU	GEMEAUX	BALANCE	SAGITTAIRE	BALANCE	25 VIERGE
10 FEVRIER	POISSONS	CAPRICORNE	TAUREAU	VERSEAU	GEMEAUX	BALANCE	SAGITTAIRE	BALANCE	9 BALANCE
11 FEVRIER	POISSONS	CAPRICORNE	TAUREAU	VERSEAU	GEMEAUX	BALANCE	SAGITTAIRE	BALANCE	23 BALANCE
12 FEVRIER	POISSONS	CAPRICORNE	TAUREAU	VERSEAU	GEMEAUX	BALANCE	SAGITTAIRE	BALANCE	6 SCORPION
13 FEVRIER	POISSONS	CAPRICORNE	TAUREAU	VERSEAU	GEMEAUX	BALANCE	SAGITTAIRE	BALANCE	18 SCORPION
14 FEVRIER	POISSONS	CAPRICORNE	TAUREAU	VERSEAU	GEMEAUX	BALANCE	SAGITTAIRE	BALANCE	1 SAGITTAIRE
15 FEVRIER	POISSONS	CAPRICORNE	TAUREAU	VERSEAU	GEMEAUX	BALANCE	SAGITTAIRE	BALANCE	13 SAGITTAIRE
16 FEVRIER	POISSONS	CAPRICORNE	TAUREAU	VERSEAU	GEMEAUX	BALANCE	SAGITTAIRE	BALANCE	25 SAGITTAIRE
17 FEVRIER	POISSONS	CAPRICORNE	TAUREAU	VERSEAU	GEMEAUX	BALANCE	SAGITTAIRE	BALANCE	6 CAPRICORNE
18 FEVRIER	POISSONS	CAPRICORNE	TAUREAU	VERSEAU	GEMEAUX	BALANCE	SAGITTAIRE	BALANCE	18 CAPRICORNE
19 FEVRIER	POISSONS	CAPRICORNE	TAUREAU	VERSEAU	GEMEAUX	BALANCE	SAGITTAIRE	BALANCE	0 VERSEAU

ENTRE DANS LE SIGNE DU LE 20 JANVIER A 10 h 30
LE SOLEIL VERSEAU 1974 * LES CHIFFRES INDIQUENT LES DEGRES
QUITTE LE SIGNE DU LE 19 FEVRIER A 0 h 45

1975	MERCURE	VENUS	MARS	JUPITER	SATURNE	URANUS	NEPTUNE	PLUTON	LUNE *
20 JANVIER	VERSEAU	VERSEAU	SAGITTAIRE	POISSONS	CANCER	SCORPION	SAGITTAIRE	BALANCE	28 BELIER
21 JANVIER	VERSEAU	VERSEAU	SAGITTAIRE	POISSONS	CANCER	SCORPION	SAGITTAIRE	BALANCE	10 TAUREAU
22 JANVIER	VERSEAU	VERSEAU	CAPRICORNE	POISSONS	CANCER	SCORPION	SAGITTAIRE	BALANCE	23 TAUREAU
23 JANVIER	VERSEAU	VERSEAU	CAPRICORNE	POISSONS	CANCER	SCORPION	SAGITTAIRE	BALANCE	7 GEMEAUX
24 JANVIER	VERSEAU	VERSEAU	CAPRICORNE	POISSONS	CANCER	SCORPION	SAGITTAIRE	BALANCE	21 GEMEAUX
25 JANVIER	VERSEAU	VERSEAU	CAPRICORNE	POISSONS	CANCER	SCORPION	SAGITTAIRE	BALANCE	5 CANCER
26 JANVIER	VERSEAU	VERSEAU	CAPRICORNE	POISSONS	CANCER	SCORPION	SAGITTAIRE	BALANCE	20 CANCER
27 JANVIER	VERSEAU	VERSEAU	CAPRICORNE	POISSONS	CANCER	SCORPION	SAGITTAIRE	BALANCE	5 LION
28 JANVIER	VERSEAU	VERSEAU	CAPRICORNE	POISSONS	CANCER	SCORPION	SAGITTAIRE	BALANCE	20 LION
29 JANVIER	VERSEAU	VERSEAU	CAPRICORNE	POISSONS	CANCER	SCORPION	SAGITTAIRE	BALANCE	5 VIERGE
30 JANVIER	VERSEAU	POISSONS	CAPRICORNE	POISSONS	CANCER	SCORPION	SAGITTAIRE	BALANCE	20 VIERGE
31 JANVIER	VERSEAU	POISSONS	CAPRICORNE	POISSONS	CANCER	SCORPION	SAGITTAIRE	BALANCE	5 BALANCE
1 FEVRIER	VERSEAU	POISSONS	CAPRICORNE	POISSONS	CANCER	SCORPION	SAGITTAIRE	BALANCE	19 BALANCE
2 FEVRIER	VERSEAU	POISSONS	CAPRICORNE	POISSONS	CANCER	SCORPION	SAGITTAIRE	BALANCE	3 SCORPION
3 FEVRIER	VERSEAU	POISSONS	CAPRICORNE	POISSONS	CANCER	SCORPION	SAGITTAIRE	BALANCE	17 SCORPION
4 FEVRIER	VERSEAU	POISSONS	CAPRICORNE	POISSONS	CANCER	SCORPION	SAGITTAIRE	BALANCE	0 SAGITTAIRE
5 FEVRIER	VERSEAU	POISSONS	CAPRICORNE	POISSONS	CANCER	SCORPION	SAGITTAIRE	BALANCE	12 SAGITTAIRE
6 FEVRIER	VERSEAU	POISSONS	CAPRICORNE	POISSONS	CANCER	SCORPION	SAGITTAIRE	BALANCE	25 SAGITTAIRE
7 FEVRIER	VERSEAU	POISSONS	CAPRICORNE	POISSONS	CANCER	SCORPION	SAGITTAIRE	BALANCE	7 CAPRICORNE
8 FEVRIER	VERSEAU	POISSONS	CAPRICORNE	POISSONS	CANCER	SCORPION	SAGITTAIRE	BALANCE	19 CAPRICORNE
9 FEVRIER	VERSEAU	POISSONS	CAPRICORNE	POISSONS	CANCER	SCORPION	SAGITTAIRE	BALANCE	1 VERSEAU
10 FEVRIER	VERSEAU	POISSONS	CAPRICORNE	POISSONS	CANCER	SCORPION	SAGITTAIRE	BALANCE	13 VERSEAU
11 FEVRIER	VERSEAU	POISSONS	CAPRICORNE	POISSONS	CANCER	SCORPION	SAGITTAIRE	BALANCE	25 VERSEAU
12 FEVRIER	VERSEAU	POISSONS	CAPRICORNE	POISSONS	CANCER	SCORPION	SAGITTAIRE	BALANCE	7 POISSONS
13 FEVRIER	VERSEAU	POISSONS	CAPRICORNE	POISSONS	CANCER	SCORPION	SAGITTAIRE	BALANCE	19 POISSONS
14 FEVRIER	VERSEAU	POISSONS	CAPRICORNE	POISSONS	CANCER	SCORPION	SAGITTAIRE	BALANCE	0 BELIER
15 FEVRIER	VERSEAU	POISSONS	CAPRICORNE	POISSONS	CANCER	SCORPION	SAGITTAIRE	BALANCE	12 BELIER
16 FEVRIER	VERSEAU	POISSONS	CAPRICORNE	POISSONS	CANCER	SCORPION	SAGITTAIRE	BALANCE	25 BELIER
17 FEVRIER	VERSEAU	POISSONS	CAPRICORNE	POISSONS	CANCER	SCORPION	SAGITTAIRE	BALANCE	7 TAUREAU
18 FEVRIER	VERSEAU	POISSONS	CAPRICORNE	POISSONS	CANCER	SCORPION	SAGITTAIRE	BALANCE	19 TAUREAU
19 FEVRIER	VERSEAU	POISSONS	CAPRICORNE	POISSONS	CANCER	SCORPION	SAGITTAIRE	BALANCE	2 GEMEAUX

ENTRE DANS LE SIGNE DU LE 20 JANVIER A 16 h 25
LE SOLEIL VERSEAU 1975 * LES CHIFFRES INDIQUENT LES DEGRES
QUITTE LE SIGNE DU LE 19 FEVRIER A 6 h 35

DECOUVREZ DANS QUEL SIGNE SE TROUVAIENT LES PLANETES A VOTRE NAISSANCE

1976	MERCURE	VENUS	MARS	JUPITER	SATURNE	URANUS	NEPTUNE	PLUTON	LUNE *
20 JANVIER	VERSEAU	SAGITTAIRE	GEMEAUX	BELIER	CANCER	SCORPION	SAGITTAIRE	BALANCE	13 VIERGE
21 JANVIER	VERSEAU	SAGITTAIRE	GEMEAUX	BELIER	CANCER	SCORPION	SAGITTAIRE	BALANCE	28 VIERGE
22 JANVIER	VERSEAU	SAGITTAIRE	GEMEAUX	BELIER	CANCER	SCORPION	SAGITTAIRE	BALANCE	12 BALANCE
23 JANVIER	VERSEAU	SAGITTAIRE	GEMEAUX	BELIER	CANCER	SCORPION	SAGITTAIRE	BALANCE	26 BALANCE
24 JANVIER	VERSEAU	SAGITTAIRE	GEMEAUX	BELIER	CANCER	SCORPION	SAGITTAIRE	BALANCE	10 SCORPION
25 JANVIER	CAPRICORNE	SAGITTAIRE	GEMEAUX	BELIER	CANCER	SCORPION	SAGITTAIRE	BALANCE	24 SCORPION
26 JANVIER	CAPRICORNE	CAPRICORNE	GEMEAUX	BELIER	CANCER	SCORPION	SAGITTAIRE	BALANCE	8 SAGITTAIRE
27 JANVIER	CAPRICORNE	CAPRICORNE	GEMEAUX	BELIER	CANCER	SCORPION	SAGITTAIRE	BALANCE	21 SAGITTAIRE
28 JANVIER	CAPRICORNE	CAPRICORNE	GEMEAUX	BELIER	CANCER	SCORPION	SAGITTAIRE	BALANCE	4 CAPRICORNE
29 JANVIER	CAPRICORNE	CAPRICORNE	GEMEAUX	BELIER	CANCER	SCORPION	SAGITTAIRE	BALANCE	18 CAPRICORNE
30 JANVIER	CAPRICORNE	CAPRICORNE	GEMEAUX	BELIER	CANCER	SCORPION	SAGITTAIRE	BALANCE	0 VERSEAU
31 JANVIER	CAPRICORNE	CAPRICORNE	GEMEAUX	BELIER	CANCER	SCORPION	SAGITTAIRE	BALANCE	13 VERSEAU
1 FEVRIER	CAPRICORNE	CAPRICORNE	GEMEAUX	BELIER	CANCER	SCORPION	SAGITTAIRE	BALANCE	26 VERSEAU
2 FEVRIER	CAPRICORNE	CAPRICORNE	GEMEAUX	BELIER	CANCER	SCORPION	SAGITTAIRE	BALANCE	8 POISSONS
3 FEVRIER	CAPRICORNE	CAPRICORNE	GEMEAUX	BELIER	CANCER	SCORPION	SAGITTAIRE	BALANCE	20 POISSONS
4 FEVRIER	CAPRICORNE	CAPRICORNE	GEMEAUX	BELIER	CANCER	SCORPION	SAGITTAIRE	BALANCE	2 BELIER
5 FEVRIER	CAPRICORNE	CAPRICORNE	GEMEAUX	BELIER	CANCER	SCORPION	SAGITTAIRE	BALANCE	14 BELIER
6 FEVRIER	CAPRICORNE	CAPRICORNE	GEMEAUX	BELIER	CANCER	SCORPION	SAGITTAIRE	BALANCE	26 BELIER
7 FEVRIER	CAPRICORNE	CAPRICORNE	GEMEAUX	BELIER	CANCER	SCORPION	SAGITTAIRE	BALANCE	7 TAUREAU
8 FEVRIER	CAPRICORNE	CAPRICORNE	GEMEAUX	BELIER	CANCER	SCORPION	SAGITTAIRE	BALANCE	19 TAUREAU
9 FEVRIER	CAPRICORNE	CAPRICORNE	GEMEAUX	BELIER	CANCER	SCORPION	SAGITTAIRE	BALANCE	2 GEMEAUX
10 FEVRIER	CAPRICORNE	CAPRICORNE	GEMEAUX	BELIER	CANCER	SCORPION	SAGITTAIRE	BALANCE	14 GEMEAUX
11 FEVRIER	CAPRICORNE	CAPRICORNE	GEMEAUX	BELIER	CANCER	SCORPION	SAGITTAIRE	BALANCE	23 GEMEAUX
12 FEVRIER	CAPRICORNE	CAPRICORNE	GEMEAUX	BELIER	CANCER	SCORPION	SAGITTAIRE	BALANCE	10 CANCER
13 FEVRIER	CAPRICORNE	CAPRICORNE	GEMEAUX	BELIER	CANCER	SCORPION	SAGITTAIRE	BALANCE	24 CANCER
14 FEVRIER	CAPRICORNE	CAPRICORNE	GEMEAUX	BELIER	CANCER	SCORPION	SAGITTAIRE	BALANCE	8 LION
15 FEVRIER	CAPRICORNE	CAPRICORNE	GEMEAUX	BELIER	CANCER	SCORPION	SAGITTAIRE	BALANCE	23 LION
16 FEVRIER	VERSEAU	CAPRICORNE	GEMEAUX	BELIER	CANCER	SCORPION	SAGITTAIRE	BALANCE	8 VIERGE
17 FEVRIER	VERSEAU	CAPRICONRE	GEMEAUX	BELIER	CANCER	SCORPION	SAGITTAIRE	BALANCE	23 VIERGE
18 FEVRIER	VERSEAU	CAPRICONRE	GEMEAUX	BELIER	CANCER	SCORPION	SAGITTAIRE	BALANCE	8 BALANCE
19 FEVRIER	VERSEAU	CAPRICONRE	GEMEAUX	BELIER	CANCER	SCORPION	SAGITTAIRE	BALANCE	22 BALANCE

LE SOLEIL ENTRE DANS LE SIGNE DU VERSEAU LE 20 JANVIER 1976 A 22 h 15
QUITTE LE SIGNE DU VERSEAU LE 19 FEVRIER 1976 A 12 h 15

* LES CHIFFRES INDIQUENT LES DEGRES

1977	MERCURE	VENUS	MARS	JUPITER	SATURNE	URANUS	NEPTUNE	PLUTON	LUNE *
20 JANVIER	CAPRICORNE	POISSONS	CAPRICORNE	TAUREAU	LION	SCORPION	SAGITTAIRE	BALANCE	12 VERSEAU
21 JANVIER	CAPRICORNE	POISSONS	CAPRICORNE	TAUREAU	LION	SCORPION	SAGITTAIRE	BALANCE	25 VERSEAU
22 JANVIER	CAPRICORNE	POISSONS	CAPRICORNE	TAUREAU	LION	SCORPION	SAGITTAIRE	BALANCE	9 POISSONS
23 JANVIER	CAPRICORNE	POISSONS	CAPRICORNE	TAUREAU	LION	SCORPION	SAGITTAIRE	BALANCE	22 POISSONS
24 JANVIER	CAPRICORNE	POISSONS	CAPRICORNE	TAUREAU	LION	SCORPION	SAGITTAIRE	BALANCE	4 BELIER
25 JANVIER	CAPRICORNE	POISSONS	CAPRICORNE	TAUREAU	LION	SCORPION	SAGITTAIRE	BALANCE	16 BELIER
26 JANVIER	CAPRICORNE	POISSONS	CAPRICORNE	TAUREAU	LION	SCORPION	SAGITTAIRE	BALANCE	28 BELIER
27 JANVIER	CAPRICORNE	POISSONS	CAPRICORNE	TAUREAU	LION	SCORPION	SAGITTAIRE	BALANCE	10 TAUREAU
28 JANVIER	CAPRICORNE	POISSONS	CAPRICORNE	TAUREAU	LION	SCORPION	SAGITTAIRE	BALANCE	22 TAUREAU
29 JANVIER	CAPRICORNE	POISSONS	CAPRICORNE	TAUREAU	LION	SCORPION	SAGITTAIRE	BALANCE	4 GEMEAUX
30 JANVIER	CAPRICORNE	POISSONS	CAPRICORNE	TAUREAU	LION	SCORPION	SAGITTAIRE	BALANCE	16 GEMEAUX
31 JANVIER	CAPRICORNE	POISSONS	CAPRICORNE	TAUREAU	LION	SCORPION	SAGITTAIRE	BALANCE	28 GEMEAUX
1 FEVRIER	CAPRICORNE	POISSONS	CAPRICORNE	TAUREAU	LION	SCORPION	SAGITTAIRE	BALANCE	10 CANCER
2 FEVRIER	CAPRICORNE	BELIER	CAPRICORNE	TAUREAU	LION	SCORPION	SAGITTAIRE	BALANCE	23 CANCER
3 FEVRIER	CAPRICORNE	BELIER	CAPRICORNE	TAUREAU	LION	SCORPION	SAGITTAIRE	BALANCE	6 LION
4 FEVRIER	CAPRICORNE	BELIER	CAPRICORNE	TAUREAU	LION	SCORPION	SAGITTAIRE	BALANCE	19 LION
5 FEVRIER	CAPRICORNE	BELIER	CAPRICORNE	TAUREAU	LION	SCORPION	SAGITTAIRE	BALANCE	3 VIERGE
6 FEVRIER	CAPRICORNE	BELIER	CAPRICORNE	TAUREAU	LION	SCORPION	SAGITTAIRE	BALANCE	17 VIERGE
7 FEVRIER	CAPRICORNE	BELIER	CAPRICORNE	TAUREAU	LION	SCORPION	SAGITTAIRE	BALANCE	0 BALANCE
8 FEVRIER	CAPRICORNE	BELIER	CAPRICORNE	TAUREAU	LION	SCORPION	SAGITTAIRE	BALANCE	14 BALANCE
9 FEVRIER	CAPRICORNE	BELIER	VERSEAU	TAUREAU	LION	SCORPION	SAGITTAIRE	BALANCE	28 BALANCE
10 FEVRIER	CAPRICORNE	BELIER	VERSEAU	TAUREAU	LION	SCORPION	SAGITTAIRE	BALANCE	13 SCORPION
11 FEVRIER	VERSEAU	BELIER	VERSEAU	TAUREAU	LION	SCORPION	SAGITTAIRE	BALANCE	27 SCORPION
12 FEVRIER	VERSEAU	BELIER	VERSEAU	TAUREAU	LION	SCORPION	SAGITTAIRE	BALANCE	11 SAGITTAIRE
13 FEVRIER	VERSEAU	BELIER	VERSEAU	TAUREAU	LION	SCORPION	SAGITTAIRE	BALANCE	25 SAGITTAIRE
14 FEVRIER	VERSEAU	BELIER	VERSEAU	TAUREAU	LION	SCORPION	SAGITTAIRE	BALANCE	9 CAPRICORNE
15 FEVRIER	VERSEAU	BELIER	VERSEAU	TAUREAU	LION	SCORPION	SAGITTAIRE	BALANCE	23 CAPRICORNE
16 FEVRIER	VERSEAU	BELIER	VERSEAU	TAUREAU	LION	SCORPION	SAGITTAIRE	BALANCE	7 VERSEAU
17 FEVRIER	VERSEAU	BELIER	VERSEAU	TAUREAU	LION	SCORPION	SAGITTAIRE	BALANCE	20 VERSEAU
18 FEVRIER	VERSEAU	BELIER	VERSEAU	TAUREAU	LION	SCORPION	SAGITTAIRE	BALANCE	4 POISSONS

LE SOLEIL ENTRE DANS LE SIGNE DU VERSEAU LE 20 JANVIER 1977 A 3 h 45
QUITTE LE SIGNE DU VERSEAU LE 18 FEVRIER 1977 A 18 h 05

* LES CHIFFRES INDIQUENT LES DEGRES

DECOUVREZ DANS QUEL SIGNE SE TROUVAIENT LES PLANETES A VOTRE NAISSANCE

1978	MERCURE	VENUS	MARS	JUPITER	SATURNE	URANUS	NEPTUNE	PLUTON	LUNE *
20 JANVIER	CAPRICORNE	CAPRICORNE	LION	GEMEAUX	LION	SCORPION	SAGITTAIRE	BALANCE	18 GEMEAUX
21 JANVIER	CAPRICORNE	VERSEAU	LION	GEMEAUX	LION	SCORPION	SAGITTAIRE	BALANCE	0 CANCER
22 JANVIER	CAPRICORNE	VERSEAU	LION	GEMEAUX	LION	SCORPION	SAGITTAIRE	BALANCE	12 CANCER
23 JANVIER	CAPRICORNE	VERSEAU	LION	GEMEAUX	LION	SCORPION	SAGITTAIRE	BALANCE	24 CANCER
24 JANVIER	CAPRICORNE	VERSEAU	LION	GEMEAUX	LION	SCORPION	SAGITTAIRE	BALANCE	6 LION
25 JANVIER	CAPRICORNE	VERSEAU	LION	GEMEAUX	LION	SCORPION	SAGITTAIRE	BALANCE	18 LION
26 JANVIER	CAPRICORNE	VERSEAU	CANCER	GEMEAUX	LION	SCORPION	SAGITTAIRE	BALANCE	0 VIERGE
27 JANVIER	CAPRICORNE	VERSEAU	CANCER	GEMEAUX	LION	SCORPION	SAGITTAIRE	BALANCE	13 VIERGE
28 JANVIER	CAPRICORNE	VERSEAU	CANCER	GEMEAUX	LION	SCORPION	SAGITTAIRE	BALANCE	25 VIERGE
29 JANVIER	CAPRICORNE	VERSEAU	CANCER	GEMEAUX	LION	SCORPION	SAGITTAIRE	BALANCE	8 BALANCE
30 JANVIER	CAPRICORNE	VERSEAU	CANCER	GEMEAUX	LION	SCORPION	SAGITTAIRE	BALANCE	21 BALANCE
31 JANVIER	CAPRICORNE	VERSEAU	CANCER	GEMEAUX	LION	SCORPION	SAGITTAIRE	BALANCE	5 SCORPION
1 FEVRIER	CAPRICORNE	VERSEAU	CANCER	GEMEAUX	LION	SCORPION	SAGITTAIRE	BALANCE	18 SCORPION
2 FEVRIER	CAPRICORNE	VERSEAU	CANCER	GEMEAUX	LION	SCORPION	SAGITTAIRE	BALANCE	2 SAGITTAIRE
3 FEVRIER	CAPRICORNE	VERSEAU	CANCER	GEMEAUX	LION	SCORPION	SAGITTAIRE	BALANCE	17 SAGITTAIRE
4 FEVRIER	CAPRICORNE	VERSEAU	CANCER	GEMEAUX	LION	SCORPION	SAGITTAIRE	BALANCE	2 CAPRICORNE
5 FEVRIER	VERSEAU	VERSEAU	CANCER	GEMEAUX	LION	SCORPION	SAGITTAIRE	BALANCE	17 CAPRICORNE
6 FEVRIER	VERSEAU	VERSEAU	CANCER	GEMEAUX	LION	SCORPION	SAGITTAIRE	BALANCE	1 VERSEAU
7 FEVRIER	VERSEAU	VERSEAU	CANCER	GEMEAUX	LION	SCORPION	SAGITTAIRE	BALANCE	16 VERSEAU
8 FEVRIER	VERSEAU	VERSEAU	CANCER	GEMEAUX	LION	SCORPION	SAGITTAIRE	BALANCE	1 POISSONS
9 FEVRIER	VERSEAU	VERSEAU	CANCER	GEMEAUX	LION	SCORPION	SAGITTAIRE	BALANCE	15 POISSONS
10 FEVRIER	VERSEAU	VERSEAU	CANCER	GEMEAUX	LION	SCORPION	SAGITTAIRE	BALANCE	29 POISSONS
11 FEVRIER	VERSEAU	VERSEAU	CANCER	GEMEAUX	LION	SCORPION	SAGITTAIRE	BALANCE	13 BELIER
12 FEVRIER	VERSEAU	VERSEAU	CANCER	GEMEAUX	LION	SCORPION	SAGITTAIRE	BALANCE	26 BELIER
13 FEVRIER	VERSEAU	VERSEAU	CANCER	GEMEAUX	LION	SCORPION	SAGITTAIRE	BALANCE	8 TAUREAU
14 FEVRIER	VERSEAU	POISSONS	CANCER	GEMEAUX	LION	SCORPION	SAGITTAIRE	BALANCE	20 TAUREAU
15 FEVRIER	VERSEAU	POISSONS	CANCER	GEMEAUX	LION	SCORPION	SAGITTAIRE	BALANCE	2 GEMEAUX
16 FEVRIER	VERSEAU	POISSONS	CANCER	GEMEAUX	LION	SCORPION	SAGITTAIRE	BALANCE	14 GEMEAUX
17 FEVRIER	VERSEAU	POISSONS	CANCER	GEMEAUX	LION	SCORPION	SAGITTAIRE	BALANCE	26 GEMEAUX
18 FEVRIER	VERSEAU	POISSONS	CANCER	GEMEAUX	LION	SCORPION	SAGITTAIRE	BALANCE	8 CANCER
19 FEVRIER	VERSEAU	POISSONS	CANCER	GEMEAUX	LION	SCORPION	SAGITTAIRE	BALANCE	20 CANCER

LE SOLEIL ENTRE DANS LE SIGNE DU VERSEAU LE 20 JANVIER 1978 A 9 h 45
LE SOLEIL QUITTE LE SIGNE DU VERSEAU LE 19 FEVRIER 1978 A 0 h 00

* LES CHIFFRES INDIQUENT LES DEGRES

1979	MERCURE	VENUS	MARS	JUPITER	URANUS	NEPTUNE	PLUTON	PLUTON	LUNE *
20 JANVIER	CAPRICORNE	SAGITTAIRE	CAPRICORNE	LION	VIERGE	SCORPION	SAGITTAIRE	BALANCE	18 BALANCE
21 JANVIER	CAPRICORNE	SAGITTAIRE	VERSEAU	LION	VIERGE	SCORPION	SAGITTAIRE	BALANCE	1 SCORPION
22 JANVIER	CAPRICORNE	SAGITTAIRE	VERSEAU	LION	VIERGE	SCORPION	SAGITTAIRE	BALANCE	14 SCORPION
23 JANVIER	CAPRICORNE	SAGITTAIRE	VERSEAU	LION	VIERGE	SCORPION	SAGITTAIRE	BALANCE	27 SCORPION
24 JANVIER	CAPRICORNE	SAGITTAIRE	VERSEAU	LION	VIERGE	SCORPION	SAGITTAIRE	BALANCE	11 SAGITTAIRE
25 JANVIER	CAPRICORNE	SAGITTAIRE	VERSEAU	LION	VIERGE	SCORPION	SAGITTAIRE	BALANCE	26 SAGITTAIRE
26 JANVIER	CAPRICORNE	SAGITTAIRE	VERSEAU	LION	VIERGE	SCORPION	SAGITTAIRE	BALANCE	11 CAPRICORNE
27 JANVIER	CAPRICORNE	SAGITTAIRE	VERSEAU	LION	VIERGE	SCORPION	SAGITTAIRE	BALANCE	26 CAPRICORNE
28 JANVIER	CAPRICORNE	SAGITTAIRE	VERSEAU	LION	VIERGE	SCORPION	SAGITTAIRE	BALANCE	11 VERSEAU
29 JANVIER	VERSEAU	SAGITTAIRE	VERSEAU	LION	VIERGE	SCORPION	SAGITTAIRE	BALANCE	26 VERSEAU
30 JANVIER	VERSEAU	SAGITTAIRE	VERSEAU	LION	VIERGE	SCORPION	SAGITTAIRE	BALANCE	11 POISSONS
31 JANVIER	VERSEAU	SAGITTAIRE	VERSEAU	LION	VIERGE	SCORPION	SAGITTAIRE	BALANCE	26 POISSONS
1 FEVRIER	VERSEAU	SAGITTAIRE	VERSEAU	LION	VIERGE	SCORPION	SAGITTAIRE	BALANCE	10 BELIER
2 FEVRIER	VERSEAU	SAGITTAIRE	VERSEAU	LION	VIERGE	SCORPION	SAGITTAIRE	BALANCE	24 BELIER
3 FEVRIER	VERSEAU	SAGITTAIRE	VERSEAU	LION	VIERGE	SCORPION	SAGITTAIRE	BALANCE	7 TAUREAU
4 FEVRIER	VERSEAU	SAGITTAIRE	VERSEAU	LION	VIERGE	SCORPION	SAGITTAIRE	BALANCE	20 TAUREAU
5 FEVRIER	VERSEAU	CAPRICORNE	VERSEAU	LION	VIERGE	SCORPION	SAGITTAIRE	BALANCE	3 GEMEAUX
6 FEVRIER	VERSEAU	CAPRICORNE	VERSEAU	LION	VIERGE	SCORPION	SAGITTAIRE	BALANCE	15 GEMEAUX
7 FEVRIER	VERSEAU	CAPRICORNE	VERSEAU	LION	VIERGE	SCORPION	SAGITTAIRE	BALANCE	28 GEMEAUX
8 FEVRIER	VERSEAU	CAPRICORNE	VERSEAU	LION	VIERGE	SCORPION	SAGITTAIRE	BALANCE	10 CANCER
9 FEVRIER	VERSEAU	CAPRICORNE	VERSEAU	LION	VIERGE	SCORPION	SAGITTAIRE	BALANCE	22 CANCER
10 FEVRIER	VERSEAU	CAPRICORNE	VERSEAU	LION	VIERGE	SCORPION	SAGITTAIRE	BALANCE	3 LION
11 FEVRIER	VERSEAU	CAPRICORNE	VERSEAU	LION	VIERGE	SCORPION	SAGITTAIRE	BALANCE	15 LION
12 FEVRIER	VERSEAU	CAPRICORNE	VERSEAU	LION	VIERGE	SCORPION	SAGITTAIRE	BALANCE	27 LION
13 FEVRIER	VERSEAU	CAPRICORNE	VERSEAU	LION	VIERGE	SCORPION	SAGITTAIRE	BALANCE	9 VIERGE
14 FEVRIER	VERSEAU	CAPRICORNE	VERSEAU	LION	VIERGE	SCORPION	SAGITTAIRE	BALANCE	21 VIERGE
15 FEVRIER	POISSONS	CAPRICORNE	VERSEAU	LION	VIERGE	SCORPION	SAGITTAIRE	BALANCE	3 BALANCE
16 FEVRIER	POISSONS	CAPRICORNE	VERSEAU	LION	VIERGE	SCORPION	SAGITTAIRE	BALANCE	15 BALANCE
17 FEVRIER	POISSONS	CAPRICORNE	VERSEAU	LION	VIERGE	SCORPION	SAGITTAIRE	BALANCE	27 BALANCE
18 FEVRIER	POISSONS	CAPRICORNE	VERSEAU	LION	VIERGE	SCORPION	SAGITTAIRE	BALANCE	10 SCORPION
19 FEVRIER	POISSONS	CAPRICORNE	VERSEAU	LION	VIERGE	SCORPION	SAGITTAIRE	BALANCE	23 SCORPION

LE SOLEIL ENTRE DANS LE SIGNE DU VERSEAU LE 20 JANVIER 1979 A 15 h 45
LE SOLEIL QUITTE LE SIGNE DU VERSEAU LE 19 FEVRIER 1979 A 6 h 00

* LES CHIFFRES INDIQUENT LES DEGRES

DECOUVREZ DANS QUEL SIGNE SE TROUVAIENT LES PLANETES A VOTRE NAISSANCE

1980	MERCURE	VENUS	MARS	JUPITER	SATURNE	URANUS	NEPTUNE	PLUTON	LUNE *
20 JANVIER	CAPRICORNE	POISSONS	VIERGE	VIERGE	VIERGE	SCORPION	SAGITTAIRE	BALANCE	5 POISSONS
21 JANVIER	VERSEAU	POISSONS	VIERGE	VIERGE	VIERGE	SCORPION	SAGITTAIRE	BALANCE	19 POISSONS
22 JANVIER	VERSEAU	POISSONS	VIERGE	VIERGE	VIERGE	SCORPION	SAGITTAIRE	BALANCE	4 BELIER
23 JANVIER	VERSEAU	POISSONS	VIERGE	VIERGE	VIERGE	SCORPION	SAGITTAIRE	BALANCE	18 BELIER
24 JANVIER	VERSEAU	POISSONS	VIERGE	VIERGE	VIERGE	SCORPION	SAGITTAIRE	BALANCE	2 TAUREAU
25 JANVIER	VERSEAU	POISSONS	VIERGE	VIERGE	VIERGE	SCORPION	SAGITTAIRE	BALANCE	16 TAUREAU
26 JANVIER	VERSEAU	POISSONS	VIERGE	VIERGE	VIERGE	SCORPION	SAGITTAIRE	BALANCE	0 GEMEAUX
27 JANVIER	VERSEAU	POISSONS	VIERGE	VIERGE	VIERGE	SCORPION	SAGITTAIRE	BALANCE	13 GEMEAUX
28 JANVIER	VERSEAU	POISSONS	VIERGE	VIERGE	VIERGE	SCORPION	SAGITTAIRE	BALANCE	26 GEMEAUX
29 JANVIER	VERSEAU	POISSONS	VIERGE	VIERGE	VIERGE	SCORPION	SAGITTAIRE	BALANCE	9 CANCER
30 JANVIER	VERSEAU	POISSONS	VIERGE	VIERGE	VIERGE	SCORPION	SAGITTAIRE	BALANCE	21 CANCER
31 JANVIER	VERSEAU	POISSONS	VIERGE	VIERGE	VIERGE	SCORPION	SAGITTAIRE	BALANCE	4 LION
1 FEVRIER	VERSEAU	POISSONS	VIERGE	VIERGE	VIERGE	SCORPION	SAGITTAIRE	BALANCE	16 LION
2 FEVRIER	VERSEAU	POISSONS	VIERGE	VIERGE	VIERGE	SCORPION	SAGITTAIRE	BALANCE	28 LION
3 FEVRIER	VERSEAU	POISSONS	VIERGE	VIERGE	VIERGE	SCORPION	SAGITTAIRE	BALANCE	10 VIERGE
4 FEVRIER	VERSEAU	POISSONS	VIERGE	VIERGE	VIERGE	SCORPION	SAGITTAIRE	BALANCE	22 VIERGE
5 FEVRIER	VERSEAU	POISSONS	VIERGE	VIERGE	VIERGE	SCORPION	SAGITTAIRE	BALANCE	4 BALANCE
6 FEVRIER	VERSEAU	POISSONS	VIERGE	VIERGE	VIERGE	SCORPION	SAGITTAIRE	BALANCE	15 BALANCE
7 FEVRIER	POISSONS	POISSONS	VIERGE	VIERGE	VIERGE	SCORPION	SAGITTAIRE	BALANCE	27 BALANCE
8 FEVRIER	POISSONS	POISSONS	VIERGE	VIERGE	VIERGE	SCORPION	SAGITTAIRE	BALANCE	9 SCORPION
9 FEVRIER	POISSONS	POISSONS	VIERGE	VIERGE	VIERGE	SCORPION	SAGITTAIRE	BALANCE	22 SCORPION
10 FEVRIER	POISSONS	BELIER	VIERGE	VIERGE	VIERGE	SCORPION	SAGITTAIRE	BALANCE	4 SAGITTAIRE
11 FEVRIER	POISSONS	BELIER	VIERGE	VIERGE	VIERGE	SCORPION	SAGITTAIRE	BALANCE	17 SAGITTAIRE
12 FEVRIER	POISSONS	BELIER	VIERGE	VIERGE	VIERGE	SCORPION	SAGITTAIRE	BALANCE	1 CAPRICORNE
13 FEVRIER	POISSONS	BELIER	VIERGE	VIERGE	VIERGE	SCORPION	SAGITTAIRE	BALANCE	15 CAPRICORNE
14 FEVRIER	POISSONS	BELIER	VIERGE	VIERGE	VIERGE	SCORPION	SAGITTAIRE	BALANCE	29 CAPRICORNE
15 FEVRIER	POISSONS	BELIER	VIERGE	VIERGE	VIERGE	SCORPION	SAGITTAIRE	BALANCE	14 VERSEAU
16 FEVRIER	POISSONS	BELIER	VIERGE	VIERGE	VIERGE	SCORPION	SAGITTAIRE	BALANCE	28 VERSEAU
17 FEVRIER	POISSONS	BELIER	VIERGE	VIERGE	VIERGE	SCORPION	SAGITTAIRE	BALANCE	14 POISSONS
18 FEVRIER	POISSONS	BELIER	VIERGE	VIERGE	VIERGE	SCORPION	SAGITTAIRE	BALANCE	29 POISSONS
19 FEVRIER	POISSONS	BELIER	VIERGE	VIERGE	VIERGE	SCORPION	SAGITTAIRE	BALANCE	13 BELIER

LE SOLEIL ENTRE DANS LE SIGNE DU VERSEAU LE 20 JANVIER 1980 A 21 h 25
LE SOLEIL QUITTE LE SIGNE DU VERSEAU LE 19 FEVRIER 1980 A 11 h 45

* LES CHIFFRES INDIQUENT LES DEGRES

1981	MERCURE	VENUS	MARS	JUPITER	SATURNE	URANUS	NEPTUNE	PLUTON	LUNE *
20 JANVIER	VERSEAU	CAPRICORNE	VERSEAU	BALANCE	BALANCE	SCORPION	SAGITTAIRE	BALANCE	2 LION
21 JANVIER	VERSEAU	CAPRICORNE	VERSEAU	BALANCE	BALANCE	SCORPION	SAGITTAIRE	BALANCE	16 LION
22 JANVIER	VERSEAU	CAPRICORNE	VERSEAU	BALANCE	BALANCE	SCORPION	SAGITTAIRE	BALANCE	29 LION
23 JANVIER	VERSEAU	CAPRICORNE	VERSEAU	BALANCE	BALANCE	SCORPION	SAGITTAIRE	BALANCE	11 VIERGE
24 JANVIER	VERSEAU	CAPRICORNE	VERSEAU	BALANCE	BALANCE	SCORPION	SAGITTAIRE	BALANCE	24 VIERGE
25 JANVIER	VERSEAU	CAPRICORNE	VERSEAU	BALANCE	BALANCE	SCORPION	SAGITTAIRE	BALANCE	6 BALANCE
26 JANVIER	VERSEAU	CAPRICORNE	VERSEAU	BALANCE	BALANCE	SCORPION	SAGITTAIRE	BALANCE	18 BALANCE
27 JANVIER	VERSEAU	CAPRICORNE	VERSEAU	BALANCE	BALANCE	SCORPION	SAGITTAIRE	BALANCE	0 SCORPION
28 JANVIER	VERSEAU	CAPRICORNE	VERSEAU	BALANCE	BALANCE	SCORPION	SAGITTAIRE	BALANCE	12 SCORPION
29 JANVIER	VERSEAU	CAPRICORNE	VERSEAU	BALANCE	BALANCE	SCORPION	SAGITTAIRE	BALANCE	24 SCORPION
30 JANVIER	VERSEAU	CAPRICORNE	VERSEAU	BALANCE	BALANCE	SCORPION	SAGITTAIRE	BALANCE	6 SAGITTAIRE
31 JANVIER	VERSEAU	CAPRICORNE	VERSEAU	BALANCE	BALANCE	SCORPION	SAGITTAIRE	BALANCE	18 SAGITTAIRE
1 FEVRIER	POISSONS	CAPRICORNE	VERSEAU	BALANCE	BALANCE	SCORPION	SAGITTAIRE	BALANCE	0 CAPRICORNE
2 FEVRIER	POISSONS	CAPRICORNE	VERSEAI	BALANCE	BALANCE	SCORPION	SAGITTAIRE	BALANCE	13 CAPRICORNE
3 FEVRIER	POISSONS	CAPRICORNE	VERSEAU	BALANCE	BALANCE	SCORPION	SAGITTAIRE	BALANCE	26 CAPRICORNE
4 FEVRIER	POISSONS	VERSEAU	VERSEAU	BALANCE	BALANCE	SCORPION	SAGITTAIRE	BALANCE	10 VERSEAU
5 FEVRIER	POISSONS	VERSEAU	VERSEAU	BALANCE	BALANCE	SCORPION	SAGITTAIRE	BALANCE	24 VERSEAU
6 FEVRIER	POISSONS	VERSEAU	VERSEAU	BALANCE	BALANCE	SCORPION	SAGITTAIRE	BALANCE	8 POISSONS
7 FEVRIER	POISSONS	VERSEAU	POISSONS	BALANCE	BALANCE	SCORPION	SAGITTAIRE	BALANCE	22 POISSONS
8 FEVRIER	POISSONS	VERSEAU	POISSONS	BALANCE	BALANCE	SCORPION	SAGITTAIRE	BALANCE	6 BELIER
9 FEVRIER	POISSONS	VERSEAU	POISSONS	BALANCE	BALANCE	SCORPION	SAGITTAIRE	BALANCE	21 BELIER
10 FEVRIER	POISSONS	VERSEAU	POISSONS	BALANCE	BALANCE	SCORPION	SAGITTAIRE	BALANCE	5 TAUREAU
11 FEVRIER	POISSONS	VERSEAU	POISSONS	BALANCE	BALANCE	SCORPION	SAGITTAIRE	BALANCE	19 TAUREAU
12 FEVRIER	POISSONS	VERSEAU	POISSONS	BALANCE	BALANCE	SCORPION	SAGITTAIRE	BALANCE	3 GEMEAUX
13 FEVRIER	POISSONS	VERSEAU	POISSONS	BALANCE	BALANCE	SCORPION	SAGITTAIRE	BALANCE	17 GEMEAUX
14 FEVRIER	POISSONS	VERSEAU	POISSONS	BALANCE	BALANCE	SCORPION	SAGITTAIRE	BALANCE	1 CANCER
15 FEVRIER	POISSONS	VERSEAU	POISSONS	BALANCE	BALANCE	SCORPION	SAGITTAIRE	BALANCE	15 CANCER
16 FEVRIER	VERSEAU	VERSEAU	POISSONS	BALANCE	BALANCE	SCORPION	SAGITTAIRE	BALANCE	28 CANCER
17 FEVRIER	VERSEAU	VERSEAU	POISSONS	BALANCE	BALANCE	SAGITTAIRE	SAGITTAIRE	BALANCE	11 LION
18 FEVRIER	VERSEAU	VERSEAU	POISSONS	BALANCE	BALANCE	SAGITTAIRE	SAGITTAIRE	BALANCE	24 LION

LE SOLEIL ENTRE DANS LE SIGNE DU VERSEAU LE 20 JANVIER 1981 A 3 h 15
LE SOLEIL QUITTE LE SIGNE DU VERSEAU LE 18 FEVRIER 1981 A 17 h 35

* LES CHIFFRES INDIQUENT LES DEGRES

DECOUVREZ DANS QUEL SIGNE SE TROUVAIENT LES PLANETES A VOTRE NAISSANCE

1982	MERCURE	VENUS	MARS	JUPITER	SATURNE	URANUS	NEPTUNE	PLUTON	LUNE *
20 JANVIER	VERSEAU	VERSEAU	BALANCE	SCORPION	BALANCE	SAGITTAIRE	SAGITTAIRE	BALANCE	8 SAGITTAIRE
21 JANVIER	VERSEAU	VERSEAU	BALANCE	SCORPION	BALANCE	SAGITTAIRE	SAGITTAIRE	BALANCE	20 SAGITTAIRE
22 JANVIER	VERSEAU	VERSEAU	BALANCE	SCORPION	BALANCE	SAGITTAIRE	SAGITTAIRE	BALANCE	2 CAPRICORNE
23 JANVIER	VERSEAU	CAPRICORNE	BALANCE	SCORPION	BALANCE	SAGITTAIRE	SAGITTAIRE	BALANCE	14 CAPRICORNE
24 JANVIER	VERSEAU	CAPRICORNE	BALANCE	SCORPION	BALANCE	SAGITTAIRE	SAGITTAIRE	BALANCE	26 CAPRICORNE
25 JANVIER	VERSEAU	CAPRICORNE	BALANCE	SCORPION	BALANCE	SAGITTAIRE	SAGITTAIRE	BALANCE	8 VERSEAU
26 JANVIER	VERSEAU	CAPRICORNE	BALANCE	SCORPION	BALANCE	SAGITTAIRE	SAGITTAIRE	BALANCE	21 VERSEAU
27 JANVIER	VERSEAU	CAPRICORNE	BALANCE	SCORPION	BALANCE	SAGITTAIRE	SAGITTAIRE	BALANCE	3 POISSONS
28 JANVIER	VERSEAU	CAPRICORNE	BALANCE	SCORPION	BALANCE	SAGITTAIRE	SAGITTAIRE	BALANCE	16 POISSONS
29 JANVIER	VERSEAU	CAPRICORNE	BALANCE	SCORPION	BALANCE	SAGITTAIRE	SAGITTAIRE	BALANCE	0 BELIER
30 JANVIER	VERSEAU	CAPRICORNE	BALANCE	SCORPION	BALANCE	SAGITTAIRE	SAGITTAIRE	BALANCE	13 BELIER
31 JANVIER	VERSEAU	CAPRICORNE	BALANCE	SCORPION	BALANCE	SAGITTAIRE	SAGITTAIRE	BALANCE	27 BELIER
1 FEVRIER	VERSEAU	CAPRICORNE	BALANCE	SCORPION	BALANCE	SAGITTAIRE	SAGITTAIRE	BALANCE	11 TAUREAU
2 FEVRIER	VERSEAU	CAPRICORNE	BALANCE	SCORPION	BALANCE	SAGITTAIRE	SAGITTAIRE	BALANCE	25 TAUREAU
3 FEVRIER	VERSEAU	CAPRICORNE	BALANCE	SCORPION	BALANCE	SAGITTAIRE	SAGITTAIRE	BALANCE	9 GEMEAUX
4 FEVRIER	VERSEAU	CAPRICORNE	BALANCE	SCORPION	BALANCE	SAGITTAIRE	SAGITTAIRE	BALANCE	23 GEMEAUX
5 FEVRIER	VERSEAU	CAPRICORNE	BALANCE	SCORPION	BALANCE	SAGITTAIRE	SAGITTAIRE	BALANCE	8 CANCER
6 FEVRIER	VERSEAU	CAPRICORNE	BALANCE	SCORPION	BALANCE	SAGITTAIRE	SAGITTAIRE	BALANCE	23 CANCER
7 FEVRIER	VERSEAU	CAPRICORNE	BALANCE	SCORPION	BALANCE	SAGITTAIRE	SAGITTAIRE	BALANCE	7 LION
8 FEVRIER	VERSEAU	CAPRICORNE	BALANCE	SCORPION	BALANCE	SAGITTAIRE	SAGITTAIRE	BALANCE	21 LION
9 FEVRIER	VERSEAU	CAPRICORNE	BALANCE	SCORPION	BALANCE	SAGITTAIRE	SAGITTAIRE	BALANCE	5 VIERGE
10 FEVRIER	VERSEAU	CAPRICORNE	BALANCE	SCORPION	BALANCE	SAGITTAIRE	SAGITTAIRE	BALANCE	19 VIERGE
11 FEVRIER	VERSEAU	CAPRICORNE	BALANCE	SCORPION	BALANCE	SAGITTAIRE	SAGITTAIRE	BALANCE	2 BALANCE
12 FEVRIER	VERSEAU	CAPRICORNE	BALANCE	SCORPION	BALANCE	SAGITTAIRE	SAGITTAIRE	BALANCE	15 BALANCE
13 FEVRIER	VERSEAU	CAPRICORNE	BALANCE	SCORPION	BALANCE	SAGITTAIRE	SAGITTAIRE	BALANCE	28 BALANCE
14 FEVRIER	VERSEAU	CAPRICORNE	BALANCE	SCORPION	BALANCE	SAGITTAIRE	SAGITTAIRE	BALANCE	10 SCORPION
15 FEVRIER	VERSEAU	CAPRICORNE	BALANCE	SCORPION	BALANCE	SAGITTAIRE	SAGITTAIRE	BALANCE	22 SCORPION
16 FEVRIER	VERSEAU	CAPRICORNE	BALANCE	SCORPION	BALANCE	SAGITTAIRE	SAGITTAIRE	BALANCE	4 SAGITTAIRE
17 FEVRIER	VERSEAU	CAPRICORNE	BALANCE	SCORPION	BALANCE	SAGITTAIRE	SAGITTAIRE	BALANCE	16 SAGITTAIRE
18 FEVRIER	VERSEAU	CAPRICORNE	BALANCE	SCORPION	BALANCE	SAGITTAIRE	SAGITTAIRE	BALANCE	28 SAGITTAIRE

LE SOLEIL ENTRE DANS LE SIGNE DU VERSEAU LE 20 JANVIER 1982 A 9 h 15
LE SOLEIL QUITTE LE SIGNE DU VERSEAU LE 18 FEVRIER 1982 A 23 h 15

* LES CHIFFRES INDIQUENT LES DEGRES

1983	MERCURE	VENUS	MARS	JUPITER	SATURNE	URANUS	NEPTUNE	PLUTON	LUNE *
20 JANVIER	CAPRICORNE	VERSEAU	POISSONS	SAGITTAIRE	SCORPION	SAGITTAIRE	SAGITTAIRE	BALANCE	9 BELIER
21 JANVIER	CAPRICORNE	VERSEAU	POISSONS	SAGITTAIRE	SCORPION	SAGITTAIRE	SAGITTAIRE	BALANCE	22 BELIER
22 JANVIER	CAPRICORNE	VERSEAU	POISSONS	SAGITTAIRE	SCORPION	SAGITTAIRE	SAGITTAIRE	BALANCE	5 TAUREAU
23 JANVIER	CAPRICORNE	VERSEAU	POISSONS	SAGITTAIRE	SCORPION	SAGITTAIRE	SAGITTAIRE	BALANCE	18 TAUREAU
24 JANVIER	CAPRICORNE	VERSEAU	POISSONS	SAGITTAIRE	SCORPION	SAGITTAIRE	SAGITTAIRE	BALANCE	2 GEMEAUX
25 JANVIER	CAPRICORNE	VERSEAU	POISSONS	SAGITTAIRE	SCORPION	SAGITTAIRE	SAGITTAIRE	BALANCE	17 GEMEAUX
26 JANVIER	CAPRICORNE	VERSEAU	POISSONS	SAGITTAIRE	SCORPION	SAGITTAIRE	SAGITTAIRE	BALANCE	1 CANCER
27 JANVIER	CAPRICORNE	VERSEAU	POISSONS	SAGITTAIRE	SCORPION	SAGITTAIRE	SAGITTAIRE	BALANCE	16 CANCER
28 JANVIER	CAPRICORNE	VERSEAU	POISSONS	SAGITTAIRE	SCORPION	SAGITTAIRE	SAGITTAIRE	BALANCE	1 LION
29 JANVIER	CAPRICORNE	VERSEAU	POISSONS	SAGITTAIRE	SCORPION	SAGITTAIRE	SAGITTAIRE	BALANCE	17 LION
30 JANVIER	CAPRICORNE	POISSONS	POISSONS	SAGITTAIRE	SCORPION	SAGITTAIRE	SAGITTAIRE	BALANCE	2 VIERGE
31 JANVIER	CAPRICORNE	POISSONS	POISSONS	SAGITTAIRE	SCORPION	SAGITTAIRE	SAGITTAIRE	BALANCE	17 VIERGE
1 FEVRIER	CAPRICORNE	POISSONS	POISSONS	SAGITTAIRE	SCORPION	SAGITTAIRE	SAGITTAIRE	BALANCE	1 BALANCE
2 FEVRIER	CAPRICORNE	POISSONS	POISSONS	SAGITTAIRE	SCORPION	SAGITTAIRE	SAGITTAIRE	BALANCE	15 BALANCE
3 FEVRIER	CAPRICORNE	POISSONS	POISSONS	SAGITTAIRE	SCORPION	SAGITTAIRE	SAGITTAIRE	BALANCE	28 BALANCE
4 FEVRIER	CAPRICORNE	POISSONS	POISSONS	SAGITTAIRE	SCORPION	SAGITTAIRE	SAGITTAIRE	BALANCE	11 SCORPION
5 FEVRIER	CAPRICORNE	POISSONS	POISSONS	SAGITTAIRE	SCORPION	SAGITTAIRE	SAGITTAIRE	BALANCE	24 SCORPION
6 FEVRIER	CAPRICORNE	POISSONS	POISSONS	SAGITTAIRE	SCORPION	SAGITTAIRE	SAGITTAIRE	BALANCE	6 SAGITTAIRE
7 FEVRIER	CAPRICORNE	POISSONS	POISSONS	SAGITTAIRE	SCORPION	SAGITTAIRE	SAGITTAIRE	BALANCE	18 SAGITTAIRE
8 FEVRIER	CAPRICORNE	POISSONS	POISSONS	SAGITTAIRE	SCORPION	SAGITTAIRE	SAGITTAIRE	BALANCE	0 CAPRICORNE
9 FEVRIER	CAPRICORNE	POISSONS	POISSONS	SAGITTAIRE	SCORPION	SAGITTAIRE	SAGITTAIRE	BALANCE	12 CAPRICORNE
10 FEVRIER	CAPRICORNE	POISSONS	POISSONS	SAGITTAIRE	SCORPION	SAGITTAIRE	SAGITTAIRE	BALANCE	23 CAPRICORNE
11 FEVRIER	CAPRICORNE	POISSONS	POISSONS	SAGITTAIRE	SCORPION	SAGITTAIRE	SAGITTAIRE	BALANCE	5 VERSEAU
12 FEVRIER	CAPRICORNE	POISSONS	POISSONS	SAGITTAIRE	SCORPION	SAGITTAIRE	SAGITTAIRE	BALANCE	17 VERSEAU
13 FEVRIER	CAPRICORNE	POISSONS	POISSONS	SAGITTAIRE	SCORPION	SAGITTAIRE	SAGITTAIRE	BALANCE	29 VERSEAU
14 FEVRIER	VERSEAU	POISSONS	POISSONS	SAGITTAIRE	SCORPION	SAGITTAIRE	SAGITTAIRE	BALANCE	11 POISSONS
15 FEVRIER	VERSEAU	POISSONS	POISSONS	SAGITTAIRE	SCORPION	SAGITTAIRE	SAGITTAIRE	BALANCE	24 POISSONS
16 FEVRIER	VERSEAU	POISSONS	POISSONS	SAGITTAIRE	SCORPION	SAGITTAIRE	SAGITTAIRE	BALANCE	6 BELIER
17 FEVRIER	VERSEAU	POISSONS	POISSONS	SAGITTAIRE	SCORPION	SAGITTAIRE	SAGITTAIRE	BALANCE	19 BELIER
18 FEVRIER	VERSEAU	POISSONS	POISSONS	SAGITTAIRE	SCORPION	SAGITTAIRE	SAGITTAIRE	BALANCE	2 TAUREAU
19 FEVRIER	VERSEAU	POISSONS	POISSONS	SAGITTAIRE	SCORPION	SAGITTAIRE	SAGITTAIRE	BALANCE	15 TAUREAU

LE SOLEIL ENTRE DANS LE SIGNE DU VERSEAU LE 20 JANVIER 1983 A 15 h 00
LE SOLEIL QUITTE LE SIGNE DU VERSEAU LE 19 FEVRIER 1983 A 5 h 00

* LES CHIFFRES INDIQUENT LES DEGRES

DECOUVREZ DANS QUEL SIGNE SE TROUVAIENT LES PLANETES A VOTRE NAISSANCE

1984	MERCURE	VENUS	MARS	JUPITER	SATURNE	URANUS	NEPTUNE	PLUTON	LUNE *
20 JANVIER	CAPRICORNE	SAGITTAIRE	SCORPION	CAPRICORNE	SCORPION	SAGITTAIRE	CAPRICORNE	SCORPION	26 LION
21 JANVIER	CAPRICORNE	SAGITTAIRE	SCORPION	CAPRICORNE	SCORPION	SAGITTAIRE	CAPRICORNE	SCORPION	11 VIERGE
22 JANVIER	CAPRICORNE	SAGITTAIRE	SCORPION	CAPRICORNE	SCORPION	SAGITTAIRE	CAPRICORNE	SCORPION	26 VIERGE
23 JANVIER	CAPRICORNE	SAGITTAIRE	SCORPION	CAPRICORNE	SCORPION	SAGITTAIRE	CAPRICORNE	SCORPION	10 BALANCE
24 JANVIER	CAPRICORNE	SAGITTAIRE	SCORPION	CAPRICORNE	SCORPION	SAGITTAIRE	CAPRICORNE	SCORPION	24 BALANCE
25 JANVIER	CAPRICORNE	SAGITTAIRE	SCORPION	CAPRICORNE	SCORPION	SAGITTAIRE	CAPRICORNE	SCORPION	8 SCORPION
26 JANVIER	CAPRICORNE	CAPRICORNE	SCORPION	CAPRICORNE	SCORPION	SAGITTAIRE	CAPRICORNE	SCORPION	21 SCORPION
27 JANVIER	CAPRICORNE	CAPRICORNE	SCORPION	CAPRICORNE	SCORPION	SAGITTAIRE	CAPRICORNE	SCORPION	4 SAGITTAIRE
28 JANVIER	CAPRICORNE	CAPRICORNE	SCORPION	CAPRICORNE	SCORPION	SAGITTAIRE	CAPRICORNE	SCORPION	17 SAGITTAIRE
29 JANVIER	CAPRICORNE	CAPRICORNE	SCORPION	CAPRICORNE	SCORPION	SAGITTAIRE	CAPRICORNE	SCORPION	0 CAPRICORNE
30 JANVIER	CAPRICORNE	CAPRICORNE	SCORPION	CAPRICORNE	SCORPION	SAGITTAIRE	CAPRICORNE	SCORPION	12 CAPRICORNE
31 JANVIER	CAPRICORNE	CAPRICORNE	SCORPION	CAPRICORNE	SCORPION	SAGITTAIRE	CAPRICORNE	SCORPION	24 CAPRICORNE
1 FEVRIER	CAPRICORNE	CAPRICORNE	SCORPION	CAPRICORNE	SCORPION	SAGITTAIRE	CAPRICORNE	SCORPION	6 VERSEAU
2 FEVRIER	CAPRICORNE	CAPRICORNE	SCORPION	CAPRICORNE	SCORPION	SAGITTAIRE	CAPRICORNE	SCORPION	18 VERSEAU
3 FEVRIER	CAPRICORNE	CAPRICORNE	SCORPION	CAPRICORNE	SCORPION	SAGITTAIRE	CAPRICORNE	SCORPION	0 POISSONS
4 FEVRIER	CAPRICORNE	CAPRICORNE	SCORPION	CAPRICORNE	SCORPION	SAGITTAIRE	CAPRICORNE	SCORPION	12 POISSONS
5 FEVRIER	CAPRICORNE	CAPRICONRE	SCORPION	CAPRICORNE	SCORPION	SAGITTAIRE	CAPRICORNE	SCORPION	24 POISSONS
6 FEVRIER	CAPRICORNE	CAPRICORNE	SCORPION	CAPRICORNE	SCORPION	SAGITTAIRE	CAPRICORNE	SCORPION	6 BELIER
7 FEVRIER	CAPRICORNE	CAPRICORNE	SCORPION	CAPRICORNE	SCORPION	SAGITTAIRE	CAPRICORNE	SCORPION	18 BELIER
8 FEVRIER	CAPRICORNE	CAPRICORNE	SCORPION	CAPRICORNE	SCORPION	SAGITTAIRE	CAPRICORNE	SCORPION	0 TAUREAU
9 FEVRIER	VERSEAU	CAPRICORNE	SCORPION	CAPRICORNE	SCORPION	SAGITTAIRE	CAPRICORNE	SCORPION	12 TAUREAU
10 FEVRIER	VERSEAU	CAPRICORNE	SCORPION	CAPRICORNE	SCORPION	SAGITTAIRE	CAPRICORNE	SCORPION	24 TAUREAU
11 FEVRIER	VERSEAU	CAPRICORNE	SCORPION	CAPRICORNE	SCORPION	SAGITTAIRE	CAPRICORNE	SCORPION	7 GEMEAUX
12 FEVRIER	VERSEAU	CAPRICORNE	SCORPION	CAPRICORNE	SCORPION	SAGITTAIRE	CAPRICORNE	SCORPION	21 GEMEAUX
13 FEVRIER	VERSEAU	CAPRICORNE	SCORPION	CAPRICORNE	SCORPION	SAGITTAIRE	CAPRICORNE	SCORPION	5 CANCER
14 FEVRIER	VERSEAU	CAPRICORNE	SCORPION	CAPRICORNE	SCORPION	SAGITTAIRE	CAPRICORNE	SCORPION	19 CANCER
15 FEVRIER	VERSEAU	CAPRICORNE	SCORPION	CAPRICORNE	SCORPION	SAGITTAIRE	CAPRICORNE	SCORPION	4 LION
16 FEVRIER	VERSEAU	CAPRICORNE	SCORPION	CAPRICORNE	SCORPION	SAGITTAIRE	CAPRICORNE	SCORPION	19 LION
17 FEVRIER	VERSEAU	CAPRICORNE	SCORPION	CAPRICORNE	SCORPION	SAGITTAIRE	CAPRICORNE	SCORPION	4 VIERGE
13 FEVRIER	VERSEAU	CAPRICORNE	SCORPION	CAPRICORNE	SCORPION	SAGITTAIRE	CAPRICORNE	SCORPION	20 VIERGE
19 FEVRIER	VERSEAU	VERSEAU	SCORPION	CAPRICORNE	SCORPION	SAGITTAIRE	CAPRICORNE	SCORPION	5 BALANCE

LE SOLEIL ENTRE DANS LE SIGNE DU VERSEAU LE 20 JANVIER 1984 A 20 h 45
QUITTE LE SIGNE DU LE 19 FEVRIER A 11 h 00

* LES CHIFFRES INDIQUENT LES DEGRES

1985	MERCURE	VENUS	MARS	JUPITER	SATURNE	URANUS	NEPTUNE	PLUTON	LUNE *
20 JANVIER	CAPRICORNE	POISSONS	POISSONS	CAPRICORNE	SCORPION	SAGITTAIRE	CAPRICORNE	SCORPION	23 CAPRICORNE
21 JANVIER	CAPRICORNE	POISSONS	POISSONS	CAPRICORNE	SCORPION	SAGITTAIRE	CAPRICORNE	SCORPION	6 VERSEAU
22 JANVIER	CAPRICORNE	POISSONS	POISSONS	CAPRICORNE	SCORPION	SAGITTAIRE	CAPRICORNE	SCORPION	19 VERSEAU
23 JANVIER	CAPRICORNE	POISSONS	POISSONS	CAPRICORNE	SCORPION	SAGITTAIRE	CAPRICORNE	SCORPION	1 POISSONS
24 JANVIER	CAPRICORNE	POISSONS	POISSONS	CAPRICORNE	SCORPION	SAGITTAIRE	CAPRICORNE	SCORPION	14 POISSONS
25 JANVIER	CAPRICORNE	POISSONS	POISSONS	CAPRICORNE	SCORPION	SAGITTAIRE	CAPRICORNE	SCORPION	26 POISSONS
26 JANVIER	CAPRICORNE	POISSONS	POISSONS	CAPRICORNE	SCORPION	SAGITTAIRE	CAPRICORNE	SCORPION	8 BELIER
27 JANVIER	CAPRICORNE	POISSONS	POISSONS	CAPRICORNE	SCORPION	SAGITTAIRE	CAPRICORNE	SCORPION	19 BELIER
28 JANVIER	CAPRICORNE	POISSONS	POISSONS	CAPRICORNE	SCORPION	SAGITTAIRE	CAPRICORNE	SCORPION	1 TAUREAU
29 JANVIER	CAPRICORNE	POISSONS	POISSONS	CAPRICORNE	SCORPION	SAGITTAIRE	CAPRICORNE	SCORPION	13 TAUREAU
30 JANVIER	CAPRICORNE	POISSONS	POISSONS	CAPRICORNE	SCORPION	SAGITTAIRE	CAPRICORNE	SCORPION	25 TAUREAU
31 JANVIER	CAPRICORNE	POISSONS	POISSONS	CAPRICORNE	SCORPION	SAGITTAIRE	CAPRICORNE	SCORPION	7 GEMEAUX
1 FEVRIER	VERSEAU	POISSONS	POISSONS	CAPRICORNE	SCORPION	SAGITTAIRE	CAPRICORNE	SCORPION	20 GEMEAUX
2 FEVRIER	VERSEAU	BELIER	POISSONS	CAPRICORNE	SCORPION	SAGITTAIRE	CAPRICORNE	SCORPION	3 CANCER
3 FEVRIER	VERSEAU	BELIER	BELIER	CAPRICORNE	SCORPION	SAGITTAIRE	CAPRICORNE	SCORPION	16 CANCER
4 FEVRIER	VERSEAU	BELIER	BELIER	CAPRICORNE	SCORPION	SAGITTAIRE	CAPRICORNE	SCORPION	0 LION
5 FEVRIER	VERSEAU	BELIER	BELIER	CAPRICORNE	SCORPION	SAGITTAIRE	CAPRICORNE	SCORPION	14 LION
6 FEVRIER	VERSEAU	BELIER	BELIER	CAPRICORNE	SCORPION	SAGITTAIRE	CAPRICORNE	SCORPION	29 LION
7 FEVRIER	VERSEAU	BELIER	BELIER	VERSEAU	SCORPION	SAGITTAIRE	CAPRICORNE	SCORPION	14 VIERGE
8 FEVRIER	VEREAU	BELIER	BELIER	VERSEAU	SCORPION	SAGITTAIRE	CAPRICORNE	SCORPION	28 VIERGE
9 FEVRIER	VERSEAU	BELIER	BELIER	VERSEAU	SCORPION	SAGITTAIRE	CAPRICORNE	SCORPION	13 BALANCE
10 FEVRIER	VERSEAU	BELIER	BELIER	VERSEAU	SCORPION	SAGITTAIRE	CAPRICORNE	SCORPION	27 BALANCE
11 FEVRIER	VERSEAU	BELIER	BELIER	VERSEAU	SCORPION	SAGITTAIRE	CAPRICORNE	SCORPION	12 SCORPION
12 FEVRIER	VERSEAU	BELIER	BELIER	VERSEAU	SCORPION	SAGITTAIRE	CAPRICORNE	SCORPION	26 SCORPION
13 FEVRIER	VERSEAU	BELIER	BELIER	VERSEAU	SCORPION	SAGITTAIRE	CAPRICORNE	SCORPION	9 SAGITTAIRE
14 FEVRIER	VERSEAU	BELIER	BELIER	VERSEAU	SCORPION	SAGITTAIRE	CAPRICORNE	SCORPION	23 SAGITTAIRE
15 FEVRIER	VERSEAU	BELIER	BELIRE	VERSEAU	SCORPION	SAGITTAIRE	CAPRICORNE	SCORPION	6 CAPRICORNE
16 FEVRIER	VERSEAU	BELIER	BELIER	VERSEAU	SCORPION	SAGITTAIRE	CAPRICORNE	SCORPION	19 CAPRICORNE
17 FEVRIER	VERSEAU	BELIER	BELIER	VERSEAU	SCORPION	SAGITTAIRE	CAPRICORNE	SCORPION	2 VERSEAU
18 FEVRIER	VERSEAU	BELIER	BELIER	VERSEAU	SCORPION	SAGITTAIRE	CAPRICORNE	SCORPION	15 VERSEAU

LE SOLEIL ENTRE DANS LE SIGNE DU VERSEAU LE 20 JANVIER 1985 A 2 h 35
QUITTE LE SIGNE DU LE 18 FEVRIER A 16 h 45

* LES CHIFFRES INDIQUENT LES DEGRES

DECOUVREZ DANS QUEL SIGNE SE TROUVAIENT LES PLANETES A VOTRE NAISSANCE

1986	MERCURE	VENUS	MARS	JUPITER	SATURNE	URANUS	NEPTUNE	PLUTON	LUNE *
20 JANVIER	CAPRICORNE	VERSEAU	SCORPION	VERSEAU	SAGITTAIRE	SAGITTAIRE	CAPRICORNE	SCORPION	28 TAUREAU
21 JANVIER	CAPRICORNE	VERSEAU	SCORPION	VERSEAU	SAGITTAIRE	SAGITTAIRE	CAPRICORNE	SCORPION	9 GEMEAUX
22 JANVIER	CAPRICORNE	VERSEAU	SCORPION	VERSEAU	SAGITTAIRE	SAGITTAIRE	CAPRICORNE	SCORPION	21 GEMEAUX
23 JANVIER	CAPRICORNE	VERSEAU	SCORPION	VERSEAU	SAGITTAIRE	SAGITTAIRE	CAPRICORNE	SCORPION	4 CANCER
24 JANVIER	CAPRICORNE	VERSEAU	SCORPION	VERSEAU	SAGITTAIRE	SAGITTAIRE	CAPRICORNE	SCORPION	16 CANCER
25 JANVIER	VERSEAU	VERSEAU	SCORPION	VERSEAU	SAGITTAIRE	SAGITTAIRE	CAPRICORNE	SCORPION	29 CANCER
26 JANVIER	VERSEAU	VERSEAU	SCORPION	VERSEAU	SAGITTAIRE	SAGITTAIRE	CAPRICORNE	SCORPION	12 LION
27 JANVIER	VERSEAU	VERSEAU	SCORPION	VERSEAU	SAGITTAIRE	SAGITTAIRE	CAPRICORNE	SCORPION	25 LION
28 JANVIER	VERSEAU	VERSEAU	SCORPION	VERSEAU	SAGITTAIRE	SAGITTAIRE	CAPRICORNE	SCORPION	8 VIERGE
29 JANVIER	VERSEAU	VERSEAU	SCORPION	VERSEAU	SAGITTAIRE	SAGITTAIRE	CAPRICORNE	SCORPION	22 VIERGE
30 JANVIER	VERSEAU	VERSEAU	SCORPION	VERSEAU	SAGITTAIRE	SAGITTAIRE	CAPRICORNE	SCORPION	5 BALANCE
31 JANVIER	VERSEAU	VERSEAU	SCORPION	VERSEAU	SAGITTAIRE	SAGITTAIRE	CAPRICORNE	SCORPION	19 BALANCE
1 FEVRIER	VERSEAU	VERSEAU	SCORPION	VERSEAU	SAGITTAIRE	SAGITTAIRE	CAPRICORNE	SCORPION	3 SCORPION
2 FEVRIER	VERSEAU	VERSEAU	SAGITTAIRE	VERSEAU	SAGITTAIRE	SAGITTAIRE	CAPRICORNE	SCORPION	17 SCORPION
3 FEVRIER	VERSEAU	VERSEAU	SAGITTAIRE	VERSEAU	SAGITTAIRE	SAGITTAIRE	CAPRICORNE	SCORPION	1 SAGITTAIRE
4 FEVRIER	VERSEAU	VERSEAU	SAGITTAIRE	VERSEAU	SAGITTAIRE	SAGITTAIRE	CAPRICORNE	SCORPION	15 SAGITTAIRE
5 FEVRIER	VERSEAU	VERSEAU	SAGITTAIRE	VERSEAU	SAGITTAIRE	SAGITTAIRE	CAPRICORNE	SCORPION	0 CAPRICORNE
6 FEVRIER	VERSEAU	VERSEAU	SAGITTAIRE	VERSEAU	SAGITTAIRE	SAGITTAIRE	CAPRICORNE	SCORPION	14 CAPRICORNE
7 FEVRIER	VERSEAU	VERSEAU	SAGITTAIRE	VERSEAU	SAGITTAIRE	SAGITTAIRE	CAPRICORNE	SCORPION	28 CAPRICORNE
8 FEVRIER	VERSEAU	VERSEAU	SAGITTAIRE	VERSEAU	SAGITTAIRE	SAGITTAIRE	CAPRICORNE	SCORPION	12 VERSEAU
9 FEVRIER	VERSEAU	VERSEAU	SAGITTAIRE	VERSEAU	SAGITTAIRE	SAGITTAIRE	CAPRICORNE	SCORPION	26 VERSEAU
10 FEVRIER	VERSEAU	VERSEAU	SAGITTAIRE	VERSEAU	SAGITTAIRE	SAGITTAIRE	CAPRICORNE	SCORPION	9 POISSONS
11 FEVRIER	POISSONS	VERSEAU	SAGITTAIRE	VERSEAU	SAGITTAIRE	SAGITTAIRE	CAPRICORNE	SCORPION	23 POISSONS
12 FEVRIER	POISSONS	VERSEAU	SAGITTAIRE	VERSEAU	SAGITTAIRE	SAGITTAIRE	CAPRICORNE	SCORPION	5 BELIER
13 FEVRIER	POISSONS	POISSONS	SAGITTAIRE	VERSEAU	SAGITTAIRE	SAGITTAIRE	CAPRICORNE	SCORPION	18 BELIER
14 FEVRIER	POISSONS	POISSONS	SAGITTAIRE	VERSEAU	SAGITTAIRE	SAGITTAIRE	CAPRICORNE	SCORPION	0 TAUREAU
15 FEVRIER	POISSONS	POISSONS	SAGITTAIRE	VERSEAU	SAGITTAIRE	SAGITTAIRE	CAPRICORNE	SCORPION	12 TAUREAU
16 FEVRIER	POISSONS	POISSONS	SAGITTAIRE	VERSEAU	SAGITTAIRE	SAGITTAIRE	CAPRICORNE	SCORPION	24 TAUREAU
17 FEVRIER	POISSONS	POISSONS	SAGITTAIRE	VERSEAU	SAGITTAIRE	SAGITTAIRE	CAPRICORNE	SCORPION	5 GEMEAUX
18 FEVRIER	POISSONS	POISSONS	SAGITTAIRE	VERSEAU	SAGITTAIRE	SAGITTAIRE	CAPRICORNE	SCORPION	17 GEMEAUX

LE SOLEIL ENTRE DANS LE SIGNE DU VERSEAU LE 20 JANVIER 1986 A 8 h 30
LE SOLEIL QUITTE LE SIGNE DU VERSEAU LE 18 FEVRIER 1986 A 22 h 35

* LES CHIFFRES INDIQUENT LES DEGRES

1987	MERCURE	VENUS	MARS	JUPITER	SATURNE	URANUS	NEPTUNE	PLUTON	LUNE *
20 JANVIER	VERSEAU	SAGITTAIRE	BELIER	POISSONS	SAGITTAIRE	SAGITTAIRE	CAPRICORNE	SCORPION	0 BALANCE
21 JANVIER	VERSEAU	SAGITTAIRE	BELIER	POISSONS	SAGITTAIRE	SAGITTAIRE	CAPRICORNE	SCORPION	13 BALANCE
22 JANVIER	VERSEAU	SAGITTAIRE	BELIER	POISSONS	SAGITTAIRE	SAGITTAIRE	CAPRICORNE	SCORPION	26 BALANCE
23 JANVIER	VERSEAU	SAGITTAIRE	BELIER	POISSONS	SAGITTAIRE	SAGITTAIRE	CAPRICORNE	SCORPION	10 SCORPION
24 JANVIER	VERSEAU	SAGITTAIRE	BELIER	POISSONS	SAGITTAIRE	SAGITTAIRE	CAPRICORNE	SCORPION	23 SCORPION
25 JANVIER	VERSEAU	SAGITTAIRE	BELIER	POISSONS	SAGITTAIRE	SAGITTAIRE	CAPRICORNE	SCORPION	8 SAGITTAIRE
26 JANVIER	VERSEAU	SAGITTAIRE	BELIER	POISSONS	SAGITTAIRE	SAGITTAIRE	CAPRICORNE	SCORPION	22 SAGITTAIRE
27 JANVIER	VERSEAU	SAGITTAIRE	BELIER	POISSONS	SAGITTAIRE	SAGITTAIRE	CAPRICORNE	SCORPION	7 CAPRICORNE
28 JANVIER	VERSEAU	SAGITTAIRE	BELIER	POISSONS	SAGITTAIRE	SAGITTAIRE	CAPRICORNE	SCORPION	23 CAPRICORNE
29 JANVIER	VERSEAU	SAGITTAIRE	BELIER	POISSONS	SAGITTAIRE	SAGITTAIRE	CAPRICORNE	SCORPION	8 VERSEAU
30 JANVIER	VERSEAU	SAGITTAIRE	BELIER	POISSONS	SAGITTAIRE	SAGITTAIRE	CAPRICORNE	SCORPION	23 VERSEAU
31 JANVIER	VERSEAU	SAGITTAIRE	BELIER	POISSONS	SAGITTAIRE	SAGITTAIRE	CAPRICORNE	SCORPION	7 POISSONS
1 FEVRIER	VERSEAU	SAGITTAIRE	BELIER	POISSONS	SAGITTAIRE	SAGITTAIRE	CAPRICORNE	SCORPION	22 POISSONS
2 FEVRIER	VERSEAU	SAGITTAIRE	BELIER	POISSONS	SAGITTAIRE	SAGITTAIRE	CAPRICORNE	SCORPION	5 BELIER
3 FEVRIER	VERSEAU	SAGITTAIRE	BELIER	POISSONS	SAGITTAIRE	SAGITTAIRE	CAPRICORNE	SCORPION	18 BELIER
4 FEVRIER	POISSONS	SAGITTAIRE	BELIER	POISSONS	SAGITTAIRE	SAGITTAIRE	CAPRICORNE	SCORPION	1 TAUREAU
5 FEVRIER	POISSONS	CAPRICORNE	BELIER	POISSONS	SAGITTAIRE	SAGITTAIRE	CAPRICORNE	SCORPION	14 TAUREAU
6 FEVRIER	POISSONS	CAPRICORNE	BELIER	POISSONS	SAGITTAIRE	SAGITTAIRE	CAPRICORNE	SCORPION	26 TAUREAU
7 FEVRIER	POISSONS	CAPRICORNE	BELIER	POISSONS	SAGITTAIRE	SAGITTAIRE	CAPRICORNE	SCORPION	8 GEMEAUX
8 FEVRIER	POISSONS	CAPRICORNE	BELIER	POISSONS	SAGITTAIRE	SAGITTAIRE	CAPRICORNE	SCORPION	20 GEMEAUX
9 FEVRIER	POISSONS	CAPRICORNE	BELIER	POISSONS	SAGITTAIRE	SAGITTAIRE	CAPRICORNE	SCORPION	2 CANCER
10 FEVRIER	POISSONS	CAPRICORNE	BELIER	POISSONS	SAGITTAIRE	SAGITTAIRE	CAPRICORNE	SCORPION	14 CANCER
11 FEVRIER	POISSONS	CAPRICORNE	BELIER	POISSONS	SAGITTAIRE	SAGITTAIRE	CAPRICORNE	SCORPION	25 CANCER
12 FEVRIER	POISSONS	CAPRICORNE	BELIER	POISSONS	SAGITTAIRE	SAGITTAIRE	CAPRICORNE	SCORPION	8 LION
13 FEVRIER	POISSONS	CAPRICORNE	BELIER	POISSONS	SAGITTAIRE	SAGITTAIRE	CAPRICORNE	SCORPION	20 LION
14 FEVRIER	POISSONS	CAPRICORNE	BELIER	POISSONS	SAGITTAIRE	SAGITTAIRE	CAPRICORNE	SCORPION	2 VIERGE
15 FEVRIER	POISSONS	CAPRICORNE	BELIER	POISSONS	SAGITTAIRE	SAGITTAIRE	CAPRICORNE	SCORPION	14 VIERGE
16 FEVRIER	POISSONS	CAPRICORNE	BELIER	POISSONS	SAGITTAIRE	SAGITTAIRE	CAPRICORNE	SCORPION	27 VIERGE
17 FEVRIER	POISSONS	CAPRICORNE	BELIER	POISSONS	SAGITTAIRE	SAGITTAIRE	CAPRICORNE	SCORPION	10 BALANCE
18 FEVRIER	POISSONS	CAPRICORNE	BELIER	POISSONS	SAGITTAIRE	SAGITTAIRE	CAPRICORNE	SCORPION	23 BALANCE
19 FEVRIER	POISSONS	CAPRICORNE	BELIER	POISSONS	SAGITTAIRE	SAGITTAIRE	CAPRICORNE	SCORPION	6 SCORPION

LE SOLEIL ENTRE DANS LE SIGNE DU VERSEAU LE 20 JANVIER 1987 A 14 h 15
LE SOLEIL QUITTE LE SIGNE DU VERSEAU LE 19 FEVRIER 1987 A 4 h 25

* LES CHIFFRES INDIQUENT LES DEGRES

DECOUVREZ DANS QUEL SIGNE SE TROUVAIENT LES PLANETES A VOTRE NAISSANCE

1988	MERCURE	VENUS	MARS	JUPITER	SATURNE	URANUS	NEPTUNE	PLUTON	LUNE *
20 JANVIER	VERSEAU	POISSONS	SAGITTAIRE	BELIER	SAGITTAIRE	SAGITTAIRE	CAPRICORNE	SCORPION	17 VERSEAU
21 JANVIER	VERSEAU	POISSONS	SAGITTAIRE	BELIER	SAGITTAIRE	SAGITTAIRE	CAPRICORNE	SCORPION	3 POISSONS
22 JANVIER	VERSEAU	POISSONS	SAGITTAIRE	BELIER	SAGITTAIRE	SAGITTAIRE	CAPRICORNE	SCORPION	17 POISSONS
23 JANVIER	VERSEAU	POISSONS	SAGITTAIRE	BELIER	SAGITTAIRE	SAGITTAIRE	CAPRICORNE	SCORPION	2 BELIER
24 JANVIER	VERSEAU	POISSONS	SAGITTAIRE	BELIER	SAGITTAIRE	SAGITTAIRE	CAPRICORNE	SCORPION	16 BELIER
25 JANVIER	VERSEAU	POISSONS	SAGITTAIRE	BELIER	SAGITTAIRE	SAGITTAIRE	CAPRICORNE	SCORPION	29 BELIER
26 JANVIER	VERSEAU	POISSONS	SAGITTAIRE	BELIER	SAGITTAIRE	SAGITTAIRE	CAPRICORNE	SCORPION	13 TAUREAU
27 JANVIER	VERSEAU	POISSONS	SAGITTAIRE	BELIER	SAGITTAIRE	SAGITTAIRE	CAPRICORNE	SCORPION	25 TAUREAU
28 JANVIER	VERSEAU	POISSONS	SAGITTAIRE	BELIER	SAGITTAIRE	SAGITTAIRE	CAPRICORNE	SCORPION	8 GEMEAUX
29 JANVIER	VERESAU	POISSONS	SAGITTAIRE	BELIER	SAGITTAIRE	SAGITTAIRE	CAPRICORNE	SCORPION	20 GEMEAUx
30 JANVIER	VERSEAU	POISSONS	SAGITTAIRE	BELIER	SAGITTAIRE	SAGITTAIRE	CAPRICORNE	SCORPION	3 CANCER
31 JANVIER	VERSEAU	POISSONS	SAGITTAIRE	BELIER	SAGITTAIRE	SAGITTAIRE	CAPRICORNE	SCORPION	15 CANCER
1 FEVRIER	VERSEAU	POISSONS	SAGITTAIRE	BELIER	SAGITTAIRE	SAGITTAIRE	CAPRICORNE	SCORPION	27 CANCER
2 FEVRIER	VERSEAU	POISSONS	SAGITTAIRE	BELIER	SAGITTAIRE	SAGITTAIRE	CAPRICORNE	SCORPION	9 LION
3 FEVRIER	VERSEAU	POISSONS	SAGITTAIRE	BELIER	SAGITTAIRE	SAGITTAIRE	CAPRICORNE	SCORPION	20 LION
4 FEVRIER	VERSEAU	POISSONS	SAGITTAIRE	BELIER	SAGITTAIRE	SAGITTAIRE	CAPRICORNE	SCORPION	2 VIERGE
5 FEVRIER	VERSEAU	POISSONS	SAGITTAIRE	BELIER	SAGITTAIRE	SAGITTAIRE	CAPRICORNE	SCORPION	14 VIERGE
6 FEVRIER	VERSEAU	POISSONS	SAGITTAIRE	BELIER	SAGITTAIRE	SAGITTAIRE	CAPRICORNE	SCORPION	26 VIERGE
7 FEVRIER	VERSEAU	POISSONS	SAGITTAIRE	BELIER	SAGITTAIRE	SAGITTAIRE	CAPRICORNE	SCORPION	8 BALANCE
8 FEVRIER	VERSEAU	POISSONS	SAGITTAIRE	BELIER	SAGITTAIRE	SAGITTAIRE	CAPRICORNE	SCORPION	20 BALANCE
9 FEVRIER	VERSEAU	POISSONS	SAGITTAIRE	BELIER	SAGITTAIRE	SAGITTAIRE	CAPRICORNE	SCORPION	2 SCORPION
10 FEVRIER	VERSEAU	BELIER	SAGITTAIRE	BELIER	SAGITTAIRE	SAGITTAIRE	CAPRICORNE	SCORPION	15 SCORPION
11 FEVRIER	VERSEAU	BELIER	SAGITTAIRE	BELIER	SAGITTAIRE	SAGITTAIRE	CAPRICORNE	SCORPION	28 SCORPION
12 FEVRIER	VERSEAU	BELIER	SAGITTAIRE	BELIER	SAGITTAIRE	SAGITTAIRE	CAPRICORNE	SCORPION	12 SAGITTAIRE
13 FEVRIER	VERSEAU	BELIER	SAGITTAIRE	BELIER	SAGITTAIRE	SAGITTAIRE	CAPRICORNE	SCORPION	26 SAGITTAIRE
14 FEVRIER	VERSEAU	BELIER	SAGITTAIRE	BELIER	CAPRICORNE	SAGITTAIRE	CAPRICORNE	SCORPION	10 CAPRICORNE
15 FEVRIER	VERSEAU	BELIER	SAGITTAIRE	BELIER	CAPRICORNE	CAPRICORNE	CAPRICORNE	SCORPION	25 CAPRICORNE
16 FEVRIER	VERSEAU	BELIER	SAGITTAIRE	BELIER	SAGITTAIRE	CAPRICORNE	CAPRICORNE	SCORPION	10 VERSEAU
17 FEVRIER	VERSEAU	BELIER	SAGITTAIRE	BELIER	CAPRICORNE	CAPRICORNE	CAPRICORNE	SCORPION	25 VERSEAU
18 FEVRIER	VERSEAU	BELIER	SAGITTAIRE	BELIER	CAPRICORNE	CAPRICORNE	CAPRICORNE	SCORPION	11 POISSONS
19 FEVRIER	VERESAU	BELIER	SAGITTAIRE	BELIER	CAPRICORNE	CAPRICORNE	CAPRICORNE	SCORPION	26 POISSONS

LE SOLEIL ENTRE DANS LE SIGNE DU VERSEAU LE 20 JANVIER 1988 A 20 h 00
LE SOLEIL QUITTE LE SIGNE DU VERSEAU LE 19 FEVRIER 1988 A 10 h 00

* LES CHIFFRES INDIQUENT LES DEGRES

1989	MERCURE	VENUS	MARS	JUPITER	SATURNE	URANUS	NEPTUNE	PLUTON	LUNE *
20 JANVIER	VERSEAU	CAPRICORNE	TAUREAU	TAUREAU	CAPRICORNE	CAPRICORNE	CAPRICORNE	SCORPION	14 CANCER
21 JANVIER	VERSEAU	CAPRICORNE	TAUREAU	TAUREAU	CAPRICORNE	CAPRICORNE	CAPRICORNE	SCORPION	26 CANCER
22 JANVIER	VERSEAU	CAPRICORNE	TAUREAU	TAUREAU	CAPRICORNE	CAPRICORNE	CAPRICORNE	SCORPION	9 LION
23 JANVIER	VERSEAU	CAPRICORNE	TAUREAU	TAUREAU	CAPRICORNE	CAPRICORNE	CAPRICORNE	SCORPION	21 LION
24 JANVIER	VERSEAU	CAPRICORNE	TAUREAU	TAUREAU	CAPRICORNE	CAPRICORNE	CAPRICORNE	SCORPION	3 VIERGE
25 JANVIER	VERSEAU	CAPRICORNE	TAUREAU	TAUREAU	CAPRICORNE	CAPRICORNE	CAPRICORNE	SCORPION	15 VIERGE
26 JANVIER	VERSEAU	CAPRICORNE	TAUREAU	TAUREAU	CAPRICORNE	CAPRICORNE	CAPRICORNE	SCORPION	27 VIERGE
27 JANVIER	VERSEAU	CAPRICORNE	TAUREAU	TAUREAU	CAPRICORNE	CAPRICORNE	CAPRICORNE	SCORPION	9 BALANCE
28 JANVIER	VERSEAU	CAPRICORNE	TAUREAU	TAUREAU	CAPRICORNE	CAPRICORNE	CAPRICORNE	SCORPION	21 BALANCE
29 JANVIER	CAPRICORNE	CAPRICORNE	TAUREAU	TAUREAU	CAPRICORNE	CAPRICORNE	CAPRICORNE	SCORPION	3 SCORPION
30 JANVIER	CAPRICORNE	CAPRICORNE	TAUREAU	TAUREAU	CAPRICORNE	CAPRICORNE	CAPRICORNE	SCORPION	15 SCORPION
31 JANVIER	CAPRICORNE	CAPRICORNE	TAUREAU	TAUREAU	CAPRICORNE	CAPRICORNE	CAPRICORNE	SCORPION	27 SCORPION
1 FEVRIER	CAPRICORNE	CAPRICORNE	TAUREAU	TAUREAU	CAPRICORNE	CAPRICORNE	CAPRICORNE	SCORPION	10 SAGITTAIRE
2 FEVRIER	CAPRICORNE	CAPRICORNE	TAUREAU	TAUREAU	CAPRICORNE	CAPRICORNE	CAPRICORNE	SCORPION	23 SAGITTAIRE
3 FEVRIER	CAPRICORNE	CAPRICORNE	TAUREAU	TAUREAU	CAPRICORNE	CAPRICORNE	CAPRICORNE	SCORPION	7 CAPRICORNE
4 FEVRIER	CAPRICORNE	VERSEAU	TAUREAU	TAUREAU	CAPRICORNE	CAPRICORNE	CAPRICORNE	SCORPION	21 CAPRICORNE
5 FEVRIR	CAPRICORNE	VERSEAU	TAUREAU	TAUREAU	CAPRICORNE	CAPRICORNE	CAPRICORNE	SCORPION	5 VERSEAU
6 FEVRIER	CAPRICORNE	VERSEAU	TAUREAU	TAUREAU	CAPRICORNE	CAPRICORNE	CAPRICORNE	SCORPION	20 VERSEAU
7 FEVRIER	CAPRICORNE	VERSEAU	TAUREAU	TAUREAU	CAPRICORNE	CAPRICORNE	CAPRICORNE	SCORPION	5 POISSONS
8 FEVRIER	CAPRICORNE	VERSEAU	TAUREAU	TAUREAU	CAPRICORNE	CAPRICORNE	CAPRICORNE	SCORPION	20 POISSONS
9 FEVRIER	CAPRICORNE	VERSEAU	TAUREAU	TAUREAU	CAPRICORNE	CAPRICONRE	CAPRICORNE	SCORPION	4 BELIER
10 FEVRIER	CAPRICORNE	VERSEAU	TAUREAU	TAUREAU	CAPRICORNE	CAPRICORNE	CAPRICORNE	SCORPION	19 BELIER
11 FEVRIER	CAPRICORNE	VERSEAU	TAUREAU	TAUREAU	CAPRICORNE	CAPRICORNE	CAPRICORNE	SCORPION	3 TAUREAU
12 FEVRIER	CAPRICORNE	VERSEAU	TAUREAU	TAUREAU	CAPRICORNE	CAPRICORNE	CAPRICORNE	SCORPION	17 TAUREAU
13 FEVRIER	CAPRICORNE	VERSEAU	TAUREAU	TAUREAU	CAPRICORNE	CAPRICORNE	CAPRICORNE	SCORPION	1 GEMEAUX
14 FEVRIER	CAPRICORNE	VERSEAU	TAUREAU	TAUREAU	CAPRICORNE	CAPRICORNE	CAPRICORNE	SCORPION	15 GEMEAUX
15 FEVRIER	VERSEAU	VERSEAU	TAUREAU	TAUREAU	CAPRICORNE	CAPRICORNE	CAPRICORNE	SCORPION	28 GEMEAUX
16 FEVRIER	VERSEAU	VERSEAU	TAUREAU	TAUREAU	CAPRICORNE	CAPRICONRE	CAPRICONRE	SCORPION	11 CANCER
17 FEVRIER	VERSEAU	VERSEAU	TAUREAU	TAUREAU	CAPRICORNE	CAPRICORNE	CAPRICORNE	SCORPION	23 CANCER
18 FEVRIER	VERSEAU	VERSEAU	TAUREAU	TAUREAU	CAPRICORNE	CAPRICORNE	CAPRICORNE	SCORPION	6 LION

LE SOLEIL ENTRE DANS LE SIGNE DU VERSEAU LE 20 JANVIER 1989 A 1 h 45
LE SOLEIL QUITTE LE SIGNE DU VERSEAU LE 18 FEVRIER 1989 A 16 h 15

* LES CHIFFRES INDIQUENT LES DEGRES

DÉCOUVREZ DANS QUEL SIGNE SE TROUVAIENT LES PLANÈTES A VOTRE NAISSANCE

1990	MERCURE	VENUS	MARS	JUPITER	SATURNE	URANUS	NEPTUNE	PLUTON	LUNE*
20 JANVIER	CAPRICORNE	CAPRICORNE	SAGITTAIRE	CANCER	CAPRICORNE	CAPRICORNE	CAPRICORNE	SCORPION	17 SCORPION
21 JANVIER	CAPRICORNE	CAPRICORNE	SAGITTAIRE	CANCER	CAPRICORNE	CAPRICORNE	CAPRICORNE	SCORPION	29 SCORPION
22 JANVIER	CAPRICORNE	CAPRICORNE	SAGITTAIRE	CANCER	CAPRICORNE	CAPRICORNE	CAPRICORNE	SCORPION	11 SAGITTAIRE
23 JANVIER	CAPRICORNE	CAPRICORNE	SAGITTAIRE	CANCER	CAPRICORNE	CAPRICORNE	CAPRICORNE	SCORPION	24 SAGITTAIRE
24 JANVIER	CAPRICORNE	CAPRICORNE	SAGITTAIRE	CANCER	CAPRICORNE	CAPRICORNE	CAPRICORNE	SCORPION	6 CAPRICORNE
25 JANVIER	CAPRICORNE	CAPRICORNE	SAGITTAIRE	CANCER	CAPRICORNE	CAPRICORNE	CAPRICORNE	SCORPION	19 CAPRICORNE
26 JANVIER	CAPRICORNE	CAPRICORNE	SAGITTAIRE	CANCER	CAPRICORNE	CAPRICORNE	CAPRICORNE	SCORPION	2 VERSEAU
27 JANVIER	CAPRICORNE	CAPRICORNE	SAGITTAIRE	CANCER	CAPRICORNE	CAPRICORNE	CAPRICORNE	SCORPION	16 VERSEAU
28 JANVIER	CAPRICORNE	CAPRICORNE	SAGITTAIRE	CANCER	CAPRICORNE	CAPRICORNE	CAPRICORNE	SCORPION	29 VERSEAU
29 JANVIER	CAPRICORNE	CAPRICORNE	SAGITTAIRE	CANCER	CAPRICORNE	CAPRICORNE	CAPRICORNE	SCORPION	13 POISSONS
30 JANVIER	CAPRICORNE	CAPRICORNE	CAPRICORNE	CANCER	CAPRICORNE	CAPRICORNE	CAPRICORNE	SCORPION	27 POISSONS
31 JANVIER	CAPRICORNE	CAPRICORNE	CAPRICORNE	CANCER	CAPRICORNE	CAPRICORNE	CAPRICORNE	SCORPION	11 BELIER
1 FEVRIER	CAPRICORNE	CAPRICORNE	CAPRICORNE	CANCER	CAPRICORNE	CAPRICORNE	CAPRICORNE	SCORPION	25 BELIER
2 FEVRIER	CAPRICORNE	CAPRICORNE	CAPRICORNE	CANCER	CAPRICORNE	CAPRICORNE	CAPRICORNE	SCORPION	9 TAUREAU
3 FEVRIER	CAPRICORNE	CAPRICORNE	CAPRICORNE	CANCER	CAPRICORNE	CAPRICORNE	CAPRICORNE	SCORPION	24 TAUREAU
4 FEVRIER	CAPRICORNE	CAPRICORNE	CAPRICORNE	CANCER	CAPRICORNE	CAPRICORNE	CAPRICORNE	SCORPION	8 GEMEAUX
5 FEVRIER	CAPRICORNE	CAPRICORNE	CAPRICORNE	CANCER	CAPRICORNE	CAPRICORNE	CAPRICORNE	SCORPION	22 GEMEAUX
6 FEVRIER	CAPRICORNE	CAPRICORNE	CAPRICORNE	CANCER	CAPRICORNE	CAPRICORNE	CAPRICORNE	SCORPION	6 CANCER
7 FEVRIER	CAPRICORNE	CAPRICORNE	CAPRICORNE	CANCER	CAPRICORNE	CAPRICORNE	CAPRICORNE	SCORPION	20 CANCER
8 FEVRIER	CAPRICORNE	CAPRICORNE	CAPRICORNE	CANCER	CAPRICORNE	CAPRICORNE	CAPRICORNE	SCORPION	3 LION
9 FEVRIER	CAPRICORNE	CAPRICORNE	CAPRICORNE	CANCER	CAPRICORNE	CAPRICORNE	CAPRICORNE	SCORPION	16 LION
10 FEVRIER	CAPRICORNE	CAPRICORNE	CAPRICORNE	CANCER	CAPRICORNE	CAPRICORNE	CAPRICORNE	SCORPION	0 VIERGE
11 FEVRIER	CAPRICORNE	CAPRICORNE	CAPRICORNE	CANCER	CAPRICORNE	CAPRICORNE	CAPRICORNE	SCORPION	12 VIERGE
12 FEVRIER	VERSEAU	CAPRICORNE	CAPRICORNE	CANCER	CAPRICORNE	CAPRICORNE	CAPRICORNE	SCORPION	25 VIERGE
13 FEVRIER	VERSEAU	CAPRICORNE	CAPRICORNE	CANCER	CAPRICORNE	CAPRICORNE	CAPRICORNE	SCORPION	7 BALANCE
14 FEVRIER	VERSEAU	CAPRICORNE	CAPRICORNE	CANCER	CAPRICORNE	CAPRICORNE	CAPRICORNE	SCORPION	19 BALANCE
15 FEVRIER	VERSEAU	CAPRICORNE	CAPRICORNE	CANCER	CAPRICORNE	CAPRICORNE	CAPRICORNE	SCORPION	1 SCORPION
16 FEVRIER	VERSEAU	CAPRICORNE	CAPRICORNE	CANCER	CAPRICORNE	CAPRICORNE	CAPRICORNE	SCORPION	13 SCORPION
17 FEVRIER	VERSEAU	CAPRICORNE	CAPRICORNE	CANCER	CAPRICORNE	CAPRICORNE	CAPRICORNE	SCORPION	25 SCORPION
18 FEVRIER	VERSEAU	CAPRICORNE	CAPRICORNE	CANCER	CAPRICORNE	CAPRICORNE	CAPRICORNE	SCORPION	7 SAGITTAIRE

LE SOLEIL	ENTRE DANS LE SIGNE DU	VERSEAU	LE 20 JANVIER	1990	A 8 h 00	* LES CHIFFRES INDIQUENT LES DEGRÉS
	QUITTE LE SIGNE DU		LE 18 FEVRIER		A 22 h 10	

1991	MERCURE	VENUS	MARS	JUPITER	SATURNE	URANUS	NEPTUNE	PLUTON	LUNE*
20 JANVIER	CAPRICORNE	VERSEAU	TAUREAU	LION	CAPRICORNE	CAPRICORNE	CAPRICORNE	SCORPION	21 POISSONS
21 JANVIER	CAPRICORNE	VERSEAU	GEMEAUX	LION	CAPRICORNE	CAPRICORNE	CAPRICORNE	SCORPION	4 BELIER
22 JANVIER	CAPRICORNE	VERSEAU	GEMEAUX	LION	CAPRICORNE	CAPRICORNE	CAPRICORNE	SCORPION	18 BELIER
23 JANVIER	CAPRICORNE	VERSEAU	GEMEAUX	LION	CAPRICORNE	CAPRICORNE	CAPRICORNE	SCORPION	1 TAUREAU
24 JANVIER	CAPRICORNE	VERSEAU	GEMEAUX	LION	CAPRICORNE	CAPRICORNE	CAPRICORNE	SCORPION	15 TAUREAU
25 JANVIER	CAPRICORNE	VERSEAU	GEMEAUX	LION	CAPRICORNE	CAPRICORNE	CAPRICORNE	SCORPION	0 GEMEAUX
26 JANVIER	CAPRICORNE	VERSEAU	GEMEAUX	LION	CAPRICORNE	CAPRICORNE	CAPRICORNE	SCORPION	14 GEMEAUX
27 JANVIER	CAPRICORNE	VERSEAU	GEMEAUX	LION	CAPRICORNE	CAPRICORNE	CAPRICORNE	SCORPION	29 GEMEAUX
28 JANVIER	CAPRICORNE	VERSEAU	GEMEAUX	LION	CAPRICORNE	CAPRICORNE	CAPRICORNE	SCORPION	14 CANCER
29 JANVIER	CAPRICORNE	POISSONS	GEMEAUX	LION	CAPRICORNE	CAPRICORNE	CAPRICORNE	SCORPION	28 CANCER
30 JANVIER	CAPRICORNE	POISSONS	GEMEAUX	LION	CAPRICORNE	CAPRICORNE	CAPRICORNE	SCORPION	13 LION
31 JANVIER	CAPRICORNE	POISSONS	GEMEAUX	LION	CAPRICORNE	CAPRICORNE	CAPRICORNE	SCORPION	27 LION
1 FEVRIER	CAPRICORNE	POISSONS	GEMEAUX	LION	CAPRICORNE	CAPRICORNE	CAPRICORNE	SCORPION	12 VIERGE
2 FEVRIER	CAPRICORNE	POISSONS	GEMEAUX	LION	CAPRICORNE	CAPRICORNE	CAPRICORNE	SCORPION	25 VIERGE
3 FEVRIER	CAPRICORNE	POISSONS	GEMEAUX	LION	CAPRICORNE	CAPRICORNE	CAPRICORNE	SCORPION	8 BALANCE
4 FEVRIER	CAPRICORNE	POISSONS	GEMEAUX	LION	CAPRICORNE	CAPRICORNE	CAPRICORNE	SCORPION	21 BALANCE
5 FEVRIER	CAPRICORNE	POISSONS	GEMEAUX	LION	CAPRICORNE	CAPRICORNE	CAPRICORNE	SCORPION	4 SCORPION
6 FEVRIER	VERSEAU	POISSONS	GEMEAUX	LION	CAPRICORNE	CAPRICORNE	CAPRICORNE	SCORPION	16 SCORPION
7 FEVRIER	VERSEAU	POISSONS	GEMEAUX	LION	VERSEAU	CAPRICORNE	CAPRICORNE	SCORPION	28 SCORPION
8 FEVRIER	VERSEAU	POISSONS	GEMEAUX	LION	VERSEAU	CAPRICORNE	CAPRICORNE	SCORPION	10 SAGITTAIRE
9 FEVRIER	VERSEAU	POISSONS	GEMEAUX	LION	VERSEAU	CAPRICORNE	CAPRICORNE	SCORPION	22 SAGITTAIRE
10 FEVRIER	VERSEAU	POISSONS	GEMEAUX	LION	VERSEAU	CAPRICORNE	CAPRICORNE	SCORPION	3 CAPRICORNE
11 FEVRIER	VERSEAU	POISSONS	GEMEAUX	LION	VERSEAU	CAPRICORNE	CAPRICORNE	SCORPION	15 CAPRICORNE
12 FEVRIER	VERSEAU	POISSONS	GEMEAUX	LION	VERSEAU	CAPRICORNE	CAPRICORNE	SCORPION	27 CAPRICORNE
13 FEVRIER	VERSEAU	POISSONS	GEMEAUX	LION	VERSEAU	CAPRICORNE	CAPRICORNE	SCORPION	10 VERSEAU
14 FEVRIER	VERSEAU	POISSONS	GEMEAUX	LION	VERSEAU	CAPRICORNE	CAPRICORNE	SCORPION	22 VERSEAU
15 FEVRIER	VERSEAU	POISSONS	GEMEAUX	LION	VERSEAU	CAPRICORNE	CAPRICORNE	SCORPION	5 POISSONS
16 FEVRIER	VERSEAU	POISSONS	GEMEAUX	LION	VERSEAU	CAPRICORNE	CAPRICORNE	SCORPION	18 POISSONS
17 FEVRIER	VERSEAU	POISSONS	GEMEAUX	LION	VERSEAU	CAPRICORNE	CAPRICORNE	SCORPION	1 BELIER
18 FEVRIER	VERSEAU	POISSONS	GEMEAUX	LION	VERSEAU	CAPRICORNE	CAPRICORNE	SCORPION	15 BELIER
19 FEVRIER	VERSEAU	POISSONS	GEMEAUX	LION	VERSEAU	CAPRICORNE	CAPRICORNE	SCORPION	28 BELIER

LE SOLEIL	ENTRE DANS LE SIGNE DU	VERSEAU	LE 20 JANVIER	1991	A 13 h 45	* LES CHIFFRES INDIQUENT LES DEGRÉS
	QUITTE LE SIGNE DU		LE 19 FEVRIER		A 3 h 55	

DÉCOUVREZ DANS QUEL SIGNE SE TROUVAIENT LES PLANÈTES A VOTRE NAISSANCE

1992	MERCURE	VENUS	MARS	JUPITER	SATURNE	URANUS	NEPTUNE	PLUTON	LUNE*
20 JANVIER	CAPRICORNE	SAGITTAIRE	CAPRICORNE	VIERGE	VERSEAU	CAPRICORNE	CAPRICORNE	SCORPION	8 LION
21 JANVIER	CAPRICORNE	SAGITTAIRE	CAPRICORNE	VIERGE	VERSEAU	CAPRICORNE	CAPRICORNE	SCORPION	23 LION
22 JANVIER	CAPRICORNE	SAGITTAIRE	CAPRICORNE	VIERGE	VERSEAU	CAPRICORNE	CAPRICORNE	SCORPION	8 VIERGE
23 JANVIER	CAPRICORNE	SAGITTAIRE	CAPRICORNE	VIERGE	VERSEAU	CAPRICORNE	CAPRICORNE	SCORPION	23 VIERGE
24 JANVIER	CAPRICORNE	SAGITTAIRE	CAPRICORNE	VIERGE	VERSEAU	CAPRICORNE	CAPRICORNE	SCORPION	7 BALANCE
25 JANVIER	CAPRICORNE	CAPRICORNE	CAPRICORNE	VIERGE	VERSEAU	CAPRICORNE	CAPRICORNE	SCORPION	21 BALANCE
26 JANVIER	CAPRICORNE	CAPRICORNE	CAPRICORNE	VIERGE	VERSEAU	CAPRICORNE	CAPRICORNE	SCORPION	4 SCORPION
27 JANVIER	CAPRICORNE	CAPRICORNE	CAPRICORNE	VIERGE	VERSEAU	CAPRICORNE	CAPRICORNE	SCORPION	17 SCORPION
28 JANVIER	CAPRICORNE	CAPRICORNE	CAPRICORNE	VIERGE	VERSEAU	CAPRICORNE	CAPRICORNE	SCORPION	29 SCORPION
29 JANVIER	CAPRICORNE	CAPRICORNE	CAPRICORNE	VIERGE	VERSEAU	CAPRICORNE	CAPRICORNE	SCORPION	11 SAGITTAIRE
30 JANVIER	VERSEAU	CAPRICORNE	CAPRICORNE	VIERGE	VERSEAU	CAPRICORNE	CAPRICORNE	SCORPION	23 SAGITTAIRE
31 JANVIER	VERSEAU	CAPRICORNE	CAPRICORNE	VIERGE	VERSEAU	CAPRICORNE	CAPRICORNE	SCORPION	5 CAPRICORNE
1 FEVRIER	VERSEAU	CAPRICORNE	CAPRICORNE	VIERGE	VERSEAU	CAPRICORNE	CAPRICORNE	SCORPION	17 CAPRICORNE
2 FEVRIER	VERSEAU	CAPRICORNE	CAPRICORNE	VIERGE	VERSEAU	CAPRICORNE	CAPRICORNE	SCORPION	29 CAPRICORNE
3 FEVRIER	VERSEAU	CAPRICORNE	CAPRICORNE	VIERGE	VERSEAU	CAPRICORNE	CAPRICORNE	SCORPION	10 VERSEAU
4 FEVRIER	VERSEAU	CAPRICORNE	CAPRICORNE	VIERGE	VERSEAU	CAPRICORNE	CAPRICORNE	SCORPION	22 VERSEAU
5 FEVRIER	VERSEAU	CAPRICORNE	CAPRICORNE	VIERGE	VERSEAU	CAPRICORNE	CAPRICORNE	SCORPION	4 POISSONS
6 FEVRIER	VERSEAU	CAPRICORNE	CAPRICORNE	VIERGE	VERSEAU	CAPRICORNE	CAPRICORNE	SCORPION	16 POISSONS
7 FEVRIER	VERSEAU	CAPRICORNE	CAPRICORNE	VIERGE	VERSEAU	CAPRICORNE	CAPRICORNE	SCORPION	29 POISSONS
8 FEVRIER	VERSEAU	CAPRICORNE	CAPRICORNE	VIERGE	VERSEAU	CAPRICORNE	CAPRICORNE	SCORPION	11 BELIER
9 FEVRIER	VERSEAU	CAPRICORNE	CAPRICORNE	VIERGE	VERSEAU	CAPRICORNE	CAPRICORNE	SCORPION	23 BELIER
10 FEVRIER	VERSEAU	CAPRICORNE	CAPRICORNE	VIERGE	VERSEAU	CAPRICORNE	CAPRICORNE	SCORPION	6 TAUREAU
11 FEVRIER	VERSEAU	CAPRICORNE	CAPRICORNE	VIERGE	VERSEAU	CAPRICORNE	CAPRICORNE	SCORPION	19 TAUREAU
12 FEVRIER	VERSEAU	CAPRICORNE	CAPRICORNE	VIERGE	VERSEAU	CAPRICORNE	CAPRICORNE	SCORPION	3 GEMEAUX
13 FEVRIER	VERSEAU	CAPRICORNE	CAPRICORNE	VIERGE	VERSEAU	CAPRICORNE	CAPRICORNE	SCORPION	17 GEMEAUX
14 FEVRIER	VERSEAU	CAPRICORNE	CAPRICORNE	VIERGE	VERSEAU	CAPRICORNE	CAPRICORNE	SCORPION	1 CANCER
15 FEVRIER	VERSEAU	CAPRICORNE	CAPRICORNE	VIERGE	VERSEAU	CAPRICORNE	CAPRICORNE	SCORPION	16 CANCER
16 FEVRIER	VERSEAU	CAPRICORNE	CAPRICORNE	VIERGE	VERSEAU	CAPRICORNE	CAPRICORNE	SCORPION	1 LION
17 FEVRIER	POISSONS	CAPRICORNE	CAPRICORNE	VIERGE	VERSEAU	CAPRICORNE	CAPRICORNE	SCORPION	16 LION
18 FEVRIER	POISSONS	CAPRICORNE	CAPRICORNE	VIERGE	VERSEAU	CAPRICORNE	CAPRICORNE	SCORPION	1 VIERGE
19 FEVRIER	POISSONS	VERSEAU	VERSEAU	VIERGE	VERSEAU	CAPRICORNE	CAPRICORNE	SCORPION	16 VIERGE

LE SOLEIL ENTRE DANS LE SIGNE DU VERSEAU LE 20 JANVIER 1992 A 19 h 25
QUITTE LE SIGNE DU VERSEAU LE 19 FEVRIER 1992 A 9 h 40

* LES CHIFFRES INDIQUENT LES DEGRÉS

1993	MERCURE	VENUS	MARS	JUPITER	SATURNE	URANUS	NEPTUNE	PLUTON	LUNE*
20 JANVIER	CAPRICORNE	POISSONS	CANCER	BALANCE	VERSEAU	CAPRICORNE	CAPRICORNE	SCORPION	4 CAPRICORNE
21 JANVIER	VERSEAU	POISSONS	CANCER	BALANCE	VERSEAU	CAPRICORNE	CAPRICORNE	SCORPION	17 CAPRICORNE
22 JANVIER	VERSEAU	POISSONS	CANCER	BALANCE	VERSEAU	CAPRICORNE	CAPRICORNE	SCORPION	29 CAPRICORNE
23 JANVIER	VERSEAU	POISSONS	CANCER	BALANCE	VERSEAU	CAPRICORNE	CAPRICORNE	SCORPION	11 VERSEAU
24 JANVIER	VERSEAU	POISSONS	CANCER	BALANCE	VERSEAU	CAPRICORNE	CAPRICORNE	SCORPION	23 VERSEAU
25 JANVIER	VERSEAU	POISSONS	CANCER	BALANCE	VERSEAU	CAPRICORNE	CAPRICORNE	SCORPION	5 POISSONS
26 JANVIER	VERSEAU	POISSONS	CANCER	BALANCE	VERSEAU	CAPRICORNE	CAPRICORNE	SCORPION	17 POISSONS
27 JANVIER	VERSEAU	POISSONS	CANCER	BALANCE	VERSEAU	CAPRICORNE	CAPRICORNE	SCORPION	29 POISSONS
28 JANVIER	VERSEAU	POISSONS	CANCER	BALANCE	VERSEAU	CAPRICORNE	CAPRICORNE	SCORPION	11 BELIER
29 JANVIER	VERSEAU	POISSONS	CANCER	BALANCE	VERSEAU	CAPRICORNE	CAPRICORNE	SCORPION	23 BELIER
30 JANVIER	VERSEAU	POISSONS	CANCER	BALANCE	VERSEAU	CAPRICORNE	CAPRICORNE	SCORPION	5 TAUREAU
31 JANVIER	VERSEAU	POISSONS	CANCER	BALANCE	VERSEAU	CAPRICORNE	CAPRICORNE	SCORPION	17 TAUREAU
1 FEVRIER	VERSEAU	POISSONS	CANCER	BALANCE	VERSEAU	CAPRICORNE	CAPRICORNE	SCORPION	0 GEMEAUX
2 FEVRIER	VERSEAU	POISSONS	CANCER	BALANCE	VERSEAU	CAPRICORNE	CAPRICORNE	SCORPION	13 GEMEAUX
3 FEVRIER	VERSEAU	BELIER	CANCER	BALANCE	VERSEAU	CAPRICORNE	CAPRICORNE	SCORPION	25 GEMEAUX
4 FEVRIER	VERSEAU	BELIER	CANCER	BALANCE	VERSEAU	CAPRICORNE	CAPRICORNE	SCORPION	11 CANCER
5 FEVRIER	VERSEAU	BELIER	CANCER	BALANCE	VERSEAU	CAPRICORNE	CAPRICORNE	SCORPION	25 CANCER
6 FEVRIER	VERSEAU	BELIER	CANCER	BALANCE	VERSEAU	CAPRICORNE	CAPRICORNE	SCORPION	10 LION
7 FEVRIER	VERSEAU	BELIER	CANCER	BALANCE	VERSEAU	CAPRICORNE	CAPRICORNE	SCORPION	26 LION
8 FEVRIER	POISSONS	BELIER	CANCER	BALANCE	VERSEAU	CAPRICORNE	CAPRICORNE	SCORPION	11 VIERGE
9 FEVRIER	POISSONS	BELIER	CANCER	BALANCE	VERSEAU	CAPRICORNE	CAPRICORNE	SCORPION	26 VIERGE
10 FEVRIER	POISSONS	BELIER	CANCER	BALANCE	VERSEAU	CAPRICORNE	CAPRICORNE	SCORPION	11 BALANCE
11 FEVRIER	POISSONS	BELIER	CANCER	BALANCE	VERSEAU	CAPRICORNE	CAPRICORNE	SCORPION	25 BALANCE
12 FEVRIER	POISSONS	BELIER	CANCER	BALANCE	VERSEAU	CAPRICORNE	CAPRICORNE	SCORPION	9 SCORPION
13 FEVRIER	POISSONS	BELIER	CANCER	BALANCE	VERSEAU	CAPRICORNE	CAPRICORNE	SCORPION	23 SCORPION
14 FEVRIER	POISSONS	BELIER	CANCER	BALANCE	VERSEAU	CAPRICORNE	CAPRICORNE	SCORPION	6 SAGITTAIRE
15 FEVRIER	POISSONS	BELIER	CANCER	BALANCE	VERSEAU	CAPRICORNE	CAPRICORNE	SCORPION	19 SAGITTAIRE
16 FEVRIER	POISSONS	BELIER	CANCER	BALANCE	VERSEAU	CAPRICORNE	CAPRICORNE	SCORPION	2 CAPRICORNE
17 FEVRIER	POISSONS	BELIER	CANCER	BALANCE	VERSEAU	CAPRICORNE	CAPRICORNE	SCORPION	14 CAPRICORNE
18 FEVRIER	POISSONS	BELIER	CANCER	BALANCE	VERSEAU	CAPRICORNE	CAPRICORNE	SCORPION	26 CAPRICORNE

LE SOLEIL ENTRE DANS LE SIGNE DU VERSEAU LE 20 JANVIER 1993 A 1 h 20
QUITTE LE SIGNE DU VERSEAU LE 18 FEVRIER 1993 A 15 h 30

* LES CHIFFRES INDIQUENT LES DEGRES

DÉCOUVREZ DANS QUEL SIGNE SE TROUVAIENT LES PLANÈTES A VOTRE NAISSANCE

1994	MERCURE	VENUS	MARS	JUPITER	SATURNE	URANUS	NEPTUNE	PLUTON	LUNE*
20 JANVIER	VERSEAU	VERSEAU	CAPRICORNE	SCORPION	VERSEAU	CAPRICORNE	CAPRICORNE	SCORPION	7 TAUREAU
21 JANVIER	VERSEAU	VERSEAU	CAPRICORNE	SCORPION	VERSEAU	CAPRICORNE	CAPRICORNE	SCORPION	19 TAUREAU
22 JANVIER	VERSEAU	VERSEAU	CAPRICORNE	SCORPION	VERSEAU	CAPRICORNE	CAPRICORNE	SCORPION	1 GEMEAUX
23 JANVIER	VERSEAU	VERSEAU	CAPRICORNE	SCORPION	VERSEAU	CAPRICORNE	CAPRICORNE	SCORPION	13 GEMEAUX
24 JANVIER	VERSEAU	VERSEAU	CAPRICORNE	SCORPION	VERSEAU	CAPRICORNE	CAPRICORNE	SCORPION	26 GEMEAUX
25 JANVIER	VERSEAU	VERSEAU	CAPRICORNE	SCORPION	VERSEAU	CAPRICORNE	CAPRICORNE	SCORPION	9 CANCER
26 JANVIER	VERSEAU	VERSEAU	CAPRICORNE	SCORPION	VERSEAU	CAPRICORNE	CAPRICORNE	SCORPION	22 CANCER
27 JANVIER	VERSEAU	VERSEAU	CAPRICORNE	SCORPION	VERSEAU	CAPRICORNE	CAPRICORNE	SCORPION	6 LION
28 JANVIER	VERSEAU	VERSEAU	VERSEAU	SCORPION	VERSEAU	CAPRICORNE	CAPRICORNE	SCORPION	20 LION
29 JANVIER	VERSEAU	VERSEAU	VERSEAU	SCORPION	POISSONS	CAPRICORNE	CAPRICORNE	SCORPION	5 VIERGE
30 JANVIER	VERSEAU	VERSEAU	VERSEAU	SCORPION	POISSONS	CAPRICORNE	CAPRICORNE	SCORPION	19 VIERGE
31 JANVIER	VERSEAU	VERSEAU	VERSEAU	SCORPION	POISSONS	CAPRICORNE	CAPRICORNE	SCORPION	4 BALANCE
1 FEVRIER	POISSONS	VERSEAU	VERSEAU	SCORPION	POISSONS	CAPRICORNE	CAPRICORNE	SCORPION	18 BALANCE
2 FEVRIER	POISSONS	VERSEAU	VERSEAU	SCORPION	POISSONS	CAPRICORNE	CAPRICORNE	SCORPION	2 SCORPION
3 FEVRIER	POISSONS	VERSEAU	VERSEAU	SCORPION	POISSONS	CAPRICORNE	CAPRICORNE	SCORPION	16 SCORPION
4 FEVRIER	POISSONS	VERSEAU	VERSEAU	SCORPION	POISSONS	CAPRICORNE	CAPRICORNE	SCORPION	0 SAGITTAIRE
5 FEVRIER	POISSONS	VERSEAU	VERSEAU	SCORPION	POISSONS	CAPRICORNE	CAPRICORNE	SCORPION	14 SAGITTAIRE
6 FEVRIER	POISSONS	VERSEAU	VERSEAU	SCORPION	POISSONS	CAPRICORNE	CAPRICORNE	SCORPION	27 SAGITTAIRE
7 FEVRIER	POISSONS	VERSEAU	VERSEAU	SCORPION	POISSONS	CAPRICORNE	CAPRICORNE	SCORPION	11 CAPRICORNE
8 FEVRIER	POISSONS	VERSEAU	VERSEAU	SCORPION	POISSONS	CAPRICORNE	CAPRICORNE	SCORPION	24 CAPRICORNE
9 FEVRIER	POISSONS	VERSEAU	VERSEAU	SCORPION	POISSONS	CAPRICORNE	CAPRICORNE	SCORPION	7 VERSEAU
10 FEVRIER	POISSONS	VERSEAU	VERSEAU	SCORPION	POISSONS	CAPRICORNE	CAPRICORNE	SCORPION	20 VERSEAU
11 FEVRIER	POISSONS	VERSEAU	VERSEAU	SCORPION	POISSONS	CAPRICORNE	CAPRICORNE	SCORPION	3 POISSONS
12 FEVRIER	POISSONS	VERSEAU	VERSEAU	SCORPION	POISSONS	CAPRICORNE	CAPRICORNE	SCORPION	15 POISSONS
13 FEVRIER	POISSONS	POISSONS	VERSEAU	SCORPION	POISSONS	CAPRICORNE	CAPRICORNE	SCORPION	27 POISSONS
14 FEVRIER	POISSONS	POISSONS	VERSEAU	SCORPION	POISSONS	CAPRICORNE	CAPRICORNE	SCORPION	9 BELIER
15 FEVRIER	POISSONS	POISSONS	VERSEAU	SCORPION	POISSONS	CAPRICORNE	CAPRICORNE	SCORPION	21 BELIER
16 FEVRIER	POISSONS	POISSONS	VERSEAU	SCORPION	POISSONS	CAPRICORNE	CAPRICORNE	SCORPION	3 TAUREAU
17 FEVRIER	POISSONS	POISSONS	VERSEAU	SCORPION	POISSONS	CAPRICORNE	CAPRICORNE	SCORPION	15 TAUREAU
18 FEVRIER	POISSONS	POISSONS	VERSEAU	SCORPION	POISSONS	CAPRICORNE	CAPRICORNE	SCORPION	27 TAUREAU

LE SOLEIL ENTRE DANS LE SIGNE DU VERSEAU LE 20 JANVIER 1994 A 7 h 00, QUITTE LE SIGNE DU VERSEAU LE 18 FEVRIER 1994 A 21 h 20

* LES CHIFFRES INDIQUENT LES DEGRÉS

1995	MERCURE	VENUS	MARS	JUPITER	SATURNE	URANUS	NEPTUNE	PLUTON	LUNE*
20 JANVIER	VERSEAU	SAGITTAIRE	VIERGE	SAGITTAIRE	POISSONS	CAPRICORNE	CAPRICORNE	SAGITTAIRE	13 VIERGE
21 JANVIER	VERSEAU	SAGITTAIRE	VIERGE	SAGITTAIRE	POISSONS	CAPRICORNE	CAPRICORNE	SAGITTAIRE	26 VIERGE
22 JANVIER	VERSEAU	SAGITTAIRE	VIERGE	SAGITTAIRE	POISSONS	CAPRICORNE	CAPRICORNE	SAGITTAIRE	10 BALANCE
23 JANVIER	VERSEAU	SAGITTAIRE	LION	SAGITTAIRE	POISSONS	CAPRICORNE	CAPRICORNE	SAGITTAIRE	24 BALANCE
24 JANVIER	VERSEAU	SAGITTAIRE	LION	SAGITTAIRE	POISSONS	CAPRICORNE	CAPRICORNE	SAGITTAIRE	7 SCORPION
25 JANVIER	VERSEAU	SAGITTAIRE	LION	SAGITTAIRE	POISSONS	CAPRICORNE	CAPRICORNE	SAGITTAIRE	22 SCORPION
26 JANVIER	VERSEAU	SAGITTAIRE	LION	SAGITTAIRE	POISSONS	CAPRICORNE	CAPRICORNE	SAGITTAIRE	6 SAGITTAIRE
27 JANVIER	VERSEAU	SAGITTAIRE	LION	SAGITTAIRE	POISSONS	CAPRICORNE	CAPRICORNE	SAGITTAIRE	20 SAGITTAIRE
28 JANVIER	VERSEAU	SAGITTAIRE	LION	SAGITTAIRE	POISSONS	CAPRICORNE	CAPRICORNE	SAGITTAIRE	5 CAPRICORNE
29 JANVIER	VERSEAU	SAGITTAIRE	LION	SAGITTAIRE	POISSONS	CAPRICORNE	CAPRICORNE	SAGITTAIRE	19 CAPRICORNE
30 JANVIER	VERSEAU	SAGITTAIRE	LION	SAGITTAIRE	POISSONS	CAPRICORNE	CAPRICORNE	SAGITTAIRE	4 VERSEAU
31 JANVIER	VERSEAU	SAGITTAIRE	LION	SAGITTAIRE	POISSONS	CAPRICORNE	CAPRICORNE	SAGITTAIRE	18 VERSEAU
1 FEVRIER	VERSEAU	SAGITTAIRE	LION	SAGITTAIRE	POISSONS	CAPRICORNE	CAPRICORNE	SAGITTAIRE	2 POISSONS
2 FEVRIER	VERSEAU	SAGITTAIRE	LION	SAGITTAIRE	POISSONS	CAPRICORNE	CAPRICORNE	SAGITTAIRE	15 POISSONS
3 FEVRIER	VERSEAU	SAGITTAIRE	LION	SAGITTAIRE	POISSONS	CAPRICORNE	CAPRICORNE	SAGITTAIRE	28 POISSONS
4 FEVRIER	VERSEAU	SAGITTAIRE	LION	SAGITTAIRE	POISSONS	CAPRICORNE	CAPRICORNE	SAGITTAIRE	11 BELIER
5 FEVRIER	VERSEAU	CAPRICORNE	LION	SAGITTAIRE	POISSONS	CAPRICORNE	CAPRICORNE	SAGITTAIRE	24 BELIER
6 FEVRIER	VERSEAU	CAPRICORNE	LION	SAGITTAIRE	POISSONS	CAPRICORNE	CAPRICORNE	SAGITTAIRE	6 TAUREAU
7 FEVRIER	VERSEAU	CAPRICORNE	LION	SAGITTAIRE	POISSONS	CAPRICORNE	CAPRICORNE	SAGITTAIRE	17 TAUREAU
8 FEVRIER	VERSEAU	CAPRICORNE	LION	SAGITTAIRE	POISSONS	CAPRICORNE	CAPRICORNE	SAGITTAIRE	29 TAUREAU
9 FEVRIER	VERSEAU	CAPRICORNE	LION	SAGITTAIRE	POISSONS	CAPRICORNE	CAPRICORNE	SAGITTAIRE	5 GEMEAUX
10 FEVRIER	VERSEAU	CAPRICORNE	LION	SAGITTAIRE	POISSONS	CAPRICORNE	CAPRICORNE	SAGITTAIRE	23 GEMEAUX
11 FEVRIER	VERSEAU	CAPRICORNE	LION	SAGITTAIRE	POISSONS	CAPRICORNE	CAPRICORNE	SAGITTAIRE	5 CANCER
12 FEVRIER	VERSEAU	CAPRICORNE	LION	SAGITTAIRE	POISSONS	CAPRICORNE	CAPRICORNE	SAGITTAIRE	17 CANCER
13 FEVRIER	VERSEAU	CAPRICORNE	LION	SAGITTAIRE	POISSONS	CAPRICORNE	CAPRICORNE	SAGITTAIRE	0 LION
14 FEVRIER	VERSEAU	CAPRICORNE	LION	SAGITTAIRE	POISSONS	CAPRICORNE	CAPRICORNE	SAGITTAIRE	13 LION
15 FEVRIER	VERSEAU	CAPRICORNE	LION	SAGITTAIRE	POISSONS	CAPRICORNE	CAPRICORNE	SAGITTAIRE	26 LION
16 FEVRIER	VERSEAU	CAPRICORNE	LION	SAGITTAIRE	POISSONS	CAPRICORNE	CAPRICORNE	SAGITTAIRE	9 VIERGE
17 FEVRIER	VERSEAU	CAPRICORNE	LION	SAGITTAIRE	POISSONS	CAPRICORNE	CAPRICORNE	SAGITTAIRE	23 VIERGE
18 FEVRIER	VERSEAU	CAPRICORNE	LION	SAGITTAIRE	POISSONS	CAPRICORNE	CAPRICORNE	SAGITTAIRE	7 BALANCE
19 FEVRIER	VERSEAU	CAPRICORNE	LION	SAGITTAIRE	POISSONS	CAPRICORNE	CAPRICORNE	SAGITTAIRE	20 BALANCE

LE SOLEIL ENTRE DANS LE SIGNE DU VERSEAU LE 20 JANVIER 1995 A 12 h 55, QUITTE LE SIGNE DU VERSEAU LE 19 FEVRIER 1995 A 3 h 05

* LES CHIFFRES INDIQUENT LES DEGRÉS

DÉCOUVREZ DANS QUEL SIGNE SE TROUVAIENT LES PLANÈTES A VOTRE NAISSANCE

1996	MERCURE	VENUS	MARS	JUPITER	SATURNE	URANUS	NEPTUNE	PLUTON	LUNE*
20 JANVIER	CAPRICORNE	POISSONS	VERSEAU	CAPRICORNE	POISSONS	VERSEAU	CAPRICORNE	SAGITTAIRE	29 CAPRICORNE
21 JANVIER	CAPRICORNE	POISSONS	VERSEAU	CAPRICORNE	POISSONS	VERSEAU	CAPRICORNE	SAGITTAIRE	14 VERSEAU
22 JANVIER	CAPRICORNE	POISSONS	VERSEAU	CAPRICORNE	POISSONS	VERSEAU	CAPRICORNE	SAGITTAIRE	29 VERSEAU
23 JANVIER	CAPRICORNE	POISSONS	VERSEAU	CAPRICORNE	POISSONS	VERSEAU	CAPRICORNE	SAGITTAIRE	14 POISSONS
24 JANVIER	CAPRICORNE	POISSONS	VERSEAU	CAPRICORNE	POISSONS	VERSEAU	CAPRICORNE	SAGITTAIRE	28 POISSONS
25 JANVIER	CAPRICORNE	POISSONS	VERSEAU	CAPRICORNE	POISSONS	VERSEAU	CAPRICORNE	SAGITTAIRE	11 BELIER
26 JANVIER	CAPRICORNE	POISSONS	VERSEAU	CAPRICORNE	POISSONS	VERSEAU	CAPRICORNE	SAGITTAIRE	24 BELIER
27 JANVIER	CAPRICORNE	POISSONS	VERSEAU	CAPRICORNE	POISSONS	VERSEAU	CAPRICORNE	SAGITTAIRE	7 TAUREAU
28 JANVIER	CAPRICORNE	POISSONS	VERSEAU	CAPRICORNE	POISSONS	VERSEAU	CAPRICORNE	SAGITTAIRE	19 TAUREAU
29 JANVIER	CAPRICORNE	POISSONS	VERSEAU	CAPRICORNE	POISSONS	VERSEAU	CAPRICORNE	SAGITTAIRE	1 GEMEAUX
30 JANVIER	CAPRICORNE	POISSONS	VERSEAU	CAPRICORNE	POISSONS	VERSEAU	CAPRICORNE	SAGITTAIRE	13 GEMEAUX
31 JANVIER	CAPRICORNE	POISSONS	VERSEAU	CAPRICORNE	POISSONS	VERSEAU	CAPRICORNE	SAGITTAIRE	25 GEMEAUX
1 FEVRIER	CAPRICORNE	POISSONS	VERSEAU	CAPRICORNE	POISSONS	VERSEAU	CAPRICORNE	SAGITTAIRE	7 CANCER
2 FEVRIER	CAPRICORNE	POISSONS	VERSEAU	CAPRICORNE	POISSONS	VERSEAU	CAPRICORNE	SAGITTAIRE	19 CANCER
3 FEVRIER	CAPRICORNE	POISSONS	VERSEAU	CAPRICORNE	POISSONS	VERSEAU	CAPRICORNE	SAGITTAIRE	1 LION
4 FEVRIER	CAPRICORNE	POISSONS	VERSEAU	CAPRICORNE	POISSONS	VERSEAU	CAPRICORNE	SAGITTAIRE	13 LION
5 FEVRIER	CAPRICORNE	POISSONS	VERSEAU	CAPRICORNE	POISSONS	VERSEAU	CAPRICORNE	SAGITTAIRE	25 LION
6 FEVRIER	CAPRICORNE	POISSONS	VERSEAU	CAPRICORNE	POISSONS	VERSEAU	CAPRICORNE	SAGITTAIRE	7 VIERGE
7 FEVRIER	CAPRICORNE	POISSONS	VERSEAU	CAPRICORNE	POISSONS	VERSEAU	CAPRICORNE	SAGITTAIRE	19 VIERGE
8 FEVRIER	CAPRICORNE	POISSONS	VERSEAU	CAPRICORNE	POISSONS	VERSEAU	CAPRICORNE	SAGITTAIRE	2 BALANCE
9 FEVRIER	CAPRICORNE	BELIER	VERSEAU	CAPRICORNE	POISSONS	VERSEAU	CAPRICORNE	SAGITTAIRE	15 BALANCE
10 FEVRIER	CAPRICORNE	BELIER	VERSEAU	CAPRICORNE	POISSONS	VERSEAU	CAPRICORNE	SAGITTAIRE	28 BALANCE
11 FEVRIER	CAPRICORNE	BELIER	VERSEAU	CAPRICORNE	POISSONS	VERSEAU	CAPRICORNE	SAGITTAIRE	11 SCORPION
12 FEVRIER	CAPRICORNE	BELIER	VERSEAU	CAPRICORNE	POISSONS	VERSEAU	CAPRICORNE	SAGITTAIRE	25 SCORPION
13 FEVRIER	CAPRICORNE	BELIER	VERSEAU	CAPRICORNE	POISSONS	VERSEAU	CAPRICORNE	SAGITTAIRE	8 SAGITTAIRE
14 FEVRIER	CAPRICORNE	BELIER	VERSEAU	CAPRICORNE	POISSONS	VERSEAU	CAPRICORNE	SAGITTAIRE	23 SAGITTAIRE
15 FEVRIER	VERSEAU	BELIER	POISSONS	CAPRICORNE	POISSONS	VERSEAU	CAPRICORNE	SAGITTAIRE	7 CAPRICORNE
16 FEVRIER	VERSEAU	BELIER	POISSONS	CAPRICORNE	POISSONS	VERSEAU	CAPRICORNE	SAGITTAIRE	22 CAPRICORNE
17 FEVRIER	VERSEAU	BELIER	POISSONS	CAPRICORNE	POISSONS	VERSEAU	CAPRICORNE	SAGITTAIRE	7 VERSEAU
18 FEVRIER	VERSEAU	BELIER	POISSONS	CAPRICORNE	POISSONS	VERSEAU	CAPRICORNE	SAGITTAIRE	22 VERSEAU
19 FEVRIER	VERSEAU	BELIER	POISSONS	CAPRICORNE	POISSONS	VERSEAU	CAPRICORNE	SAGITTAIRE	7 POISSONS

LE SOLEIL — ENTRE DANS LE SIGNE DU VERSEAU LE 20 JANVIER 1996 A 18 h 50 — QUITTE LE SIGNE DU VERSEAU LE 19 FEVRIER 1996 A 8 h 55

* LES CHIFFRES INDIQUENT LES DEGRÉS

1997	MERCURE	VENUS	MARS	JUPITER	SATURNE	URANUS	NEPTUNE	PLUTON	LUNE*
20 JANVIER	CAPRICORNE	CAPRICORNE	BALANCE	CAPRICORNE	BELIER	VERSEAU	CAPRICORNE	SAGITTAIRE	25 GEMEAUX
21 JANVIER	CAPRICORNE	CAPRICORNE	BALANCE	CAPRICORNE	BELIER	VERSEAU	CAPRICORNE	SAGITTAIRE	8 CANCER
22 JANVIER	CAPRICORNE	CAPRICORNE	BALANCE	VERSEAU	BELIER	VERSEAU	CAPRICORNE	SAGITTAIRE	20 CANCER
23 JANVIER	CAPRICORNE	CAPRICORNE	BALANCE	VERSEAU	BELIER	VERSEAU	CAPRICORNE	SAGITTAIRE	2 LION
24 JANVIER	CAPRICORNE	CAPRICORNE	BALANCE	VERSEAU	BELIER	VERSEAU	CAPRICORNE	SAGITTAIRE	14 LION
25 JANVIER	CAPRICORNE	CAPRICORNE	BALANCE	VERSEAU	BELIER	VERSEAU	CAPRICORNE	SAGITTAIRE	26 LION
26 JANVIER	CAPRICORNE	CAPRICORNE	BALANCE	VERSEAU	BELIER	VERSEAU	CAPRICORNE	SAGITTAIRE	7 VIERGE
27 JANVIER	CAPRICORNE	CAPRICORNE	BALANCE	VERSEAU	BELIER	VERSEAU	CAPRICORNE	SAGITTAIRE	19 VIERGE
28 JANVIER	CAPRICORNE	CAPRICORNE	BALANCE	VERSEAU	BELIER	VERSEAU	CAPRICORNE	SAGITTAIRE	1 BALANCE
29 JANVIER	CAPRICORNE	CAPRICORNE	BALANCE	VERSEAU	BELIER	VERSEAU	CAPRICORNE	SAGITTAIRE	13 BALANCE
30 JANVIER	CAPRICORNE	CAPRICORNE	BALANCE	VERSEAU	BELIER	VERSEAU	CAPRICORNE	SAGITTAIRE	25 BALANCE
31 JANVIER	CAPRICORNE	CAPRICORNE	BALANCE	VERSEAU	BELIER	VERSEAU	CAPRICORNE	SAGITTAIRE	8 SCORPION
1 FEVRIER	CAPRICORNE	CAPRICORNE	BALANCE	VERSEAU	BELIER	VERSEAU	CAPRICORNE	SAGITTAIRE	20 SCORPION
2 FEVRIER	CAPRICORNE	CAPRICORNE	BALANCE	VERSEAU	BELIER	VERSEAU	CAPRICORNE	SAGITTAIRE	4 SAGITTAIRE
3 FEVRIER	CAPRICORNE	VERSEAU	BALANCE	VERSEAU	BELIER	VERSEAU	CAPRICORNE	SAGITTAIRE	17 SAGITTAIRE
4 FEVRIER	CAPRICORNE	VERSEAU	BALANCE	VERSEAU	BELIER	VERSEAU	CAPRICORNE	SAGITTAIRE	2 CAPRICORNE
5 FEVRIER	CAPRICORNE	VERSEAU	BALANCE	VERSEAU	BELIER	VERSEAU	CAPRICORNE	SAGITTAIRE	16 CAPRICORNE
6 FEVRIER	CAPRICORNE	VERSEAU	BALANCE	VERSEAU	BELIER	VERSEAU	CAPRICORNE	SAGITTAIRE	1 VERSEAU
7 FEVRIER	CAPRICORNE	VERSEAU	BALANCE	VERSEAU	BELIER	VERSEAU	CAPRICORNE	SAGITTAIRE	17 VERSEAU
8 FEVRIER	CAPRICORNE	VERSEAU	BALANCE	VERSEAU	BELIER	VERSEAU	CAPRICORNE	SAGITTAIRE	2 POISSONS
9 FEVRIER	VERSEAU	VERSEAU	BALANCE	VERSEAU	BELIER	VERSEAU	CAPRICORNE	SAGITTAIRE	17 POISSONS
10 FEVRIER	VERSEAU	VERSEAU	BALANCE	VERSEAU	BELIER	VERSEAU	CAPRICORNE	SAGITTAIRE	2 BELIER
11 FEVRIER	VERSEAU	VERSEAU	BALANCE	VERSEAU	BELIER	VERSEAU	CAPRICORNE	SAGITTAIRE	16 BELIER
12 FEVRIER	VERSEAU	VERSEAU	BALANCE	VERSEAU	BELIER	VERSEAU	CAPRICORNE	SAGITTAIRE	0 TAUREAU
13 FEVRIER	VERSEAU	VERSEAU	BALANCE	VERSEAU	BELIER	VERSEAU	CAPRICORNE	SAGITTAIRE	14 TAUREAU
14 FEVRIER	VERSEAU	VERSEAU	BALANCE	VERSEAU	BELIER	VERSEAU	CAPRICORNE	SAGITTAIRE	27 TAUREAU
15 FEVRIER	VERSEAU	VERSEAU	BALANCE	VERSEAU	BELIER	VERSEAU	CAPRICORNE	SAGITTAIRE	10 GEMEAUX
16 FEVRIER	VERSEAU	VERSEAU	BALANCE	VERSEAU	BELIER	VERSEAU	CAPRICORNE	SAGITTAIRE	22 GEMEAUX
17 FEVRIER	VERSEAU	VERSEAU	BALANCE	VERSEAU	BELIER	VERSEAU	CAPRICORNE	SAGITTAIRE	5 CANCER
18 FEVRIER	VERSEAU	VERSEAU	BALANCE	VERSEAU	BELIER	VERSEAU	CAPRICORNE	SAGITTAIRE	17 CANCER

LE SOLEIL — ENTRE DANS LE SIGNE DU VERSEAU LE 20 JANVIER 1997 A 0 h 40 — QUITTE LE SIGNE DU VERSEAU LE 18 FEVRIER 1997 A 14 h 45

* LES CHIFFRES INDIQUENT LES DEGRÉS

DÉCOUVREZ DANS QUEL SIGNE SE TROUVAIENT LES PLANÈTES A VOTRE NAISSANCE

1998	MERCURE	VENUS	MARS	JUPITER	SATURNE	URANUS	NEPTUNE	PLUTON	LUNE *
20 JANVIER	CAPRICORNE	CAPRICORNE	VERSEAU	VERSEAU	BELIER	VERSEAU	CAPRICORNE	SAGITTAIRE	26 BALANCE
21 JANVIER	CAPRICORNE	CAPRICORNE	VERSEAU	VERSEAU	BELIER	VERSEAU	CAPRICORNE	SAGITTAIRE	8 SCORPION
22 JANVIER	CAPRICORNE	CAPRICORNE	VERSEAU	VERSEAU	BELIER	VERSEAU	CAPRICORNE	SAGITTAIRE	21 SCORPION
23 JANVIER	CAPRICORNE	CAPRICORNE	VERSEAU	VERSEAU	BELIER	VERSEAU	CAPRICORNE	SAGITTAIRE	3 SAGITTAIRE
24 JANVIER	CAPRICORNE	CAPRICORNE	VERSEAU	VERSEAU	BELIER	VERSEAU	CAPRICORNE	SAGITTAIRE	16 SAGITTAIRE
25 JANVIER	CAPRICORNE	CAPRICORNE	POISSONS	VERSEAU	BELIER	VERSEAU	CAPRICORNE	SAGITTAIRE	29 SAGITTAIRE
26 JANVIER	CAPRICORNE	CAPRICORNE	POISSONS	VERSEAU	BELIER	VERSEAU	CAPRICORNE	SAGITTAIRE	13 CAPRICORNE
27 JANVIER	CAPRICORNE	CAPRICORNE	POISSONS	VERSEAU	BELIER	VERSEAU	CAPRICORNE	SAGITTAIRE	27 CAPRICORNE
28 JANVIER	CAPRICORNE	CAPRICORNE	POISSONS	VERSEAU	BELIER	VERSEAU	CAPRICORNE	SAGITTAIRE	11 VERSEAU
29 JANVIER	CAPRICORNE	CAPRICORNE	POISSONS	VERSEAU	BELIER	VERSEAU	VERSEAU	SAGITTAIRE	26 VERSEAU
30 JANVIER	CAPRICORNE	CAPRICORNE	POISSONS	VERSEAU	BELIER	VERSEAU	VERSEAU	SAGITTAIRE	11 POISSONS
31 JANVIER	CAPRICORNE	CAPRICORNE	POISSONS	VERSEAU	BELIER	VERSEAU	VERSEAU	SAGITTAIRE	25 POISSONS
1 FEVRIER	CAPRICORNE	CAPRICORNE	POISSONS	VERSEAU	BELIER	VERSEAU	VERSEAU	SAGITTAIRE	10 BELIER
2 FEVRIER	CAPRICORNE	CAPRICORNE	POISSONS	VERSEAU	BELIER	VERSEAU	VERSEAU	SAGITTAIRE	24 BELIER
3 FEVRIER	VERSEAU	CAPRICORNE	POISSONS	VERSEAU	BELIER	VERSEAU	VERSEAU	SAGITTAIRE	8 TAUREAU
4 FEVRIER	VERSEAU	CAPRICORNE	POISSONS	POISSONS	BELIER	VERSEAU	VERSEAU	SAGITTAIRE	22 TAUREAU
5 FEVRIER	VERSEAU	CAPRICORNE	POISSONS	POISSONS	BELIER	VERSEAU	VERSEAU	SAGITTAIRE	6 GEMEAUX
6 FEVRIER	VERSEAU	CAPRICORNE	POISSONS	POISSONS	BELIER	VERSEAU	VERSEAU	SAGITTAIRE	19 GEMEAUX
7 FEVRIER	VERSEAU	CAPRICORNE	POISSONS	POISSONS	BELIER	VERSEAU	VERSEAU	SAGITTAIRE	2 CANCER
8 FEVRIER	VERSEAU	CAPRICORNE	POISSONS	POISSONS	BELIER	VERSEAU	VERSEAU	SAGITTAIRE	15 CANCER
9 FEVRIER	VERSEAU	CAPRICORNE	POISSONS	POISSONS	BELIER	VERSEAU	VERSEAU	SAGITTAIRE	28 CANCER
10 FEVRIER	VERSEAU	CAPRICORNE	POISSONS	POISSONS	BELIER	VERSEAU	VERSEAU	SAGITTAIRE	11 LION
11 FEVRIER	VERSEAU	CAPRICORNE	POISSONS	POISSONS	BELIER	VERSEAU	VERSEAU	SAGITTAIRE	23 LION
12 FEVRIER	VERSEAU	CAPRICORNE	POISSONS	POISSONS	BELIER	VERSEAU	VERSEAU	SAGITTAIRE	5 VIERGE
13 FEVRIER	VERSEAU	CAPRICORNE	POISSONS	POISSONS	BELIER	VERSEAU	VERSEAU	SAGITTAIRE	17 VIERGE
14 FEVRIER	VERSEAU	CAPRICORNE	POISSONS	POISSONS	BELIER	VERSEAU	VERSEAU	SAGITTAIRE	29 VIERGE
15 FEVRIER	VERSEAU	CAPRICORNE	POISSONS	POISSONS	BELIER	VERSEAU	VERSEAU	SAGITTAIRE	11 BALANCE
16 FEVRIER	VERSEAU	CAPRICORNE	POISSONS	POISSONS	BELIER	VERSEAU	VERSEAU	SAGITTAIRE	23 BALANCE
17 FEVRIER	VERSEAU	CAPRICORNE	POISSONS	POISSONS	BELIER	VERSEAU	VERSEAU	SAGITTAIRE	5 SCORPION
18 FEVRIER	VERSEAU	CAPRICORNE	POISSONS	POISSONS	BELIER	VERSEAU	VERSEAU	SAGITTAIRE	16 SCORPION

LE SOLEIL	ENTRE DANS LE SIGNE DU	VERSEAU	LE 20 JANVIER	1998	A 6 h 40	* LES CHIFFRES INDIQUENT LES DEGRÉS
	QUITTE LE SIGNE DU		LE 18 FEVRIER		A 20 h 50	

1999	MERCURE	VENUS	MARS	JUPITER	SATURNE	URANUS	NEPTUNE	PLUTON	LUNE *
20 JANVIER	CAPRICORNE	VERSEAU	BALANCE	POISSONS	BELIER	VERSEAU	VERSEAU	SAGITTAIRE	4 POISSONS
21 JANVIER	CAPRICORNE	VERSEAU	BALANCE	POISSONS	BELIER	VERSEAU	VERSEAU	SAGITTAIRE	18 POISSONS
22 JANVIER	CAPRICORNE	VERSEAU	BALANCE	POISSONS	BELIER	VERSEAU	VERSEAU	SAGITTAIRE	2 BELIER
23 JANVIER	CAPRICORNE	VERSEAU	BALANCE	POISSONS	BELIER	VERSEAU	VERSEAU	SAGITTAIRE	16 BELIER
24 JANVIER	CAPRICORNE	VERSEAU	BALANCE	POISSONS	BELIER	VERSEAU	VERSEAU	SAGITTAIRE	0 TAUREAU
25 JANVIER	CAPRICORNE	VERSEAU	BALANCE	POISSONS	BELIER	VERSEAU	VERSEAU	SAGITTAIRE	14 TAUREAU
26 JANVIER	VERSEAU	VERSEAU	SCORPION	POISSONS	BELIER	VERSEAU	VERSEAU	SAGITTAIRE	28 TAUREAU
27 JANVIER	VERSEAU	VERSEAU	SCORPION	POISSONS	BELIER	VERSEAU	VERSEAU	SAGITTAIRE	12 GEMEAUX
28 JANVIER	VERSEAU	VERSEAU	SCORPION	POISSONS	BELIER	VERSEAU	VERSEAU	SAGITTAIRE	27 GEMEAUX
29 JANVIER	VERSEAU	POISSONS	SCORPION	POISSONS	BELIER	VERSEAU	VERSEAU	SAGITTAIRE	11 CANCER
30 JANVIER	VERSEAU	POISSONS	SCORPION	POISSONS	BELIER	VERSEAU	VERSEAU	SAGITTAIRE	25 CANCER
31 JANVIER	VERSEAU	POISSONS	SCORPION	POISSONS	BELIER	VERSEAU	VERSEAU	SAGITTAIRE	9 LION
1 FEVRIER	VERSEAU	POISSONS	SCORPION	POISSONS	BELIER	VERSEAU	VERSEAU	SAGITTAIRE	22 LION
2 FEVRIER	VERSEAU	POISSONS	SCORPION	POISSONS	BELIER	VERSEAU	VERSEAU	SAGITTAIRE	5 VIERGE
3 FEVRIER	VERSEAU	POISSONS	SCORPION	POISSONS	BELIER	VERSEAU	VERSEAU	SAGITTAIRE	18 VIERGE
4 FEVRIER	VERSEAU	POISSONS	SCORPION	POISSONS	BELIER	VERSEAU	VERSEAU	SAGITTAIRE	1 BALANCE
5 FEVRIER	VERSEAU	POISSONS	SCORPION	POISSONS	BELIER	VERSEAU	VERSEAU	SAGITTAIRE	13 BALANCE
6 FEVRIER	VERSEAU	POISSONS	SCORPION	POISSONS	BELIER	VERSEAU	VERSEAU	SAGITTAIRE	25 BALANCE
7 FEVRIER	VERSEAU	POISSONS	SCORPION	POISSONS	BELIER	VERSEAU	VERSEAU	SAGITTAIRE	7 SCORPION
8 FEVRIER	VERSEAU	POISSONS	SCORPION	POISSONS	BELIER	VERSEAU	VERSEAU	SAGITTAIRE	19 SCORPION
9 FEVRIER	VERSEAU	POISSONS	SCORPION	POISSONS	BELIER	VERSEAU	VERSEAU	SAGITTAIRE	1 SAGITTAIRE
10 FEVRIER	VERSEAU	POISSONS	SCORPION	POISSONS	BELIER	VERSEAU	VERSEAU	SAGITTAIRE	13 SAGITTAIRE
11 FEVRIER	VERSEAU	POISSONS	SCORPION	POISSONS	BELIER	VERSEAU	VERSEAU	SAGITTAIRE	25 SAGITTAIRE
12 FEVRIER	VERSEAU	POISSONS	SCORPION	POISSONS	BELIER	VERSEAU	VERSEAU	SAGITTAIRE	7 CAPRICORNE
13 FEVRIER	POISSONS	POISSONS	SCORPION	BELIER	BELIER	VERSEAU	VERSEAU	SAGITTAIRE	20 CAPRICORNE
14 FEVRIER	POISSONS	POISSONS	SCORPION	BELIER	BELIER	VERSEAU	VERSEAU	SAGITTAIRE	3 VERSEAU
15 FEVRIER	POISSONS	POISSONS	SCORPION	BELIER	BELIER	VERSEAU	VERSEAU	SAGITTAIRE	16 VERSEAU
16 FEVRIER	POISSONS	POISSONS	SCORPION	BELIER	BELIER	VERSEAU	VERSEAU	SAGITTAIRE	0 POISSONS
17 FEVRIER	POISSONS	POISSONS	SCORPION	BELIER	BELIER	VERSEAU	VERSEAU	SAGITTAIRE	14 POISSONS
18 FEVRIER	POISSONS	POISSONS	SCORPION	BELIER	BELIER	VERSEAU	VERSEAU	SAGITTAIRE	28 POISSONS
19 FEVRIER	POISSONS	POISSONS	SCORPION	BELIER	BELIER	VERSEAU	VERSEAU	SAGITTAIRE	12 BELIER

LE SOLEIL	ENTRE DANS LE SIGNE DU	VERSEAU	LE 20 JANVIER	1999	A 12 h 30	* LES CHIFFRES INDIQUENT LES DEGRÉS
	QUITTE LE SIGNE DU		LE 19 FEVRIER		A 2 h 40	

DÉCOUVREZ DANS QUEL SIGNE SE TROUVAIENT LES PLANÈTES A VOTRE NAISSANCE

2000	MERCURE	VENUS	MARS	JUPITER	SATURNE	URANUS	NEPTUNE	PLUTON	LUNE*
20 JANVIER	VERSEAU	SAGITTAIRE	POISSONS	BELIER	TAUREAU	VERSEAU	VERSEAU	SAGITTAIRE	20 CANCER
21 JANVIER	VERSEAU	SAGITTAIRE	POISSONS	BELIER	TAUREAU	VERSEAU	VERSEAU	SAGITTAIRE	5 LION
22 JANVIER	VERSEAU	SAGITTAIRE	POISSONS	BELIER	TAUREAU	VERSEAU	VERSEAU	SAGITTAIRE	19 LION
23 JANVIER	VERSEAU	SAGITTAIRE	POISSONS	BELIER	TAUREAU	VERSEAU	VERSEAU	SAGITTAIRE	4 VIERGE
24 JANVIER	VERSEAU	SAGITTAIRE	POISSONS	BELIER	TAUREAU	VERSEAU	VERSEAU	SAGITTAIRE	18 VIERGE
25 JANVIER	VERSEAU	CAPRICORNE	POISSONS	BELIER	TAUREAU	VERSEAU	VERSEAU	SAGITTAIRE	2 BALANCE
26 JANVIER	VERSEAU	CAPRICORNE	POISSONS	BELIER	TAUREAU	VERSEAU	VERSEAU	SAGITTAIRE	15 BALANCE
27 JANVIER	VERSEAU	CAPRICORNE	POISSONS	BELIER	TAUREAU	VERSEAU	VERSEAU	SAGITTAIRE	27 BALANCE
28 JANVIER	VERSEAU	CAPRICORNE	POISSONS	BELIER	TAUREAU	VERSEAU	VERSEAU	SAGITTAIRE	9 SCORPION
29 JANVIER	VERSEAU	CAPRICORNE	POISSONS	BELIER	TAUREAU	VERSEAU	VERSEAU	SAGITTAIRE	22 SCORPION
30 JANVIER	VERSEAU	CAPRICORNE	POISSONS	BELIER	TAUREAU	VERSEAU	VERSEAU	SAGITTAIRE	4 SAGITTAIRE
31 JANVIER	VERSEAU	CAPRICORNE	POISSONS	BELIER	TAUREAU	VERSEAU	VERSEAU	SAGITTAIRE	15 SAGITTAIRE
1 FEVRIER	VERSEAU	CAPRICORNE	POISSONS	BELIER	TAUREAU	VERSEAU	VERSEAU	SAGITTAIRE	27 SAGITTAIRE
2 FEVRIER	VERSEAU	CAPRICORNE	POISSONS	BELIER	TAUREAU	VERSEAU	VERSEAU	SAGITTAIRE	9 CAPRICORNE
3 FEVRIER	VERSEAU	CAPRICORNE	POISSONS	BELIER	TAUREAU	VERSEAU	VERSEAU	SAGITTAIRE	21 CAPRICORNE
4 FEVRIER	VERSEAU	CAPRICORNE	POISSONS	BELIER	TAUREAU	VERSEAU	VERSEAU	SAGITTAIRE	3 VERSEAU
5 FEVRIER	POISSONS	CAPRICORNE	POISSONS	BELIER	TAUREAU	VERSEAU	VERSEAU	SAGITTAIRE	15 VERSEAU
6 FEVRIER	POISSONS	CAPRICORNE	POISSONS	BELIER	TAUREAU	VERSEAU	VERSEAU	SAGITTAIRE	28 VERSEAU
7 FEVRIER	POISSONS	CAPRICORNE	POISSONS	BELIER	TAUREAU	VERSEAU	VERSEAU	SAGITTAIRE	11 POISSONS
8 FEVRIER	POISSONS	CAPRICORNE	POISSONS	BELIER	TAUREAU	VERSEAU	VERSEAU	SAGITTAIRE	24 POISSONS
9 FEVRIER	POISSONS	CAPRICORNE	POISSONS	BELIER	TAUREAU	VERSEAU	VERSEAU	SAGITTAIRE	7 BELIER
10 FEVRIER	POISSONS	CAPRICORNE	POISSONS	BELIER	TAUREAU	VERSEAU	VERSEAU	SAGITTAIRE	20 BELIER
11 FEVRIER	POISSONS	CAPRICORNE	POISSONS	BELIER	TAUREAU	VERSEAU	VERSEAU	SAGITTAIRE	3 TAUREAU
12 FEVRIER	POISSONS	CAPRICORNE	BELIER	BELIER	TAUREAU	VERSEAU	VERSEAU	SAGITTAIRE	17 TAUREAU
13 FEVRIER	POISSONS	CAPRICORNE	BELIER	BELIER	TAUREAU	VERSEAU	VERSEAU	SAGITTAIRE	1 GEMEAUX
14 FEVRIER	POISSONS	CAPRICORNE	BELIER	BELIER	TAUREAU	VERSEAU	VERSEAU	SAGITTAIRE	15 GEMEAUX
15 FEVRIER	POISSONS	CAPRICORNE	BELIER	TAUREAU	TAUREAU	VERSEAU	VERSEAU	SAGITTAIRE	29 GEMEAUX
16 FEVRIER	POISSONS	CAPRICORNE	BELIER	TAUREAU	TAUREAU	VERSEAU	VERSEAU	SAGITTAIRE	13 CANCER
17 FEVRIER	POISSONS	CAPRICORNE	BELIER	TAUREAU	TAUREAU	VERSEAU	VERSEAU	SAGITTAIRE	29 CANCER
18 FEVRIER	POISSONS	VERSEAU	BELIER	TAUREAU	TAUREAU	VERSEAU	VERSEAU	SAGITTAIRE	13 LION
19 FEVRIER	POISSONS	VERSEAU	BELIER	TAUREAU	TAUREAU	VERSEAU	VERSEAU	SAGITTAIRE	27 LION

LE SOLEIL	ENTRE DANS LE SIGNE DU	VERSEAU	LE 20 JANVIER	2000	A 18 h 20
	QUITTE LE SIGNE DU		LE 19 FEVRIER		A 8 h 30

* LES CHIFFRES INDIQUENT LES DEGRÉS

DÉCOUVREZ DANS QUEL SIGNE SE TROUVAIENT LES PLANÈTES A VOTRE NAISSANCE

2001	MERCURE	VÉNUS	MARS	JUPITER	SATURNE	URANUS	NEPTUNE	PLUTON	LUNE*
20 JANVIER	VERSEAU	POISSONS	SCORPION	GÉMEAUX	TAUREAU	VERSEAU	VERSEAU	SAGITTAIRE	16 SAGITTAIRE
21 JANVIER	VERSEAU	POISSONS	SCORPION	GÉMEAUX	TAUREAU	VERSEAU	VERSEAU	SAGITTAIRE	29 SAGITTAIRE
22 JANVIER	VERSEAU	POISSONS	SCORPION	GÉMEAUX	TAUREAU	VERSEAU	VERSEAU	SAGITTAIRE	10 CAPRICORNE
23 JANVIER	VERSEAU	POISSONS	SCORPION	GÉMEAUX	TAUREAU	VERSEAU	VERSEAU	SAGITTAIRE	22 CAPRICORNE
24 JANVIER	VERSEAU	POISSONS	SCORPION	GÉMEAUX	TAUREAU	VERSEAU	VERSEAU	SAGITTAIRE	4 VERSEAU
25 JANVIER	VERSEAU	POISSONS	SCORPION	GÉMEAUX	TAUREAU	VERSEAU	VERSEAU	SAGITTAIRE	16 VERSEAU
26 JANVIER	VERSEAU	POISSONS	SCORPION	GÉMEAUX	TAUREAU	VERSEAU	VERSEAU	SAGITTAIRE	28 VERSEAU
27 JANVIER	VERSEAU	POISSONS	SCORPION	GÉMEAUX	TAUREAU	VERSEAU	VERSEAU	SAGITTAIRE	10 POISSONS
28 JANVIER	VERSEAU	POISSONS	SCORPION	GÉMEAUX	TAUREAU	VERSEAU	VERSEAU	SAGITTAIRE	22 POISSONS
29 JANVIER	VERSEAU	POISSONS	SCORPION	GÉMEAUX	TAUREAU	VERSEAU	VERSEAU	SAGITTAIRE	4 BÉLIER
30 JANVIER	VERSEAU	POISSONS	SCORPION	GÉMEAUX	TAUREAU	VERSEAU	VERSEAU	SAGITTAIRE	16 BÉLIER
31 JANVIER	VERSEAU	POISSONS	SCORPION	GÉMEAUX	TAUREAU	VERSEAU	VERSEAU	SAGITTAIRE	29 BÉLIER
1 FÉVRIER	POISSONS	POISSONS	SCORPION	GÉMEAUX	TAUREAU	VERSEAU	VERSEAU	SAGITTAIRE	12 TAUREAU
2 FÉVRIER	POISSONS	POISSONS	SCORPION	GÉMEAUX	TAUREAU	VERSEAU	VERSEAU	SAGITTAIRE	25 TAUREAU
3 FÉVRIER	POISSONS	BÉLIER	SCORPION	GÉMEAUX	TAUREAU	VERSEAU	VERSEAU	SAGITTAIRE	9 GÉMEAUX
4 FÉVRIER	POISSONS	BÉLIER	SCORPION	GÉMEAUX	TAUREAU	VERSEAU	VERSEAU	SAGITTAIRE	23 GÉMEAUX
5 FÉVRIER	POISSONS	BÉLIER	SCORPION	GÉMEAUX	TAUREAU	VERSEAU	VERSEAU	SAGITTAIRE	8 CANCER
6 FÉVRIER	POISSONS	BÉLIER	SCORPION	GÉMEAUX	TAUREAU	VERSEAU	VERSEAU	SAGITTAIRE	23 CANCER
7 FÉVRIER	VERSEAU	BÉLIER	SCORPION	GÉMEAUX	TAUREAU	VERSEAU	VERSEAU	SAGITTAIRE	8 LION
8 FÉVRIER	VERSEAU	BÉLIER	SCORPION	GÉMEAUX	TAUREAU	VERSEAU	VERSEAU	SAGITTAIRE	23 LION
9 FÉVRIER	VERSEAU	BÉLIER	SCORPION	GÉMEAUX	TAUREAU	VERSEAU	VERSEAU	SAGITTAIRE	8 VIERGE
10 FÉVRIER	VERSEAU	BÉLIER	SCORPION	GÉMEAUX	TAUREAU	VERSEAU	VERSEAU	SAGITTAIRE	23 VIERGE
11 FÉVRIER	VERSEAU	BÉLIER	SCORPION	GÉMEAUX	TAUREAU	VERSEAU	VERSEAU	SAGITTAIRE	7 BALANCE
12 FÉVRIER	VERSEAU	BÉLIER	SCORPION	GÉMEAUX	TAUREAU	VERSEAU	VERSEAU	SAGITTAIRE	21 BALANCE
13 FÉVRIER	VERSEAU	BÉLIER	SCORPION	GÉMEAUX	TAUREAU	VERSEAU	VERSEAU	SAGITTAIRE	5 SCORPION
14 FÉVRIER	VERSEAU	BÉLIER	SCORPION	GÉMEAUX	TAUREAU	VERSEAU	VERSEAU	SAGITTAIRE	19 SCORPION
15 FÉVRIER	VERSEAU	BÉLIER	SAGITTAIRE	GÉMEAUX	TAUREAU	VERSEAU	VERSEAU	SAGITTAIRE	1 SAGITTAIRE
16 FÉVRIER	VERSEAU	BÉLIER	SAGITTAIRE	GÉMEAUX	TAUREAU	VERSEAU	VERSEAU	SAGITTAIRE	13 SAGITTAIRE
17 FÉVRIER	VERSEAU	BÉLIER	SAGITTAIRE	GÉMEAUX	TAUREAU	VERSEAU	VERSEAU	SAGITTAIRE	25 SAGITTAIRE
18 FÉVRIER	VERSEAU	BÉLIER	SAGITTAIRE	GÉMEAUX	TAUREAU	VERSEAU	VERSEAU	SAGITTAIRE	7 CAPRICORNE

LE SOLEIL	ENTRE DANS LE SIGNE DU	VERSEAU	LE 20 JANVIER	2001	À 0 h 15	* LES CHIFFRES INDIQUENT LES DEGRÉS
	QUITTE LE SIGNE DU		LE 20 FÉVRIER		À 14 h 25	

2002	MERCURE	VÉNUS	MARS	JUPITER	SATURNE	URANUS	NEPTUNE	PLUTON	LUNE*
20 JANVIER	VERSEAU	VERSEAU	BÉLIER	CANCER	GÉMEAUX	VERSEAU	VERSEAU	SAGITTAIRE	17 BÉLIER
21 JANVIER	VERSEAU	VERSEAU	BÉLIER	CANCER	GÉMEAUX	VERSEAU	VERSEAU	SAGITTAIRE	28 BÉLIER
22 JANVIER	VERSEAU	VERSEAU	BÉLIER	CANCER	GÉMEAUX	VERSEAU	VERSEAU	SAGITTAIRE	11 TAUREAU
23 JANVIER	VERSEAU	VERSEAU	BÉLIER	CANCER	GÉMEAUX	VERSEAU	VERSEAU	SAGITTAIRE	24 TAUREAU
24 JANVIER	VERSEAU	VERSEAU	BÉLIER	CANCER	GÉMEAUX	VERSEAU	VERSEAU	SAGITTAIRE	7 GÉMEAUX
25 JANVIER	VERSEAU	VERSEAU	BÉLIER	CANCER	GÉMEAUX	VERSEAU	VERSEAU	SAGITTAIRE	20 GÉMEAUX
26 JANVIER	VERSEAU	VERSEAU	BÉLIER	CANCER	GÉMEAUX	VERSEAU	VERSEAU	SAGITTAIRE	3 CANCER
27 JANVIER	VERSEAU	VERSEAU	BÉLIER	CANCER	GÉMEAUX	VERSEAU	VERSEAU	SAGITTAIRE	18 CANCER
28 JANVIER	VERSEAU	VERSEAU	BÉLIER	CANCER	GÉMEAUX	VERSEAU	VERSEAU	SAGITTAIRE	3 LION
29 JANVIER	VERSEAU	VERSEAU	BÉLIER	CANCER	GÉMEAUX	VERSEAU	VERSEAU	SAGITTAIRE	18 LION
30 JANVIER	VERSEAU	VERSEAU	BÉLIER	CANCER	GÉMEAUX	VERSEAU	VERSEAU	SAGITTAIRE	3 VIERGE
31 JANVIER	VERSEAU	VERSEAU	BÉLIER	CANCER	GÉMEAUX	VERSEAU	VERSEAU	SAGITTAIRE	18 VIERGE
1 FÉVRIER	VERSEAU	VERSEAU	BÉLIER	CANCER	GÉMEAUX	VERSEAU	VERSEAU	SAGITTAIRE	2 BALANCE
2 FÉVRIER	VERSEAU	VERSEAU	BÉLIER	CANCER	GÉMEAUX	VERSEAU	VERSEAU	SAGITTAIRE	17 BALANCE
3 FÉVRIER	VERSEAU	VERSEAU	BÉLIER	CANCER	GÉMEAUX	VERSEAU	VERSEAU	SAGITTAIRE	1 SCORPION
4 FÉVRIER	CAPRICORNE	VERSEAU	BÉLIER	CANCER	GÉMEAUX	VERSEAU	VERSEAU	SAGITTAIRE	15 SCORPION
5 FÉVRIER	CAPRICORNE	VERSEAU	BÉLIER	CANCER	GÉMEAUX	VERSEAU	VERSEAU	SAGITTAIRE	28 SCORPION
6 FÉVRIER	CAPRICORNE	VERSEAU	BÉLIER	CANCER	GÉMEAUX	VERSEAU	VERSEAU	SAGITTAIRE	12 SAGITTAIRE
7 FÉVRIER	CAPRICORNE	VERSEAU	BÉLIER	CANCER	GÉMEAUX	VERSEAU	VERSEAU	SAGITTAIRE	24 SAGITTAIRE
8 FÉVRIER	CAPRICORNE	VERSEAU	BÉLIER	CANCER	GÉMEAUX	VERSEAU	VERSEAU	SAGITTAIRE	7 CAPRICORNE
9 FÉVRIER	CAPRICORNE	VERSEAU	BÉLIER	CANCER	GÉMEAUX	VERSEAU	VERSEAU	SAGITTAIRE	19 CAPRICORNE
10 FÉVRIER	CAPRICORNE	VERSEAU	BÉLIER	CANCER	GÉMEAUX	VERSEAU	VERSEAU	SAGITTAIRE	1 VERSEAU
11 FÉVRIER	CAPRICORNE	VERSEAU	BÉLIER	CANCER	GÉMEAUX	VERSEAU	VERSEAU	SAGITTAIRE	14 VERSEAU
12 FÉVRIER	CAPRICORNE	POISSONS	BÉLIER	CANCER	GÉMEAUX	VERSEAU	VERSEAU	SAGITTAIRE	26 VERSEAU
13 FÉVRIER	CAPRICORNE	POISSONS	BÉLIER	CANCER	GÉMEAUX	VERSEAU	VERSEAU	SAGITTAIRE	8 POISSONS
14 FÉVRIER	VERSEAU	POISSONS	BÉLIER	CANCER	GÉMEAUX	VERSEAU	VERSEAU	SAGITTAIRE	20 POISSONS
15 FÉVRIER	VERSEAU	POISSONS	BÉLIER	CANCER	GÉMEAUX	VERSEAU	VERSEAU	SAGITTAIRE	1 BÉLIER
16 FÉVRIER	VERSEAU	POISSONS	BÉLIER	CANCER	GÉMEAUX	VERSEAU	VERSEAU	SAGITTAIRE	13 BÉLIER
17 FÉVRIER	VERSEAU	POISSONS	BÉLIER	CANCER	GÉMEAUX	VERSEAU	VERSEAU	SAGITTAIRE	25 BÉLIER
18 FÉVRIER	VERSEAU	POISSONS	BÉLIER	CANCER	GÉMEAUX	VERSEAU	VERSEAU	SAGITTAIRE	7 TAUREAU

LE SOLEIL	ENTRE DANS LE SIGNE DU	VERSEAU	LE 20 JANVIER	2002	À 6 h 00	* LES CHIFFRES INDIQUENT LES DEGRÉS
	QUITTE LE SIGNE DU		LE 18 FÉVRIER		À 20 h 10	

DÉCOUVREZ DANS QUEL SIGNE SE TROUVAIENT LES PLANÈTES A VOTRE NAISSANCE

2003	MERCURE	VÉNUS	MARS	JUPITER	SATURNE	URANUS	NEPTUNE	PLUTON	LUNE*
20 JANVIER	CAPRICORNE	SAGITTAIRE	SAGITTAIRE	LION	GÉMEAUX	VERSEAU	VERSEAU	SAGITTAIRE	26 LION
21 JANVIER	CAPRICORNE	SAGITTAIRE	SAGITTAIRE	LION	GÉMEAUX	VERSEAU	VERSEAU	SAGITTAIRE	10 VIERGE
22 JANVIER	CAPRICORNE	SAGITTAIRE	SAGITTAIRE	LION	GÉMEAUX	VERSEAU	VERSEAU	SAGITTAIRE	25 VIERGE
23 JANVIER	CAPRICORNE	SAGITTAIRE	SAGITTAIRE	LION	GÉMEAUX	VERSEAU	VERSEAU	SAGITTAIRE	9 BALANCE
24 JANVIER	CAPRICORNE	SAGITTAIRE	SAGITTAIRE	LION	GÉMEAUX	VERSEAU	VERSEAU	SAGITTAIRE	23 BALANCE
25 JANVIER	CAPRICORNE	SAGITTAIRE	SAGITTAIRE	LION	GÉMEAUX	VERSEAU	VERSEAU	SAGITTAIRE	7 SCORPION
26 JANVIER	CAPRICORNE	SAGITTAIRE	SAGITTAIRE	LION	GÉMEAUX	VERSEAU	VERSEAU	SAGITTAIRE	21 SCORPION
27 JANVIER	CAPRICORNE	SAGITTAIRE	SAGITTAIRE	LION	GÉMEAUX	VERSEAU	VERSEAU	SAGITTAIRE	5 SAGITTAIRE
28 JANVIER	CAPRICORNE	SAGITTAIRE	SAGITTAIRE	LION	GÉMEAUX	VERSEAU	VERSEAU	SAGITTAIRE	19 SAGITTAIRE
29 JANVIER	CAPRICORNE	SAGITTAIRE	SAGITTAIRE	LION	GÉMEAUX	VERSEAU	VERSEAU	SAGITTAIRE	3 CAPRICORN
30 JANVIER	CAPRICORNE	SAGITTAIRE	SAGITTAIRE	LION	GÉMEAUX	VERSEAU	VERSEAU	SAGITTAIRE	16 CAPRICORN
31 JANVIER	CAPRICORNE	SAGITTAIRE	SAGITTAIRE	LION	GÉMEAUX	VERSEAU	VERSEAU	SAGITTAIRE	0 VERSEAU
1 FÉVRIER	CAPRICORNE	SAGITTAIRE	SAGITTAIRE	LION	GÉMEAUX	VERSEAU	VERSEAU	SAGITTAIRE	13 VERSEAU
2 FÉVRIER	CAPRICORNE	SAGITTAIRE	SAGITTAIRE	LION	GÉMEAUX	VERSEAU	VERSEAU	SAGITTAIRE	26 VERSEAU
3 FÉVRIER	CAPRICORNE	SAGITTAIRE	SAGITTAIRE	LION	GÉMEAUX	VERSEAU	VERSEAU	SAGITTAIRE	9 POISSONS
4 FÉVRIER	CAPRICORNE	SAGITTAIRE	SAGITTAIRE	LION	GÉMEAUX	VERSEAU	VERSEAU	SAGITTAIRE	21 POISSONS
5 FÉVRIER	CAPRICORNE	CAPRICORNE	SAGITTAIRE	LION	GÉMEAUX	VERSEAU	VERSEAU	SAGITTAIRE	3 BÉLIER
6 FÉVRIER	CAPRICORNE	CAPRICORNE	SAGITTAIRE	LION	GÉMEAUX	VERSEAU	VERSEAU	SAGITTAIRE	15 BÉLIER
7 FÉVRIER	CAPRICORNE	CAPRICORNE	SAGITTAIRE	LION	GÉMEAUX	VERSEAU	VERSEAU	SAGITTAIRE	27 BÉLIER
8 FÉVRIER	CAPRICORNE	CAPRICORNE	SAGITTAIRE	LION	GÉMEAUX	VERSEAU	VERSEAU	SAGITTAIRE	9 TAUREAU
9 FÉVRIER	CAPRICORNE	CAPRICORNE	SAGITTAIRE	LION	GÉMEAUX	VERSEAU	VERSEAU	SAGITTAIRE	21 TAUREAU
10 FÉVRIER	CAPRICORNE	CAPRICORNE	SAGITTAIRE	LION	GÉMEAUX	VERSEAU	VERSEAU	SAGITTAIRE	3 GÉMEAUX
11 FÉVRIER	CAPRICORNE	CAPRICORNE	SAGITTAIRE	LION	GÉMEAUX	VERSEAU	VERSEAU	SAGITTAIRE	15 GÉMEAUX
12 FÉVRIER	CAPRICORNE	CAPRICORNE	SAGITTAIRE	LION	GÉMEAUX	VERSEAU	VERSEAU	SAGITTAIRE	28 GÉMEAUX
13 FÉVRIER	VERSEAU	CAPRICORNE	SAGITTAIRE	LION	GÉMEAUX	VERSEAU	VERSEAU	SAGITTAIRE	11 CANCER
14 FÉVRIER	VERSEAU	CAPRICORNE	SAGITTAIRE	LION	GÉMEAUX	VERSEAU	VERSEAU	SAGITTAIRE	24 CANCER
15 FÉVRIER	VERSEAU	CAPRICORNE	SAGITTAIRE	LION	GÉMEAUX	VERSEAU	VERSEAU	SAGITTAIRE	7 LION
16 FÉVRIER	VERSEAU	CAPRICORNE	SAGITTAIRE	LION	GÉMEAUX	VERSEAU	VERSEAU	SAGITTAIRE	21 LION
17 FÉVRIER	VERSEAU	CAPRICORNE	SAGITTAIRE	LION	GÉMEAUX	VERSEAU	VERSEAU	SAGITTAIRE	5 VIERGE
18 FÉVRIER	VERSEAU	CAPRICORNE	SAGITTAIRE	LION	GÉMEAUX	VERSEAU	VERSEAU	SAGITTAIRE	20 VIERGE
19 FÉVRIER	VERSEAU	CAPRICORNE	SAGITTAIRE	LION	GÉMEAUX	VERSEAU	VERSEAU	SAGITTAIRE	5 BALANCE

LE SOLEIL	ENTRE DANS LE SIGNE DU	VERSEAU	LE 20 JANVIER	2003	À 11 h 50	* LES CHIFFRES INDIQUENT LES DEGRÉS
	QUITTE LE SIGNE DU		LE 19 FÉVRIER		À 2 h 00	

2004	MERCURE	VÉNUS	MARS	JUPITER	SATURNE	URANUS	NEPTUNE	PLUTON	LUNE*
20 JANVIER	CAPRICORNE	POISSONS	BÉLIER	VIERGE	CANCER	POISSONS	VERSEAU	SAGITTAIRE	11 CAPRICORN
21 JANVIER	CAPRICORNE	POISSONS	BÉLIER	VIERGE	CANCER	POISSONS	VERSEAU	SAGITTAIRE	26 CAPRICORN
22 JANVIER	CAPRICORNE	POISSONS	BÉLIER	VIERGE	CANCER	POISSONS	VERSEAU	SAGITTAIRE	10 VERSEAU
23 JANVIER	CAPRICORNE	POISSONS	BÉLIER	VIERGE	CANCER	POISSONS	VERSEAU	SAGITTAIRE	24 VERSEAU
24 JANVIER	CAPRICORNE	POISSONS	BÉLIER	VIERGE	CANCER	POISSONS	VERSEAU	SAGITTAIRE	8 POISSONS
25 JANVIER	CAPRICORNE	POISSONS	BÉLIER	VIERGE	CANCER	POISSONS	VERSEAU	SAGITTAIRE	22 POISSONS
26 JANVIER	CAPRICORNE	POISSONS	BÉLIER	VIERGE	CANCER	POISSONS	VERSEAU	SAGITTAIRE	5 BÉLIER
27 JANVIER	CAPRICORNE	POISSONS	BÉLIER	VIERGE	CANCER	POISSONS	VERSEAU	SAGITTAIRE	18 BÉLIER
28 JANVIER	CAPRICORNE	POISSONS	BÉLIER	VIERGE	CANCER	POISSONS	VERSEAU	SAGITTAIRE	0 TAUREAU
29 JANVIER	CAPRICORNE	POISSONS	BÉLIER	VIERGE	CANCER	POISSONS	VERSEAU	SAGITTAIRE	12 TAUREAU
30 JANVIER	CAPRICORNE	POISSONS	BÉLIER	VIERGE	CANCER	POISSONS	VERSEAU	SAGITTAIRE	24 TAUREAU
31 JANVIER	CAPRICORNE	POISSONS	BÉLIER	VIERGE	CANCER	POISSONS	VERSEAU	SAGITTAIRE	5 GÉMEAUX
1 FÉVRIER	CAPRICORNE	POISSONS	BÉLIER	VIERGE	CANCER	POISSONS	VERSEAU	SAGITTAIRE	17 GÉMEAUX
2 FÉVRIER	CAPRICORNE	POISSONS	BÉLIER	VIERGE	CANCER	POISSONS	VERSEAU	SAGITTAIRE	29 GÉMEAUX
3 FÉVRIER	CAPRICORNE	POISSONS	TAUREAU	VIERGE	CANCER	POISSONS	VERSEAU	SAGITTAIRE	11 CANCER
4 FÉVRIER	CAPRICORNE	POISSONS	TAUREAU	VIERGE	CANCER	POISSONS	VERSEAU	SAGITTAIRE	23 CANCER
5 FÉVRIER	CAPRICORNE	POISSONS	TAUREAU	VIERGE	CANCER	POISSONS	VERSEAU	SAGITTAIRE	6 LION
6 FÉVRIER	CAPRICORNE	POISSONS	TAUREAU	VIERGE	CANCER	POISSONS	VERSEAU	SAGITTAIRE	19 LION
7 FÉVRIER	VERSEAU	POISSONS	TAUREAU	VIERGE	CANCER	POISSONS	VERSEAU	SAGITTAIRE	2 VIERGE
8 FÉVRIER	VERSEAU	POISSONS	TAUREAU	VIERGE	CANCER	POISSONS	VERSEAU	SAGITTAIRE	15 VIERGE
9 FÉVRIER	VERSEAU	BÉLIER	TAUREAU	VIERGE	CANCER	POISSONS	VERSEAU	SAGITTAIRE	28 VIERGE
10 FÉVRIER	VERSEAU	BÉLIER	TAUREAU	VIERGE	CANCER	POISSONS	VERSEAU	SAGITTAIRE	12 BALANCE
11 FÉVRIER	VERSEAU	BÉLIER	TAUREAU	VIERGE	CANCER	POISSONS	VERSEAU	SAGITTAIRE	26 BALANCE
12 FÉVRIER	VERSEAU	BÉLIER	TAUREAU	VIERGE	CANCER	POISSONS	VERSEAU	SAGITTAIRE	9 SCORPION
13 FÉVRIER	VERSEAU	BÉLIER	TAUREAU	VIERGE	CANCER	POISSONS	VERSEAU	SAGITTAIRE	23 SCORPION
14 FÉVRIER	VERSEAU	BÉLIER	TAUREAU	VIERGE	CANCER	POISSONS	VERSEAU	SAGITTAIRE	7 SAGITTAIR
15 FÉVRIER	VERSEAU	BÉLIER	TAUREAU	VIERGE	CANCER	POISSONS	VERSEAU	SAGITTAIRE	21 SAGITTAIR
16 FÉVRIER	VERSEAU	BÉLIER	TAUREAU	VIERGE	CANCER	POISSONS	VERSEAU	SAGITTAIRE	6 CAPRICOR
17 FÉVRIER	VERSEAU	BÉLIER	TAUREAU	VIERGE	CANCER	POISSONS	VERSEAU	SAGITTAIRE	20 CAPRICOR
18 FÉVRIER	VERSEAU	BÉLIER	TAUREAU	VIERGE	CANCER	POISSONS	VERSEAU	SAGITTAIRE	5 VERSEAU
19 FÉVRIER	VERSEAU	BÉLIER	TAUREAU	VIERGE	CANCER	POISSONS	VERSEAU	SAGITTAIRE	19 VERSEAU

LE SOLEIL	ENTRE DANS LE SIGNE DU	VERSEAU	LE 20 JANVIER	2004	À 17 h 40	* LES CHIFFRES INDIQUENT LES DEGRÉS
	QUITTE LE SIGNE DU		LE 19 FÉVRIER		À 7 h 50	

DÉCOUVREZ DANS QUEL SIGNE SE TROUVAIENT LES PLANÈTES A VOTRE NAISSANCE

2005	MERCURE	VÉNUS	MARS	JUPITER	SATURNE	URANUS	NEPTUNE	PLUTON	LUNE*
19 JANVIER	CAPRICORNE	CAPRICORNE	SAGITTAIRE	BALANCE	CANCER	POISSONS	VERSEAU	SAGITTAIRE	25 TAUREAU
20 JANVIER	CAPRICORNE	CAPRICORNE	SAGITTAIRE	BALANCE	CANCER	POISSONS	VERSEAU	SAGITTAIRE	7 GÉMEAUX
21 JANVIER	CAPRICORNE	CAPRICORNE	SAGITTAIRE	BALANCE	CANCER	POISSONS	VERSEAU	SAGITTAIRE	19 GÉMEAUX
22 JANVIER	CAPRICORNE	CAPRICORNE	SAGITTAIRE	BALANCE	CANCER	POISSONS	VERSEAU	SAGITTAIRE	1 CANCER
23 JANVIER	CAPRICORNE	CAPRICORNE	SAGITTAIRE	BALANCE	CANCER	POISSONS	VERSEAU	SAGITTAIRE	13 CANCER
24 JANVIER	CAPRICORNE	CAPRICORNE	SAGITTAIRE	BALANCE	CANCER	POISSONS	VERSEAU	SAGITTAIRE	24 CANCER
25 JANVIER	CAPRICORNE	CAPRICORNE	SAGITTAIRE	BALANCE	CANCER	POISSONS	VERSEAU	SAGITTAIRE	6 LION
26 JANVIER	CAPRICORNE	CAPRICORNE	SAGITTAIRE	BALANCE	CANCER	POISSONS	VERSEAU	SAGITTAIRE	18 LION
27 JANVIER	CAPRICORNE	CAPRICORNE	SAGITTAIRE	BALANCE	CANCER	POISSONS	VERSEAU	SAGITTAIRE	0 VIERGE
28 JANVIER	CAPRICORNE	CAPRICORNE	SAGITTAIRE	BALANCE	CANCER	POISSONS	VERSEAU	SAGITTAIRE	12 VIERGE
29 JANVIER	CAPRICORNE	CAPRICORNE	SAGITTAIRE	BALANCE	CANCER	POISSONS	VERSEAU	SAGITTAIRE	24 VIERGE
30 JANVIER	VERSEAU	CAPRICORNE	SAGITTAIRE	BALANCE	CANCER	POISSONS	VERSEAU	SAGITTAIRE	7 BALANCE
31 JANVIER	VERSEAU	CAPRICORNE	SAGITTAIRE	BALANCE	CANCER	POISSONS	VERSEAU	SAGITTAIRE	20 BALANCE
1 FÉVRIER	VERSEAU	CAPRICORNE	SAGITTAIRE	BALANCE	CANCER	POISSONS	VERSEAU	SAGITTAIRE	3 SCORPION
2 FÉVRIER	VERSEAU	CAPRICORNE	SAGITTAIRE	BALANCE	CANCER	POISSONS	VERSEAU	SAGITTAIRE	16 SCORPION
3 FÉVRIER	VERSEAU	VERSEAU	SAGITTAIRE	BALANCE	CANCER	POISSONS	VERSEAU	SAGITTAIRE	0 SAGITTAIRE
4 FÉVRIER	VERSEAU	VERSEAU	SAGITTAIRE	BALANCE	CANCER	POISSONS	VERSEAU	SAGITTAIRE	14 SAGITTAIRE
5 FÉVRIER	VERSEAU	VERSEAU	SAGITTAIRE	BALANCE	CANCER	POISSONS	VERSEAU	SAGITTAIRE	29 SAGITTAIRE
6 FÉVRIER	VERSEAU	VERSEAU	SAGITTAIRE	BALANCE	CANCER	POISSONS	VERSEAU	SAGITTAIRE	14 CAPRICORNE
7 FÉVRIER	VERSEAU	VERSEAU	CAPRICORNE	BALANCE	CANCER	POISSONS	VERSEAU	SAGITTAIRE	29 CAPRICORNE
8 FÉVRIER	VERSEAU	VERSEAU	CAPRICORNE	BALANCE	CANCER	POISSONS	VERSEAU	SAGITTAIRE	14 VERSEAU
9 FÉVRIER	VERSEAU	VERSEAU	CAPRICORNE	BALANCE	CANCER	POISSONS	VERSEAU	SAGITTAIRE	29 VERSEAU
10 FÉVRIER	VERSEAU	VERSEAU	CAPRICORNE	BALANCE	CANCER	POISSONS	VERSEAU	SAGITTAIRE	14 POISSONS
11 FÉVRIER	VERSEAU	VERSEAU	CAPRICORNE	BALANCE	CANCER	POISSONS	VERSEAU	SAGITTAIRE	28 POISSONS
12 FÉVRIER	VERSEAU	VERSEAU	CAPRICORNE	BALANCE	CANCER	POISSONS	VERSEAU	SAGITTAIRE	12 BÉLIER
13 FÉVRIER	VERSEAU	VERSEAU	CAPRICORNE	BALANCE	CANCER	POISSONS	VERSEAU	SAGITTAIRE	26 BÉLIER
14 FÉVRIER	VERSEAU	VERSEAU	CAPRICORNE	BALANCE	CANCER	POISSONS	VERSEAU	SAGITTAIRE	9 TAUREAU
15 FÉVRIER	VERSEAU	VERSEAU	CAPRICORNE	BALANCE	CANCER	POISSONS	VERSEAU	SAGITTAIRE	21 TAUREAU
16 FÉVRIER	VERSEAU	VERSEAU	CAPRICORNE	BALANCE	CANCER	POISSONS	VERSEAU	SAGITTAIRE	3 GÉMEAUX
17 FÉVRIER	POISSONS	VERSEAU	CAPRICORNE	BALANCE	CANCER	POISSONS	VERSEAU	SAGITTAIRE	15 GÉMEAUX
18 FÉVRIER	POISSONS	VERSEAU	CAPRICORNE	BALANCE	CANCER	POISSONS	VERSEAU	SAGITTAIRE	27 GÉMEAUX

LE SOLEIL	ENTRE DANS LE SIGNE DU QUITTE LE SIGNE DU	VERSEAU	LE 19 JANVIER LE 18 FÉVRIER	2005	À 23 h 20 À 13 h 30	* LES CHIFFRES INDIQUENT LES DEGRÉS

2006	MERCURE	VÉNUS	MARS	JUPITER	SATURNE	URANUS	NEPTUNE	PLUTON	LUNE*
20 JANVIER	CAPRICORNE	CAPRICORNE	TAUREAU	SCORPION	LION	POISSONS	VERSEAU	SAGITTAIRE	7 BALANCE
21 JANVIER	CAPRICORNE	CAPRICORNE	TAUREAU	SCORPION	LION	POISSONS	VERSEAU	SAGITTAIRE	19 BALANCE
22 JANVIER	CAPRICORNE	CAPRICORNE	TAUREAU	SCORPION	LION	POISSONS	VERSEAU	SAGITTAIRE	1 SCORPION
23 JANVIER	VERSEAU	CAPRICORNE	TAUREAU	SCORPION	LION	POISSONS	VERSEAU	SAGITTAIRE	14 SCORPION
24 JANVIER	VERSEAU	CAPRICORNE	TAUREAU	SCORPION	LION	POISSONS	VERSEAU	SAGITTAIRE	27 SCORPION
25 JANVIER	VERSEAU	CAPRICORNE	TAUREAU	SCORPION	LION	POISSONS	VERSEAU	SAGITTAIRE	10 SAGITTAIRE
26 JANVIER	VERSEAU	CAPRICORNE	TAUREAU	SCORPION	LION	POISSONS	VERSEAU	SAGITTAIRE	24 SAGITTAIRE
27 JANVIER	VERSEAU	CAPRICORNE	TAUREAU	SCORPION	LION	POISSONS	VERSEAU	SAGITTAIRE	9 CAPRICORNE
28 JANVIER	VERSEAU	CAPRICORNE	TAUREAU	SCORPION	LION	POISSONS	VERSEAU	SAGITTAIRE	24 CAPRICORNE
29 JANVIER	VERSEAU	CAPRICORNE	TAUREAU	SCORPION	LION	POISSONS	VERSEAU	SAGITTAIRE	9 VERSEAU
30 JANVIER	VERSEAU	CAPRICORNE	TAUREAU	SCORPION	LION	POISSONS	VERSEAU	SAGITTAIRE	24 VERSEAU
31 JANVIER	VERSEAU	CAPRICORNE	TAUREAU	SCORPION	LION	POISSONS	VERSEAU	SAGITTAIRE	9 POISSONS
1 FÉVRIER	VERSEAU	CAPRICORNE	TAUREAU	SCORPION	LION	POISSONS	VERSEAU	SAGITTAIRE	24 POISSONS
2 FÉVRIER	VERSEAU	CAPRICORNE	TAUREAU	SCORPION	LION	POISSONS	VERSEAU	SAGITTAIRE	8 BÉLIER
3 FÉVRIER	VERSEAU	CAPRICORNE	TAUREAU	SCORPION	LION	POISSONS	VERSEAU	SAGITTAIRE	22 BÉLIER
4 FÉVRIER	VERSEAU	CAPRICORNE	TAUREAU	SCORPION	LION	POISSONS	VERSEAU	SAGITTAIRE	6 TAUREAU
5 FÉVRIER	VERSEAU	CAPRICORNE	TAUREAU	SCORPION	LION	POISSONS	VERSEAU	SAGITTAIRE	20 TAUREAU
6 FÉVRIER	VERSEAU	CAPRICORNE	TAUREAU	SCORPION	LION	POISSONS	VERSEAU	SAGITTAIRE	3 GÉMEAUX
7 FÉVRIER	VERSEAU	CAPRICORNE	TAUREAU	SCORPION	LION	POISSONS	VERSEAU	SAGITTAIRE	15 GÉMEAUX
8 FÉVRIER	VERSEAU	CAPRICORNE	TAUREAU	SCORPION	LION	POISSONS	VERSEAU	SAGITTAIRE	28 GÉMEAUX
9 FÉVRIER	POISSONS	CAPRICORNE	TAUREAU	SCORPION	LION	POISSONS	VERSEAU	SAGITTAIRE	10 CANCER
10 FÉVRIER	POISSONS	CAPRICORNE	TAUREAU	SCORPION	LION	POISSONS	VERSEAU	SAGITTAIRE	22 CANCER
11 FÉVRIER	POISSONS	CAPRICORNE	TAUREAU	SCORPION	LION	POISSONS	VERSEAU	SAGITTAIRE	4 LION
12 FÉVRIER	POISSONS	CAPRICORNE	TAUREAU	SCORPION	LION	POISSONS	VERSEAU	SAGITTAIRE	16 LION
13 FÉVRIER	POISSONS	CAPRICORNE	TAUREAU	SCORPION	LION	POISSONS	VERSEAU	SAGITTAIRE	28 LION
14 FÉVRIER	POISSONS	CAPRICORNE	TAUREAU	SCORPION	LION	POISSONS	VERSEAU	SAGITTAIRE	10 VIERGE
15 FÉVRIER	POISSONS	CAPRICORNE	TAUREAU	SCORPION	LION	POISSONS	VERSEAU	SAGITTAIRE	22 VIERGE
16 FÉVRIER	POISSONS	CAPRICORNE	TAUREAU	SCORPION	LION	POISSONS	VERSEAU	SAGITTAIRE	3 BALANCE
17 FÉVRIER	POISSONS	CAPRICORNE	TAUREAU	SCORPION	LION	POISSONS	VERSEAU	SAGITTAIRE	15 BALANCE
18 FÉVRIER	POISSONS	CAPRICORNE	GÉMEAUX	SCORPION	LION	POISSONS	VERSEAU	SAGITTAIRE	27 BALANCE

LE SOLEIL	ENTRE DANS LE SIGNE DU QUITTE LE SIGNE DU	VERSEAU	LE 20 JANVIER LE 18 FÉVRIER	2006	À 5 h 15 À 19 h 25	* LES CHIFFRES INDIQUENT LES DEGRÉS

DÉCOUVREZ DANS QUEL SIGNE SE TROUVAIENT LES PLANÈTES A VOTRE NAISSANCE

2007	MERCURE	VÉNUS	MARS	JUPITER	SATURNE	URANUS	NEPTUNE	PLUTON	LUNE*
20 JANVIER	VERSEAU	VERSEAU	CAPRICORNE	SAGITTAIRE	LION	POISSONS	VERSEAU	SAGITTAIRE	18 VERSEAU
21 JANVIER	VERSEAU	VERSEAU	CAPRICORNE	SAGITTAIRE	LION	POISSONS	VERSEAU	SAGITTAIRE	2 POISSONS
22 JANVIER	VERSEAU	VERSEAU	CAPRICORNE	SAGITTAIRE	LION	POISSONS	VERSEAU	SAGITTAIRE	16 POISSONS
23 JANVIER	VERSEAU	VERSEAU	CAPRICORNE	SAGITTAIRE	LION	POISSONS	VERSEAU	SAGITTAIRE	1 BÉLIER
24 JANVIER	VERSEAU	VERSEAU	CAPRICORNE	SAGITTAIRE	LION	POISSONS	VERSEAU	SAGITTAIRE	15 BÉLIER
25 JANVIER	VERSEAU	VERSEAU	CAPRICORNE	SAGITTAIRE	LION	POISSONS	VERSEAU	SAGITTAIRE	29 BÉLIER
26 JANVIER	VERSEAU	VERSEAU	CAPRICORNE	SAGITTAIRE	LION	POISSONS	VERSEAU	SAGITTAIRE	13 TAUREAU
27 JANVIER	VERSEAU	VERSEAU	CAPRICORNE	SAGITTAIRE	LION	POISSONS	VERSEAU	SAGITTAIRE	27 TAUREAU
28 JANVIER	VERSEAU	POISSONS	CAPRICORNE	SAGITTAIRE	LION	POISSONS	VERSEAU	SAGITTAIRE	11 GÉMEAUX
29 JANVIER	VERSEAU	POISSONS	CAPRICORNE	SAGITTAIRE	LION	POISSONS	VERSEAU	SAGITTAIRE	25 GÉMEAUX
30 JANVIER	VERSEAU	POISSONS	CAPRICORNE	SAGITTAIRE	LION	POISSONS	VERSEAU	SAGITTAIRE	8 CANCER
31 JANVIER	VERSEAU	POISSONS	CAPRICORNE	SAGITTAIRE	LION	POISSONS	VERSEAU	SAGITTAIRE	21 CANCER
1 FÉVRIER	VERSEAU	POISSONS	CAPRICORNE	SAGITTAIRE	LION	POISSONS	VERSEAU	SAGITTAIRE	4 LION
2 FÉVRIER	POISSONS	POISSONS	CAPRICORNE	SAGITTAIRE	LION	POISSONS	VERSEAU	SAGITTAIRE	17 LION
3 FÉVRIER	POISSONS	POISSONS	CAPRICORNE	SAGITTAIRE	LION	POISSONS	VERSEAU	SAGITTAIRE	29 LION
4 FÉVRIER	POISSONS	POISSONS	CAPRICORNE	SAGITTAIRE	LION	POISSONS	VERSEAU	SAGITTAIRE	11 VIERGE
5 FÉVRIER	POISSONS	POISSONS	CAPRICORNE	SAGITTAIRE	LION	POISSONS	VERSEAU	SAGITTAIRE	23 VIERGE
6 FÉVRIER	POISSONS	POISSONS	CAPRICORNE	SAGITTAIRE	LION	POISSONS	VERSEAU	SAGITTAIRE	5 BALANCE
7 FÉVRIER	POISSONS	POISSONS	CAPRICORNE	SAGITTAIRE	LION	POISSONS	VERSEAU	SAGITTAIRE	17 BALANCE
8 FÉVRIER	POISSONS	POISSONS	CAPRICORNE	SAGITTAIRE	LION	POISSONS	VERSEAU	SAGITTAIRE	28 BALANCE
9 FÉVRIER	POISSONS	POISSONS	CAPRICORNE	SAGITTAIRE	LION	POISSONS	VERSEAU	SAGITTAIRE	10 SCORPION
10 FÉVRIER	POISSONS	POISSONS	CAPRICORNE	SAGITTAIRE	LION	POISSONS	VERSEAU	SAGITTAIRE	22 SCORPION
11 FÉVRIER	POISSONS	POISSONS	CAPRICORNE	SAGITTAIRE	LION	POISSONS	VERSEAU	SAGITTAIRE	5 SAGITTAIRE
12 FÉVRIER	POISSONS	POISSONS	CAPRICORNE	SAGITTAIRE	LION	POISSONS	VERSEAU	SAGITTAIRE	18 SAGITTAIRE
13 FÉVRIER	POISSONS	POISSONS	CAPRICORNE	SAGITTAIRE	LION	POISSONS	VERSEAU	SAGITTAIRE	1 CAPRICORNE
14 FÉVRIER	POISSONS	POISSONS	CAPRICORNE	SAGITTAIRE	LION	POISSONS	VERSEAU	SAGITTAIRE	14 CAPRICORNE
15 FÉVRIER	POISSONS	POISSONS	CAPRICORNE	SAGITTAIRE	LION	POISSONS	VERSEAU	SAGITTAIRE	27 CAPRICORNE
16 FÉVRIER	POISSONS	POISSONS	CAPRICORNE	SAGITTAIRE	LION	POISSONS	VERSEAU	SAGITTAIRE	12 VERSEAU
17 FÉVRIER	POISSONS	POISSONS	CAPRICORNE	SAGITTAIRE	LION	POISSONS	VERSEAU	SAGITTAIRE	26 VERSEAU
18 FÉVRIER	POISSONS	POISSONS	CAPRICORNE	SAGITTAIRE	LION	POISSONS	VERSEAU	SAGITTAIRE	11 POISSONS
19 FÉVRIER	POISSONS	POISSONS	CAPRICORNE	SAGITTAIRE	LION	POISSONS	VERSEAU	SAGITTAIRE	26 POISSONS

LE SOLEIL	ENTRE DANS LE SIGNE DU	VERSEAU	LE 20 JANVIER	2007	À 11 h 00	* LES CHIFFRES INDIQUENT LES DEGRÉS
	QUITTE LE SIGNE DU		LE 19 FÉVRIER		À 1 h 05	

2008	MERCURE	VÉNUS	MARS	JUPITER	SATURNE	URANUS	NEPTUNE	PLUTON	LUNE*
20 JANVIER	VERSEAU	SAGITTAIRE	GÉMEAUX	CAPRICORNE	VIERGE	POISSONS	VERSEAU	SAGITTAIRE	3 CANCER
21 JANVIER	VERSEAU	SAGITTAIRE	GÉMEAUX	CAPRICORNE	VIERGE	POISSONS	VERSEAU	SAGITTAIRE	17 CANCER
22 JANVIER	VERSEAU	SAGITTAIRE	GÉMEAUX	CAPRICORNE	VIERGE	POISSONS	VERSEAU	SAGITTAIRE	1 LION
23 JANVIER	VERSEAU	SAGITTAIRE	GÉMEAUX	CAPRICORNE	VIERGE	POISSONS	VERSEAU	SAGITTAIRE	15 LION
24 JANVIER	VERSEAU	CAPRICORNE	GÉMEAUX	CAPRICORNE	VIERGE	POISSONS	VERSEAU	SAGITTAIRE	29 LION
25 JANVIER	VERSEAU	CAPRICORNE	GÉMEAUX	CAPRICORNE	VIERGE	POISSONS	VERSEAU	SAGITTAIRE	12 VIERGE
26 JANVIER	VERSEAU	CAPRICORNE	GÉMEAUX	CAPRICORNE	VIERGE	POISSONS	VERSEAU	CAPRICORNE	25 VIERGE
27 JANVIER	VERSEAU	CAPRICORNE	GÉMEAUX	CAPRICORNE	VIERGE	POISSONS	VERSEAU	CAPRICORNE	7 BALANCE
28 JANVIER	VERSEAU	CAPRICORNE	GÉMEAUX	CAPRICORNE	VIERGE	POISSONS	VERSEAU	CAPRICORNE	19 BALANCE
29 JANVIER	VERSEAU	CAPRICORNE	GÉMEAUX	CAPRICORNE	VIERGE	POISSONS	VERSEAU	CAPRICORNE	1 SCORPION
30 JANVIER	VERSEAU	CAPRICORNE	GÉMEAUX	CAPRICORNE	VIERGE	POISSONS	VERSEAU	CAPRICORNE	13 SCORPION
31 JANVIER	VERSEAU	CAPRICORNE	GÉMEAUX	CAPRICORNE	VIERGE	POISSONS	VERSEAU	CAPRICORNE	25 SCORPION
1 FÉVRIER	VERSEAU	CAPRICORNE	GÉMEAUX	CAPRICORNE	VIERGE	POISSONS	VERSEAU	CAPRICORNE	7 SAGITTAIRE
2 FÉVRIER	VERSEAU	CAPRICORNE	GÉMEAUX	CAPRICORNE	VIERGE	POISSONS	VERSEAU	CAPRICORNE	19 SAGITTAIRE
3 FÉVRIER	VERSEAU	CAPRICORNE	GÉMEAUX	CAPRICORNE	VIERGE	POISSONS	VERSEAU	CAPRICORNE	1 CAPRICORNE
4 FÉVRIER	VERSEAU	CAPRICORNE	GÉMEAUX	CAPRICORNE	VIERGE	POISSONS	VERSEAU	CAPRICORNE	14 CAPRICORNE
5 FÉVRIER	VERSEAU	CAPRICORNE	GÉMEAUX	CAPRICORNE	VIERGE	POISSONS	VERSEAU	CAPRICORNE	27 CAPRICORNE
6 FÉVRIER	VERSEAU	CAPRICORNE	GÉMEAUX	CAPRICORNE	VIERGE	POISSONS	VERSEAU	CAPRICORNE	10 VERSEAU
7 FÉVRIER	VERSEAU	CAPRICORNE	GÉMEAUX	CAPRICORNE	VIERGE	POISSONS	VERSEAU	CAPRICORNE	23 VERSEAU
8 FÉVRIER	VERSEAU	CAPRICORNE	GÉMEAUX	CAPRICORNE	VIERGE	POISSONS	VERSEAU	CAPRICORNE	6 POISSONS
9 FÉVRIER	VERSEAU	CAPRICORNE	GÉMEAUX	CAPRICORNE	VIERGE	POISSONS	VERSEAU	CAPRICORNE	20 POISSONS
10 FÉVRIER	VERSEAU	CAPRICORNE	GÉMEAUX	CAPRICORNE	VIERGE	POISSONS	VERSEAU	CAPRICORNE	3 BÉLIER
11 FÉVRIER	VERSEAU	CAPRICORNE	GÉMEAUX	CAPRICORNE	VIERGE	POISSONS	VERSEAU	CAPRICORNE	17 BÉLIER
12 FÉVRIER	VERSEAU	CAPRICORNE	GÉMEAUX	CAPRICORNE	VIERGE	POISSONS	VERSEAU	CAPRICORNE	2 TAUREAU
13 FÉVRIER	VERSEAU	CAPRICORNE	GÉMEAUX	CAPRICORNE	VIERGE	POISSONS	VERSEAU	CAPRICORNE	16 TAUREAU
14 FÉVRIER	VERSEAU	CAPRICORNE	GÉMEAUX	CAPRICORNE	VIERGE	POISSONS	VERSEAU	CAPRICORNE	0 GÉMEAUX
15 FÉVRIER	VERSEAU	CAPRICORNE	GÉMEAUX	CAPRICORNE	VIERGE	POISSONS	VERSEAU	CAPRICORNE	14 GÉMEAUX
16 FÉVRIER	VERSEAU	CAPRICORNE	GÉMEAUX	CAPRICORNE	VIERGE	POISSONS	VERSEAU	CAPRICORNE	29 GÉMEAUX
17 FÉVRIER	VERSEAU	CAPRICORNE	GÉMEAUX	CAPRICORNE	VIERGE	POISSONS	VERSEAU	CAPRICORNE	12 CANCER
18 FÉVRIER	VERSEAU	VERSEAU	GÉMEAUX	CAPRICORNE	VIERGE	POISSONS	VERSEAU	CAPRICORNE	26 CANCER
19 FÉVRIER	VERSEAU	VERSEAU	GÉMEAUX	CAPRICORNE	VIERGE	POISSONS	VERSEAU	CAPRICORNE	10 LION

LE SOLEIL	ENTRE DANS LE SIGNE DU	VERSEAU	LE 20 JANVIER	2008	À 16 h 40	* LES CHIFFRES INDIQUENT LES DEGRÉS
	QUITTE LE SIGNE DU		LE 19 FÉVRIER		À 6 h 50	

DÉCOUVREZ DANS QUEL SIGNE SE TROUVAIENT LES PLANÈTES A VOTRE NAISSANCE

2009	MERCURE	VÉNUS	MARS	JUPITER	SATURNE	URANUS	NEPTUNE	PLUTON	LUNE*
19 JANVIER	VERSEAU	POISSONS	CAPRICORNE	VERSEAU	VIERGE	POISSONS	VERSEAU	CAPRICORNE	15 SCORPION
20 JANVIER	VERSEAU	POISSONS	CAPRICORNE	VERSEAU	VIERGE	POISSONS	VERSEAU	CAPRICORNE	27 SCORPION
21 JANVIER	CAPRICORNE	POISSONS	CAPRICORNE	VERSEAU	VIERGE	POISSONS	VERSEAU	CAPRICORNE	9 SAGITTAIRE
22 JANVIER	CAPRICORNE	POISSONS	CAPRICORNE	VERSEAU	VIERGE	POISSONS	VERSEAU	CAPRICORNE	21 SAGITTAIRE
23 JANVIER	CAPRICORNE	POISSONS	CAPRICORNE	VERSEAU	VIERGE	POISSONS	VERSEAU	CAPRICORNE	3 CAPRICORNE
24 JANVIER	CAPRICORNE	POISSONS	CAPRICORNE	VERSEAU	VIERGE	POISSONS	VERSEAU	CAPRICORNE	15 CAPRICORNE
25 JANVIER	CAPRICORNE	POISSONS	CAPRICORNE	VERSEAU	VIERGE	POISSONS	VERSEAU	CAPRICORNE	27 CAPRICORNE
26 JANVIER	CAPRICORNE	POISSONS	CAPRICORNE	VERSEAU	VIERGE	POISSONS	VERSEAU	CAPRICORNE	9 VERSEAU
27 JANVIER	CAPRICORNE	POISSONS	CAPRICORNE	VERSEAU	VIERGE	POISSONS	VERSEAU	CAPRICORNE	21 VERSEAU
28 JANVIER	CAPRICORNE	POISSONS	CAPRICORNE	VERSEAU	VIERGE	POISSONS	VERSEAU	CAPRICORNE	3 POISSONS
29 JANVIER	CAPRICORNE	POISSONS	CAPRICORNE	VERSEAU	VIERGE	POISSONS	VERSEAU	CAPRICORNE	15 POISSONS
30 JANVIER	CAPRICORNE	POISSONS	CAPRICORNE	VERSEAU	VIERGE	POISSONS	VERSEAU	CAPRICORNE	29 POISSONS
31 JANVIER	CAPRICORNE	POISSONS	CAPRICORNE	VERSEAU	VIERGE	POISSONS	VERSEAU	CAPRICORNE	12 BÉLIER
1 FÉVRIER	CAPRICORNE	POISSONS	CAPRICORNE	VERSEAU	VIERGE	POISSONS	VERSEAU	CAPRICORNE	25 BÉLIER
2 FÉVRIER	CAPRICORNE	POISSONS	CAPRICORNE	VERSEAU	VIERGE	POISSONS	VERSEAU	CAPRICORNE	8 TAUREAU
3 FÉVRIER	CAPRICORNE	BÉLIER	CAPRICORNE	VERSEAU	VIERGE	POISSONS	VERSEAU	CAPRICORNE	22 TAUREAU
4 FÉVRIER	CAPRICORNE	BÉLIER	CAPRICORNE	VERSEAU	VIERGE	POISSONS	VERSEAU	CAPRICORNE	6 GÉMEAUX
5 FÉVRIER	CAPRICORNE	BÉLIER	VERSEAU	VERSEAU	VIERGE	POISSONS	VERSEAU	CAPRICORNE	20 GÉMEAUX
6 FÉVRIER	CAPRICORNE	BÉLIER	VERSEAU	VERSEAU	VIERGE	POISSONS	VERSEAU	CAPRICORNE	5 CANCER
7 FÉVRIER	CAPRICORNE	BÉLIER	VERSEAU	VERSEAU	VIERGE	POISSONS	VERSEAU	CAPRICORNE	20 CANCER
8 FÉVRIER	CAPRICORNE	BÉLIER	VERSEAU	VERSEAU	VIERGE	POISSONS	VERSEAU	CAPRICORNE	5 LION
9 FÉVRIER	CAPRICORNE	BÉLIER	VERSEAU	VERSEAU	VIERGE	POISSONS	VERSEAU	CAPRICORNE	20 LION
10 FÉVRIER	CAPRICORNE	BÉLIER	VERSEAU	VERSEAU	VIERGE	POISSONS	VERSEAU	CAPRICORNE	4 VIERGE
11 FÉVRIER	CAPRICORNE	BÉLIER	VERSEAU	VERSEAU	VIERGE	POISSONS	VERSEAU	CAPRICORNE	18 VIERGE
12 FÉVRIER	CAPRICORNE	BÉLIER	VERSEAU	VERSEAU	VIERGE	POISSONS	VERSEAU	CAPRICORNE	2 BALANCE
13 FÉVRIER	CAPRICORNE	BÉLIER	VERSEAU	VERSEAU	VIERGE	POISSONS	VERSEAU	CAPRICORNE	16 BALANCE
14 FÉVRIER	CAPRICORNE	BÉLIER	VERSEAU	VERSEAU	VIERGE	POISSONS	VERSEAU	CAPRICORNE	29 BALANCE
15 FÉVRIER	VERSEAU	BÉLIER	VERSEAU	VERSEAU	VIERGE	POISSONS	VERSEAU	CAPRICORNE	11 SCORPION
16 FÉVRIER	VERSEAU	BÉLIER	VERSEAU	VERSEAU	VIERGE	POISSONS	VERSEAU	CAPRICORNE	24 SCORPION
17 FÉVRIER	VERSEAU	BÉLIER	VERSEAU	VERSEAU	VIERGE	POISSONS	VERSEAU	CAPRICORNE	6 SAGITTAIRE
18 FÉVRIER	VERSEAU	BÉLIER	VERSEAU	VERSEAU	VIERGE	POISSONS	VERSEAU	CAPRICORNE	18 SAGITTAIRE

LE SOLEIL	ENTRE DANS LE SIGNE DU	VERSEAU	LE 19 JANVIER	2009	À 22 h 40	* LES CHIFFRES INDIQUENT LES DEGRÉS
	QUITTE LE SIGNE DU		LE 18 FÉVRIER		À 12 h 45	

2010	MERCURE	VÉNUS	MARS	JUPITER	SATURNE	URANUS	NEPTUNE	PLUTON	LUNE*
20 JANVIER	CAPRICORNE	VERSEAU	LION	POISSONS	BALANCE	POISSONS	VERSEAU	CAPRICORNE	27 POISSONS
21 JANVIER	CAPRICORNE	VERSEAU	LION	POISSONS	BALANCE	POISSONS	VERSEAU	CAPRICORNE	9 BÉLIER
22 JANVIER	CAPRICORNE	VERSEAU	LION	POISSONS	BALANCE	POISSONS	VERSEAU	CAPRICORNE	22 BÉLIER
23 JANVIER	CAPRICORNE	VERSEAU	LION	POISSONS	BALANCE	POISSONS	VERSEAU	CAPRICORNE	4 TAUREAU
24 JANVIER	CAPRICORNE	VERSEAU	LION	POISSONS	BALANCE	POISSONS	VERSEAU	CAPRICORNE	17 TAUREAU
25 JANVIER	CAPRICORNE	VERSEAU	LION	POISSONS	BALANCE	POISSONS	VERSEAU	CAPRICORNE	1 GÉMEAUX
26 JANVIER	CAPRICORNE	VERSEAU	LION	POISSONS	BALANCE	POISSONS	VERSEAU	CAPRICORNE	15 GÉMEAUX
27 JANVIER	CAPRICORNE	VERSEAU	LION	POISSONS	BALANCE	POISSONS	VERSEAU	CAPRICORNE	29 GÉMEAUX
28 JANVIER	CAPRICORNE	VERSEAU	LION	POISSONS	BALANCE	POISSONS	VERSEAU	CAPRICORNE	14 CANCER
29 JANVIER	CAPRICORNE	VERSEAU	LION	POISSONS	BALANCE	POISSONS	VERSEAU	CAPRICORNE	29 CANCER
30 JANVIER	CAPRICORNE	VERSEAU	LION	POISSONS	BALANCE	POISSONS	VERSEAU	CAPRICORNE	14 LION
31 JANVIER	CAPRICORNE	VERSEAU	LION	POISSONS	BALANCE	POISSONS	VERSEAU	CAPRICORNE	29 LION
1 FÉVRIER	CAPRICORNE	VERSEAU	LION	POISSONS	BALANCE	POISSONS	VERSEAU	CAPRICORNE	14 VIERGE
2 FÉVRIER	CAPRICORNE	VERSEAU	LION	POISSONS	BALANCE	POISSONS	VERSEAU	CAPRICORNE	29 VIERGE
3 FÉVRIER	CAPRICORNE	VERSEAU	LION	POISSONS	BALANCE	POISSONS	VERSEAU	CAPRICORNE	13 BALANCE
4 FÉVRIER	CAPRICORNE	VERSEAU	LION	POISSONS	BALANCE	POISSONS	VERSEAU	CAPRICORNE	27 BALANCE
5 FÉVRIER	CAPRICORNE	VERSEAU	LION	POISSONS	BALANCE	POISSONS	VERSEAU	CAPRICORNE	11 SCORPION
6 FÉVRIER	CAPRICORNE	VERSEAU	LION	POISSONS	BALANCE	POISSONS	VERSEAU	CAPRICORNE	24 SCORPION
7 FÉVRIER	CAPRICORNE	VERSEAU	LION	POISSONS	BALANCE	POISSONS	VERSEAU	CAPRICORNE	6 SAGITTAIRE
8 FÉVRIER	CAPRICORNE	VERSEAU	LION	POISSONS	BALANCE	POISSONS	VERSEAU	CAPRICORNE	19 SAGITTAIRE
9 FÉVRIER	CAPRICORNE	VERSEAU	LION	POISSONS	BALANCE	POISSONS	VERSEAU	CAPRICORNE	1 CAPRICORNE
10 FÉVRIER	VERSEAU	VERSEAU	LION	POISSONS	BALANCE	POISSONS	VERSEAU	CAPRICORNE	13 CAPRICORNE
11 FÉVRIER	VERSEAU	POISSONS	LION	POISSONS	BALANCE	POISSONS	VERSEAU	CAPRICORNE	24 CAPRICORNE
12 FÉVRIER	VERSEAU	POISSONS	LION	POISSONS	BALANCE	POISSONS	VERSEAU	CAPRICORNE	6 VERSEAU
13 FÉVRIER	VERSEAU	POISSONS	LION	POISSONS	BALANCE	POISSONS	VERSEAU	CAPRICORNE	18 VERSEAU
14 FÉVRIER	VERSEAU	POISSONS	LION	POISSONS	BALANCE	POISSONS	VERSEAU	CAPRICORNE	0 POISSONS
15 FÉVRIER	VERSEAU	POISSONS	LION	POISSONS	BALANCE	POISSONS	VERSEAU	CAPRICORNE	12 POISSONS
16 FÉVRIER	VERSEAU	POISSONS	LION	POISSONS	BALANCE	POISSONS	VERSEAU	CAPRICORNE	24 POISSONS
17 FÉVRIER	VERSEAU	POISSONS	LION	POISSONS	BALANCE	POISSONS	VERSEAU	CAPRICORNE	6 BÉLIER
18 FÉVRIER	VERSEAU	POISSONS	LION	POISSONS	BALANCE	POISSONS	VERSEAU	CAPRICORNE	18 BÉLIER

LE SOLEIL	ENTRE DANS LE SIGNE DU	VERSEAU	LE 20 JANVIER	2010	À 4 h 25	* LES CHIFFRES INDIQUENT LES DEGRÉS
	QUITTE LE SIGNE DU		LE 18 FÉVRIER		À 18 h 35	

Personnage étonnant qui de la main droite offre une église, et se donne lui-même à travers sa main gauche tendue (fresque de Giotto). Il symbolise ainsi le passage du Verseau du matériel au spirituel.

Comment interpréter Uranus dans les Signes

Avec les autres planètes, l'homme s'intègre avec plus ou moins de bonheur au monde extérieur et à la société de son temps : les aptitudes à acquérir sont les mêmes pour tous. Avec Uranus, nous entrons dans l'analyse des valeurs qui sont propres à chaque individu. Indépendantes du milieu, elles font de lui un être unique.

Le cycle d'Uranus est de quatre-vingt-quatre ans et peut se diviser en deux périodes théoriquement d'égale durée :

Jusqu'à quarante-deux ans, l'homme cherche à obtenir une place au soleil, à se perfectionner dans l'exercice de son métier en y acquérant une notoriété enviable qui lui permette de jouer un rôle personnel au sein de la société. Ses forces sont intactes et, quelle que soit la forme de son dynamisme, il est au service de ses acquisitions professionnelles, culturelles ou sociales.

De quarante-deux à quatre-vingt-quatre ans, l'homme suit le chemin qui va de la « force de l'âge » au déclin. Il va se trouver confronté à des difficultés dont il convient qu'il sorte vainqueur. Après avoir vécu diverses modifications de ses instincts affectifs ou sexuels et subi le recyclage professionnel inévitable dans notre économie, il doit prendre le temps de faire le point sur le passé. En abordant les instances uraniennes, il privilégie les valeurs intellectuelles et spirituelles, sources d'activités enrichissantes qu'il peut exercer très longtemps.

Uranus en Verseau

Uranus en Verseau, s'il choisit la nouveauté en tout, sait la vulgariser, la transmettre avec le maximum d'efficacité et des mots simples, accessibles à tous ; mais il lui est parfois difficile de donner un exemple concret.

Pour être Uranien du Verseau, il faut que planète et signe soient valorisés par l'ensemble du thème. Si tel est votre cas, vous possédez une force novatrice qui décèle, dans les situations collectives, ce qui peut libérer l'homme des entraves de la vie quotidienne. Vous êtes généreux, actif, souvent optimiste, toujours prêt à venir en aide quand les choses vont mal. Doué pour l'auto-analyse, vous exprimez sans embarras vos complexités secrètes et votre écoute engage aux confidences. Par Uranus, vous êtes porté à schématiser, codifier, ordonner, mais le Verseau, épris de liberté et volontiers subversif, élargit ces modèles et passe au travers des contraintes sociales.

Si Uranus légifère, en Verseau, il se méfie de la justice qui rend son verdict à travers des faits interprétés par les témoins et les avocats. Connaissant le pouvoir des mots, il laisse une chance à l'homme, contre les exigences de la société, en permettant aux jurés d'un procès d'assises d'unifier leurs hésitations par « l'intime conviction », qui fait appel aux instances uraniennes les plus pures.

Si d'autres configurations viennent, dans votre thème, amplifier ce qui précède, vous pouvez vous singulariser par une originalité à tous crins, inspirée par l'instabilité de vos goûts et de votre humeur, par une tendance à refouler des émotions légitimes, mais à prendre feu pour un rien.

Ayant (peut-être à juste titre) une haute idée de vous-même, il se peut que la rigidité de vos convictions éteigne toute évolution et que vous imposiez sans souplesse la rigueur de vos certitudes. Dans ce cas, prenez garde de ne pas devenir le tyran familial ou confraternel dont les idées sont bloquées et les sentences sans appel : il vous faudrait alors des hasards peu communs pour que votre indépendance agressive puisse se canaliser dans une juste cause, et que vous trouviez dans le sport, le spectacle ou l'exercice du pouvoir, une sublimation à vos appétits de domination.

Uranus en Poissons

L'excitabilité qui sommeille en Poissons devient plus sensible lorsque Uranus est présent dans le signe. La planète permet d'exprimer ce qu'il convient d'éliminer dans une idéologie, avec un sens du concret qui manque parfois aux Uraniens. Exacerbée par quelque aspect dissonant, elle porte à la liquidation. On peut donner comme exemple le peintre Paul Cézanne (Vénus et Neptune en Verseau, Uranus en Poissons) qui adopta, dans ses débuts, la « loi du contraste simultané » formulée par le chimiste Michel Chevreul. Spécialiste de l'autodafé, il détruisit beaucoup de ses œuvres qui ne répondaient pas à son exigence intérieure. Uranus en Poissons peut aussi orchestrer le silence et permettre à Valéry Giscard d'Estaing de faire une carrière en éliminant discrètement et méthodiquement tous les obstacles, ou en les taisant. Il possède, par le Poissons, l'art de l'anesthésie, et par le Verseau celui de la réanimation.

Uranus en Bélier

L'extrême contraction de la planète qui, en quelques mots, rend compte d'une infinité de concepts, associée à l'excitation rapide du signe, ne peut déboucher que sur des excès : une affirmation sans nuances de la personnalité et un dégagement du milieu, coordonné mais brutal. Exacerbe les choix s'il n'est pas compensé par une occupation planétaire en Poissons qui engage au contrôle et à la retenue. Exemple : James Dean, acteur américain de l'après-guerre, héros de *la Fureur de vivre*. Soleil en Verseau, Uranus en Bélier, il a toujours choisi le risque, que ce soit dans ses rôles ou dans son amour des voitures de course qu'il conduisait dangereusement. Il finit par se tuer au volant de l'une d'elles le 30 septembre 1955 au passage d'Uranus céleste sur Mars natal en Lion.

Uranus en Taureau

Uranus en Taureau codifie les instincts de protection du signe : la recherche de la sécurité, la méfiance envers ce qui manque de solidité, et l'acquisition de bases bien ancrées dans la réalité. Peut cependant encourager l'excitabilité concentrée qui est une des caractéristiques du signe et transformer le Taureau qui pâture en Taureau dans l'arène qui se rue sur tout ce qui bouge, compromettant ainsi sa passivité naturelle. Passivité qui reste la marque distinctive du signe : il retrouve la résignation et la stabilité inébranlables, après les tempêtes et les crises. C'est ce qui fait sa force et qui garantit sa réussite. Aucune épreuve ne l'abat, aucun obstacle ne le détourne de ses objectifs.

Dans l'inadaptation, on peut citer le thème astrologique de Freud, Taureau sans Verseau, privé de l'excitation récréative du signe. Uranus en Taureau, conjoint à Mercure et au Soleil, a peut-être empêché Freud de s'associer sans drame aux recherches de ses collaborateurs, amenés à contester la doctrine qui faisait des instincts et des complexes les uniques responsables de notre difficulté de vivre, et du plaisir sexuel (forme bien taurine du plaisir en général) l'essentiel de la libido qui est, pour les psychanalystes freudiens, la seule « forme d'énergie mentale disponible ».

Uranus en Gémeaux

Dans sa forme adaptée, la planète organise la diffusion du signe et en contrôle la désinvolture. Elle donne une autonomie aux épris de liberté, d'humour, de jeu et de spectacle et favorise la synthèse des idées qui prennent leur source dans l'environnement. On peut raisonnablement penser que la présence d'Uranus en Gémeaux (d'août 1941 à juin 1949) a donné une génération qui a fait de l'écologie un parti politique.

Maxime Le Forestier, Verseau par le Soleil, Vénus, Mercure et Mars, mais Uranien des Gémeaux, est un bon exemple d'adaptation. Jupiter en Capricorne lui plombe les semelles, il chante sereinement la nature, l'arbre menacé, la qualité de l'air que l'on respire.

Dans le registre de la carence, Uranus peut être le signal débridé du mot, recouvrant à peine la faiblesse de l'idée. Totalitarisme arbitraire sans fondement, difficulté de synthèse, éparpillement, mais autorité fondée sur la futilité et le tape-à-l'œil !

Uranus en Cancer

Avec Uranus dans le signe, voilà le Cancer qui parle, qui formule tout ce qu'il y a en lui d'implicite : assimilation, protection de l'individu par le groupe, le couple, le milieu social. Uranus le rend conscient de ses limites et pose des statuts qui sont autant de garde-fous. Médecin et psychologue autrichien, Alfred Adler (7 février 1870), Verseau par le Soleil, Mercure et Mars, mais Cancérien par Uranus et l'Ascendant, peut être cité en exemple d'adaptation. Disciple et collaborateur dissident de Freud, il considère les névroses comme compensatrices du « sentiment menaçant d'insécurité ». Sa psychologie tend vers une « analyse de la personnalité globale du sujet » et des moyens de la protéger.

Uranus en Lion

Uranus en Lion se donne à lui-même les canons et les règles qui le spécialisent dans l'audace. L'excitation ne veut pas s'éteindre, et Uranus compte les coups.

L'affirmation de la personnalité trouve des mots qui sont autant d'aphorismes sans appel. « Par une formule, régler son compte à l'Art ! » Qui a dit cela ? Auguste Perret, architecte (Saturne, Vénus, Soleil et Mercure en Verseau, opposés à Uranus en Lion).

Uranus en Vierge

En tant que code de l'informulé, Uranus en Vierge peut prendre soin de l'autoprotectionnisme du sujet. Il aidera celui-ci à définir quelles sont les conduites adéquates pour obtenir le maximum de confort avec des moyens simples et rassurants. L'extrême contraction de la planète peut donner au natif le goût d'un risque mesuré où rien n'est laissé au hasard.

Exemple : Franklin D. Roosevelt (Soleil, Vénus et Mercure en Verseau, bien soutenus par Saturne, Neptune, Jupiter et Pluton en Taureau) dont l'Ascendant en Vierge et Uranus au lever lui feront dire, à la façon paradoxale des signes de milieu de saison et selon la régulation propre à la Vierge : « Ce qu'il faut craindre, c'est la crainte. »

Uranus en Balance

En Balance, signe excitable qui s'adapte aux circonstances, Uranus bat la mesure de la vie de relation tout en gardant une liberté d'esprit fondamentale et le désir d'imposer ses exigences profondes.

Arthur Rubinstein (Soleil et Mercure en Verseau), animé du désir de plaire, pianiste concertiste spécialisé dans l'interprétation de Chopin a peut-être rendu plus aimable la musique de ce dernier, qui avait été écrite sous l'inspiration étroitement spécialisée d'un Uranus en Scorpion.

Si nous voulons élargir le domaine de nos exemples à d'autres signes du Zodiaque, signalons la dominante uranienne du Général de Gaulle (29 degrés de la Balance, peu de temps avant son lever), bien soutenue par Saturne en Vierge. Préoccupé, dans le passé, de stratégie militaire, forme d'échanges hautement élaborée, et savante manière d'arriver à ses fins, le Général deGaulle eut l'occasion à Londres d'exercer ses talents et d'obtenir, par des alliances souvent difficiles à nouer, l'organisation des Forces Françaises Libres.

Dans l'inadaptation, le cas d'Hitler (Uranus à l'Ascendant à 19 degrés Balance) nous suggère que l'associativité peut devenir intrigue, mener aux annexions successives et inspirer à un régime l'élévation de la propagande au niveau d'une science.

Uranus en Scorpion

Hyper-différencié par nature, Uranus en Scorpion accuse le rythme naturel du signe qui est de se démarquer des autres, de viser juste dans une querelle, de préférer l'élu à la foule et la vérité à la compromission.

Si Uranus en Balance conduit au symbolisme en tant que mouvement poétique largement suivi, en Scorpion nous avons la réaction de chapelle antibourgeoise, déconcertante, qui signe le surréalisme, et préconise une nouvelle source d'inspiration insolite et bien spécifique : l'exploration du subconscient.

André Breton (Mercure et Soleil en Verseau, Uranus en Scorpion), inventeur intransigeant de la doctrine, se transforma très vite en inquisiteur pour lui garder toute sa pureté.

Actuellement, où se démarquer des autres est devenu une nécessité, il faut avant tout se distinguer et imposer son nom propre comme nom commun. On n'a jamais autant parlé de gaullisme, chabanisme ou giscardisme que depuis 1975 et l'entrée d'Uranus en Scorpion !

Uranus en Sagittaire

Uranus en Sagittaire facilite la coordination des connaissances et en favorise la synthèse. Peut porter au désir d'unification d'un groupe ou d'une famille selon une éthique personnelle.

Bertolt Brecht (Soleil et Vénus en Verseau, Uranus au lever conjoint à Saturne en Sagittaire), poète, romancier, dramaturge, organisateur et metteur en scène de la troupe théâtrale du *Berliner Ensemble,* souhaitait, par son art, exercer une action sur la société et réaliser une « synthèse humaine pour sauvegarder les droits de l'individu et les exigences de la collectivité ». Sagittaire sans Cancer, ce fut plutôt le grand fatras et l'échec d'une ambition difficilement réalisable : « Une pratique de la scène qui excluerait toute division entre acteurs et spectateurs et les amènerait tous à jouer. »

« Libérer le spectateur de sa condition de spectateur » est une formulation ultra-paradoxale, typique des signes solsticiaux.

Uranus en Capricorne

C'est le grand chambardement ! Déjà disposé à se débarrasser de ce qui ne correspond pas à son attente, le Capricorne, s'il accueille Uranus, élève son exigence à la rigueur d'une loi. Socialement, il fait les ambitieux ... ou les humoristes ! Parmi ceux-ci, on peut citer Jean Effel (Soleil en Verseau, Uranus en Capricorne au Descendant) qui a joué avec cette rigueur en rejetant dans l'absurde les excès qu'elle comporte : il éteint le monde en bon Capricorne et le recrée à sa façon selon l'exigence du Verseau [1].

1. *La Création du Monde,* série de dessins de Jean Effel.

Comment utiliser vos heure et lieu de naissance pour déterminer le signe zodiacal de la Lune

Votre heure solaire de naissance (déjà calculée pour votre Ascendant) .... H
Rectification de cette heure d'après la carte de géographie mondiale
et en fonction de votre lieu de naissance (p. 6-7) .... H *

Par exemple, si vous êtes né(e) en Égypte, vous vous reportez à ce pays sur la carte des pages 6 et 7 ; vous suivez le trait vertical vers le haut et vous lisez **Retranchez 2 h.** *Vous inscrivez donc – 2 h, ci-contre.*

Soit l'heure de Greenwich correspondant à votre heure
solaire de naissance : (HG) .... H **

* Si cette valeur est supérieure à votre heure solaire de naissance et que vous devez la retrancher, il vous suffit d'ajouter d'abord 24 heures à votre heure solaire de naissance :
4 h 30 – 6 h soit 4 h 30 + 24 h = 28 h 30 – 6 h = **22 h 30**
** Si ce total est supérieur à 24 heures, vous retranchez simplement 24 heures :
19 h + 7 h = 26 h – 24 h = **2 h**

Par simple lecture du tableau ci-dessous vous trouvez alors le nombre de degrés zodiacaux à ajouter ou à retrancher du nombre indiqué par la Table pour obtenir le signe zodiacal final de la Lune à votre naissance.

Si l'heure de Greenwich (HG) est comprise entre ▼	et ▼	Voici l'opération que vous effectuez ▼	
0 h	1 h 30	Vous retranchez	6 degrés
1 h 31	3 h 30	Vous retranchez	5 degrés
3 h 31	5 h 30	Vous retranchez	4 degrés
5 h 31	7 h 30	Vous retranchez	3 degrés
7 h 31	9 h 30	Vous retranchez	2 degrés
9 h 31	11 h 30	Vous retranchez	1 degré
11 h 31	12 h 30	Aucun changement	
12 h 31	14 h 30	Vous ajoutez	1 degré
14 h 31	16 h 30	Vous ajoutez	2 degrés
16 h 31	18 h 30	Vous ajoutez	3 degrés
18 h 31	20 h 30	Vous ajoutez	4 degrés
20 h 31	22 h 30	Vous ajoutez	5 degrés
22 h 31	0 h	Vous ajoutez	6 degrés

Exemple : Lune à 27 degrés du Capricorne pour une naissance à Mexico à 15 heures solaires. L'heure Greenwich correspondante est égale à 15 h + 6 h 30 = 21 h 30 qui se situent entre 20 h 31 et 22 h 30, et l'on doit ajouter 5 degrés zodiacaux soit 27 degrés Capricorne + 5 = 32 et 32 = 30 + 2, soit Lune à 2 degrés du Verseau = Lune en Verseau.

Le phénix, oiseau fabuleux au plumage splendide, meurt en se consumant de sa propre chaleur sur un bûcher ou un nid qu'il prépare en amassant des plantes aromatiques et de l'encens. Il renaît de ses cendres, d'où sa parenté psychologique avec le Verseau.

Généralités sur les aspects planétaires

Dans leur mouvement autour du Soleil, les planètes occupent des positions différentes les unes par rapport aux autres.

Les aspects planétaires correspondent à certaines de ces positions vues de la Terre, c'est-à-dire en fonction du signe zodiacal occupé par chaque planète.

Certains écarts entre deux planètes constituent des aspects harmoniques.

Dans ce cas, les énergies des deux planètes se combinent aisément et s'enrichissent mutuellement ; il existe une heureuse possibilité de développement des facultés physiques et psychologiques correspondant à ces deux planètes.

D'autres écarts entre planètes constituent des aspects dissonants.

Dans ce cas, les énergies des deux planètes entrent en conflit et ne parviennent pas à s'associer positivement ; il se produit un excès ou une carence des facultés planétaires correspondantes.

Vous trouverez dans les tableaux d'aspects ci-après la nature harmonique (H) ou dissonante (D) des aspects que formaient, à votre naissance, les différentes planètes entre elles.

Dans certains cas, les planètes ne forment aucun aspect, ce qui correspond aux zones vides des tableaux.

Si, par exemple, vous désirez connaître la nature de l'aspect éventuel que formait Jupiter en Cancer avec Mars en Poissons, vous utilisez le tableau « Si vous avez une planète dans le Cancer ».

Vous cherchez la ligne Mars dans ce tableau, et à la colonne Poissons vous lisez H, ce qui signifie que Jupiter et Mars ont entre eux un aspect harmonique.

Au cas où les deux planètes sont dans la même ligne, vous utilisez le tableau spécial dont l'emploi se passe de commentaire.

La recherche de la signification des aspects constitue une exploration nouvelle et enrichissante de votre personnalité.

Vous pouvez en retirer une connaissance très utile des forces qui, en vous, se complètent ou s'opposent, ce qui vous donne la possibilité de les exprimer encore mieux.

QUALITÉ DES ASPECTS LORSQUE DEUX PLANÈTES SE TROUVENT DANS LE MÊME SIGNE ZODIACAL

	PLANÈTE DANS LE SIGNE ZODIACAL									
AUTRES PLANÈTES DANS LE MÊME SIGNE	SOLEIL	LUNE	MERCURE	VÉNUS	MARS	JUPITER	SATURNE	URANUS	NEPTUNE	PLUTON
SOLEIL		H	H	H	D	H	D	D	H	D
LUNE	H		H	H	D	H	D	D	H	D
MERCURE	H	H		H	D	H	D	D	H	D
VÉNUS	H	H	H		D	H	D	D	H	D
MARS	D	D	D	D		D	D	D	D	D
JUPITER	H	H	H	H	D		D	D	H	D
SATURNE	D	D	D	D	D	D		D	D	D
URANUS	D	D	D	D	D	D	D		D	D
NEPTUNE	H	H	H	H	D	H	D	D		D
PLUTON	D	D	D	D	D	D	D	D	D	

SI VOUS AVEZ UNE PLANÈTE DANS LE BÉLIER

Elle a les aspects suivants avec les autres Planètes dans les autres signes	BÉLIER	TAUREAU	GÉMEAUX	CANCER	LION	VIERGE	BALANCE	SCORPION	SAGITTAIRE	CAPRICORNE	VERSEAU	POISSONS
SOLEIL			H	D	H		D		H	D	H	
LUNE	VOIR TABLEAU SPÉCIAL		H	D	H		D		H	D	H	
MERCURE			H	D	H		D		H	D	H	
VÉNUS			H	D	H		D		H	D	H	
MARS			H	D	H		D		H	D	H	
JUPITER			H	D	H		D		H	D	H	
SATURNE			H	D	H		D		H	D	H	
URANUS			H	D	H		D		H	D	H	
NEPTUNE			H	D	H		D		H	D	H	
PLUTON			H	D	H		D		H	D	H	

SI VOUS AVEZ UNE PLANETE DANS LE TAUREAU

Elle a les aspects suivants avec les autres Planètes dans les autres signes	BÉLIER	TAUREAU	GÉMEAUX	CANCER	LION	VIERGE	BALANCE	SCORPION	SAGITTAIRE	CAPRICORNE	VERSEAU	POISSONS
SOLEIL				H	D	H		D		H	D	H
LUNE		VOIR TABLEAU SPÉCIAL		H	D	H		D		H	D	H
MERCURE				H	D	H		D		H	D	H
VÉNUS				H	D	H		D		H	D	H
MARS				H	D	H		D		H	D	H
JUPITER				H	D	H		D		H	D	H
SATURNE				H	D	H		D		H	D	H
URANUS				H	D	H		D		H	D	H
NEPTUNE				H	D	H		D		H	D	H
PLUTON				H	D	H		D		H	D	H

SI VOUS AVEZ UNE PLANÈTE DANS LES GÉMEAUX

Elle a les aspects suivants avec les autres Planètes dans les autres signes	BÉLIER	TAUREAU	GÉMEAUX	CANCER	LION	VIERGE	BALANCE	SCORPION	SAGITTAIRE	CAPRICORNE	VERSEAU	POISSONS
SOLEIL	H				H	D	H		D		H	D
LUNE	H		VOIR TABLEAU SPÉCIAL		H	D	H		D		H	D
MERCURE	H				H	D	H		D		H	D
VÉNUS	H				H	D	H		D		H	D
MARS	H				H	D	H		D		H	D
JUPITER	H				H	D	H		D		H	D
SATURNE	H				H	D	H		D		H	D
URANUS	H				H	D	H		D		H	D
NEPTUNE	H				H	D	H		D		H	D
PLUTON	H				H	D	H		D		H	D

SI VOUS AVEZ UNE PLANÈTE DANS LE CANCER

Elle a les aspects suivants avec les autres.Planètes dans les autres signes	BÉLIER	TAUREAU	GÉMEAUX	CANCER	LION	VIERGE	BALANCE	SCORPION	SAGITTAIRE	CAPRICORNE	VERSEAU	POISSONS
SOLEIL	D	H		VOIR TABLEAU SPÉCIAL		H	D	H		D		H
LUNE	D	H				H	D	H		D		H
MERCURE	D	H				H	D	H		D		H
VÉNUS	D	H				H	D	H		D		H
MARS	D	H				H	D	H		D		H
JUPITER	D	H				H	D	H		D		H
SATURNE	D	H				H	D	H		D		H
URANUS	D	H				H	D	H		D		H
NEPTUNE	D	H				H	D	H		D		H
PLUTON	D	H				H	D	H		D		H

SI VOUS AVEZ UNE PLANÈTE DANS LE LION

Elle a les aspects suivants avec les autres Planètes dans les autres signes	BÉLIER	TAUREAU	GÉMEAUX	CANCER	LION	VIERGE	BALANCE	SCORPION	SAGITTAIRE	CAPRICORNE	VERSEAU	POISSONS
SOLEIL	H	D	H		VOIR TABLEAU SPÉCIAL		H	D	H		D	
LUNE	H	D	H				H	D	H		D	
MERCURE	H	D	H				H	D	H		D	
VÉNUS	H	D	H				H	D	H		D	
MARS	H	D	H				H	D	H		D	
JUPITER	H	D	H				H	D	H		D	
SATURNE	H	D	H				H	D	H		D	
URANUS	H	D	H				H	D	H		D	
NEPTUNE	H	D	H				H	D	H		D	
PLUTON	H	D	H				H	D	H		D	

SI VOUS AVEZ UNE PLANÈTE DANS LA VIERGE

Elle a les aspects suivants avec les autres Planètes dans les autres signes	BÉLIER	TAUREAU	GÉMEAUX	CANCER	LION	VIERGE	BALANCE	SCORPION	SAGITTAIRE	CAPRICORNE	VERSEAU	POISSONS
SOLEIL		H	D	H		VOIR TABLEAU SPÉCIAL		H	D	H		D
LUNE		H	D	H				H	D	H		D
MERCURE		H	D	H				H	D	H		D
VÉNUS		H	D	H				H	D	H		D
MARS		H	D	H				H	D	H		D
JUPITER		H	D	H				H	D	H		D
SATURNE		H	D	H				H	D	H		D
URANUS		H	D	H				H	D	H		D
NEPTUNE		H	D	H				H	D	H		D
PLUTON		H	D	H				H	D	H		D

SI VOUS AVEZ UNE PLANÈTE DANS LA BALANCE

Elle a les aspects suivants avec les autres Planètes dans les autres signes	BÉLIER	TAUREAU	GÉMEAUX	CANCER	LION	VIERGE	BALANCE	SCORPION	SAGITTAIRE	CAPRICORNE	VERSEAU	POISSONS
SOLEIL	D		H	D	H				H	D	H	
LUNE	D		H	D	H		VOIR TABLEAU SPÉCIAL		H	D	H	
MERCURE	D		H	D	H				H	D	H	
VÉNUS	D		H	D	H				H	D	H	
MARS	D		H	D	H				H	D	H	
JUPITER	D		H	D	H				H	D	H	
SATURNE	D		H	D	H				H	D	H	
URANUS	D		H	D	H				H	D	H	
NEPTUNE	D		H	D	H				H	D	H	
PLUTON	D		H	D	H				H	D	H	

SI VOUS AVEZ UNE PLANÈTE DANS LE SCORPION

Elle a les aspects suivants avec les autres Planètes dans les autres signes	BÉLIER	TAUREAU	GÉMEAUX	CANCER	LION	VIERGE	BALANCE	SCORPION	SAGITTAIRE	CAPRICORNE	VERSEAU	POISSONS
SOLEIL		D		H	D	H				H	D	H
LUNE		D		H	D	H		VOIR TABLEAU SPÉCIAL		H	D	H
MERCURE		D		H	D	H				H	D	H
VÉNUS		D		H	D	H				H	D	H
MARS		D		H	D	H				H	D	H
JUPITER		D		H	D	H				H	D	H
SATURNE		D		H	D	H				H	D	H
URANUS		D		H	D	H				H	D	H
NEPTUNE		D		H	D	H				H	D	H
PLUTON		D		H	D	H				H	D	H

SI VOUS AVEZ UNE PLANÈTE DANS LE SAGITTAIRE

Elle a les aspects suivants avec les autres Planètes dans les autres signes	BÉLIER	TAUREAU	GÉMEAUX	CANCER	LION	VIERGE	BALANCE	SCORPION	SAGITTAIRE	CAPRICORNE	VERSEAU	POISSONS
SOLEIL	H		D		H	D	H				H	D
LUNE	H		D		H	D	H		VOIR TABLEAU SPÉCIAL		H	D
MERCURE	H		D		H	D	H				H	D
VÉNUS	H		D		H	D	H				H	D
MARS	H		D		H	D	H				H	D
JUPITER	H		D		H	D	H				H	D
SATURNE	H		D		H	D	H				H	D
URANUS	H		D		H	D	H				H	D
NEPTUNE	H		D		H	D	H				H	D
PLUTON	H		D		H	D	H				H	D

SI VOUS AVEZ UNE PLANÈTE DANS LE CAPRICORNE

Elle a les aspects suivants avec les autres Planètes dans les autres signes	BÉLIER	TAUREAU	GÉMEAUX	CANCER	LION	VIERGE	BALANCE	SCORPION	SAGITTAIRE	CAPRICORNE	VERSEAU	POISSONS
SOLEIL	D	H		D		H	D	H		VOIR TABLEAU SPÉCIAL		H
LUNE	D	H		D		H	D	H				H
MERCURE	D	H		D		H	D	H				H
VÉNUS	D	H		D		H	D	H				H
MARS	D	H		D		H	D	H				H
JUPITER	D	H		D		H	D	H				H
SATURNE	D	H		D		H	D	H				H
URANUS	D	H		D		H	D	H				H
NEPTUNE	D	H		D		H	D	H				H
PLUTON	D	H		D		H	D	H				H

SI VOUS AVEZ UNE PLANÈTE DANS LE VERSEAU

Elle a les aspects suivants avec les autres Planètes dans les autres signes	BÉLIER	TAUREAU	GÉMEAUX	CANCER	LION	VIERGE	BALANCE	SCORPION	SAGITTAIRE	CAPRICORNE	VERSEAU	POISSONS
SOLEIL	H	D	H		D		H	D	H		VOIR TABLEAU SPÉCIAL	
LUNE	H	D	H		D		H	D	H			
MERCURE	H	D	H		D		H	D	H			
VÉNUS	H	D	H		D		H	D	H			
MARS	H	D	H		D		H	D	H			
JUPITER	H	D	H		D		H	D	H			
SATURNE	H	D	H		D		H	D	H			
URANUS	H	D	H		D		H	D	H			
NEPTUNE	H	D	H		D		H	D	H			
PLUTON	H	D	H		D		H	D	H			

SI VOUS AVEZ UNE PLANÈTE DANS LES POISSONS

Elle a les aspects suivants avec les autres Planètes dans les autres signes	BÉLIER	TAUREAU	GÉMEAUX	CANCER	LION	VIERGE	BALANCE	SCORPION	SAGITTAIRE	CAPRICORNE	VERSEAU	POISSONS
SOLEIL		H	D	H		D		H	D	H		VOIR TABLEAU SPÉCIAL
LUNE		H	D	H		D		H	D	H		
MERCURE		H	D	H		D		H	D	H		
VÉNUS		H	D	H		D		H	D	H		
MARS		H	D	H		D		H	D	H		
JUPITER		H	D	H		D		H	D	H		
SATURNE		H	D	H		D		H	D	H		
URANUS		H	D	H		D		H	D	H		
NEPTUNE		H	D	H		D		H	D	H		
PLUTON		H	D	H		D		H	D	H		

Manet, peintre du signe : son jeune Fifre, *joueur, mutin et grave à la fois, semble exprimer avec son instrument la vocation aérienne du Verseau.*

Comment interpréter les aspects d'Uranus avec les autres Planètes

Comment définir la planète du signe ? Si l'on entend par là faire d'un corps céleste le maître exclusif de 30 degrés du cercle zodiacal, il y a de quoi hérisser plus d'un esprit logique. Et comme il y a douze signes et dix planètes, le jugement de Salomon s'impose pour deux des planètes, à moins d'établir des privilèges en attribuant 60 degrés de propriété à chacune d'elles ! Vous l'avez deviné : il s'agit de Mercure et de Vénus, le premier s'attribuant les Gémeaux et la Vierge, la seconde bénéficiant du territoire du Taureau et de la Balance. Le moins qu'on puisse dire est que ce n'est pas très démocratique ! Si l'on parle d'affinités, ce n'est pas seulement le langage qui change mais la réalité évoquée. Uranus en Verseau, outre que nulle concurrence ne le menace, a le mérite de correspondre assez bien à la dialectique du signe : même projection de la personnalité, réduction semblable à un essentiel dynamique accompagné d'irritabilité nerveuse. Dans d'autres signes, c'est le but qui changera. En Poissons, Uranus rendra les choix moins souples, mais en Bélier il les durcira. En Taureau, il codifiera les sensations, alors qu'en Gémeaux il s'agira de l'environnement.

Puisque tel est le propos d'un chapitre de cet ouvrage, étudions la signification des aspects entre les différentes planètes et Uranus en Verseau. Rappelons qu'Uranus a parcouru le signe entre février 1912 et avril 1919, le transite depuis janvier 1996 et cela jusqu'en décembre 2003.

Uranus-Soleil

Aspect harmonique (conjonction ne recevant aucun aspect conflictuel majeur, sextile, trigone) : la présence du Soleil, jointe à Uranus, est presque inflationniste ! Tous deux mettent en valeur le niveau des représentations et donnent aux apparences une valeur primordiale.

Si le Soleil est le modèle qui nous a guidés dans l'établissement de notre personnalité, l'aspect harmonique avec Uranus indique que c'est en vous-même que vous l'avez trouvé. Vous ne devez rien à personne et vous avez digéré, à votre manière, l'éducation qui vous a été proposée. On vous traitera d'original parce que vous ne pensez pas comme tout le monde et que vous n'adoptez ni les modes ni les mots d'ordre. Indépendant et solide dans vos convictions, vous exprimez vos idées par des images frappantes, des comparaisons inattendues. Vous aimez ce qui est rare et attachez une grande importance à la qualité intrinsèque des individus. La médiocrité vous attriste, surtout celle qui entraîne le monde vers une disqualification des valeurs morales et un désintérêt de la dignité de l'homme.

Aspect dissonant (carré, opposition) : ce qui, harmonieusement, se résolvait en exigences de bon ton, prend ici une valeur inquiétante. L'hyperlucidité vous porte à « couper les cheveux en quatre » et à vouloir imposer des raisonnements, issus de vérités qui vous sont propres, comme s'ils étaient des modèles indiscutables. Vous faites les demandes et les réponses avec un sectarisme qui cache l'angoisse de ne plus être vous-même si vous abondiez dans le sens d'autrui. A force de vouloir refaire le monde à votre image, vous vous coupez des événements qui portent en eux leur enseignement et leur logique. Il se peut que vous vous attardiez à des vérités périmées, afin de leur conserver une actualité dont il vous arrive de douter. Renouveler vos sources équivaudrait, dans votre esprit, à renoncer au rôle de modèle : pour ne pas vous renier, vous détruisez alors ce qui vous porte ombrage, en dénonçant les compromissions et en exerçant la justice, sans en avoir le pouvoir.

Uranus-Lune

Quel que soit l'aspect considéré, il y a entre les deux planètes un accord problématique. La Lune représente l'ensemble de notre vie instinctive et apparaît comme un tout global et indifférencié. Uranus, au contraire, concentre et différencie nos forces inexprimées. Est-il besoin d'ajouter que le dialogue entre les deux planètes entraînera une certaine tension ?

Aspect harmonique (conjonction ne recevant pas d'aspect conflictuel majeur, sextile, trigone) : avec cet aspect, vous avez la possibilité de coordonner, réduire, concentrer et maîtriser l'ensemble de vos pulsions intérieures, de leur donner une cohésion qui présage, le cas échéant, la possibilité d'une remise en question. Vous éprouvez le besoin d'expliquer vos humeurs afin de dissiper une ambiguïté sur leur source et de maintenir ainsi la bonne entente au sein d'un groupe ou de votre famille. Par une remarque désinvolte vous pouvez, par exemple, dire que votre mutisme actuel est dû à un ennui personnel, et non à un accès d'humeur, ce qui vous vaudra la sympathie de votre entourage. C'est une facilité dont vous vous targuez à juste titre, concevant la dignité de la personne comme inséparable de la tenue. Si, par contraction, on peut attribuer à la femme les significations de l'instance lunaire, vous êtes prêt quel que soit votre sexe à lutter contre la notion de la femme-objet, en en démystifiant la fonction.

Aspect dissonant (carré, opposition) : la durée inhérente aux aspects dissonants menace de séparer ce que l'harmonie avait réussi à faire coexister. Elle peut porter au morcellement de la personnalité si la réduction uranienne privilégie, en la mettant en exergue, telle ou telle tendance, au détriment d'un ensemble coordonné.

Uranus-Lune, en dissonance, porte aux humeurs en dents de scie que l'on impose aux autres comme si elles étaient normales et à une apparente insensibilité, seule compatible avec la fonction sociale. Vous pouvez alors affecter une grande indifférence que vous êtes loin de ressentir.

Si la Lune évoque la famille ou le groupe, vous pouvez soit jouer le rôle de bon père ou de bonne mère en réduisant à l'apparence ce qui demande une participation réelle, soit afficher un dédain des tabous ancestraux et appliquer une forme de laxisme qui a l'avantage de préserver votre indépendance. Mais il faudrait, bien sûr, de très fâcheux aspects pour entériner une réputation de tyran domestique dont vous ne sauriez vous prévaloir !

De toute façon, si vous avez acquis la possibilité d'être vous-même, ce n'est qu'au prix d'un grand effort, souvent réitéré, et votre équilibre est soumis à rude épreuve car vous allez d'une grande dépendance à l'affirmation sans nuances de votre personnalité. Prenez garde, alors, que la tension émotionnelle qui résulte d'un effort difficilement soutenu ne se résolve par une usure nerveuse qui vous rendrait inapte à une vie collective harmonieuse.

Uranus-Mercure

Aspect harmonique (conjonction ne recevant pas d'aspect dissonant majeur, sextile, trigone) : dans l'harmonie, cet aspect signe une intelligence brillante, capable d'abstraction, apte à bâtir des systèmes et à s'y impliquer fortement. Il engage à suivre une idée-force, donne le goût des formules lapidaires et de l'impact aux affirmations.

Grâce à l'intuition, il porte à démystifier les fausses valeurs en percevant ce qu'il y a de caché derrière les apparences, et le sens des contacts est dirigé vers les gens qui pratiquent une même spécialité et emploient le même langage.

Aspect dissonant (opposition, carré) : la dissonance met l'accent sur l'absence de moelleux d'un tel aspect : c'est le jeu de l'esprit à l'état pur, axé sur un domaine spécifique dont toute sentimentalité est absente et dont les flèches frappent à coup sûr. La démystification devient insolence, le désir de vérité porte atteinte à l'harmonie.

Il se peut que l'orgueil, l'exigence tatillonne du sujet éloignent de lui les gens sensibles et qu'il s'enferme alors dans une solitude hautaine, loin de la superficialité et de la résignation, au mépris de son équilibre nerveux et d'une saine autoprotection qui lui épargnerait les délires absurdes qui ne tiennent aucun compte de la réalité. A force de faire soi-même les demandes et les réponses, on est sûr d'avoir raison — à bon compte.

Uranus-Vénus

Aspect harmonique (conjonction ne recevant pas d'aspect conflictuel majeur, sextile, trigone) : entre Vénus et Uranus, le rendez-vous est problématique : selon la codification R.E.T., l'une part quand l'autre arrive ! Car si Vénus rend palpables et vivants les mots et les images, Uranus éclaire brutalement l'ombre de nos illusions. Mais quand le dialogue est harmonieux, chacun y met du sien et les éléments les plus divers arrivent à s'accorder.

Si cet aspect se trouve dans votre thème, et compte tenu des autres éléments qui vous singularisent, il est à parier que vous êtes sensible à l'environnement dans la mesure où ce qui vous entoure est en accord avec vos valeurs propres, vos exigences profondes.

Si l'on prend Vénus comme la planète des attachements humains, la présence d'Uranus vous rend difficile : pour aimer, il vous faut admirer et respecter la liberté de votre partenaire. Foin de ces attachements passionnels où l'amour est aveugle ! Chez vous, la tête et le cœur vont du même pas ! Cela vous rend pudique sur le plan sentimental, discret dans les confidences.

Aspect dissonant (carré, opposition) : la dissonance accentue l'incompatibilité naturelle entre les planètes. Selon la manière dont vous vous impliquez dans la relation à deux, vous pouvez soit réduire l'amour aux exigences sexuelles, soit lui préférer les mouvements du cœur sanctifiés par la raison. Parions que vous préférez l'amitié, qui garde ses distances, à un attachement qui pèserait sur votre indépendance, et que vous évitez le dialogue affectif, dans la crainte de perdre votre autonomie. Il y a chez vous un certain narcissisme et vous aimez trouver dans « l'autre » un écho à vos pulsions ; il se peut même que vous l'exigiez comme une satisfaction légitime. Dans bien des cas, vos amours se succèdent à vive allure, à moins que votre partenaire soit d'une nature suffisamment souple et que vous vous fixiez, pour un temps, dans une situation stable, à condition qu'elle vous apporte la valorisation sociale qu'un tel aspect peut sous-entendre.

Uranus-Mars

Aspect harmonique (conjonction ne recevant pas d'aspect conflictuel majeur, sextile, trigone) : le défaut d'Uranus est de faire bon marché de la réalité en l'excluant de son pouvoir simplificateur. Dans l'aspect Uranus-Mars, l'exigence des faits est observée. Autant dire que vous saurez mettre en application les idées-forces qui vous inspirent, tout en respectant la liberté de chacun.

Si, dans votre thème astrologique, l'aspect Uranus-Mars est dominant, vous avez intérêt à vous spécialiser dans une activité où votre compétence aura raison des habitudes périmées. Vous êtes un lutteur solitaire et ne comptez que sur vous-même pour venir à bout des difficultés que le quotidien vous oppose. Il se peut qu'une apparence de facilité donne à vos prouesses une allure de jeu et que l'on ne prenne pas toujours au sérieux l'originalité de vos conceptions et l'audace de vos trouvailles. Il vous restera à convaincre les sceptiques, et ceux qui auront douté de vous malgré vos efforts se mordront peut-être un jour les doigts de ne pas y avoir cru à temps.

Aspect dissonant (carré, opposition) : si l'aspect harmonique signe une personnalité qui sait où elle va, la dissonance peut se traduire par des excès contenus potentiellement dans les deux planètes.

Si Uranus est plus fort que Mars, vous risquez de perdre patience quand vos réalisations ne suivent pas vos certitudes intérieures. Si Mars domine, la réalité vous investit et vous doutez du bien-fondé de vos trouvailles. Dans les deux cas, le manque de coordination entre les compétences et les réalisations est générateur d'éclats, d'impatiences vivement exprimées, suivies parfois d'abandon. Car la réalité est un cheval rétif qui échappe souvent aux systèmes élaborés dans le silence d'un cabinet de travail. Pour en faire un animal docile, il faut apprendre à ruser et ne pas hésiter à prendre conseil et à demander de l'aide : les difficultés sont parfois mieux appréciées par un œil neuf, dépouillé du désir d'affirmation personnelle.

Il se peut aussi que votre belle assurance vous fasse perdre le sens de l'objectivité ou de la prudence et que vous vous jetiez, tête baissée, dans des tâches au-dessus de vos forces ou dans des entreprises risquées qui vous feront « gagner du galon », ou perdre la vie si vous n'avez pas la « baraka » !

Uranus-Jupiter

Aspect harmonique (conjonction ne recevant pas d'aspect conflictuel majeur, sextile, trigone) : les deux planètes se donnent la main pour assurer une notoriété qui ne manque ni de relief ni de bonheur ! Sensibles toutes deux aux apparences, elles donnent à nos actions la rigueur d'une pensée nettement formulée.

Si l'aspect Uranus-Jupiter domine votre ciel, vous pouvez asseoir une réussite sociale dans quelque spécialité qui nécessite des qualités de synthèse, et concentrer vos efforts en vue d'un confort matériel qui vous facilitera la réalisation de changements, inspirés par une idée qui vous tient à cœur. Vous conciliez adroitement un conformisme de bon aloi avec les exigences des puissances qui vous animent, et votre jovialité expansive enveloppe une intransigeance quelque peu cassante.

Vous avez le sens de l'avenir... que vous voudriez exploiter sur-le-champ, et cela vous rend parfois impatient. Mais vous savez ménager les gens en place et attendre votre heure ! Quand celle-ci aura sonné, rien ni personne ne vous empêchera de dévoiler vos batteries secrètes et de gagner haut la main une victoire longtemps attendue.

Aspect dissonant (carré, opposition) : dans la dissonance, la souplesse apportée à la réalisation de vos ambitions se heurte à un certain rigorisme. Vous risquez d'osciller entre l'attitude bon enfant de celui qui valorise son savoir-faire en « relevant ses manches », et celle de l'idéologue hautain qui prend des distances avec la réalité. Il se peut que vous vous sentiez secrètement supérieur à ce que vous faites et qu'une certaine condescendance vous empêche de jouir de vos succès.

Par Jupiter, vous êtes conformiste, et révolutionnaire par Uranus, mais la dissonance empêche les deux tendances de coexister et d'œuvrer calmement vers un même but. Vous pouvez vivre, alternativement, des périodes d'optimisme expansif et des moments d'intransigeance sévère, à moins que vous n'arriviez à conquérir, au-delà des crises et des remises en question, une notoriété issue d'un engagement personnel ou du désir de faire partager une idée-force dont vous prenez la responsabilité morale.

Si Uranus l'emporte sur Jupiter, vous jugez les élus nantis selon votre éthique personnelle, mais si Jupiter domine, vous avez tendance à ramener les hommes à leur fonction économique et sociale. Il se peut aussi que ce que vous préconisez soit si audacieux que vous ne pouvez trouver audience qu'auprès d'une minorité et que la réussite vous échappe, pour avoir devancé votre temps.

Uranus-Saturne

Aspect harmonique (conjonction ne recevant pas d'aspect conflictuel majeur, sextile, trigone) : Saturne nous complique la vie, car il nous fait réfléchir. Partant des faits, des événements ou de l'individu « autre », il tente de savoir, au travers de l'expérimentation, ce qui se cache derrière les apparences, et prend des distances avec le concret pour en connaître le contenu latent. L'instance uranienne exprime l'idée et simplifie ce qui est complexe par une contraction brutale qui choque quelquefois. C'est dire que sous l'aspect Uranus-Saturne se cache souvent le jeu complet du technicien qui expérimente et fait connaître le résultat de ses efforts.

Vécu dans l'harmonie, ce duo vous permet d'agir avec circonspection, mais il fait taire en vous les hésitations quand les circonstances l'exigent. Si votre don de l'analyse se résoud dans une formule heureuse, vous le devez à votre intuition. Cela vous vaudra l'étonnement un peu jaloux de personnes moins douées, et une réputation de maîtrise dans quelque spécialité. Dans la vie courante, vous êtes un perfectionniste : si vous entreprenez quelque chose, c'est pour le mener à bien dans les meilleures conditions. Vous êtes sévère envers vous-même et envers les autres. On pourra parfois envier votre calme et votre concentration et dire que vous êtes insensible, que vous manquez de cœur et d'élan : ce serait prendre l'apparence pour la réalité et confondre la dignité et la discrétion avec l'indifférence. Vous êtes quelqu'un sur qui l'on peut compter, même si votre abord est parfois abrupt.

Aspect dissonant (carré, opposition) : dans la dissonance, vous vous fiez uniquement à votre inspiration et tranchez sans réfléchir, ou bien vous vous complaisez dans l'analyse des situations, ce qui retarde votre action. Cela peut vous rendre ratiocineur, méfiant, contestataire, sans pitié pour les faiblesses ou les erreurs humaines. Il se peut que vos contacts sociaux ne soient pas très harmonieux si votre susceptibilité a cru déceler une machination derrière une maladresse, ou senti le « petit pois » sous sept matelas de plume !

Si d'autres configurations viennent adoucir la rigueur de l'aspect, les gens sensibles cesseront de craindre vos critiques et vous rencontrerez alors des natures audacieuses ou naïves qui devineront la tendresse qui se cache peut-être sous la rigueur, et le cœur derrière le raisonnement.

Uranus-Neptune

Aspect harmonique (conjonction ne recevant pas d'aspect conflictuel majeur, sextile, trigone) : dans l'harmonie, le sujet n'est pas embarrassé pour exprimer sur tous les plans son être profond. Par Neptune, il libère ses phantasmes, concrétise ses forces secrètes et transfigure la réalité en la dégageant du quotidien. Par Uranus, il formule ce qu'il sait, mais omet ce qu'il pourrait voir. Si les deux planètes sont de force égale, elles peuvent vous encourager à cultiver l'apothéose du sentiment vécu en se fondant dans « l'autre », et en ressentant ensemble toutes les merveilles du monde, à condition d'établir la charte du romantisme et d'organiser l'instinct qui métamorphose la vision du monde !

Si Neptune domine, vous êtes un imaginatif, sensible et contemplatif, poète maudit ou sacré, selon que vous êtes sorcier ou idéologue, mais, qui que vous soyez, Uranus vous incite à écrire et, en cas d'échec, vous enseigne le détachement. C'est aussi grâce à Uranus-Neptune que vous devinez l'âme souffrant derrière le masque impassible, et votre idéal féminin, monsieur, sous les haillons de Peau d'Ane !

Uranus, en dominante, vous rend lucide devant vos débauches imaginatives et vous pousse au dépassement et à la schématisation de vos démons intérieurs. Il peut vous valoir une réussite durable en tempérant les excès neptuniens, ou en canalisant leur abondance... à son profit !

Lorsqu'on aborde des planètes comme Neptune, dont la durée de révolution sidérale dépasse la vie de l'homme, leur signification s'applique à des mouvements d'idées, à des systèmes scientifiques, politiques, religieux ou philosophiques, dans lesquels sont impliqués les hommes d'une même génération. Ce sont des constructions de l'esprit qui échappent aux mots et aux faits : c'est le domaine de la transcendance, qui suppose l'intervention de principes extérieurs à un ordre de réalités déterminées.

Dans le cadre de cette remarque, nous constatons que la dernière conjonction Uranus-Neptune a eu lieu (fin Sagittaire-début Capricorne) entre 1820 et 1822. A cette époque, un grand redressement économique et financier a conduit au capitalisme moderne. En 1992, une nouvelle conjonction a duré toute l'année (entre 13 degrés et 16 degrés du Capricorne).

Si Uranus représente le patronat (par la notion de pouvoir d'un seul qu'implique cette planète) et Neptune la classe ouvrière (les inconnus qui réalisent), la situation évoluant, on peut se demander si la notion de patronat ne va pas évoluer. Neptune empêche Uranus de se singulariser, il oblige l'homme décisionnaire à s'appuyer sur l'ensemble des gens.

Aspect dissonant (carré, opposition, ou conjonction recevant un aspect conflictuel majeur) : la dissonance fait ressortir le contraste qui existe entre les deux planètes.

Si Neptune incite à vivre toutes les pulsions de cet infini que l'homme porte en lui, Uranus, qui les connaît bien, se contente de les formuler, sans croire à leur existence. C'est dire que la dissonance portera surtout sur les buts envisagés et les propositions de résolution.

Si dans votre thème, Neptune est plus fort qu'Uranus, vous avez tendance à trouver dans la rêverie le seul moyen de vous dégager de la contrainte du réalisme, à penser que la présence d'inconnus dans une communauté est un mode de vie qui se définit sans paroles et peut se partager sans conformisme. Dans la vie courante, vous avez tendance à entreprendre mille choses à la fois, sans ordre ni méthode, vous reposant d'une occupation dans l'autre, tandis que, sentimentalement, il faut que vous passiez des bras de l'un dans les bras de l'autre, personne n'arrivant à vous combler.

Si Uranus domine, vous faites la sourde oreille aux sollicitations de la « folle du logis », ce double invisible et discourtois de vos désirs latents qui veulent se concrétiser, retardant ainsi une insertion sociale qui oblige à la rigueur et à la concentration.

Souhaitons que vous trouviez une dérivation à ces forces opprimées, un domaine où elles puissent s'engager et préserver votre équilibre ! Vous pourriez alors, afin de rendre cohérentes l'abondance et la variété de vos images mentales, les sublimer par l'art, la politique, ou l'exercice d'une discipline qui aurait pour but de mettre de l'ordre dans la complexité de l'âme humaine.

Uranus-Pluton

Aspect harmonique (conjonction ne recevant aucun aspect dissonant, sextile, trigone) : même aux astronomes, Pluton, la dernière planète connue du système solaire, n'a pas livré tous ses secrets !

Pour l'astrologue, Pluton évoque le monde inconnu qui nous habite, tout ce qui est différent du Moi social fortement impliqué dans les événements et dépendant d'une ligne de conduite. Ici, toute les pulsions ont droit de cité, en se dégageant du formalisme et du concret.

Uranus, s'il se branche sur les courants collectifs ou les arcanes de la psyché, fait fi de la réalité et néglige la dialectique : il simplifie, impose, codifie sans souci existentiel la complexité intrinsèque de l'homme. C'est l'autoroute de la pensée, sans péage ni ravitaillement !

Uranus, allié à Pluton, ne peut garder un secret : l'aspect évoque la « catharsis [1] »... ou le strip-tease mental !

Le thème de Freud porte l'aspect en dominante : conjonction Uranus-Pluton entourant le Soleil qui se couche en Taureau. Mais il n'est pas nécessaire d'être le père de la psychanalyse pour vivre harmonieusement un tel aspect. Vous pouvez, si Pluton domine, vous adapter à tout ce qui change et deviner les besoins du public. Alors que vous êtes facilement secret, Uranus vous rend plus ouvert : vous formulez ce que vous ressentez, conscient qu'une idée exprimée fait son chemin toute seule. Si la réalité vous déçoit souvent, si l'éternel recommencement de la vie quotidienne vous est insupportable, et si vous estimez que les petits bonheurs sont dérisoires, vous construisez des abstractions, une systématisation philosophique à la gloire de l'éternité, de l'hermétisme, du doute ou de l'insatisfaction. Dans l'aspect harmonique, votre personnalité complexe et parfois un peu floue se fortifiera et choisira, parmi d'autres, une idée directrice originale vous permettant d'unifier, de maîtriser la diversité de vos moyens, en vue d'un équilibre intérieur.

Aspect dissonant (carré, opposition ou conjonction recevant un aspect conflictuel majeur) : dans la dissonance, Uranus-Pluton fait fi de la sensibilité. On vous accusera peut-être de méchanceté car il vous suffit de penser de façon cohérente, sans avoir à prouver ce que vous avancez. Et vos propos peuvent faire du mal ! Si aucun autre aspect ne vient atténuer ce mépris du concret, vous vous ferez la réputation d'un incorrigible bavard qui révèle à tout venant le fond de son âme, mais trahit tous les secrets, un paresseux qui refuse de se salir les mains dans les besognes quotidiennes, un être d'exception pour qui payer son loyer ou faire son lit ne peut que l'abâtardir. Vous contestez l'évidence, affirmez que le blanc est noir et que les autres ont la vue basse. Si Uranus domine, pas question de vous remettre en cause : vous avez toujours raison, puisque le « modèle » c'est vous !

Si vous estimez que les petits bonheurs sont dérisoires et que la vie est trop difficile, votre manque d'objectivité peut dégénérer en rêverie, ou s'égarer dans des spéculations philosophiques, intellectuelles ou politiques, où les entités invisibles, craintes et respectées, seront soumises à rude épreuve ; vous risquez d'être un iconoclaste farouche ou un démystificateur irrévérencieux ! Espérons qu'une planète malicieuse vous fera choisir la farce plutôt que le drame, pour exorciser vos démons et que vos outrances feront rire au lieu d'inciter au désespoir.

Dans certains cas, vous pouvez vivre alternativement chaque pôle de l'aspect. Vous aurez des moments de réserve pendant lesquels vous paraîtrez froid et renfermé : vous protégez alors votre faculté d'analyse en contrôlant votre complexité. Parfois, une envie brutale vous incite à exprimer l'un de vos problèmes à la manière des comédiens, dont c'est le métier de s'impliquer dans différents personnages et de ne les vivre que sous le couvert de la fiction.

Quelle que soit la forme de votre réussite, vous donnez l'impression d'être sûr de vous, mais vous taisez cette ambiguïté qui vous torture : être perpétuellement entre la réussite et l'échec. Elle ne vous portera que rarement à la suffisance, mais plutôt au perpétuel dépassement !

1. Littéralement : la purgation. « En psychanalyse freudienne, elle décharge de l'émotion qui s'attache à un vécu antérieurement refoulé. Dans la catharsis, le patient s'exprime d'une façon dynamique qui débouche sur la connaissance de soi. » *(Dictionnaire de la psychanalyse.)*

L'hiver : la saison du Verseau qui naît, dans nos pays, sous la neige et ne voit guère les rayons du soleil pendant les premiers mois de sa vie.

Cette fusée s'élevant de la base de Cap Kennedy est à l'image d'Uranus, planète maîtresse du signe, qui confère aux Verseau leur potentiel dynamique, leur amour de la liberté, leur force constamment novatrice.

Comment interpréter les Planètes dans les Signes

Les Planètes dans le Verseau

Le Soleil en Verseau, on n'en parle plus pour l'instant ! Place aux autres planètes qui peuvent, bien sûr, l'accompagner et accentuer la dominante du signe : ce n'est pas interdit... c'est même recommandé !

Lune en Verseau

La Lune, Madame, on n'y va pas... on y est ! Depuis notre naissance, nous avons toujours la nostalgie du premier mois de notre existence où le bien-être allait de soi, réduit aux besoins essentiels assurés par notre mère, ou tout autre adulte en tenant lieu. Depuis, c'est notre harmonie interne, la façon dont nous sommes une « personne » en même temps qu'un personnage, l'ensemble de nos pulsions et de nos désirs qui coexistent avec bonheur ou vivent en guerre, selon notre thème astrologique, notre enfance, nos besoins et nos modèles.

D'une manière générale, c'est un équilibre dynamique qui pare au plus pressé, redresse une tendance, en atténue une autre et vous fait dire « je suis bien dans ma peau » ou « quelque chose ne va pas » selon que vous avez réussi ou non à conserver cet état. C'est votre façon de vivre en couple ou en groupe, ce que vous en espérez et ce que vous y apportez. C'est aussi la part de virilité qui existe en chaque femme et ce qu'il y a en vous, Monsieur, de féminin. Pour les spécialistes, c'est le psychisme, ce monde secret qui nous habite, et pour le poète, sa forme d'inspiration.

Si vous avez la Lune en Verseau, elle vous permettra de cultiver des valeurs personnelles, de canaliser vos pulsions au profit d'un idéal et de décrire vos états d'âme avec les mots qui conviennent. Dans le couple ou le groupe, vous tenez à garder votre personnalité, mais vous respectez celle d'autrui ; on vous y remarque, car vous aimez y tenir un rôle.

La Lune en Verseau, c'est aussi réagir quand le vent se lève et profiter du zéphyr pour naviguer en douceur. C'est parfois s'oublier pour aider à transformer le monde, ou se recréer soi-même quand on s'est perdu. C'est la dépendance envers ses amis, le besoin d'originalité ou la soif de changement, c'est une mémoire qui oublie tout, sauf l'essentiel : ce qui est riche en potentialités nouvelles, ce qui est positif, utile et peut débloquer les situations.

C'est aussi, parfois, voir les êtres avec des lunettes roses, selon nos désirs secrets, leur prêter les bontés que nous souhaiterions qu'ils aient et des conduites qui seraient le reflet des nôtres. Le risque est alors d'élever des statues à la gloire de l'impossible, qui s'écrouleront parfois, nous entraînant dans leur chute.

Mercure en Verseau

Mercure, c'est les trois premiers mois de la vie pendant lesquels le nourrisson commence à prendre conscience du monde extérieur. La sensation est indifférenciée, la vision globale. Plus tard, Mercure affine ce premier état et sa mobilité lui permet d'aller du simple au complexe sans trop se soucier de l'exigence des faits : la sensation parle à l'intelligence et le mot implique l'idée.

Selon que la complexité est celle du sujet ou celle de l'environnement, elle engage soit à l'introspection, soit à une adaptation rapide aux circonstances ou aux individus. Dépendant de l'ambiance, Mercure a du « liant » : ses contacts sont aisés, son intelligence mobile, ouverte à tout avec une incessante curiosité.

Si rien dans le thème ne vient contrecarrer la tendance, Mercure en Verseau signe une intelligence intuitive mais rigoureuse, à condition que le sujet soit motivé. Sinon, il se laisse plutôt envahir passivement par les informations qu'il emmagasine et qui resteront latentes, en attendant de ressortir un jour sous forme créative.

Au Verseau, Mercure est souvent distrait. Il n'établit le contact avec autrui que si l'ambiance est mobilisatrice, l'interlocuteur plaisant ou si la discussion porte sur ses convictions. Pour peu que Mars s'en mêle, il part alors au « quart de tour », se lance dans la bagarre, devient passionné, frondeur :

« Je ne suis pas notaire
C'est la faute à Voltaire
Je suis petit oiseau
C'est la faute à Rousseau »,

chante Gavroche qui, dans *les Misérables,* est le symbole de la liberté populaire qui renverse les modes et les modèles (parfois même les gouvernements) en pressentant le devenir d'une situation, ultérieurement confirmée.
Plus légèrement, la dialectique Verseau jongle avec les mots, aime le calembour et l'invention verbale qui encouragent sa verve et, paradoxalement, par pudeur ou pour en renouveler l'impact, tourne en dérision l'objet de son indignation. Il irrite parfois les gens sérieux qui ne voient que son apparente légèreté, oubliant que, si l'ironie blesse, elle engendre le ridicule qui, lui, tue...

Dans l'inadaptation, le mépris de la réalité ouvre la porte à l'utopie, aux conceptions irréalisables, aux blabla vides de sens. L'imagination transpose alors le réel, fait prendre au sujet des vessies pour des lanternes et ses images mentales pour d'ingénieuses inventions.

Vénus en Verseau

D'une manière générale, Vénus est la planète qui concrétise les mots ou les apparences : ils deviennent objet ou situation. C'est aussi bien le peintre ou le sculpteur faisant œuvre d'art à partir de son « modèle », que l'amoureux transformant sa déclaration en engagement.

Vénus se projette sur l'objet et le capte, de même que le bébé, au stade vénusien (entre quatre et sept mois), saisit son hochet et le porte à sa bouche. Le baiser n'est peut-être que le début de l'assimilation et tout être épris un consommateur en puissance. Dans ce cas, Don Juan, ou le collectionneur d'objets, ne serait alors qu'un boulimique aux yeux plus grands que le ventre, car si Vénus « palpe », elle ne consomme pas !

Pour le Verseau, l'amour humain est une création du Moi. C'est un manteau taillé dans un tissu splendide ou médiocre selon la qualité de nos aspirations secrètes, et l'on passe parfois toute sa vie à essayer sur « l'autre » cet habit merveilleux ! S'il semble fait sur mesure à celui qui l'endosse, il l'habille pour longtemps. S'il plaît à d'autres, pour un temps, et qu'ils s'en défassent, c'est nous qui sommes nus ! A moins que nous soyons contraints de le leur arracher parce qu'ils le souillent, et le gardions pour nous, abandonnant tout autre essai : il nous réchauffera alors en nous parant, jusqu'à ce qu'il tombe en lambeaux ou nous serve de linceul.

Plus simplement, le Verseau est spontanément doué pour le bonheur parce qu'il fait crédit à la nature humaine, mais qu'il est sans illusions sur ses imperfections. Il refuse donc toute complaisance envers le chagrin. Pour les sujets évolués, point de lyrisme romantique : on analyse le mal d'amour et, pour le dompter, on fait appel à la raison ou à l'oubli.

Que ce soit dans le choix d'un objet ou dans les rapports humains, si vous êtes Verseau bon teint, une grande indifférence vous habite jusqu'à ce que quelque chose ou quelqu'un mobilise votre attention : vous réagissez alors par une attirance extrême ou une répulsion spontanée que vous essayez de modérer en compensant, par un compliment, la rigueur d'une attitude, et en éteignant provisoirement l'emballement d'un moment.

Si le coup de foudre ne vous épargne pas, vous êtes fidèle à ce qui dure et, pour éviter de déménager... vous changez les meubles de place !

Si Vénus est la planète de l'amour humain, en Verseau elle se passe aisément de sa conclusion logique : le mariage ! Vous êtes plus à l'aise dans l'union libre parce que vous êtes indépendant ! Une vie à deux librement consentie vous met à égalité. A moins de contre-indication dans le thème ou d'une éducation particulièrement rigide, vous n'avez rien, Monsieur, d'un affreux sexiste : vous aimez que votre femme ait une personnalité, vous en êtes même très fier... Quant à vous, Madame, le mariage n'est ni une « carrière » ni une fin en soi. Rares sont les femmes Verseau qui vont de pensions alimentaires en gratifications matrimoniales pour vieillir libres sur un matelas de retraites. Taxer votre ex-conjoint parce que vos « humeurs » n'étaient pas compatibles est une atteinte à votre dignité, et, à moins que l'obligation d'élever vos enfants ne vous y contraigne, vous préférez travailler et garder, si possible, de bons rapports avec votre ex-époux... qui est aussi un père ! Quant au chagrin d'amour, on n'en meurt qu'une fois !

Dans les moments d'inadaptation, vous pouvez vous laisser aller à des emballements sans fondements, prendre l'apparence pour la réalité, être un jouisseur effréné ou une détraquée sexuelle, un solitaire qui exploite ses amis ou une intellectuelle bas-bleus : cela vous vaudra mille quiproquos et une vie affective pleine d'imprévus, pas toujours souhaités.

Mars en Verseau

Chez l'enfant, la période marsienne dure une année (de un an à deux ans) au cours de laquelle l'objet cesse d'être assimilable pour devenir une chose à laquelle il veut se mesurer. L'enfant apprend à ses dépens que le feu brûle, que l'épingle pique mais que, avec une certaine adresse, on peut éviter ces inconvénients.

Pour l'astrologie conditionnelle, Mars est la réalité, le concret, la façon dont le sujet l'aborde et s'affirme dans sa confrontation avec les événements. C'est aussi la nature de ses forces vives. Pour l'objet, ni règles ni codes : il existe ou n'existe pas ! La manière de s'en servir en se valorisant ne vient qu'au stade suivant : celui de Jupiter.

Si vous avez Mars en Verseau, vous avez de la chance, car il ne s'attarde guère dans votre signe, étant proche de sa « périhélie » (4 degrés Poissons). Ce mot barbare veut dire que, dans sa course autour du Soleil, il s'approche dangereusement de celui-ci et qu'il va le plus vite possible pour s'en éloigner. A ce moment, les faits l'emportent sur les idées, mais comme nous sommes encore en Verseau où les choix sont réfléchis afin de ne choquer personne, idées et faits vont donc se mêler adroitement.

Le pouvoir réalisateur du Verseau est plus dans la réaction que dans l'action, et la vérité des faits bruts pousse le sujet à agir en rénovant. Si l'inhibition hivernale l'engage à en dépouiller l'apparence au profit de l'essentiel, sur lequel il va s'appuyer, il sait aussi que tout est lié, que la réalité peut être un empêchement à la liberté de pensée et que toute expérience doit être dirigée par l'intuition.

Si vous avez Mars en Verseau, vous pouvez, comme Jane Fonda, canaliser vos efforts dans la défense de la paix mondiale ou montrer, à la manière de Bunuel, que le réalisme peut être agressif mais que « la nécessité de manger n'excuse pas la prostitution de l'art ». Vous pouvez aussi entrer en guerre contre la réalité polluée ou tel saint Vincent de Paul, le réaliste de la charité, mettre votre énergie au service d'une mystique ou de conceptions idéologiques.

Dans l'inadaptation, vous pouvez, si vous êtes poète, sublimer le réel, transformer en invisible le visible, qui « est un degré plus haut que la réalité, ce visible dont nous sommes les amants et les transformateurs », pour R.M. Rilke (Lune, Mars et Saturne en Verseau).

Vous pouvez être un surréaliste et ne plus voir l'objet mais seulement « écouter » ce qu'il vous inspire, refuser la sensation et préférer l'essence abstraite des objets à leur existence, transformer un guéridon en « tapis volant » pour retrouver vos chers disparus, et prendre le marc de café comme un support de voyance au lieu du résidu concret d'un breuvage parfumé !

Jupiter en Verseau

Si Mars est l'action mobilisatrice, deux chemins peuvent être envisagés en partant des faits : soit leur simplification (Jupiter), soit l'abord de leur complexité (Saturne). Donc, Jupiter vous simplifie la vie ! C'est pourquoi la Tradition astrologique le considère comme « bénéfique », la complication n'ayant jamais engendré la tranquillité qui, généralement, est gage de bonheur.

Puisque Jupiter met douze ans à effectuer son périple, il est intéressant, pour le définir, de savoir ce qui se passe chez l'enfant pendant le même laps de temps.

Entre deux ans et six ans, l'enfant, qui était dépendant de l'objet et de « l'autre », cherche à se les annexer : il est possessif, jaloux et sa sociabilité se borne à l'entourage familial. Entre six et douze ans approximativement, il a tendance à se faire remarquer par un exploit ou un objet qu'il est seul à posséder ; sa sociabilité s'étend aux camarades à l'occasion de la scolarité et, vis-à-vis d'eux, la profession des parents une grande importance.

Transposées chez l'adulte, ces conduites ne changent guère : seule l'importance de l'enjeu diffère, ainsi que l'impact social. Il s'agit toujours de transformer une expérience en un événement personnel, de faire valoir ses dons à travers ses œuvres, en accord avec les normes de la société dans laquelle on vit. Le thème ne rend pas compte de ces dernières qui nuanceront, espérons-le, l'analyse de l'astrologue.

En Verseau, à condition que ces tendances soient convenablement mûries, le sujet peut se faire apprécier par des sentiments humanitaires ou de larges conceptions sociales. Il s'agit de « mettre la main à la pâte », de « relever ses manches » pour que le monde, le pays, votre groupe professionnel ou votre famille sortent de leur enlisement, de leurs difficultés, ou de leurs routines. Vous comptez bien que l'on vous en saura gré et vous vous y employez utilement.

Votre don pour faire coexister sans problème ce qui parfois se nuit et votre attitude temporisatrice vous aident dans vos choix : vous intervenez lorsque vos projets sont au point et assurés du plus large accueil. Votre image sociale s'appuiera sur la qualité de votre intuition, vos facultés d'adaptation, votre foi dans le progrès et les dangers de l'immobilisme.

Comme vous préférez donner plutôt qu'accumuler, l'état de vos finances risque de souffrir de générosités au-dessus de vos moyens ou de l'oubli des contingences matérielles.

Si la société (ou votre entourage) n'est pas en mesure de recevoir l'élan que vous lui donnez, ou si quelques configurations malignes viennent perturber le bon aloi de vos ambitions, vous pouvez être vu comme le trublion qui se repaît de vent, l'empêcheur de danser en rond parce que vous tournez à l'envers, le boulimique uniquement préoccupé de satisfaire ses instincts, ou le faux naïf qui en veut au monde entier de ne pas le reconnaître comme le nouveau Messie.

Vous pourriez vous laisser aller à des générosités qui gêneraient le bénéficiaire plus qu'elles ne l'aideraient, ou bien intervenir avec de lourds sabots dans une situation où l'on n'a pas réclamé votre aide. Il ne vous resterait plus, alors, qu'à vous retirer sous votre tente avec l'amertume de l'incompris, au désespoir bruyant et vengeur !

Saturne en Verseau

Si les peuples heureux n'ont pas d'histoire, Saturne se charge de compliquer la nôtre et de la rendre fertile en événements. L'astrologie traditionnelle l'appelle le « grand maléfique » en souvenir du dieu qui mangeait ses enfants... ou du loup dévorant le Petit Chaperon Rouge ! Déconditionnons-nous de ces calamités en puissance et reconnaissons que, si Saturne est toujours quelque part pour nous compliquer l'existence, il permet aussi de passer du concret à l'abstrait, de découvrir ce qui se cache derrière les apparences, le pourquoi des événements, de nous donner le goût de la structure, un besoin d'absolu qui nous fait revivre nos quinze ans, leur inconfort et l'inquiétude latente des crises formatrices.

Saturne en Verseau n'échappe pas à la règle : il fait le point sur soi-même et les autres, prend conscience de la nécessité d'évoluer et de dégager des événements leur inconnu libérateur. Il cherche à communiquer pour atténuer le doute que l'isolement amplifie.

Si vous avez Saturne en Verseau et que rien, dans votre thème, ne vient contrarier ces tendances, vous pouvez, par exemple, atténuer la crise d'adolescence de vos enfants ou de ceux dont vous avez la charge, en expliquant qu'elle est normale et même nécessaire ; que l'esprit contestataire dont ils font preuve et qui refuse les modèles débouchera, plus tard, sur un épanouissement intérieur ; que, s'ils veulent être des individus à part entière et non le reflet d'une éducation, ils doivent faire le tri entre ce qu'ils peuvent assimiler et ce qu'il leur faut rejeter. Vous saurez, aussi, respecter leur silence en comprenant que le vocabulaire dont ils disposent est encore trop inadapté pour rendre compte de leur état. Vous pouvez, en attendant un complet équilibre, leur suggérer d'être des adolescents qui tentent d'assumer, sans romantisme excessif, une crise nécessaire à leur épanouissement.

Saturne en Verseau pondère votre réactivité ou votre enthousiasme, vous fait prendre conscience que l'on s'use parfois à défendre des causes perdues d'avance et qu'il faut se méfier de l'illusoire, au profit d'une connaissance plus approfondie des choses.

Si vous ne parvenez pas à faire coexister planète et signe dans un contexte cohérent, vous risquez de vous isoler dans un silence rempli du mépris des conventions, d'inventer des voies tortueuses pour refaire le monde et de refuser tout contact qui ne serait pas intellectuel.

Prenez garde de ne pas mépriser les plaisirs de la vie au profit d'une ascèse orgueilleuse qui vous couperait de la réalité ! Souvenez-vous enfin que le hasard est un maître et la fortune une dame aveugle que l'on doit saisir par les cheveux.

Neptune en Verseau

« Vous qui entrez ici, quittez toute espérance ! » a écrit Dante. La mémoire neptunienne restitue partiellement les informations enfouies, retient « l'air » et oublie « les paroles »... ou bien le contraire !

Si vivre Uranus n'a rien d'exceptionnel, espérer les cent-soixante-quatre ans de Neptune dépasse la raison. Selon certains récits, ce privilège serait réservé à des cavaliers ou des moines caucasiens, nourris de racines et de yaourts ! Ce serait payer par bien des privations une telle longévité... Heureusement, rien n'est moins sûr, et l'on peut constater, à travers ce propos, le flou neptunien qui enveloppe les faits d'un halo, et encourage à croire en des expérances secrètes pour lesquelles le temps ne compte pas.

Neptune et Pluton, dernières planètes du système solaire, déconditionnent l'individu des valeurs propres au milieu, et lui permettent de dégager du passé des vues d'ensemble dont les contenus sont implicites, mais inspirent des conduites futures et permettent ainsi de pressentir les événements.

Ces planètes suggèrent des croyances, des convictions et des idéologies collectives qu'Uranus intègre à l'échelle humaine, aux quatre-vingt-quatre ans de son espérance de vie.

Dans le passé, Neptune fut en Verseau de décembre 1834 à février 1848.

Voulez-vous que nous fassions un petit tour dans l'histoire de France pour rappeler quelques événements [1] ?

En 1823 (au moment d'une conjonction Uranus-Neptune en Capricorne au sextile de Pluton en Bélier), un mouvement collectif naît dans les consciences. Avec l'entrée d'Uranus en Verseau (décembre 1828), il s'exprime brutalement pour aboutir à la révolution de Juillet (1830) et à l'avènement de Louis-Philippe. Le règne du « roi citoyen » est secoué par de nombreuses insurrections, car l'essor donné à l'industrie française entraîne, paradoxalement, la misère populaire.

En 1832, ce sont les journées du 23 au 26 juin. A l'issue des obsèques du général Lamarque, député de l'opposition, une manifestation a lieu qui se termine tragiquement : la Garde nationale massacre les insurgés, réfugiés rue du Cloître-Saint-Merri.

En avril 1834, un soulèvement est organisé par les corporations mutualistes d'ouvriers et la Société des Droits de l'Homme, qui défend la charte de ses « droits naturels et imprescriptibles ». Élaborée en 1789, cette charte est remplacée par celle de 1793, elle-même remaniée en 1795. (Entre 1789 et 1795, Pluton est en Verseau !)

De 1834 à 1836, Uranus est encore en Verseau et Neptune y entre en décembre 1834 pour en sortir en février 1848. Pendant deux ans, ces deux planètes vont permettre de reformuler les espérances que l'on cherche à vivre et c'est à partir de ce moment que l'opposition se structure et pourra affronter avec succès les journées insurrectionnelles de février 1848, qui déboucheront sur l'instauration de la IIe République. Neptune, ayant terminé son œuvre de visionnaire désacralisateur, peut alors sortir du signe : le mouvement est lancé, il ne s'arrêtera plus.

À partir de février 1998, jusqu'en décembre 2003, Uranus et Neptune se rencontrent à nouveau dans le Verseau. Pas d'espoir excessif ou d'affolement gratuit : ni l'histoire ni l'amour ne « repassent les plats » !

Si Neptune engage l'homme à s'intéresser aux mouvements collectifs, il façonne des conduites et signe des personnalités. Si vous êtes neptunien, vous vous dégagez facilement des conditionnements sociaux pour tenter de vivre votre réalité intérieure. Vous êtes intuitif, généreux et crédule,

1. Pour une simple promenade, que tout le monde peut faire, la compagnie du dictionnaire *Robert* n°2 est très agréable !

parfois naïf. Vous projettez souvent vos impressions et pressentez parfois des vérités que vous avez du mal à formuler. Si vous transformez la réalité, c'est qu'un fait brutal vous émeut et que vous désirez prendre des distances pour amortir le choc.

En Verseau, Neptune s'ouvre sur l'avenir. Ses expériences prennent des formes idéalistes et il croit à ce « quelque chose en lui » qui ne se réalisera que grâce à l'effacement de sa subjectivité.

Dans l'inadaptation, on peut craindre le désir de recréer la vie à la lumière de ses propres fantasmes et, à cause de l'ambiguïté qui existe entre le réel et l'imaginaire, le sujet risque de se croire le saint ou le prophète chargé de révéler au monde ce que l'homme détient d'éternel et de profond.

Prenez garde, toutefois, en vous laissant aller au flou et aux remarques sibyllines difficiles à décrypter, d'acquérir une réputation de messie réformateur, qui vous valoriserait à bon compte aux dépens des « gogos » !

Pluton en Verseau

En Verseau ou ailleurs, Pluton et ses deux cent quarante-cinq ans et quatre mois dépasse non seulement la durée d'une vie humaine, mais encore ce que l'homme a pu laisser sur son passage. Pour ceux qui croient à l'Au-delà, au Jugement dernier et à la Résurrection des morts, c'est l'Eternité. Pour les autres, Pluton est un retour à l'informel, à la poussière et au silence, mais, dans cette longue course ovale, dans ce serpent qui se mord la queue, il y a l'éternel recommencement, la courbe, le cercle, l'œuf initial : Pluton est peut-être une Lune... de deux cent quarante-cinq ans !

En astrologie conditionnelle, Pluton est le multiple opposé au singulier, ce que nul récipient ne peut contenir, nos espoirs insensés ou nos répulsions inavouées, ce que les civilisations ont, peu à peu, apporté à l'homme et qui s'est déposé en nous comme un sédiment, l'origine de nos symboles... peut-être l'« inconscient collectif » cher à Jung.

Si l'on veut donner à Pluton une dimension humaine, on s'aperçoit qu'il est un signal difficilement intégrable, car sa connaissance se heurte à ce que nous ne pouvons savoir de l'inconnu. C'est la force profonde de nos pulsions informulées, cette immensité refoulée parce qu'elle fait peur ou honte et qui ne nous laisse en paix que si nous acceptons de la vivre.

Ceux chez qui Pluton domine recherchent une authenticité qu'ils ne trouvent qu'en eux-mêmes, car elle est rebelle à toute assimilation par le milieu et difficilement communicable. Pour épuiser cette immensité, ils auraient besoin de plusieurs vies mais, comme ils n'en ont qu'une, ils accumulent les expériences et leurs contradictions apparentes sont source de fécondité.

Le Plutonien ne s'intègre que difficilement au groupe ou à la société, mais il sait deviner, dans un monde qui change, les besoins futurs. Selon les autres dominantes du thème, il peut utiliser sa faculté d'analyse à rendre compte des événements, à vivre « dans sa peau » des situations variées ou à aider autrui à trouver un équilibre intérieur. Il fait le journaliste, le comédien, le psychologue ou le publiciste.

Dans l'inadaptation, Pluton a des curiosités malsaines, ne fréquente que les membres d'une petite chapelle qui tentent d'échapper aux normes sociales ; ses impulsions n'ont pas de règles et s'imposent dans leur brutalité. Elles peuvent faire le clochard ou le névrosé, le bagnard de la société ou le sorcier de l'invisible.

Les Planètes dans les Poissons

Soleil en Poissons

Il va vous « identifier » totalement aux autres. Vous ne vous imposerez pas. Vous entrerez dans le jeu d'autrui : cette identification sera, selon votre évolution intérieure, bonne ou mauvaise. Dans ce signe « double », la gamme des « possibles » est infinie...

Vous adapter est, en général, chose facile. Vous offrirez aussi aux autres quelque chose de rare à notre époque : votre compréhension... Vous vous attirerez de nombreuses sympathies. Mais vos relations avec les gens ne seront pas suivies. Elles seront « fluides ». Vous échapperez à leur compréhension. Ils auront l'impression que vous leur « glissez » entre les doigts...

Lune en Poissons

Si le Soleil est l'animus, partie volontaire, active masculine qui est en chacun de nous, principe « yang », la Lune est le reflet de notre anima : partie réceptive, passive, féminine, « yin », en chacun de nous. C'est la face inconsciente de notre personnalité. Elle est le rêve, l'imaginaire, la sensibilité.

En fait, elle donne une sorte d'irréalité à cet être « lunaire » des Poissons. Il a du mal à s'intégrer dans la vie réelle. En effet, les qualités comme les défauts d'expansion et d'inflation envahissantes, propres aux Poissons, sont exacerbés. Le potentiel imaginatif est fabuleux, donnant une véritable vision fantasmagorique des choses.

Vénus en Poissons

Avec Vénus en Poissons, le partenaire est idéalisé ; l'amour est vécu comme un rêve. On peut reprendre ici l'expression de Gaston Bachelard dans *l'Eau et les rêves :* « Le fait imaginé est plus important que le fait réel. » Vénus est exaltée dans le signe des Poissons : l'amour y prend une ampleur lyrique. L'affectivité est débordante. Toutes les motivations sensorielles et affectives se manifestent, en effet, sur un mode Poissons ; c'est-à-dire sans mesure et sans caractère logique... Les amours sont sans frontières. Amours souvent impossibles, chimériques, utopiques dans lesquelles on se jette à corps perdu. L'élu est mis sur un piédestal. Si le rêve s'effondre, le « château de sable » est emporté par la vague... Les chimères évanouies, il ne reste plus rien.

Mercure en Poissons

Cette planète est en exil dans les Poissons. Dans ce signe d'Eau, elle donne un fort potentiel de sensibilité intuitive. Elle représente, en effet, le filtre intellectuel à travers lequel vous vous exprimez en tant que Poissons. Ce n'est pas seulement votre forme d'intelligence, mais la direction qu'elle va prendre. C'est votre faculté d'adaptation qu'elle définit, et vos relations avec l'entourage. Cette direction sera, dans le sens de Neptune, infinie. La perception des choses sera beaucoup plus intuitive, immédiate, que déductive. C'est une perception sans détails. Rien de précis, mais une vision globale, instantanée. La compréhension est « affective ». Elle n'est pas logique. Le climat émotionnel est ressenti intensément, immédiatement.

Mars en Poissons

Dans le signe des Poissons, l'action diffuse se perd dans l'immensité des désirs qui restent inassouvis. Si cette action est souvent incapable de viser droit au but immédiat, l'énergie n'en est pas moins mordante. Mais elle demeure souvent intermittente.

Il faut toutefois se méfier de « l'eau qui dort. » L'on songe à ces tempêtes qui se lèvent sous les tropiques, dans cet océan que d'aucuns avaient nommé Pacifique ! La fureur de la vague peut être mortelle. La tempête est soudaine, elle n'en est que plus violente. L'action de Mars en Poissons est souvent illogique ; on agit par « à-coups ». Elle manque, en tout cas, d'organisation : on fonce au moment où il ne le faut pas. Et l'on se fatigue inutilement.

Jupiter en Poissons

Jupiter, planète féconde, planète d'expansion, indique dans un thème les qualités d'extraversion, d'extériorisation de la personne. L'expansion de ce signe des Poissons donne à Jupiter un grand amour de la vie et un magnétisme personnel qu'il utilise à bon escient. En effet, le Jupitérien des Poissons a une grande confiance dans son étoile. Sa chance peut d'ailleurs être insolente. Elle reste néanmoins fluctuante. Pourtant, au dernier moment, alors que tout paraît perdu, notre Jupitérien « refera surface ». Il s'en sort souvent « miraculeusement ». Un certain goût du faste, un côté un peu ostentatoire n'excluent nullement une générosité réelle.

Saturne en Poissons

Bien vécue, cette planète représente l'influence « contractive » dans le ciel : elle affecte la capacité de l'individu à rassembler les choses pour les concentrer. Elle indique une autodiscipline. Elle est la conscience « morale » dans ce qu'elle a parfois de rigide. L'être se construit un système de défense. Mal vécue, nous avons alors l'isolement. L'être s'enferme. Il perd ses qualités d'adaptation. Il ne sait plus se rendre aussi ouvert. Il ne cherche pas la sympathie. Il s'isole et se laisse gagner par le découragement. C'est le Saturnien « découragé », renfermé, qui refuse de s'adapter à la vie.

Neptune en Poissons

Le Neptunien vit dans un monde sans frontières (le « citoyen du Monde » : Camille Flammarion). Antenne captatrice, Neptune ouvre aussi les portes à la perception de l'infini. Le monde inconscient, du mystère, prend le pas sur la logique cartésienne : c'est le monde de la clairvoyance et de la télépathie.

Avec Neptune s'ouvre tout un monde secret. Nous sommes aux portes de l'Invisible. Au niveau le plus simple, dans la vie de chaque jour, Neptune crée un « climat », une « atmosphère » : la vraie spiritualité, la sainteté, se cachent souvent dans la vie la plus simple.

Pluton en Poissons

Le natif des Poissons est marqué par Pluton, planète d'angoisse qui peut empoisonner notre bonheur, qui dramatise notre vie, qui nous confronte à notre propre enfer, qui n'est ni malfaisant ni cruel, mais juste... Il va vivre cet aspect au niveau le plus morbide ou au contraire accéder, grâce à lui, aux plus belles sublimations. C'est elle qui marque le thème de Victor Hugo (conjonction Soleil-Vénus-Pluton en Poissons) de son empreinte. La puissance de son inspiration, la profondeur de sa sensibilité, la diversité des sujets qu'il traita, c'est sans doute à cette double valorisation neptunienne et plutonienne qu'il les doit.

Les Planètes dans le Bélier

Soleil en Bélier

Avoir le Soleil en Bélier, c'est « être du signe » du Bélier. C'est donc, rappelons-le, avoir une planète (la principale) sur dix dans le signe du Bélier. Quel que soit le nombre de planètes dans un ou plusieurs autres signes, le signe où se trouve le Soleil est toujours primordial. Le Soleil est en exaltation dans le Bélier, ce qui peut donner un excès : décision, enthousiasme, impulsion, entêtement, passion, esprit d'entreprise, violence, générosité. Les passions sont brèves et passagères. Les entreprises risquent de n'être pas suivies avec persévérance. Goût pour la conquête.

Lune en Bélier

La Lune dans le signe de Mars est bien malmenée... Comme elle représente l'inconscient et la sensibilité, ceux-ci deviennent houleux et marqués par l'impulsivité. L'ardeur et la vivacité, une sensibilité brûlante tiennent lieu de tendresse. C'est souvent aussi une composante de révolte, de non-conformisme.

Élément de réceptivité et de féminité, cette Lune, placée dans ce signe viril, n'est pas en bonne position dans le thème d'une femme. Tendance au scandale, exhibitionnisme, indépendance, témérité, tempérament enflammé. La Lune représentant l'idéal féminin dans le thème d'un homme, ce sera alors la recherche de l'amazone, la composante féminine étant virile.

Vénus en Bélier

Les sentiments sont passionnés, l'esprit de conquête violent, l'impulsion sexuelle intarissable.

L'amour est vécu comme un sentiment exclusif, intense, brûlant, mais souvent pas très durable. Grande générosité. « Vénus tout entière à sa proie attachée. » L'affectivité est importante, chaleureuse, un peu brusque. Nombreuses et brèves passions.

Mercure en Bélier

« L'exercice de la justice ne saurait être séparé de celui de la terreur » (Lénine). La planète Mercure représentant le mental, celui-ci se trouve ici sous la domination de Mars et Pluton : fougue, intuition foudroyante, certitude d'avoir raison. Les choses sont vécues dans l'instant, avec l'ivresse de la découverte. Cette position laisse peu de place au doute, à l'hésitation. L'intellect est très actif, avec une tendance à la polémique (Mars) et au sarcasme (Pluton).

La franchise est brutale, tranchante comme un scalpel. La diplomatie et la douceur ne sont pas l'apanage de Mercure en Bélier ! C'est la position des polémistes, des « fonceurs ». Le passage de la pensée à l'acte est immédiat, c'est un peu la conjonction Mercure-Mars, avec son don de persuasion, sa rapidité redoutable. Au négatif, cette position qui donne un ascendant sur autrui peut aussi entraîner les autres sur une fausse piste. Le Bélier conduit le troupeau, mais il ne sait pas toujours où; un de ses côtés les plus dangereux étant l'aveuglement, le résultat peut être catastrophique. Mais peu lui importe, l'essentiel, pour lui, est de conduire.

Mars en Bélier

Fougue, énergie, volonté constructive, entreprenante, dynamisante. Goût pour les épreuves de force, où le courage le plus fou trouve son expression. Activités intarissables : sport, courses, dépense physique. Résistance à toute épreuve. Plus il y a d'obstacles à son désir, à son projet ou à sa volonté, plus le natif se sentira stimulé.

Jupiter en Bélier

Le dieu de la Foudre dans le signe du Feu primordial. Ce n'est pas un gage de modération, mais Jupiter canalise et rend efficace l'agressivité en dents de scie du Bélier. C'est donc un facteur de chance, de rayonnement, d'optimisme et de générosité. Le goût des plaisirs s'en trouve augmenté, ainsi que le contentement de soi. Cette combinaison comparable à Mars-Jupiter peut donner un tempérament quelque peu exhibitionniste, un excès de confiance en soi, une faconde envahissante et vaniteuse.

Mais le caractère est puissant et l'optimisme communicatif. La maturité coïncide avec l'affirmation de la personnalité, bien que la réussite soit souvent précoce. Exemples : Claudia Cardinale, Dali, Chopin, Gœring.

Saturne en Bélier

La planète et le signe sont en contradiction totale : c'est le froid intense au sein du brasier. La force de caractère est grande et risque, avec l'âge, de dégénérer en dureté et en aigreur. La solitude est inévitable avec une tendance à l'auto-analyse, aux aventures (Bélier) solitaires (Saturne). L'impression d'être incompris par les autres est particulièrement forte, et peut mener aux limites de la paranoïa. C'est une position difficile, douloureuse, qui aboutit en général à une solitude hautaine, à un durcissement.

Avec une telle position, les maux de tête, les névralgies, les accidents à la tête sont garantis. Les risques de congestion cérébrale sont accrus.

Exemples : Baudelaire, Goya, Staline, tous trois atteints gravement à la tête. Goya sourd et à demi fou, Baudelaire et Staline morts de congestion cérébrale.

Neptune en Bélier

Dans le signe de Mars, Neptune amplifie l'agressivité ou le rêve. Là encore, tout dépend des aspects, en particulier des positions respectives de ces deux planètes. Ou bien c'est Mars qui domine (l'action) ou bien c'est Neptune (l'idéal, le rêve). Les deux sont le plus souvent en conflit mais il peut arriver qu'ils coïncident : on a alors une action révolutionnaire qui réalise le rêve

(Lénine, conjonction Mars-Neptune). Mais le tsar que Lénine renversa avait aussi Neptune en Bélier, non loin du Soleil ! C'est alors l'illusion, la chimère. Avec cette position, on peut aussi avoir une tendance au scandale ou au mysticisme (Cervantès).

Pluton en Bélier

Le Bélier est le domicile diurne de Pluton. C'est une position extraordinaire, que les astrologues oublient généralement (Pluton ayant le don de se rendre invisible, comme le Diable). Pluton en domicile chez son complice, Mars devient d'une agressivité démoniaque, trépidante, une sorte de piétinement sourd et implacable. Il apporte la subtilité et le sens de l'invincible à la force parfois brutale du Bélier, et la transforme en puissance irrésistible. C'est alors l'aspect vengeur, implacable, inhumain du Bélier, premier signe, qui apparaît.

Exemples : Baudelaire, Zola, Tchaïkovski, Anton Bruckner (chez ce dernier, la tornade ascensionnelle d'une musique marquée par Pluton en Bélier en Maison VIII est particulièrement impressionnante).

Les Planètes dans le Taureau

Soleil en Taureau

Ces natifs doivent beaucoup à leur minutie maniaque, à leur rigueur, et aux répétitions, rabâchages grâce auxquels ils parviennent, souvent après de durs labeurs, au nœud profond d'un problème, quitte parfois à en constater l'inexistence. Ils ont besoin de posséder leur sujet de A jusqu'a Z, et même de doubler l'alphabet, pour en parler sûrement. L'inhibition leur interdit la facilité. Elle les éloigne des voies précaires, les prévient contre les dangers des ascensions trop rapides et leur donne le goût d'une notoriété installée sur un pouvoir, une compétence réelle, un métier rodé. Une fois en haut du pavé, elle leur permet, enfin, de défendre et de conserver jalousement l'autorité acquise. Les plus doués paraissent invincibles.

Lune en Taureau

Féminité, dans la mesure où la féminité est la mère de tous les sexes. Ces dispositions apportent à l'homme de précieuses satisfactions dans ses liens avec mère, sœurs, filles, amies, épouse, sauf si les interlocutrices en question sont agressives, névrotiques, ratiocinant avec tous les défauts des mâles dans leurs revendications socio-sexuelles.

Homme ou femme, la Lune en Taureau non dissonante aime la tranquillité et tient en haute estime tout ce qui participe à l'harmonie de sa santé physique et psychique : un décor paisible, un environnement doux, serein, lumineux, des gens heureux, des saisons régulières, des digestions sans problème.

Vénus en Taureau

L'astro-psychologie applique à la vie amoureuse la constance du signe. Harmonique, cette position favorise donc les longs attachements, les liens dont on ne se défait que dans de tragiques douleurs. Elle donne, sans doute, la patience, la bonne proportion de soumission et de domination nécessaire à l'entretien d'une heureuse relation affective.

Comme Mercure, mais à un bien moindre degré, Vénus stimule la force de combinaison ou d'intégration du signe. Ce qui, dans le contexte sensuel-sensoriel, s'exprime volontiers par le plaisir de la possession amoureuse sans cesse renouvelé, ou par quelque propension analogue à embrasser, tenir, faire sienne, en son corps, la chose que l'on aime.

Mercure en Taureau

L'effet du Taureau sur Mercure limite la disponibilité intellectuelle et sociale. Il n'y a pas d'affinité évidente entre l'astre de l'ouverture, des réponses réflexes aux sollicitations ambiantes, et le signe du contrôle, de la première réaction de défense contre les incitations extérieures. L'astro-psychologie insiste donc sur la spécialisation des facultés mentales plutôt que sur la diversité d'aptitudes.

Les dons d'observation, l'application travailleuse, la continuité des idées pallient les lenteurs de l'intelligence et ses réticences (non insurmontables) devant les abstractions. Cependant, l'esprit progresse fort loin si sa matière se prête à une compréhension logique, méthodique, et à une démarche analytique raisonnée du concret à l'abstrait.

La curiosité serait plus vive et l'intelligence plus habile dans la détection des sources de plaisir, de profit et de possession.

Mars en Taureau

Mars régit les duos-duels de l'existence et le niveau d'excitabilité nécessaire aux compétitions vitales. L'astro-psychologie voit dans sa rencontre avec le Taureau un bon indice de vitalité, de robustesse physique, de courage moral. Configuration musclée, en somme.

Elle inspire des initiatives hardies et radicales, des entreprises aux audaces longuement mûries, engageant, lorsqu'elles s'affirment, toutes les forces dans un seul combat en se privant volontairement de toute échappatoire et possibilité de retraite.

Jupiter en Taureau

L'apport de Jupiter au Taureau ne peut être que chaud. L'astre et le signe se revigorent. Sur ce point, l'astro-psychologie souligne avec à-propos l'afflux des besoins sexuels et sensuels, l'entrain et la santé de la tendance dionysiaque festoyante. Les réactions autocompensatrices défensives préviennent ce tempérament contre ses propres excès, mais rien ne peut être plus mutilant et contristant qu'un régime sans sel, sans rires, vignes, muses et flonflons.

Jupiter favorise l'extraversion du signe, les turbulences de l'excitation qui l'habite, et concentre l'excitabilité en passions dévorantes, avidités diverses, en amour, argent, ou domination, selon le plan d'intérêt.

Saturne en Taureau

Le Jupitérien a des dispositions pour faire de son vécu l'assise, le cheval d'arçon de ses prouesses. En revanche, le Saturnien en tire craintes et reculs qui, dans les meilleurs cas, déplacent sa pensée vers les coulisses de l'exploit, là où les héros redeviennent des hommes et les hommes des êtres.

La réduction saturnienne peut donc déterminer un type d'équilibre raisonné, moins bonhomme que celui de Jupiter, tout en flegme, en ajustements calculés et en qui-vive cachés.

Economie veut dire ici épargne avisée. L'être s'assure des voies qu'il peut pratiquer sans risque d'y rencontrer ce qu'il redoute : l'imprévu exigeant un débours de confiance.

Neptune en Taureau

L'efficacité opère dans le plan irrationnel de la vie affective et spirituelle, plutôt que dans celui de la raison sociale.

Neptune en Taureau a des chances de vibrer aux chansons des bois et forêts, et autres présences universelles, sensibles et indicibles. La cohésion du signe sera dans le désir d'union sensuelle, ce qui peut rendre la mystique difficile, sauf si elle est panthéiste, païenne, en prise sur le folklore. Autre chose, enfin, que l'ascèse et le dogme.

En négatif, le pôle dionysiaque du Taureau prendra avec Neptune des voies de perdition, la quête d'extase mystique, le besoin de participation cosmique, dégénérant en sensualité chaotique.

Pluton en Taureau

L'apport de Pluton au Taureau risque d'être discret, de concerner uniquement le pôle d'inversion et d'inadaptation du signe.

Pluton peut apporter aux êtres réceptifs une intuition fondamentale dont ils feront le levier de leur existence laborieuse. Ils laisseront toute leur personnalité dans leur œuvre ou découverte.

Quant au caractère, Pluton en Taureau le rend ferme, énergique : colères féroces, vindictes souterraines impitoyables. C'est l'inertie d'inhibition qui parle, elle ne pardonne pas.

Les Planètes dans les Gémeaux

Soleil en Gémeaux

L'astre de l'affirmation personnelle est bien partagé dans ce signe double. Les aspirations sociales de l'être se trouvent souvent en contradiction avec ses aspirations privées. Fait des vies tiraillées entre deux désirs, deux volontés, deux talents, deux amours. Affaiblit l'expression de la personnalité mais augmente l'intelligence, la perception ludique des événements et le goût des mots.

Lune en Gémeaux

Le monde de l'inconscient est ici constamment agité par les fluctuations de l'environnement, le changement incessant des circonstances et des contacts, mais il ne s'agit là que d'une agitation de surface, celle de la brise qui fait naître des vaguelettes. Les racines de l'être ne semblent pas ébranlées. Extérieurement, l'humeur est vagabonde, elle varie selon les émotions du moment et ne peut être saisie. Elle s'est déjà transformée lorsque l'interlocuteur l'a saisie au vol. Pour mieux dire, c'est la Lune natale de Brigitte Bardot, astre cinématographique qui a suffisamment occupé la chronique pour que l'on sache de quoi il retourne. Un prompt emballement, vite tombé dans l'oubli, aussi vite remplacé par une passion non moins vive, et il ne s'agit pas seulement de l'affectivité, mais aussi de l'humeur, qui ne peut être que capricieuse et frissonnante. Sur le fond mercurien, en perpétuelle vibration, la Lune multiplie les variations de ses phases, même si sa face cachée reste obstinément ignorée.

Vénus en Gémeaux

Le goût du flirt, de la comédie amoureuse, est fréquent ; celui du changement ne l'est pas moins. Ces deux tendances aboutissent à de nombreuses relations affectives, le flirt plus ou moins poussé surpassant la passion authentique. Au pire, ce serait l'image du papillon. Le choix est difficile, aussi ne le fait-on pas.

Pour ne pas se perdre dans tout cela, il faut éviter de provoquer des drames, conserver un certain sang-froid, une lucidité raisonnable, sous une apparence d'amitié courtoise où chacun croit discerner un amour partagé. La sensualité n'est pas un élément dominant, bien qu'elle ne soit pas exempte de raffinements. La vie sentimentale peut donc être assez compliquée, mais l'adresse permet d'éviter les crises trop périlleuses. Les déceptions en général ne durent pas, tant il est facile de trouver de nouveaux partenaires.

Mercure en Gémeaux

La souplesse d'esprit, le besoin de connaître, celui de transmettre le message dont on est porteur s'allient à une exceptionnelle facilité d'assimilation de toutes les données que l'esprit doit intégrer. A cela s'ajoute l'association des idées, tout aussi rapide, qui permet d'élaborer très vite des ensembles d'où sortira la résolution des problèmes posés. Par contre, si la compréhension ne s'effectue pas dans l'instant même, il est fréquent que l'on doive s'y atteler à nouveau au prix d'efforts inhabituels et fastidieux.

C'est un type d'intelligence raffinée et souvent brillante. Le sujet risque d'être un dilettante, qui perd pied lorsqu'on le pousse dans ses retranchements, mais s'en tire par une pirouette. Il déteste la spécialisation trop poussée et a besoin de reprendre des forces nerveuses par le changement, ce qui ne veut pas dire qu'il soit versatile. Il aime apprendre, mais aussi enseigner. Le don d'imitation est non seulement verbal, mais aussi gestuel, par un remarquable sens d'expression, par la mimique.

Mars en Gémeaux

C'est un important facteur d'activité, pas seulement mentale, qui peut entraîner un certain esprit sportif, la sincérité dans l'action. Mais l'amour-propre réagit par la susceptibilité : les caprices, les colères sont difficilement dominés. Tout cela est un peu remuant, turbulent, avec des vagues d'agressivité inattendues, au moindre prétexte. Il faut dire que les réflexes musculaires sont rapides, le passage à l'acte ne traîne pas, tout au moins le passage à la parole qui vaut un acte.

Avec Mars dans son signe, le Géminien est plus sûr de lui et moins hésitant. De bonne foi, il promet plus qu'il ne peut tenir. Il s'efforce de convaincre avec passion. Dans les cas extrêmes, il aboutit au sadisme mental, à une certaine agitation.

Jupiter en Gémeaux

Dans les Gémeaux, la bonhomie et l'équilibre accompagné d'autosatisfaction de Jupiter se heurtent à la nervosité un peu fébrile de ce signe. Un peu dérouté, Jupiter n'utilise pas ses atouts habituels avec autant d'efficacité. Droiture et loyauté, avec la mise en valeur des qualités intellectuelles. André Barbault dit, avec humour, que l'autorité et la puissance de l'astre sont affectées comme celles d'un pontife dans un milieu d'adolescents irrespectueux, mais que cette position est heureuse dans l'ordre de la diplomatie et de l'habileté manœuvrière.

Saturne en Gémeaux

On admettra qu'un astre aussi sec et peu enclin à une certaine joie de vivre comme à une animation turbulente ne se sentira guère à l'aise dans le signe jeune et perpétuellement en mouvement des Gémeaux. Cette fois-ci, c'est le vieux monsieur strict chez les joueurs de ping-pong. Sa logique excessive tue la fantaisie, et l'humour devient de l'humour noir. Certes, il peut y avoir un acquis pour le signe, dans la mesure où Saturne apporte circonspection, sens des responsabilités, ce dernier parfois excessif.

Mais il peut aussi, par réserve ou inhibition, éteindre le côté brillant des Gémeaux ; le sens de la repartie devient l'esprit de l'escalier, ou se fait trop lourd. C'est un Saturne qui veut se rajeunir, un Gémeaux qui veut être trop sage au risque d'étouffer sa spontanéité.

Neptune en Gémeaux

Il semble y avoir plus de théorie que de constatations effectives dans ce que l'on peut en dire. Selon André Barbault, l'émotivité géminienne serait intensifiée et la sensibilité de l'astre en serait accrue, dans un échange courtois de bons procédés. D'autres astrologues affirment que l'intuition devient plus lucide, que l'action neptunienne devient plus créatrice, se cantonnant surtout dans l'immédiat, le quotidien. On y voit aussi des dons de clairvoyance, surtout dans les affaires, et les femmes seraient peu fidèles. Certains décèlent des tendances hystériques, des états d'âme chaotiques.

Pluton en Gémeaux

Selon Lisa Morpurgo [1], Pluton a influencé le comportement d'une génération intellectuellement éveillée. Et il est vrai que l'on ne s'était jamais posé autant de questions qu'à cette période (1883-1914), à la fois fin d'un siècle et commencement d'un autre, tant il est vrai que Pluton, comme Janus, est à double face. Cette génération était lucidement critique envers les idéologies et les éthiques des époques antérieures. Mais elle a aussi été attirée par le culte de la

1. Lisa Morpurgo, *Introduction à la nouvelle astrologie*, Hachette Littérature, 1976.

personnalité. André Barbault a exprimé une opinion à peu près semblable en disant que Pluton en Gémeaux se mue généralement en sadisme mental, ou apporte une inquiétude intérieure qui fertilise la recherche spirituelle.

Les Planètes dans le Cancer

Soleil en Cancer

Donne des indications sur la personnalité extérieure du sujet : grande sensibilité, à l'écoute du non-dit, du non-visible. Beaucoup d'intuition : cette intuition se fait parfois devineresse, pressent des événements et des situations à venir. Les rêves prémonitoires sont fréquents chez le Cancer hyper-réceptif. « Idéalisation du passé, attachement à la tradition, qui sert de point d'appui contre l'insécurité du futur |...|. Manque d'initiative, défaut d'agressivité et d'esprit compétitif |...| compensés par la souplesse intuitive de l'intelligence. L'équilibre ainsi créé permet d'atteindre avec autant d'efficacité l'objectif recherché [1]. »

Lune en Cancer

Accentue toutes les tendances extérieures du signe en leur donnant quelquefois une exaltation excessive : douceur extrême, intense réceptivité qui peut aller jusqu'à la médiumnité. La voyance, la prémonition, les phénomènes extra-sensoriels sont tout à fait courants avec la Lune dans ce signe. Elle donne également des dons artistiques réels que la timidité du Cancer ne sait pas toujours faire valoir. Besoin immense de tendresse, de protection. Forte sensualité réceptive.

Vénus en Cancer

La planète de l'amour et de l'art se trouve en affinité avec ce signe d'Eau. Vénus en Cancer s'intériorise, gagne en pudeur et en réserve ce qu'elle perdait en extraversion ; elle devient plus artiste, plus profonde et plus douce. Sa recherche de l'amour sensuel se transforme en quête de tendresse, de protection, de sécurité affective. C'est une Vénus mouvante mais fidèle, capricieuse mais sage. Sensualité « sensorielle ».

Mercure en Cancer

La planète de l'intelligence se teinte ici de finesse analytique, de sensitivité, d'irrationnel. L'intuition s'affine, se laisse diriger par une perception subjective des problèmes, et les résout grâce au « flair », au doigté, à l'instinct beaucoup plus que par raisonnement. Mercure en Cancer fait des êtres qui écoutent plus qu'ils ne parlent, qui enregistrent et mémorisent les moindres faits et gestes pour s'en servir plus tard dans des circonstances appropriées. L'esprit, à la démarche lente et sûre, donne du poids aux synthèses. C'est un esprit qui allie des qualités inventives aux déductions logiques.

Mars en Cancer

L'activité impatiente, brusque, agressive de Mars s'émousse en Cancer. L'action devient plus mesurée, plus flottante, plus fragile extérieurement. Mais elle se concentre grâce à la profondeur que lui donne le signe, elle acquiert une plus longue portée. Elle devient plus durable, plus obstinée, moins spectaculaire mais peut-être plus efficace, en s'exerçant sur des registres qui lui conviennent, soutenue par l'intuition que confère le signe : l'art, le commerce sont ses terrains d'élection. Le dynamisme, l'énergie vitale, n'apparaissent pas : il faut se rappeler que le Cancer n'est pas un signe de grande santé. En revanche, la sagesse, l'économie de moyens dans l'objectif

1. Lisa Morpurgo, *Introduction à la nouvelle astrologie*, Hachette Littérature, 1976.

à atteindre, l'instinct très puissant remplacent avantageusement une extériorisation chaleureuse de la personnalité.

Jupiter en Cancer

Jupiter, qui aime tant son confort, ses aises, le luxe en toute chose, exalte la sensualité du Cancer, la matérialise. La philosophie d'un Jupiter en Cancer est dans la jouissance pure et le confort personnel. La réussite professionnelle se fait dans le respect de la tradition et des lois hiérarchiques, dans le culte de la famille et des ancêtres. Que de bienveillance, que de concessions, que de souplesse dans cet alliage ! Rien ne doit freiner ou entraver le désir qu'a le natif de jouir de la vie par tous ses pores. S'il gagne facilement de l'argent, il le dépense encore plus facilement, pour le plaisir de dépenser. Il a besoin d'abondance et de richesse, de beaux objets, de bijoux, de fourrures, de luxueuses voitures. Cet être est, en général, extrêmement séduisant.

Saturne en Cancer

C'est la logique, le raisonnement, la rigueur froide et calculatrice de Saturne dans l'univers fantasque, imaginatif et sensuel du Cancer. Résultat : ou bien Saturne canalise la fantaisie du Cancer et lui donne du poids, de la mesure, de l'ambition et de la discipline, auquel cas le sujet perd beaucoup de caractéristiques lunaires (réactions imprévisibles, tempérament secret et changeant, parfois un peu versatile) ; ou bien Saturne broie le Cancer et, à ce moment-là, il crée toutes sortes de frustrations dans les domaines régis par la Lune : la créativité est freinée, l'élan vital s'amenuise, l'affectivité n'est jamais comblée, la sensibilité reste à vif sans parvenir à s'épanouir dans une activité inventive et riche.

Neptune en Cancer

La planète double son inspiration intuitive dans le Cancer : elle devient très fortement sensible à toute vibration sensorielle. Elle capte les moindres ondes de son entourage et plonge dans les eaux sans fond de la sensation, du délire artistique (musical, visuel, auditif) avec un goût prononcé pour tout ce qui a trait à l'eau, à l'élément liquide.

Pluton en Cancer

Les forces souterraines et créatives de Pluton prennent de la sensibilité et de la fragilité cancériennes. Elles deviennent moins ambitieuses sans retirer invention ni profondeur. Mais le sujet risque de se sentir limité dans sa créativité par son respect des valeurs familiales, traditionnelles, parfois même conservatrices.

Les Planètes dans le Lion

Soleil en Lion

En vérité, dans votre cas, la fonction solaire, qui sensibilise aux modèles culturels en usage, vous a fait percevoir avec une acuité particulière tout ce qui, dans ces modèles, participe des fonctions de base du Lion. Vous avez retenu en priorité les leçons et les principes qui mettaient l'accent sur l'autonomie personnelle, la volonté de surpassement, l'extension de la puissance. Vos premiers héros, vous les avez choisis spontanément parmi ceux qui incarnaient le mieux ces facultés. Notez bien que cela ne veut pas forcément dire que vous suivez ces exemples-là en permanence : les premières et fortes impressions qui ont marqué votre esprit peuvent subir bien des avatars. On peut cependant affirmer que tous ces grands dadas léoniens demeureront vos points de référence essentiels. Sujets de vos discours, thèmes de vos œuvres, mobiles de vos actes, objets de vos recherches, motifs de vos craintes ou cibles de vos sarcasmes, ils seront ici les fermes pivots de votre conscience lucide.

Lune en Lion

Les interprétations classiques insistent sur l'effervescence des instincts, leur générosité, leur noblesse et leur panache. On vous accorde, en outre, une imagination tournée vers le grandiose, le prestigieux, le magnifique, et la faveur publique vous est, paraît-il, acquise si vous abordez la carrière artistique. Parmi les travers qui vous sont le plus souvent reprochés, on note une certaine fatuité, un côté snob épris de luxe, un penchant aux caprices voyants et à la paresse dorée.

Quelques « Lune en Lion » assez connus : Louis XIV, Churchill, Trotski, Mao, Rocard, Rosa Luxemburg, Willy Brandt... Parmi les poètes, Verlaine, Jules Laforgue, Charles Cros et Schiller.

Vénus en Lion

Vous savez jouer au maximum de l'efficacité des apparences, de l'impact affectif des paroles. Votre Moi en représentation s'affirme par le canal de l'émotion ainsi produite sur les autres. Vous vous efforcez de susciter la sympathie admirative par les moyens les plus extérieurs — d'aucuns diraient les plus superficiels —, tels que la beauté physique, le vêtement, la parure, le maintien, la qualité du langage et le respect de l'étiquette. Selon votre orientation générale extravertie ou introvertie, vous viserez par ces biais à donner une impression de force, d'aisance souveraine, de liberté superbe, ou bien de noblesse, de générosité, d'élégance morale.

Mercure en Lion

Vous pouvez par exemple connaître la sensation grisante de pouvoir venir à bout de toutes les énigmes, d'affronter comme en vous jouant les problèmes filandreux où s'entortillent les esprits moins alertes. Pour vous, les discours choc, les idées fortes et les images frappantes, pour peu qu'on les répande suffisamment, recèlent une efficacité redoutable, un pouvoir libérateur hors pair. Nulle muraille ne s'avise de résister à un trompettiste assez constant et malicieux, tous les rescapés de Jéricho vous le diront.

Mars en Lion

La force d'excitation débloquante joue ici sur le mode d'une confrontation directe et immédiate avec le monde environnant. Elle n'a rien d'un fantasme, d'une simple spéculation théorique ou d'une évocation évanescente. Elle acquiert une présence telle qu'il est impossible à autrui de l'ignorer ou de n'en point constater les effets percutants. Dans le combat quotidien pour la survie personnelle, vous refusez absolument toute entrave à vos initiatives. Vous ne vous préoccupez guère des implications philosophiques de vos actes ou de ce que l'on va penser de vous : l'essentiel est de vaincre l'obstacle par les moyens les plus rapides et les plus indiscutablement efficaces. Vous n'êtes pas une personne à vous décourager facilement : non pas tellement par le fait d'une patience obstinée, mais surtout parce que vous savez surmonter vos fatigues, recharger à bloc vos batteries au moment où l'on vous croit épuisé.

Jupiter en Lion

Voilà encore une rencontre qui a eu de tout temps fort bonne réputation. Comment d'ailleurs pourrait-il en être autrement ? Aux yeux de la Tradition, l'alliance du signe royal par excellence et de l'astre qualifié de Grand Bénéfique ne saurait enfanter qu'une avalanche de bienfaits : honneurs, célébrité, succès, triomphe et autorité indiscutée vous sont octroyés sans lésiner par les célestes cornes d'abondance. Quant aux seuls inconvénients évoqués, ils découlent des risques de démesure et de surabondance. L'astro-psychologie descriptive, tout en étant moins catégorique sur les événements promis, ne dément pas la tonalité générale du tableau. L'astre et le signe se rejoignent par leur côté extraverti, optimiste, théâtral et ambitieux, le tout saupoudré de ce paternalisme pontifiant qui est, paraît-il, l'apanage enviable de la maturité bien assise.

Saturne en Lion

Là, ce n'est pas tellement la fête. De toute façon, dès que Saturne est en cause, les astrologues traditionnels éteignent leur beau sourire commercial et vous prennent des airs gravement constipés. Comme, par-dessus le marché, ils considèrent le Lion comme le lieu d'exil de la planète – c'est-à-dire le signe avec lequel elle présente le moins d'affinités –, vous voyez d'ici le tableau engageant. Dans le meilleur des cas, ils évoquent une autorité froide, une implacable ambition, des buts politiques à long terme, le sens de l'organisation. La plupart du temps, il est surtout question de despotisme, d'avidité insatiable, d'orgueil égocentrique et misanthrope, de dureté, de cruauté, de lâcheté...

Neptune en Lion

Énigmatique et problématique alliage. Les affinités entre la planète et le signe sont nettement moins évidentes que dans le cas d'Uranus ou de Jupiter, et la coopération ne sera vraiment effective que si Neptune reçoit par ailleurs de forts aspects dynamisants. Dans le cas contraire, les fonctions dominantes du Lion sont passablement altérées. Les manuels traditionnels parlent d'exaltation lyrique, idéaliste, mystique ou romanesque, de sens esthétique noble et raffiné, avec forte propension aux illusions et déceptions sentimentales, dans l'hypothèse d'un Neptune très dissoné.

Pluton en Lion

A priori, la cohabitation avec le Lion s'annonce plutôt malaisée. Le désir de surclasser les autres et le goût de la parade tonitruante, notamment, en prennent un sacré coup. Un Lion plutonien bon teint, vu de l'extérieur, a fort peu de chance de cadrer avec le portrait-robot du signe. Avec Pluton, on aurait cependant bien tort de se fier aux apparences, l'essentiel se passant au niveau de votre inaliénable fort intérieur. En fait, Pluton, tout comme le Lion, refuse les limites. Il les refuse même de la façon la plus radicale qui soit. Le temps et l'espace n'ont pas de bornes, l'éternel et l'infini sont ses domaines. Il n'a de compte à rendre à personne, il ne se soumet à aucune autorité humaine. Il engendre lui-même sa propre loi et sa propre vérité. C'est un réfractaire, un irréductible, un pur, un authentique. On pourrait croire que Pluton, éloigné de tout personnalisme, désintègre le narcissisme du Lion. En fait, il remplace un narcissisme superficiel par un narcissisme beaucoup plus profond : la contemplation inexprimable, intégrale et perpétuelle de vos rouages les plus secrets, de vos mobiles les plus intimes. Vous vous retrouvez seul avec vous-même pour assumer l'angoissante étendue des possibles qui vous habitent.

Les Planètes dans la Vierge

Soleil en Vierge

Dire que vous êtes natif de la Vierge signifie qu'à votre naissance le Soleil occupait ce signe. Dans ce cas, la planète ne fait donc que souligner les valeurs du signe. En Vierge, le Soleil est dit pérégrin, c'est-à-dire neutre, son domicile étant en Lion et son lieu d'exaltation en Bélier.

Lune en Vierge

Les valeurs lunaires de sensibilité, d'émotivité, de réceptivité, sont brimées et ne trouvent guère de possibilité d'épanouissement. La Lune, symbole de l'inconscient (le Ça en terme psychanalytique), n'est certes pas à son aise dans un signe répressif qui s'acharne à contrôler les pulsions instinctives. Il en résulte un risque de refoulement, surtout en cas de dissonances de la Lune (avec Saturne ou Uranus notamment).

La difficulté d'extériorisation entraîne un malaise, un sentiment diffus de culpabilité qui se traduit par une attitude déroutante, déconcertante, même pour les proches. Inquiet, souvent affligé d'un complexe d'infériorité, le sujet se livre à une introspection poussée, qui ne fait qu'aggraver ses problèmes.

Vénus en Vierge

Vénus s'adresse au cœur. La Vierge (associée en mythologie à Athéna, déesse de l'intelligence) n'écoute que la raison.

Cette problématique peut se vivre de différentes manières. Il est certain, en tout cas, que la position de Vénus dans ce signe donne souvent au sujet un comportement amoureux comparable à celui du Virginien. On retrouve le même refus de perdre la tête, de se laisser aller. La passion est tenue en bride, dissimulée sous un masque d'ironie, de scepticisme, de froideur.

Les instincts amoureux ne sont pas nécessairement inhibés, mais leur expression est freinée, sans cesse contrôlée. Parfois, cependant, les sentiments sont tièdes, les effusions rares, les unions raisonnables...

Mercure en Vierge

Mercure donne une insatiable curiosité, vierge de tout *a priori,* libre de toute entrave. Le monde est un passionnant champ d'investigation pour le Mercurien, qui engage un dialogue permanent avec son entourage. C'est un libre penseur, toujours prêt à jeter un regard neuf sur les êtres et les choses, d'autant plus qu'il a l'art de changer les angles de vues.

Mercure en Vierge souligne les qualités de mémoire et d'observation. Le sujet excelle dans les domaines où il faut fidèlement retranscrire une réalité plutôt que l'interpréter ou l'intellectualiser.

Mars en Vierge

Pour qui se contente de voir en Mars la manifestation des instincts agressifs, la position de cette planète dans le signe de la Vierge présente plus d'inconvénients que d'avantages. La violence, l'agressivité étant rentrées, elles se retournent contre le sujet et aboutissent à une lente autodestruction. Ou bien, ces forces s'extériorisent par poussées brutales.

Concret, réaliste... voilà des termes qui s'accordent bien avec les caractéristiques de la Vierge. Cette configuration (surtout si Mars est harmonieusement aspecté) donne une grande puissance de travail (Jean-Louis Barrault, conjonction Soleil-Mars en Vierge). Le sujet est un perfectionniste qui « fignole » sa tâche dans les moindres détails.

La planète « dynamise » le signe, le pousse à l'action, décuple son efficacité en coupant court à ses hésitations. Quant au signe, il modère l'impulsivité de la planète, évite certaines erreurs.

Jupiter en Vierge

Les relations entre la planète et le signe sont assez complexes. Selon la tradition, Jupiter est en exil en Vierge. La définition suivante permet de comprendre pourquoi : « Jupiter est une force de développement de l'être humain, par assimilation de ce qui lui vient du monde extérieur [1]. »

Au principe d'expansion, d'ampleur de Jupiter, s'oppose le principe de rétraction de la Vierge. La planète s'ouvre et s'intègre au monde. Le signe s'entoure d'une écorce imperméable aux suggestions extérieures. Cette antinomie, loin de faciliter l'osmose, provoque des « tiraillements » intérieurs éprouvants.

Le problème est particulièrement épineux si les facteurs d'affirmation du Moi sont très puissants dans le thème, si Jupiter est valorisé (conjonction Soleil-Jupiter, par exemple), ou si la Vierge occupe la Maison I (personnalité profonde). Car c'est toute la puissance vitale du sujet qui est contrainte, étouffée dans les limites strictes imposées par le signe. L'extraversion jupitérienne se heurte à l'introversion virginienne.

Saturne en Vierge

Si elle reçoit la puissance intellectuelle et favorise la résolution des questions pratiques, cette position de Saturne est plutôt critique dans le domaine de la vie affective. La planète et le signe se renforcent dans leur tendance à l'inhibition et à l'introversion, entraînant une répression impitoyable des instincts.

1. Claire Santagostini, *Assimil astrologique.*

Sous le coup de frein de Saturne, les risques de refoulement sont accentués. Par son attitude constamment « en retrait », le sujet se coupe des autres. Il méprise les relations sociales, trop superficielles à son gré. Le goût de la solitude devient facilement de la misanthropie. Il n'y a aucune fantaisie dans cette vie réglée, ordonnée, programmée. Toutes les précautions sont prises contre un déferlement de l'imprévu dans l'existence.

Neptune en Vierge

Neptune, maître des Poissons, est en exil dans le signe opposé, la Vierge. Tout, en effet, oppose le signe et la planète. Neptune est caractérisé par l'extrême ampleur du champ de conscience, d'où une très forte intuition, une façon d'appréhender les choses et les situations sans passer par le canal de la logique, de la raison. Quel décalage avec la Vierge, dont les mécanismes de pensée s'appuient précisément sur ces deux facultés !

De ce perpétuel affrontement entre être et réalité, entre plasticité psychique et rigidité mentale, entre désordre et ordre, naît une sorte d'inadaptation permanente.

Neptune en Vierge risque de perturber la vie quotidienne, mais le sujet conserve néanmoins une dimension imaginative, une « inspiration » très favorable sur le plan artistique. Cette position peut aussi accentuer l'idéalisme et le dévouement à une cause humanitaire (Arlette Laguiller, Neptune conjoint à l'Ascendant en Vierge, opposé à la conjonction Soleil-Mercure en Poissons).

Pluton en Vierge

Pluton a été « découvert » en 1930 seulement pas les astronomes. C'est pourquoi les indications astrologiques sur cette planète diffèrent encore sensiblement. Il est prématuré de donner des indications détaillées sur l'influence de Pluton en Vierge. Par contre, il est intéressant de connaître le « climat général » qui a prévalu durant son transit dans le signe, de novembre 1956 à septembre 1971. C'est, par exemple, pendant cette période que s'est produite la révolte de la jeunesse contre les modèles reçus et les principes inculqués par les parents et les éducateurs, révolte ayant abouti, en France, aux événements de Mai 1968.

La maîtrise du Scorpion a été attribuée à Pluton. Sa position en Vierge donne donc, comme pour Mars, des tendances Scorpion au sujet.

Les Planètes dans la Balance

Soleil en Balance

Sens de l'harmonie. Adaptation spontanée de la personnalité à tous les milieux, tous les événements, tous les modes de vie. Goût profond pour les associations, les activités artistiques, les relations sociales. La beauté, sous toutes ses formes, préoccupe beaucoup le natif de la Balance. Sa séduction est extrême, sa douceur et sa tolérance en font un partenaire de choix. Sa réussite tient à son charme.

Lune en Balance

La Lune, c'est avant tout le monde de l'âme. Elle représente donc la vie sensible, l'affectivité, l'imagination et toute une série de significations dérivées, telles que la femme, la mère, le foyer, la mémoire, etc. Il nous faut donc combiner toutes ces significations avec celles de la Balance que nous avons développées dans les pages précédentes.

Si la Balance ne donne pas nécessairement l'équilibre, elle en donne le goût, de sorte que le sujet ayant la Lune en Balance tend à réaliser l'équilibre et l'harmonie dans sa vie psychique. Toute injustice, qui n'est finalement rien d'autre qu'un déséquilibre, lui est insupportable et le blesse au plus profond de lui-même.

Vénus en Balance

Affectueux, affable, dévoué, le sujet prend un grand plaisir à la vie en société qui lui donne l'occasion de nouer de nombreuses relations. On apprécie son esprit de conciliation et son amour de la paix. Son sens de la justice, qui n'est pas fermé à l'indulgence, fait de lui l'arbitre idéal pour régler les différends qui pourraient surgir dans son entourage.

Il cherche à se créer des conditions de vie agréables, et son goût du confort fait qu'il s'entoure, partout où il passe, de musique, de fleurs, d'objets d'art qui donnent à son cadre de vie une note raffinée.

La Balance, septième signe, est analogue à la Maison VII, secteur des contrats et du mariage en particulier. Si rien dans l'horoscope ne s'y oppose, le mariage peut apporter au sujet les dons de Vénus : l'amour, le bonheur et l'aisance.

Mercure en Balance

La pensée est juste et le jugement sûr. C'est une pensée qui pèse volontiers le pour et le contre car elle s'efforce d'être impartiale. Elle est tout en nuances et se veut conciliante. Loin de jeter de l'huile sur le feu, le sujet cherche à apaiser les esprits et à réconcilier les points de vue. Il est doué pour jouer les intermédiaires ou les arbitres.

Mercure et la Balance se rapportent à tout ce qui est lié à la communication, y compris les moyens de communication. Voilà pourquoi le sujet, toujours dans la Maison V, se lie volontiers à des artistes, que ce soient des gens du spectacle, des écrivains, des peintres ou des musiciens.

Mars en Balance

Comme la justice est un des domaines de la Balance, le sujet est prêt à se battre pour que soit respecté le droit et que cessent les injustices. Il sera tenté de militer dans des organisations, politiques ou non, qui luttent en faveur des victimes de toutes les formes d'oppression. Parmi les carrières juridiques qui s'offrent à lui, c'est évidemment celle d'avocat qui lui permettra le mieux de mettre sa fougue au service de la justice. Il défendra ses clients avec autant d'énergie que d'habileté (la Balance sait aussi être diplomate). Dans sa vie privée comme dans sa vie publique, il est prêt à se battre pour la vérité, souvent inséparable de la justice, et à donner équitablement à chacun ce qui lui revient.

Jupiter en Balance

Le sujet rayonne la sympathie (Jupiter représente le principe de l'énergie centrifuge en expansion permanente). Il a donc des contacts faciles et heureux avec les autres, que ce soit dans son mariage, ses associations ou ses relations. Les qualités de la planète et du signe se renforcent mutuellement, et les conditions semblent réunies pour que le sujet trouve le bonheur, en particulier dans le mariage, car il a l'esprit large et il est tout prêt à faire des concessions au nom de l'harmonie. Non seulement il peut faire un mariage heureux, mais ce mariage peut être pour lui l'occasion de trouver le bonheur. Le bonheur, et parfois l'élévation sociale et un accroissement de fortune.

Saturne en Balance

Saturne donne au sujet un sentiment à la fois profond et élevé de la justice, on pourrait presque dire un sens institutionnel de la justice.

Dans le domaine de l'art, l'influence de Saturne joue dans le sens d'un strict classicisme.

Dans le domaine du mariage, le sujet cherche un conjoint qui réponde au modèle qu'il porte plus ou moins consciemment en lui, celui d'un être sérieux et pondéré, mesuré et réfléchi, consciencieux et économe, chaste et réservé. Nous savons que la Balance donne à ses natifs davantage le sens et le goût de l'équilibre que l'équilibre lui-même. La présence dans la Balance de Saturne, qui est un facteur de stabilité, est de nature à conférer au sujet la pondération qui fait de lui un être équilibré.

Neptune en Balance

Le sujet qui a Neptune dans la Balance se fait de la justice une idée très élevée. Il est même près de croire à l'existence d'une justice immanente.

La sensibilité, la tendresse, la douceur neptuniennes transforment l'amour de la Balance en un sentiment idéal qui se porte naturellement sur le conjoint ou les partenaires, puisque la Balance est le signe des associations. Le mariage lui-même peut évoluer vers une union platonique qui trouvera sa finalité dans une recherche commune des valeurs spirituelles.

Son art, raffiné, est marqué par le flou et la légèreté neptuniens qui lui donnent quelque chose d'irréel. La musique, le cinéma, la poésie sont des supports particulièrement bien adaptés à cette inspiration.

Pluton en Balance

Il faut déplorer qu'aucune recherche systématique, portant sur des milliers de thèmes, n'ait été entreprise pour essayer de déterminer la nature bénéfique ou maléfique (ou neutre) de Pluton, ainsi que le signe qui pourrait être son domicile. Dans ces conditions, il nous paraît plus sage de renoncer à donner pour Pluton dans la Balance des significations qui seraient pour le moins incertaines.

Les Planètes dans le Scorpion

Soleil en Scorpion

Symboliquement, le Soleil règne sur le jour, le Scorpion sur la nuit. Dès lors, le Soleil dans le signe du Scorpion peut s'interpréter comme une grande lumière éclairant les ténèbres (du subconscient ou des Enfers). Mise en valeur de la face cachée de toute chose. Goût du secret. Tendances à l'angoisse ; passions tourmentées, violentes, destructrices. Intelligence pénétrante. Cette personnalité se démarque toujours de la collectivité par des comportements inhabituels.

Lune en Scorpion

Mauvaise position pour cette planète dont la tendresse ne peut pas s'exprimer. Sous cette configuration, les rapports humains sont difficiles pour le natif qui, tourmenté de conflits intérieurs, extériorise mal ses sentiments. Attitudes coupantes, propos caustiques, jalousies blessent l'entourage. Sa franchise trop brutale est mal comprise. Les procès sont fréquents, les échanges de paroles cinglantes amènent des inimitiés.

Le natif est foncièrement maladroit dans ses rapports avec les autres : même sous de bons aspects, sa courtoisie est... à éclipses. En nativité masculine, longues rancunes, et risques de mort de l'épouse (Gœbbels, par exemple, qui avait la Lune en Scorpion en Maison XII), de la mère ou de la sœur.

Vénus en Scorpion

Vénus en Scorpion signifie souvent, pour le natif, l'exil ou la perte de la personne aimée, et cette séparation est intensément douloureuse puisque le Scorpion aime profondément et passionnément (Marie-Antoinette). Sur le plan matrimonial : destruction de l'union assez fréquente, puis reconstruction d'un autre foyer suivant le symbolisme de Pluton, qui est « mort et résurrection ». Dans un thème féminin, Vénus en Scorpion signe quelquefois la prostitution avec un enchaînement de situations marginales et dramatiques dont la native ne réussit pas à sortir. De façon générale, c'est une position de la planète qui apporte des passions violentes et dramatiques : une saison en enfer. Vénus en Scorpion accorde au natif un magnétisme sexuel intense, un grand charme et une séduction irrésistible.

Mercure en Scorpion

Bonne position pour l'astre, que l'on interprète d'après le symbolisme suivant : Mercure = intelligence, Scorpion = les Enfers, les choses cachées, le subconscient.

Est-ce que vous avez remarqué l'œil en vrille de certains Scorpions ? Œil d'aigle, œil en laser, qui vous perce à jour jusqu'au fond de l'âme, œil auquel rien n'échappe, et surtout pas vos désirs secrets... Mercure en Scorpion devine tout ! Dans ce signe, l'esprit a toutes les audaces. L'intuition est non seulement très fine dans ses relations avec autrui, mais encore elle porte le natif jusqu'à des vues cosmiques, des visions prophétiques ou mystiques. Doué pour la divination, perspicace, incisif, ne craignant ni Dieu ni Diable dans sa quête de la connaissance, le Mercurien du Scorpion s'aventure aux frontières des Enfers. Son intelligence est attirée par les interdits à violer : elle veut tout savoir, tout connaître, quoi qu'il en coûte. C'est Ève devant l'arbre défendu, qui lui ouvrait la connaissance du bien et du mal. Mercure en Scorpion est plus puissant encore lorsqu'il est en aspect harmonique avec Pluton. Il donne au sujet une grande discrétion, un grand discernement, une prudence qui lui évite de tomber dans bien des pièges.

Mars en Scorpion

Excellente position pour la planète rouge : elle est ici en domicile. Mars : l'énergie ; le Scorpion : le feu des Enfers. L'énergie de Mars est beaucoup plus puissante en Scorpion, elle devient souterraine, implacablement efficace. Elle est capable de se contenir, de se maîtriser, de se canaliser en vue d'un objectif lointain et précis. Mars en Scorpion est extraordinairement opérationnel. Il réunit à la fois les qualités du Bélier et celles du Capricorne. Comme le premier, il peut être impulsif, rapide ; mobilisé en quelques secondes, capable d'une attaque foudroyante ou d'une contre-attaque qui met définitivement l'ennemi K.O.

Jupiter en Scorpion

Nature courageuse, puissante, très intuitive et inventive. Confiance en soi, aptitudes réalisatrices : Jupiter, pratique, organise les forces bouillonnantes du Scorpion. Dans la lutte pour la vie, le Jupitérien du Scorpion est bien armé. Il a de l'autorité, du bon sens, le sens stratégique aussi. Il ne lâche jamais son morceau. Parfois, ses entreprises semblent d'une audace insensée, marquées au coin d'un optimisme délirant. Eh bien, à la surprise générale, il ne se casse pas la figure, il réussit. Son fabuleux optimisme attire la chance. Tout seul, perdu au milieu des tempêtes de la vie, les yeux fixés sur sa bonne étoile, il ne voit qu'elle...

Saturne en Scorpion

Voici ce que donne Saturne en Scorpion :

- Persévérance et ténacité ; discipline des instincts.
- Sens stratégique ; sagacité, ruse, prévoyance.
- Dons d'invention, aptitudes scientifiques.

Saturne est un frein qui oblige le natif à canaliser son énergie. Le Saturnien du Scorpion est un ambitieux, jaloux de son pouvoir et de son indépendance (Giscard d'Estaing, Jean-Jacques Servan-Schreiber, Mazarin). Il sait parfaitement se défendre, et attaquer quand il faut, en visant bien. Ce n'est pas quelqu'un de passif, mais d'énergique et d'actif, dont l'existence, pleine de luttes, progresse régulièrement grâce à des efforts persistants. Il surmonte avec courage des conditions de vie difficiles (le commandant Charcot), et la réussite peut venir assez tard (Adenauer et Mazarin avaient tous deux Saturne en Scorpion au Milieu-du-Ciel).

Neptune en Scorpion

Affinités entre cette planète de rêve et d'imagination, et notre Scorpion naturellement attiré par l'étrange, le fantastique, le mystère.

Les Neptuniens du Scorpion sont médiums, clairvoyants, ils ont des dons occultes, s'intéressent aux problèmes de l'au-delà. Mystiques, artistes, sensibles, intelligents, ils devinent tout ce qu'on leur cache. Ils travaillent dans le secret, s'enfermant à double tour dans leur chambre ou leur bureau. Les forces invisibles se mettent au service de la création.

Pluton en Scorpion

La plus lointaine de nos grandes planètes a transité en Scorpion de 1984 à 1995. En principe, elle est bien placée dans le signe dont elle est la maîtresse. En astrologie mondiale, cette position plutonienne donne naissance à une civilisation tout-à-fait nouvelle, totalement différente de celle que nous connaissons. Au prix de quels bouleversements ! Nous avons vu le triomphe de l'énergie atomique avec ses dérives prévisibles, la catastrophe de Tchernobyl en 1986, par exemple, (l'ère du plutonium, ce n'est pas un hasard si cet élément tire son nom du dieu des Enfers... !).

Les Planètes dans le Sagittaire

Soleil en Sagittaire

C'est la position qui, traditionnellement, fait que l'on se dit né sous le signe du Sagittaire. Exalte les tendances naturelles du signe : courage, esprit d'aventure, projets de grande envergure, intelligence, réussite professionnelle. Souvent, carrière brillante.

Le natif est porté à s'affirmer de manière éclatante dans le domaine qu'il a choisi, un peu à la lumière du Lion ; mais il le fait avec plus d'expansion chaleureuse et de motivations humaines.

Lune en Sagittaire

La Lune est épanouie dans ce signe. Elle confère de la spontanéité, une certaine bonhomie, bref une relation cordiale et détendue avec l'entourage. Avec le Sagittaire, on n'a pas de mal à briser la glace. Certes, il attend de l'autre un certain respect, mais il n'hésite pas à parler sur un pied d'égalité, d'homme à homme.

C'est un signe d'amitié plus que d'amour, et l'on aime retrouver les copains de naguère, rappeler les souvenirs, faire un petit flash-back qui permet de voir le chemin parcouru depuis.

Vénus en Sagittaire

La conception artistique du Sagittaire s'incarne à merveille dans le jazz. Cette musique à chaud qui se joue en équipe, où l'on est entraîné par un rythme endiablé, où la dépense nerveuse est intense, où l'on n'a pas à déchiffrer une partition ou à se souvenir de bien respecter telle ou telle règle, où l'on danse de tout son corps, est la meilleure détente du signe. Le Sagittaire aime le mouvement, il se plaît entre deux destinations. Il ne sait guère passer des vacances calmes et casanières.

Mercure en Sagittaire

Celui qui craint d'être dépassé par les événements prend la peine de tout prévoir, de fixer dans les moindres détails le calendrier et l'ordre du jour. Le Sagittaire, lui, n'a pas besoin de se reposer sur un Mercure très actif et minutieux. Il se fie à ses dons d'improvisateur faisant flèche de tout bois. Il compte sur sa chance pour achever ce qu'il n'a qu'esquissé. Il se méfie des plans dressés sur la comète et des pronostics toujours bafoués par la réalité.

Mars en Sagittaire

Le Sagittaire n'aime guère le travail trop régulier et quotidien. Cette position planétaire, dans un thème, n'indique donc pas un employé modèle mais bien plutôt un représentant qui court les routes, quelqu'un qui doit prendre des initiatives, s'adapter à des situations imprévues, faire preuve d'esprit d'à-propos.

L'énergie est mobilisée dès lors que le jeu en vaut la chandelle, excitée par l'épreuve, par l'obstacle. A certains moments, on est prêt à se dépenser intensivement comme dans les « charrettes » des architectes. On peut aussi trouver là un stakhanoviste avide de records.

Jupiter en Sagittaire

C'est une position qui annonce une capacité certaine à organiser, à rassembler. Non pas tant à étudier une affaire dans tous ses détails qu'à faire se rencontrer des gens, à leur donner le sentiment d'un destin commun. C'est ainsi que se forment les sociétés humaines, autour de ces chefs qui, à partir d'une situation confuse et disparate, parviennent à instituer un ordre, à faire apparaître des horizons, à cimenter des réseaux encore fragiles.

Celui qui a cette indication dans son thème laissera souvent le souvenir de quelqu'un qui a modifié sensiblement le paysage social et humain « là où son cheval est passé ».

Saturne en Sagittaire

Si les entreprises sagittariennes font parfois long feu, elles ne durent qu'autant que leur instigateur brandit le flambeau. Dès que celui-ci disparaît, c'est la guerre entre les héritiers et l'on s'aperçoit bien vite que tout l'édifice ne reposait que sur le dynamisme d'un seul. Le Sagittaire va de l'avant et a du mal à choisir ses lieutenants et ses dauphins, tant il agit par inspiration. C'est l'homme des grandes épopées que, seule, la mémoire d'un chroniqueur sauvera de l'oubli.

Neptune en Sagittaire

Le Sagittaire a le sens de l'idéologie ! Il sait que pour entraîner le grand nombre, il convient de lancer un certain nombre de slogans, de proposer des modèles d'explication, à la façon dont on parle de la lutte des classes par exemple. Cette position de Neptune est donc favorable, elle révèle quelqu'un qui saisit les vagues de fond, qui prophétise les grands bouleversements, mais qui ne sait pas toujours faire les bons choix quand il est trop entraîné par la politique politicienne.

Pluton en Sagittaire

Ce n'est pas une très bonne position pour Pluton. On n'aime guère la contestation et la satire lorsqu'on est en train de développer de grands principes et que l'on se prend plutôt au sérieux. On sait ce qu'on entend par « raison d'État », c'est-à-dire une sorte d'oukaze sans réplique. Par ailleurs, l'homme politique doit souvent faire taire sa conscience et ses scrupules s'il désire rester à son poste. L'usure du pouvoir rend méfiant à l'égard des fervents de la vérité.

Les Planètes dans le Capricorne

Soleil en Capricorne

L'astre de l'expansion, du rayonnement de l'été brûlant, se trouve nécessairement refroidi par ce signe d'hiver, d'hibernation, de grand frimas. La personnalité est donc réservée, distante, froide et concentrée. N'oublions pas, en outre, que l'attente du printemps donne à ce signe un sens du temps particulièrement intense ; si tout se fige sous la glace, c'est pour mieux éclore dès que la tiédeur revient. Signe d'ambition, de volonté, de réussite, lente et sûre. Maladresse dans l'expression de l'affectivité.

Lune en Capricorne

La planète des sentiments, de la vie intérieure, de la sensibilité et du climat affectif n'est pas non plus fort à son aise dans ce signe. Rend défiant à l'égard de toute manifestation amoureuse, peu expansif et aussi peu généreux. En revanche, donne une stabilité, une profondeur, une fidélité et une grande persévérance dans les attachements.

Vénus en Capricorne

Cette Vénus est possessive, obstinée, très rigoriste. Elle retire de la passion à la relation amoureuse — la raison, le scepticisme du signe interdisant les grands élans — et lui attribue en compensation de la solidité, de l'endurance, de la ténacité : cette Vénus se contente de peu (à la limite, elle vit d'amour platonique) ou alors, mais c'est plus rare, elle multiplie les expériences « utilitaires ».

Mercure en Capricorne

Attribue au sujet une intelligence pénétrante et profonde, lente et logique, inexorable dans sa recherche et sa découverte de la vérité, en toute chose.

La pensée se dégage de l'affectivité pour juger froidement les situations et en tirer parti.

Mars en Capricorne

Magnifique position de la planète dans un signe qui la fait aller droit à l'essentiel, avec dépouillement, esprit de synthèse, profondeur et sens de l'analyse. Sur le plan de l'intelligence, c'est une des plus fortes et des plus belles configurations. Elle confère au sujet de la dureté, de l'ambition, de l'agressivité et beaucoup de calcul en même temps qu'un sens politique aigu... Mais absence totale de subjectivité et de sensibilité en ce qui concerne les affaires, les négociations, les rapports avec autrui en général.

Jupiter en Capricorne

Mêmes effets que le Soleil dans ce signe, légèrement atténués. Les valeurs protectrices, chaleureuses, bienfaitrices de Jupiter se sentent fort diminuées, amoindries par le signe concentré et réservé du Capricorne. La réussite professionnelle est pourtant certaine grâce à l'ambition tenace du signe.

Saturne en Capricorne

Refus de l'artifice, du jeu, du maquillage. Une sorte de Capricorne au carré. Il peut dissimuler ses frustrations infinies derrière un ricanement sceptique ou l'attitude souveraine de l'ermite replié dans sa tour d'ivoire. Cet orgueilleux est d'abord un grand blessé de l'âme qui ne s'est jamais consolé des rejets qu'il a subis. C'est le vrai misanthrope, lucide sur le monde et sur lui-même, qui s'interdit tout mensonge et sanctionne tout manquement à la vérité.

Neptune en Capricorne

La planète de la sensibilité artistique, de la douceur, de la souplesse et de la mobilité psychique n'est pas spécialement confortée par le Capricorne qui lui interdit les vraies intuitions ou les soumet au crible d'une raison moralisatrice très refroidissante. La sensibilité et la rigueur de la pensée se trouvent en contradiction.

Pluton en Capricorne

Pluton, qui symbolise les forces obscures de création, la lenteur et la puissance dans les grands bouleversements, est admirablement servi par le signe ambitieux, sévère et patient du Capricorne. Cette position renforce l'ambition et lui donne une portée mondiale.

Une femme entourée d'étoiles verse de l'eau dans la rivière pour être en communion avec ce symbole de vie : cette lame du tarot, attribuée traditionnellement au Verseau, a donné son nom à Arcane 17 *d'André Breton, natif du signe.*

Comment interpréter les Planètes dans les Maisons

Comment explorer certains aspects de votre destinée

Votre signe solaire, votre Ascendant, les planètes dans les signes correspondent essentiellement aux dispositions de votre caractère, aux dons de votre personnalité.

En outre, à partir de votre Ascendant, vos douze maisons astrologiques orientent les signes zodiacaux et les planètes qui s'y trouvent vers des domaines différents de votre existence : gains, études, foyer, enfants, travail, associations, contrats, évolution psychique, voyages, étranger, ambition sociale, projets, amitié, activité cachée.

Pour l'astrologie, les mêmes énergies planétaires agissent d'une part à travers les signes zodiacaux pour se traduire en qualités personnelles et d'autre part dans vos maisons natales pour représenter un potentiel favorable ou restrictif dans tel domaine de votre vie.

Ainsi Jupiter dans le signe du Taureau correspond dans la personnalité à un fort désir de confort et de richesse allié à un bon jugement ; s'il se situe dans la deuxième maison astrologique qui est celle de l'orientation du sujet vers les gains et les dépenses, il en résultera un pronostic financier très favorable.

Caractère et destinée sont pour l'astrologue les deux faces d'une même réalité vitale.

C'est pourquoi il est si important de prendre conscience de vos points forts, de vos lacunes, des domaines préférentiels qui vous sont bien ouverts, de ceux qui vous sont difficiles, pour mieux réussir professionnellement et dans votre propre vie.

La figure ci-dessous vous montre comment les douze maisons astrologiques se succèdent à partir de l'Ascendant dans le sens inverse des aiguilles d'une montre.

Pour connaître le degré zodiacal de début de chacune de vos maisons natales, vous pouvez à partir d'un Minitel consulter le 36 15 Clea ou le 36 15 Futur, vous lirez directement sur l'écran la liste de ces maisons après avoir indiqué vos coordonnées de naissance.

Vous poursuivrez en demandant le degré zodiacal des dix planètes.

Nous vous conseillons alors de reporter sur un cercle zodiacal ces différentes informations pour découvrir dans quelle maison natale se trouvait chaque planète.

Vous pourrez ainsi chercher dans les pages suivantes les textes concernant votre destinée personnelle.

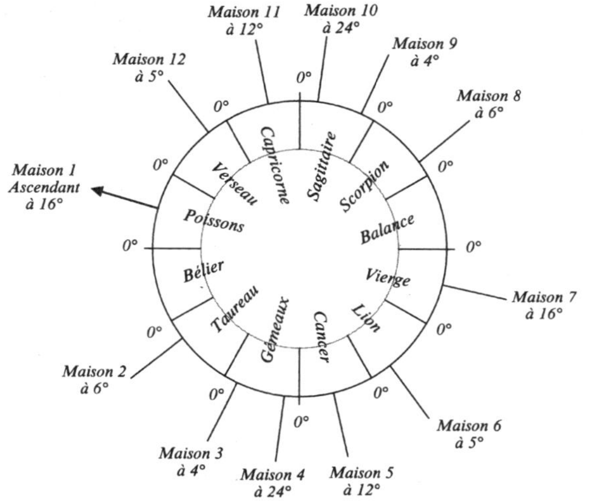

ACTION DU SOLEIL DANS LES DIFFÉRENTES MAISONS

MAISON 1	Puissance, vitalité, sens de sa propre valeur, loyauté, désir de briller, autorité, capacité de réussite.
MAISON 2	Grandes ambitions financières, vie large, faste, aptitudes à la gestion bancaire, situation lucrative.
MAISON 3	Bonne éducation, instruction solide, succès dans les études, réussite par les écrits et dans les voyages, bonne entente avec l'entourage.
MAISON 4	Bonne hérédité paternelle, parents aisés, vie familiale heureuse, gains immobiliers, réussite tardive.
MAISON 5	Succès sentimentaux, de qualité, dons pour l'enseignement, talent pour le théâtre, les divertissements publics.
MAISON 6	Poste de responsabilité dans le travail, protection contre la maladie, amour des animaux.
MAISON 7	Mariage fortuné, conjoint élevé, autoritaire, réussite par les contrats et associations, rivaux puissants mais loyaux.
MAISON 8	Conjoint fortuné, gains par contrats, héritage important, intérêt pour l'occulte, dons pour l'assurance, forces à ménager.
MAISON 9	Dons pour la philosophie, le droit, les études supérieures, attrait pour l'étranger, les grands voyages, l'import-export.
MAISON 10	Situation de premier plan, réussite sociale remarquable, toutes vos énergies sont centrées sur l'éclat de votre statut social.
MAISON 11	Nombreuses relations d'amitié, protections influentes, amis fidèles, sélectionnés, projets vastes, ambitieux.
MAISON 12	Esprit de dévouement, d'abnégation, goût de la vie retirée, dons pour soigner les malades, protection contre les épreuves.

ACTION DE LA LUNE DANS LES DIFFÉRENTES MAISONS

MAISON 1	Nature sensible, émotive, romanesque, attachement à la mère, à la famille, popularité mais fluctuations, indécision.
MAISON 2	Gains de sources diverses, travail en famille, gains par l'alimentation, dépenses pour le foyer, soutien pour les femmes.
MAISON 3	Changements fréquents de milieu et d'entourage, nombreux déplacements en groupe, journalisme.
MAISON 4	Fort attachement au foyer, forte influence de la mère, vie d'intérieur, changements de résidence, goût pour le passé.
MAISON 5	Plaisirs variés, goût des réunions joyeuses, désir de plaire, relations amoureuses éphémères, nombreux enfants.
MAISON 6	Santé délicate, mauvaise hérédité maternelle, troubles gastriques, chance dans service public, popularité au travail.
MAISON 7	Nombreux contacts sociaux, nombreuses occasions d'association, d'union, mais une certaine instabilité de part et d'autre.
MAISON 8	Rêves fréquents, impressionnabilité, occultisme déconseillé, dons et cadeaux, goût du mystère.
MAISON 9	Idéal de sociabilité, de solidarité, idées changeantes, voyages importants, popularité à l'étranger.
MAISON 10	Succès dans le contact avec la foule, surtout auprès des femmes, souplesse sociale, variété d'occupations.
MAISON 11	Nombreuses relations d'amitié, réunions, sorties un peu superficielles, projet trop changeants.
MAISON 12	Nostalgie, goût de la solitude, du calme, dons psychiques, les femmes sont peu favorables, surveillez l'estomac.

ACTION DE MERCURE DANS LES DIFFÉRENTES MAISONS

MAISON 1	Intelligence, vivacité, adresse, don pour la parole et l'écriture, goût de l'étude, mobilité, échanges.
MAISON 2	L'intelligence et l'habileté sont au service du désir de gains, talent d'intermédiaire, revenus variés.
MAISON 3	Réussite dans les études, assimilation rapide, talent de polémiste, don pour la publicité, déplacements fréquents.
MAISON 4	Hérédité intellectuelle, changements de domicile, achat et vente d'immeubles, lucidité mentale tardive.
MAISON 5	Attirance pour les personnes jeunes et intelligentes, amours cérébralisés, jeux éducatifs, cyclisme, enseignement.
MAISON 6	Activités de secrétariat, d'écritures, de classement, d'analyse, d'assistance ; bronches à surveiller.
MAISON 7	Intelligence appréciée par les autres, contrats pour des travaux littéraires, scientifiques, mariage avec partenaire plus jeune.
MAISON 8	Intérêt pour les problèmes psychiques, aptitude au contrôle, aux écrits relatifs aux assurances, successions, partages.
MAISON 9	Capacité de haute érudition, clarté d'esprit, don de conférencier, professorat, droit, relations avec l'étranger.
MAISON 10	Réussite sociale par occupations commerciales, littéraires ou scientifiques, travail en association, travaux multiples.
MAISON 11	Amitiés intellectuelles, correspondance amicale, projets ingénieux mais persévérance insuffisante.
MAISON 12	Dons pour les recherches de laboratoire, pour l'étude des choses cachées, discrétion, méfiance.

ACTION DE VÉNUS DANS LES DIFFÉRENTES MAISONS

MAISON 1	Charme, gentillesse, gaieté, sociabilité, désir de plaire, vie heureuse, protection contre la violence.
MAISON 2	Gains aisés par un travail agréable, commerce de luxe, mode, femmes favorables, dépenses pour le confort.
MAISON 3	Dons pour la poésie, la musique, l'art, excellentes relations avec l'entourage, lectures romantiques, voyages plaisants.
MAISON 4	Vie familiale heureuse, amour de la famille, intérieur confortable, amour au foyer, chance dans les placement immobiliers.
MAISON 5	Succès sentimentaux, goût des spectacles, succès dans l'enseignement d'un art, enfants affectueux, chance au jeu.
MAISON 6	Santé équilibrée, sensibilité de la gorge et des reins, éviter le surmenage, collaborateurs dévoués, travail facile.
MAISON 7	Mariage heureux, vie en société élégante et gaie, contrats fructueux sans conflits, pas d'ennemis.
MAISON 8	Dons, cadeaux artistiques, héritage profitable, conjoint fortuné, sommeil reposant.
MAISON 9	Culte de la paix, philosophie souriante, esthétisme, chance à l'étranger, voyages réussis, union à l'étranger.
MAISON 10	Succès social par sympathie, par les femmes, carrière artistique, ou commerce de luxe.
MAISON 11	Amitiés féminines, amis artistes, projets amoureux.
MAISON 12	Dévouement envers les malades, mélancolie, désir de recueillement et de sacrifice.

ACTION DE MARS DANS LES DIFFÉRENTES MAISONS

MAISON 1	Nature énergique, impulsive, forte capacité d'action, courage, robustesse, virilité, goût de la lutte.
MAISON 2	L'action, l'esprit d'entreprise sont au service du désir de gain, fortes rentrées, fortes dépenses, l'audace paie.
MAISON 3	Don pour mettre les idées en pratique, pensée rapide, talent oratoire, goût pour la vitesse, voyages hâtifs.
MAISON 4	Hérédité active, père homme d'action, vigueur maintenue longtemps, accroissement du patrimoine immobilier.
MAISON 5	Ardeur, passion en amour, désir sexuel précoce, goût des sports violents, besoin de conquête.
MAISON 6	Travail dans la mécanique, dans l'armée, la police, zèle au travail, tendance aux maladies aiguës mais récupération rapide.
MAISON 7	Mariage précoce, partenaire énergique, succès par l'activité des associés, conflits, rivalités, procès.
MAISON 8	Grande puissance sexuelle, puissance psychique, dispute en cas d'héritage, actions héroïques.
MAISON 9	Opinions catégoriques, passionnées, propagandisme, valorisation de la force, études d'ingénieur, safaris, succès à l'étranger.
MAISON 10	Carrière active, d'industriel, de militaire, de chirurgien, maniement d'outils de fer, goût de vaincre les obstacles, victoires.
MAISON 11	Plans audacieux mais impatience, amis sportifs.
MAISON 12	Activité secrète ou s'exerçant dans des lieux calmes, éventuellement dangereuse, ennemis secrets, danger par virus.

ACTION DE JUPITER DANS LES DIFFÉRENTES MAISONS

MAISON 1	Caractère jovial, bienveillant, bon sens, dynamisme, constitution imposante, confiance en soi, embonpoint.
MAISON 2	Avantages financiers importants, crédit large, goût du faste, sens financier, commerce de gros.
MAISON 3	Réussite d'études, largeur de vues, aptitudes de juriste, sens commercial, talent littéraire, bon voisinage.
MAISON 4	Origines aisées, parents notables, chance dans le développement du patrimoine foncier, fin de vie heureuse.
MAISON 5	Chance pure aux jeux de hasard, bons placements financiers, pédagogie, sport, distractions saines.
MAISON 6	Protection contre la maladie, travail lucratif, efficacité professionnelle, amour des chevaux.
MAISON 7	Mariage heureux, conjoint de niveau social supérieur, relations mondaines, contrats importants, accords amiables.
MAISON 8	Protection contre une mort violente, fortune par conjoint, gratifications, intéressements, sérénité.
MAISON 9	Principes religieux, tolérance, études supérieures, magistrature, chance à l'étranger, voyages fructueux.
MAISON 10	Brillante réussite sociale, profession libérale, banque, finance, bonne réputation, position solide.
MAISON 11	Excellentes relations amicales, appuis financiers et moraux aux projets de grande envergure.
MAISON 12	Générosité, philanthropie, mysticisme, goût pour la vie religieuse, protection contre les ennemis.

ACTION DE SATURNE DANS LES DIFFÉRENTES MAISONS

MAISON 1	Nature sérieuse, pondérée, ordre, méthode, lenteur, froideur, économie, sens des responsabilités.
MAISON 2	Gains réguliers mais limités, dépenses contrôlées, sens des questions immobilières et foncières.
MAISON 3	Sens de la précision, logique, besoin d'isolement pour étudier, voyages préparés, contacts sérieux.
MAISON 4	Père austère, éducation stricte, attachement aux traditions, dons pour l'agriculture, les mines.
MAISON 5	Goûts des délassements calmes, des jeux d'échecs, attirance vers des personnes plus âgées.
MAISON 6	Tendance aux refroidissements, aux rhumatismes, emplois subalternes, travaux précis et fatigants.
MAISON 7	Mariage tardif avec partenaire plus âgé, sérieux, stable, mais peu expansif, vie sociale réduite, sélective.
MAISON 8	Héritage immobilier, accroissement du capital par l'économie du conjoint.
MAISON 9	Opinions conservatrices, morales, austères, idéal rigoureux, intolérance, goût pour les mathématiques.
MAISON 10	Réussite lente par ambition persévérante, talent d'administrateur, sens politique, prestige sans popularité.
MAISON 11	Projets tenaces, systématiques, à long terme, amis âgés, sérieux, fidèles.
MAISON 12	Limitations volontaires ou non de votre liberté, travaux secrets, tâches fastidieuses, obscures.

ACTION D'URANUS DANS LES DIFFÉRENTES MAISONS

MAISON 1	Indépendance, originalité, goût du progrès, solidarité, comportement imprévisible, intuition, coopération.
MAISON 2	Gains par profession indépendante, par inventions, chances et tuiles brusques, irrégularité financière.
MAISON 3	Études sélectives, expériences personnelles, modernisme, risque d'accidents en déplacements.
MAISON 4	Milieu familial original, bohème, mobilier ultra-moderne, foyer très libre, risque de séparation.
MAISON 5	Liaisons soudaines, coups de foudre, excentricité, joueur, goût des performances mécaniques, du risque.
MAISON 6	Nervosité, difficulté à se détendre, travail autonome, de spécialiste, attitude peu disciplinée.
MAISON 7	Mariage brusque, union libre, partenaire indépendant, relations intellectuelles, instabilité des contrats.
MAISON 8	Aptitudes de psychologue, forte intuition pour pénétrer les secrets, gains par les associés.
MAISON 9	Idéal de progrès, de fraternité, idées révolutionnaires, talent pour les techniques avancées.
MAISON 10	Dons pour le lancement de nouveautés techniques, succès par réforme, carrière indépendante, changeante.
MAISON 11	Projets ingénieux, réalisables dans des conditions subites, amis francs, intelligents.
MAISON 12	Possibilité d'adhérer à une secte, dévouement à une communauté.

ACTION DE NEPTUNE DANS LES DIFFÉRENTES MAISONS

MAISON 1	Grande sensibilité, tendances spirituelles, idéalistes, moments d'inspiration, de génie, isolement.
MAISON 2	Gains importants par publicité, spéculations commerciales, combinaisons exceptionnelles.
MAISON 3	Assimilation extraordinaire, imagination vive, don pour la publicité, voyages imaginaires.
MAISON 4	Piété familiale, foyer recueilli, intime, sérénité, béatitude.
MAISON 5	Relations idéalistes, platoniques, exaltation sentimentale, désir d'évasion, talent spéculatif.
MAISON 6	Maladies psychiques, intoxication nerveuse, occupation désintéressée au service des souffrants.
MAISON 7	Partenaire exerçant une forte emprise psychique, relations compliquées, contrats illusoires.
MAISON 8	Héritages compliqués.
MAISON 9	Tendances mystiques, dévotion, dons pour l'étude des problèmes métaphysiques, génie mais utopie.
MAISON 10	Talent pour les vastes combinaisons liées aux trusts, succès par la mer, la psychologie, succès par les masses.
MAISON 11	Projets idéalistes mais utopiques, amis évolués, spiritualistes.
MAISON 12	Attrait pour le mystérieux, l'occulte, médiumnité, dévouement secret.

ACTION DE PLUTON DANS LES DIFFÉRENTES MAISONS

MAISON 1	Grande puissance passionnelle, force sexualité, attitude de justicier, capacité de pénétrer les secrets.
MAISON 2	Gains secrets, héritages favorisés.
MAISON 3	Intelligence des choses cachées, destructrice, déplacements entourés de secret.
MAISON 4	Danger de destruction du foyer. Capacité de reconstruire celui-ci.
MAISON 5	Relations sentimentales passionnées, liaison cachée, forte créativité, conflit avec les enfants.
MAISON 6	Maladie possible des organes génitaux. Talent de réorganisation dans le travail.
MAISON 7	Conjoint passionné, risque de rupture des associations, ennemis cachés.
MAISON 8	Magnétisme, forte sexualité.
MAISON 9	Bouleversements des opinions et des idéaux, espionnage à l'étranger.
MAISON 10	Sens des affaires, capacité de profiter des bouleversements pour réussir, aptitude à transformer.
MAISON 11	Projets en constante évolution, amis occultes.
MAISON 12	Ennemis cachés, épreuve concernant la sexualité.

Comment interpréter Uranus dans les Maisons

La position d'Uranus dans les Maisons ou Secteurs astrologiques indique le domaine dans lequel le sujet est le plus original, le plus intransigeant, mais aussi le plus dérangeant ou le moins adapté, ce qu'il va mettre en exergue dans son comportement, son vécu, sa vie relationnelle ou transcendantale.

Uranus en Maison I

Si vous avez Uranus en premier Secteur, vous êtes intransigeant sur les valeurs que vous désirez défendre. Vous les élevez à la dimension de modèles, sans vous rendre compte que les autres ne sont pas forcément fondus dans le même moule que vous. Même devant l'évidence, vous restez sur des positions établies une fois pour toutes et si le doute parfois vous effleure, il ne fera que les renforcer. Facteur d'individualisation, vous vous dégagez du milieu, et l'on dit de vous : « C'est un original », ou une « personnalité ».

Uranus en Maison II

Si, dans votre thème, Uranus se trouve en deuxième Secteur, vous n'êtes peut-être pas très opérationnel quant à vos gains. Les contingences matérielles vous importent moins que la façon dont vous êtes perçu par les autres. Vous comptez sur les circonstances pour « changer votre fusil d'épaule » lorsque vous avez épuisé l'intérêt d'une situation. Mais dans la dissonance, craignez des hauts et des bas pour l'équilibre de votre budget.

Uranus en Maison III

Il est possible que vous ayez des dons pour les études dans des domaines encore en friche. Vous comprenez très rapidement ce qu'on vous explique, votre intelligence est brillante, mais vous manquez quelque peu de largeur de vues et de souplesse dans l'invention. Expliquer la complexité de la nature humaine vous semble un jeu d'enfant, et si votre plume est alerte, le roman est un domaine qui doit vous tenter. A moins que quelque aspect planétaire ne vous incite à vous diriger vers l'étude des sciences humaines et que vous vous interrogiez volontiers sur les arcanes cachés de la pensée.

Uranus en Maison IV

Vos souvenirs d'enfance sont peut-être autant d'obstacles à une vie familiale harmonieuse car, à cette époque, vous aviez l'impression d'y étouffer. Peut-être avez-vous créé un foyer où l'indépendance de chacun est respectée, à moins que vous n'ayez choisi le célibat pour éviter les heurts et les limitations. Espérons enfin que vous n'êtes pas de ces personnes qui veulent se faire respecter à tout prix de leur entourage familial, sous prétexte que « charbonnier est maître chez lui » et que vous entendez bien le rester !

Uranus en Maison V

Votre sensibilité est vive, mais se contente de rencontres sans lendemain. Le disparate et l'inconnu vous attirent et vous vous y impliquez volontiers, à condition qu'on ne vous demande pas de présence continue. Vous aimez les distractions qui vous mettent en valeur et cela vous entraîne parfois à prendre des risques au-dessus de vos forces quand le signe qui reçoit la planète vous y engage, ou si celle-ci entretient des rapports dissonants avec les points importants de votre ciel natal. Attendez-vous à des amours tumultueuses, à des ruptures brutales, bref à une vie sentimentale qui ne manquera pas de relief et vous fera vivre intensément.

Uranus en Maison VI

Une extrême nervosité vous empêche de vous plier à une discipline, et la complexité des rapports avec vos semblables vous fait adopter une attitude où le non-conformisme vous fera autant d'amis que de contempteurs. Vous avez l'art d'être où l'on ne vous attend pas, mais l'on vous espérera en vain à un rendez-vous convenu. Ce n'est pas le quotidien qui vous importe, mais ce qu'il y a au-delà des besognes journalières et que vous tentez de vivre à votre manière... que les autres ont le droit de trouver abrupte.

Uranus en Maison VII

Entre le « je » et le « tu », c'est le « je » que vous privilégiez. Dévalorisation possible du partenaire qui, s'il s'y prête, permet de vivre un mariage durable. Dans la dissonance, Uranus en septième Secteur porte aux associations conclues dans la hâte qui se dénouent aussi brusquement qu'elles se sont formées. L'union libre, où chacun vit pour soi, est une solution pour les couples de forte personnalité et garantit un épanouissement qui n'a de règle que le bon vouloir de chacun.

Uranus en Maison VIII

Uranus en huitième Maison peut renseigner sur les possibilités de transformation de la personne humaine à travers les crises et les difficultés de son vécu. Si vous avez Uranus en Maison VIII, il n'est pas impossible que vous soyez gêné par des modèles familiaux si impératifs qu'ils vous empêchent de vivre et de vous intégrer sous d'autres bannières que celle de leur souvenir entêtant.

Uranus en Maison IX

En neuvième Secteur, Uranus vous fait prendre conscience de votre nature profonde. Vous pouvez définir les idéologies dans lesquelles vous vous sentez à l'aise, les adopter ou les combattre. Vous avez le sens de leur devenir et votre intuition sera précieuse pour délimiter leur influence sur votre passé et leurs chances dans l'avenir.

Uranus en Maison X

En Maison X, Uranus vous donne le clinquant des destinées sans mystère. Vous tenez à ce qu'on vous prenne pour ce que vous paraissez : quelqu'un qui sait où il va et qui entend qu'on le sache ! Il se peut, effectivement, que vous ayez en vous toutes les potentialités que vous représentez et que vous puissiez les gérer avec sagesse et efficacité. Prenez garde, cependant, que la volonté de puissance ne soit un vin trop généreux pour votre résistance nerveuse et que, stimulé par la certitude de vos voies secrètes, vous ne tombiez dans des dérèglements qui vous figeraient dans une voie unique, où l'autoritarisme prendrait le pas sur une saine gestion de vos potentialités.

Uranus en Maison XI

La Tradition nous enseigne que ce Secteur est celui de l'amitié, sentiment qui ne dure qu'au travers de l'expérience qu'on en fait. Rien ne nous y oblige, et la relation qu'on y crée est dénuée de ces précautions qu'instituent les codes sociaux. Si Uranus s'en mêle, vous avez, dans vos relations amicales, un code bien à vous. Il y a des comportements qui mettent en péril ce sentiment privilégié, et vos engouements peuvent se succéder par ruptures successives, tant vous êtes à cheval sur un mode de comportement. Par contre, vous vous figez dans des rapports qui ne vous satisfont plus, simplement parce qu'ils existent depuis toujours et que vous ne savez les changer. Un jour vous mettrez les choses au point, au grand ébahissement de votre entourage.

Uranus en Maison XII

En douzième Maison, Uranus se lève et nos espoirs se couchent ! C'est l'instant de vérité où vous pouvez intégrer, en le formulant, l'informulable, où toute votre expérience ne vous sert plus à rien, où vous êtes seul devant vous-même...

Ou bien vous refusez l'effort parce que le temps n'en est pas encore venu ou que la jeunesse rend impossible la mutation, ou bien vous vous figez dans votre passé et répétez inlassablement les mêmes conduites programmées depuis longtemps mais dont, secrètement, vous ne désirez pas vous défaire. Tendance à la répétition, langage inaudible à qui ne peut comprendre ! Il vous reste à trouver un auditeur qui comprendra au-delà des mots et qui vous acceptera tel que vous êtes : instinct de vie mélangé à instinct de mort !

A Brasilia, cette architecture totalement moderne représente, curieusement, le symbole stylisé d'Uranus.

Comment interpréter les Signes dans les Maisons

L'homme, qui vit sur Terre à un endroit bien précis, a besoin de coordonnées se rapportant au sol sur lequel il se tient et à l'espace aérien qui l'environne.

Pour l'astrologie, votre lieu de naissance a une importance capitale. Il est déterminé géographiquement par deux coordonnées, longitude et latitude, qui définissent le méridien du lieu en question. Comme la Terre entraîne, dans sa rotation sur elle-même en vingt-quatre heures, tout ce qui est à sa surface, elle entraîne donc votre méridien de naissance. Avec un peu d'imagination, si vous prolongez à l'infini le plan de ce méridien, il va rencontrer le Zodiaque (cet anneau de Montléry où tournent les planètes) sur sa ligne médiane : l'écliptique... et vous voilà en rapport avec le cosmos ! Ce rendez-vous bien précis a lieu au Milieu-du-Ciel (M-C), le point où le Soleil se trouve à midi. A l'opposé, le Fond-du-Ciel (F-C) voit le Soleil à minuit. Nous savons aussi que le point où le Soleil se lève se nomme l'Ascendant (AS), et celui, opposé, où il se couche, le Descendant (DS). Le plan qui passe par l'Ascendant et le Descendant est l'horizon du lieu. L'horizon et le méridien coupent l'horoscope en quatre parties appelées « Quadrants » : deux sont diurnes et deux nocturnes. Chaque Quadrant est divisé en deux, ce qui donne douze Maisons astrologiques. Quand le Soleil se lève, il est à la pointe de la Maison I. A midi, il indique le début de la Maison X. A son coucher, on entre dans la Maison VII, et à minuit, il indique le début de la Maison IV. Si nous divisons en trois parties égales l'intervalle de temps qui sépare les Maisons ci-dessus, nous aurons les Maisons intermédiaires.

Pour terminer cet exposé un peu technique, nous pouvons dire que chaque Maison indique un rapport entre le lieu terrestre et le Zodiaque, entre l'homme et le ciel !

La signification des Maisons est fondée sur la différenciation des directions de l'espace. Cette notion est employée en phonologie et en graphologie. On aurait remarqué que l'oreille droite n'aurait pas les mêmes fonctions que l'oreille gauche, et que le rôle de la main droite serait différent de celui de la main gauche. S'il y a des différenciations dans les directions de l'espace, pourquoi n'y aurait-il pas des significations propres à chacune d'elles ?

Les Maisons astrologiques et le symbolisme de l'espace

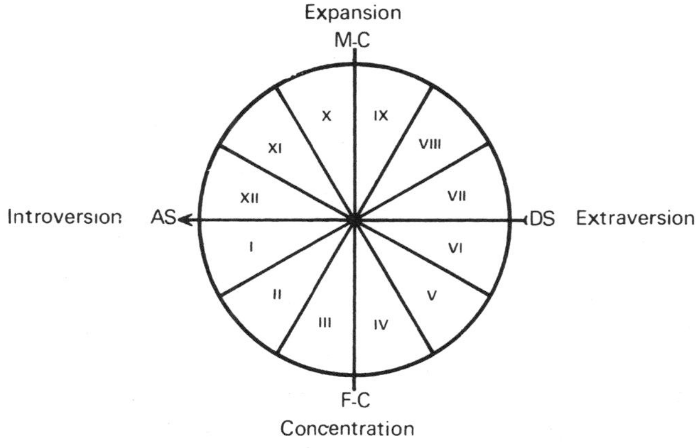

Les graphologues prétendent qu'une écriture inclinée vers la gauche est signe d'introversion, de repliement sur soi, tandis que vers la droite elle exprime l'extraversion, un désir de contact avec autrui. Des « t » ou des « l » très montants seraient signe d'expansion, alors que des « p » ou des « j » très descendants marqueraient la concentration.

La tentation est grande d'appliquer à l'astrologie les mêmes significations : l'Ascendant allant avec l'extraversion, le Descendant avec l'introversion, le Milieu-du-Ciel jouant l'expansion et le Fond-du-Ciel la concentration. A partir de ces quatre pôles, on peut trouver des significations aux Maisons astrologiques qui seraient un mélange, en proportions variables, de ces directions.

Le Verseau dans les Maisons

Verseau en Maison I

Si nous regardons le schéma précédent, nous constatons que la pointe de la Maison I (l'Ascendant) est au maximum de l'introversion, avec une teinte de concentration. Certains auteurs prétendent qu'elle signerait la morphologie du sujet ; nous pensons qu'elle indique surtout ce que le sujet *voudrait être* physiquement, son idéal, sans tenir compte de son hérédité. Cela expliquerait peut-être pourquoi certaines personnes acceptent facilement l'épanouissement de leurs formes quand la mode est à la minceur, alors que d'autres se soumettent à des régimes alimentaires draconiens, aux dépens de leur santé et de leur humeur.

La Maison I est surtout le règne du « je », qui privilégie la personne, ce que fait le sujet, ce qu'il désire ou ce qu'il exprime.

Avoir la Maison I en Verseau indique que c'est en soi que l'on peut trouver le ressort nécessaire pour évoluer, se transformer, physiquement ou moralement. Le caractère naturellement indépendant peut devenir versatile et l'optimisme foncier persévérer au travers des embûches de la vie jusqu'à devenir naïveté, refus de la réalité : on affirme que le ciel est bleu alors qu'il se couvre.

Verseau en Maison II

Le « je » est à égalité avec le « nous », et l'introversion égale la concentration. Le sujet prend conscience de sa dépendance à l'égard de la famille et de ses futures responsabilités. Ce Secteur engage à une indépendance financière ; il indique peut-être la manière dont le natif a vécu son adolescence et laisse augurer de sa future insertion dans le monde du travail.

En Maison II, l'influence Verseau peut inciter à une certaine fantaisie dans la recherche d'une situation et à se contenter de gains irréguliers. C'est parfois jeter l'argent par les fenêtres pour un service ou un cadeau, c'est refuser de perdre sa vie à la gagner, mais exploiter adroitement les circonstances pour ne dépendre financièrement de personne.

Si, dans le thème, d'autres configurations indiquent d'impérieux besoins financiers ou un amour immodéré du luxe, le Verseau, traqué par ses obligations, est capable d'inventer n'importe quoi pour y faire face, de bluffer sur ses capacités et de tenter le Diable plutôt que de le tirer par la queue !

Verseau en Maison III

Le « nous » est plus important que le « je », et la concentration est à son maximum, tandis que l'introversion diminue. Le sujet n'en est pas encore à se lancer dans l'inconnu : il aime les échanges avec les gens de son quartier, les voisins, les proches, les « copains ». Les affinités intellectuelles ont beaucoup d'importance et créent des échanges qui orientent souvent l'avenir.

La Maison III en Verseau fait augurer d'une certaine ambiguïté entre un fort attachement à l'entourage proche et un grand désir de s'en évader si l'on ne trouve pas, dans les liens que le Secteur précise, de quoi alimenter la curiosité intellectuelle. Le natif peut ressentir le besoin de lutter contre ce qu'il croit être une limitation à ses ambitions et prendre le large, quitte à chercher toute sa vie à recréer cette ambiance qui le sécurisait sans le contraindre. Il peut aussi se bloquer dans le souvenir idéalisé de ces relations, ne supporter aucun contact et ne trouver, dans une vie sociale plus large, que motifs à aiguiser sa dialectique en ridiculisant ceux qui la vivent harmonieusement. Serait-ce le Secteur des « amitiés particulières » ?

Verseau en Maison IV

Le « nous » est plus fort que le « tu », la concentration est à son maximum et l'extraversion si faible que le « tu » s'imbrique dans le « nous ».

La Maison IV est celle du foyer familial, la façon dont on a vécu celui dont on est issu et dont on envisage celui que l'on crée ; le second étant, le plus souvent, à l'image du premier. En prendre le contre-pied est, paradoxalement, exprimer différemment le même attachement.

Si la Maison IV est en Verseau, le sujet est capable de recréer ailleurs, même en exil, l'ambiance familiale. S'il le désire vraiment, son dynamisme obstiné vient à bout des obstacles. Il se peut aussi que l'indépendance foncière du signe rende moins douloureuse la frustration initiale. Pour le Verseau, le foyer est un endroit où chacun doit être libre, où les uns sortent quand les autres rentrent, et que les amis visitent à leur heure. Ne nous étonnons pas des drames familiaux que provoque un Verseau adolescent chez des parents pas forcément du même signe ! C'est en toute innocence qu'il agit ainsi : le cocon est, pour lui, quelque chose d'ouvert !

Verseau en Maison V

Le « tu » est à égalité avec le « nous », l'extraversion s'amplifie et la concentration diminue. Le sujet prend conscience de « l'autre », de sa faculté de plaire à quelqu'un d'étranger à la famille et d'être ému par lui. C'est le monde des affinités électives, du flirt, des relations amoureuses sans conséquences et sans projets. Par extension de l'instance vénusienne, ce serait le Secteur du pouvoir créatif de l'individu... et des enfants ! Adultérins, bien sûr, puisque le domaine du mariage fait partie du Quadrant suivant... La maternité étant la seule création que l'on accordait jadis à la femme, l'astrologue serait-il rétrograde et sexiste par tradition ? Évoluons, évoluons... car si cette création-là est, en effet, exclusivement féminine et si les femmes ont pu, de tout temps, procréer sans plaire, elles peuvent, maintenant, plaire sans procréer ! Ce choix fait partie, à notre avis, du domaine de la Maison VI qui n'apporte pas que des contraintes.

Le Verseau en Maison V incite le sujet à des sentiments vifs et à une sexualité qui se renouvelle en même temps qu'elle l'excite. Le tout est léger, porté sur des semelles de vent. Gai compagnon pour l'aventure sans lendemain, il laisse en général un bon souvenir. Si l'excitation récréative fonctionne sans frein, vous aurez le passionné d'une soirée qui promet tout sans rien tenir, le docteur Copelius qui crée, sur une rencontre, un idéal matrimonial, ou le fanatique du coup de foudre qui vous menace du suicide au moment de l'apéritif.

Verseau en Maison VI

Le « tu » prend le pas sur le « nous » et commence à s'incarner en lui, tandis que l'extraversion domine la concentration. Il s'agit de faire un choix, de fixer son attention sur une personne dans le but de fonder une famille, avoir des enfants, avec tout ce que la particularisation peut comporter de limitations, de contraintes et d'espoirs sans réalisations. On a les désagréments du « tu » sans avoir les avantages du « nous ». Mais « l'autre » n'est pas seulement le partenaire amoureux, c'est aussi le confrère, le camarade de travail, le supérieur hiérarchique ou le patron, tout ce que nous pouvons rencontrer, dans la vie quotidienne ou le travail, de plaisirs en puissance ou de servitudes consenties.

Avoir le Verseau en Maison VI implique que l'on peut trouver une source de dynamisme dans ce genre de rapports, que le train-train quotidien peut être rompu par une vue inhabituelle des situations et que l'entraide n'est pas seulement une vertu de scout, mais aussi un moyen d'aller plus vite en s'ennuyant moins !

Il se peut aussi que le désordre, la fantaisie et l'instabilité, qui sont parfois les défauts du signe, jettent la perturbation dans la bonne marche d'un service ou perturbent l'harmonie de rapports confraternels.

Verseau en Maison VII

Le règne du « ils » commence, mais le « tu » l'emporte encore. L'extraversion est à son maximum, alors que le désir d'expansion se limite à la relation à deux, qui s'élargit et se concrétise dans le désir d'asseoir des rapports sociaux fondés sur une union, une collaboration ou une association.

Pour la Tradition, la Maison VII concerne le mariage, qui est une légalisation des amours, réglant à la fois le comportement mutuel des époux et leurs intérêts pécuniaires. En affaires, elle renseigne sur les possibilités du natif d'associer ses efforts à ceux de quelqu'un d'autre ou le genre de collaboration qu'il peut mener à bien. Voilà le côté positif de la situation, ou le carnet rose du Secteur.

Dans la négative, c'est tout ce que la complémentarité, lorsqu'elle est mal comprise, peut engendrer de dissonant : les difficultés d'entente, les luttes... parfois même les procès ! En Maison VII, la société commence à mettre le bout de son nez dans les affaires privées...

Le signe « fixe » du Verseau, tolérant les avis contraires (les sollicitant même, au besoin, par souci d'équité et source de renouvellement), est un associé libéral. S'il est équilibré, il attendra, pour conclure un accord, de mieux connaître son partenaire, car ses choix, une fois exprimés, sont souvent définitifs.

Dans une association, c'est lui qui invente et « l'autre » qui gère. L'inhibition hivernale en fait un partenaire loyal, même s'il pimente son action de quelques arabesques... Épousez un Verseau, vous ne vous ennuierez pas et il respectera votre liberté, comme vous devrez ménager la sienne ! S'il faut « pousser à la roue » pour sortir d'une mauvaise passe, comptez sur lui, il poussera !

Bien sûr, évitez le charmant farfelu ou la ravissante inconsciente qui sont capables de vous planter là sans laisser d'adresse et de ne reparaître que trois ans après... pour rechercher, chez eux, des allumettes !

Verseau en Maison VIII

Le « tu » égale le « ils », l'extraversion lutte avec l'expansion.

La relation à deux est insuffisante à combler les désirs du sujet qui hésite encore à abandonner le dialogue pour le discours. Le besoin d'expansion sociale est ressenti comme une trahison à l'égard de l'atmosphère intimiste, jusqu'alors privilégiée. On n'ose pas l'expliciter, à peine en rêve-t-on ! Luttes intérieures, procès d'intention dont on croit être victime : la Maison VIII n'a pas bonne réputation ! La Tradition y mettait le sexe, les maladies graves, la mort... et tout ce qui fait peur ! En fait, ce que l'homme craint le plus est de se dépersonnaliser, de mourir à lui-même devant les impératifs de la collectivité. Son premier réflexe est de se boucher les oreilles. Puis il tente de résoudre le conflit en révisant ses modèles, qu'il choisit encore à l'extérieur : une personne représentative, un groupe de qui il attend, comme un dû, une prise en charge qu'il n'est plus en mesure de recevoir, ayant dépassé le stade où l'on est suffisamment souple pour se modeler, au sens propre du terme.

Le Verseau n'échappe pas à cette porte étroite. Les plus fragiles se débattent, épuisent leurs forces dans la révolte, critiquent les autres, leur chien, la politique ou la pollution, et lassent les appuis par maladresse. Les fortes personnalités montrent le visage souriant de ceux qui en ont vu d'autres et puisent dans l'épreuve la force de préparer une renaissance. Nul ne saura ce qu'il leur en aura coûté : on les enviera en les dénigrant !

Verseau en Maison IX

En Maison IX, le « ils » est encore imprégné des valeurs du « tu ». L'expansion approche de son maximum tandis que l'extraversion, qui se bornait à la relation de personne à personne, s'élargit au profit d'une audience plus vaste et d'intérêts de plus grande envergure. Le sujet résoud ici, selon ses possibilités, la crise précédente.

Il peut tenter de se fuir lui-même dans des voyages à long terme, de sublimer par une conduite héroïque les pulsions de la phase précédente, ou trouver dans une idéologie à la fois l'élargissement et la protection nécessaires. Il peut aussi remettre en question ses valeurs profondes, mesurer jusqu'où il peut « aller trop loin » et quels sont ses moyens de défense ou de réussite : c'est le voyage à l'intérieur de soi où l'on s'efforce de devenir une personne avant d'être un personnage.

En Maison IX, le Verseau n'est pas à court d'imagination. Subtil dans ses analyses, la « recréation » est son affaire. Sans illusions sur ce qu'il peut attendre des autres, il est suffisamment doué pour entreprendre, avec des chances de succès, une autocritique constructive.

Si l'indépendance le taraude, il est capable de faire le tour du monde de manière inédite, en quatre-vingts jours avec les Jets modernes... ou en trois ans avec des moyens de fortune. Soyez certain qu'il en rapportera une vue originale sur un sujet déjà rabâché. Mais s'il trouve ailleurs un climat plus adapté à ses exigences, il s'expatriera pour de bon.

On peut craindre néanmoins, chez les sujets passifs, soit l'ascétisme pratiqué au mépris de toute prudence, soit les débordements d'activité ou les générosités suicidaires qui mettent en péril la santé ou les moyens d'existence, au profit d'exploiteurs d'héroïsme ou de vendeurs d'illusions... qui se recrutent aussi parmi les actifs du même bord !

Verseau en Maison X

Le « je » s'estompe devant le « ils », l'expansion est à son maximum, mais teintée d'un début d'introversion. Ce qui veut dire que le sujet se met en valeur à travers son image sociale. C'est le monde socioprofessionnel, la situation, la carrière, la réussite, le moment où l'on construit son destin.

Vivre harmonieusement le Verseau en Maison X, c'est être conscient que la réussite passe par la reconstruction, avoir le goût des transformations vivifiantes dans le but d'un avenir meilleur, être réformateur dans l'âme et n'accepter, comme tremplin, que ce qui va mal. C'est aussi prévoir que l'on risque une impopularité temporaire ou définitive parce qu'on dérange les habitudes acquises, les gens en place et le confort du quotidien. C'est enfin, si l'on travaille pour les autres et selon l'issue de ses efforts, savoir accepter (sans trop d'aigreur) d'être celui qui a perdu, mais rarement celui qui a gagné.

On peut aussi faire passer le « je » dans le « ils », tenter d'aliéner les autres en imposant son propre modèle, être différent et proposer sa singularité. C'est aussi liquider les poncifs, renverser les situations, jouer le « chien dans un jeu de quilles » et se promouvoir par le passé recomposé.

Verseau en Maison XI

Le « je » est égal au « ils », l'expansion compense l'introversion.

Dans la multiplicité, le sujet a tendance à privilégier ceux qui sont en affinité avec lui et c'est par rapport à eux qu'il essaie de briller ou de réussir. Des échanges s'établissent autrement que dans une communauté, mais de personne à personne. C'est le monde de l'amitié, ce sentiment qui ressemble à l'amour, mais qui comporte une oblativité dans les liens de l'esprit dont la possession amoureuse est dépourvue. Si le natif a tendance à la passivité ou à l'autoprotection, il fera de ce Secteur le monde des appuis et des protections.

Dans la Maison XI, le Verseau est chez lui ! Selon les sujets, l'oblativité peut devenir de l'esclavage et nécessite un effort dans la défense de la liberté. C'est être disponible aux confidences, envahi par les demandeurs et toujours sur la brèche quand les choses vont mal. Autant en faire son métier, ce qui explique que les psychologues ont souvent une dominante Verseau.

Si le sujet est passif, il emploiera ses relations à se faciliter l'existence et se fera des amis dans tous les milieux. A moins qu'il ne tire gloire de ses relations, de leur mérite ou de leur originalité, et remplace l'amitié par l'exploitation.

Verseau en Maison XII

Le « je » s'imprègne des valeurs du « ils » qui s'introvertit et se concentre.

La Tradition voit, dans ce Secteur, les potentialités de l'individu au dépouillement et à l'ascèse du Moi : ce serait le monde de l'impersonnel, les maladies psychiques et physiques, l'isolement, la prison, l'hôpital et autres calamités, qui sont le résultat d'une conduite ou l'influence des événements extérieurs. Ce serait plutôt l'indication des réactions subjectives à ce qu'il peut y avoir de contraignant dans la vie sociale, et la mesure dans laquelle le sujet est capable de se tester. En termes plus lapidaires, c'est la réponse à la question : « Comment puis-je être suffisamment expansif sans perdre mon identité profonde ? »

Le Verseau, en Maison XII, ne se sent pas prisonnier : l'auto-analyse est son affaire. Dans le meilleur des cas, il est capable d'apporter à ses doutes vis-à-vis de la complexité une réponse claire qui lui appartienne en propre, et d'avoir le courage de reconnaître son handicap et de le corriger. Naturellement expansif, il révèle ses meilleures qualités dans le dialogue, à condition que celui-ci débouche sur des vérités fondamentales auxquelles il tient.

Si de fâcheux aspects planétaires viennent bousculer ce qui précède, il se peut que l'irretenue fasse bon marché de la réalité ; le Secteur inspire alors l'affirmation de vérités fumeuses, mal reçues par autrui, et engendre ainsi un isolement rempli d'aigreur ou un dédain du quotidien, de la foule et de ses intempérences.

Les Poissons dans les Maisons

Poissons en Maison I

L'Ascendant Poissons fait des êtres très séduisants, vaporeux, insaisissables, fluctuants et artistes. Le sujet reçoit et enregistre toutes les atmosphères, s'y adapte avec bonheur, se coule dans autrui comme dans une eau douce. Sa générosité risque d'être trop grande pour ses forces. Don de soi qui confine, parfois, à l'abnégation.

Poissons en Maison II

Le grenier sera plutôt spirituel. Il y aura une certaine indifférence aux problèmes matériels si le thème va dans ce sens. S'il y a besoin de possession, le désir d'avoir et d'acquérir sera vague. On voudra beaucoup, mais on ne saura pas comment s'organiser pour y parvenir. La vie matérielle sera généralement instable. Le hasard jouera un rôle important. Avec Neptune en Maison II, dans un thème Poissons, il y a un certain manque de bon sens. On peut « faire fortune » et tout perdre sur un simple « coup de dés ». Là aussi, on ne sait pas comment s'y prendre. On change souvent de route, et d'idées. Si Jupiter marque le thème ou s'il est en Poissons en Secteur II, la réussite sera spectaculaire (Claude François). Elle n'en restera pas moins extrêmement fragile.

Poissons en Maison III

Les rapports avec les proches sont intuitifs, confus ; vécus sur le mode Poissons, hypersensible et douloureux. La générosité du sujet à l'égard de ses frères, sœurs ou parents proches confine au dévouement un peu masochiste. Les voyages, les petits déplacements sont empreints de flou, d'événements inattendus et singuliers.

Poissons en Maison IV

Dans ce secteur de nos racines et de nos origines, des liens familiaux, les Poissons donnent un sens patriotique profond. Il y a là une sorte d'amour « romantique » pour la patrie. La cellule familiale est un refuge. On s'y sent protégé, à l'abri des difficultés du monde extérieur. C'est une bonne configuration, confortable et douce.

Poissons en Maison V

La sensualité est souvent trouble. Le signe fécond des Poissons donne des appétits intenses mais imprécis. La Maison des divertissements, des créations, des loisirs, est teintée de l'hyperréceptivité neptunienne. Aventures sans suite. Sens artistique très développé.

Poissons en Maison VI

Il y a là dans la vie un manque total de sens pratique. On manque de méthode dans son travail. D'où de nombreuses complications. Les problèmes domestiques limitent l'existence. On a tendance à se « noyer » pour un rien. En analogie avec le signe de la Vierge, cette Maison peut donner des problèmes intestinaux, des problèmes d'assimilation, des problèmes nerveux ou bien respiratoires.

Poissons en Maison VII

Elle nous met en relation avec les autres (affrontement ou complémentarité). La sociabilité sera très grande mais les échanges agréables n'aboutiront pas toujours à des résultats concrets. Les associations, les unions, se feront sur un mode « intuitif ». Les affinités seront très fortes : irraisonnées, illogiques. On se bercera parfois d'illusions sur les autres... D'où les confusions, les erreurs de jugement, les déboires, les déceptions venant des autres (ou de l'autre), ce Secteur étant, en effet, le Secteur du conjoint. Il entraînera, au niveau des associations comme des unions, une vie assez « mouvante ». Il y aura, souvent, plusieurs unions.

Poissons en Maison VIII

Le changement résultera d'une situation douloureuse. A la suite d'une crise, « on s'évadera » ailleurs. Ce pourra être une fuite hors du milieu d'origine ou hors du pays natal.

Avec cet aspect, on s'intéressera aux problèmes occultes, au spiritisme, à l'au-delà.

Avec Neptune, les expériences psychiques seront intenses. On côtoiera les mondes occultes. On s'intéressera aux vies antérieures. La voyance n'est pas exclue (Edgar Cayce, le célèbre voyant).

Avec Jupiter, les héritages pourront changer la vie, ou permettre un redémarrage.

Poissons en Maison IX

Dans ce Secteur, le signe des Poissons donnera l'amour des grands voyages. On ira souvent au-delà des mers. La vie spirituelle sera intense. Parfois, il y aura des dons de perception « extrasensorielle », notamment avec Neptune. Les brumes neptuniennes pourront donner le goût des spéculations philosophiques un peu « nébuleuses ». L'idéalisme, néanmoins, ne sera jamais absent...

A noter : aussi bien pour l'une ou l'autre de ces Maisons, l'étude des religions, voire une vie religieuse intense, relèvent de cet axe III-IX Poissons. En Maison IX, l'attirance sera très grande pour des religions « exotiques » : orientalisme, par exemple, mais aussi, hindouisme, bouddhisme, zen, etc.

Poissons en Maison X

C'est le secteur de l'affirmation sociale. C'est l'envol dans la vie active.

Il est vécu, chez les Poissons, sur un mode étrange. Les aspirations sont élevées mais embrouillées. Les occupations souvent mystérieuses. La vie manque généralement d'organisation...

Neptune en X peut vouer la vie à des changements mystérieux. La réussite peut être spectaculaire. Elle restera toujours hasardeuse, elle sera rarement durable. On s'orientera vers une recherche spirituelle à un moment donné de son existence. Les vocations médicales, paramédicales sont fréquentes. Sens du mystère et sens du mysticisme très amplifiés, qui se concrétisent au niveau de l'existence.

Poissons en Maison XI

Les projets sont abondants. Mais les espérances confuses... Les aspirations élevées peuvent rester « vagues ». On est souvent insatisfait.

Les amis disparaissent et reparaissent sans crier gare. La susceptibilité du sujet y est pour quelque chose. Les objectifs ne sont pas poursuivis avec acharnement. Le sujet a des idées brillantes, mais il a besoin de quelqu'un de proche et d'amical pour les réaliser.

Poissons en Maison XII

Les grandes épreuves de la vie sont surmontées avec courage. La vie peut être axée sur des investigations plus ou moins secrètes. Les rapports avec le monde occulte sont fréquents, les dons de voyance également. On s'intéresse à la psychologie, mais aussi à la parapsychologie. En général, on mènera une vie assez retirée.

La vie pourra être mêlée à des affaires mystérieuses. Avec les Poissons en Maison XII, ou Neptune en Maison XII, on a souvent des contacts avec les polices parallèles. Cette configuration semble signer une activité « secrète ». Des agents secrets ont cet aspect dans leur thème.

Le Bélier dans les Maisons

Bélier en Maison I

La personnalité est dynamique, elle a besoin de s'imposer en dehors de toute considération logique. Il peut y avoir un goût du tapage, un certain « rentre-dedans », un manque de diplomatie. Mais, au positif, les succès sont fulgurants, la vitalité excellente. Tempérament de meneur d'hommes, de chef, de sportif, intelligence pionnière.

Bélier en Maison II

C'est dans le domaine de l'argent que s'exercent la vitalité et la combativité. Suivant la position de Mars et ses aspects, cela peut donner un financier brillant, un tempérament âpre au gain, mais aussi quelqu'un qui « flambe » l'argent aussi rapidement qu'il l'a gagné. (C'est, de toute manière, une caractéristique du Bélier en général).

Bélier en Maison III

L'impulsivité et le goût de la contradiction dominent dans les contacts avec les autres, ainsi que la chaleur et le renouvellement. Les lettres sont souvent écrites sur un coup de tête. Il peut y avoir un talent de polémiste. L'éloquence est enflammée, c'est une position qui peut donner un certain fanatisme et des rapports peu amènes avec l'entourage. Le don de persuasion est grand, l'optimisme un peu naïf et en « dents de scie ». Tendance à avoir des enthousiasmes aussi illusoires qu'éphémères. Ce n'est pas une position très harmonieuse pour le mental.

Bélier en Maison IV

L'ambiance familiale est mouvementée, les rapports avec la famille ne sont pas de tout repos. Ce n'est pas une très bonne position, la Maison IV étant en analogie avec le Cancer, signe « en carré » avec le Bélier. Le foyer sera troublé, il y aura de la casse, et la dictature peut y régner. C'est aussi un signe de fin de vie marquée par la contestation et la lutte, voire par la violence (la Maison IV signifiant aussi la fin de l'existence terrestre).

Bélier en Maison V

L'énergie est surabondante, mais le sujet qui possède cette disposition ne la ménage pas. La recherche des plaisirs risque d'être effrénée, à moins qu'elle ne soit sublimée en création artistique. Dans ce cas, celle-ci sera violente, désordonnée, brûlante comme de la lave. Les crises d'exaltation et d'abattement se succèdent ; la sensualité est débridée, l'amour des enfants est considérable mais peut mener à des épreuves et à des déceptions. Composante d'un tempérament de « viveur », avec des lendemains qui ne chantent pas.

Bélier en Maison VI

Ici, ce sont les rapports avec le quotidien qui sont placés sous le signe de la violence et de l'impulsivité. Ce peut être de la maladresse dans les rapports avec les objets, ou une relation agressive avec les servitudes de l'existence. Manque de patience dans les petites choses de la vie.

Mauvaise position pour s'occuper de plantes, d'animaux, ou même des gens. La vie professionnelle est mouvementée, conflits avec les subordonnés. Les aspects ingrats de l'existence sont maléficiés par l'influence de Mars.

Bélier en Maison VII

Le mariage et les associations diverses sont vécus fougueusement, avec le risque de déception concomitant dans cette Maison plus jupitérienne que martienne. A la limite, cette configuration conviendrait plutôt à une alliance militaire, ou à une conspiration criminelle.

Sinon, elle est prometteuse de mariage sur un coup de tête, d'associations hâtives et peu réfléchies, et donc de procès, polémiques, campagnes de hargne, etc.

Bélier en Maison VIII

C'est une position dangereuse, mais très intéressante, analogue à Mars en Maison VIII. Tout ce qui touche à la mort, à l'invisible, au mal, est placé sous le signe de la violence. Ce peut-être un risque de mort violente, mais aussi un tempérament batailleur, duelliste, une forme quelconque de « flirt » avec la mort. Faculté de régénération après des épreuves très dures. Risque de perte d'argent sur un coup de tête ou d'héritage ; tendance à la dilapidation. Au pire, c'est un aspect criminel. Tout ce qui touche à l'argent et au sexe en général rend le sujet peu sympathique.

Bélier en Maison IX

C'est un peu le « complexe de Don Quichotte ». Les contacts avec le lointain sont placés sous le signe de l'impulsivité. La spiritualité est peu réfléchie ; ce n'est pas un bon aspect pour la méditation. Par contre, les grands voyages peuvent satisfaire le goût de l'aventure et être liés à des découvertes fabuleuses. Tempérament de pionnier, mais manque de patience. Les explorations risquent aussi d'être sources d'accidents. Très bonne position pour les arts martiaux (par analogie à Mars en Maison IX).

Bélier en Maison X

Comme la Maison IV, cardinale elle aussi, la Maison X est en carré avec le Bélier. Liée à la réalisation sociale, elle est en analogie avec le Capricorne et Saturne, valeurs antagonistes de Mars : l'ascension sociale n'est-elle pas liée à la patience, à la maîtrise de soi, au discernement, qualités qui ne sont aucunement celles du Bélier ?

Dans cette Maison, le Bélier donnera de brusques montées par à-coups, avec des chutes aussi rapides ; il faudra que Mars soit soutenu par de bons aspects pour que l'agressivité, la faculté de s'imposer, ne se transforment pas en « boomerang ». C'est l'aspect du « coup de force », du « putsch », plutôt que de l'accession à un poste stable.

Bélier en Maison XI

Les amitiés et les projets se déferont aussi vite que conclus. Amitiés houleuses et agressives, mais se renouvelant sans cesse. Amis dynamiques, réunions amusantes et imprévues. On pourra compter sur leur appui, tant qu'ils ne se transformeront pas en... ennemis. Les soirées amicales peuvent dégénérer en bagarres.

Les projets sont nombreux et enthousiasmants, mais peu d'entre eux aboutissent.

Bélier en Maison XII

C'est un des plus mauvais signes pour cette Maison, puisqu'il y a contradiction entre le dynamisme, la confiance en soi du Bélier, et le renoncement, l'ascétisme de la Maison XII.

Ici, l'agressivité du sujet risque de se retourner contre lui-même : il est son propre ennemi. Il peut affronter avec une certaine inconscience, ou des sursauts de vaine violence, les grandes épreuves de l'existence. La sublimation sera difficile dans ce signe primaire, instinctif : c'est l'individu qui, face à la douleur, perd tous ses moyens, casse tout ou se fait hara-kiri – dans un contexte non occidental.

Le Taureau dans les Maisons

Taureau en Maison I

Indice de constitution forte et de vitalité. Tempérament sensuel, d'humeur assez variable sous un flegme apparent. Poli, avenant de premier abord, s'irrite lorsqu'on touche à son confort. A le goût de la stabilité et apprécie les êtres qui participent à la construction méthodique de sa destinée en lui épargnant les vaines histoires. Ses atouts sont dans l'endurance, la résistance physique et morale, un certain courage face à une adversité qui s'acharne souvent après lui. Le caractère se forge d'ailleurs dans les luttes de fond, appelant une grande concentration des forces plutôt que des actions spectaculaires. Les démarrages sont lents, l'ascension laborieuse et les chances réelles ne s'affirment vraiment qu'au terme d'années de travail.

Taureau en Maison II

Position moyennement confortable pour les gains. Là encore, le travail rapporte mieux que les coups heureux du hasard. Il faut se donner un programme, le plus souvent d'épargne, pour disposer d'un fonds solide de sécurité. Selon la symbolique, des réserves substantielles sont nécessaires à l'équilibre psychique.

Le Taureau en Maison II doit donc être attentif pour s'assurer des revenus réguliers. Le fonctionnariat est indiqué mais il y a aussi, pour les à-côtés, les placements dans la pierre, le terrain, les biens fonciers.

Taureau en Maison III

Puisque la Maison III gouverne les frères, sœurs, cousins, cousines, il faut qu'il y ait au moins un ou une Taureau dans ce petit monde, et ce ne doit pas être bien difficile. L'analogisme précise que le Taureau en Maison III pourra ainsi nourrir des relations privilégiées avec un membre de son proche entourage. Le rapport sera encore plus intense s'il s'agit, en outre, d'un membre du sexe opposé.

En dehors de ces conditions, le Taureau en Maison III n'est pas très fraternisant. Aîné, cadet... quel que soit l'ordre d'arrivée, les autres le dérangent. Il risque ainsi d'avoir des réactions d'un égoïsme surprenant à l'égard de ses proches. C'est que, dans son esprit, il ne comprend pas la nécessité d'accepter des inconnus qui lui tombent du ciel par la loterie de l'hérédité et les alliances de la fratrie.

Taureau en Maison IV

On mérite d'avoir des parents fermiers, ce qui en fouillant vers les aïeux n'est tout de même pas introuvable. Nous avons tous des racines en terre, des grands-parents dans les herbages ou les prés. Le Taureau en Maison IV s'en flatte, et si par bonheur il est né à la campagne où s'il y a passé son enfance, sa santé physique et morale en restera à jamais imprégnée. Dans les moments difficiles de sa vie, il saura respirer l'air pur d'un souvenir revigorant, se remettre en mémoire tel vieux dicton de son pays ou telle parole ferme et sage de son père. Il faudrait naître avec le Taureau en Maison IV pour ne pas perdre les pédales dans les périodes les plus sombres.

Taureau en Maison V

En Maison des amours, plaisirs, enfants de la chair ou de l'esprit, le Taureau est en bonne place. Dans son action bénéfique, s'il accorde une vive sensualité, il donne également l'antidote : une fidélité de cœur certaine assure la constance des liens en dépit des tentations.

Le Taureau en Maison V est promis à des amours sereines. Sans doute, comme ce douzième d'humanité qu'il représente ici, aspirera-t-il à un bonheur idyllique, d'un romantisme n'excluant pas les avantages pratiques. Le partenaire éventuel, postulant au mariage ou à l'union libre, doit présenter des garanties, ouvrir des perspectives réjouissantes : situation stable, santé florissante, des biens à l'ombre ou au soleil, et surtout pas d'interminables crédits, des pensions à payer pour les enfants de précédents mariages.

Taureau en Maison VI

Dans cette Maison en rapport avec la santé, le travail et les petits animaux, l'effet Taureau ne peut être que bénéfique. Il dispense une santé de fer, un physique robuste tout à fait adapté, bien entendu, aux emplois que favorise le signe dans la manutention, le débardage, et autres travaux exigeant du muscle, du coffre, de la stature. Certes, il existe aussi, dans la série des vocations tauriennes, des compétences administratives qui ne demandent qu'assez d'énergie pour tenir un porte-plume, mais alors la résistance et la vitalité s'amalgament en une combativité longue et souterraine décourageant la multitude des concurrents, traçant sinueusement sa route à travers les intrigues, les stages et les concours, pour devenir cadre, cadre supérieur, sous-directeur, directeur, puis secrétaire d'Etat...

Taureau en Maison VII

A cette Maison consacrée au mariage, aux unions, contrats et associations, le Taureau apporte ses perspectives de stabilité. Il faut en déduire que le mariage d'amour est proscrit, la passion n'étant pas, ici-bas, ce qu'il y a de plus durable et encore moins de confortable.

Cependant, s'il est vrai que le cœur a ses raisons, le Taureau en Maison VII écoutera à la fois son cœur et ses raisons. C'est dire qu'il ne choisira pas n'importe qui, n'importe quand, n'importe comment. Une fois son dévolu jeté, une stratégie de conduite au mariage, dont le partenaire ne sera pas forcément conscient, se déclenchera automatiquement. L'étau se resserrera insensiblement autour de la victime, en quelques mois ou quelques années.

Taureau en Maison VIII

Le Taureau bien disposé, ne recevant pas d'afflictions planétaires, se doit d'apporter ici des terres et biens fonciers par dons, legs ou héritages. Mais si réjouissantes que soient ces perspectives, mieux vaudra travailler, les lenteurs tauriennes ne réservant qu'au vieil âge les félicités matérielles.

Les divorces, les associations peuvent être sources de pensions ou de rapports substantiels. Et, compte tenu de l'affinité de la Maison avec les gains tombés du ciel, l'on gagne à risquer sa chance dans les tombolas de kermesse, fêtes foraines, où il y a des lopins de terre, des bestiaux, des voitures, des machines et gros appareils ménagers à gagner.

Taureau en Maison IX

La symbolique, ici, lève les bras au ciel ! Cette Maison du rêve, des voyages, de la haute spiritualité ne saurait s'harmoniser avec un signe réaliste, casanier, libertin. Cependant, l'application travailleuse peut s'exprimer au niveau supérieur des recherches et œuvres savantes exigeant une documentation massive, des aptitudes de compilateur et un cerveau champion en logicomathématiques. Évidemment, l'ensemble du ciel doit se prêter à cette interprétation favorable. Sinon, en fait de savant, l'on aura plutôt un réfractaire, endurci dans le matérialisme, et la réduction des belles envolées de l'âme à des motivations élémentaires. Au mieux, un esthète glanant dans la philosophie des fruits que l'on rumine en attendant la mort.

Taureau en Maison X

Ce n'est pas une position facilitant une ascension sociale rapide et aisée. Le choix du métier risque déjà de se faire dans les hésitations et embarras. Ou alors la carrière choisie est l'une de celles qui demandent de faire longtemps antichambre avant d'avoir droit au chapitre. D'autres parasitages sur l'ambition peuvent provenir de confrères, rivaux ou supérieurs obstruant l'horizon du succès par des actions spectaculaires qui éclipsent les aptitudes plus solides mais moins évidentes du Taureau. Pour sortir de l'ombre, il faut tôt ou tard frapper fort. Le Taureau bénéfique saura choisir son heure et l'on découvrira soudainement ses indispensables mérites après les avoir longuement exploités dans des rôles subalternes. Le Taureau maléficié tente sa sortie à contre-courant, au moment où sa maladresse va réconcilier sur son dos tous ceux qu'il pensait renverser.

Taureau en Maison XI

Le Taureau bénéfique en Secteur XI dispense à ses amis et amies ses qualités d'indulgence, de serviabilité raisonnée, de bonhomie compréhensive. Puisque l'on est dans son clan, par un choix délibéré, il préfère se montrer sous un jour patient et réserver ses colères à ses ennemis. Une fois sa confiance accordée, il préfère endurer quelques bavures que revenir sur son sentiment. C'est par ce trait, d'ailleurs, que le Taureau dissonant en Maison XI encourt divers abus de confiance, s'expose à de lourds mécomptes par l'aveuglement de ses choix. Dissonant, le Taureau en Maison XI exerce sur ses relations amicales une emprise dominatrice qui appelle la trahison par légitime défense. Et, ce Taureau-là n'étant pas capable d'analyser objectivement ses responsabilités, les déceptions le renforcent dans une humeur de grogne et de tyran incompris.

Taureau en Maison XII

Les étoiles et le signe s'accordent pour accroître la rage des ennemis cachés. Si le Taureau agit favorablement, il apportera, en guise de consolation, la vitalité et le moral nécessaires à l'affrontement d'adversaires sournois, traîtres, ne reculant devant aucune basse manœuvre pour le succès de forfaitures qu'ils mettront au compte de leur élévation d'esprit.

Il faut préciser, avec les traditionalistes, que le Taureau en Maison XII a de sérieuses dispositions pour exciter de puissantes inimitiés. Son manque de diplomatie, sa volonté réfractaire aux bluffs, rodomontades, esbroufes et verbiages, finissent souvent par l'opposer aux sots pontifiants qui ne supportent guère d'être démasqués. Et puis il irrite par son réalisme rebelle aux effets des phraseurs. Sa distance instinctive à l'égard des « mots pour les mots » menace de lui valoir très tôt l'antipathie des maîtres à parler. Dieu merci, il dispose d'une défense étalée dans le temps, paisiblement efficace.

Les Gémeaux dans les Maisons

Gémeaux en Maison I

Nature cérébrale et intellectuelle très réussie. Curiosité, désir de plaire par la parole. Tendances artistes avec un goût et un jugement esthétiques très sûrs, mais difficultés à réaliser des projets, des œuvres d'art, par manque de concentration et de persévérance.

Gémeaux en Maison II

La Maison des gains est occupée ici par l'insouciance désinvolte des Gémeaux : gains faciles, provenant de différentes activités, mais jamais très élevés. Souvent, le sujet a deux métiers, deux sources de revenus. La deuxième partie de la vie peut être plus fructueuse.

Gémeaux en Maison III

Les Gémeaux dans la Maison des écrits, de l'apprentissage, donnent de l'aisance et du brio dans les études, beaucoup de talent pour les langues étrangères, les traductions, tout ce qui concerne la communication par écrit. Ici, la réalisation des projets se fait plus intense.

Gémeaux en Maison IV

La famille, le foyer du sujet sont centrés autour d'intérêts mercuriens : jeux qui font intervenir la cérébralité, intellectualité très développée, lectures, mots croisés, etc. Il est aussi tenté d'enseigner aux enfants, et fait souvent un pédagogue brillant ; surtout auprès de l'extrême jeunesse.

Gémeaux en Maison V

Les divertissements sont incessants, divers, et touchent à tous les domaines. Le sujet ayant les Gémeaux (signe double), en Maison V (le secteur des distractions) est parfaitement ludique, réceptif à tous les jeux, disponible pour toutes les « parties » possibles... Difficile de l'amener à travailler autrement que dans ce qui touche au jeu.

Gémeaux en Maison VI

La désinvolture du signe facilite les obligations quotidiennes, qui sont prises avec légèreté, agilité, opportunisme. Les rapports avec les subalternes sont teintés de duplicité amusée, de complicité un peu défiante, d'intelligence sympathisante mais distante.

Gémeaux en Maison VII

La vie affective, les associations et les mariages, tout ce qui a trait à l'autre est « doublé » : possibilité d'avoir plusieurs partenaires soit en amour, soit dans la carrière professionnelle ; les rapports entretenus avec les « alliés » sont imprégnés de la légèreté mercurienne, vive et dispersée.

Gémeaux en Maison VIII

L'intellectualité géminienne se branche sur la mort et ses dérivés : intérêt pour l'occultisme, le mystère de l'au-delà, ou bien le passé, l'archéologie. La curiosité sur ce qui se rapporte à la mort est très cérébrale et non mystique. Il peut y avoir plusieurs héritages dans la vie du sujet.

Gémeaux en Maison IX

Inspiration de caractère mystique, quête d'une certaine spiritualité, recherche d'objectifs supérieurs, avec préoccupations morales ou philosophiques. Grande envergure cérébrale. Les voyages jouent un rôle décisif dans la vie du sujet, mais ils peuvent être imaginaires.

Gémeaux en Maison X

La carrière est marquée, dans la première partie de la vie du sujet, par une certaine instabilité. Elle est soumise à des variations de directions dues à la versatilité du signe. Réussite pourtant certaine dans les occupations intellectuelles, l'enseignement, le journalisme, l'édition, ainsi que dans les professions qui exigent de petits voyages fréquents. Il y a souvent deux périodes très différentes dans la vie professionnelle du sujet (trente-cinq à quarante ans semblant être l'âge charnière).

Gémeaux en Maison XI

Beaucoup d'amis de type Gémeaux, c'est-à-dire intellectuels, avec un goût prononcé pour les jeux de l'esprit et du hasard ; recherche de relations amicales du type fraternel (jumeau) avec lesquelles le sujet entre en complicité peut-être un peu trop familière.

Gémeaux en Maison XII

Ennemis rusés, intelligents, pleins de duplicité et d'habileté. Mais les Gémeaux n'étant pas persévérant, les médisances resteront superficielles, les épreuves passagères et les difficultés toujours moins graves que ce que le sujet craignait.

Le Cancer dans les Maisons

Cancer en Maison I

« Cette Maison est un point de départ |...| mais aussi d'arrivée. Elle peut représenter un retour éternel de phénomènes fondamentaux à répétition » (Lisa Morpurgo). Elle indique traditionnellement le lieu où s'expriment les composantes de la personnalité – et non du caractère – avec leurs possibilités d'évolution.

En Maison I, le Cancer donne une tendance à l'introspection, à la fragilité psychologique, avec inquiétudes, peur d'autrui, curiosité pour l'irrationnel, l'inconnu, l'occulte.

Cancer en Maison II

En Maison II, le Cancer donne un comportement de refus total ou partiel à l'égard des biens matériels. La carapace du crabe le protège, ici, de la dépendance « économique », de la recherche du confort, du « standing », etc. En revanche, il peut donner de l'imagination dans ce domaine, si bien qu'on verra des intérieurs ou des objets marqués par la fantaisie lunaire.

Cancer en Maison III

En Maison III, le Cancer n'établit pas facilement de relations avec son entourage proche : frères et sœurs, camarades d'école, de lycée ou de faculté, et, plus tard, voisins de palier ! Provoque un blocage sur tout rapport facile et superficiel, sur les relations légères ou mondaines. Les informations par radio ou télévision sont honnies : on leur préfère la presse écrite.

Cancer en Maison IV

Le Cancer est ici dans ce qu'il est convenu d'appeler sa Maison. Celle de la famille, des enfants, du foyer, des bases à la fois parentales et filiales du sujet. C'est le lieu de sa personnalité intime, privée, et du lien très fort qui l'attache à ses origines. C'est une bonne Maison pour le signe, il s'y sent à l'aise, en sécurité, protégé du monde extérieur. Le sujet éprouve un goût profond pour la vie et les réunions de famille, sans étrangers.

Cancer en Maison V

La Maison V étant la Maison des plaisirs, des distractions, du trop-plein de vie, elle limite en Cancer – qui n'est pas, rappelons-le, un signe de santé ni même de grande résistance physique – à des joies simples : mots croisés après le travail, ou jeux de sociétés paisibles, ou petits travaux d'artisanat. La distraction sociale, les sorties du soir sont considérées la plupart du temps, en Cancer, comme superflues, voire ennuyeuses. En revanche, le sujet privilégiera la distraction personnelle, qui fait intervenir l'imagination.

Cancer en Maison VI

C'est la Maison du quotidien, des petits travaux journaliers, des choses et des êtres qui dépendent du natif : la maison (pour la ranger par exemple), le bureau, le lieu de travail (pour les affaires courantes, le classement, le fonctionnel et le routinier). On mesure, dans cette Maison, la capacité du natif à recommencer tous les jours les mêmes petites corvées, à s'occuper régulièrement des mêmes petites tâches. En Cancer, signe de fantaisie, de petits changements permanents (à l'inverse du Verseau qui bouleverse tout), cette Maison VI est mal servie. Aucune discipline dans la hiérarchie des problèmes à régler, aucune méthode.

Cancer en Maison VII

La Maison VII représentant tout ce qui concerne les alliances et les associations, elle acquiert, en Cancer, des caractéristiques lunaires : sous-estimation de sa valeur propre, surestimation de la valeur des autres. Besoin d'être protégé, choyé, conforté, un peu comme un enfant, dans le mariage. Apporte, dans une association, un élément de création très fort, d'imagination et de renouvellement, mais participe de loin, sans vraiment se sentir impliqué (même s'il prend toujours ses responsabilités). Fondamentalement solitaire, intériorisé.

Cancer en Maison VIII

La Maison VIII étant celle de la mort (physique ou psychologique) et de la résurrection, elle a des affinités avec le Cancer : d'abord parce que le Cancer représente la fécondité, l'enfantement, donc la vie après la mort, ensuite parce que c'est un signe fort du point de vue de l'imagination créatrice.

D'où possibilité, pour la Maison VIII en Cancer, de recréer ou de reconstituer ce qui est mort. Au premier degré : le sujet fait revivre en imagination un parent mort. Au deuxième degré : il utilise, il recompose sa souffrance en créant.

Donne au sujet la possibilité de surmonter tout ce qui peut l'anéantir.

Cancer en Maison IX

C'est la Maison de la quête : spirituelle, philosophique ou géographique. Les limites cancériennes éclatent, le signe se laisse attirer par les grands espaces que suggère la Maison, les interrogations métaphysiques, métapsychiques, archéologiques ou ethnologiques.

Mais la femme Cancer, inhibée, fragile, qui doit toujours transporter sa coquille avec elle, peut freiner, surtout à partir de quarante-cinq ans, les grands voyages que propose ce Secteur, le neuf, le nouveau, l'inconnu. Alors, les explorations se font en imagination, et l'invention cancérienne remplace son défaut d'énergie.

Cancer en Maison X

Cette Maison, à laquelle est attribuée la vocation d'un individu, son expression professionnelle dans ce qu'elle peut avoir de rayonnant, de remarquable, de volontaire, cette Maison, disais-je, n'est pas particulièrement à son aise en Cancer. Il existe une contradiction fondamentale entre la réserve timide et maladroite du signe et l'assurance, la confiance dynamique, l'autorité qu'appelle le Secteur X.

En réalité, la contradiction est neutralisée si le sujet se réalise dans une profession nettement cancérienne où la création, l'invention, l'inattendu, l'étrange, le nouveau ont la meilleure part. Il faut éviter les carrières administratives, et, d'une manière générale, toutes celles qui excluent l'interprétation subjective, les initiatives personnelles, les décisions individuelles et autonomes.

Cancer en Maison XI

Lisa Morpurgo attribue à cette Maison une force toute particulière : « Elle est, en un certain sens, la section d'or du thème zodiacal. Elle indique la possibilité de parvenir à un examen objectif de soi-même et des circonstances, de s'adapter à ces dernières et au caractère d'autrui, en jugeant avec objectivité, mais aussi indulgence, les besoins, les faiblesses, et les qualités des autres. (...) La Maison XI est celle de la tolérance, des idées larges, d'une volonté accommodante et compréhensive. »

En Cancer, les idées larges s'évadent dans l'imaginaire — souvent aux dépens du réel —, l'amitié acquiert malgré tout quelque chose de passionnel, d'exclusif, d'enveloppant, mais le sujet s'adapte particulièrement bien au milieu social dans lequel il a choisi d'évoluer après une dure sélection intérieure.

Cancer en Maison XII

On l'appelle la Maison du destin, de la fatalité. Je préfère dire que c'est la Maison des événements sur lesquels la volonté humaine ne peut agir : « les grandes épreuves de la vie », comme le dit encore Lisa Morpurgo. C'est le lieu où le natif s'isole, prend de la distance pour se préparer à la mort. Le Cancer, en ce secteur, donne la faculté de s'abstraire totalement du réel, l'imaginaire empiète alors complètement sur la vie et, si une planète lourde comme Saturne ne vient pas peser sur ce secteur, il donne une créativité inépuisable, un besoin de nier la fin des choses par une prolifération magique d'œuvres d'art, une production ininterrompue dans la solitude et l'isolement.

Le Lion dans les Maisons

Lion en Maison I

Cette Maison a trait au sujet dans ce qu'il y a de plus représentatif et de plus évident. Elle concerne votre extériorité physique et la conscience que vous acquérez peu à peu de vous-même. Une Maison I fortement chargée signale un natif préoccupé avant tout de sa personne et faisant de celle-ci son principal centre d'intérêt : on voit tout de suite ce que ça peut donner dans le cas du Lion. Je crois bon, par ailleurs, de vous rappeler que la pointe de la Maison I s'appelle l'Ascendant. Toute planète située à proximité de l'Ascendant a de fortes chances d'être l'une des dominantes de votre thème.

Lion en Maison II

Cette Maison est censée renseigner sur votre attitude face à l'argent, sur vos aléas financiers, sur la nature de vos gains. Pour juger sainement de la question, l'astrologue peut bien se contenter de considérer vos planètes dominantes, ainsi que les aspects lunaires, jupitériens et vénusiens. Si, conformément à la Tradition, l'argent occupe une place prépondérante dans votre existence, cherchez plutôt de ce côté-là et regardez aussi où se trouve votre Ascendant : il est peut-être dans le signe thésauriseur et engrangeur du Cancer. Une Maison II en Lion est souvent un indice de fortune et de réussite financière, quoique certains auteurs vous jugent suprêmement désintéressé et attiré par des métiers plus honorifiques que lucratifs. Pour ce qui est de la source des gains, on mentionne habituellement l'enseignement, le spectacle et les commerces de luxe.

Lion en Maison III

Les attributions classiques de cette Maison sont multiples : rapports avec frères et sœurs, cousins et voisins, petits déplacements, correspondance, publications littéraires, intelligence pratique, enseignement primaire. Les compilateurs classiques parlent de prix littéraires, de frères haut placés, de déplacements profitables, se cantonnant surtout aux réunions mondaines et aux spectacles. Si vous avez vraiment la bougeotte et si vous êtes pris d'une frénésie de communication et d'énergie, voyez plutôt la force de votre Mercure, de votre Mars et de votre Lune. Quant à votre Ascendant, il pourrait se situer dans les derniers degrés des Gémeaux et cela expliquerait aussi bien des choses.

Lion en Maison IV

En analogie avec sa position au Fond-du-Ciel, la Tradition associe à cette Maison tout ce qui constitue la souche, les bases, les racines profondes. Elle concerne donc l'atavisme, l'hérédité, le terroir, le domicile, la famille. Pour faire bonne mesure, on y rajoute aussi la fin des choses, les trésors cachés, la sépulture et l'héritage de propriétés. Du Lion en Maison IV, nos élucubrateurs à chapeau étoilé s'accordent à déduire une prestigieuse galerie d'ancêtres ou tout au moins des parents haut placés. Ce qui ne laisse pas de rendre perplexe si l'on songe que les frères et sœurs d'une même famille ont très rarement la Maison IV dans le même signe.

Lion en Maison V

Cette Maison concerne vos amours, votre progéniture, vos œuvres, vos amusements et vos spéculations. Dans la logique de l'astrologie traditionnelle, avec l'appoint du Lion, vos amours ne sauraient être qu'ardents et dignes, votre progéniture remarquable, vos œuvres brillantes, vos amusements fastueux et vos spéculations fructueuses. Si ce n'est pas tout à fait le cas, plutôt que de vous adresser à un bureau des réclamations, qui d'ailleurs n'existe pas, cherchez l'explication du côté de vos planètes et signes dominants, tenez compte de la position et des aspects de la Lune, de Vénus, de Neptune et de Jupiter. A mon humble avis, vous auriez mieux fait de commencer par là, les déductions sont nettement plus sûres.

Lion en Maison VI

Cette Maison met l'accent sur vos problèmes de santé, sur votre travail dans son côté terre à terre et astreignant, sur vos relations avec les subordonnés, les petites gens, les oncles et les tantes, les animaux domestiques. Quant aux oncles, tantes et menues bestioles, le Lion se sent à leur égard un peu amoindri.

Lion en Maison VII

Logiquement, le Lion en Maison VII devrait donc vous conduire, plus que jamais, à percevoir le conjoint, le partenaire, l'adversaire ou l'associé d'après votre propre image. Selon votre dominante planétaire, vous êtes incité à modeler de force vos vis-à-vis à ladite image, ou bien vous vous contentez de vivre vos aspirations léoniennes par délégation, par le biais d'un complémentaire en qui vous avez décelé de prometteuses potentialités.

Lion en Maison VIII

Si l'on en croit la Tradition, avec une Maison VIII fortement occupée, votre existence, d'une façon ou d'une autre, sera marquée par la mort et par ses conséquences. Les deuils, les testaments, les héritages sont censés prendre une importance toute particulière. Ou alors, vous vous contentez de brasser des idées morbides et suicidaires et de mettre la mort au centre de toutes vos théories. Moins macabrement, cette Maison est également en rapport avec l'argent du conjoint et des associés. L'astro-psychologie, d'une façon plus générale, en fait la Maison des crises, des transformations, des régénérations et de la sexualité. On devine ce que peut donner, dans l'optique du traditionaliste, le Lion en Maison VIII : la mort par accident cardiaque, le grandiose héritage, les honneurs posthumes et autres joyeusetés.

Lion en Maison IX

Pour la Tradition, c'est la Maison des grands élans vers le lointain et vers le spirituel : elle concerne aussi bien les longs voyages et les rapports avec l'étranger que l'intelligence spéculative, la religion, la philosophie, l'enseignement supérieur. L'interférence avec le Lion est censée apporter générosité et noblesse de pensée, hautes fonctions universitaires, diplomatiques ou ecclésiastiques, attrait pour les longs périples honorifiques et représentatifs. Cela peut se vérifier surtout, à mon humble avis, en cas de dominance plutôt harmonique de Mars, Jupiter, Saturne et Neptune. Mars met l'accent sur le goût de l'action, de l'entreprise et de l'aventure. Jupiter insiste sur le côté officiel et pontifiant. Saturne favorise la réflexion, la méditation et le détachement, tandis que Neptune sensibilise à l'inconnu, au collectif, à l'universel et à toute autre transcendance qu'il vous plaît d'imaginer.

Lion en Maison X

Cette maison importante, qui valorise les planètes s'y trouvant, concerne la façon dont vous vivez votre carrière, votre engagement socioprofessionnel dans ce qu'il y a de plus officiel et de plus formel. Pour les astrologues qui interprètent un thème en y cherchant des événements, elle renseigne sur les chances de succès, la célébrité éventuelle, les honneurs, le pouvoir que vous pouvez acquérir, et naturellement sur les éventualités contraires : les risques d'échec, de déshonneur, de chute. Comme on s'en doute, pour les manuels classiques, la présence du Lion dans ce secteur est éminemment prometteuse : autorité, vedettariat, brillante ascension, réussite magistrale dans les domaines de l'art, de l'éducation, de la politique, de la mode, de la joaillerie, du théâtre, et j'en oublie certainement.

Lion en Maison XI

Cette sympathique Maison a trait aux amitiés, aux espérances et aux projets. Selon l'interprétation la plus traditionnelle, le Lion dans ce secteur devrait vous valoir des amis brillants, fidèles, enthousiastes et quelque peu dominateurs, des relations puissantes et des protections en haut lieu. Vos projets, enfin, ne sauraient qu'être empreints de grandeur, de noblesse ou d'outrecuidance. En fait, pour que votre vie amicale soit euphorique, détendue et sans problème, il suffit bien d'une dominance harmonique des planètes Jupiter, Vénus, Mercure et Lune.

Lion en Maison XII

Comme le chanterait Brassens, dans les thèmes sans prétention, elle n'a pas bonne réputation, cette fichue Maison XII... On lui attribue en effet les épreuves majeures et les grands chagrins. Maladies chroniques, hospitalisations, exils, emprisonnements sont de son triste ressort. Elle passe pour prédisposer à une existence marquée par le secret, les choses cachées, la vie occulte. Les ennemis sournois et les complots y élisent également domicile, en bonne compagnie avec les vices et les tendances au suicide. Pauvre Lion, prisonnier à perpétuité des barreaux de ses inhibitions. A ce propos, remarquons tout de même que le Lion en Maison XII correspond presque immanquablement à un Ascendant Vierge, ce qui peut expliquer bien des choses. Examinez les grandes dissonances de votre thème, en particulier celles de Neptune, Saturne et Pluton.

La Vierge dans les Maisons

Vierge en Maison I

La pointe de la Maison I étant délimitée par l'Ascendant, le sujet a donc l'Ascendant en Vierge, ce qui lui confère les principaux traits de caractère décrits au cours du chapitre consacré à la caractérologie. Il convient, bien sûr, de faire la synthèse entre les caractéristiques du signe ascendant et celles du signe de naissance.

D'autre part, si l'Ascendant se trouve dans les derniers degrés d'un signe, la Maison I repose presque totalement sur le signe suivant. Dans ce cas, l'influence de ce signe prend une importance accrue, dont il faut tenir compte dans l'interprétation.

Vierge en Maison II

Cette position indique une attitude parcimonieuse vis-à-vis des biens matériels. Une certaine avarice est probable, mais elle est limitée aux petites choses. Toutefois, le sujet n'ayant pas de besoins très importants, il doit réussir à s'accommoder d'une existence un peu chiche. La prudence naturelle du signe interdit les spéculations hasardeuses ou les risques excessifs. Le sujet gère son budget avec sagesse.

Vierge en Maison III

La timidité inhérente au signe freine quelque peu les contacts avec le milieu social. Le sujet demeure sur la défensive, et met un certain temps avant de se sentir détendu, en confiance avec de nouvelles connaissances. S'il ne fait pas un usage immodéré du téléphone, il se livre plus facilement par lettres. Sa correspondance sera soigneuse, méthodique et, dans l'ensemble assez fournie.

Le sujet est plutôt sédentaire, il renonce souvent aux possibilités de petits voyages.

En revanche, l'intelligence pratique est très développée. Les réalisations à court terme sont favorisées, les occasions exploitées habilement. Goût pour les études et curiosité intellectuelle.

Vierge en Maison IV

Le sujet se plaît dans un cercle familial étroit. Peu attiré par les mondanités, il ne se sent bien qu'en petit comité. Sédentaire, il aime ses habitudes et peut se montrer tatillon, au risque d'incommoder les membres de sa famille.

Le foyer est surtout considéré sous l'angle le plus utilitaire. Le sujet aimera vivre dans un décor simple, avec un mobilier solide et fonctionnel. Il fera passer au second plan les critères d'ordre esthétique.

Les rapports avec les parents ne sont pas très chaleureux, ils sont plutôt fondés sur le respect et la déférence. Cependant, du fait d'un grand attachement aux traditions, les vertus « travail - famille - patrie » sont exaltées.

Vierge en Maison V

Le besoin de sécurité affective est important, toutefois le sujet ne fait sans doute pas passer sa vie sentimentale au premier plan (à moins, bien sûr, que des planètes d'affectivité ou de sensualité n'occupent ce secteur).

La pudeur freine la sensualité. Le sujet n'apprécie pas les aventures sans lendemain. Il préfère une liaison stable, durable, mais pas trop envahissante. Il ne sait pas vraiment se détendre ou se distraire, encore moins perdre du temps. Quoi qu'il en soit, le sujet préfère les plaisirs calmes (lectures, jeux de cartes) aux loisirs de groupe ou aux sports exigeant une grande dépense physique.

L'amour pour les enfants ne se traduit pas par des démonstrations débordantes, mais plutôt par un soin très attentif porté à leur hygiène, à la propreté de leurs vêtements.

Vierge en Maison VI

Il existe de grandes affinités entre le Secteur et le signe. Le sujet est très consciencieux, très méticuleux dans son travail. Il accomplit à la perfection les tâches de routine. Ses principales qualités : l'ordre, la méthode, le sens de l'organisation.

Par contre, il risque de manquer d'envergure et de se contenter de postes subalternes sans réel rapport avec ses capacités. Il a facilement une mentalité de « rond-de-cuir ». Les rapports avec les collaborateurs sont généralement satisfaisants. Le sujet sait se montrer serviable et dévoué.

Les tendances hypocondriaques du signe sont renforcées dans ce Secteur qui concerne également la santé. Les servitudes de la vie quotidienne sont bien acceptées, et les corvées domestiques accomplies avec diligence et efficacité.

Vierge en Maison VII

D'une façon générale, les rapports avec les autres sont fondés sur la sélectivité. Le sujet ne se lance pas à l'aveuglette dans le mariage ou dans toute autre forme d'association. Il n'apprécie pas à proprement parier la solitude mais la choisira plutôt que de consentir à une union mal assortie.

Une autre tendance du signe (qui devra être renforcée par d'autres configurations du thème) inclinera au contraire le sujet à faire un mariage de raison ou d'intérêt, surtout si, à force de tergiverser, il a raté les « bonnes occasions ».

Le sujet peut choisir l'union libre (à condition qu'il n'y ait pas d'enfant). Mais s'il décide d'être uni à son partenaire par les liens du mariage, il s'opposera alors farouchement à un éventuel divorce.

Les associations peuvent être assez fructueuses, encore que le sujet risque d'avoir des « comptes à rendre ». Il s'efforcera de choisir ses associés sur la base d'affinités sélectives.

Vierge en Maison VIII

L'idée de la mort n'est pas une source d'angoisse insoutenable dans la mesure où le sujet accepte, au départ, son caractère inéluctable et implacable. Mais sa prévoyance et son réalisme l'incitent à prendre des dispositions d'ordre purement pratique et à s'assurer que sa famille ne manquera de rien après sa disparition.

Le sujet peut faire preuve d'exigences tatillonnes en ce qui concerne les problèmes d'héritages. S'il se sent (à tort ou à raison) floué, il peut révéler certaines tendances mesquines.

L'attitude vis-à-vis de la sexualité est assez ambiguë. Le sujet, dans son exigence de pureté, s'accommode mal d'avoir des besoins sexuels importants. D'où des risques de complexes, d'inhibitions débouchant sur des frustrations.

Vierge en Maison IX

La prudence restrictive du signe freine l'invitation au voyage ; cependant la curiosité intellectuelle du sujet peut avoir raison de ses hésitations. Mais il a besoin d'organiser méthodiquement ses longs déplacements. Il ne laisse jamais rien au hasard. Ce n'est pas lui qui partira « le nez au vent », à l'aventure.

La prédominance de la fonction pensée chez la Vierge met toutefois l'accent sur le développement des connaissances. Le sujet est très soucieux d'élargir constamment son horizon intellectuel. Il a de grandes aptitudes pour les études, d'autant qu'il a un goût marqué pour les diplômes. L'acquisition des connaissances se fait « dans les règles ». Le sujet, très attentif et appliqué, aime s'entourer de professeurs susceptibles de le conseiller utilement. Quel que soit le domaine concerné, il aime prendre des leçons et se révèle un élève assidu.

Le sujet peut également, dans certains cas, se dévouer totalement à une cause qu'il estime juste, voire se sacrifier au nom d'un idéal.

Vierge en Maison X

La Maison X exprime les tendances à la lutte pour la réussite sociale, et le degré d'ambition. Or le signe de la Vierge pècherait plutôt par excès de modestie. Loin de rechercher les honneurs, il s'en méfie. A tout prendre, il préfère servir que commander, et choisit la coulisse, abandonnant volontiers le devant de la scène aux ambitieux.

Le sujet peut avoir tendance à se sous-estimer, et l'essor de sa carrière risque de s'en ressentir. Néanmoins, dans les limites qu'il s'impose, il tient à réussir et sa conscience professionnelle, son sens de l'organisation sont ses plus précieux atouts.

La conquête d'une position sociale élevée peut, en revanche, devenir un objectif majeur en cas d'angularité (au Milieu-du-Ciel, notamment, d'une planète de représentativité : Soleil, Jupiter ou Uranus). Dans ce cas, le professionnalisme et la compétence, caractéristiques du signe, deviendront des facteurs déterminants de réussite, en particulier dans les carrières administratives et publiques.

Vierge en Maison XI

Le sujet choisit ses amis en fonction d'affinités électives. Il en a très peu, mais ceux-là sont triés sur le volet. Il cherche surtout à s'entourer d'êtres intelligents ou très cultivés. Comme il fait rarement les premiers pas, ce sont les autres qui doivent venir à lui, mais une fois qu'il a accordé son amitié, c'est généralement pour la vie. Cependant, il peut arriver qu'une amitié de plusieurs années soit rompue brusquement du fait de la sévérité morale excessive du sujet. Celui-ci ne supporte pas d'être déçu.

Cette personne fuit les mondanités, préférant les ambiances intimes, tranquilles. Par extension, elle se refuse à cultiver les « relations utiles » et choisit, délibérément, de ne pas exploiter certaines occasions.

Vierge en Maison XII

Les grandes épreuves de la vie sont généralement acceptées avec fatalisme. Elles peuvent également être l'occasion, pour un sujet, de révéler sa grandeur d'âme ou son abnégation.

Cependant, les risques de renoncement *a priori* ne sont pas exclus, d'autant plus que la lucidité se double de pessimisme. C'est la déchéance physique ou intellectuelle que le sujet aura le plus de mal à assumer.

Il arrive que le détachement des objets matériels soit plus difficile à réaliser que le détachement moral de soi-même.

La Balance dans les Maisons

Balance en Maison I

L'Ascendant en Balance est l'un des plus chanceux du Zodiaque : douceur, diplomatie, charme, dons artistiques, volonté accorte et cependant tenace, mènent irrésistiblement le natif à la réussite de ce qu'il entreprend.

Balance en Maison II

Les dépenses ont un caractère vénusien. Ce sont celles qui sont liées, entre autres, aux réceptions que l'on donne, ou aux sorties faites avec des amis. D'autre part, la création d'un cadre de vie agréable et raffiné peut entraîner d'importantes dépenses susceptibles de déséquilibrer un budget.

L'équilibre est justement un mot clé de la Balance, mais c'est un équilibre bien souvent instable, et la situation financière risque d'être fluctuante. Cependant, malgré les hauts et les bas, on peut penser qu'en raison de la protection de Vénus, la situation ne sera jamais désespérée.

Balance en Maison III

La Maison III concerne généralement l'intelligence concrète du sujet, ses dispositions et ses moyens d'expression, le langage et les écrits. Autrement dit, tout ce qui lui permet d'entrer en contact avec l'entourage.

Comme la Balance est un signe d'Air, l'intelligence sera mobile, souple, prompte, fantaisiste, sensible à la beauté, mais trop soumise aux influences changeantes venues de l'extérieur. Le sujet cherche à plaire et à faire partager ses opinions à son entourage. Le badinage est un mode d'expression qui le séduit et dont il use facilement.

Balance en Maison IV

Si rien ne vient modifier profondément les dispositions naturelles de la Balance, le sujet grandira dans un foyer harmonieux. Il est possible qu'on y cultive un art de vivre raffiné, de sorte que l'enfant baignera dans un climat favorable à l'éclosion de dispositions artistiques.

Il est fort probable que le sujet créera son propre foyer à l'image de celui de ses parents. La Balance, qui est un signe de fête, peut lui donner le goût des réceptions, et sa maison sera largement ouverte aux amis.

Balance en Maison V

La nature de la Balance semble particulièrement bien accordée à celle de la Maison V, de sorte que le signe renforce les manifestations propres à ce Secteur. Ce qui revient à dire que le sujet est naturellement porté vers les distractions et l'art. Une femme sera peut-être encore plus sensible qu'un homme aux effets de cette configuration. Elle se montrera enjouée et coquette, raffinée et élégante, et sa distinction naturelle la gardera de toute vulgarité. Les effets d'une Balance et d'une Maison V affligées mettent en jeu l'instabilité du signe.

Balance en Maison VI

Le travail ne devrait pas être trop pénible ; il peut s'exercer dans un cadre agréable et élégant, par exemple une parfumerie, un magasin de fleurs, une galerie de peinture. Parfois, des préoccupations artistiques ou juridiques sont liées au travail. Le sujet entretient de bons rapports avec ceux qui travaillent sous ses ordres. Il comprend leurs difficultés et s'efforce de faciliter leur tâche. En retour, il jouit de leur confiance et de leur attachement. C'est ainsi que se nouent parfois des idylles entre patrons et employées qui, dans certains cas, aboutissent au mariage.

Balance en Maison VII

Malgré la fougue que lui vaut un Ascendant Bélier, le sujet s'efforce d'avoir des relations harmonieuses avec autrui et il est ouvert à toutes les formes d'associations. La première, c'est évidemment le mariage. Il ne conçoit pas d'autre forme d'union et, dans sa vie, les relations conjugales tiennent une place importante. Il est même prêt à faire des concessions pour parvenir à l'équilibre intérieur qu'il attend du mariage.

Son besoin d'harmonie dans ses relations extérieures lui fait rechercher les associations et les collaborations. Il en retire le sentiment d'une insertion réussie dans la société dont il se veut un membre à part entière.

Balance en Maison VIII

La présence de la Balance en Maison VIII permet d'espérer que le caractère vénusien du signe favorisera une mort naturelle et douce.

La Balance faisant intervenir l'idée de mariage, on peut penser à un veuvage précoce et, éventuellement, à un héritage provenant du conjoint, du fait d'une donation entre époux. Mais des héritages venant des associés sont possibles.

Enfin, dans sa vie sexuelle, le sujet devrait faire preuve de mesure et de délicatesse, tout en s'efforçant de communier avec son partenaire car, pour lui, il n'est de vrai plaisir que partagé.

Balance en Maison IX

La présence de la Balance dans la Maison IX implique la possibilité d'un mariage dans un pays étranger où le sujet peut être amené à faire sa vie. Ou bien c'est le conjoint qui vient de l'étranger et qui a été connu à l'occasion d'un voyage lointain.

Ces voyages à l'étranger peuvent être de simples voyages d'agrément qui procurent de grandes satisfactions au sujet tout en enrichissant ses connaissances. A moins qu'ils n'aient été entrepris pour signer des contrats à l'étranger (éventuellement avec des éditeurs).

Balance en Maison X

Les qualités vénusiennes que la Balance apporte dans la Maison X sont de nature à favoriser la carrière du sujet en aplanissant son chemin. La sensibilité qu'il manifeste dans l'exercice de sa profession, son charme qui agit sur les gens avec lesquels son travail le met en contact, les relations que sa nature sociable le pousse à nouer avec ses collègues et ses chefs, sont autant d'atouts qui facilitent son évolution sociale. D'autant plus qu'ils se combinent de façon très heureuse avec la chance dispensée par Vénus.

Le mariage, une association, peuvent influer sur la carrière ; ils sont parfois l'occasion pour le sujet d'élargir le champ de ses activités ou même de changer de profession.

Balance en Maison XI

La Balance est aussi favorable en Maison XI qu'elle l'est en Maison V. En effet, comment ce signe, qui est éminemment sociable, ne créerait-il pas les meilleures conditions pour permettre au sujet de se faire des amis ? D'autre part, l'on sait que les contrats sont du ressort de la Balance. Enfin, la gentillesse, la délicatesse et le charme de ce signe contribuent efficacement à resserrer les liens d'amitié existants.

La Balance donne également une indication sur l'origine des amis. Ils pourraient venir d'un milieu où l'on cultive les arts, à moins qu'ils ne soient eux-mêmes artistes.

Balance en Maison XII

La Maison XII n'est pas une Maison de joie (comme la Maison V). Les seules joies qu'elle dispense sont les joies spirituelles. Mais nous venons de voir qu'on ne peut les atteindre qu'après avoir parcouru son « chemin de croix ». Il ne faut donc pas attendre de cette Maison beaucoup de bienfaits dans la vie ordinaire. Cependant, la présence de la Balance dans ce secteur peut atténuer les chocs du destin. Même ici, Vénus, la déesse compatissante, ne renonce pas à étendre sur les humains son manteau protecteur. Aussi les ennemis cachés seront-ils moins virulents.

Le Scorpion dans les Maisons

Scorpion en Maison I

Le Scorpion en Maison I est à l'Ascendant. Même s'il est vide de planètes, il marque profondément le natif.

Le Scorpion en première Maison donne une bien plus grande énergie au natif ; il étoffe sa personnalité de cette âpreté, de cette persévérance, de cette volonté de puissance qu'ont les gens du signe. Le sujet lutte contre le groupe pour s'imposer. Actif, entreprenant, il tend à diriger les siens au point de devenir parfois tyrannique. Il profite des révolutions, des situations conflictuelles — qu'il sait, d'ailleurs, provoquer — pour en sortir vainqueur. Passionné mais très lucide, l'Ascendant Scorpion donne du réalisme, du courage... et le pardon difficile.

Scorpion en Maison II

Dans ce Secteur concernant les biens du natif et son aptitude à acquérir (ou à perdre), le Scorpion n'est pas trop mal placé. Son réalisme et son activité persévérante lui assurent souvent un bon job, assez stable, parfois même assez brillant. Réussite dans les professions de Mars et d'Uranus (militaires, ingénieurs, hommes politiques, inventeurs, aviateurs, techniciens dans les secteurs de pointe).

Le Scorpion n'est pas avare : il dépense à la fois de façon impulsive et sans arrière-pensée. Il est souvent généreux.

Scorpion en Maison III

Cette maison renseigne l'astrologue sur l'intelligence du natif, sur ses capacités à établir des relations de cause à effet, sur son agilité d'esprit. Également dans cette Maison, les relations avec tout ce qui est proche : entourage, frères et sœurs, petits voyages...

Le Scorpion, dévoré de curiosité et malin comme un singe, n'est pas mal situé dans cette Maison. Curiosité scientifique, vocation de chercheur (chimie, biologie, parapsychologie...), aptitudes à la littérature, au journalisme, à l'enseignement, on peut trouver tout cela dans un Scorpion en Maison III.

Scorpion en Maison IV

Ici, est logé tout ce qui concerne le foyer du natif : sa famille d'origine, son père, sa mère, les biens de sa famille ascendante ; la famille dans laquelle il vit, son patrimoine et sa vieillesse.

Le Scorpion, dans cette Maison, donne une ambiance assez dure où le natif est contraint de refouler ses instincts. Ce n'est pas une position très favorable pour le foyer. A moins de très bons aspects, on peut craindre des divergences familiales très vives, toutes espèces de ruptures violentes, un divorce... Le foyer est malheureux ou négligé. Le natif peut être orphelin de père ou de mère, ou éprouver un deuil à son foyer. Les valeurs du Scorpion sont trop différentes de celles symbolisées par la Maison IV : notre animal n'est pas, en principe, très doué pour l'intimité bourgeoise. Le Scorpion en IV n'est pas favorable aux biens immobiliers et au patrimoine familial, qui souffre de l'ambiance tendue du foyer.

Scorpion en Maison V

Drôle de panier où la Tradition jette pêle-mêle les enfants, les amours (non légalisées), les spéculations boursières ou financières, les loisirs, les désirs, les réalisations, les publications, les jeux... Cela surprend notre logique rationaliste du XXe siècle, mais on constate tous les jours que la Tradition a ses raisons... et que cela marche très bien !

Le Scorpion lui, ne marche pas très bien dans cette Maison, trop légère pour lui. Ses enfants, s'ils sont brillants, sont parfois difficiles de caractère ou de santé fragile. En thème féminin, les mauvais aspects prédisposent aux grossesses et accouchements pénibles. La sexualité du Scorpion est puissante : passions intenses et jamais « platoniques ». Les impulsions sexuelles, violentes et incontrôlables, amènent des ruptures brusques après lesquelles l'amour peut se changer en haine.

Scorpion en Maison VI

La Maison VI n'est pas un palais, c'est plutôt une usine ou un hôpital... Le Scorpion, là-dedans, travaille bravement, le pauvre, à des travaux assez durs ; mais il finit par s'en sortir, surtout dans ses domaines préférés : médecine, chirurgie, pharmacie, psychiatrie, police, recherche scientifique... Cette situation astrale donne des subordonnés difficiles à commander et, pour le sujet, une peine infinie à s'élever jusqu'aux tout premiers postes. La santé n'est pas très brillante.

Scorpion en Maison VII

Le Scorpion en VII décrit un conjoint difficile, pas forcément du signe solaire du Scorpion, mais marqué par Mars, Pluton et Uranus. Ni souple, ni accommodant, jaloux et agressif. Beaucoup de discussions et de bagarres en perspective. Cependant le mariage tient, grâce à un attrait physique réciproque. Les conjoints ont des relations physiques fréquentes. Le partenaire indiqué par le Scorpion en Maison VII est très attaché à ses enfants. Finalement, le mariage est plus solide qu'on ne le croit, et le conjoint, fidèle et dévoué. Il se dissout plutôt par la mort de l'un des partenaires que par un divorce.

Scorpion en Maison VIII

Sur la carte du Ciel, chaque Maison correspond à un signe : ainsi, la Maison I correspond au Bélier. C'est le lieu où le Soleil se lève, le commencement du jour, qui correspond par analogie avec le commencement de l'année sous le Bélier. La Maison II correspond au Taureau, la Maison III au Gémeaux, etc. Ainsi de suite jusqu'à la Maison VIII, qui correspond analogiquement au Scorpion.

Dans cette Maison est localisé tout ce qui touche à la mort du natif et, aussi, tout ce qui se rattache à la mort des autres, lorsqu'elle le concerne : héritages, par exemple. Par analogie avec le Scorpion, cette Maison renseigne aussi sur la sexualité du natif (selon certains auteurs).

Scorpion en Maison IX

Tout ce qui est lointain. La Maison IX se comprend mieux par référence au Sagittaire, cet homme de désir, ce chevalier errant, qui a toujours envie d'être ailleurs, plus haut, plus loin, plus brillant...

Le Scorpion n'est pas si mal hébergé dans cette Maison qui oriente son esprit vers les sciences de la vie et de la mort : biologie, physique, thanatologie, occultisme et même astrologie ! Le Scorpion en Maison IX aime la recherche scientifique et s'y applique souvent avec passion. Mais ce qu'il adore par-dessus tout, ce sont les théories farfelues sur « la vie après la mort ». Cela peut le rendre mystique, rêveur, philosophe... Les voyages, dans cette Maison et pour lui, sont à hauts risques, mais il aime cela, justement.

Scorpion en Maison X

Le Milieu-du-Ciel est un « angle » important du thème, et toute planète, tout signe qui s'y trouve prend un relief particulier. On regarde le Milieu-du-Ciel en levant les yeux ; c'est le zénith, le point le plus haut où monte le Soleil dans sa course quotidienne : il indique les possibilités de réussite sociale et professionnelle du natif.

En opposition à la Maison IV – celle du père –, le Milieu-du-Ciel est aussi, accessoirement, la Maison de la mère du natif.

Les gens célèbres, ceux qui ont brillamment réussi dans leur entreprise, ont presque toujours un Milieu-du-Ciel soit habité par un amas de planètes soit occupé par une seule planète dignifiée et très aspectée ; ou encore, un signe, mis en valeur par le reste du thème, attire l'attention sur ce Milieu-du-Ciel.

Scorpion en Maison XI

Espace, liberté, égalité, fraternité... C'est le sens de la Maison XI, qui correspond analogiquement au signe du Verseau. Celui-ci est donc le signe de l'amitié, des mass média, des idées généreuses, plus ou moins révolutionnaires. Amitiés et désirs, projets et publicité, tout ce qui circule sur les ondes rentre dans cette Maison.

Le Scorpion apporte une coloration particulière à la Maison XI. Certains auteurs lui octroient peu de popularité mais cela dépend des planètes qui s'y trouvent hébergées, des aspects reçus, etc.

Scorpion en Maison XII

Le sujet est particulièrement vulnérable aux maladies du signe (voies génito-urinaires, maladies vénériennes), lesquelles entraînent ici, plus qu'en aucune autre Maison, des hospitalisations et des opérations (avec Mars mal aspecté). Risque de mort à l'hôpital, ou dans un endroit isolé et confiné. Les maladies chroniques sont, ici, particulièrement pesantes.

Pourtant, avec un bon thème et pas de mauvais aspect, cette position est très favorable à une brillante réussite professionnelle dans le domaine médical (chirurgie, biologie) ou paramédical (psychiatrie, psychologie).

Le Sagittaire dans les Maisons

Sagittaire en Maison I

C'est la force d'expansion, de démonstration solaire, de magnanimité, qui s'épanouit dans toute sa splendeur. L'individu est chaleureux, extériorisé, combatif et entreprenant. Il aime, sauf si des aspects contraires dans le thème viennent contrarier sa nature, entreprendre, se battre et gagner. Beaucoup de luminosité, de réussite et d'atouts « chance » dans cette combinaison.

Sagittaire en Maison II

C'est au domaine des biens et de l'argent que touche le Sagittaire : il facilite les gains, les spéculations financières, il donne des aptitudes extrêmement appréciables dans le domaine de la gestion de patrimoine ou d'entreprise. L'argent est aisé, aisément gagné ou bien il existait de toute éternité. Possibilité, également, d'héritages.

Sagittaire en Maison III

Il donne à la Maison de l'échange, de la communication, des petits voyages, des frères et sœurs, une richesse très particulière : le sujet est enclin à donner généreusement, tant du point de vue moral que du point de vue financier, à son entourage proche. Il cherche même souvent à devenir le Pygmalion des personnes qu'il aime, au risque de s'oublier lui-même. Configuration très bonne.

Sagittaire en Maison IV

Nous voici dans la Maison de la famille, du foyer, de l'ascendance et de la descendance du sujet. Peu d'affinités entre le signe et ce Secteur. Tiraillements entre le désir sagittarien de voyager de par le monde, d'occuper de son ambition de grands espaces, et la nécessité cancérienne (la Maison IV symbolise le Cancer) de s'enfermer, de se protéger dans un espace clos.

Sagittaire en Maison V

Donne trop d'attirance pour les distractions, les fêtes, les changements, les jeux, la chasse. C'est un organisateur-né de festivités, de grands jeux, de réceptions. Toutes les manifestations qui rassemblent les êtres humains pour les divertir ont la faveur de ce sujet. Chance et réussite en ce qui concerne les activités de ce Secteur.

Sagittaire en Maison VI

La Maison VI est celle des subordonnés, des petites tâches quotidiennes, des êtres et des choses qui dépendent du sujet dans ses activités journalières. Le Sagittaire ne s'y sent pas spécialement à son aise car c'est un signe d'espace, de grandeur, de mouvement, d'initiatives nouvelles, et le quotidien l'ennuie. Voilà une position qui lui donne de l'impatience dans la vie de tous les jours bien qu'elle rende ses relations très faciles et chaleureuses avec ses employés ou ses subordonnés, ainsi qu'avec ses animaux domestiques.

Sagittaire en Maison VII

Le Sagittaire, signe légaliste et respectueux des lois établies dans une Maison liée aux contrats, aux associations, aux alliances et au mariage, donne au sujet le goût d'officialiser toute association, de la rendre légale et de la faire reconnaître. L'expansion, la chaleur, la générosité du signe se trouvent en harmonie très heureuse avec les signifiants de la Maison : époux (ou épouse), associés, collaborateurs, etc.

Sagittaire en Maison VIII

Ce qui touche à la mort, aux héritages, est mal ressenti par un signe qui met au premier plan la vitalité, l'activité et l'efficacité en tous domaines. Pour le Sagittaire, la mort n'existe pas, et si le sujet s'y trouve confronté (mort des parents, du conjoint), il peut en être profondément perturbé.

Sagittaire en Maison IX

Ce Secteur est en accord parfait avec le signe. Les voyages, spirituels aussi bien que réels, marquent très fort cette combinaison. Largeur de vues, courage, sagesse, aspirations morales, religieuses ou philosophiques très élevées. Déploiement d'énergie et de volonté dans l'amélioration de la personnalité.

Sagittaire en Maison X

Brillante position. Recherche des honneurs, de la popularité, de distinctions dans tous les domaines. Le désir de réussite sociale est très fort et peut dominer l'ensemble du caractère. Cette configuration fait souvent des personnalités remarquables et remarquées.

Sagittaire en Maison XI

Ce Sagittaire dans la Maison de l'amitié, de la sagesse, du recueillement, du sens politique à long terme donne beaucoup de sérénité chaleureuse, de bienveillance calme au sujet. Les amitiés sont fortes et durables, protégées et protectrices. Le temps joue un rôle important dans cet aspect, tant du point de vue social et professionnel que du point de vue privé.

Sagittaire en Maison XII

Rétraction du signe ouvert et expansif du Sagittaire dans une Maison d'isolement et de solitude. Peut faire faire beaucoup de voyages solitaires et provoquer de longues éclipses dans les amitiés. Comme c'est aussi la Maison de la transcendance, le signe permet de surmonter par son énergie la solitude, et de la transformer en atout.

Le Capricorne dans les Maisons

Capricorne en Maison I

Durcit la personnalité dans ses rapports avec les autres, donne une ambition forte, des possibilités de travail et de concentration exceptionnelles, de l'entêtement et une force de caractère qui confine à l'ascétisme.

Capricorne en Maison II

L'attitude du sujet envers les biens matériels, l'argent et son « territoire » est à la fois accapareuse et méfiante. Il ferme ses clôtures. Ce qui est à lui ne peut, en aucun cas, être prêté. C'est un épargnant-né. Souvent, des difficultés se présentent à lui dès qu'il cherche à faire fructifier ses acquis.

Capricorne en Maison III

Les contacts faciles et superficiels sont totalement rejetés. Grande exigence sur la qualité des relations. Rigueur morale, sévérité de jugement, réserve et laconisme dans tout ce qui concerne les rapports avec l'entourage proche, les frères, les sœurs, les cousins.

Capricorne en Maison IV

Les rapports du sujet avec sa famille sont froids, distants, réservés. Le détachement d'avec le foyer se fait très jeune, parfois dans l'enfance. Le caractère économe, austère et répressif du Capricorne donne à sa Maison les mêmes caractéristiques : un peu monacales.

Capricorne en Maison V

Les plaisirs sont dirigés vers une recherche méticuleuse dans un domaine choisi : la concentration de l'énergie vers un but austère pousse le sujet à l'érudition, aux durs travaux intellectuels réalisés dans les temps de loisir ; peu de complaisance à l'égard des « distractions » : le sujet fait du labeur son vrai plaisir.

Capricorne en Maison VI

Rapports durs et utilitaristes avec les subordonnés, les collaborateurs, les employés. Pas la moindre tendresse pour les animaux, les plantes, tout ce qui dépend du sujet. Comportement très égal, discipliné, dans le travail quotidien. La répression saturnienne apparaît dès que s'immisce à l'intérieur de tâches régulières la moindre fantaisie.

Capricorne en Maison VII

Les associations, les contrats, le mariage sont suspects : traités avec froideur, rationalisme, distance, calcul. De ce fait, grande est la difficulté du natif à s'engager. S'il s'y décide, c'est tard dans la vie. A ce moment-là, il reste fidèle à la parole donnée (et dûment signée) quoi qu'il lui en coûte.

Capricorne en Maison VIII

La mort et la sexualité qui s'y rattachent sont traitées sur un mode cynique et glacé, dans une observation méticuleuse, précise, des phénomènes physiques, chimiques et biologiques. Froideur, dureté, hygiène dans tout ce qui se rapporte à ces sujets.

Capricorne en Maison IX

Les voyages ont toujours un but pratique et servent généralement l'ambition sociale et professionnelle du sujet. Lorsqu'ils revêtent un caractère gratuit, par exemple lors des vacances, ils sont malgré tout accomplis sous le signe du *devoir :* il *faut* voir tel musée ou tel vestige, il *faut* entrer dans tel restaurant, etc.

Capricorne en Maison X

Très bonne combinaison : ambition tenace et réussite obtenue par persévérance, concentration, travail personnel de longue haleine. Le Capricorne donne une très belle carrière dans ce Secteur, quoique tardive. Mais elle n'en a que plus de poids, de valeur et de pérennité.

Capricorne en Maison XI

La Maison de l'amitié est certes très gelée par le Capricorne qui n'a rien d'expansif ni de démonstratif dans ses attachements. Sait-on même s'ils existent ? En réalité, l'amitié est rare dans ce signe (rarement donnée, rarement reçue), mais, lorsqu'elle a pris racine dans l'individu, elle a les qualités capricorniennes de stabilité profonde, de présence durable, même si elle semble froide et plus que discrète. C'est quelqu'un sûr qui l'on peut toujours compter.

Capricorne en Maison XII

Dans la Maison des épreuves et des grands obstacles, le Capricorne se trouve en pays connu : il les a, de toute éternité, prévus et « assumés ». Son détachement naturel, le frein systématique qu'il a mis à ses impulsions, lui donnent, face à l'adversité de l'existence, beaucoup de philosophie, de sang-froid et de maîtrise.

Chapitre VI

D'autres influences à découvrir

Franz Schubert : ce musicien des mouvements de l'âme a dépeint, dans de sublimes mélodies, les errances du Wanderer, *éternel voyageur dont la quête est bien celle d'un Verseau.*

Les Images Degrés

Voici les correspondances symboliques des degrés du Zodiaque pour le Verseau. La première description est extraite de *la Volasfera,* la seconde de *l'Homme rouge des Tuileries.*

Degré 0 : Un homme dormant sur une gerbe de blé, des vivres à ses côtés. – *Un homme tenant de chaque main un oiseau.*

Degré 1 : Un livre, un compas et un sablier. – *Un homme se tenant la tête à deux mains.*

Degré 2 : Un homme marchant la tête inclinée, en s'appuyant sur un bâton. – *Un homme inclinant sa tête dans sa main.*

Degré 3 : Un officier ou fonctionnaire vêtu comme un mandarin, avec une robe de fonction, pourpre; bleue et or. – *Un homme à cheval, portant devant lui une cassette fermée.*

Degré 4 : Une femme nue, regardant son image dans un étang. – *Une femme suivie par un homme.*

Degré 5 : Un archer tirant un grand arc. – *Un homme jouant avec des baguettes.*

Degré 6 : Une cible percée par une rapière. – *Un glaive sorti du fourreau et posé à terre.*

Degré 7 : Un lion debout dans une arène ouverte. – *Un homme portant une chaîne sur sa main ouverte.*

Degré 8 : Un grand rocher fendu par un éclair. – *Un homme qui en soulève un autre.*

Degré 9 : Une tête et une main séparée du corps. – *Un homme sans tête.*

Degré 10 : Deux taureaux se battant sur le bord d'un précipice. – *Un homme armé sans tête.*

Degré 11 : Un lion se jetant avec colère contre les barreaux de sa cage. – *Un homme armé frappant un roi.*

Degré 12 : Troupe de cavaliers armés.

Degré 13 : Un pont rompu au-dessus d'un fleuve rapide. – *Un homme tenant en main un de ses pieds coupé.*

Degré 14 : Un bateau à pleines voiles sur une mer ensoleillée. – *Deux hommes montés sur une licorne.*

Degré 15 : La forge d'un forgeron et son soufflet. – *Un homme tenant une torche.*

Degré 16 : Un homme couché sur un lit de malade, le visage dans l'oreiller.

Degré 17 : Une vieille femme assise sur un tabouret, les plis d'une robe l'enveloppant étroitement. – *Un hibou perché.*

Degré 18 : Un bateau sur la mer auquel un homme dans l'eau se cramponne. – *Un homme décapité, portant sa tête à la main.*

Degré 19 : Une grande tortue. – *Une femme décrépie, courbée sur un bâton.*

Degré 20 : Homme gisant à terre, blessé ou malade.

Degré 21 : Un taureau en colère martelant le corps d'un chien. – *Un homme coupant avec une hache les mains et les pieds d'un autre homme.*

Degré 22 : Un castor au travail sur un arbre suspendu au-dessus d'une gorge. – *Deux chiens courant de front.*

Degré 23 : Une tige courbée portant un lourd épi de blé. – *Un homme pleurant et s'essuyant les yeux du revers de sa main.*

Degré 24 : Une figure sombre exprimant une violente colère, un ruban rouge de sang barre son front. – *Un homme brandissant un dard.*

Degré 25 : Un homme, les yeux bandés, marchant vers une fosse profonde. – *Une cascade tombant d'un rocher.*

Degré 26 : Un manoir imposant entouré d'arbres, dans l'étendue d'un pâturage. – *Une maison entourée de palissades.*

Degré 27 : Une coupe, un jeu de cartes et des dés. – *Un homme buvant à une coupe.*

Degré 28 : Deux épées croisées et une couronne de lauriers. – *Un homme à cheval, brandissant un glaive.*

Degré 29 : Un roi, couronne en tête, assis sur un trône.

La création du monde d'après Pordenone. Selon une tradition, Prométhée (que l'on relie au signe du Verseau) créa les mortels en les façonnant avec de la terre glaise.

Toute l'œuvre poétique de Jacques Prévert, empreinte de tendresse pour les enfants et les animaux, de compassion pour les opprimés et les victimes reflète la générosité et l'altruisme propres à un natif du Verseau.

Les Etoiles Fixes

« Les étoiles fixes apportent des félicités sans raison et remarquables que, pour la plus grande part, elles annoncent par des infortunes : à moins que les planètes ne s'accordent à cette félicité. » (Ptolémée, 29, *le Centiloque.*)

Mais que nomme-t-on étoiles fixes ? Certains corps célestes qui ne sont pas mouvants... Ce truisme trouve sa logique dans l'appellation d'étoiles errantes appliquée, jadis, aux planètes.

En fait, les étoiles sont douées d'un mouvement propre, en relation avec l'ensemble de la galaxie dont elles font partie. Le Soleil, par exemple, qui est « notre » étoile, se déplace vers un point de l'espace situé dans la constellation d'Hercule, aux environs de l'étoile Vega. Mais les étoiles ne se déplacent pas suivant les mêmes lois que les planètes et elles donnent, sur la voûte céleste, une impression de fixité. Elles sont cent quarante-neuf groupées en quatre-vingt- neuf constellations, et ne se déplacent que de 1° 23' par siècle ! Vingt-deux sont de « première grandeur » et particulièrement brillantes : ce sont les vedettes du « star-system » !

Signalons que, par suite du déplacement du point vernal, la plupart des étoiles ne sont plus situées dans le signe zodiacal portant le nom de la constellation à laquelle elles appartiennent. Parfois, une partie se trouve dans le signe du même nom, le reste occupant le signe suivant.

Si l'on doutait de l'existence des étoiles, il n'y aurait qu'à lever les yeux, par une belle nuit d'été, pour se détromper ; mais qu'elles aient une influence sur notre destinée... voilà une autre affaire !

L'étude la plus sérieuse qui ait été consacrée aux étoiles fixes est due à André Boudineau [1]. Il précise lui-même sa pensée et son point de vue en écrivant qu'« il suffit d'admettre que *tout se passe comme si* les étoiles et les astres exerçaient une influence réelle, pour être en droit de parler d'*action* ou d'*influence* des corps célestes. C'est avec cette restriction qu'il faut entendre ces expressions ».

Si l'on admet le postulat ci-dessus, deux points de vue peuvent être considérés au sujet de l'action des étoiles fixes : le premier est un point de vue quantitatif qui se rapporte à leur intensité, le second se rapporte à la manière dont cette action se manifeste, dans le caractère ou le destin du sujet.

En astrologie, c'est l'étoile la plus brillante qui est la plus puissante, et son action est d'autant plus grande qu'elle se trouve plus proche d'un point valorisé du thème, l'Ascendant ou le Milieu-du-Ciel, ou encore entre les premier et sixième degrés zodiacaux (conjonction) d'une planète valorisée. Mais si elle se trouve à l'opposition des mêmes points, l'action serait encore plus évidente.

La qualité de l'influx stellaire est dépendant de la nature de l'étoile et de sa relation avec les différents éléments du thème.

Il convient d'ajouter que chaque étoile est en affinité avec une ou plusieurs planètes, et reçoit l'influence de la constellation dont elle fait partie.

1. Éditions Traditionnelles.

A titre d'information et de curiosité, nous donnons ci-après les interprétations qui nous viennent de la Tradition ayant trait aux étoiles qui se trouvent dans le signe du Verseau. Il est souhaitable que le lecteur prenne des distances avec les formulations employées : elles sont archaïques et portent la marque d'une époque et d'une forme de société. Il s'agissait alors de frapper les imaginations par des symboles dont l'outrance (et parfois la naïveté) font aujourd'hui sourire. Nous avons donc tenté de reformuler les interprétations en respectant les valeurs planétaires indiquées par Ptolémée.

Dans la constellation du Cygne, qui va du deuxième degré du Verseau au septième degré du Bélier, nous avons :

Albireo : 0° 17 du Verseau, appelée aussi, par une traduction directe du latin : l'étoile qui est au bec, ou le bec de la poule. Constellation et étoile sont de valeurs vénusienne et mercurienne. Elles soignent la représentativité du sujet et lui donnent « une belle apparence, de l'élégance et une nature aimable » (V. Robson).

Altaïr : 0° 47 du Verseau, dite « la brillante de l'occiput ». Elle est située à cet endroit fragile de la tête où l'on frappe les lapins pour qu'ils passent de vie à trépas... Ptolémée nous dit qu'elle procède à la fois de Mars et de Jupiter. Bien sûr, elle porte au commandement et était l'arme du guerrier avant d'être la spécialité du Kung-Fu ! Elle incite au courage et à la hardiesse. Si vous possédez un télescope, vous pourrez peut-être la voir dans la constellation du Capricorne (ne pas confondre avec le signe) qui va du premier degré du Capricorne au quinzième degré du Verseau.

Giédi : 2° 53 du Verseau, « le Bouc », « la boréale des trois de la corne orientale ». Ici, règnent Vénus et Mars. Aime les plaisirs de la vie et entend concrétiser ses désirs amoureux.

Dabih : 3° 04 du Verseau, « les Égorgeuses », « la méridionale des trois de la corne orientale de la Chèvre ». Comme Giédi, elle prend son plaisir où elle le trouve, mais dans le genre vampire ou mante religieuse... Ne tremblons pas et réjouissons-nous pour ceux qui aiment ça !

Oculus : 3° 42 du Verseau, « l'occidentale des trois dans le muffle de la Chèvre ». Ptolémée lui attribue Vénus et Saturne. Elle « donne un esprit pétillant » dans l'occulte, sans pour autant mépriser le périssable. Si vous souffrez, c'est avec une élégance et une dignité qui sont une fin en soi.

Nashira : 20° 48 du Verseau, « l'occidentale des deux étoiles près de la queue de la Chèvre ». Elle est de nature saturnienne et jupitérienne. C'est dire qu'intérieurement et extérieurement le sujet aura des tendances réalistes, mais qu'il réfléchira avant d'agir et que sa réussite, même si elle est tardive, aura des bases solides.

Armus : 11° 47 du Verseau, « la plus boréale des deux autres, et occidentale du milieu du corps de la Chèvre ». Elle est d'essence Mercure-Mars, « rend désagréable, instable, impudent, perturbateur et querelleur ». Bien vu... mauvaise langue !

Dorsum : 12° 51 du Verseau, « l'occidentale des deux étoiles dans le dos de la Chèvre ». Mercure et Mars peuvent rendre le sujet impatient et emporté. S'il prend ses décisions rapidement, et si sa réponse est prompte, il ne vous parle pas toujours en face !

Castra : 19° 13 du Verseau, « l'occidentale des deux étoiles au milieu de l'épine dorsale de la Chèvre ». Même nature que la précédente.

Bos : 4° 14 du Verseau, « l'orientale des trois dans le muffle de la Chèvre ». Ce n'est ni gai ni parisien, comme on dit dans les vaudevilles, mais nous n'irons pas jusqu'à dire : « Dans l'Orient désert quel devint mon ennui ! » Racine nous excusera... il en a vu d'autres !

Deneb Algedi : 22° 33 du Verseau, « l'orientale des deux étoiles près de la queue de la Chèvre ». Même nature que la précédente, mêmes tendances pour le natif.

Dans la constellation du Dauphin, qui s'étend du cinquième au vingt-septième degré du Verseau, se trouve :

Suolacim : 16° 25 du Verseau, « le Dauphin boréal ». Gouverné par Mars et Saturne, elle inspire au natif une pensée efficace, le sens de l'analyse appliquée aux circonstances et la maîtrise de ses efforts.

Enfin, pour terminer, dans la constellation du Verseau se trouve :

Saldasund : 22° 55 du Verseau, « celle qui est dans l'épaule gauche ». Elle serait de nature mercurienne et saturnienne et inclinerait le natif à des contacts mûrement pesés, passés au crible de l'expérience, à une intelligence capable d'abstractions ou, dans la dissonance, à s'isoler par méfiance ou manque de confiance en soi.

Le lecteur nous pardonnera, je l'espère, d'avoir jonglé ainsi avec les étoiles fixes : c'est une distraction sans péril qui parle à l'imagination.

Quant à leur influence, si des coïncidences peuvent, parfois, être troublantes, elles ne dépassent pas les probabilités généralement admises. Ce qui nous inciterait à douter de leur effet est que, si les planètes ont chacune leur rythme découlant de la durée de leur révolution sidérale, et si ces rythmes ont une connivence avec ceux qui gouvernent nos échanges, les étoiles, elles, de par leur fixité relative, semblent être étrangères à toute complicité. Il s'agit là d'une opinion personnelle n'ayant qu'une valeur toute relative, et nous sommes prêt à faire amende honorable devant une évidence qui découlerait d'un commencement de preuve.

L'auteur de ces lignes se contente — mais avec un infini plaisir — de contempler la voûte étoilée, de la chanter avec ses poètes et ses amoureux, et de s'écrier, à la vue de tant de points brillants : les étoiles fixes... Ciel !